疑难新型犯罪系列
专业化公诉样本

金融犯罪
专业化公诉样本

汪东升 孙晴 张启明 / 著

中国检察出版社

《疑难新型犯罪专业化公诉样本丛书》
编辑委员会

主　　　任	卢　希　顾　军
编委会委员	岳金矿　王　立　张文志
	张家贞　张朝霞　王志民
	高　凯　张京宏　孙春雨
	吴春妹　曲　虹
主　　　编	卢　希　顾　军
副　主　编	孙春雨
执 行 编 辑	王　伟　卢凤英　冯冠华
	葛　燕

序

近年来，随着我国经济社会的不断发展，转型期社会矛盾的多样化、复杂化趋势十分明显，新的犯罪形态和犯罪手段层出不穷，一些专业性极强的疑难复杂新型犯罪屡见不鲜，甚至呈现常见多发态势，由此产生大量法律适用问题，公诉人仅凭固有的办案经验和法律专业知识往往难以应对，无形中大幅提高了对公诉人办案能力和综合素质的要求。一起案件的成功公诉，往往既要求公诉人掌握该类案件的特点、规律和办案技巧，又要求其具备相应的专业知识，两者缺一不可。

在专业化公诉领域，北京市检察机关开展得比较早，效果也比较显著，以北京市人民检察院第二分院为例，于2004年率先成立了全国首个"金融犯罪公诉组"，探索专业化公诉模式，此后，二分院又陆续成立了走私暨涉税犯罪、职务犯罪、毒品犯罪、未成年人犯罪等10余个专业化公诉组，创新了专业化公诉模式。以此为依托，近年来先后办理了"央视大火案"、"亿霖木业案"、"黄光裕系列案"，以及最高人民检察院交办的数十起省部级领导干部职务犯罪案件等一大批在全市乃至全国有影响、有震动的大要案，成为全国检察机关的公诉品牌之一，并涌现出以"全国十大杰出检察官吴春妹"、"全国十佳公诉人第一名徐航"为代表的一批专业化公诉人才。实践证明，采取专业化公诉模式，在总结疑难复杂新型犯罪的发案规律、类案特点、经验做法等方面拥有无可比拟的优势。

有鉴于此，中国检察出版社与北京市人民检察院第二分院合作编辑出版了这套《疑难新型犯罪专业化公诉样本丛书》。从宏观层面看，可以推动公诉模式由传统经验型向专业化、规范化、精细化转变；从微观层面看，可以满足办案一线的现实需求，为公诉人办理疑难复杂新型案件提供现实的借鉴、参考样本，帮助公诉人通过简洁、便利的途径提升办理相关类案的能力和水平，大力加强公诉人才专业化、群体化建设，进而培养造就一批通理论、精实务、善研究的专家型公诉人。

这套丛书具有以下四个鲜明特点：

一是针对性强。通过调研我们发现，以往出版的解析疑难复杂新型犯罪案件的案例类图书较多，但专门针对公诉人阐析疑难复杂新型犯罪如何认定、处理、审查，并且具有一定高端性质的选题在图书市场上尚属空白。因此，这套丛书的出版，在一定程度上填补了相关领域的空白。

二是视野宽广。为了拓展写作视野，在丛书编写组成人员的选择和搭配上，我们充分实现了理论与实践的结合，其中既有来自办案一线、参与过专业化公诉工作的检察官，又吸收了检察机关长期从事法律政策研究工作的专职调研员，同时，为了提升丛书的理论水平和学术层次，还特邀了部分知名院校优秀青年学者和博士研究生。

三是专业性强。从丛书的基本框架结构看，分为上、下两编，主要内容包括：必备专业知识、犯罪性质和手段分析、犯罪特点与类案规律总结、法律与配套规定及刑事政策理解与应用、结合典型案件讲解类案审查起诉与出庭公诉实务、结合典型案件剖析法律适用中的具有典型性的问题和疑难问题，以及疑难问题如何破解、刑法、配套司法解释、规范性文件节录等，从而勾勒出比较全面、清晰的专业化工作模式。

四是内容全面。这套丛书立足于构建起一个比较完整、全面的专业化公诉体系，因此在体系安排上囊括了几乎全部新型疑难的犯罪类型，丛书共12个分册，具体如下：《网络犯罪专业化公诉样本》（孙春雨、韩雪、郭俐著），《侵财犯罪专业化公诉样本》（李斌、葛燕、万兵、王帅著），《走私犯罪专业化公诉样本》（操宏均、卢凤英、刘梦甦著），《涉众型经济犯罪专业化公诉样本》（王伟、马迎辉、杨鹏飞著），《职务犯罪专业化公诉样本》（陆昊、徐志著），《知识产权犯罪专业化公诉样本》（刘科、张茜著），《毒品犯罪专业化公诉样本》（位鲁刚、张婷、高鹏、王蕾著），《涉税犯罪专业化公诉样本》（黄晓亮、黄福涛、冯冠华著），《危害国家安全和有组织犯罪专业化公诉样本》（卢凤英、秦鹏著），《未成年人犯罪专业化公诉样本》（高景惠、孙威、王巍著），《外国人犯罪专业化公诉样本》（杜邈、郝家英著），《金融犯罪专业化公诉样本》（汪东升、孙晴、张启明著）。这套丛书的内容基本上能够满足基层公诉部门和广大公诉人开展专业化公诉工作的需要。

《疑难新型犯罪专业化公诉样本丛书》既是对以往专业化公诉模式相关研究成果的一次系统总结，也为深化相关研究与探索设置了新的起点。让我们共同努力，为进一步繁荣检察理论研究与实践总结，推动检察理论创新，深化检察改革，坚持和完善中国特色社会主义检察制度，全面推进中国特色社会主义检察事业提供强有力的理论支持。

是为序。

《疑难新型犯罪专业化公诉样本丛书》
编辑委员会
2014 年 3 月

目 录 >> CONTENTS

上篇 类案公诉实务

第一讲 金融犯罪概述 …………………………………………………（ 3 ）
- 一、金融与金融犯罪 ………………………………………………（ 3 ）
  - （一）金融 ………………………………………………………（ 3 ）
  - （二）金融犯罪 …………………………………………………（ 5 ）
- 二、金融犯罪的现状、原因及防治 ………………………………（ 8 ）
  - （一）金融犯罪的现状 …………………………………………（ 8 ）
  - （二）金融犯罪的原因分析 ……………………………………（ 10 ）
  - （三）金融犯罪的防治对策 ……………………………………（ 12 ）
- 三、办理民间金融领域犯罪案件的新问题 ………………………（ 13 ）
  - （一）近年来民间金融犯罪的成因和特点 ……………………（ 13 ）
  - （二）民间金融犯罪案件办理中的问题和难点 ………………（ 16 ）
  - （三）"宽严相济"在查办民间金融犯罪案件中的运用与实践……（ 18 ）

第二讲 金融犯罪公诉工作的主要做法 ……………………………（ 23 ）
- 一、检察机关办理金融犯罪案件的一些经验做法 ………………（ 23 ）
  - （一）深化专业化建设，创新工作模式 ………………………（ 23 ）
  - （二）加强法律监督力度，拓宽法律监督空间 ………………（ 25 ）
  - （三）加强类案调研，积极延伸检察职能，参与社会管理 …（ 26 ）
- 二、金融犯罪案件证据审查要点 …………………………………（ 26 ）
  - （一）物证、书证的审查和判断 ………………………………（ 26 ）
  - （二）证人证言的审查和判断 …………………………………（ 28 ）
  - （三）被害人陈述的审查和判断 ………………………………（ 29 ）
  - （四）犯罪嫌疑人、被告人供述和辩解的审查判断 …………（ 30 ）
  - （五）鉴定意见 …………………………………………………（ 32 ）
  - （六）电子数据证据 ……………………………………………（ 32 ）

三、对较为复杂的金融犯罪庭审掌控 …………………………（33）
　　　（一）A 公司涉嫌非法吸收公众存款案的庭前准备 …………（34）
　　　（二）A 公司涉嫌非法吸收公众存款案的庭审公诉谋略的运用 …（34）
　　　（三）复杂金融案件庭审经验 …………………………………（43）

第三讲　货币犯罪 …………………………………………………（45）

　　一、货币犯罪基础知识 ……………………………………………（45）
　　　（一）货币基础知识 ……………………………………………（45）
　　　（二）货币犯罪的刑事立法概况 ………………………………（46）
　　　（三）货币犯罪的基本特征 ……………………………………（48）
　　　（四）货币犯罪的新近发展 ……………………………………（49）
　　二、伪造货币罪 ……………………………………………………（49）
　　　（一）犯罪构成要件 ……………………………………………（50）
　　　（二）疑难点司法认定 …………………………………………（51）
　　　（三）办案依据查询与适用 ……………………………………（53）
　　三、出售、购买、运输假币罪 ……………………………………（56）
　　　（一）犯罪构成要件 ……………………………………………（56）
　　　（二）疑难点司法认定 …………………………………………（58）
　　　（三）办案依据查询与适用 ……………………………………（59）
　　四、金融工作人员购买假币、以假币换取货币罪 ………………（60）
　　　（一）犯罪构成要件 ……………………………………………（60）
　　　（二）疑难点司法认定 …………………………………………（61）
　　　（三）办案依据查询与适用 ……………………………………（62）
　　五、持有、使用假币罪 ……………………………………………（63）
　　　（一）犯罪构成要件 ……………………………………………（63）
　　　（二）疑难点司法认定 …………………………………………（64）
　　　（三）办案依据查询与适用 ……………………………………（65）
　　六、变造货币罪 ……………………………………………………（66）
　　　（一）犯罪构成要件 ……………………………………………（66）
　　　（二）疑难点司法认定 …………………………………………（67）
　　　（三）办案依据查询与适用 ……………………………………（67）

第四讲　妨害金融机构管理犯罪 …………………………………（69）

　　一、妨害金融机构管理犯罪基础知识 ……………………………（69）
　　　（一）必备专业知识 ……………………………………………（69）

（二）妨害金融机构犯罪的刑事立法概况 …………………………（ 71 ）
二、擅自设立金融机构罪 ……………………………………………（ 74 ）
　　（一）犯罪构成要件 …………………………………………………（ 74 ）
　　（二）疑难点司法认定 ………………………………………………（ 75 ）
　　（三）办案依据查询与适用 …………………………………………（ 76 ）
三、伪造、变造、转让金融机构经营许可证、批准文件罪 …………（ 77 ）
　　（一）犯罪构成要件 …………………………………………………（ 77 ）
　　（二）疑难点司法认定 ………………………………………………（ 78 ）
　　（三）办案依据查询与适用 …………………………………………（ 78 ）

第五讲　金融资金犯罪 ……………………………………………（ 79 ）
一、金融资金犯罪基础知识 …………………………………………（ 79 ）
　　（一）金融资金犯罪的刑事立法概况 ………………………………（ 79 ）
　　（二）金融资金犯罪的犯罪构成 ……………………………………（ 80 ）
　　（三）金融资金犯罪的现状特征 ……………………………………（ 80 ）
二、高利转贷罪 ………………………………………………………（ 82 ）
　　（一）必备专业知识 …………………………………………………（ 82 ）
　　（二）犯罪构成要件 …………………………………………………（ 82 ）
　　（三）疑难点司法认定 ………………………………………………（ 85 ）
　　（四）办案依据查询与适用 …………………………………………（ 86 ）
三、非法吸收公众存款罪 ……………………………………………（ 87 ）
　　（一）必备专业知识 …………………………………………………（ 87 ）
　　（二）犯罪构成要件 …………………………………………………（ 88 ）
　　（三）疑难点司法认定 ………………………………………………（ 90 ）
　　（四）办案依据查询与适用 …………………………………………（ 91 ）
四、背信运用受托财产罪 ……………………………………………（ 94 ）
　　（一）必备专业知识 …………………………………………………（ 94 ）
　　（二）犯罪构成要件 …………………………………………………（ 95 ）
　　（三）疑难点司法认定 ………………………………………………（ 97 ）
　　（四）办案依据查询与适用 …………………………………………（ 99 ）
五、违法运用资金罪 …………………………………………………（ 99 ）
　　（一）必备专业知识 …………………………………………………（ 99 ）
　　（二）犯罪构成要件 …………………………………………………（102）
　　（三）疑难点司法认定 ………………………………………………（103）
　　（四）办案依据查询与适用 …………………………………………（104）

六、违法发放贷款罪 ……………………………………………… (105)
  (一) 必备专业知识 …………………………………………… (105)
  (二) 犯罪构成要件 …………………………………………… (106)
  (三) 疑难点司法认定 ………………………………………… (108)
  (四) 办案依据查询与适用 …………………………………… (109)

七、吸收客户资金不入账罪 ……………………………………… (109)
  (一) 必备专业知识 …………………………………………… (109)
  (二) 犯罪构成要件 …………………………………………… (110)
  (三) 疑难点司法认定 ………………………………………… (112)
  (四) 办案依据查询与适用 …………………………………… (114)

第六讲 金融票证犯罪 ……………………………………………… (115)

一、金融票证犯罪基础知识 ……………………………………… (115)
  (一) 金融票证犯罪的刑事立法概况 ………………………… (115)
  (二) 金融票证犯罪的犯罪构成 ……………………………… (116)
  (三) 金融票证犯罪的现状特征 ……………………………… (116)

二、骗取贷款、票据承兑、金融票证罪 ………………………… (117)
  (一) 必备专业知识 …………………………………………… (117)
  (二) 犯罪构成要件 …………………………………………… (119)
  (三) 疑难点司法认定 ………………………………………… (121)
  (四) 办案依据查询与适用 …………………………………… (121)

三、伪造、变造金融票证罪 ……………………………………… (122)
  (一) 必备专业知识 …………………………………………… (122)
  (二) 犯罪构成要件 …………………………………………… (123)
  (三) 疑难点司法认定 ………………………………………… (125)
  (四) 办案依据查询与适用 …………………………………… (127)

四、妨害信用卡管理罪 …………………………………………… (129)
  (一) 必备专业知识 …………………………………………… (129)
  (二) 犯罪构成要件 …………………………………………… (130)
  (三) 疑难点司法认定 ………………………………………… (132)
  (四) 办案依据查询与适用 …………………………………… (134)

五、窃取、收买、非法提供信用卡信息罪 ……………………… (136)
  (一) 必备专业知识 …………………………………………… (136)
  (二) 犯罪构成要件 …………………………………………… (136)
  (三) 疑难点司法认定 ………………………………………… (137)

（四）办案依据查询与适用 …………………………………（138）
六、伪造、变造国家有价证券罪 ………………………………（139）
　　（一）必备专业知识 ………………………………………（139）
　　（二）犯罪构成要件 ………………………………………（139）
　　（三）疑难点司法认定 ……………………………………（141）
　　（四）办案依据查询与适用 ………………………………（143）
七、伪造、变造股票、公司、企业债券罪 ……………………（143）
　　（一）必备专业知识 ………………………………………（143）
　　（二）犯罪构成要件 ………………………………………（146）
　　（三）疑难点司法认定 ……………………………………（147）
　　（四）办案依据查询与适用 ………………………………（149）
八、擅自发行股票、公司、企业债券罪 ………………………（149）
　　（一）必备专业知识 ………………………………………（149）
　　（二）犯罪构成要件 ………………………………………（149）
　　（三）疑难点司法认定 ……………………………………（151）
　　（四）办案依据查询与适用 ………………………………（153）
九、违规出具金融票证罪 ………………………………………（154）
　　（一）必备专业知识 ………………………………………（154）
　　（二）犯罪构成要件 ………………………………………（156）
　　（三）疑难点司法认定 ……………………………………（157）
　　（四）办案依据查询与适用 ………………………………（158）
十、对违法票据承兑、付款、保证罪 …………………………（159）
　　（一）必备专业知识 ………………………………………（159）
　　（二）犯罪构成要件 ………………………………………（162）
　　（三）疑难点司法认定 ……………………………………（163）
　　（四）办案依据查询与适用 ………………………………（164）

第七讲　证券、期货犯罪 …………………………………………（166）
一、证券、期货专业知识 ………………………………………（166）
　　（一）证券与证券市场 ……………………………………（166）
　　（二）股票、债券与基金 …………………………………（171）
　　（三）金融衍生工具 ………………………………………（177）
二、证券、期货犯罪基础知识 …………………………………（182）
　　（一）证券、期货犯罪的刑事立法概况 …………………（182）
　　（二）证券、期货犯罪的犯罪构成要件 …………………（184）

（三）证券、期货犯罪的新近发展 …………………………（186）

三、内幕交易、泄露内幕信息罪 …………………………………（187）
 （一）犯罪构成要件 ……………………………………（187）
 （二）疑难点司法认定 …………………………………（190）
 （三）办案依据查询与适用 ……………………………（191）

四、利用未公开信息交易罪 ………………………………………（194）
 （一）犯罪构成要件 ……………………………………（195）
 （二）疑难点司法认定 …………………………………（197）
 （三）办案依据查询与适用 ……………………………（199）

五、编造并传播证券、期货交易虚假信息罪 ……………………（200）
 （一）犯罪构成要件 ……………………………………（200）
 （二）疑难点司法认定 …………………………………（203）
 （三）办案依据查询与适用 ……………………………（204）

六、诱骗投资者买卖证券、期货合约罪 …………………………（205）
 （一）犯罪构成要件 ……………………………………（205）
 （二）疑难点司法认定 …………………………………（207）
 （三）办案依据查询与适用 ……………………………（208）

七、操纵证券、期货市场罪 ………………………………………（209）
 （一）犯罪构成要件 ……………………………………（209）
 （二）疑难点司法认定 …………………………………（212）
 （三）办案依据查询与适用 ……………………………（213）

第八讲　外汇、洗钱犯罪 ………………………………………（215）

一、外汇、洗钱犯罪基础知识 ……………………………………（215）
 （一）外汇犯罪必备专业知识 …………………………（215）
 （二）洗钱犯罪必备专业知识 …………………………（219）

二、逃汇罪 …………………………………………………………（223）
 （一）犯罪构成要件 ……………………………………（223）
 （二）疑难点司法认定 …………………………………（225）
 （三）办案依据查询与适用 ……………………………（227）

三、骗购外汇罪 ……………………………………………………（227）
 （一）犯罪构成要件 ……………………………………（228）
 （二）疑难点司法认定 …………………………………（230）
 （三）办案依据查询与适用 ……………………………（231）

四、洗钱罪 …………………………………………………………（232）

（一）犯罪构成要件 …………………………………………（232）
　　（二）疑难点司法认定 ………………………………………（234）
　　（三）办案依据查询与适用 …………………………………（235）

第九讲　金融诈骗犯罪 ……………………………………………（238）
　一、金融诈骗犯罪基础知识 ……………………………………（238）
　　（一）金融诈骗犯罪的刑事立法概况 ………………………（238）
　　（二）金融诈骗犯罪的基本特征 ……………………………（239）
　　（三）金融诈骗犯罪的新近发展 ……………………………（242）
　二、集资诈骗罪 …………………………………………………（242）
　　（一）必备专业知识 …………………………………………（242）
　　（二）犯罪构成要件 …………………………………………（243）
　　（三）疑难点司法认定 ………………………………………（246）
　　（四）办案依据查询与适用 …………………………………（247）
　三、贷款诈骗罪 …………………………………………………（250）
　　（一）必备专业知识 …………………………………………（250）
　　（二）犯罪构成要件 …………………………………………（252）
　　（三）疑难点司法认定 ………………………………………（253）
　　（四）办案依据查询与适用 …………………………………（255）
　四、票据诈骗罪 …………………………………………………（256）
　　（一）必备专业知识 …………………………………………（256）
　　（二）犯罪构成要件 …………………………………………（258）
　　（三）疑难点司法认定 ………………………………………（261）
　　（四）办案依据查询与适用 …………………………………（262）
　五、金融凭证诈骗罪 ……………………………………………（263）
　　（一）必备专业知识 …………………………………………（263）
　　（二）犯罪构成要件 …………………………………………（264）
　　（三）疑难点司法认定 ………………………………………（265）
　　（四）办案依据查询与适用 …………………………………（266）
　六、信用证诈骗罪 ………………………………………………（267）
　　（一）必备专业知识 …………………………………………（267）
　　（二）犯罪构成要件 …………………………………………（269）
　　（三）疑难点司法认定 ………………………………………（272）
　　（四）办案依据查询与适用 …………………………………（273）
　七、信用卡诈骗罪 ………………………………………………（274）

（一）必备专业知识 ………………………………………………（274）
　　（二）犯罪构成要件 ………………………………………………（276）
　　（三）疑难点司法认定 ……………………………………………（278）
　　（四）办案依据查询与适用 ………………………………………（279）
八、有价证券诈骗罪 …………………………………………………（282）
　　（一）必备专业知识 ………………………………………………（282）
　　（二）犯罪构成要件 ………………………………………………（283）
　　（三）疑难点司法认定 ……………………………………………（284）
　　（四）办案依据查询与适用 ………………………………………（285）
九、保险诈骗罪 ………………………………………………………（285）
　　（一）必备专业知识 ………………………………………………（285）
　　（二）犯罪构成要件 ………………………………………………（286）
　　（三）疑难点司法认定 ……………………………………………（288）
　　（四）办案依据查询与适用 ………………………………………（290）

第十讲　金融犯罪案件其他办案依据查询与适用 ……………（292）

下篇　专业化公诉样本

案件一　刘某某、余某、王某某出售、购买假币案 ………………（329）
　● 对出售、购买、运输假币的行为如何理解？
　● 行为人既有购买行为又有出售行为等多个行为时如何认定？
　● 行为人有多个行为时如何量刑？

案件二　赵某某持有假币案 …………………………………………（343）
　● 对持有假币罪中的"持有"如何理解？
　● 对持有假币罪中的"明知"如何认定？
　● 持有假币罪"数额较大"的认定标准如何？
　● 持有假币罪与购买假币罪等其他类似罪名如何区分？

案件三　A公司非法吸收公众存款案 ………………………………（349）
　● 认定非法吸收公众存款罪须符合哪些条件？
　● 本案犯罪嫌疑人非法吸收公众存款的社会危害性及各自刑事责任如何认定？

目 录 | CONTENTS

案件四 吴某某内幕交易案 ·········· (366)
- 本案吴某某交易各种股票的行为如何认定？
- 本案吴某某的自首情节如何认定？
- 处理本案吴某某内幕交易行为的法律依据如何？

案件五 杨某某利用未公开信息交易案 ·········· (378)
- 何为"老鼠仓入罪"？
- "未公开信息"应如何认定？
- 利用未公开信息交易罪中的"情节严重"如何认定？

案件六 汪某某操纵证券市场案 ·········· (394)
- 操纵证券市场罪的证据如何认定？
- 本案中操纵证券市场罪的罪与非罪问题如何处理？

案件七 何某某、杨某某集资诈骗案 ·········· (406)
- 集资诈骗罪的证据如何认定？
- 犯罪嫌疑人的集资行为如何认定？
- 金融诈骗罪中的"犯罪数额"如何计算？

案件八 钮某某、郑某集资诈骗案 ·········· (418)
- 有关以诈骗方法集资的证据如何分析？
- 集资诈骗罪与普通诈骗罪如何区分？
- 本案的"犯罪数额"如何认定？

案件九 伊某贷款诈骗案 ·········· (430)
- 认定贷款诈骗罪须符合哪些构成要件？
- 贷款诈骗罪与合同诈骗罪如何区分？

案件十 罗某某、袁某某贷款诈骗案 ·········· (436)
- 对贷款诈骗罪如何进行证据分析？
- 对本案犯罪事实如何定性？

案件十一 孙某、张某某票据诈骗案 ·········· (456)
- 对票据诈骗罪如何进行证据分析？
- 金融活动中哪些行为应定性为票据诈骗？

案件十二 陈某信用证诈骗案 ·········· (468)
- 信用证诈骗案的构成要件如何认定？
- 信用证诈骗罪与伪造金融凭证罪如何区分？

9

案件十三　泰某信用卡诈骗案 ················· （482）
- 信用卡诈骗行为的证据如何认定？
- 本案中犯罪嫌疑人信用卡诈骗的犯罪形态如何认定？

案件十四　程某某信用卡诈骗案 ················ （491）
- 信用卡诈骗的主体如何认定？
- 信用卡诈骗罪中信用卡限额和期限的规定如何？
- 信用卡诈骗罪中"非法占有目的"如何认定？
- 信用卡诈骗罪的数额如何计算？

案件十五　李某保险诈骗案 ··················· （499）
- 保险诈骗罪所侵犯的客体是什么？
- 编造保险事故骗取保险金的行为是否为保险诈骗？
- 保险诈骗的犯罪形态如何认定？

后　　记 ······································ （507）

上 篇 PRACTICE

类案公诉实务

- 第一讲　金融犯罪概述
- 第二讲　金融犯罪公诉工作的主要做法
- 第三讲　货币犯罪
- 第四讲　妨害金融机构管理犯罪
- 第五讲　金融资金犯罪
- 第六讲　金融票证犯罪
- 第七讲　证券、期货犯罪
- 第八讲　外汇、洗钱犯罪
- 第九讲　金融诈骗犯罪
- 第十讲　金融犯罪案件其他办案依据查询与适用

Chapter 1
第一讲
金融犯罪概述

一、金融与金融犯罪

（一）金融

金融，简而言之是指货币、资金的筹集和融通，它是货币流通和信用活动以及与之相关的经济活动的总称。① 金融的核心是跨时间、跨空间的价值交换，主要表现为货币交换，这种价值交换涉及金融的基本运作形式——信用。

因此，金融的两个核心要素是：货币与信用。

货币是在商品交换中固定地充当一般等价物的特殊商品，其基本职能主要有价值尺度职能、流通手段职能、贮藏手段职能、支付手段职能、世界货币职能五个方面。货币是金融的"血液"，是金融活动的工具，脱离了货币，金融就失去了存在基础。从货币发展史来看，货币从实务货币，逐步发展过渡到贵金属货币、纸币、信用货币、电子货币，其中信用货币和电子货币将是未来货币的发展方向。

信用，是指商品交换中的赊购赊销、延期付款和货币借贷行为。随着商品经济的发展，为了调剂资金余缺，商品经济参与者之间相互赊欠、借贷和拆借等资金融通行为不可避免，由此便产生了信用制度。我国目前的信用形式主要包括商业信用、银行信用、国家信用、消费信用和国际信用。②

1. 金融体系

金融体系，是一个极其庞大的复杂系统。现代金融系统有五个构成要素：（1）由货币制度所规范的货币流通。（2）金融市场，通常包括资本市场、货币市场、外汇市场、保险市场、衍生性金融工具市场等。这些市场的最重要参

---

① 汪鑫主编：《金融法学》，中国政法大学出版社 1999 年版，第 2 页。
② 苏万觉、李克：《金融法原理与实务》，人民法院出版社 1998 年版，第 10 页。

与者是金融机构，价格信号则由利率、汇率及指数构成，是金融工具发行和交易的场所。（3）金融工具，又称信用工具，是金融活动的载体，是金融机构中和金融市场上的交易对象。通常指一定"格式做成、用以证明或者创设金融交易各方权利、义务的书面凭证"。①既包括股票、债券、商业票据、银行票据、保单，还包括期货、期权等金融衍生工具的标准合约。（4）金融机构。金融机构是指依照法定程序设立、经营金融业务的组织。我国金融机构可以分为两类：一是银行金融机构。主要有：中央银行（中国人民银行）和商业银行。其中，商业银行又包括：第一，国有独资商业银行，即中国工商银行、中国农业银行、中国建设银行、中国银行。第二，股份制商业银行，主要有交通银行、招商银行、深圳发展银行、广东发展银行、上海浦东发展银行等。二是非银行金融机构。主要是指除银行以外的，其他依法参加金融活动，开展金融业务的企业法人，包括：保险公司、信托公司、证券机构、农村及城市信用合作社等。目前，我国的金融机构基本上是以中国人民银行为核心、以国有商业银行为主导力量、以股份制商业银行以及各种非银行金融机构为辅助力量所构成的组织体系。（5）制度和调控机制。国家对金融市场、金融运行秩序进行政策性调整，因而建立了一系列制度，包括货币制度、汇率制度、信用制度、利率制度、金融机构管理制度、金融市场交易制度等，这些制度具体体现在国家的法律法规和行业规范当中。②

2. 金融活动的特性

金融活动多种多样，往往表现为存款、贷款、同业拆借、票据贴现、银行结算、证券买卖、信托理财、融资租赁、外汇买卖、保险等形式。金融活动本质上是经济活动，但它又不同于其他经济活动，具有以下特性：③

（1）逐利性。金融活动本质上是资金活动，而资本天然具有逐利性。金融活动的逐利性一方面可以在调节金融市场、配置资本资源、推动经济发展等方面发挥积极作用，但另一方面其消极作用也不容忽视，金融活动的逐利性会导致资源浪费、经济结构失衡，更严重地引发金融危机，对实体经济产生破坏作用。

（2）风险性。金融风险是金融活动的伴生物，其实质根源在于资本运作的风险性。金融活动是建立在信任基础上的，利用时空差而进行的资本运作，由于经济运行规律与人们的认识水平之间存在差距，人们的风险预期不同和金

---

① 汪鑫主编：《金融法学》，中国政法大学出版社1999年版，第5页。
② 黄达主编：《金融学》，中国人民大学出版社2003年版，第106~107页。
③ 沈志先主编：《金融商事审判精要》，法律出版社2012年版，第2~3页。

融市场的信息不对称问题,导致了金融活动的风险性。金融风险是金融市场中普遍存在的,不可避免的一种现象。

(3)杠杆性。金融杠杆产生于资金的时空差和供求不平衡之中,是信用交易的产物。金融高杠杆使得信用创造更加快捷有效,满足了现代金融业高流动性的要求,为金融市场发展注入强劲动力。投资银行、商业银行都在追逐利润的过程中,注重运用金融高杠杆,而高杠杆带来高额利润的同时,也带来了高风险,容易引发资产价格泡沫。

(4)虚拟性。金融不是实体经济,不能直接生产商品,仅是服务于实体产业的,从本质上来讲是一种虚拟经济。金融是以有价证券、期货、股票、期权等金融工具和衍生品为主体的虚拟资本的市场交易活动。一方面,实体经济需要金融的支持和服务,否则便会降低效率,运转速度降低;另一方面,金融本身不能脱离所服务的对象,不能过度膨胀,这样会损害整个经济运行。

(二)金融犯罪

所谓金融犯罪,是指在金融活动中,行为人实施了违反有关金融监管法律法规,危害国家有关货币、贷款、金融票证、外汇、保险、金融专营业务、证券期货等方面的管理制度,扰乱金融管理秩序,具有严重社会危害性并依照刑法应当给予刑事处罚的行为。[1]

金融犯罪是一类犯罪的总称,包括现行刑法第三章破坏社会主义市场经济秩序罪中的第四节破坏金融管理秩序罪、第五节金融诈骗罪,涉及罪名总计38个,这些罪名有:伪造货币罪;出售、购买、运输假币罪;金融工作人员购买假币、以假币换取货币罪;持有、使用假币罪;变造货币罪;擅自设立金融机构罪;伪造、变造、转让金融机构经营许可证、批准文件罪;高利转贷罪;非法吸收公众存款罪;背信运用受托财产罪;违法运用资金罪;违法发放贷款罪;吸收客户资金不入账罪;骗取贷款、票据承兑、金融票证罪;伪造、变造金融票证罪;妨害信用卡管理罪;窃取、收买、非法提供信用卡信息罪;伪造、变造国家有价证券罪;伪造、变造股票、公司、企业债券罪;擅自发行股票、公司、企业债券罪;违规出具金融票证罪;对违规票据承兑、付款、保证罪;内幕交易、泄露内幕信息罪;利用未公开信息交易罪;编造并传播证券、期货交易虚假信息罪;诱骗投资者买卖证券、期货合约罪;操纵证券、期货市场罪;逃汇罪;骗购外汇罪;洗钱罪;集资诈骗罪;贷款诈骗罪;票据诈骗罪;金融凭证诈骗罪;信用证诈骗罪;信用卡诈骗罪;有价证券诈骗罪;保险诈骗罪。

---

[1] 刘宪权:《金融风险防范与犯罪惩治》,立信会计出版社1998年版,第51页。

1. 金融犯罪的分类

金融犯罪涉及的罪名众多，为了研究的需要，根据其侵犯的客体或者犯罪对象不同，可以将这些罪名大体上分为几类：

（1）货币犯罪。主要包括伪造货币罪；出售、购买、运输假币罪；金融工作人员购买假币、以假币换取货币罪；持有、使用假币罪；变造货币罪。

（2）妨害金融机构管理犯罪。主要包括擅自设立金融机构罪；伪造、变造、转让金融机构经营许可证、批准文件罪。

（3）金融资金犯罪。主要包括高利转贷罪；非法吸收公众存款罪；背信运用受托财产罪；违法运用资金罪；违法发放贷款罪；吸收客户资金不入账罪。

（4）金融票证犯罪。主要包括骗取贷款、票据承兑、金融票证罪；伪造、变造金融票证罪；妨害信用卡管理罪；窃取、收买、非法提供信用卡信息罪；伪造、变造国家有价证券罪；伪造、变造股票、公司、企业债券罪；擅自发行股票、公司、企业债券罪；违规出具金融票证罪；对违规票据承兑、付款、保证罪。

（5）证券、期货犯罪。主要包括内幕交易、泄露内幕信息罪；利用未公开信息交易罪；编造并传播证券、期货交易虚假信息罪；诱骗投资者买卖证券、期货合约罪；操纵证券、期货市场罪。

（6）外汇、洗钱犯罪。主要包括逃汇罪；骗购外汇罪；洗钱罪。

（7）金融诈骗犯罪。主要包括集资诈骗罪；贷款诈骗罪；票据诈骗罪；金融凭证诈骗罪；信用证诈骗罪；信用卡诈骗罪；有价证券诈骗罪；保险诈骗罪。

2. 金融犯罪的构成要件

（1）金融犯罪的客体

金融犯罪虽然因具体犯罪不同而客体有所差异，但金融犯罪因其行政犯的性质，决定了它们必然都侵犯了金融秩序。所谓金融秩序是指在金融活动中所遵循的实现金融体系稳定安全与协调发展，促进宏观经济稳定和经济可持续发展的交易规则和机制。[1] 具体而言金融犯罪可能涉嫌侵犯以下几类客体：货币管理秩序、金融机构管理秩序、金融票证管理秩序、证券期货交易秩序、信贷资金管理秩序、保险管理秩序、外汇管理秩序等。金融犯罪的犯罪对象是货币、金融票据、金融票证、信用卡、信用证等金融工具。

---

[1] 赵凤祥主编：《国际金融犯罪比较研究与防范》，中国大百科全书出版社1998年版，第1页。

（2）金融犯罪的客观方面

金融犯罪在客观方面一般具备几个共同点：第一，金融犯罪一般都违反了金融管理、金融交易等法律法规。国家为了保证正常的金融交易秩序，维护金融市场的稳定发展，防范和降低金融风险，颁布了一系列金融管理法律法规。这些法律法规对设立金融机构、货币流通、贷款监管、证券期货市场交易、金融票证使用等都做了详细而全面的规定，违反上述法律法规，是金融犯罪的前置条件，因此理论上金融犯罪也称为行政犯。第二，金融犯罪都对正常的金融交易、金融监管秩序造成了破坏，行为手段多种多样。主要有：诈骗型犯罪，如金融诈骗犯罪等；伪造型犯罪，如伪造、变造货币罪等；利用职务型犯罪，如金融工作人员以假币换取货币罪等；规避型犯罪，如擅自发行股票、公司、企业债券罪等；其他类型，如洗钱罪等。① 第三，达到"情节严重"程度，主要是犯罪后果和数量数额。金融犯罪是经济犯罪，这决定了其犯罪构成要件中必然有反映财产损失的数量数额标准，这也是多数金融犯罪构成犯罪所要求的。另外，也有一些金融犯罪以"情节"是否严重作为入罪标准，如违规出具金融票证罪、票据诈骗罪、金融凭证诈骗罪等。

（3）金融犯罪的主体

金融犯罪的主体可以分为自然人主体和单位主体两类，其中多数犯罪都可以由这两类主体构成，但有些金融犯罪只能由自然人主体才能构成，如货币犯罪；有些金融犯罪只能由单位构成，如逃汇罪、违法运用资金罪等。有些犯罪只能由特殊主体才能构成，根据我国《刑法》规定，自然人特殊身份主要是金融机构工作人员、保险法律关系主体、证券、期货从业人员或者其监管部门、中介机构的工作人员；单位特殊身份主要是银行或者其他金融机构、证券交易所、期货交易所、证券公司、期货经纪公司、证券业协会、期货业协会或者证券、期货监督管理部门。当然，有些犯罪对主体身份并没有特殊要求，只要是具备刑事责任能力即可构成。

（4）金融犯罪的主观方面

金融犯罪主观上一般是出于故意，有的犯罪还要求有特定目的，如高利转贷罪等。首先，行为人必须以"明知"为前提，对自己实施金融犯罪主观上有认识，并出于故意实施了犯罪行为。所谓"明知"即对行为性质、行为对象确定地知道或者可能确定地知道。其次，部分金融犯罪需要行为人主观上具备"非法占有为目的"，较为典型的就是金融诈骗犯罪。非法占有目的产生动机和是否达成并不影响犯罪构成，只要行为人在行为时有"非法占有目的"即可。

---

① 利子平、胡祥福主编：《金融犯罪新论》，群众出版社2005年版，第36页。

二、金融犯罪的现状、原因及防治

（一）金融犯罪的现状

1. 金融犯罪的特点

金融犯罪是金融市场产生后逐渐形成的一种新的犯罪形式，本质上是财产犯罪，但因为其根植于金融市场和金融活动之中，便有了不同于一般财产犯罪的特性：

（1）有较强行业性和专业性。金融犯罪发生在金融业、金融活动和金融市场当中，具有很强的行业特点。犯罪主体一般都是熟悉金融业务的人，有很多本身就是金融业内部从业人员，理论上金融犯罪又称为"白领犯罪"。从这个意义上来说，金融犯罪是一种专业犯罪。因此，金融犯罪具有明显的行业性和专业性。

（2）犯罪技术手段高超。金融犯罪属于智能犯罪，它往往是犯罪分子利用自己智能上的优势或者技术优势，进行犯罪。尤其是伪造技术、洗钱犯罪等犯罪手段，无不带有现代科技的成分。如今网络作案在金融犯罪中也越来越多，犯罪分子不仅利用技术知识，而且利用现代先进的技术工具进行金融犯罪，给金融犯罪查处带来困难，使得其具有更大危害性。

（3）隐蔽性强，查处难度大。金融犯罪是一种智能犯罪，犯罪手段复杂多样，犯罪人利用专业知识、高科技作案，犯罪隐蔽性强，不容易查处。金融犯罪多是利用金融监管漏洞，作案手段大量运用高科技和专业知识，犯罪分子往往经过精心策划，反侦查能力强，从实施犯罪到遭到查处往往有一段很长的潜伏期，甚至存在大量的"犯罪黑数"，这些现象都表明金融犯罪隐蔽性强，查处难度大。金融犯罪的这种隐蔽性特点可以说是由其专业性和技术性特点决定的。

（4）相互勾结，共同犯罪较多。金融行业的分工比较细致，一个人实施金融犯罪往往风险较高，因此，金融犯罪中金融机构内部工作人员与外部人员相互勾结实施犯罪的情况便占据很大比例。这种作案方式利用了内部人员掌握的情况和工作便利，对金融系统内部监管漏洞和制度缺陷，善加利用，由外部人员具体实施犯罪计划，避人耳目，这样的犯罪手法具有较高的隐蔽性。

（5）大案要案多，危害大。金融犯罪往往一经揭发，都是犯罪持续时间长、涉案金额巨大、牵涉人数众多、影响范围广的案件。如今金融犯罪大案要案居多，具有更严重的社会危害性。由于金融犯罪潜伏期较长，往往公安机关开始立案侦查的时候，犯罪分子早已逃匿、赃款也被转移或者挥霍，往往使得国家、投资人和被害人遭受巨大经济损失而无法挽回，造成较为恶劣的社会影响。此外，金融犯罪还呈现出国际化、跨地区的犯罪特点。

2. 金融犯罪的趋势

随着金融市场的发展，金融工具不断创新，金融犯罪也日益增多，严重干扰和破坏了正常的金融交易秩序和金融监管秩序，直接影响国民经济的正常稳定运行。

（1）金融犯罪走向国际化。随着经济全球化和金融全球化的迅猛发展，金融犯罪国际化问题日益突出。尤其是我国加入 WTO 之后，跨国金融犯罪、国际金融犯罪集团入侵、境内外金融犯罪分子勾结等严重危害我国国家经济安全和金融安全。目前，我国金融市场在包括经济体制、管理体制和法制建设方面在内的配套措施仍不是很完善，没有能跟上经济开放的步伐，而国际金融资本正窥视着这些制度漏洞，与国内人员相互勾结，实施金融犯罪，严重危害我国金融安全。

（2）金融犯罪潜伏期延长。大多数金融犯罪是经过精心策划、周密安排的有预谋犯罪，加上金融犯罪的专业性、行业性和隐蔽性，这样使得金融犯罪从实施到案发往往要经历一个很长期的过程。金融犯罪这种潜伏期较长的特点，使得犯罪侦查更加困难，往往面临时间过程证据灭失的风险。

（3）金融犯罪的智能化、网络化。网络技术的运用在提高金融业务效率的同时，也给金融犯罪带来了新的机会。因网络犯罪的虚拟性、隐蔽性，金融犯罪分子利用网络技术实施金融犯罪的动力更加强劲，往往利用黑客技术窃取、截获、加载有关金融活动信息或者金融工具信息，复制金融工具载体或者直接利用金融信息进行牟利犯罪越发频繁。金融犯罪的作案手法也越来越智能化，大量利用互联网、计算机、信用卡等高新技术手段实施金融犯罪，使得犯罪侦查越发困难。

（4）犯罪形态复杂化。金融犯罪更加注重伪造和内外勾结。金融犯罪往往参与者是较为专业的单位或者个人，而且由于金融活动的复杂性，往往是多人合力实施一系列复杂的犯罪行为。从司法实践来看，内外勾结实施犯罪是目前金融犯罪的一个较大特点。金融机构工作人员熟悉业务情况和操作程序，知道如何逃避监管制度，他们的参与使得金融犯罪更加隐蔽，更容易得逞。

（5）金融犯罪职业化、组织化。一方面，金融犯罪分子具有较高的文化程度和专业技术知识，对金融专业和计算机专业十分精通，还对金融法律法规和交易规则等制度规范也十分懂行，金融犯罪分子呈现职业化发展；另一方面，由于金融运作的复杂性、专业性，这决定了一个犯罪分子实施金融犯罪的风险较大，便促使犯罪分子相互勾结形成犯罪共同体，金融犯罪的组织化倾向也十分明显。

(二) 金融犯罪的原因分析

金融犯罪的原因是多方面的，既有金融系统内部原因，也有外部原因；既有社会原因也有个人原因。金融犯罪原因的复杂性决定了金融犯罪绝非短时间可以解决，有些原因的存在会导致金融犯罪近期内有愈演愈烈的趋势，因此分析金融犯罪的原因，能很好地掌握金融犯罪动态，从源头上对金融犯罪进行控制和打击。

1. 社会层面原因

一种犯罪现象不是凭空产生的，它必然与这个社会密切相关，金融犯罪同样如此。分析金融犯罪的原因，首先要分析金融犯罪产生的社会层面原因，找到金融犯罪根植的社会土壤，才能更好地控制它。

（1）经济转轨时期，社会管控弱化，犯罪多发。随着市场经济的进一步发展，我国经济体制面临转轨的挑战，经济转轨时期导致很多经济犯罪机会出现，而此时社会的监控体制也随着经济转轨而显得滞后和缺失，因此经济转轨时期的当下金融领域自然进入了犯罪高发期。

（2）个人诚信缺失，社会征信体制不完善，导致滥用信任。目前我国社会当中人与人之间相互不信任，个人诚信严重缺失。另外，我国社会征信体制才刚刚起步，仍处在不健全的阶段，个人和企业在金融领域仍缺乏可查的社会征信记录。而金融领域又是以信任为基础的，必须依靠良好的社会诚信才能正常运行，否则就有犯罪分子利用这样的空隙实施金融犯罪。如金融从业人员往往利用投资者的信任，滥用信任实施犯罪，而一些社会公众对金融犯罪的防范意识差，自身逐利心理也导致其容易被骗而遭受利益损失。

（3）拜金思想严重，社会财富分配不公，逐利心理催生犯罪。随着西方资本主义思想的侵蚀，人们的拜金主义思想日益严重，追逐经济利益的功利目的在社会上盛行。另外，由于社会分配体制不健全，社会财富分配不公，导致两极分化严重，人们的逐利心理导致经济犯罪多发。

（4）市场经济不够发达，投资渠道单一。我国社会主义市场经济仍处在初级阶段，经济体制改革尚未完成，经济发展速度快但质量不高，经济结构急需调整。这一时期，随着经济的发展，民间财富和流动性资本积聚，而我国金融业尚不够发达，无法吸收和盘活大量社会资本，正规的投资和融资渠道不足，导致地下钱庄、高利贷、非法集资等不法融资、投资盛行，进而诱发大量金融犯罪。

2. 金融监管层面原因

金融犯罪与金融系统内部有很大关系，尤其是金融监管制度是否完善和规

范,对金融犯罪有着直接的影响。因此,分析金融犯罪的原因就不得不提监管层面的问题:

(1) 金融市场配套措施不够完善,金融活动规范不健全,制度漏洞较多。目前我国金融业发展仍处在初期阶段,金融业务仍显粗放,偏重于扩大规模,而忽视了金融风险控制。为了扩大规模,金融机构之间相互竞争,采取不规范的手段吸引投资者,引发不确定的金融风险。

(2) 金融监管不力,执法力度不强。金融犯罪一般都违反了前置的行政规范,违反了监管金融行业的法律法规,属于行政犯。而让金融违法进一步发展到金融犯罪,是因为金融监管机构没有能够及时发现金融活动中的违法、违规行为,并及时予以制裁和惩戒而导致的。目前,我国虽有证监会、银监会、保监会与中国人民银行等监管机构,但金融监管的多头管理,权责不明,缺乏相互之间的联动机制,往往延误处理金融违法行为的时间。另外,金融监管政策不清晰,也导致金融监管机构不能及时、权威的认定违法违规行为并给予处罚。

(3) 金融从业人员专业水平不足,犯罪防范意识差。目前金融业从业人员虽然文化水平有所提升,但这并不代表职业素养的提升,金融从业人员专业水平不足和职业素养不高,导致对金融犯罪的抵制能力不强,在金融监管不到位的情况下,甚至积极参与金融犯罪的情况也时常发生。

3. 法律层面原因

法律制度是否完善,对金融犯罪的打击力度大小,也深刻影响着金融犯罪。金融法制不健全,法律监管缺失,会导致金融犯罪成本降低,没有犯罪成本的考虑,犯罪分子就会更加肆无忌惮。目前我国金融犯罪没有得到有效控制,与法律制度不完善、金融犯罪成本较低有很大关系。

(1) 金融立法滞后。金融领域因金融创新而不断变化,立法是相对稳定的,因此金融法制便不可避免的存在滞后性。另外,金融违规违法行为与犯罪行为的界限不够明晰,法律规定往往较为粗略,或者有些规定较为严格,如"非法占有目的"的判断,有些规定不够细化,不能应对新的犯罪形势的发展。因此,金融犯罪除了不断更新立法以外,重要的是加强在罪刑法定原则指导下的刑法解释。

(2) 金融违法发现滞后,执法力度不强。金融违法违规行为从发生到发现也有一个较长的潜伏阶段,这导致金融违法行为发现滞后,无法有效打击,一旦发现已经发展为金融犯罪。因而金融执法力度不足直接导致了金融犯罪率的不断升高。

(3) 司法打击不力,金融犯罪侦办人才匮乏。金融犯罪的案件侦办难度大，证据灭失风险高，面对专业化、组织化和智能化的犯罪，我国目前的司法系统缺乏专门的技术手段和技术人才。

（三）金融犯罪的防治对策

分析金融犯罪原因的目的，是通过掌握金融犯罪的原因，提出对应的防止对策，从而从源头上解决和控制金融犯罪。

第一，针对社会层面原因。需要加快市场经济体制转型，完善市场经济法律制度，加强对社会各个层面的管控，改革不合理的财富分配制度，缩小两极分化。加强诚信教育，完善社会征信体制，对违反社会征信规则的，给予适当惩罚。大力扶持民营企业发展，鼓励和引导民众投资创业，丰富投资渠道。当然，对社会层面原因的纠正不是短时间内能完成的，甚至一段时期以内也不会取得明显的效果。但社会层面的原因是金融犯罪根植的土壤，如果不加以重视，则无法起到根治金融犯罪病因的效果。

第二，针对监管层面原因。整顿金融秩序，规范金融行为，进一步完善金融监管制度和规范，加强金融监管，从金融机构内部对金融犯罪进行预防，及时惩处金融违法违规行为，提前弥补漏洞，形成良好制度规范。利用好现有的银监会、证监会、保监会和中国人民银行为主体的金融监管体系，分清职责，权责明确，形成信息共享和联动机制，共同打击金融违法犯罪行为。形成行政、经济、刑法等多样的制裁体系，保证监管机构的权威，加强对金融机构设立的审查和监督。健全信贷制度、证券期货市场交易规则、外汇管理制度等相关制度，健全风险控制机制，实行分业经营、分类管理，防范金融风险，建立不良资产监控体系，化解金融风险。提高金融从业人员职业素养，加强金融从业人员金融犯罪防范意识培养，及时惩戒金融违规行为，对隐藏在金融业的潜在违法犯罪分子坚决予以剔除，净化金融业环境。

第三，针对法律层面原因。金融立法和司法要形成互动，司法实践中的经验和教训及时反馈给立法，争取在立法中展现司法成果，及时更新金融领域的法律规范。对司法机关而言，在立法没有修改的情况下，要及时根据金融犯罪的最新动态，完善司法解释，将立法不能解决的问题化解于司法实践当中。司法部门要与银监会、证监会、保监会和中国人民银行形成联动机制，形成金融违法犯罪监管信息共享，及时查处和惩治金融违法行为，预防金融犯罪，从源头上减少金融犯罪的发生。建立金融犯罪侦办的专业队伍，提高金融犯罪的侦办技术手段，适当引入专业人士参与金融犯罪司法程序，利用其专业知识技能协助侦办金融犯罪案件。

三、办理民间金融领域犯罪案件的新问题

当前,随着市场经济的发展和社会转型期的到来,民间金融活动空前活跃,与此相关的非法集资等犯罪活动也相伴相生,并呈现出高发态势,给市场经济持续健康发展和人民安居乐业带来的危害不可忽视。同时,在放开民间金融的呼声日益高涨的情况下,支持民间金融健康发展的新政已经出台,金融改革的步伐正在悄悄迈开。面对新的形势,检察机关在查办民间金融犯罪案件中应当怎样做才能切实化解社会矛盾、完成好依法打击非法集资犯罪和保障合法民间金融活动健康有序发展的双重使命,是摆在我们面前的重大挑战和崭新课题。

(一)近年来民间金融犯罪的成因和特点

民间金融是指包括所有未经注册、在央行控制之外的各种金融形式,是游离于国家正规金融机构之外的、以资金借贷为主的融资活动。它是指出资人与受资人之间,在国家法定金融机构之外,以取得高额利息与取得资金使用权并支付约定利息为目的而采用民间借贷、民间票据融资、民间有价证券融资和社会集资等形式暂时改变资金所有权的金融行为。民间金融其实是正规金融的一种补充,在一定程度上解决了部分社会融资需求,[①] 其在我国整个金融体系中已经占有巨大的份额,但是在长时间内它却一直隐藏于"角落"之中,这主要是因为国家对金融安全、社会稳定以及宏观调控力度的担忧,同时也由于民间融资的隐蔽性、分散性等特点导致国家对其的监控、管理十分困难。正如浙江省金融法学会会长、浙江大学李有星教授所说:"我们身处一个民间金融急速膨胀,而监管追赶不及的时代。"[②] 长期以来,由于行政监管和刑事规制法律法规之间的协调和结合不够,既可能过度压制合法的"民间借贷"活动,也可能放纵以"民间借贷"为掩护的非法金融活动,出现"真空地带"。当前民间借贷活动,在高利润的驱动之下有的民间借贷活动不可避免地朝着非理性的空间发展,从事民间借贷的主体很有可能涉嫌触犯非法吸收公众存款罪、集资诈骗罪、高利转贷罪和骗取金融机构贷款罪、贷款诈骗罪等罪名,民间借贷带来了高度的资金风险,扰乱了正常金融秩序甚至影响当地社会稳定。

[①] 李有星、张传业:《民间融资的类型及其法律特性》,载《法制与经济》2011年第8期。
[②] 苏虎超:《民间借贷活动与金融犯罪相关问题探析》,载《中国刑事法杂志》2011年第6期。

例如北京地区,仅以笔者所在的北京市人民检察院第二分院为例,从近三年来我们办理的金融犯罪案件的罪名分布上看,产生于民间融资活动中的集资诈骗、非法吸收公众存款、非法经营这几类犯罪案件的总数已经占到了全部金融犯罪案件的1/3,高发态势明显。其中的典型案例有:

"碧溪广场产权式商铺"非法吸收公众存款案——2002年12月至2005年年初,犯罪分子为了获取巨额经营资金,以无风险投资、委托经营、定期支付固定高额回报及保证回购商铺为名,同时向购买商铺人隐瞒了北京碧溪家居广场三层以下房产已被抵押的事实,通过实际控制的公司,将碧溪家居广场进行网格式测量,分成若干商铺,非法吸收5000余名购买人的资金7.61亿余元。

"中盛怡和原始股"非法经营案——2005年4月至2006年9月间,犯罪分子未经中国证监委核准,非法接受西安三家公司自然人股东的委托,在北京市、河北省向社会群众公开销售未上市原始股5000余万股,非法经营额1.7亿余元。

"蒙京华奶牛银行"非法吸收公众存款案——2005年7月至2008年12月,犯罪分子通过实际控制的北京蒙京华投资有限公司,采取签订《奶牛买卖合同》和《奶牛租赁合同》承诺到期回购并以定期租金形式予以固定高额返利的手段,非法吸收2900余人的资金2.9亿余元。

全国最大地下黄金期货"伦敦金交易"非法经营案——2006年8月至2008年6月,犯罪分子在北京先后成立了两家"空壳"公司,在未经中国证监会等国家主管部门批准的情况下,通过非法网络平台,采用集中交易的方式,擅自招揽客户进行所谓"伦敦金"等标准化合约的交易,在交易中采取了保证金制度、每日无负债结算制度和双向交易、对冲交易等交易机制,非法从事黄金期货等交易行为,共发展客户千余人,非法期货交易金额共计人民币771亿余元。

一个又一个被不断"刷新"的纪录,说明当前民间金融领域内犯罪形势十分严峻。这些案件呈现出的特点主要有:

1. 案件高发的原因与我国现阶段的金融政策和经济环境密切相关。随着社会经济的发展,老百姓手中的闲散资金增多,并逐渐改变了单纯依靠银行储蓄进行财务保值的投资理念,而试图通过其他方式来实现财富的增值,市场投资需求不断扩大。然而,现有的投资渠道有限,非法金融市场鱼龙混杂,金融产品质量参差不齐,风险极大,公众在利益的驱动下,加之对于一些新兴的投资项目、金融衍生品都缺乏了解,客观上给犯罪分子设计圈套欺骗民众提供了机会。同时,对于企业而言,金融发展滞后、金融压抑的状况确实存在,大银行主导的金融格局不能很好满足经济发展的需要。中小企业通过向银行贷款等正常渠道融资困难,随着原材料价格、劳动力成本的不断上涨,在高速发展的大环境中生态日益恶化,而一些不愿意望洋兴叹的中小企业,就铤而走险,通过非法集资的手段希望让自己的企业尽快地发展起来,而往往随着利息的水涨船高,企业经营不善,逐渐出现拆东墙补西墙仍无法支撑高额回报的局面。据了解,在正常年份,民间借贷一般维持在15%—25%的年利率,银根紧缩的情况下,则高达60%甚至更多。很多公司在经营发展难以为继,又要面临众多投资者的情况下,逐渐演变成了为集资而集资,脱离了实体经营的主线,只是通过不断地吸引新的投资,以保持资金链不断裂,来维系公司的存续。甚至在某些案件中,还演变成了以非法占有为目的的集资诈骗活动。

2. 犯罪迷惑性和隐蔽性更强。在办案中我们发现,借助公司形式、套用国家政策成为此类案件犯罪分子常用的迷惑公众手段。这些公司拥有合法的工商执照、完备的税务登记手续,用合法外壳掩饰违法行为,既是犯罪的工具,也成为其东窗事发后借以减轻罪责的"替罪羊"。而犯罪分子所选择的经营项目多是新型投资项目或是社会热点投资领域,利用国家宏观经济政策或地方政府急于发展地方经济的心态,给项目戴上"红帽子"。如利用国家发展乳品行业的政策,以"合作养牛"、"高息保本"的宣传手段吸金3亿元的"蒙京华奶牛银行"非法吸收公众存款案,很多投资人直至案发仍未能看清该非法集资行为以只赚不赔的美丽泡沫掩盖巨大危机的本质。由于我们的市场机制、金融环境、法制建设和公民的法律素养还跟不上经济高速发展的脚步,类似这样具有高度隐蔽性和迷惑性的案件还可能继续保持高发态势,给市场经济持续健康发展带来伤害。

3. 危害严重。一是涉众化趋势明显,造成危害面更加广泛。从民间金融活动中滋生的犯罪案件往往属于涉众型案件,这些案件本身的犯罪性质决定了是以不特定多数人为犯罪对象,因而波及面更广,受害群体更复杂。二是损失大,追赃难。如上所述,这类案件涉案金额巨大,而犯罪分子为了逃避法律追究,往往财务管理极不规范,有的财务根本不做账,有的犯罪分子甚至将款项存在个人账户内,有的案件涉案的个人账户多达近千个,资金走向复杂。而往往在案发前,这类账户内的涉案款项已被犯罪分子成功转移,给司法机关的查证造成了很大的困难。在很多案件中,犯罪分子还往往把吸收的款项大多用于高额返利的支付、广告宣传费用的支出、营销人员的高额提成,如"蒙京华奶牛银行"案中吸收的近1/3投资款都用于向各级"销售代表"支付提成等"行政费用",大量资金被消耗掉。司法机关追赃难,广大投资人的损失难以弥补。三是有损地方政府、主流媒体的公信力。在此类案件中,犯罪分子往往采取虚假承诺、夸大宣传与真实项目相交织,利用国家在一定时期内的宏观政策和地方发展经济的需要,骗取地方政府的支持,有的还在主流报刊杂志上进行各种软硬广告的宣传,这些行为都在不同程度上损害着主流媒体的可信度和地方政府的公信力。

4. 民间金融犯罪案件的高发是我国规范化监督制约机制相对落后于民间金融资本市场发展速度的直接表现,暴露出案发单位和相关行政执法部门在管理和制度上的漏洞。例如,在"地下黄金期货"案中,被告人以合法公司的名义实施,掩盖非法行为——暴露出相关行政执法部门对公司设立的把关和运营的监控不足;利用网络形式进行犯罪——暴露出相关部门对网络的监管不足;利用了广大投资人对金融衍生品市场的不熟悉——暴露出资本市场监管部门对新兴金融领域的市场监控不足、对公众的宣传引导不足;客户资金没有任何外部监管——暴露出相关金融机构对银行内账户资金的监控不足。

(二) 民间金融犯罪案件办理中的问题和难点

1. 法律界限模糊导致案件定性争议突出,查处困难

长期以来,法律界定不明确不仅是民间融资发展的首要障碍,也给相关犯罪案件的查处和定性带来困难。① 民间金融活动中可能存在的需要追究法律责任的情形往往被视作"灰色地带"而无法处置,例如,基层法院不受理民间"合会"引起的债务纠纷,又如已经涉嫌违法犯罪的非法融资活动假借"民间借贷"的外衣逃避刑事责任。而当无法寻求国家公权力救济时,有的民间借贷交易主体则通过黑社会势力来追索债务。如果民间金融活动能被置于法律法规监管的框架之内,则产生纠纷时可以通过合法救济途径解决。实践中,由于法律规制缺位、法律界限模糊,导致一个民间金融犯罪案件的查处不仅常常引起理论界甚至社会普遍争议,有时在行政执法和司法机关内部也存在较大分歧,给此类案件的查处工作带来困扰。因此,为了打击民间借贷过程中可能出现的金融犯罪活动,应当从本质上明晰合法的民间借贷活动和非法吸收公众存款、集资诈骗犯罪等金融犯罪活动之间的区别。

2. 犯罪预防存在困难

如前所述,由于民间金融活动本身的不明朗地位,使得此类案件在性质界定上存在很大的不确定性。例如,近年来办理的"碧溪广场"和"蒙京华奶牛银行"等非法集资案件,在集资过程中都曾出现投资人就集资活动中出现的问题和隐患向有关行政部门咨询、举报甚至向法院提起民事诉讼的情况,但

---

① 苏虎超:《民间借贷活动与金融犯罪相关问题探析》,载《中国刑事法杂志》2011年第6期。

都由于缺乏法律上的明确界定使得各部门认识也存在分歧，投资人难以得到及时警示，非法集资活动也难以得到及时遏制。

3. 查处时机不易把握

正是由于民间融资活动特有的"灰色"属性，在很多非法集资案件的早期，集资活动的性质往往难以辨清、损害结果尚未显现，如双方所签协议尚未到期，或一直都在按合同约定返利，这时司法机关介入调查，投资群众往往难以理解，甚至将矛头直指司法机关，认为正是由于司法机关的介入，才导致了其损失的发生，并以此为由要求政府为其损失埋单。但如果等到集资人资金链断裂再查处，则会使损失扩大，受害人增多，投资群众又往往会对司法机关查处工作的滞后感到不满。在近年的司法实践中，查处时机已成为司法机关处理这类案件的一个难点，对时机把握不准，不仅给案件定性和处理带来一定困扰，还可能引起群众与司法机关的对立，在一定程度上影响了司法机关的查处工作。

4. 打击范围缺乏统一标准

民间金融犯罪特别是涉众型的非法集资犯罪中，为了实现最大化的集资，往往存在相当数量的所谓"中间人"，在很多案件中，还出现了集资企业聘用的专门拉人入资的所谓营销人员，这些人员的具体情况参差不齐，他们的共同点是往往都在集资活动中提取了或高或低的提成，但其主观恶性和获利情况却大不相同，他们有的人"位高权重"，对非法集资活动认识很清楚，参与很深，并疯狂地攫取了大量集资款，有的则是被蒙蔽的老百姓，不少人自己还投了资，拉来的也多是亲朋好友，最终得到的有限的一点提成往往还不足以弥补投资造成的损失。而对这些人员在司法处理时应掌握什么界限，如何确定适宜的打击范围，一直没有统一的标准，司法机关在查处时往往一刀切的做法，常常会对案件查办的社会效果、追赃工作和善后处理等问题带来一定的负面影响。

5. 在案件的善后处理方面存在困扰，案结难"事了"

在民间金融犯罪中，那些以非法占有为目的的集资诈骗、合同诈骗等案件，由于犯罪分子对赃款的挥霍、转移等行为造成追赃困难是此类案件比较"传统"的难题。但随着社会的发展，大量非诈骗类案件如非法吸收公众存款、非法经营等案件的涌现，又带来了善后处理方面新的难题。特别是那些将非法集资用于一定实体项目的案件，在进入司法程序后，对于企业正在运转的实体项目、正在使用的集资款如何处理，对于受害的投资人要求挽回损失的诉求如何解决，已成为困扰案件查处工作的一大难题，仅凭传统的"抓人、封账"的"一刀切"式的处理方式已不能适应新的形势要求，造成此类案件在查处后普遍面临上访、群访压力较大的被动局面。面对新的形势，办案单位急需摒弃"就案办案"的简单做法，开拓符合形势发展和实践要求的新思路。

（三）"宽严相济"在查办民间金融犯罪案件中的运用与实践

1. 为什么要运用宽严相济刑事司法政策？

宽严相济刑事司法政策，是党中央在构建社会主义和谐社会新形势下提出的一项重要政策，是我国的基本刑事政策，是惩办与宽大相结合政策在新时期的继承、发展和完善。它的核心是根据案件的具体情况实行区别对待，做到该宽则宽，当严则严，宽严相济，罚当其罪，打击和孤立极少数，教育、感化和挽救大多数，最大限度地减少社会对立面，促进社会和谐稳定，维护国家长治久安。

如前所述，在当前的民间金融犯罪案件查办中存在着种种困扰和难点。而随着中国证监会日前发布《关于落实〈国务院关于鼓励和引导民间投资健康发展的若干意见〉工作要点的通知》，出台促进民营企业融资和规范发展、鼓励民间资本参股证券期货经营机构、为民营企业健康发展创造良好环境三大方面共15条具体措施，金融改革已经迈开步伐。可以预见，民间金融活动将迎来空前活跃期，但相关机制未及完善，尚有诸多问题等待明确。在这个转型期中，严防"灰色地带"滋生犯罪、保障民间金融安全的任务格外严峻。面对这一新的形势，在进一步完善立法的同时，司法机关只有充分运用宽严相济的刑事司法政策，才能处理好民间金融犯罪案件查办中的难点、最大限度地化消极因素为积极因素，取得办案的政治效果、法律效果和社会效果的高度统一。

2. 从立法层面来看，有关司法解释的出台已有宽严相济刑事司法政策的体现，但仍需进一步完善。

在相关犯罪法律规制长期空白、实践中困扰纷争不断的情况下，2010年年底，最高法院出台《关于审理非法集资刑事案件具体应用法律若干问题的解释》（以下简称《解释》），对于非法集资类案件办理的相关实务问题作出了一些较为具体的规定，并体现出了宽严相济的刑事司法政策。比如《解释》专门对不具有销售商品、房产、保险等真实内容的；利用民间"会"、"社"等组织非法集资的；以及以转让林权和以代、租、联合种植（养殖）等方式的非法集资等几种近年来迷惑性和危害性较为突出的非法集资行为明确规定以非法吸收公众存款罪定罪处罚。而对于那些有真实内容的集资行为，则不认定非法集资犯罪，如对于有真实发行股票、债券内容但未经主管部门审批的行为，以处罚较轻的"擅自发行股票、公司、企业债券罪"定罪处罚。同时规定"非法吸收或者变相吸收公众存款，主要用于正常的生产经营活动，能够及时清退所吸收资金，可以免予刑事处罚；情节显著轻微的，不作为犯罪处理。案发前后已归还的数额，可以作为量刑情节酌情考虑。"此外，对于最高可判处死刑的集资诈骗罪，《解释》也作了具体区分，规定"行为人部分非法集资行为具有非法占有目的的，对该部分非法集资行为所涉集资款以集资诈骗罪定罪处罚；非法集资共同犯罪中部分行为人具有非法占有目的的，其他行为人没有非法占有集资款的共同故意和行为的，对具有非法占有目的的行为人以集资诈骗罪定罪处罚"。

应当说，《解释》的这些规定都体现了宽严相济的刑事司法政策，填补了长期以来的空白，自颁布施行一年多以来，对于妥善办理非法集资类犯罪案件起到了重要的指导作用，但仍有很多问题未能解决，还远远不能满足司法实践的需要。比如"非法吸收公众存款"中的"法"，所指何"法"并不明确，关键术语"吸收公众存款"和"变相吸收公众存款"的界定也不明确。又如，《解释》第1条对非法集资概念作了限定：未向社会公开宣传，在亲友或者单位内部针对特定对象吸收资金的，不属于非法吸收或者变相吸收公众存款。同时第3条对集资对象的数量作出了规定。但是实践中，集资对象的范围是仅限直接对象还是包括"下线"，即有些学者所说的"扩大的间接推定"，一直存在分歧认识，在著名的"吴英案"中，这也是主要争议点之一。总之，本着宽严相济的原则进一步完善立法仍是首要的工作。当然，由于民间金融活动的特殊属性，对其准确定位应不仅是刑法一个部门法的责任，也不是刑法能够全部解决的，应是涵盖经济、法律、政策多个领域的"综合工程"。

3. 在司法实践中，运用宽严相济刑事司法政策应注意的问题：

（1）在立案环节和查处过程中，应准确把握"宽"与"严"的界限，慎重甄别罪与非罪。

在查办民间金融犯罪过程中，正确把握"宽"与"严"的界定是取得良好办案效果的关键。应当认识到，当前我国金融市场供求关系不均衡，特别是中低收入者的金融需求无法满足是造成当前民间金融犯罪高发的根源。以往的司法实践中，往往对民间金融风险缺乏预警和防范，[①] 一发生问题就放弃民法、行政法的手段，一步到位抓人重判，这是一种简单化处理市场失序问题的方法，脱离金融市场自身规律，投入巨大却如处置不当则会引起连锁反应，激发群体性事件，无法取得良好效果。

因此，要想妥善地办理好民间金融犯罪案件，必须调整思路。首要的就是

[①] 陈有西：《集资类犯罪的裁判误区——兼议吴英该不该核准死刑》，载《中国改革》2012年第3期。

厘清当前集资、借贷行为的三种性质：一是民事行为，合法的民间借贷，这是我国法律从未禁止过的，应当充分保护；二是非法吸收公众存款行为，属金融秩序犯罪，最高刑在10年以下；三是集资诈骗罪、合同诈骗罪等诈骗类犯罪，属于侵犯金融秩序和财产安全双重客体的犯罪，最高可判处死刑。厘清这三种性质，我们才能把握好宽严相济的界限，真正做到符合实际的"区别对待"。特别是由于当前相关法律规定的缺位，在合法借贷和非法集资之间界限模糊的情况下，要慎用刑法杠杆，充分体现刑法的"谦抑性"。正如最高人民法院《关于贯彻宽严相济刑事政策的若干意见》在规定有关政策法律界限的问题时也特别以非法集资案件为例指出："要准确把握非法集资罪与非罪的界限。资金主要用于生产经营及相关活动，行为人有还款意愿，能够及时清退集资款项，情节轻微，社会危害不大的，可以免予刑事处罚或者不作为犯罪处理。此外，对于"边缘案"、"踩线案"、罪与非罪界限一时难以划清的案件，要从有利于促进企业生存发展、有利于保障员工生计、有利于维护社会和谐稳定的高度，依法妥善处理，可定可不定的，原则上不按犯罪处理。特别对于涉及企业、公司法定代表人、技术人员因政策界限不明而实施的轻微违法犯罪，更要依法慎重处理。"

（2）在处罚上，应切实做到"宽严有别"。

宽严有别是指在查办民间金融犯罪案件时，应当根据案件的不同情况在处罚上区别对待，当宽则宽、当严则严。具体来说：

一方面，要根据案件不同性质区别对待。对于那些利用民间融资需求，借着民间借贷的形式达到非法占有目的集资诈骗、合同诈骗类犯罪活动依法严惩，并坚决打击插手民间借贷金融活动的黑社会性质组织犯罪和其他暴力性犯罪，维护金融秩序安全。而对那些有实体经营、为解决资金困难而采取的非法集资行为则应根据案件实际情况，如企业运转情况、资金使用情况、担保及信用记录等方面的具体情况，区别对待，特别是对那些真诚悔罪、积极退赔或有还款保证的，可给予从轻处罚。例如，在"碧溪家居广场"案，在案发后通过对集资项目的积极运作，将投资人的本金全部退赔，最终法院对被告人王保平从轻处罚，判处有期徒刑4年。

另一方面，还应注意在宽严相济政策引导下依法界定打击范围。如上文中所述，在非法集资类案件案发后，侦查机关往往将涉案企业的人员一网打尽，但是如何区分这些人员的责任，尤其是公司中的一些底层工作人员是否都需要追究刑事责任，应当运用刑事司法政策准确界定打击范围，做到"区别对待"。例如，在"碧溪家居广场"、"亿霖木业"非法经营等案件中，对于那些层次不高、作用不大、主观恶性不深的人员不追究刑事责任或给予缓刑、免予刑事处罚等从轻处理，不仅促使他们深刻悔罪、积极退赃，他们中的有些人还主动帮助司法机关进行法制宣传，鼓励身边和自己情况近似的人员主动退赃。实践证明，宽严相济政策的运用，有利于打击和孤立极少数，教育、感化和挽救大多数，最大限度地减少社会对立面，争取办案的政治效果、法律效果和社会效果的高度统一。

（3）在司法处理上还应注意"宽严有度"。

"宽严有度"是指在根据案件具体情况实行区别对待时，必须坚持严格依法办案，在法律框架内从宽和从严，避免随意性。既要注意克服重刑主义思想影响，防止片面从严，也要避免受轻刑化思想影响，一味从宽。特别是在从宽的问题上，有时会引起人们这样的担忧：会不会造成"花钱买刑"？应当说，要打消人们的担忧，必须对自由裁量权作出规范。近年来一系列关于量刑规范化的规定的出台，正是为了防止自由裁量权的滥用，避免"宽无边严无度"。

具体到在查办民间金融犯罪的工作中，一方面，对于有还款意愿、能够清退部分集资款项的行为人，可以依法适当从宽处罚；但另一方面，对那些明显以非法占有为目的实施的、性质特别恶劣的集资诈骗等犯罪，不能仅凭是否能补偿被害人损失作为从宽的理由。必须结合被告人犯罪的具体情节、认罪悔罪态度等综合判断。特别是被告人拒不悔罪、企图拿钱来进行交换的，是不能够给予从宽处罚的。最高人民检察院《关于在检察工作中贯彻宽严相济刑事司法政策的若干意见》中就明确指出：贯彻宽严相济的刑事司法政策，必须坚持罪刑法定、罪刑相适应、法律面前人人平等原则，实现政策指导与严格执法的有机统一，宽要有节，严要有度，宽和严都必须严格依照法律，在法律范围内进行，做到宽严合法，于法有据。

同时，在运用宽严相济政策处理民间金融犯罪案件时，还要注意做好风险研判和释法说理工作，提高群众工作能力，切实化解社会矛盾，避免舆情风险和其他执法风险，促进社会和谐。

（4）在宽严相济原则指导下积极探索妥善处理民间金融犯罪案件的新思路。

一是对重大疑难案件提前介入，并将相关善后处理问题提前纳入视野，在通过刑事司法、行政执法并重的手段来规制民间借贷过程中的失范现象的基础上，探索引进民事手段，进一步建立起以刑为主，刑、民、行结合的立体治理体系。例如，参加了"碧溪家居广场"非法吸收公众存款案的承办和善后工作的人员都深有感触，正是因为引入了民事手段和市场手段，才使涉案财产得以保值，最终向5000余名投资人退赔了全部投资款，取得了同类案件善后工作的重大突破，为化解社会矛盾、修复社会关系创造了良好基础。

21

二是完善与相关行政执法部门的行刑衔接工作机制，在查办案件中关注审批、监管部门的不善尽职守，及其背后可能存在的渎职和贪腐问题，不断加大查处职务犯罪的力度，并以此作为犯罪预防的切入点。通过办案我们发现，一个波及面广、影响大的非法集资案件背后，往往存在着相关监管职能部门的渎职甚至贪腐问题，例如，在震惊京城的"新国大"集资诈骗案中，检察机关就根据案件反映出的线索成功查办了证监会有关人员的渎职案。而实践证明，从监管职能部门的角度开展犯罪预防工作，是防范民间金融犯罪、保障金融秩序安全的有效途径。

三是在善后处理方面，一定要摒弃以往"就案办案"的简单思路，在"宽严相济"原则指导下积极探索符合实际、符合经济规律的处理办法。例如，能否探索借鉴金融机构对银行坏账呆账的托管模式，实行国家对涉案企业托管经营，使企业合法项目继续运营，一旦经营正常化，并能有所收益，就可以偿债，最大限度地减少受害人的损失。实际上，在我们以往办理的某些非法集资案件过程中，如"蒙京华奶牛银行"非法吸收公众存款案，在涉及涉案企业的养殖场的托管等问题上，已经作了初步的尝试，但要想建立起成熟的工作模式，仍需联合多方力量，通过实践进一步探索。

Chapter 2
第二讲
金融犯罪公诉工作的主要做法

一、检察机关办理金融犯罪案件的一些经验做法

随着我国市场经济的不断发展,经济犯罪如影随形、相伴而生。特别是金融领域经济犯罪的高发态势,给我们的工作提出了严峻的考验。面对新的历史时期赋予我们的艰巨使命,各级检察机关立足专业化办案的实践,创新机制,延伸职能,化解矛盾,努力参与社会建设。本讲以荣获最高人民检察院评定的"全国优秀公诉团队"市检二分院公诉二处的办案实践为基础,就办理金融犯罪案件的经验做法予以梳理。

(一)深化专业化建设,创新工作模式

北京市人民检察院第二分院自2004年5月在全国率先成立金融犯罪公诉组,十年来,这支专业化团队先后成功公诉了"中国首富"黄光裕内幕交易案,在全国具有判例意义的"股市黑嘴"汪建中操纵证券市场案,北京金融史上最大骗贷案胡毅等人贷款诈骗案,全国最大、京城首例"地下黄金期货"非法经营案等一批有重大影响的金融犯罪案件。金融犯罪公诉组成立后的工作模式可以用四个"专业化"来概括:

1. 案件办理专业化

金融犯罪公诉组主要以受理《刑法》分则第三章第四节"破坏金融管理秩序罪"、第五节"金融诈骗罪"中涉及的刑期在无期徒刑以上的罪名为主,还包括其他章节中涉及的金融、证券、期货、保险类案件。这样的专业化办案模式对提高办案效率、保证办案质量效果明显。由于实行专业化办案,使得承办人对于案件的犯罪性质、犯罪手段及法律适用等方面能熟练掌握,深入钻研,有利于摸索规律,积累经验,对每个案件事实、证据的审查会更细致、更透彻，提出的补充侦查或处理意见会更准确、更有效，从而更加有利于提高办案效率、保证办案质量。

2. 教育培训专业化

为提高办案人员的专业素质和综合素质，针对金融公诉组在办理案件中对相关业务知识的需要，专门制订了金融知识方面的教育培训计划，力争做到有的放矢。数年来，先后有银行、证券、工商、税务等部门的专业人士为专业公诉组授课，使公诉人员得到了宝贵的专业培训机会，为更好、更专、更精地办理案件打下了深厚的基础。在"请进来"的同时，公诉组还坚持"走出去"，在高校法律系建立"检察诊所"，与高校学子们就金融领域犯罪的相关问题作系统的研究、探讨。而对于国内金融类新型案件的动态，金融公诉组也保持着特殊的敏感和格外的关注，争取机会交流学习。如被称为"牛市内幕交易第一案"的杭萧钢构案在浙江省丽水市中院开庭审理时，因该案涉及证券内幕交易犯罪的主体、内幕信息的受领人是第几手受领人是否影响定罪等疑难、新型问题，金融犯罪公诉组专门派出人员赴丽水观摩该案庭审，获得了宝贵的学习和培训机会。

3. 总结经验专业化

由于公诉组承办的案件所具有的典型性、专业性的特点，为给以后类似案件的办理提供借鉴，公诉组要求每个承办人在办理完一件案件以后，都要及时总结，分析问题，积累经验。几年来，公诉组已在全国知名专业报刊上发表数十篇调研文章，而像"中科创业"操纵证券交易价格案这样的多个具有示范效应的案例也正是通过总结、调研的形式获得了上级领导批示，并被作为典型案例在全国检察系统进行推广。

4. 交流研讨专业化

金融犯罪公诉组立足专业化的工作机制和办案特点，与相关单位和部门建立了良好的交流研讨机制，对金融领域的专业知识、法律适用等问题，共同学习、共同探讨，构建了资源共享平台。自成立至今，公诉组先后与北京市工商局、北京市银监局、中国证监会等行政执法单位及部门建立了长期的协作关系，以案件为基础，以交流研讨的形式，解决了许多专业性强的疑难问题。资源共享平台的搭建，为公诉组的检察官拓展视野、增长金融专业领域知识起到了明显的促进作用。而更为可喜的是，随着金融犯罪公诉组在专业领域内的影响不断扩大，越来越多地受邀参加专业研讨会，如派员赴上海参加中国证监会行政处罚委主办的"内幕交易认定与处罚专题研讨会"，赴湖北宜昌参加证监会组织的"案件调查中的计算机技术运用专题研讨会"，赴广州参加由公安部牵头组织、人大法工委、最高法、最高检、证监会等参加的"新型操纵证券市场行为法律适用问题研讨会"等。特别值得一提的是，在"新型操纵证券市场行为法律适用问题研讨会"上，受邀参会的公诉组检察官结合办理的"股市黑嘴"汪建中操纵证券市场案作了主题发言，提出了公诉实践中遇到的有关法律适用等问题，并提出了相关的立法建议。据悉，"两高"将于近期针对操纵证券市场行为的有关法律适用问题颁布相关司法解释，为有力打击此类犯罪提供法律保障。可以说，通过所办个案对现行法律的思考与研究，对于相关司法解释的出台起到推动作用，是公诉专业化的实践中取得的令人欣慰的成果。

（二）加强法律监督力度，拓宽法律监督空间

通过专业化办案，有利于对同类案件进行量的积累，比较容易了解、发现案发单位的监管漏洞，并准确提出需要采取的防范措施，为履行法律监督提供了广阔的空间。为此北京市人民检察院公诉二处首创了"1234"专业检察建议模式：

1. "1"是指从承办的一个案件或者一类案件出发，深入挖掘案件中涉及单位存在的各部门、各方面问题。

2. "2"是指专业案件的双轨制发送，有条件的基础上既向发案单位发送，又向其主管部门或上级单位发送，以期其督促整改与落实，取得更好效果。

3. "3"是指在发送建议的三个环节都加强与被建议单位进行协调沟通，三个环节分别指发现问题环节、发送建议环节、整改落实环节，这样做能够更加全面、深入剖析问题，并取得被建议单位的配合。

4. "4"是指现阶段根据实际对于发送的检察建议的专业分类。如在办理"北京金融史上最大骗贷案"——胡毅等人贷款诈骗案的过程中，承办人就该案中存在的银行部门自身的制度不健全及权力制约监管缺失等问题约见了涉案的四家银行高管，针对这些问题，当面把脉。在充分了解各单位的具体情况后，分别向四家发案银行发出检察建议书，并充分利用"行刑衔接"的工作机制，致函北京银监局，并与该局相关部门面对面沟通，交换意见，希望银监局能够从主管行政部门的角度监督、督促上述四家银行重视建议内容并认真落实整改。四家银行收到检察建议后非常重视，认真查摆了问题，并向检察机关提交了厚厚的整改报告，制定了具体可行的整改措施。而在办理吴京湘票据诈骗、金融凭证诈骗案中，检察官更是凭借丰富的专业经验、精深的专业水平，敏锐、准确地发现了藏在案件后面的主谋郑华，并坚持将已在外逍遥10年的郑华追捕到案、提起公诉。后法院对郑华以票据诈骗罪、金融凭证诈骗罪判处死刑、缓期两年执行。该案在北京市第三届诉讼监督十大精品案件评选中获得第一名。

(三) 加强类案调研，积极延伸检察职能，参与社会管理

几年来，北京市人民检察院第二分院通过派员接受媒体采访、给有关单位和群体讲课、撰写并公开发表有关文章等多种方式，向社会公众进行法制宣传，讲解典型案例的犯罪手段和危害后果，从检察官的角度向社会公众及相关单位就防范金融犯罪风险提出警示，从而最大限度地从源头上避免和减少新的社会矛盾的发生。通过加强对类案和新型案件的研究，深入挖掘专业化特色。2011年，该院在对北京市检察机关办理金融犯罪案件情况进行全面调研的基础上，与北京银监局在共铸金融安全防线方面的相关工作探索合作空间，并签订了《合作备忘录》，依托于这一平台，双方联手推出了防范金融犯罪宣传手册，并已发放到北京各银行网点，到银行办理业务的普通市民都可以随手取阅。2013年，应北京银监局之邀，该院又派员给北京市全部中资银行的400余名支行行长和风控部门负责人就防范金融犯罪风险做专题授课，这在北京市尚属首次，取得了良好的效果。

二、金融犯罪案件证据审查要点

司法部司法鉴定管理局局长霍宪丹在接受媒体采访时说，根据有关调查统计，在100个错案中，不到一个是适用法律错误，大量错在法律事实认定上。金融犯罪案件专业性较强，涉及法律、法规和司法解释纷繁复杂，高效地办理这类案件，不只需要具有丰富的金融专业知识，更需要利用这些知识和案件的证据相结合，以去粗取精，去伪存真，由此及彼，由表及里，逐步揭露案件的本质。

1996年《刑事诉讼法》规定证据分为七类，2013年开始施行的《刑事诉讼法》第48条规定："可以用于证明案件事实的材料都是证据。证据包括：（一）物证；（二）书证；（三）证人证言；（四）被害人陈述；（五）犯罪嫌疑人、被告人供述和辩解；（六）鉴定意见；（七）勘验、检查、辨认、侦查实验等笔录；（八）视听资料、电子数据。"证据分类更加科学、严谨。金融犯罪案件，不同种类证据具有各自的特点，不同类型的证据的审查和判断，是办理金融犯罪案件的关键。下面着重介绍以下证据的特点和审查要点：

(一) 物证、书证的审查和判断

金融行业是程序相对完备的行业，很多程序都需要一定格式的合同、单据，因此，这些合同、单据便是金融犯罪案件的核心证据，比如，恶意透支型的信用卡诈骗犯罪，透支消费记录和银行催款过程的书证，信用证诈骗罪中的

信用证开出及议付等书证，保险诈骗罪中签订的保险合同，内幕交易罪的股票交易记录等，其中很多证据兼具物证、书证的特点，如何审查这些物证、书证是办理金融犯罪案件的关键。

金融犯罪案件的物证、书证具有如下特点：

1. 证明金融行为关键程序、环节的物证、书证通常也是争议较大的证据。比如，通过伪造签名的方式进行的票据诈骗罪，伪造签名的支票是认定案件关键的证据，围绕着这份证据如何形成，是何人实施的伪造行为，通常存在较大争议。

2. 有一些金融犯罪案件存在一些公文书证。有的公文书证是对案件某部分事实的认定，比如，人民银行对于假币的鉴定函，是对所收缴货币真伪的判断；有的公文书证则是对整个案件性质的判定，比如，内幕交易案件或利用未公开信息交易案件，证券监管部门可能会出具行为性质的认定函，以确认犯罪嫌疑人、被告人行为属于内幕交易行为或利用未公开信息交易行为，变相非法吸收公众存款犯罪案件，金融监管部门可能会出具意见书，以确认行为属于非法吸收公众存款行为。

3. 较为复杂的金融犯罪案件物证、书证较为庞杂。有一些金融犯罪案件，可能涉及几年来公司的账目，公司银行交易记录及凭证等，可能多达成千上万份，审查判断工作量极大，而且需要专业的财会知识。

审查判断这些物证、书证要注意以下几个方面：

1. 对关键的物证、书证，要通过鉴定的方式来确认其真伪，对一份金融凭证上的签字进行鉴定，可能直接关系到犯罪嫌疑人是否承担刑事责任。

2. 应当要求参与人围绕物证、书证进行陈述，综合发挥其证明作用。金融犯罪案件的物证、书证较为庞杂，办案人员要耐心、细致进行梳理，对于较为重要的证据调取相关人员的言词证据，以确定行为的目的及意义。比如，非法吸收公众存款案件，对于面向社会公众讲课的课件、讲话稿，通常有承诺还本付息的内容，对于这部分证据形成过程，如何对社会公众讲授，其中承诺还本付息言语的意义等内容，应当重点向犯罪嫌疑人、被告人、证人进行取证。

3. 对于数量庞大的公司财务、银行账目，应当根据办案需要进行司法会计鉴定，通过司法会计鉴定来分析经济模式。但鉴定本身并不能代替这些证据，有些证明事项需要直接运用个别财务及银行账目证据予以证明，比如，公司股东通过买车的方式占有公司款项的财务账目，可以作为其非法占有的书证。

4. 要客观看待公文书证的证明效力。司法实践中，办案人员通常较为依赖性质认定型的公文书证，证券管理部门出具内幕交易行为的确认函以后，司法人员再通过判断其金额是否符合内幕交易罪的追诉标准，很方便地认定犯罪

27

嫌疑人是否构成内幕交易罪。但是也应该注意到，这类公文书证的证明内容，是办案人员进行判断的内容，有关机关进行的判断虽然具有较强的专业性，但不能代替司法工作者的判断。正确的做法是司法工作者运用法律知识和一定的金融知识进行独立的论证，宜将此类公文书证作为参考。

（二）证人证言的审查和判断

证人就所了解的案件事实所做的陈述即证人证言。目前，我国刑事审判证人出庭率不高，绝大部分证人证言以书面证言的形式呈现。证人证言是金融犯罪案件的重要证据类型，对于较为复杂的金融案件可能会有数千份书面证言。

金融犯罪案件的证人证言有如下特点：

1. 有一部分证人证言的主要作用是对金融知识的阐述。比如，贷款诈骗案件，调取信贷部主任的证言，除了证明贷款申请、审核、发放的某个环节的事实以外，主要作用是证明银行发放贷款的政策规定，需要具有哪些条件，应当如何审核，需要提供哪些材料等。

2. 较为复杂的金融犯罪案件，需要通过证人证言来证明犯罪行为实施的各个步骤。实施金融诈骗犯罪的公司的成立过程，公司是如何虚构事实的，如何欺骗被害人使之陷入错误认识，如何占有钱款，赃款如何处分，各个环节可能都有一定量的证人证言予以证明，越是复杂的金融犯罪案件，证人证言的数量越多，可能多达几百份、上千份。

3. 证人证言中可能会存在评价判断性内容。证人除了证明一定的犯罪事实以外，通常还会附带对犯罪事实进行评价，可能是证人作证之后顺势而为，也可能是侦查机关有意引导。

审查金融犯罪案件的证人证言，需要注意以下几点：

1. 对于较为复杂的金融知识，调取证言是必要的。比如，操纵证券市场案，如何进行"抢帽子"交易，需要通过相关人员提供证言予以证明；对于利用未公开信息交易案件，对于金融公司是如何运作的，股票池怎么形成，如何利用股票池进行交易等，需要调取金融公司相关人员的证言。

2. 对于规模较大的金融犯罪案件，要注意审查证人作证是否自愿。有的金融犯罪案件是以公司的形式实施的，公安机关破案时，会抓捕公司内股东、高管、中层甚至是普通员工，但移送审查起诉或者是案件提起公诉后，追诉的人员会大幅减少，其他人员转作证人，对这些证人在采取强制措施阶段所调取的证言，要考虑其当时所处境遇，是否涉及威胁、引诱、欺骗的情况，是否存在以释放来换取证言的情况。

3. 对于关键证人要亲自核实真伪，要以庭审交叉盘问的标准来审核。修订后的刑事诉讼法规定了关键证人出庭的相关制度和保障措施,金融犯罪案件的一些关键证人,尤其是直接关系到犯罪嫌疑人、被告人是否构成犯罪、构成什么犯罪的,办理过程中要尽量亲自核实,要通过正反两个方面反复核实其内容,防止案件事实认定出现偏差,同时为庭审交叉盘问做好准备。比如,金融诈骗犯罪案件,用以证明或否认非法占有目的的证人证言。

4. 对于数量较大的证人证言要按照不同的证明进行分类、取舍、归纳。比如,某非法吸收公众存款案,所吸收对象达数万人,公安机关调取了其中三千余人的证言,证明如何获悉公司的理财产品,如何购买,如何获取本息等等,几千份证言证明内容基本雷同,从调取证据的角度看,应该详细调取几十份就足够了,要求其他人员填写登记表或者录入数据库即可;从审查证据的角度看,没有必要将重心放在几千份证据的审查和判断上,对证明内容进行归纳和梳理即可。

5. 对证人的评价判断性内容,一般不作为证明案件事实的依据。办理金融犯罪案件的过程,就是司法人员透过经济现象来分析其是否符合金融犯罪的犯罪构成的司法判断过程,证人对此的评价性内容,并不能替代司法工作者的评价,不应作为证明犯罪嫌疑人、被告人是否犯罪的证据,但证人基于一定的事实进行的评价判断,具有一定的合理性,并不能否定其他部分的证据效力。

(三)被害人陈述的审查和判断

被害人是直接感知案件的当事人,被害人陈述是证明案件事实的重要证据,具有较强的证明力。部分金融犯罪案件,主要是对金融秩序的侵犯,实际受到损失的人并不是案件的被害人,比如,非法吸收公众存款犯罪中被吸收存款的社会公众,因内幕交易犯罪而受到损失的股民。金融诈骗类犯罪案件,具有诈骗案件的一般特点,陷入错误认识而处分财产并实际造成财产损失的人所做的陈述是被害人陈述。

金融犯罪案件的被害人陈述具有如下特点:

1. 有些金融犯罪案件侵犯的银行等单位的财产,被害人陈述是以被害单位相关人员陈述的形式出现的,这类被害单位人员陈述具有证人证言的特点,具有较强的客观性。比如,贷款诈骗案件,银行作为被害单位,通过银行信贷部工作人员的陈述证明被骗过程。

2. 集资诈骗罪面向的是不特定的社会公众,被害人众多。比如,某集资诈骗案件,被害人达七百余人,调取、审查这些被害人陈述工作量较大。

3. 某些金融诈骗犯罪具有连环诈骗的特点,对被害人的认定不仅关系到案件性质,也关系到后续的民事责任承担。例如,某公司骗取担保公司的担保，成功申领银行的贷款，银行已通过民事诉讼要求担保公司承担担保责任，认定担保公司还是银行是被害人，关系到案件是认定为对担保公司的合同诈骗，还是对银行的贷款诈骗，也关系到究竟是由哪一方来承担损失。

审查金融犯罪案件的被害人陈述要注意以下几个方面：

1. 虽然金融犯罪案件的被害人陈述客观性较强，审查判断时仍要防止被害人隐匿案情或者夸大损失，对被害人陈述的关键环节，需要结合其他证据尤其是客观证据予以认定。比如，近些年银行采取跑马圈地的方式来发行信用卡抢占市场，对恶意透支型信用卡诈骗犯罪，犯罪嫌疑人是否虚构自己的收入情况和经济能力，不能仅听银行工作人员的一面之词。

2. 对于被害人众多的集资诈骗案件，所证明被骗过程大多是雷同的，需要集中进行归纳和判断，证明损失的内容要结合客观证据来认定。

3. 对于连续实施诈骗的案件，不应简单地确认实际损失者为被害人，应当考虑各被骗方的责任大小和过错程度来确定被害人，正确认定案件性质，兼顾案件的民事责任承担。

（四）犯罪嫌疑人、被告人供述和辩解的审查判断

犯罪嫌疑人、被告人的供述俗称口供，是犯罪嫌疑人、被告人在刑事诉讼过程中就案件事实所作的陈述和辩解。通常情况下，犯罪嫌疑人、被告人是案件事实的亲历者，是犯罪行为的实施者，对犯罪的整个过程最为清楚，所作的陈述在整个证据体系中具有重要的价值，被称为"证据之王"。犯罪嫌疑人、被告人的供述和辩解一般包括对本人行为的供述、对同案犯行为的供述和对犯罪事实的辩解，其表现形式一般包括书面文字、同步录音录像和直接言词等几种。

金融犯罪案件的犯罪嫌疑人、被告人的供述和辩解一般有如下特点：

1. 犯罪嫌疑人、被告人供述中关于犯罪方式的供述，通常涉及较强的专业知识。比如，对于变相非法吸收公众存款的案件，犯罪嫌疑人、被告人对于公司的经营模式并不避讳，但是公司的经营模式通常被设计的比较复杂；对于内幕交易和利用未公开信息交易犯罪，犯罪嫌疑人、被告人对于犯罪的基本方式的供述，涉及较多的证券知识；对于贷款诈骗和骗取贷款案件，犯罪嫌疑人、被告人的供述中会涉及较多的贷款申请、审核、发放等方面的知识。

2. 犯罪嫌疑人、被告人供述中对于自己行为的供述和犯罪的核心环节的供述，可能会有所隐匿。金融犯罪案件是典型的高智商犯罪，犯罪嫌疑人、被告人一般具有较高的学历，具有一定的专业背景知识，比如，某利用未公开信息交易案，犯罪嫌疑人杨某高考考入中国科技大学少年班，后硕士研究生毕

业，记忆力超强，对上百只股票能够如数家珍般地讲述买入卖出过程。金融犯罪案件的犯罪嫌疑人、被告人一般能够供述整个犯罪过程，但是对于共同犯罪案件，通常供述本人的犯罪行为较少，有向其他共同犯罪成员推诿的现象；对于较为复杂的犯罪，一般不愿供述犯罪的核心环节。

3. 犯罪嫌疑人、被告人更多地从经济学的角度去阐述自己行为的合理性，进而否认社会危害性。比如，某集资诈骗案件，犯罪嫌疑人通过销售纪念币、邮票并承诺定期加价回购的方式，诱骗顾客购买，几名犯罪嫌疑人都辩解称纪念币、邮票处于上升周期，加上公司资本进行炒作，能够完成加价回收，以此来证明自己的行为符合经济学原理。

审查、判断犯罪嫌疑人供述和辩解，需要着重把握以下几个方面：

1. 是否存在刑讯逼供及其他非法取证行为。基于犯罪嫌疑人、被告人供述的证据之王的地位，加之金融犯罪较为艰深的金融背景知识，侦查人员对于犯罪嫌疑人有关金融方式的供述和辩解，容易理解为避重就轻、逃避处罚的拒不认罪，虽然新刑诉法修订以后，刑讯逼供的现象大幅减少，但是不给犯罪嫌疑人核对笔录，将已完成的笔录强迫犯罪嫌疑人签字，诱导性发问等非法取证行为仍比较突出。在审查和判断金融犯罪案件犯罪嫌疑人、被告人的供述时，要对刑讯逼供及其他较为严重的非法取证行为所获取的供述及时排除，从告知诉讼权利到提讯、庭前会议等各个阶段，注意对供述取得合法性的审查和判断。

2. 要充分利用同案犯罪嫌疑人、被告人互相指证。对于较为复杂的金融共同犯罪案件，犯罪嫌疑人、被告人对于自己的行为通常避重就轻，向其他同案犯推诿责任，供述他人的犯罪行为较为明确。调取、审查犯罪嫌疑人、被告人供述，要充分利用相互间矛盾，加强相互指证的力度，通过这种交叉证明关系，更好地还原犯罪过程。

3. 要透过犯罪嫌疑人、被告人有关经济学问题的辩解来判断是否具有社会危害性。犯罪嫌疑人、被告人对于犯罪行为经济学上是否合理的辩解，通常都是以虚构前提或者偷换概念为前提的，对此进行一定程度的揭露和批判的基础上，更为重要的是结合犯罪构成分析其行为的社会危害性。

4. 要注意利用客观证据来修正犯罪嫌疑人、被告人的供述和辩解。办理金融犯罪案件，应利用调取到的客观证据，来揭露犯罪嫌疑人、被告人供述的不实之处，通过对客观证据的解释和说明的过程，使供述更具客观性和真实性。

(五) 鉴定意见

修订后的刑事诉讼法将鉴定结论改为鉴定意见，作为"科学证据"，鉴定意见是具有专业知识的人就案件的某些特定事项进行的判定，本质上是"专家证人证言"，但不同于其他证人证言是对案件事实的感知，而是利用专业知识的判断。

金融犯罪案件的鉴定意见，主要对象是文书、单据、财务等方面的证据，具有如下特点：

1. 有的金融犯罪案件对核心证据的笔迹鉴定，是认定案件事实的关键。比如，伪造的金融票据，是不是犯罪嫌疑人的签名，需要进行笔迹鉴定，笔迹鉴定成为认定案件的关键证据。

2. 有的金融犯罪案件需要对文字形成时间进行鉴定，比如，票据诈骗犯罪，连续背书转让票据，有可能需要通过鉴定文字形成时间来确定犯罪事实。

3. 财务账目等方面的证据较为庞杂，需要进行司法会计鉴定，还发挥其整体的证明作用。

审查金融犯罪案件的鉴定意见，应注意以下几个方面：

1. 笔迹鉴定需要具有一定量的检材，要注意审查检材是否充分。

2. 文字形成时间的鉴定难度较大，受很多客观因素的制约。很多案件亟需进行文字时间的鉴定，但是实践中往往无法鉴定形成时间，只能通过其他手段来证明案件事实。

3. 司法会计鉴定要注意向鉴定机构明确证明方向。财务账目及银行单据等证据不仅能够证明公司总体财务情况，根据具体案件的需要，可能还能够证明每月财务情况，股东侵占款项情况，公司的经营收入等，根据认定案件事实，区分犯罪嫌疑人、被告人责任的需求，应及时向鉴定机构提出需求，明确证明方向，鉴定机构根据获取的检材判断形成何种意见。

(六) 电子数据证据

修订后的刑事诉讼法明确规定电子数据证据为独立的证据种类，金融领域是广泛应用计算机和互联网的行业，是否足够重视并全面调取电子数据证据，如何审查判断这些电子数据证据，直接关系到办案质量。

金融犯罪案件电子数据证据有如下特点：

1. 金融犯罪案件普遍存在电子数据证据，但侦查机关普遍重视程度不够。应用计算机和网络办公的公司或个人，所实施的金融犯罪案件，普遍存在电子数据，但侦查机关调取电子数据证据意识不强，可能仅是将办公电脑作为物证或公司财产予以扣押，并不注意调取其中的文件。比如，A公司非法吸收公众存款案，侦查机关扣押了四十多台电脑，但是在移送审查起诉时没有移送电子数据证据，经过退回补充侦查，检察机关要求侦查机关将电脑中的数据材料进行整理移送，这些证据成功地证明了公司对外公开宣传如何高额返利，成为认定案件的关键证据。

2. 电子数据证据内容庞杂，侦查机关往往重固定而轻梳理，重静态呈现而轻动态运用。在办理某金融犯罪案件的过程中，所涉及的电子数据证据将近200G，公安机关将其固定在移动硬盘中全部移送，并不注重对这些证据进行梳理，尤其是结合这些证据有针对性地对犯罪嫌疑人和被害人取证，充分发挥这些证据的证明作用。

3. 有些电子数据证据是一个复杂的数据库，需要借助计算机专业人士的力量以充分发挥其证明作用。比如，某非法吸收公众存款犯罪案件，公众投资金额、时间、联系方式、返利情况都录入公司研发的数据库中，经过计算机专业人士的讲解，利用数据库的运算，能够看出每个人的投资及返利情况，能够看出公司总体吸收存款人员情况，甚至能够判断出公司还本付息的比例。

审查判断电子数据证据，应做好以下几个方面：

1. 一定要高度重视电子数据证据的价值，引导侦查机关尽量完善地调取电子数据证据。很多金融犯罪案件，电子数据证据成为成功指控犯罪的关键。

2. 要注意电子数据证据的固定方式，防止被毁损、涂改。电子数据证据具有较强的灵活性，可以随意拷贝，固定电子数据应采用专业的方式，并出具固定的过程，防止电子数据证据毁损或被涂改，确保证据的合法性。

3. 电子数据证据具有多维的证明作用，不仅可以证明案件事实，还可以证明形成时间、形成过程等，应充分发挥电子数据证据的证据价值。

4. 电子数据证据内容庞杂，重在梳理。采用归类法、截图法、说明法、标注法等多种方式对电子数据证据进行去粗取精，确保关键的电子数据证据能够呈现在庭审之中，也要大胆舍弃重复的或者次要的电子数据证据。

5. 电子数据证据虽然非常重要，但需要同主观证据结合，以证明其来源、形成过程、内容、意义等，更好地发挥其证明作用，所以在调取电子数据证据之后要围绕电子数据证据调取所有人、保管人的言词证据。

三、对较为复杂的金融犯罪庭审掌控

金融犯罪案件一般案情复杂、证据量大、专业性强，被告人、辩护人通常作无罪辩护，所以，这些案件的庭审通常是既具专业性又具对抗性，支持公诉

的难度很大。下面围绕较为复杂的 A 公司非法吸收公众存款案①，粗浅论述以下较为复杂的金融犯罪庭审的掌控。

（一）A 公司涉嫌非法吸收公众存款案的庭前准备

A 公司涉嫌非法吸收公众存款案，社会影响大，维稳压力大，案情复杂；前期侦查阶段工作比较粗糙，给案件的庭审带来前所未有的挑战，庭审争议焦点多、证据量庞大、庭审秩序难控制，公诉难度高、压力大。庭审之前，主要做了以下两个方面的准备工作：

1. 精心拟定庭审预案。拟定详尽的公诉方案，分别拟定庭审讯问方案、举证、质证方案、公诉意见书、答辩方案及证人出庭预案。大到对整个案件的定性，小到被告人的具体量刑情节，细到具体被告人可能在什么问题上出现翻供及应对方案，从辩护人角度预测可能的答辩意见及焦点问题，并一一拟定具体的应对方案，整个预案达 26 万字之多。此前，已引导侦查调取定案的关键证据。办案人员亲自到侦查机关帮助梳理、甄别电子证据，调取到很多案件的关键证据。

2. 充分利用庭前会议。本案开了两次庭前会议，在合议庭主持下，重点对非法证据排除、举证方式等问题控辩双方交换了意见。

（1）有效应对非法证据排除问题。针对牛某、李某及其辩护人提出的刑讯逼供等非法证据排除的申请及部分瑕疵证据的排除申请，公诉人一方面依法调取了公安机关承办民警的书面说明、出入所证明等证据，否定了辩方所提的非法取证的可能性，另一方面对瑕疵证据要求公安机关作出了合理解释和说明，证明了其在侦查机关所作供述的合法性，较好地完成对非法证据排除的应对工作。

（2）达成举证、示证方式的合意。因本案证据内容庞杂，公诉人对举证提纲进行简化后在庭前会议中提交合议庭和辩方，并提请合议庭同意对部分环节的言词证据，如员工证言、加盟商证言等进行简化出示，重点宣读几个证言，其余只宣读名称、页码和证明内容。

（二）A 公司涉嫌非法吸收公众存款案的庭审公诉谋略的运用

A 公司一案证据涵盖刑事诉讼规定全部证据种类，证据内容庞杂，所含信息量大；A 公司的犯罪手段属于新型非吸犯罪，在法律上存在争辩的空间。上述特点，决定了本案庭审，公诉谋略有较大的发挥空间。公诉人在整个庭审过

---

① 具体案情详见本书下篇案件三：A 公司非法吸收公众存款案。

程中，充分突出公诉谋略在各个环节的应用，牢牢掌握庭审的主动权。

1. 法庭讯问阶段对被告人的讯问点到即止

在 A 公司案的讯问提纲研讨过程中，在对案件的核心问题——A 公司经营模式的讯问过程中，采取点到即止的讯问方式，问出事实即达到目的，对所讯问出的矛盾问题既不过度开发，也不给被告人评判的机会，这样做一方面能够保证控方的讯问意图不过早暴露，对辩方造成一定的心理压力，另一方面在辩护人进行讯问之后公诉人能够通过针对性的诘问后发制人，更重要的是，能够为控方的公诉意见论证预留出空间，防止讯问阶段节外生枝。

比如讯问被告人牛某的过程中：

公诉人：《加盟 A 公司的十大理由》你清楚吗？

牛某：我个人设计的。

公诉人：(《加盟 A 公司的十大理由》中) "良好的控制把比例控制在 1:1.3 到 1:1.5" 是怎么做到的？

牛某：我们发放运营补贴（依据的）是运营补贴比例，是按照实际营业额所推定出来的。

公诉人：1:1.3 到 1:1.5 是什么意思？

牛某：当我的营业额 1:0.7 了，实际发生额低了，我把我的沉淀基金拿出多少就可以到 1:1.3 了，就拿出来，就可以达到预期的数值了。比如，我这月实际发生额是 1:1.7，下月是 1:0，我就会把所有的沉淀资金放到池子里。目的就是取之于市场，用之于市场。

公诉人：公诉人提请法庭注意牛某关于沉淀资金的这部分供述。

事实上，A 公司一直对外宣传按照加盟金额的实际增长比例为加盟商返利，实际上却通过人为地改动加盟金额增长比例，未兑现为加盟商高额返利的承诺。被告人牛某在庭审中就比例改动问题，辩解为"沉淀资金"修正的结果。实际上，"沉淀资金"的说法虽然能够为牛某解决增长比例改动的事实漏洞，却无意间在案件的最核心焦点问题——承诺高额返利——露出了致命的破绽，因为按照被告人牛某侦查阶段的供述，发放运营补贴的比例是客观形成的，也就是 A 公司无法控制这个比例来承诺高额返利，但是庭审中牛某搬出"沉淀资金"，将运营补贴增长比例修正到 1:1.3—1:1.5（换算后加盟商获得返利为本金的 11—17 倍），意味着 A 公司在通过控制这个比例的方式来兑现对加盟商高额返利的承诺。"沉淀资金"问题无疑是牛某供述中的致命漏洞，公诉人打破惯性思维，并没有就"沉淀资金"问题进行过度讯问，以免打草惊蛇，尤其是没有问 "通过沉淀资金来调整发放比例的目的是什么？""为什么要将增长比例刻意地维持在 1:1.3—1:1.5 这个区间？"等问题，而是提醒法

庭对此问题予以关注。在公诉意见中,就牛某有关"沉淀资金"的辩解意见,公诉人有600余字的专门论述:

对于运营补贴实际发放比例不一致的问题,牛某在庭审过程中提出了有别于李某的第二套说法,就是公司运用沉淀资金(保障基金)进行调整控制补贴的发放比例,控制在1∶1.3—1∶1.5。按照1∶1.3的比例发放运营补贴,拿满25期,加盟1500元,能够拿到运营补贴总额在存在封顶的情况下,补贴金额是16712.05元,是加盟金额的11倍。按照1∶1.5的比例,有封顶的情况下是加盟金额的17倍。我们注意到牛某的说法与《加盟方案》所列举的比例是一致的,这样又产生了三个问题:第一,按照被告人牛某的说法,运营补贴的发放比例根本就不是客观形成的,是经过沉淀资金的调控的结果。那么,被告人所宣称的运营补贴客观形成——无法承诺的谎言就不攻自破了;第二,牛某称加盟金额的增长比例与运营补贴的发放比例是两个概念,加盟金额的增长比例通过沉淀资金的调整形成运营补贴的发放比例,那么我们来看一下沉淀资金的力度有多大?第6个月加盟金额负增长为1∶0.64,对外宣称运营补贴增长比例为1∶1.72,第22个月加盟金额负增长为1∶0.84,对外宣称运营补贴增长比例1∶1.38,第24月加盟金额负增长为1∶0.63,对外宣称运营补贴的增长比例是1∶1.39。沉淀资金变成调整发放比例,兑现高额返利的工具;第三,我们看牛某所供述的沉淀资金调控运营补贴发放比例的目的是什么,难道是为了减少运营补贴的发放吗,显然不是,牛某供述中承认其主要目的是为了保障加盟商运营补贴的发放金额。这难道不是在以实际行动来兑现对加盟商的返利承诺吗?

这种点到即止的讯问方式,在讯问的过程中广泛应用,取得较好的效果。

2. 利用被告人之间的矛盾变为"以子之矛,攻子之盾"

牛某与李某之间并非铁板一块,他们之间存在错综复杂的矛盾。在庭审过程中,公诉人一直不失时机地在利用这些矛盾来打击辩方联盟。比如,在法庭讯问阶段利用牛某和李某的矛盾,来澄清两个人在公司的职责划分问题,在举证质证阶段要求二人对质,将二人的矛盾公之于法庭。

3. 通过调整示证顺序来欲擒故纵

我们认为,示证时固然要考虑证明事项、证据类型进行分组,同时也要通过巧妙地调整示证顺序,达到欲擒故纵的效果。

在A公司案的示证阶段,公诉人首先出示了公司员工120余人的证言,被告人牛某及辩护人认为这些证言都不具有合法性,因为证人不可能说出"投资、理财、银行、利息、本金"这样的非吸的专业词语,是侦查人员引诱或者歪曲证人意思记录的结果。比如:

辩护人：该份证言是在侦查人员引诱下作出的，所以是非法的。

公诉人：如果辩护人认为该证言是引诱作出的，希望辩护人首先向法庭明确诱导性讯问的概念，并论证在证言中侦查人员是如何引诱的。

辩护人："（这份证言中）'问公司如何发展投资人'，这个问话是有问题的，发展投资人是一个设陷性的问话。作为一个公司员工，他可能分不清投资与消费的区别，老百姓是分不清楚的"。

公诉人：第一，"投资、理财、银行、利息、本金"这样的词语，是基于证人回答的事实进行的拓展性的讯问，并非侦查人员首先提出，所以不存在引诱性发问的问题；第二，对本案的分析应透过现象看本质，着眼于 A 公司模式的实质，而不是进行表面上的概念上的区分。

但是辩护人对所有证言中出现的"投资、理财、银行、利息、本金"这样的词语，不断地进行重复性质证，坚持称这些话是公安机关引诱证人作出对被告人不利证言。示证阶段出示证人证言几乎每证必质，示证、质证工作非常艰苦，当然，我们艰苦承受的目的是达到"欲先取之，必先予之"的目的，为的是故给辩护人迎头痛击。

在后续的庭审中，公诉人中断了言词证据的出示，出示了《牛某讲课》视频。

公诉人：经过三天漫长的庭审，公诉人出示了指控犯罪的部分证据，被告人、辩护人对于其中的内容提出质疑，也提出了关于投资、理财、返本付息这些词语的来源问题，但是考虑到需要对前期的问题做一个确认，公诉人对于举证的顺序做了一个调整。所以今天上午首先向法庭申请播放被告人牛某在 A 公司培训加盟商时的讲课的录像资料……

该讲课视频中大量出现诸如"投资、理财"其至有"返本"这样的词语。

随后，公诉人出示了《牛某讲话》的书证，在这份讲话稿的主要意图不仅是间接承诺高额返利，而且大量出现"投资、理财、银行、利息、本金"这样的词语。辩护人阵营陷入短暂的混乱：

（牛某的）辩护人：《牛某讲话》中的理财是"一般理财"而不是"金融理财"……

公诉人：发表两点意见，一、我们反对断章取义，应当以书证的整体内容论证证明目的。不可否认这篇讲稿中的确提到了商品的问题，但是讲话中反复提到了理财、股市、银行、投资、利息、多赚、少赚等词语。这让我想起前几天庭审中被告人及辩护人认为上述词语一出现就是公安机关诱供或者是植入，如果是这样的话，公安机关是如何把这些词语植入牛某的讲话中去的？现在大家终于知道这些词语是谁植入公司员工和加盟商头脑中去的，所以辩护人对侦查活动违法的结论是草率的、武断的和不负责任的。二、当然我们的证明目的不是证明牛某讲话中有这些词语就是犯罪，但是通观牛某讲话的核心意思就是A公司在承诺高额返利。原因有二……

至此，完成欲擒故纵的过程。

4. 努力让"哑巴证据"说话

实物证据被喻为无法与人交流的"哑巴证据"，它能够客观地呈现案件事实，却不能主动地向人们表达，实物证据包括物证、书证、勘查、视听资料、电子数据证据等。公诉人在举证阶段出示"哑巴证据"时不能"哑巴出示"，要对证据的内容进行重点强调，要对证明内容进行详尽的阐述，利用实物证据客观性较强的特点，充分发挥其证明效用。

如果从言词证据和实物证据的角度去划分，A公司案的言词证据主要是公安机关前期调取的，包括被告人供述、公司员工的证言200余份、加盟商的证言3000余份，这些言词证据中相当一部分是直接证据，但是就证据的合法性被告人及辩护人普遍进行质疑，主要是因为：第一，言词证据中，存在有关非吸犯罪构成的非常专业的表述，一般证人不可能知道这些词语；第二，打印版的证言，部分语句雷同，甚至错误都是相同的，怀疑公安机关制作证言过程中拷贝笔录，违背了证人的意志。客观地说，辩护人提出的证据瑕疵在言词证据中是普遍存在的。

A公司案的实物证据，比如，公司对外宣传的课件、文档、视频等，是专案组在审查起诉阶段逐一核查扣押的被告人的电脑或移动存储介质中的电子数据证据的内容，明确列出目录，要求公安机关予以打印并交被告人签字认可。这些证据虽然不是直接证据，但是对于证明A公司的经营模式，尤其是本案的核心问题——高额返利，起到了决定性作用。这些证据的出示前，公诉人对证据的内容进行了重点强调，有的甚至全文宣读，出示之后，对证明的内容尤其是证明高额返利额问题进行了深入的论证。

比如，出示《牛某讲课》的视频，长达两个小时左右，信息量很大，公诉人全程予以播放之后，一并出示了牛某讲课的PPT，公诉人对此进行了近700字的说明：

结合牛某在4月13日所作的加盟方案的讲解，在这个文件夹中我们同时还查获了加盟方案的讲课课件，对其中牛某涉及的对联合加盟方案的讲解大家可以看到从对公司简介、竞争优势，包括对商品的介绍在之前作了一个总体的讲解，之后牛某对联合加盟方案的个人加盟平台、企业加盟平台进行了描述，当然在这个过程中他确实提到了公司不承诺发放补贴的数额，但是之所以写上这条的理由也作了相应的解释，大家也听到了说的是无奈之下。在公司固定板块的讲解中，牛某用了很形象的比喻，交给公司 100 万元，公司不断地给你打钱、打钱，100 万元回来了。但是我们在之后的对于公司的运营补贴的讲解过程中我们又看到了被告人先后多次用明确的语言向加盟商提示了公司在模拟的 1∶1.35 的情形下能拿到多少钱，何时能返本。同时牛某还明确讲解了钱是怎么回来的理由，在这个过程中牛某也讲解到了一个成功的企业它的发展趋势，之后又向加盟商出示了实际营业额的增长比例。在公司向加盟商推介 16 期的优惠项目中牛某又向加盟商推介了 16 个 4 的项目，但是在这个项目中我想牛某对于这个项目所包含的意义到底是什么，对于加盟商会得到什么样的利益也作了解释，就是回本速度很快，这是明明确确的话语，不是公诉人所说。同时他还讲到仅仅是为了回本吗？之后的回答大家也听到了。在企业发展的实际增长中他也说到了这是公司已经走过的道路，这是公司的最低增长比例，从来没有低过这个数，这是就公诉指控提炼出的几个言语，提请法庭质证。……

强化客观证据的证明价值，不仅要通过公诉人的阐述和论证，有时还需要恢复法庭调查阶段，对其中的核心问题进行核实，达到言词证据与实物证据相互印证的效果。

公诉人对这两份证据中"回本的速度快"进行了一连串的发问：

公诉人：你究竟认为加盟商购买公司产品是股东关系还是消费者关系？

牛某：是消费者关系。

公诉人：你刚才打了比方说是像股东一样，所以不保证收益，股东行为是商业行为还是经营行为？

牛某：股东是经营行为，在我公司里的消费者是消费行为，股东是经营行为，不要误认为消费者是经营行为。

公诉人：回本指的是什么？

李某：拿到商品。

公诉人：为什么拿到商品会叫回本。

李某：他本身是拿到了商品，假如他买了 1 万元的商品，运营补贴也达到了 1 万元，老百姓会有一个概念是回本了，和证言中提到的回本还息是不是同一个概念？这是他自己感觉的回本了，而不是公司承诺。讲到股东的问题，本身就是假设。

公诉人：回本快指的是什么？

牛某：消费后拿到的运营补贴达到他消费的数额（加盟金额）。

公诉人：提请法庭对被告人就回本的差异性表述记录在案。

在公诉意见中，就这两份证据，尤其是其中"回本"的问题有近 300 字的论述：

该证据中牛某明确指出"16个4的优惠活动的特点就是回本快"。庭审过程中，被告人牛某、李某对上述客观证据的内容予以认可并提出了相应的辩解。李某明确指出"16个4回本的速度快，'本'指的是加盟金额"，已就高额返利进行本息的区分。被告人牛某就此辩解"本"指的应该是货物，回本就是获得货物，得到牛某本人的否认。按照牛某的辩解，既然"本"指的是货物，那么回本就是提货，回本的速度快应该指的是提货的速度快，督促加盟商提货就是回本，为什么是16个4的模式回本的速度快，其辩解漏洞百出的背后，就是因为客观证据显示公司对高额返利的承诺是毋庸置疑的。

公诉人通过示证阶段的深入阐述，法庭辩论阶段的综合分析论证，使得实物证据的证明价值得以充分发挥，为论证高额返利打下了坚实的基础。

5. 适当抓住辩方失误进行深入论证

如果庭审过程中，能够抓到辩护人的失误，有必要结合案情进行较为深入的论证，不仅能够打击辩方的气势，而且有助于控方观点的进一步阐述。

A公司案的法庭调查进入辩方举证阶段，被告人牛某的辩护人提供了53本卷的证据材料，是1600多份加盟商的自书材料，其内容大多是评价性的内容，认为到A公司是为了购买商品，自己利益并没有受到侵害，相反，在公安机关查封A公司后自己的利益受损；还有部分加盟商在公安机关提供过证言，又向辩护人提供自书材料，称向公安机关提供证言是遭到了侦查人员的威胁。

辩护人分成多组出示这些证据，在出示之前：

辩护人：这些证据是加盟商自己形成的证据，然后交到家属手里，然后家属交到我们。我们律师没有亲自参与证据形成过程。

辩护人：当时A公司公司被查封时，公安机关办案行为不规范。当时形成的所谓报案人材料，是被迫报案或者强制报案。

公诉人在对第一组进行质证过程中提出证据来源和形式不合法，依据是"《律师办理刑事案件相关规范》规定了直接取证原则"。辩护人进一步提出了辩解。

辩护人：这是一个金融犯罪的案件，我们办案也非常小心，我们避免在这种案件里被人误解，说律师煽动，或者误导别人。所以我们没有亲自去做询问笔录，没有以询问笔录的形式去做这样一份证据。

在辩护人出示第二组过程中，继续就辩护人提供的材料的来源问题穷追不舍。

辩护人：出示第二组证据，一共是46份证言。证明目的是我们加盟商拒绝报案。

第二讲 | 金融犯罪公诉工作的主要做法

公诉人：审判长，公诉人想就辩护人出示的证据来源情况向辩护人了解情况？

审判长：可以。

公诉人：你刚才提到这些自书材料是家属转交给你们的，那么你向法庭说明一下，是哪名被告人的家属，在什么时间什么地点如何提供的？

辩护人：实际上只有极少一部分是家属提供的。

公诉人：那好，辩护人暂时先对这极少的一部分的来源进行说明，是哪一部分，哪名家属提供的。

辩护人意识到如果继续说这些证据是家属提供的，公诉人可能进一步提出家属与被告人存在利害关系来进行质疑，便改变了说法。

辩护人：实际上绝大部分是加盟商以快递的方式提供的，如果律所周围垃圾箱没有清空的话，那里面应该有所有邮寄这些材料来的袋子。

公诉人：就是说你们把证明来源的关键性材料作为垃圾处理掉了。

辩护人：证据的来源我认为我已经说清楚了，至于说采信不采信，这是法庭的事情。

法庭也意识到了辩护人提交的材料的合法性和关联性问题，要求辩护人对其余材料简要说明即可，辩护人提交的材料所要达到的反复宣示 A 公司模式是商品销售的合法模式和公安机关违法办案的目的大打折扣。

公诉人在综合性的质证意见中指出：

公诉人：第一，我们很同情这些加盟商现在的境遇，但是根据非法吸收公众存款罪的犯罪构成，该罪是没有被害人的，所以辩护人提出的强迫报案的情况是不存在的。我们要求加盟商过来登记他们的加盟金额，也是为了将来更好地保障他们的权益。第二，辩护人提供的材料，只能叫作证据材料，首先不符合证据形式，其次是关联性和客观性无法查清。这些材料只有辩护人他们当庭口头说，一部分来自被告人家属，我们知道，如果是家属提供的证据，那么提供人与被告人存在利害关系，这些到底是家属主动去调取的，还是这些人主动向家属去提供的。这些人向家属提供的过程中，有没有中间环节？这些人是在家属的见证下书写的这些材料，还是这些人独立书写，再转交的。是辩护人对证据的真实性、关联性负责，还是被告人家属对证据的真实性、关联性负责？所以我们认为这只是一个证据的材料，或者证据的线索。第三，我们本着对案件负责的态度，也审查了全部的辩护人提交的证据材料……

公诉人：……我们认为，你们提交的所有这些材料、线索材料，举证主体和取证程序不合法。刑诉法赋予了辩护律师取证权，却没有赋予所有辩护人取证权。这个法律规定背后体现的精神是什么？就是辩护律师是专业的法律人，

41

我们信任他们的专业法律素养，信任他们根据准则和规范，进行专业的证据搜集。因此，辩护律师基于规避风险的考虑，放弃了合法取证的程序，那同时我们要提醒的是，你在避免风险的同时，也放弃了法律赋予你们核实证据材料合法性真实性的职责。您的行为导致这些材料不能作为证据使用。

对被告人牛某的辩护人所出示的53本卷1600多份加盟商的自书材料质证，已经达到了预期的效果。辩护人对证据来源性材料的错误处理，对证据来源问题闪烁其词的错误答辩，给了公诉人借题发挥的机会。令公诉人意外的是，被告人李某的辩护人出示的一份证据，给了公诉人就此问题再次深入论证的机会。

（李某的）辩护人：出示某证人提供的情况说明。这份证据的来源是，我们会见李某的时候，他讲到有个助理知道些情况，我们就联系这个助理，然后那个助理给我们把情况说明寄过来的。

李某辩护人提供的材料主要证明李某参与犯罪的时间，李某在质证时对该材料予以认可，李某的辩护人提交的这份材料内容是客观真实的，公诉人准备予以认可。

审判长：公诉人有什么意见？

公诉人：请辩护人再讲一下这份证据的来源。

（李某的）辩护人：是会见李某的时候，李某提到了这个问题……出去之后，我们跟这个助理联系，她说李某来公司的经过。她可以写一份情况说明来写明这个情况。这是她寄给我们的EMS信封（向法庭展示），我们也都留下来了。

公诉人：这个材料加上这个信封能够反映出证据的来源问题。公诉人认为这份材料是具有证据资格的，这份材料的内容和当庭几个被告人的供述也是能够印证。但是公诉人有几点不同的意见，是关于证明目的的问题……

公诉人在此就证据资格问题的深入论证，在确认李某的辩护人的非关键性证据的同时，进一步强化了对牛某的辩护人提交的材料不具有证据资格的论证。一弃一留之间，反映了两名辩护人不同的职业素养和专业精神；一取一舍之间，清晰地表明了控方对是否具有证据资格的判断原则。当然，公诉人认为，庭审的核心还是应该牢牢围绕承诺高额返利的事实，对辩护人取证的瑕疵，表明观点即可，没有必要在占尽优势的情况下进行过度论证。

6. 结合控辩焦点及时调整公诉意见

如果说在庭前准备阶段，一个好的公诉意见是准确预测庭审的焦点，那么在庭审阶段，一个好的公诉意见是视庭审情况而进行调整的公诉意见。

A公司案庭审过程中发表的公诉意见进行了全面的修改。这份公诉意见仅

8200余字，其中，证据论证部分多达3700多字，改变了原公诉意见中对全案证据综合论证的方式，而是结合庭审的特点，突出客观证据的证明作用，同时揭露了被告人供述之间的矛盾，包括这样四个部分：

第一，以客观证据为基础，以被告人供述为印证，能够证明A公司宣传过程中承诺高额返利；第二，审计报告客观公正，证明了A公司虚假宣传的目的是为了兑现高额返利承诺；第三，其他的书证和言词证据能够证明在整个非法吸收公众存款犯罪中，各部门的分工及各被告人职责；第四，部分被告人无罪供述矛盾重重，面对客观证据，其辩解可谓漏洞百出。

公诉意见对案件证据及认定事实的论述，以客观证据为基础，来强化对A公司承诺高额返利的论证，结合被告人供述的矛盾，揭露其辩解的虚假性。公诉意见法庭调查阶段的问题，进行了全面的分析和概括，为本案的定性分析打下了坚实的事实基础。

定性分析部分，原公诉意见围绕非吸犯罪的非法性、公开性、利诱性、社会性分别论证，但是从庭审的情况看，非法性、公开性、社会性基本不存在争议，本案的庭审焦点是是否承诺高额返利问题，辩方的辩护观点已初露端倪——A公司是合法的商品销售，所以不可能是非吸犯罪。据此情况，公诉人对公诉意见进行了调整，其内容直指案件的核心问题——高额返利问题。包括这样四个部分："第一，商品交易的存在与否并不影响非吸犯罪的成立；第二，加盟款是发放运营补贴的依据；第三，运营补贴与加盟款形成资本与收益的关系；第四，A公司对外宣传过程中既有直接承诺高额返利，也存在通过一定的逻辑关系，间接承诺高额返利"。

从庭审的效果看，辩护人的辩护意见并没有依庭审的情况进行调整，其辩护意见内容，公诉意见中也大多进行了有力的反驳。

（三）复杂金融案件庭审经验

1. 要有大局意识，考虑办案社会效果，配合维稳防控

A公司非法吸收公众存款案涉及4.2万余名加盟商，其中部分人反复上访，自受理之日起就制定了详细的处置方案。在庭审前，针对是否允许加盟商旁听庭审、公诉人出庭安全、利用庭审澄清谣言等问题，制定专门预案。庭审过程中，公诉人利用讯问、示证、辩论等各个环节，通过案件事实的论证不失时机地澄清谣言，对被告人、辩护人一些毫无根据的言论予以及时驳斥，防止新的谣言流出。

2. 要抓住案件重点和主要矛盾，庭审过程中不断地分化瓦解被告人

在认定案件事实上，始终围绕是否承诺高额返利这一案件核心，并通过调

取、出示、论证客观证据来锁定高额返利问题。在人员处理上,庭前经过两次分流,将 120 余名作用小、层级低的人员做无罪化处理,将组织、领导和积极参加的被告人依法提起公诉,在庭审过程中,也进行区别对待、明确重点,从而各个击破。

3. 要依靠科学的工作方法,合理调配分工,发挥团队公诉优势

通过科学合理的人力资源调配,在庭审过程中,多人组成公诉团队按照讯问、示证、答辩进行分工,彼此相互配合,高效运转,使得讯问有力,示证流畅,答辩准确;几名负责辩论的公诉人之间也有细致的分工,既有人负责事理论证,占据理性平和的制高点,也有公诉人负责澄清谣言,驳斥煽动性言论,掌握庭审气势。

even
Chapter 3
第三讲
货币犯罪

一、货币犯罪基础知识

(一) 货币基础知识

货币是商品生产与商品交换内在矛盾发展的必然结果,是从商品中分离出来的固定充当一般等价物的特殊商品。① 货币首先是商品,它固定地充当一般等价物,体现着一定的生产关系。货币的发展历程大致经历了实物货币—金属货币—纸币—电子货币等阶段,这些阶段并非不能共存,现如今,有些国家既有实物货币、金属货币和纸币,还有电子货币同时共存的现象存在。

货币职能是指货币所具有的内在功能,是货币在商品经济中所起的社会作用。货币的职能是货币作为一般等价物的货币本质的具体体现。在发达的商品经济中,货币执行价值尺度、流通手段、贮藏手段、支付手段和世界货币五种职能。(1) 价值尺度职能是货币的首要基本职能,是货币作为衡量商品价值标准的职能。货币执行价值尺度职能,表现商品的价值量并不需要现实的货币,只需要观念上或想象的货币即可。为了准确地把各种商品的价格表现出来,就必须有统一的货币计量单位,即货币单位。每一个货币单位包含一定金属重量及其等份,叫价格标准。不同国家有不同的货币单位,中国的元、美国的美元、英国的英镑等。价格标准的最初是以金属重量单位名称来命名的,如中国的"两"、英国的"镑"。(2) 流通手段职能是指货币在商品交换中充当交换媒介职能,货币作为流通手段,使直接的物物交换变成了以货币为媒介的间接交换,这种间接交换被称为商品流通。执行流通手段的货币必须是现实的货币,不需要是足值的货币,可以用货币符号代替。流通手段职能与价值尺度职能同是货币的两个最基本的职能。(3) 贮藏手段职能是指货币退出流通领

---

① 罗剑朝主编:《货币银行学》,清华大学出版社 2007 年版,第 5 页。

域被人们当成社会财富的代表而保存的职能。货币的贮藏手段职能是在价值尺度和流通手段职能的基础上产生的。执行贮藏手段职能的货币必须是现实的货币，必须是有稳定价格的货币材料，一般用贵金属来实现货币的贮藏手段职能。(4) 支付手段职能是指货币在不同时期伴随着商品流通而作价值单方面转移时执行的职能。货币的支付手段最初是由商品赊销引发的，随着商品经济的发展，货币作为支付手段，不仅用以偿还债务，还被用作支付租金、工资和税费等。(5) 世界货币职能是指货币在国际市场上作为一般等价物发挥作用而执行的职能。作为世界货币，货币一般以贵金属的形态出现，到现在部分国家的纸币也在充当世界货币，如美元、欧元等。

我国现行货币制度是一种"一国多币"的特殊货币制度，即在大陆实行人民币制度，而在港、澳、台地区实行不同的货币制度。表现为不同地区各自有自己的法定货币，各种货币各限于本地区流通，各种货币之间可以兑换，人民币与港元、澳门元之间按以市场供求为基础决定的汇价进行兑换，澳门元与港元直接挂钩，新台币主要与美元挂钩。①

人民币是中国大陆地区的法定货币，国家以法律的形式赋予其购买和支付能力。人民币具有无限法偿能力，具体是指人民币支付我国境内的一切公共和私人的债务，任何单位和个人不得拒收。人民币是一种信用货币，是价值符号。人民币不与任何金属保持等价关系，人民币既不规定法定金属含量，也不能自由兑换黄金。其主要特点有：（1）从人民币产生的信用关系来看，中国人民银行发行人民币形成一种负债，国家相应取得商品和劳务。人民币持有人是债权人，有权随时从社会换取各种商品。（2）从人民币发行程序来看，人民币是通过信用程序发行的，或者直接由发放贷款投放的，或是由客户从银行提取现钞而投放的。中国人民银行发行或者回收人民币，相应要引起银行存款和贷款的变化。为了保证人民币的法定货币地位不受侵害，国家法律规定：严禁金银流通和私自买卖；严禁外币流通；严禁伪造、变造人民币；禁止出售、购买、运输、持有、使用伪造和变造的人民币；禁止故意毁损人民币；禁止在宣传品、出版物或者其他商品上非法使用人民币图样。②

（二）货币犯罪的刑事立法概况

自新中国成立以来，十分重视对货币犯罪的打击。1951年4月19日中央人民政府政务院颁布施行了《妨害国家货币治罪暂行条例》，这是新中国成立

---

① 刘立平主编：《现代货币金融学》，中国科学技术大学出版社2012年版，第58页。
② 邱继洲：《货币金融学》，科学出版社2010年版，第38~39页。

以后第一部由政府制定实施的打击货币犯罪的法律规范。该暂行条例主要规定了伪造货币罪，变造货币罪，贩运、行使伪造、变造的国家货币罪，破坏国家货币信用罪，持有、使用假币罪等罪名，它施行了将近三十年，基本形成了我国对货币犯罪刑事打击的主要内容，直到1979年《刑法》颁布才停止适用。但它的有关内容，被1979年《刑法》加以吸收、完善，成为刑法中货币犯罪的重要组成部分。1979年《刑法》继续保留了《妨害国家货币治罪暂行条例》中原有的伪造国家货币和贩运伪造国家货币罪的罪名，与《暂行条例》相比，1979年刑法缩小了对象范围，将变造、贩运变造国家货币的行为不再规定为犯罪，如果变造数量较大，则比照伪造国家货币罪定罪处罚，并且进一步取消了货币犯罪主观上具有的"反革命目的"和"意图营利"的规定。1979年《刑法》实施以后，随着货币犯罪形势的不断变化，变造货币犯罪日益猖獗，后中国人民银行1982年8月21日《关于变造国家货币按伪造国家货币治罪的函》经全国人大常委会法制委员会和最高人民法院认可，被赋予法律效力，将变造货币犯罪纳入刑事打击范围。1994年9月8日最高人民法院颁布《关于办理伪造国家货币、贩运伪造的国家货币、走私伪造的货币犯罪案件具体应用法律的若干问题的解释》，再次明确了货币犯罪的数额认定、货币犯罪的具体行为和变造国家货币行为的刑事处理。

鉴于货币犯罪形式变化，为了维护国家货币管理秩序，保障社会主义市场经济体制的健康发展，1995年6月30日全国人大常委会通过了《关于惩治破坏金融秩序犯罪的决定》，这一单行刑法的出台，全面系统地规定了货币犯罪，解决了有关争议问题。具体表现在：扩大了犯罪对象，将外币纳入；增加了变造货币罪，金融工作人员购买假币、以假币换取货币罪，持有、使用假币罪等新的罪名；明确了犯罪的行为方式，将"贩运"分解为"出售、购买、运输"；提高并明确了法定刑。这些规定对1997年《刑法》产生很大影响，1997年《刑法》关于货币犯罪的方面基本上继承和吸收了上述内容。①

1997年新修订的《刑法》在第三章第四节"破坏金融管理秩序罪"中首先规定了货币犯罪，基本承袭了1995年6月30日全国人大常委会《关于惩治破坏金融秩序犯罪的决定》的有关内容，仅对入罪数额标准和法定刑进行了调整完善。1997年《刑法》实施以后，为了应对具体司法操作，最高人民法院、最高人民检察院、公安部等有关部门相继发布了多个法律规范文件：2000年9月8日最高人民法院《关于审理伪造货币等案件具体应用法律若干问题的

---

① 柯葛壮主编：《中国经济刑法发展史》，黑龙江人民出版社2009年版，第198~202页。

解释（一）》、2001年1月21日最高人民法院印发《全国法院审理金融犯罪案件工作座谈会纪要》、2009年9月15日最高人民法院、最高人民检察院、公安部《关于严厉打击假币犯罪活动的通知》、2010年11月3日最高人民法院发布《关于审理伪造货币等案件具体应用法律若干问题的解释（二）》、2010年5月7日最高人民检察院、公安部发布《关于公安机关管辖的刑事案件立案追诉标准的规定（二）》等，这些文件的出台对加强司法解释和指导司法操作起了十分重要的作用。

（三）货币犯罪的基本特征

货币犯罪是指违反货币管理法规，伪造、变造货币，出售、购买、运输、持有、使用假币，以及金融机构工作人员购买假币、以假币换取真币的行为。作为金融犯罪的一部分，货币犯罪严重威胁市场经济稳定和国家货币信用体系。

1. 客体特征

犯罪客体是国家货币管理制度，具体而言，货币犯罪侵犯了国家货币的信用，扰乱了货币发行和流通。货币犯罪的对象是正在流通中的货币，包括本国货币和外币，既包括在我国能自由兑换的外币，也包括在我国不能自由兑换的外币。

2. 客观特征

货币犯罪客观上都违反了国家货币管理法律法规，实施了伪造、变造、出售、运输、持有、使用、购买和换取货币（假币）的八种行为。行为人明知其违反货币管理法规，仍积极从事法律明文禁止的货币犯罪行为。对于持有假币的"持有"应当认定为一种状态，其他货币犯罪都可能存在对假币的持有状态。

3. 主体特征

货币犯罪的主体主要是一般主体，个别犯罪只能由特殊主体构成，如"金融工作人员购买假币、以假币换取货币罪"只能由金融工作人员才能构成。货币犯罪中，单位是否能成为犯罪主体值得研究，根据现行刑法规定，单位不能成为伪造货币罪和出售、购买、运输假币罪的主体。司法实践中，大规模、有组织的单位伪造货币、出售、购买、运输假币的现象十分常见，因此，将单位纳入该类犯罪主体十分必要。

4. 主观特征

货币犯罪的行为人主观上都出于故意心态，但不要求行为人具有特定的犯罪目的。实践中，货币犯罪的犯罪分子绝大多数都是以谋取非法经济利益为目的，但这仅是事实问题，不是刑法规定。不能因此就认为货币犯罪必须出于"营利目的"、"牟利目的"或者"意图供行使或者流通"[①]。

(四) 货币犯罪的新近发展

当前我国货币犯罪呈现一些新的趋势特点：

第一，货币犯罪技术化。高新技术突飞猛进的今天，推动了经济发展的同时，也提升了犯罪科技化水平，使得货币犯罪的手段日益高超，令对货币犯罪的打击越发困难。近年来各地都出现了高仿真的假币，甚至验钞机起初也无法辨识，其仿真程度足以当真，严重扰乱货币市场秩序。

第二，货币犯罪猖獗化。随着社会主义市场经济的进一步发展，商品流通加快，我国货币保有量和发行规模均达到新的高点，货币使用范围和方式多样化发展，人民币的国际化进程加快等因素，致使我国货币犯罪呈现出一种高发态势。

第三，货币面值多样化。为了追求更大的违法价值，犯罪分子一般倾向于印制面值较大的假币，如100元、50元的假币居多。而近些年来，随着防伪技术进步，以及国家对大额面值假币犯罪的打击趋于严厉，一些犯罪分子开始转向小面额的假币制售，如10元、5元，甚至1元的纸币和硬币。

第四，货币犯罪国际化。现今的货币犯罪往往表现为境外制造，向境内走私、运输、持有、使用，形成了制售、走私、贩运、出手等一条非法产业链。另外，货币犯罪的对象呈现国际化，随着中国经济发展和国人出国的需求增加，犯罪分子制售外币的动力越加强劲，以外币为犯罪对象的假币犯罪行为也越来越多。

第五，货币犯罪乡村化。货币犯罪一般发生在经济发达、货币流动量大的城市地区或者沿海地区，但随着城市居民防范此类犯罪的意识提高以及当地公安机关打击力度的加强，一些假币犯罪进入了城乡结合部和农村，在这些地方设置制售假币工厂、使用假币等实施货币犯罪更具有隐蔽性。

二、伪造货币罪

伪造货币罪，是指不具有货币发行资格的自然人，违反国家货币管理法律法规，仿照正在流通中货币的形状、图案、色彩等特征，非法制造足以使人误认为真币的假货币的行为。

[①] 利子平、胡祥福主编：《金融犯罪新论》，群众出版社2005年版，第56页。

(一) 犯罪构成要件

1. 客体

犯罪客体是国家的货币管理制度，具体侵犯了货币的公共信用和货币发行权。依据《中华人民共和国人民币管理条例》，在我国只有中国人民银行才有权印制、发行人民币。

本罪的犯罪对象是正在流通的货币，这里的"货币"不仅指人民币，还包括其他国家正在流通的货币，货币种类包括纸币和硬币。伪造古钱币、已经废止的货币、代币券、外汇兑换券、金银条（块）等不构成本罪，行为人若以伪造的上述通货进行诈骗的，可以按照诈骗罪处理。"对于国家宣布废止的通货，在一定兑换期间仍可在市场上流通、使用的，尽管已丧失了通用货币的性质，但在兑换期间对其加以伪造的，仍可构成本罪。"① 纪念币是否能成为伪造货币罪的犯罪对象呢？依据《中华人民共和国人民币管理条例》第三章第18条的规定，"纪念币是具有特定主题的限量发行的人民币。包括普通纪念币和贵金属纪念币。"其中，中国人民银行在发行纪念币进行公告时，往往规定普通纪念币与现行人民币职能相同，可与同面额人民币等值流通。可见，伪造普通纪念币是可以构成伪造货币罪的。至于贵金属纪念币，根据最高人民法院的相关司法解释，贵金属纪念币也是可以成为伪造货币罪的犯罪对象，一般而言，贵金属纪念币发行价格比标明币值高，其工艺价值、收藏价值和纪念价值比发行价格更高。因此，"假贵金属纪念币犯罪的数额，以贵金属纪念币的初始发售价格计算"。②

2. 客观方面

犯罪客观方面表现为仿照真货币的形状、图案、色彩等制造外观上足以使一般人误认为是真币的假货币之行为，即行为人实施了伪造货币的行为。行为人实施伪造货币行为的动机、目的和使用的伪造手法不影响本罪构成。对本罪构成而言，重要的是行为人伪造的假币，足以使人误认为是真币，达到了普通人不小心区分则难以分辨的程度，这是对伪造假币的仿真度要求。另外，伪造货币必须是参照正在流通中的真币，必须是以有效流通的真币为对象仿照其形状、图案、色彩而制造假币。如果不是以国家发行的真币为伪造对象而伪造现实中不存在的货币，无所谓伪造问题，也不会侵犯本罪所要保护的社会关系，

---

① 张军：《破坏金融管理秩序罪》，中国人民公安大学出版社2003年版，第58页。
② 最高人民法院《关于审理伪造货币等案件具体应用法律若干问题的解释（二）》第4条第2款。

但在行为人使用时有可能构成诈骗罪。

3. 主体

本罪的主体是一般主体，凡是达到刑事责任年龄、具备刑事责任能力的人均可成为本罪的主体。但根据我国现行刑法规定，单位仍不能成为本罪的主体。依据1999年最高人民法院《关于审理单位犯罪案件具体应用法律有关问题的解释》第2条规定："个人为进行违法犯罪活动而设立的公司、企业、事业单位实施犯罪的，或者公司、企业、事业单位设立后，以实施犯罪为主要活动的，不以单位犯罪论处。"因此，个人如果为实施伪造货币犯罪活动而设立公司、企业、事业单位的，或者在公司、企业、事业单位设立后，以实施伪造货币犯罪为主要活动的，不以单位犯罪论处，应当以个人犯罪论处。对于不符合上述司法解释规定的，单位或者单位内部参与从事伪造货币行为的，应当按照共同犯罪有关理论进行处理。①

4. 主观方面

本罪主观方面表现为故意，过失不构成本罪。即行为人明知自己无权制造货币，而故意仿照流通中的真币制造假货币，并且希望这种结果的发生。行为人主观上一般往往具有使假货币进入社会流通领域，从中牟利的意图，但主观上的目的不是本罪成立的必备要件。因此，无论出于何种目的实施了伪造货币的行为，只要伪造货币的数额或者数量达到了刑法追诉标准，都应该以伪造货币罪定罪处罚。

（二）疑难点司法认定

1. 罪与非罪

伪造货币须达到一定数额才能以犯罪论处。根据相关规定，伪造货币的总面额在2000元以上或者币量在200张（枚）以上的，才构成犯罪。

另外，伪造可以在国内市场流通或者兑换的境外货币的币值数额应当以人民币计算。境外币种以案发时国家外汇管理机关公布的外汇牌价折算成人民币。对于中国外汇交易中心或者中国人民银行授权机构未公布汇率中间价的境外货币，根据案发当日境内银行人民币对该货币的中间价折算成人民币，或者该货币在境内银行、国际外汇市场对美元汇率，与人民币对美元汇率中间价进行套算。

对于伪造中国人民银行发行的纪念币的币值数额，假普通纪念币犯罪的数额，以面额计算；假贵金属纪念币犯罪的数额，以贵金属纪念币的初始发售价

---

① 李永升：《金融犯罪研究》，中国检察出版社2010年版，第91~92页。

格计算。

2. 一罪与数罪

行为人伪造多种币种或者行为人多次实施伪造货币行为的，只构成伪造货币罪一罪。行为人同时采用伪造和变造手段，制造真伪拼凑货币的，按照相关司法解释，按照伪造货币罪一罪定罪处罚。对于行为人伪造货币后，实施了出售、购买、运输、持有、使用、走私伪造货币行为的，此时行为人是构成一罪还是数罪？

（1）行为人伪造货币构成犯罪，同时又对自己伪造的货币予以出售、运输、持有、使用的，应当按照吸收犯的处罚原则，仅以行为人构成伪造货币罪，从重处罚。对此，《刑法》第173条第3款规定："伪造货币并出售或者运输伪造的货币的，依照本法第一百七十条的规定定罪从重处罚"，根据当然解释原理，伪造货币后持有、使用的，也可以依据上述规定处理。另外，上述"自己"不一定仅指行为人本人，还包括共同犯罪的人以及行为人所在的犯罪集团的其他成员。①

另外，行为人伪造货币构成犯罪，同时对他人伪造的货币予以购买、出售、运输、持有、使用且数额达到追诉标准的，应当以伪造货币罪和出售、购买、运输假币罪或者持有、使用假币罪分别定罪量刑，数罪并罚。

（2）行为人伪造货币构成犯罪，同时又走私其伪造的货币的，应当按照吸收犯处罚原则，以走私假币罪定罪从重处罚，因为走私假币罪重于伪造货币罪。

另外，行为人伪造货币构成犯罪，同时又走私他人伪造的货币的，属于两种犯罪实行行为，应当以伪造货币罪和走私货币罪分别定罪量刑，数罪并罚。②

3. 停止形态

伪造货币由一系列十分复杂的过程组成，行为人的行为表现可能为购置机器设备、原材料、选择造假场所或者制版、印刷和剪裁等行为，究竟如何区分预备行为、实行行为？如何判断伪造货币罪的既遂与未遂界限？依据刑法理论，为了犯罪准备工具、制造条件的行为是犯罪预备，那么伪造货币罪中购置设备和原材料，选择场所等行为就应当视为准备工具、制造条件的行为，应属犯罪预备。另外，需要注意的是，根据最高人民法院《关于审理伪造货币等案件具体应用法律若干问题的解释（一）》的有关规定，行为人制造货币版样

---

① 郑丽萍：《货币犯罪研究》，中国方正出版社2004年版，第191页。

② 谢望原、陈琴：《伪造、变造犯罪研究》，中国人民公安大学出版社2010年版，第36页。

或者与他人事前通谋，为他人伪造货币提供版样的行为属于伪造货币的实行行为，不以犯罪预备论处。

我国理论通说认为犯罪既遂是指行为具备了刑法规定的犯罪的全部构成要件。对于伪造货币罪而言，其属于行为犯，即伪造行为实施完成便是犯罪既遂。但伪造货币是由一系列行为构成，该罪的实行行为开始以及完成如何判定？由于各类货币的伪造手法不一致，也不可能穷尽所有情况来列举既遂标准。所以，伪造货币罪的既遂标准应当提出一个实质的判断标准，即只有当伪造出来的货币与真币相比较时，达到了普通人难以分辨的程度而容易误认为是真币，而此时的最后一道工序即标志着伪造货币实行行为的结束，也标志着伪造货币罪的既遂。

4. 共犯问题

司法实践中，贩卖假币者可能直接从伪造货币的犯罪人手中购买假币。此时，二者是否构成共同犯罪？如果购买者与伪造者事前有通谋，则按照伪造货币罪的共犯来处理，若事前无通谋，则分别定罪处罚。但值得注意的是，此时通谋的内容一定要是双方都有伪造货币加以贩卖的意思，若购买者明知他人伪造货币，而仅是单纯考虑其伪造出来假币以后购买一些，对伪造货币没有参与共谋也没有具体参与行为，则不能认为是购买者与伪造者事前通谋，不宜认定为伪造货币罪的共犯，应当分别定罪处理。

（三）办案依据查询与适用

1. 《中华人民共和国刑法》（1997年10月1日起施行）（节录）

第一百七十条 [伪造货币罪] 伪造货币的，处三年以上十年以下有期徒刑，并处五万元以上五十万元以下罚金；有下列情形之一的，处十年以上有期徒刑、无期徒刑或者死刑，并处五万元以上五十万元以下罚金或者没收财产：

（一）伪造货币集团的首要分子；

（二）伪造货币数额特别巨大的；

（三）有其他特别严重情节的。

【理解与适用】 注意本处"货币"的范围，不仅包括正在流通中的我国货币（人民币、港元、澳门币、新台币），央行发行的贵金属币、纪念币等也包括外币。

2. 最高人民法院《关于审理伪造货币等案件具体应用法律若干问题的解释（二）》（2010年11月3日 法释〔2010〕14号）（节录）

第一条 仿照真货币的图案、形状、色彩等特征非法制造假币，冒充真币的行为,应当认定为刑法第一百七十条规定的"伪造货币"。

对真货币采用剪贴、挖补、揭层、涂改、移位、重印等方法加工处理,改变真币形态、价值的行为,应当认定为刑法第一百七十三条规定的"变造货币"。

【理解与适用】 变造货币与伪造货币最为关键的区分在于:已经制作好的假币是否包含真币成分。如果假币是在真币基础上进行改造而形成的,包含真币成分的,是为变造,否则就是伪造货币。

第二条 同时采用伪造和变造手段,制造真伪拼凑货币的行为,依照刑法第一百七十条的规定,以伪造货币罪定罪处罚。

第三条 以正在流通的境外货币为对象的假币犯罪,依照刑法第一百七十条至第一百七十三条的规定定罪处罚。

假境外货币犯罪的数额,按照案发当日中国外汇交易中心或者中国人民银行授权机构公布的人民币对该货币的中间价折合成人民币计算。中国外汇交易中心或者中国人民银行授权机构未公布汇率中间价的境外货币,按照案发当日境内银行人民币对该货币的中间价折算成人民币,或者该货币在境内银行、国际外汇市场对美元汇率,与人民币对美元汇率中间价进行套算。

【理解与适用】 本条扩大了假币犯罪的对象,将国内不可流通或者兑换的境外货币也纳入了假币犯罪的范围,并对国内不可兑换的境外货币应当如何折算作了解释说明。

第四条 以中国人民银行发行的普通纪念币和贵金属纪念币为对象的假币犯罪,依照刑法第一百七十条至第一百七十三条的规定定罪处罚。

假普通纪念币犯罪的数额,以面额计算;假贵金属纪念币犯罪的数额,以贵金属纪念币的初始发售价格计算。

第五条 以使用为目的,伪造停止流通的货币,或者使用伪造的停止流通的货币的,依照刑法第二百六十六条的规定,以诈骗罪定罪处罚。

3. 最高人民检察院、公安部《关于公安机关管辖的刑事案件立案追诉标准的规定(二)》(2010年5月7日 公通字〔2010〕23号)(节录)

第十九条 伪造货币,涉嫌下列情形之一的,应予立案追诉:
(一) 伪造货币,总面额在二千元以上或者币量在二百张(枚)以上的;
(二) 制造货币版样或者为他人伪造货币提供版样的;
(三) 其他伪造货币应予追究刑事责任的情形。

本规定中的"货币"是指流通的以下货币:
(一) 人民币(含普通纪念币、贵金属纪念币)、港元、澳门元、新台币;
(二) 其他国家及地区的法定货币。

贵金属纪念币的面额以中国人民银行授权中国金币总公司的初始发售价格为准。

4. 最高人民法院、最高人民检察院、公安部《关于严厉打击假币犯罪活动的通知》（2009年9月15日　公通字〔2009〕45号）（节录）

假币犯罪案件的地域管辖应当遵循以犯罪地管辖为主，犯罪嫌疑人居住地管辖为辅的原则。假币犯罪案件中的犯罪地，既包括犯罪预谋地、行为发生地，也包括运输假币的途经地。假币犯罪案件中的犯罪嫌疑人居住地，不仅包括犯罪嫌疑人经常居住地和户籍所在地，也包括其临时居住地。几个公安机关都有权管辖的假币犯罪案件，由最初立案地或者主要犯罪地公安机关管辖；对管辖有争议或者情况特殊的，由共同的上级公安机关指定管辖。如需人民检察院、人民法院指定管辖的，公安机关要及时提出相关建议。经审查需要指定的，人民检察院、人民法院要依法指定管辖。

检察机关对于公安机关提请批准逮捕、移送审查起诉的假币犯罪案件，符合批捕、起诉条件的，要依法尽快予以批捕、起诉。共同犯罪案件中虽然有同案犯在逃，但对于有证据证明有犯罪事实的已抓获的犯罪嫌疑人，要依法批捕、起诉；对于确实需要补充侦查的案件，要制作具体、详细的补充侦查提纲。

5. 最高人民法院《全国法院审理金融犯罪案件工作座谈会纪要》（2001年1月21日）（节录）

假币犯罪是一种严重破坏金融管理秩序的犯罪。伪造货币的，只要实施了伪造行为，不论是否完成全部印制工序，即构成伪造货币罪；对于尚未制造出成品，无法计算伪造、销售假币面额的，或者制造、销售用于伪造货币的版样的，不认定犯罪数额，依据犯罪情节决定刑罚。明知是伪造的货币而持有，数额较大，根据现有证据不能认定行为人是为了进行其他假币犯罪的，以持有假币罪定罪处罚；如果有证据证明其持有的假币已构成其他假币犯罪的，应当以其他假币犯罪定罪处罚。

假币犯罪罪名的确定。假币犯罪案件中犯罪分子实施数个相关行为的，在确定罪名时应把握以下原则：（1）对同一宗假币实施了法律规定为选择性罪名的行为，应根据行为人所实施的数个行为，按相关罪名刑法规定的排列顺序并列确定罪名，数额不累计计算，不实行数罪并罚。（2）对不同宗假币实施法律规定为选择性罪名的行为，并列确定罪名，数额按全部假币面额累计计算，不实行数罪并罚。（3）对同一宗假币实施了刑法没有规定为选择性罪名的数个犯罪行为，择一重罪从重处罚。如伪造货币或者购买假币后使用的，以伪造货币罪或购买假币罪定罪，从重处罚。（4）对不同宗假币实施了刑法没有规定为选择性罪名的数个犯罪行为，分别定罪，数罪并罚。

制造或者出售伪造的台币行为的处理。对于伪造台币的，应当以伪造货币罪定罪处罚；出售伪造的台币的，应当以出售假币罪定罪处罚。

6. 最高人民法院《关于审理伪造货币等案件具体应用法律若干问题的解释（一）》（2000年9月14日　法释〔2000〕26号）（节录）

第一条　伪造货币的总面额在二千元以上不满三万元或者币量在二百张（枚）以上不足三千张（枚）的，依照刑法第一百七十条的规定，处三年以上十年以下有期徒刑，并处五万元以上五十万元以下罚金。

伪造货币的总面额在三万元以上的，属于"伪造货币数额特别巨大"。

行为人制造货币版样或者与他人事前通谋，为他人伪造货币提供版样的，依照刑法第一百七十条的规定定罪处罚。

【理解与适用】　行为人制造货币版样或为他人提供货币版样的行为，原本是犯罪预备行为，但依据上述司法解释规定，此行为按照伪造货币犯罪的实行行为构成犯罪，依法应当追究刑事责任。

第七条　本解释所称"货币"是指可在国内市场流通或者兑换的人民币和境外货币。

货币面额应当以人民币计算，其他币种以案发时国家外汇管理机关公布的外汇牌价折算成人民币。

三、出售、购买、运输假币罪

出售、购买、运输假币罪，是指行为人明知是假币而出售、购买或者运输，数额较大的行为。①

（一）犯罪构成要件

1. 客体

该罪的客体是国家的货币管理制度，主要侵害了货币流通秩序和公共信用。

本罪的犯罪对象为假币，即伪造的货币，包括伪造的人民币和外币。至于变造的货币是否能成为本罪的犯罪对象？根据《中华人民共和国中国人民银行法》第42条的规定："伪造、变造人民币，出售伪造、变造的人民币，或者明知是伪造、变造的人民币而运输，构成犯罪的，依法追究刑事责任。"可以看出，变造的货币也可以成为本罪的犯罪对象。②

---

① 张军：《破坏金融管理秩序罪》，中国人民公安大学出版社2003年版，第78页。

② 李永升：《金融犯罪研究》，中国检察出版社2010年版，第102页。

2. 客观方面

行为人客观上实施了出售、购买或者运输假币，且数额较大的行为。

出售是有偿转让的行为，一般表现为低于假币的面额出售以获取一定利益，而这种利益不一定仅仅表现为换取真币。购买假币的行为是指用真币或者其他利益获取假币的行为。出售和购买假币都要求有偿方式进行，要求对方付出一定对价，但付出的对价是否合理在所不问。因此，对于无偿赠与或者受赠假币、以假币换假币的行为，则不构成本罪中的出售或者购买假币。如果数额较大，可以按照持有假币罪处理。

关于运输假币，争议焦点在于运输假币是否对空间距离上进行要求？司法实践中，一般把某一市、县到另一市、县的运输假币行为理解为刑法规定的运输假币行为；而对行政区的一个城市内从一个区到另一个区的"运输"，从一个县内的一个乡到另一个乡或者从乡到县城间的"运输"，只认定为"持有"假币的行为。① 另外，有学者指出，只要具备运输意图后明知是假币而运输的，不论空间距离长短，都应认定为运输假币。② 正确把握本罪中"运输"含义，关键在于区分"运输"与"持有"行为的区别。综合来看，认定"运输"需要具备两点：（1）主观上具备一定的运输意图；（2）客观上行为人通过自己或者他人实施了运输行为，或者运用了一定的交通运输工具进行运输。

本罪的"数额较大"根据最高人民检察院、公安部《关于公安机关管辖的刑事案件立案追诉标准的规定（二）》第20条的规定："出售、购买伪造的货币或者明知是伪造的货币而运输，总面额在4000元以上或者币量在400张（枚）以上的，应予立案追诉。在出售假币时被抓获的，除现场查获的假币应认定为出售假币的数额外，现场之外在行为人住所或者其他藏匿地查获的假币，也应认定为出售假币的数额。"

3. 主体

本罪的犯罪主体为一般自然人主体，凡是年满16周岁、具备刑事责任能力的自然人都可以构成。其中，购买假币罪的主体排除了金融机构的工作人员，他们购买假币行为单独构成金融机构工作人员购买假币、以假币换取货币罪。根据刑法规定和罪刑法定原则，单位不能成本罪的主体。

4. 主观方面

主观方面表现为故意，即明知是伪造、变造的货币而予以出售、购买或者运输的。虽然我国《刑法》第171条第1款仅规定运输假币必须以明知为前

---

① 周道鸾、张军：《刑法罪名精释》，人民法院出版社1998年版，第247页。
② 李永升：《金融犯罪研究》，中国检察出版社2010年版，第104页。

提,没有明确规定出售、购买假币罪也要求主观上明知。这是因为出售、购买假币罪的明知是显而易见的,货币本身是不容许非法买卖的。现实生活中,不会存在以低于法定货币的面值出售、购买到真币的情况,只有假币才可能以低于其面值的价格买卖。因此,行为人只要以低于面值的价格出售、购买某种货币,则可判定此种货币是假币,进而认定行为人主观上出于故意的明知。至于运输假币罪的"明知"包括两层含义:一是确知;二是确信。行为人的确知道是假币,并达到确信的程度。① 如果行为人仅是怀疑自己运输的物品可能是违禁品,不能确信是假币的情况下,则不能构成本罪。尽管实践中,行为人一般是出于牟利的意图,但本罪构成不要求行为人主观上有牟利的目的。

(二) 疑难点司法认定

1. 罪与非罪

首先,判断行为人对其出售、购买和运输的假币(包括伪造的货币、变造的货币)是否是明知的。若行为人不知道自己出售、购买和负责运输的是假币,则不构成本罪。其次,判断行为人出售、购买和运输假币的行为是否达到刑法上要求的"数额较大"标准。

2. 本罪与诈骗罪的区分

实践中,经常发生行为人将伪造或者变造的假币作为错版币、纪念币高价出售给他人获利的行为。此时,如果行为人伪造、变造的货币数额较小,不能构成伪造货币罪或变造货币罪时,则有可能构成诈骗罪。如果伪造、变造货币行为能单独构成犯罪,且诈骗数额较大也构成犯罪时,则按照牵连犯规则,从一重处理。②

3. 一罪与数罪

出售、购买、运输假币罪是选择性罪名,行为人只要实施上述出售、购买或者运输三种行为中的任何一种行为,达到数额标准的,都可以构成本罪。如果行为人同时实施上述两种或者三种行为的,也只能构成一罪而非数罪。对于行为人伪造货币后出售、购买或者运输的,如何处理?请参照伪造货币罪相关部分的论述。

出售、购买、运输假币罪中无论是出售、购买或者运输假币的行为都限于发生在我国境内,这是出售、购买、运输假币罪与走私假币罪的不同点。走私假币罪是将假币带进国境或者带出国境的跨境行为。但根据《刑法》第155

---

① 王凤垄:《金融犯罪研究》,中国检察出版社2008年版,第99页。
② 李永升:《金融犯罪研究》,中国检察出版社2010年版,第106页。

条规定，如果行为人直接向走私人非法收购伪造的货币或者在内海、领海运输、代购、贩卖伪造的货币，数额较大的，以走私假币罪处理，不构成出售、购买、运输假币罪。

4. 共犯形态

出售和购买是一种对向性行为，没有购买行为也就没有出售行为。如果行为人事前对出售、购买进行了通谋，则属于共犯。若出售者与购买者仅是根据不同的主观目的实施行为，则应当根据各自主观罪过分别定罪。

运输假币的，如果行为人参与伪造、变造假币，出售、购买假币而后进行运输的，则运输行为仅是上述个罪的中间一环，不应当分别定罪，应按照共犯处理。如果行为人并没有实施上述行为，而是为了获取高额运费且明知是假币而运输的，则单独构成运输假币罪。

（三）办案依据查询与适用

1.《中华人民共和国刑法》（1997 年 10 月 1 日起施行）（节录）

第一百七十一条 ［出售、购买、运输假币罪］ 出售、购买伪造的货币或者明知是伪造的货币而运输，数额较大的，处三年以下有期徒刑或者拘役，并处二万元以上二十万元以下罚金；数额巨大的，处三年以上十年以下有期徒刑，并处五万元以上五十万元以下罚金；数额特别巨大的，处十年以上有期徒刑或者无期徒刑，并处五万元以上五十万元以下罚金或者没收财产。

……

［伪造货币罪］ 伪造货币并出售或者运输伪造的货币的，依照本法第一百七十条的规定定罪从重处罚。

【理解与适用】 本条中对"出售、购买伪造的货币"并没有规定为"明知"，但显然行为人对自己出售、购买的假币应当是出于明知才能构成本罪。另外，本条罪名被确定为"出售、购买、运输假币罪"，而法条中仅规定"伪造的货币"，由此可见，变造的货币也在本罪的"假币"范畴之内。

2. 最高人民检察院、公安部《关于公安机关管辖的刑事案件立案追诉标准的规定（二）》（2010 年 5 月 7 日 公通字〔2010〕23 号）（节录）

第二十条 出售、购买伪造的货币或者明知是伪造的货币而运输，总面额在四千元以上或者币量在四百张（枚）以上的，应予立案追诉。

在出售假币时被抓获的，除现场查获的假币应认定为出售假币的数额外，现场之外在行为人住所或者其他藏匿地查获的假币，也应认定为出售假币的数额。

3. 最高人民法院《关于审理伪造货币等案件具体应用法律若干问题的解释（一）》（2000年9月14日　法释〔2000〕26号）（节录）

第二条　行为人购买假币后使用，构成犯罪的，依照刑法第一百七十一条的规定，以购买假币罪定罪，从重处罚。

行为人出售、运输假币构成犯罪，同时有使用假币行为的，依照刑法第一百七十一条、第一百七十二条的规定，实行数罪并罚。

【理解与适用】　购买假币与使用行为属于手段行为与目的行为的牵连犯关系，依据购买假币罪从重处罚。而行为人出售、运输假币，同时又使用假币的，属于两个犯罪行为，应当数罪并罚。

第三条　出售、购买假币或者明知是假币而运输，总面额在四千元以上不满五万元的，属于"数额较大"；总面额在五万元以上不满二十万元的，属于"数额巨大"；总面额在二十万元以上的，属于"数额特别巨大"，依照刑法第一百七十一条第一款的规定定罪处罚。

四、金融工作人员购买假币、以假币换取货币罪

金融工作人员购买假币、以假币换取货币罪，是指银行或者其他金融机构工作人员明知是假币而予以购买，或者利用职务上的便利，以假币换取真币的行为。

（一）犯罪构成要件

1. 客体

本罪客体是复杂客体，既侵犯国家的货币管理制度，也侵犯了国家对金融机构工作人员的管理制度，其主要客体是国家的货币管理制度。我国银行法规定，禁止购买伪造的货币，金融机构工作人员亦不例外。同时，购买假币后，金融机构工作人员往往可以利用职务上的便利以假币换取真币，使得假币进入流通流域，从而破坏了国家货币管理制度。本罪犯罪对象是假币，包括伪造的货币和变造的货币，包括伪造、变造的人民币和外币。

2. 客观方面

（1）行为人实施了购买假币行为。购买假币的行为是指用真币或者其他利益获取假币的行为，此处不要求金融工作人员利用职务上的便利。购买假币要求以有偿的方式进行，要求对方付出一定对价，但付出的对价是否合理则在所不问。因此，对于无偿赠与或者受赠假币、以假币换假币的行为，则不成立购买假币。

（2）行为人利用职务上的便利，实施了以假币换取真币的行为。本罪中

"利用职务上的便利"与贪污罪中"利用职务上的便利"虽内容不同但实质含义应当是一致的。主要是指利用自己直接经手、管理货币的便利条件,同时包括利用与职权活动密不可分,在职权覆盖下的工作便利条件、岗位便利条件。[①] 对于没有职务因素,仅仅是利用对工作环境的熟悉之便以假币换取货币的,不构成本罪。如银行工作人员趁经手管理货币的工作人员不注意,秘密地以假币换取真币,对此可能构成盗窃罪。[②]

虽然利用职务便利以假币换取真币的行为,一般都是在同种、同面值的情况下进行,但不一定要求一定是在同种、同面值的假币与真币之间换取。另外,无论假币来源何处,是购买、持有还是他人提供的,也不问用假币换取真币行为的目的是为自己谋利还是为他人,都不影响本罪的成立。

3. 主体

本罪仅特殊主体才能构成,即只有银行及其他金融机构的工作人员才能构成。所谓金融机构,是指专门从事各类金融活动的组织。"其他金融机构"是指除了银行以外的城乡信用合作社、融资租赁机构、信托投资公司、保险公司、邮政储蓄机构、证券机构等具有货币资金融通职能的机构。如果不是在上述机构里从事公务的人员,不具备职务之便利,而是从事一般劳务的人员,如门卫、清洁工等,不能成为本罪主体。

4. 主观方面

本罪主观方面是故意,即明知是假币而购买,或者明知是假币而利用职务便利,换取真币。如果行为人不知道是假币而换取的,不构成犯罪。行为人是否具有牟利目的,不影响本罪的构成。

(二)疑难点司法认定

1. 罪与非罪

首先,从主观上判断行为人是否是明知是假币而购买,或者明知是假币而利用职务上的便利而换取真币的。其次,从行为主体上判断,本罪仅能由银行及其他金融机构的工作人员才能构成。最后,本罪要求达到"数额较大"的标准。

2. 金融工作人员购买假币、以假币换取货币罪与贪污罪、职务侵占罪的界限

在我国,银行及其他金融机构属性多样化,可能是属于国有,也有可能是

---

① 王凤垒:《金融犯罪研究》,中国检察出版社2008年版,第105页。
② 马克昌:《经济刑法新论》,武汉大学出版社1998年版,第243页。

私营；可能是国家机关，也可以是股份有限公司和有限责任公司。因此，根据我国现行刑法规定，银行或者其他金融机构的工作人员利用职务便利以假币换取真币的行为可能构成贪污罪、职务侵占罪。是否能构成贪污罪，关键看银行和其他金融机构的工作人员的身份，如果行为人具有国家工作人员身份，则以假币换取真币行为可构成贪污罪。如果行为人不具有国家工作人员身份实施了上述行为，则可能构成职务侵占罪和本罪，但由于刑法将该行为规定为单独的犯罪，因此以金融工作人员购买假币、以假币换取货币罪处理便可。

3. 一罪与数罪

银行及其他金融机构工作人员伪造、变造货币后，利用职务便利，将其伪造、变造的货币获取真币的，属于牵连犯，按照伪造货币罪从一重处理。

如果行为人先购买了假币，后利用职务便利用购买的假币换取真币的，也属于牵连犯，但本罪规定的是选择性罪名，虽然行为人实施了上述两个行为，但仍按照本罪一罪处理。

4. 共犯形态

如果非金融机构工作人员与金融机构工作人员相互勾结，利用金融机构工作人员的特殊身份，用假币换取真币的，二者共同构成金融工作人员以假币换取货币罪。如果非金融机构工作人员虽然与金融机构工作人员相互勾结，但需要利用其特殊身份才可以实施的购买假币行为时，则共同构成购买假币罪。

（三）办案依据查询与适用

1.《中华人民共和国刑法》（1997年10月1日起施行）（节录）

第一百七十一条第二款［金融工作人员购买假币、以假币换取货币罪］

银行或者其他金融机构的工作人员购买伪造的货币或者利用职务上的便利，以伪造的货币换取货币的，处三年以上十年以下有期徒刑，并处二万元以上二十万元以下罚金；数额巨大或者有其他严重情节的，处十年以上有期徒刑或者无期徒刑，并处二万元以上二十万元以下罚金或者没收财产；情节较轻的，处三年以下有期徒刑或者拘役，并处或者单处一万元以上十万元以下罚金。

【理解与适用】　金融机构及其工作人员的认定对本条的理解十分关键。与此同时，本条中假币的范畴不仅包括伪造的货币，也包括变造的货币。

2. 最高人民检察院、公安部《关于公安机关管辖的刑事案件立案追诉标准的规定（二）》（2010年5月7日　公通字〔2010〕23号）（节录）

第二十一条　银行或者其他金融机构的工作人员购买伪造的货币或者利用职务上的便利，以伪造的货币换取货币，总面额在二千元以上或者币量在二百张（枚）以上的，应予立案追诉。

3. 最高人民法院《关于审理伪造货币等案件具体应用法律若干问题的解释（一）》（2000年9月14日　法释〔2000〕26号）（节录）

第四条　银行或者其他金融机构的工作人员购买假币或者利用职务上的便利，以假币换取货币，总面额在四千元以上不满五万元或者币量在四百张（枚）以上不足五千张（枚）的，处三年以上十年以下有期徒刑，并处二万元以上二十万元以下罚金；总面额在五万元以上或者币量在五千张（枚）以上或者有其他严重情节的，处十年以上有期徒刑或者无期徒刑，并处二万元以上二十万元以下罚金或者没收财产；总面额不满人民币四千元或者币量不足四百张（枚）或者具有其他情节较轻情形的，处三年以下有期徒刑或者拘役，并处或者单处一万元以上十万元以下罚金。

五、持有、使用假币罪

持有、使用假币罪，是指明知是伪造、变造的货币而非法持有、使用，数额较大的行为。

（一）犯罪构成要件

1. 客体

本罪客体是国家货币流通管理制度。《中华人民共和国人民币管理条例》第31条明确规定："禁止伪造、变造人民币。禁止出售、购买伪造、变造的人民币。禁止走私、运输、持有、使用伪造、变造的人民币。"持有、使用假币的行为，妨害了我国货币正常流通秩序，破坏了国家货币信用。本罪的犯罪对象包括伪造的货币和变造的货币。

2. 客观方面

本罪客观方面是行为人在明知是假币的情况下，实施了持有、使用，且数额较大的行为。（1）非法持有假币。持有假币是指将假币置于自己控制或者支配范围之内的一种持续性状态，具有一定的时间持续性，可以是随身携带、藏在家中或者他处，也可以是委托他人保管等。对持有的认定可以反推：首先，行为人持有假币是非法的；其次，根据已有证据证明行为人持有假币不构成其他犯罪。那么就可以认定构成持有假币罪。既然是反推来认定的，当然也要容许行为人举证证明自己的行为不构成持有假币罪。（2）非法使用假币。使用假币是指将假币充当真币进入流通领域。使用假币的方式可以是多种多样的，但只要是行为人将假币充当真币进行流通，即为本罪中的使用。如果行为人是为了显示自己有钱，出示假币，或者将假币作为标本、纪念品赠送他人，不充当真币进行流通的，不属于本罪中的使用。另外，使用假币须对方不知是假币,如果对方明知是假币而低价购入的,行为人则可能构成出售假币罪。(3) 上述行为,达到数额较大。根据最高人民检察院、公安部《关于公安机关管辖的刑事案件立案追诉标准的规定(二)》第22条的规定,持有、使用假币的,总面额在4000元以上或者币量在400张(枚)以上的,属于"数额较大",应当追诉。

3. 主体

本罪的犯罪主体为一般自然人主体,凡是年满16周岁、具备刑事责任能力的自然人都可以构成。根据刑法规定和罪刑法定原则,单位不能成本罪的主体。

4. 主观方面

该罪主观方面为故意。即明知是假币而非法持有、使用,过失不构成该罪。这里的明知包括行为人确切知道是假币,或者知道可能是假币而持有、使用。具体而言,可以通过以下方式判断是否"明知":(1) 被验是假币或者被指明是假币后仍然继续持有、使用的;(2) 根据行为人的特点(知识、经验等)和假币的特点(仿真程度),能够推测出自己持有、使用的是假币的;(3) 通过其他方法能够证明被告人是"明知"的。[①]

(二) 疑难点司法认定

1. 使用假币和出售假币的区分

首先,行为对象主观上对是否是假币认识不同。使用假币者利用欺骗方法,为了不让假币的接收者知道自己使用的假币;而出售假币者的行为对象知道自己接收的是假币。其次,行为人主观罪过不同。使用假币者的主观意图是使假币以对价的形式进入流通领域;而出售假币者的主观上则是以低于真币面额的价格进入流通领域。

2. 一罪与数罪

本罪是选择性罪名,行为人只要实施了持有或者使用假币其中一个行为,即可构成该罪。如果行为人对同一笔假币既实施了持有行为又实施了使用行为的,也仅构成本罪一罪。

(1) 持有假币罪的罪数

持有是一种状态,其他货币犯罪(伪造货币罪;变造货币罪;出售、购买、运输假币罪等)都会发生持有状态。因此,对于其他货币犯罪又持有假币的行为,应当具体分析:属于同一宗案件的,行为人实施了其他货币犯罪行

[①] 薛瑞麟:《金融犯罪研究》,中国政法大学出版社2000年版,第93~94页。

为后必然持有假币的,应按照行为人构成的其他货币犯罪定罪处罚。另外,持有假币的行为与行为人犯其他货币犯罪不属于同一宗案件的,行为人行为同时符合其他货币犯罪和持有假币罪的犯罪构成要件的,构成数罪,实行数罪并罚。

(2) 使用假币罪的罪数

行为人伪造、变造货币后使用的,应当按照牵连犯从一重处罚。如果行为人使用的假币并非由自己伪造、变造,不属于同一宗案件的,则行为人分别构成伪造、变造货币罪和使用假币罪,实行数罪并罚。

对于行为人购买假币后使用的,如果构成犯罪,则按照购买假币罪定罪从重处理。如果行为人出售、运输假币构成犯罪,同时又使用假币的,根据《刑法》第171条和第172条的规定,数罪并罚。

3. 共犯形态

共同持有假币的,可以是委托方委托他人代为保管,或者双方都持有一部分假币,只要共同持有假币的双方是明知是假币且共同实行持有行为的,就构成共同持有。在双方通谋持有的情况下,持有数额应当以双方持有的总额计算。另外,利用不知情的第三人代为持有或者使用假币的,教唆无责任能力的人持有、使用假币的,被利用者、被教唆者不构成犯罪,行为人构成本罪的间接正犯。

(三) 办案依据查询与适用

1.《中华人民共和国刑法》(1997年10月1日起施行)(节录)

第一百七十二条 [持有、使用假币罪] 明知是伪造的货币而持有、使用,数额较大的,处三年以下有期徒刑或者拘役,并处或者单处一万元以上十万元以下罚金;数额巨大的,处三年以上十年以下有期徒刑,并处二万元以上二十万元以下罚金;数额特别巨大的,处十年以上有期徒刑,并处五万元以上五十万元以下罚金或者没收财产。

【理解与适用】 主观上行为人对自己持有、使用的是假币,即伪造的货币或者变造的货币,是明知的。另外,其他货币类犯罪也都会产生对假币的持有问题,因此,本处的持有假币罪应当是其他货币犯罪的兜底条款。

2. 最高人民检察院、公安部《关于公安机关管辖的刑事案件立案追诉标准的规定(二)》(2010年5月7日 公通字〔2010〕23号)(节录)

第二十二条 明知是伪造的货币而持有、使用,总面额在四千元以上或者币量在四百张(枚)以上的,应予立案追诉。

3. 最高人民法院《关于审理伪造货币等案件具体应用法律若干问题的解释（一）》（2000年9月14日 法释〔2000〕26号）（节录）

第五条 明知是假币而持有、使用，总面额在四千元以上不满五万元的，属于"数额较大"；总面额在五万元以上不满二十万元的，属于"数额巨大"；总面额在二十万元以上的，属于"数额特别巨大"，依照刑法第一百七十二条的规定定罪处罚。

六、变造货币罪

变造货币罪，是指利用剪贴、挖补、揭层、涂改和拼凑等各种加工方法对真币进行处理，使其改变面额、数量或者含量，数额较大的行为。

（一）犯罪构成要件

1. 客体

本罪的犯罪客体是国家货币管理制度，破坏了国家的货币信用。本罪的犯罪对象是正在流通中的真的货币，这里的"货币"不仅指人民币，还包括其他国家正在流通的货币，以及港澳台地区的货币，货币种类包括纸币和硬币。对于变造已经退出流通领域的货币、古钱币，或者不是货币的有价证券的，不构成本罪。

2. 客观方面

客观上行为人在真币的基础上，实施了对真币采用各种方法进行加工、改造，改变其面额、数量和含量，数额较大的行为。首先，行为人须以真币为基础进行变造。对于伪造的货币再行变造的，不属于本罪中的"变造"。根据有关司法解释，同时采用伪造和变造手段，制造真伪拼凑货币的行为，以伪造货币罪定罪处罚。但对于变造的货币再行变造的，可以是本罪中的"变造"，因为由此形成的货币还是以真币为基础的变造。变造的货币也有仿真度的要求，达到按照一般人经验不易发现是变造的货币或者容易误认为是真币的程度即可。其次，变造货币的手段可以是多种多样的，至于变造的面额、数量和含量是变大还是变小，其不影响变造货币罪的认定。最后，变造货币的，总面额在2000元以上或者币量在200张（枚）以上的，即可入罪。

3. 主体

本罪的主体是一般自然人主体，凡是达到刑事责任年龄、具备刑事责任能力的人均可成为本罪的主体。无论是我国公民还是境外自然人都可以成为本罪的犯罪主体。但根据我国现行刑法规定，单位仍不能成为本罪的主体。

4. 主观方面

本罪的主观方面为故意，即行为人明知自己是在实施变造货币的行为。虽然一般意义上，变造货币是具有一定目的性的，主要是将变造的货币进入流通领域。但刑法条文中并没有规定此目的，故行为人是否具有意图使变造的货币进入流通领域或者其他目的，不影响本罪的构成。

(二) 疑难点司法认定

1. 罪与非罪

对于实践中，行为人变造货币后，永久持有，没有使之进入流通领域的目的，仅是炫耀或者其他玩乐目的，没有破坏国家货币管理秩序的，数额较小危害不大的行为，可以不认为是犯罪。另外，对于那些变造货币后，永久持有，虽不具有使之进入流通领域的目的，但变造货币数额较大，达到入罪标准，依据罪刑法定原则，还是应当以变造货币罪入罪处罚，在量刑时可以考虑适当宽缓一些。

2. 变造货币罪与伪造货币罪的区分

首先，变造货币是在真币基础上进行加工，改变其面值、数量或者含量，但其本身还是有真币的成分；伪造货币只是以真币为参照，模仿真币的形状、图案、色彩等伪造出的货币，是以假充真的产物，伪造的货币不具有真币的成分。

其次，变造货币限于必须以真币为基础，因此变造数量和额度有一定限制；但伪造货币则不同，只要有了合适的制版和机器设备，就可以大批量生产制造，因此危害更大。

最后，二者法定刑也不同，伪造货币罪刑罚显然要重。

3. 一罪与数罪

如果行为人既实施了变造货币行为，又实施了伪造货币行为，都达到入罪标准的，要数罪并罚。行为人变造货币后，又自己出售、运输、持有、使用的，同时触犯这些货币犯罪的，仅构成一罪；但如果对同一宗案件中的变造货币又走私的，则实行数罪并罚。另外，如果行为人变造货币构成犯罪，同时又出售、运输、持有、使用、走私他人变造的货币的，构成数罪，实行并罚。

(三) 办案依据查询与适用

1.《中华人民共和国刑法》(1997 年 10 月 1 日起施行)(节录)

第一百七十三条 [变造货币罪] 变造货币，数额较大的，处三年以下有期徒刑或者拘役，并处或者单处一万元以上十万元以下罚金；数额巨大的，处三年以上十年以下有期徒刑，并处二万元以上二十万元以下罚金。

2. 最高人民检察院、公安部《关于公安机关管辖的刑事案件立案追诉标准的规定（二）》（2010年5月7日　公通字〔2010〕23号）（节录）

第二十三条　变造货币，总面额在二千元以上或者币量在二百张（枚）以上的，应予立案追诉。

3. 最高人民法院《关于审理伪造货币等案件具体应用法律若干问题的解释（二）》（2010年11月3日　法释〔2010〕14号）（节录）

第一条第二款　对真货币采用剪贴、挖补、揭层、涂改、移位、重印等方法加工处理，改变真币形态、价值的行为，应当认定为刑法第一百七十三条规定的"变造货币"。

第二条　同时采用伪造和变造手段，制造真伪拼凑货币的行为，依照刑法第一百七十条的规定，以伪造货币罪定罪处罚。

【理解与适用】　在制造假币时，同时使用伪造与变造两种手段的，以伪造货币罪论处，因为伪造货币罪的刑罚较重。

4. 最高人民法院《关于审理伪造货币等案件具体应用法律若干问题的解释（一）》（2000年9月14日　法释〔2000〕26号）（节录）

第六条　变造货币的总面额在二千元以上不满三万元的，属于"数额较大"；总面额在三万元以上的，属于"数额巨大"，依照刑法第一百七十三条的规定定罪处罚。

Chapter 4
第四讲
妨害金融机构管理犯罪

一、妨害金融机构管理犯罪基础知识

（一）必备专业知识

1. 金融机构

金融机构是指依照法定程序设立、经营金融业务的组织。我国金融机构种类较多，但大体可以分为两类：（1）银行金融机构。我国的银行主要有：一是中央银行（中国人民银行），它行使管理金融事业、调节和控制全国货币流通和信用活动的职能。二是商业银行，是指按照商业银行法和公司法规定设立的，吸收公众存款、贷款，办理结算业务的金融法人。商业银行具体又包括：第一，国有独资商业银行，即中国工商银行、中国农业银行、中国建设银行、中国银行。第二，股份制商业银行，主要有交通银行、招商银行、深圳发展银行、广东发展银行、上海浦东发展银行等。（2）非银行金融机构。非银行金融机构是指银行以外，其他依法参加金融活动，开展金融业务的企业法人，包括：保险公司、信托公司、证券机构、农村及城市信用合作社等。

银行与非银行金融机构的区别主要在于，二者对于货币运行的影响程度有着较大的差异，一般而言，银行对货币运行的影响远大于非银行金融机构，银行的活动直接影响货币供应量，影响总供给和总需求的平衡。所以在国民经济生活中，国家金融机构管理当局对银行和非银行金融机构的管理有所不同，国家对银行实行比较严格的管理，法律规定和政策限制较多，而对非银行金融机构的管理相对松得多。

目前，我国的金融机构基本上是以中国人民银行为核心、以国有商业银行为主导力量、以股份制商业银行以及各种非银行金融机构为辅助力量所构成的组织体系。所以，我国刑法在列举其保护的金融机构时，大致上也是按照从银行到非银行金融机构的次序加以排列。我国刑法一般将我国的金融机构按照中国人民银行、商业银行、证券交易所、期货交易所、证券公司、期货经纪公司、保险公司以及其他金融机构的次序规定,其他金融机构一般是指信托投资公司、金融公司、农村信用合作社、城市信用合作社等。

2. 金融机构审批管理制度

为了维护金融业的合法、稳健运行,限制不符合条件的机构经营金融业务,扰乱国家金融管理秩序。我国对金融机构的设立采用"审批制",并制定了相应的金融法律、法规,严格规定设立商业银行及其他金融机构的条件和秩序。

金融机构的审批机构是国务院银行业监督管理机构、中国人民银行、国务院证券管理部门。根据《商业银行法》的相关规定,设立商业银行,应当经中国人民银行审查批准。未经中国人民银行批准,任何单位和个人不得从事吸收公众存款等商业银行业务,任何单位不得在名称中使用"银行"字样。设立商业银行还必须具备一定条件:"(一)有符合本法和公司法规定的章程。(二)有符合本法规定的注册资本最低限额。设立全国性商业银行的注册资本最低限额为10亿元人民币,设立城市商业银行的注册资本最低限额为1亿元人民币,设立农村商业银行的注册资本最低限额为5000万元人民币。注册资本应当是实缴资本。中国人民银行可以根据审慎监管的要求调整注册资本最低限额,但不得少于上述规定的限额。(三)有具备任职专业知识和业务工作经验的董事、高级管理人员。有下列情形之一的,不得担任商业银行的董事、高级管理人员:(1)因犯有贪污、贿赂、侵占财产、挪用财产罪或者破坏社会经济秩序罪,被判处刑罚,或者因犯罪被剥夺政治权利的;(2)担任因经营不善破产清算的公司、企业的董事或者厂长、经理,并对该公司、企业的破产负有个人责任的;(3)担任因违法被吊销营业执照的公司、企业的法定代表人,并负有个人责任的; (4)个人所负数额较大的债务到期未清偿的。(四)有健全的组织机构和管理制度。商业银行应当按照公司法的要求设立股东会、董事会、监事会等公司治理机构。(五)有符合要求的营业场所、安全防范措施和与业务有关的其他设施。设立商业银行,还应当符合其他审慎性条件。"《商业银行法》第14条和第15条还规定了申请设立商业银行的程序。经批准设立的商业银行由国务院银行业监督管理机构颁发经营许可证,并凭该金融许可证向工商行政管理部门办理登记,领取经营执照。

对于非银行金融机构的审批权限,根据《金融机构管理规定》的规定,名称中未冠"中国"、"中华"字样的全国性金融机构,由中国人民银行总行审批;非全国性的具有法人资格的各类金融性公司、保险公司等金融机构的设立,均由当地中国人民银行省、自治区、直辖市、计划单列市分行审核同意后,报中国人民银行总行批准。此外,《金融机构管理规定》还规定了设立应具备的相应条件,并履行严格的申请程序和审批程序。

3. 金融机构许可证的管理制度

金融机构许可证是指由中国银行监督管理委员会（以下简称银监会）依法颁发的特许金融机构经营金融业务的法律文件。我国法律、行政规范对其印制、颁发、使用都进行规制。2003 年由银监会发布的《金融许可证管理办法》第 3 条第 1 款规定："金融许可证适用于银监会监管的、经批准经营金融业务的金融机构。"《金融许可证管理办法》第 19 条规定："金融许可证由中国银行监督管理委员会统一印制和管理。银监会按照金融许可证编码方法打印金融许可证，颁发时加盖银监会或其派出机构的单位印章方具有效。"《金融许可证管理办法》第 13 条规定："任何单位和个人不得伪造、变造金融许可证。金融机构不得出租、出借、转让金融许可证。"《商业银行法》第 26 条规定："商业银行应当依照法律、行政法规的规定使用经营许可证。禁止伪造、变造、转让、出租、出借经营许可证。"

(二) 妨害金融机构犯罪的刑事立法概况

我国对金融业务实行专营管理，即只有经批准成立的银行或者其他金融机构才能从事金融业务，其他任何个人或者单位不能擅自设立金融机构，也不能从事有关的金融业务活动。

根据《中国人民银行法》和《商业银行法》的有关规定，商业银行依法接受中国人民银行的监督管理。商业银行和其他金融机构的设立及其经营范围，都必须经过中国人民银行批准；未经批准，任何单位和个人都不能设立商业银行或者其他金融机构。

为了促进金融体制改革，保证我国金融市场在正常的秩序下发展和完善，1995 年 3 月 18 日，第八届全国人大通过了《中国人民银行法》。这是我国第一部单行的中央银行立法。根据该法规定，"按照规定审批、监督管理金融机构"是中国人民银行的一项重要职责。2003 年 12 月 27 日，第十届全国人大常委会第六次会议通过对《中国人民银行法》的修订，规定中国人民银行不再行使以上职责。同日通过的《银行业监督管理法》第 16 条规定："国务院银行业监督管理机构依照法律、行政法规规定的条件和程序，审查批准银行业金融机构的设立、变更、终止以及业务范围。"1995 年 5 月 10 日第八届全国人大常委会通过的《商业银行法》对商业银行及其分支机构的设立、分立、合并及其变更的条件、申报批准的程序等作了详细的规定。同时，该法第 79 条还专门规定："未经中国人民银行批准，擅自设立商业银行，或者非法吸收公众存款、变相吸收公众存款的，依法追究刑事责任；并由中国人民银行予以取缔。"2003 年 12 月 27 日第十届全国人大常委会第六次会议对该法修正后的

第 81 条规定:"未经国务院银行业监督管理机构批准,擅自设立商业银行,或者非法吸收公众存款,变相吸收公众存款,构成犯罪的,依法追究刑事责任;并由国务院银行业监督管理机构予以取缔。"

当前,设立商业银行,除必须符合《商业银行法》第 12 条和第 13 条规定的设立条件外,申请人还应当向国务院银行业监督管理机构提交有关文件和资料,如申请书、可行性报告等。

1994 年 8 月 5 日,中国人民银行公布《金融机构管理规定》。其第 2 条规定:"中国人民银行及其分支机构是金融机构的主管机关,依法独立履行对各类金融机构设立、变更和终止的审批职责,并负责对金融机构的监督和管理。任何地方政府、任何单位、任何部门不得擅自审批或干预审批。对未经中国人民银行批准设立金融机构或经营金融业务的,各金融机构一律不得为其提供开户、信贷、结算及现金等服务。"

为严肃金融纪律,维护正常的金融秩序,保护广大人民群众的切身利益,中国人民银行和国家工商银行行政管理局于 1997 年 9 月 8 日联合发出《关于严禁擅自批设金融机构、非法办理金融业务的紧急通知》。通知重申,中国人民银行是审批金融机构的主管机关,任何地方政府、部门或者个人均无权批准设立金融机构或者金融机构筹备组织。凡未经中国人民银行批准设立的金融机构,均属于非法金融机构,必须坚决予以取缔。

1998 年 7 月 13 日,国务院发布了《非法金融机构和非法金融业务活动取缔办法》。该取缔办法第 5 条规定:"未经中国人民银行依法批准,任何单位和个人不得擅自设立金融或者擅自从事金融业务活动。"

1998 年 8 月 11 日,《国务院办公厅转发中国人民银行整顿乱集资乱批设金融机构和乱办金融业务实施方案的通知》指出:"凡未经中国人民银行批准,擅自设立从事或者主要从事吸收存款、发放贷款、办理结算、票据贴现、资金拆借、信托投资、金融租赁、融资担保、外汇买卖等金融业务活动的机构,均属非法金融机构,包括冠以银行、信用社、信托投资公司、财务公司、融资租赁公司、典当行等名称的机构,也包括虽未冠以上述名称,但实际是从事或变相从事金融业务的机构。非法成立的金融机构筹备组织也视为非法金融机构……凡未经中国人民银行批准,从事或者变相从事非法吸收公众存款、发放贷款、办理结算、票据贴现、资金拆借、信托投资、金融租赁、融资担保、外汇买卖等金融业务活动的行为,均属乱办金融业务。"

1999 年 2 月 22 日,国务院发布施行《金融违法行为处罚办法》。该处罚办法第 5 条规定:"金融机构设立、合并、撤销分支机构或者代表机构的,应当经中国人民银行批准。"第 9 条规定:"金融机构不得超出中国人民银行批

第四讲 | 妨害金融机构管理犯罪

准的业务范围从事金融业务活动。"

2001年12月20日,国务院公布《外资金融机构管理条例》。该条例第3条规定:"外资金融机构必须遵守中华人民共和国法律、法规,不得损害中华人民共和国的社会公共利益。"第42条规定:"未经中国人民银行批准,擅自设立外资金融机构或者非法从事金融业务活动的,由中国人民银行予以取缔;依照刑法关于擅自设立金融机构罪、非法吸收公众存款罪或者其他罪的规定,依法追究刑事责任。……"

2006年2月1日,中国银行业监督管理委员会公布实施了《中资商业银行行政许可事项实施办法》、《合作金融机构行政许可事项实施办法》和《外资金融机构行政许可事项实施办法》。上述办法分别规定,以下三类金融机构的设立、变更、终止以及调整业务范围和增加业务品种等事项,须经银监会及其派出机构行政许可:其一,国有商业银行、股份制商业银行、城市商业银行和城市信用社股份有限公司等中资商业银行;其二,农村信用合作社、县(市、区)农村信用合作社联合社、县(市、区)农村信用合联社、农村合银行和农村商业银行等合作金融机构;其三,《外资金融机构管理条例》和《外资金融机构驻华代表机构管理办法》规定的独资银行、合资银行、独资财务公司、外国银行分行和外资金融机构驻华代表机构等外资金融机构。

从刑事立法的发展沿革来看,我国1979年《刑法》并没有规定擅自设立金融机构罪。本罪最早出现于1995年6月30日全国人大常委会通过的《关于惩治破坏金融秩序犯罪的决定》。该决定第6条第1款规定:"未经中国人民银行批准,擅自设立商业银行或者其他金融机构的,处三年以下有期徒刑或者拘役,并处或者单处二万元以上二十万元以下罚金;情节严重的,处三年以上十年以下有期徒刑,并处五万元以上五十万元以下罚金。"新《刑法》完全吸纳了该决定关于此罪的规定。但是,金融机构形式不一,有的金融机构如证券公司设立的审批机构并非中国银行,因此新《刑法》的规定呈现出一定的局限性。1999年12月25日,第九届全国人大常委会第十三次会议通过了《刑法修正案》。其第3条第1款规定:"未经国家有关主管部门批准,擅自设立商业银行、证券交易所、期货交易所、证券公司、期货经纪公司、保险公司或者其他金融机构的,处三年以下有期徒刑或者拘役,并处或者单处两万元以上二十万元以下罚金;情节严重的,处三年以下有期徒刑或者拘役,并处或者单处两万元以上二十万元以下罚金;情节严重的,处三年以上十年以下有期徒刑,并处五万元以上五十万元以下罚金。"分析《刑法修正案》的内容与1997年《刑法》的规定不难发现,《刑法修正案》重点对《刑法》作了两点修改:第一,将原"未经中国人民银行批准"修改为"未经国家有关主管部门批

73

准"；第二，具体列举了商业银行等六种金融机构，明确将"证券交易所、期货交易所、证券公司、期货经纪公司、保险公司"列入擅自设立的金融机构范围之中，从而使《刑法》与相关的行政法律、法规相配套，弥补了《刑法》规定中的疏漏。

二、擅自设立金融机构罪

擅自设立金融机构罪，是指未经国家有关主管部门批准，擅自设立商业银行、证券交易所、期货交易所、证券公司、期货经纪公司、保险公司或者其他金融机构的行为。

（一）犯罪构成要件

1. 客体

本罪的客体是国家金融机构的管理制度。金融机构的设立需具备法定的条件、经法定程序由国家有关主管部门批准方能设立，而行为人未经批准就设立金融机构，则破坏了国家对金融机构的管理制度。

2. 客观方面

本罪的客观方面表现为未经国家相关主管部门批准，便擅自设立商业银行或者其他金融机构的行为。既可能是没有依法提出申请便自行设立金融机构，也可能是虽然提出申请，但在没有获得正式批准前便自行设立金融机构。在实践中，通常有以下两种形式：（1）在未经中国人民银行批准的情况下，冒用已经成立的商业银行或者其他金融机构的名称，进行有关金融活动。（2）未经中国人民银行批准，擅自设立一个原本不存在的商业银行或者其他金融机构。

本罪以擅自建立金融机构为构成要件，至于行为人成立金融机构后有没有进行融资活动，则对构成本罪没有影响。根据2010年5月7日最高人民检察院、公安部《关于公安机关管辖的刑事案件立案追诉标准的规定（二）》中的有关规定，本罪属于行为犯，并不以金融机构已经设立的结果为犯罪必要构成要件。

3. 主体

本罪的主体是一般主体，包括自然人和单位。即只要行为人年满16周岁，实施了刑法第174条规定的行为，都有可能构成本罪。

4. 主观方面

本罪的主观方面是故意，即行为人明知设立金融机构应当经有关部门批准，擅自设立是违法的，而仍然违反有关法律、法规的规定设立金融业务机构。本罪的行为人在主观上一般具有开展金融业务而以营利的目的,但是法律并未将其作为构成要件,不排除出于其他目的而设置金融机构。

(二) 疑难点司法认定

1. 合法金融机构擅自设立分支机构的处理

司法实践中,一些经批准开办金融业务的金融机构,未经国家有关主管部门批准就擅自增设分支机构,能否构成犯罪?理论上有争议。肯定说认为,原系合法的金融机构,在没有经过批准的情况下,擅自设立新的金融机构,也可以成为本罪的主体。① 否定说认为,合法金融机构擅自设立分支机构虽然也是违法行为,但因其有经营金融业务的资格,应按照《商业银行法》等有关规定,给予行政处罚,即作为一般违法行为处理,不以行为犯罪处理。② 目前否定说是学界通说。因为,我国商业银行组织体系采取的是分支行制度,即商业银行在首都或者位于经济中心的大城市设立总行,在国内其他城市根据需要设立不同级别的分支行,组成一个单一企业法人资格的商业银行体系。这种组织结构表明,现已经合法存在的商业银行,实际上已经得到了国务院银行业监督管理机构的正式批准而注册成立,商业银行未经批准擅自设立分支机构,不属于具有刑事违法性的擅自设立金融机构的行为,因为商业银行的分支机构并不具有独立的企业法人资格,依然属于已经获得批准而注册成立的该商业银行的一部分。

2. 地方政府、部门越权批准设立金融机构的处理

一段时间内,我国金融秩序比较混乱,一些地方政府、部门未经国家有关主管部门批准,乱批乱设诸如基金会、互助会、储金会、投资公司等金融机构,严重影响了金融秩序。1998年7月13日国务院发布了《非法金融机构和非法金融业务活动取缔办法》,将上述金融机构认定为非法金融机构,并对如何认定处理作了规定。这些金融机构虽然是非法设立的,但由于当时是经地方政府或者上级主管部门批准设立的,因此,在《全国法院审理金融犯罪案件工作座谈会议纪要》中明确指出,对其由各地人民政府和有关部门限期清理整顿。超过实施方案规定期限继续从事非法金融业务的,依法取缔;情节严重,构成犯罪的,依法追究刑事责任。因此,上述非法从事金融活动的机构和组织,只要在实施方案规定期限之前停止非法金融业务活动的,对有关单位和

---

① 王作富主编:《刑法分则实务研究》(上),中国方正出版社2001年版,第410页。
② 刘生荣、但伟主编:《破坏市场经济秩序犯罪的理论与实践》,中国方正出版社2001年版,第229页。

责任人员,不应以擅自设立金融机构罪处理;对其以前实施的非法金融活动,一般也不作为犯罪处理。

(三) 办案依据查询与适用

1.《中华人民共和国刑法》(1997年10月1日起施行)(节录)

第一百七十四条 [擅自设立金融机构罪] 未经国家有关主管部门批准,擅自设立商业银行、证券交易所、证券公司、期货经纪公司、保险公司或者其他金融机构的,处三年以下有期徒刑或者拘役,并处或者单处二万元以上二十万元以下罚金;情节严重的,处三年以上十年以下有期徒刑,并处五万元以上五十万元以下罚金。

[伪造、变造、转让金融机构经营许可证、批准文件罪] 伪造、变造、转让商业银行、证券交易所、期货交易所、证券公司、期货经纪公司、保险公司或者其他金融机构的经营许可证或者批准文件的,依照前款的规定处罚。

单位犯前两款罪的,对单位判处罚金,并对其直接负责的主管人员和其他直接责任人员,依照第一款的规定处罚。

【理解与适用】 本条为1999年12月25日全国人大常委会《中华人民共和国刑法修正案》第三条所修订。1997年《中华人民共和国刑法》原条文为:"未经中国人民银行批准,擅自设立商业银行或者其他金融机构的,处三年以下有期徒刑或者拘役,并处或者单处二万元以上二十万元以下罚金;情节严重的,处三年以上十年以下有期徒刑,并处五万元以上五十万元以下罚金。伪造、变造、转让商业银行或者其他金融机构经营许可证的,依照前款的规定处罚。"

2. 最高人民检察院、公安部《关于公安机关管辖的刑事案件立案追诉标准的规定(二)》(2010年5月7日 公通字〔2010〕23号)(节录)

第二十四条 未经国家有关主管部门批准,擅自设立金融机构,涉嫌下列情形之一的,应予立案追诉:

(一) 擅自设立商业银行、证券交易所、期货交易所、证券公司、期货公司、保险公司或者其他金融机构的;

(二) 擅自设立商业银行、证券交易所、期货交易所、证券公司、期货公司、保险公司或者其他金融机构筹备组织的。

3.《中华人民共和国外资保险公司管理条例》(2002年2月1日 国务院令第336号)(节录)

第三十一条 违反本条例规定,擅自设立外资保险公司或者非法从事保险业务活动的,由中国保监会予以取缔;依照刑法关于擅自设立金融机构罪、非法经营罪或者其他罪的规定，依法追究刑事责任；尚不够刑事处罚的，由中国保监会没收违法所得，并处违法所得1倍以上5倍以下的罚款，没有违法所得或者违法所得不足20万元的，处20万元以上100万元以下的罚款。

三、伪造、变造、转让金融机构经营许可证、批准文件罪

伪造、变造、转让金融机构经营许可证、批准文件罪，是指伪造、变造、转让商业银行、证券交易所、期货交易所、证券公司、期货经纪公司、保险公司或者其他金融机构经营许可证或者批准文件的行为。

（一）犯罪构成要件

1. 客体

本罪的客体是国家对金融业的监督管理制度。本罪的对象是金融机构经营许可证和批准文件，即国务院银行业监督管理机构、中国人民银行和工商行政管理部门对商业银行或者银行业监督管理机构颁发的允许其经营金融业务的证明文件。

2. 客观方面

本罪的客观方面表现为三种行为方式：

（1）伪造，是指依照合法金融机构的金融机构经营许可证、批准文件外观、式样、图案等基本特征制作假的金融机构经营许可证、批准文件。

（2）变造，是指在合法金融机构的金融机构经营许可证、批准文件的基础上采用涂改、挖补等手段，使其真实性加以改变，如变更经营单位的名称与地址、经营业务的范围、批准日期等。

（3）转让，是指合法持有金融机构经营许可证、批准文件者以出租、出卖、出借等方式非法提供给他人。

本罪为行为犯，行为人只要实施了上述行为之一就构成本罪，应予追诉。

3. 主体

本罪的犯罪主体是一般主体，包括自然人，也包括单位。即只要行为人年满16周岁，实施了《刑法》第174条规定的行为，都有可能构成本罪。

4. 主观方面

本罪的犯罪主观方面为故意。即行为人明知伪造、变造、转让商业银行、证券交易所、期货交易所、证券公司、期货经纪公司、保险公司或者其他金融机构的经营许可证或者批准文件的行为是违法的，仍然实施此种行为。

(二) 疑难点司法认定

1. 本罪与伪造、变造、买卖国家机关证件罪的界限

由于金融机构经营许可证属于国家机关证件,所以,前者与后者属于法条竞合关系。而《刑法》第 174 条相对于《刑法》第 280 条而言,前者是特殊规定,后者是普通规定,依照特别法优于普通法的原则,应以前罪定罪处罚。

2. 一罪与数罪

利用伪造、变造金融机构经营许可证来擅自设立金融机构行为的定罪。伪造、变造、转让金融机构经营许可证罪与擅自设立金融机构罪本属于两种独立的犯罪,但在司法实践中,这两种犯罪行为往往交织在一起,即当行为人伪造、变造了金融机构经营许可证,又利用该伪造、变造的金融机构许可证擅自设立金融机构,这种情况属于牵连犯,前者是手段行为,后者是目的行为,不实行数罪并罚。应按牵连犯的处理原则,对行为人择一重罪即按擅自设立金融机构罪论处。

(三) 办案依据查询与适用

1.《中华人民共和国刑法》(1997 年 10 月 1 日起施行)(节录)

第一百七十四条 [擅自设立金融机构罪] 未经国家有关主管部门批准,擅自设立商业银行、证券交易所、证券公司、期货经纪公司、保险公司或者其他金融机构的,处三年以下有期徒刑或者拘役,并处或者单处二万元以上二十万元以下罚金;情节严重的,处三年以上十年以下有期徒刑,并处五万元以上五十万元以下罚金。

[伪造、变造、转让金融机构经营许可证、批准文件罪] 伪造、变造、转让商业银行、证券交易所、期货交易所、证券公司、期货经纪公司、保险公司或者其他金融机构的经营许可证或者批准文件的,依照前款的规定处罚。

单位犯前两款罪的,对单位判处罚金,并对其直接负责的主管人员和其他直接责任人员,依照第一款的规定处罚。

2. 最高人民检察院、公安部《关于公安机关管辖的刑事案件立案追诉标准的规定(二)》(2010 年 5 月 7 日 公通字〔2010〕23 号)(节录)

第二十五条 伪造、变造、转让商业银行、证券交易所、期货交易所、证券公司、期货公司、保险公司或者其他金融机构的经营许可证或者批准文件的,应予以立案追诉。

Chapter 5
第五讲
金融资金犯罪

一、金融资金犯罪基础知识

（一）金融资金犯罪的刑事立法概况

为维护健康的金融秩序，必须对金融资金进行有序、有效的管理；为降低金融风险，必须对资金的流转进行严格规范。针对金融市场中的不规范现象，1995年6月30日公布施行的《全国人大常委会关于惩治破坏金融秩序犯罪的决定》首次设立了危害金融资金管理的犯罪。但该《决定》只规定了非法吸收公众存款罪、违法向关系人发放贷款罪和违法发放贷款罪（违法向关系人发放贷款罪和违法发放贷款罪经《中华人民共和国刑法修正案（六）》修订，现为"违法发放贷款罪"，违法向关系人发放贷款仅为该罪的从重处罚情节）。1997年修订《刑法》时，在第175条增设了"高利转贷罪"，在第187条增设了"用账外客户资金非法拆借、发放贷款罪"（该罪经《中华人民共和国刑法修正案（六）》修订，现为"吸收客户资金不入账罪"）。

2006年《中华人民共和国刑法修正案（六）》又增设了"背信运用受托财产罪"和"违法运用资金罪"，使得保护信贷资金的刑事立法更为完备。与此同时，为了应对犯罪情节日益复杂、犯罪分工日益精细的金融资金犯罪，使司法官裁决案件有更为充分的法律依据，《关于公安机关管辖的刑事案件立案追诉标准的规定》、《关于审理非法集资刑事案件具体应用法律若干问题的解释》等司法解释相继出台，这不仅为司法人员追究犯罪提供了具有可操作性的标准，更在维护法制统一的道路上迈出了坚实的步伐。不难发现，对金融资金犯罪的惩治，是随着经济的发展以及金融资金犯罪的发展态势而进行的。对金融资金犯罪的特征的把握，将有利于我们更好地对其进行控制、防范。

(二) 金融资金犯罪的犯罪构成

金融资金犯罪,是指套取金融机构信贷资金高利转贷他人、非法吸收公众存款、背信运用受托财产、违法运用资金、违法发放贷款或者吸收客户资金不入账,违法所得数额较大或者情节严重,扰乱金融秩序的行为。

1. 客体

本罪侵犯的客体是国家对信贷资金的管理秩序。为了保证信贷资金的合理使用,必须禁止非法吸收公众存款、高利转贷等非法行为。由于金融机构的工作人员具备职务上的便利,一旦其利用该便利从事违法行为,将造成不可估量的损失。因此,必须禁止金融机构工作人员的违法行为。上述行为主要是通过破坏信贷资金管理规章制度从而破坏金融管理秩序的。

2. 客观方面

本罪在客观方面主要表现为套取金融机构信贷资金高利转贷他人、非法吸收公众存款、背信运用受托财产、违法运用资金、违法发放贷款或者吸收客户资金不入账的行为,这反映了金融资金犯罪方式的多样化。其中,有的需要"违法所得数额较大"才能成立犯罪,有的则需要达到"情节严重"的程度。刑法之所以规定这样的限制条件,是为了避免不当扩大打击范围,避免将不具有刑罚处罚性的行为也纳入刑法规制的范畴。

3. 主体

金融资金犯罪的主体既有一般主体,也有特殊主体。其中,非法吸收公众存款罪和高利转贷罪由一般主体构成,而其他犯罪只能由银行等金融机构或者其工作人员构成,要求具有特殊主体身份。此外,单位也可以成立本罪,其中部分犯罪只能由单位主体才能构成,如背信运用受托财产罪、违法运用资金罪。

4. 主观方面

金融资金犯罪的主观方面是故意,是否应有特殊的目的则须根据具体的犯罪进行把握。一般认为,实施金融资金犯罪是为了获取非法利益,其中,高利转贷罪是以转贷牟利为目的的。

(三) 金融资金犯罪的现状特征

随着我国改革开放的深化和市场经济的发展,金融领域的犯罪现象日益突出,破坏金融管理秩序的犯罪也随着金融业的改革开放呈不断发展之势。从司法实践的具体情况来看,金融资金犯罪呈现以下特点:

1. 涉案数额大

20世纪80年代以前，金融犯罪案件的案值一般在几千元、几万元之间，上百万元的仅为个别现象；而进入90年代至今，案值日趋增大，数十万元的案件较为普遍，数百万元的案件经常发生，数千万元甚至上亿元的案件也时有发生。[1]

2. 影响范围广

与20世纪90年代相比，现今的金融犯罪在活动范围、涉及领域、犯罪主体、犯罪手段方面表现出很高的综合性，其复杂性和专业性程度明显增强，具体表现为：

第一，活动范围大，突破地域限制。无论是富庶的沿海发达地区或中心城市，还是贫困的内陆欠发达地区或偏远农村，都毫无例外地发生过这样那样的金融资金犯罪案件，且跨省、跨国、涉港澳台地区或涉外犯罪所占比重增加。[2]

第二，涉嫌的犯罪领域几乎囊括了包括银行、证券、保险、信托、财务公司、信用社在内的所有金融机构以及相关的业务环节。犯罪过程中呈现领域交叉、环节重叠等新特点。

第三，进入21世纪，金融资金犯罪的后果突破了有限的财产损失，向深度延伸，从直接的财产侵害过渡到复合型的损害。例如，对金融机构、经济实体、地方经济甚至国家的信誉，包括经济活动中的诚信制度都会造成难以弥补的损害，同时也直接威胁我国经济秩序和社会秩序的稳定，而这些多重的损害往往是难以估量的。[3]

因此，面对新的犯罪形势，更有必要动用刑法手段对金融资金犯罪追究刑事责任。

3. 作案人员复杂化，内外勾结

金融资金犯罪的作案人员成分复杂，既有经商人员、社会无业人员，也有金融机构的工作人员，更有法人或者非法人组织的单位犯罪。由于金融机构的工作人员熟悉金融业务以及操作程序，知道如何规避监管制度且熟悉作案环境，因此，金融机构的工作人员违法犯罪的现象屡见不鲜。有些外部人员甚至通过与金融机构的工作人员相互勾结，共同策划犯罪，通过其职务上的便利，

---

[1] 游小勇：《金融犯罪案件的特点及其侦防对策》，载《西南政法大学学报》2004年第4期。

[2] 刘宪权：《金融犯罪刑法学专论》，北京大学出版社2010年版，第25页。

[3] 刘宪权：《金融犯罪刑法学专论》，北京大学出版社2010年版，第25页。

里应外合，使得犯罪的进展更为顺利，内外勾结也因此成为金融资金犯罪的突出特点。

正因为金融资金犯罪的涉案数额大、影响范围广、参与人员成分复杂，在活动范围、涉及领域、犯罪主体、犯罪手段方面表现出很高的综合性，且具有极大的社会危害性。因此，刑法有必要加强对此类犯罪的打击力度，历次刑法修正案中罪名的增设以及相关司法解释的不断出台便是例证。

二、高利转贷罪

（一）必备专业知识

信贷资金，是指金融机构依据国家制定的贷款方针和政策，运用来自广大居民储蓄和企业存款的资金，经过严格的审批程序，依法贷给公司、企业、事业单位或个人的政策性贷款和商业性贷款资金。[①] 由于刑法并未限定信贷资金的种类与形式，因此只要是金融机构用于发放贷款的资金，都属于信贷资金，包括担保贷款资金与信用贷款资金。

贷款，指通过银行或者其他金融机构积聚起来的、以偿还为条件、专供借贷使用的货币资金。[②] 根据1996年6月28日中国人民银行发布的《贷款通则》的相关规定，对借款人不得套取贷款用于借贷，谋取非法收入；不得采取欺诈手段骗取贷款等八个方面进行了限制。《贷款通则》还规定了借款人的各项义务：（1）应当如实提供贷款人要求的材料，应当向贷款人如实提供所有开户行、账号及存贷余额情况，配合贷款人的调查、审查和检查；（2）应当接受贷款人对其使用信贷资金的情况和有关生产经营、财务活动的监督；（3）应当按借款合同约定用途使用贷款；（4）应当按借款合同约定及时清偿贷款本息；（5）将债务全部或部分转让给第三人的，应当取得贷款人的同意；（6）有危机贷款债权安全情况的，应当及时通知贷款人，同时采取保全措施。

（二）犯罪构成要件

高利转贷罪，是指以转贷牟利为目的，套取金融机构信贷资金高利转贷他人，违法所得数额较大的行为。本罪的行为人往往违背借款人应尽的义务，虚构事实或者隐瞒真相，掩盖其贷款的真实目的，并通过各种手段规避贷款人的审查，以套取信贷资金，"套取"在一定程度上具有欺骗性。

[①] 王凤垄：《金融犯罪研究》，中国检察出版社2008年版，第186页。
[②] 薛瑞麟主编：《金融犯罪再研究》，中国政法大学出版社2007年版，第28页。

1. 客体

犯罪客体是国家的信贷资金管理秩序。此处的信贷专指银行的贷款活动。在我国，贷款的总量要根据社会发展和国民经济发展的需要进行控制，同时，要通过调节信贷资金的使用结构以促进社会资金的合理配置，优化经济结构。因此，国家对贷款的申请和批放规定了严格的条件和程序，获得贷款的借贷人，也必须按照借款合同规定的用途使用资金。正因为对贷款进行诸多限制，导致一部分人难以获得贷款，这部分人便寻求他人的"资助"，于是，另一部分人便通过各种非法途径套取金融机构的信贷资金，然后高利转贷他人，从中牟利。由此一来，破坏了国家对信贷资金的管理，信贷资金无法按照其预计的用途进入市场，有些信贷资金被用于非法活动，有些则成为呆账或不良资产，严重损害国民经济的发展。

本罪的犯罪对象是金融机构的信贷资金。所谓信贷资金，是指金融机构依据国家制定的贷款方针和政策，运用来自广大居民储蓄和企业存款的资金，经过严格的审批程序，依法贷给公司、企业、事业单位或个人的政策性贷款和商业性贷款资金。①

2. 客观方面

犯罪客观方面表现为套取金融机构信贷资金，高利转贷他人，违法所得数额较大的行为。具体而言，包括两个方面的内容：

（1）套取金融机构的信贷资金。关于何为"套取"，有人认为，套取金融机构信贷资金，是指行为人在不符合贷款条件的前提下，以虚假的贷款理由或贷款条件，向金融机构申请贷款，并且获取由正常程序无法得到的贷款。② 这种解释不当地缩小了套取行为的范围，割裂了套取行为和转贷行为之间的关系。套取行为是转贷行为的前提，转贷行为则制约着套取行为的性质。换言之，判断行为是否为"套取"，关键在于行为人对贷款的实际用途。若行为人不是按照合同规定的用途使用贷款，而是将其高利转贷他人，这就使得行为人原来申请贷款的理由成为虚假，不管之前申请贷款的理由是否合法，不按约定内容使用信贷资金而获取信贷资金的行为即为"套取"行为。对此，我们认为，所谓"套取金融机构信贷资金"，是指行为人假称自己借款使用，或者编造虚假理由，获取银行或者其他金融机构信贷资金的行为。③

（2）将套取的资金高利转贷他人。对于何为"高利"，有人认为，"高

---

① 王凤垄：《金融犯罪研究》，中国检察出版社2008年版，第186页。
② 赵秉志：《金融犯罪界限认定司法对策》，吉林人民出版社2000年版，第115页。
③ 曲新久：《金融与金融犯罪》，中信出版社2003年版，第147页。

利"是指行为人将套取的金融机构信贷资金转贷他人，所定利率远远高于其从银行或其他金融机构所套取的信贷资金利率。根据有关司法解释（即最高人民法院1991年通过的《关于人民法院审理借贷案件的若干意见》第6条），民间借款合同中所约定的利率可以适当高于银行的利率，但最高不得超过银行同类贷款利率的四倍。因此，在确定高利的标准时，可参照该司法解释。[1] 上述观点将民间借贷中的高利标准作为衡量高利转贷罪中的"高利"的标准，有欠妥当。理由如下：

其一，刑法并没有要求行为人必须以高出金融机构的贷款利率的多少转贷他人，而只要求高利转贷他人。若限定高利的标准，则会放纵犯罪，造成司法不公。行为人将较多的信贷资金以较低的利率转贷他人，违法所得数额较大，但因为没有以远远高于贷款利率的利率将贷款转贷他人而免予定罪处罚，而行为人将较少的信贷资金以较高的利率转贷他人，违法所得数额较大时，却要受刑事追究，这是不公平的。因为二者的危害性并无本质上的差异，而将较多的信贷资金转贷他人，对信贷资金管理秩序的破坏似乎还要更重一些。其二，本罪套取的是金融机构的信贷资金，不同于一般的民间借贷，其破坏的是国家的信贷资金管理秩序，侵害的法益更大，若适用民间借贷的最高利率标准，不利于维护信贷资金管理秩序。其三，本罪的追诉标准主要强调行为人的"违法所得数额"。综上所述，只要行为人以高于贷款利率的利率将信贷资金转贷他人，违法所得数额较大的，即可认为是"高利转贷他人"。

3. 主体

本罪的主体是一般主体，包括达到刑事责任年龄、具备刑事责任能力的自然人和单位。那种认为该罪只能由已经套取了金融机构信贷资金的特殊主体的看法，是把实行套取金融机构信贷资金的人特殊化了。[2] 套取金融机构的信贷资金仅仅是成立本罪的一个实行行为，是高利转贷行为的前提，因此，不能把套取行为和高利转贷行为割裂开来。由于任何人均可以套取金融机构的信贷资金而后高利转贷给他人，因此，该罪的主体是一般主体，而不是特殊主体。

4. 主观方面

本罪主观方面为直接故意，并且具有转贷牟利的目的。至于该目的是否达到，不影响本罪的成立。行为人不具有转贷牟利的目的或者是出于其他的目的取得金融机构的信贷资金，则不构成本罪，但有可能构成其他犯罪。如行为人具有非法占有信贷资金的目的，则成立贷款诈骗罪。

---

[1] 黄京平主编：《破坏市场经济秩序罪研究》，中国人民大学出版社1999年版，第373页。

[2] 李永升主编：《金融犯罪研究》，中国检察出版社2010年版，第154页。

(三) 疑难点司法认定

1. 罪与非罪

(1) 本罪是目的犯,成立本罪要求行为人以"转贷牟利"为目的。至于该目的是否达到,不影响本罪的成立。由于行为人以低于或平于贷款利率的利率将信贷资金转贷他人不具备牟利的现实可能性,因此,不认为其有转贷牟利的目的。值得注意的是,转贷牟利的目的应产生于行为人套取信贷资金之前。行为人出于其他目的取得金融机构信贷资金,然后产生将信贷资金高利转贷他人的意图进而实施该行为的,不构成本罪。①

(2) 变相高利转贷情形的认定。行为人套取信贷资金后,将信贷资金用于正常的生产经营,而另将自有资金高利转贷他人,违法所得数额较大的,也应认定为本罪。该行为实际上只是在资金上作了置换,但在本质上与高利转贷行为并无不同。② 如不以高利转贷罪处理,则会诱导行为人以这种极具隐蔽性的手段,实施高利转贷行为,规避刑法制裁,进而导致相关刑法条文虚置。

(3) 本罪是数额犯,要求"违法所得数额较大",否则不成立犯罪。

2. 本罪与贷款诈骗罪的区分

根据《刑法》第193条的规定,贷款诈骗罪是指以非法占有为目的,诈骗银行或者其他金融机构的贷款,数额较大的行为。虽然本罪与贷款诈骗罪均表现为从金融机构取得贷款并用于其他非法用途,但二者存在明显的区别,具体表现在:(1) 犯罪客体不同。本罪侵犯的客体是国家的信贷资金管理秩序,而贷款诈骗罪则侵犯了国家对金融机构的贷款管理秩序和金融机构的财产所有权。(2) 犯罪客观方面不同。本罪的客观方面表现为行为人通过各种非法手段套取金融机构的信贷资金,高利转贷他人,且数额较大的行为,而贷款诈骗罪则表现为行为人采取《刑法》第193条规定的五种行为方式并骗取银行或者其他金融机构的贷款,数额较大的行为。(3) 犯罪主体不同。本罪主体是一般主体,包括自然人和单位,而贷款诈骗罪的主体只能是自然人,不包括单位。(4) 犯罪主观方面不同。本罪以转贷牟利为目的,而贷款诈骗罪以非法占有为目的。

3. 共犯问题

司法实践中,经常出现借款人与金融机构的工作人员相勾结,利用其职务上的便利,套取金融机构的信贷资金,然后高利转贷他人的情形。此时,构成

---

① 张明楷:《刑法学》,法律出版社2007年版,第583页。
② 刘宪权:《金融犯罪刑法学专论》,北京大学出版社2010年版,第223页。

高利转贷罪的共同犯罪。因为他们主观上具有套取金融机构的信贷资金，高利转贷他人以牟取非法利益的共同故意，客观上进行分工合作，分别实施了相应的行为，符合共同犯罪的成立要件。然而，由于金融机构的工作人员具有特殊的身份，其利用职务上的便利，以贷款的形式掩盖其挪用公款或挪用资金的性质，已触犯了挪用公款罪或挪用资金罪，这便涉及刑法中身份犯的共犯形态问题。"不具有构成身份的人与具有构成身份的人共同实施真正身份犯时，构成共同犯罪。"① 根据1998年4月29日最高人民法院《关于审理挪用公款案件具体应用法律若干问题的解释》第8条："挪用公款给他人使用，使用人与挪用人共谋，指使或者参与策划取得挪用款的，以挪用公款罪的共犯定罪处罚。"因此，行为人还成立挪用公款罪或挪用资金罪的共同犯罪。此时，行为人同时触犯了两个以上的罪名，应认定为较重罪的共犯。

（四）办案依据查询与适用

1.《中华人民共和国刑法》（1997年10月1日起施行）（节录）

第一百七十五条 [高利转贷罪]　以转贷牟利为目的，套取金融机构信贷资金高利转贷他人，违法所得数额较大的，处三年以下有期徒刑或者拘役，并处违法所得一倍以上五倍以下罚金；数额巨大的，处三年以上七年以下有期徒刑，并处违法所得一倍以上五倍以下罚金。

单位犯前款罪的，对单位判处罚金，并对其直接负责的主管人员和其他直接责任人员，处三年以下有期徒刑或者拘役。

【理解与适用】　成立本罪不仅要求主观上具有"转贷牟利"的目的，而且要求"违法所得数额较大"，这是区分罪与非罪的两个重要标准。

2. 最高人民检察院、公安部《关于公安机关管辖的刑事案件立案追诉标准的规定（二）》（2010年5月7日　公通字〔2010〕23号）（节录）

第二十六条　以转贷牟利为目的，套取金融机构信贷资金高利转贷他人，涉嫌下列情形之一的，应予立案追诉：

（一）高利转贷，违法所得数额在10万元以上的；

（二）虽未达到上述数额标准，但2年内因高利转贷受过行政处罚2次以上，又高利转贷的。

---

① 张明楷：《刑法学》，法律出版社2007年版，第349页。

三、非法吸收公众存款罪

(一) 必备专业知识

金融学中，存款是指存款人将资金存入银行或者其他金融机构，银行或者其他金融机构向存款人出具金融凭证并承诺在一定期限内还本付息，存款人获取收益的一种金融活动。存款和吸收存款是互为对应的民事法律行为，存款人和存款机构之间是债权债务关系。存款是金融机构信贷资金的主要来源，在一定程度上决定了金融机构的资产经营能力，影响其生存和发展。

存款根据存款人主体的不同，可以分为机构存款和个人存款。机构存款包括：(1) 企业存款。这是国营企业、集体工业企业和供销合作社，由于销货收入和各项支出的时间不一致而产生的暂时闲置货币资金，其中最重要的是固定资产折旧基金，还包括利润留成。企业存款的变化，取决于企业的商品购销规模和经营管理状况。生产或商品流转扩大，企业存款就会增加，反之则下降；经营管理改善，资金周转加快，企业存款就会减少，反之则增加。企业存款中绝大部分是活期存款，只有少部分是定期存款。(2) 财政存款。银行代理国家金库，一切财政收支必须通过银行办理。财政收入同支出在时间上往往是不一致的，在先收后支的情况下，暂时未用的资金就形成财政存款。(3) 基本建设存款。这是指用于基本建设但尚未支出的资金形成的存款。(4) 机关、团体存款。(5) 农村存款。这是指集体农业、乡镇企业和农村信用合作社在银行的存款，其中农村信用社的存款占绝大部分。个人存款即居民储蓄存款，是指公民个人存入银行的货币资金。

根据存款期限的不同，可以将存款分为定期存款和活期存款。定期存款是指存款人必须在存款后的一个规定的日期才能提取存款，若提前提取存款，则提前提取部分不以定期存款论。定期存款没有固定的期限，可以从 3 个月到 5 年、10 年不等，一般来说，存款期限越长，利率越高。传统的定期存款除了有存单形式外，还有存折形式，或者又称为存折定期存款，但其以 90 天为基本计息天数，不满 90 天的不计息。与活期存款相比，定期存款的利率更高。活期存款是指存款人可以随时提取或转计款项的一种银行存款，其形式有本票、保付支票、支票存款账户和信用证等。

根据存款货币的不同，可以将存款分为人民币存款和外汇存款；根据存款支取方式的不同，可以将存款划分为支票存款、存单 (折) 存款、通知存款、透支存款等。

就合法的存款关系而言，存款人和金融机构是通过存款合同确立其债权债务关系的。存款合同的成立也要经过要约和承诺两个阶段。一般而言，存款人向银行等金融机构填写存款凭条或者出具各种转账凭证的，是要约；金融机构接受存款资金并向存款人出具存单、存折或者进账单、收账通知的，是承诺；标志着存款合同正式成立。存款合同的主要条款即利息、期限等以银行依法公布的为准，不一定必须在合同中写明，活期存款更是如此。①

根据《中国人民银行法》的规定，除商业银行、信用社、邮政储蓄、信托投资机构等经批准有权办理存款业务外，其他金融机构不得办理该项业务。因此，不具备吸收存款资格的金融机构以及非金融机构和个人，不得吸收公众存款。根据《中国人民银行法》第 23 条的规定，中国人民银行为执行货币政策，可以确定中央银行基准利率；又根据《中华人民共和国商业银行法》第 31 条的规定，商业银行应按照中国人民银行规定的存款利率的上下限确定存款利率，并予以公告。因此，非经中国人民银行确定，任何金融机构均不得擅自提高存款利率。

(二) 犯罪构成要件

非法吸收公众存款罪，是指违反国家金融管理法规，非法吸收公众存款，或者变相吸收公众存款，扰乱金融秩序的行为。

1. 客体

犯罪客体是金融管理秩序。一些单位和个人为了自身利益，往往通过提高利率的方式，将公众手中的资金集中到自己的手中，导致合法吸收存款的单位筹集不到相应的资金，不利于发挥资金的最佳效益，利用有限的资金进行必要的经济建设。同时，擅自提高利率，容易造成吸收存款过程中的不正当竞争，影响国家利率的统一，破坏币值的稳定。加之非法吸收公众存款的单位或个人往往不具有银行那样的还款实力，亦缺乏系统、完善的资金管理制度，这就使得风险承担能力本身就很薄弱的行为人面临更大的还款不能的风险，无法保证公众资金的安全。因此，它不仅侵犯了国家的金融管理秩序，还使公众资金处于极大的风险之中，容易造成财产损失。

本罪的犯罪对象是公众存款。所谓公众存款是指存款人是不特定的群体，如果存款人只是少数个人或者是特定的，不能认为是公众存款。②

2. 客观方面

犯罪客观方面表现为违反国家金融管理法规，非法吸收公众存款，或者变

---

① 强力：《金融法》，法律出版社 1997 年版，第 201 页。
② 王凤垒：《金融犯罪研究》，中国检察出版社 2008 年版，第 205 页。

相吸收公众存款的行为。从行为主体方面看，包括两种情况：一种是不具备吸收存款资格的单位和个人，非法吸收公众存款。通常表现为未经有关部门依法批准或者借用合法经营的形式，如打着生产经营的旗号，以投资入股的方式非法吸收公众存款。其中，有的是非法设立的金融机构，如地下钱庄；有的则直接承诺在一定期限内还本付息，以吸收公众存款。另一种是具备吸收存款资格的金融机构，如银行，以擅自提高存款利率的方式吸收存款，以增强本机构的投放贷款的能力，在激烈的竞争中获取更大的利益。

值得注意的是，无论是哪一种方式，行为对象均必须是社会公众。"公众"是指多数人或者不特定人（包括单位）。① 若未向社会宣传，仅在亲友间或者单位内部针对特定地少数人吸收资金的，不属于非法吸收或者变相吸收公众存款。根据2010年12月13日最高人民法院《关于审理非法集资刑事案件具体应用法律若干问题的解释》第3条第2款的规定，个人非法吸收或者变相吸收公众存款对象30人以上的，单位非法吸收或者变相吸收公众存款对象150人以上的，应当依法追究刑事责任。

3. 主体

本罪的主体是一般主体，包括达到刑事责任年龄、具备刑事责任能力的自然人和单位。其中，自然人主体往往以共同犯罪的形式出现，单位主体既可以是法人资格的单位，也可以是非法人资格的单位；既可以是具备吸收存款资格的金融机构，也可以是不具备吸收存款资格的金融机构。依据1999年最高人民法院《关于审理单位犯罪案件具体应用法律有关问题的解释》第2条规定："个人为进行违法犯罪活动而设立的公司、企业、事业单位实施犯罪的，或者公司、企业、事业单位设立后，以实施犯罪为主要活动的，不以单位犯罪论处。"因此，个人如果为实施非法吸收公众存款犯罪活动而设立公司、企业、事业单位的，或者在公司、企业、事业单位设立后，以实施非法吸收公众存款犯罪为主要活动的，不以单位犯罪论处，而以个人犯罪论处。

4. 主观方面

本罪主观方面表现为故意，即行为人明知自己非法吸收或者变相吸收公众存款的行为是违反国家法律规定的，会发生扰乱金融秩序的后果，但仍然希望或者放任这种结果发生。主观上的目的不是本罪成立的必备要件，但如果行为人以非法占有为目的吸收公众存款，则成立集资诈骗罪或者其他相应的犯罪。

---

① 张明楷：《刑法学》，法律出版社2007年版，第584页。

（三）疑难点司法认定

1. 罪与非罪

（1）尽管非法吸收公众存款的犯罪对象理应是"公众存款"，但并不是说必须以"存款"的名义出现，对于本罪中的"存款"的含义应作实质性的理解。只要具备聚集资金和还本付息的特征，就可以认为是"存款"。① 因此，对于包括证券公司在内的金融机构以"委托理财"的方式非法吸收资金的行为，以及实践中出现的承诺高额固定回报收取客户保证金的行为，均属于"以非存款之名，行存款之实"的变相吸收公众存款的行为，应根据具体情况决定是否追究其刑事责任。

（2）对于有资格吸收公众存款的金融机构依法吸收公众存款后，在公众有权提取存款时，不允许其提取的行为是否构成非法吸收公众存款罪，则值得思考。有学者认为，这也是非法吸收公众存款的表现形式之一。② 而绝大多数学者则认为，非法吸收公众存款，非法是对吸收而言的，不是对支付存款而言的。行为人违反法律规定，拒绝支付应该支付的公众存款，这虽然是违法的、侵权的，但与非法吸收公众存款不是一回事，将其视为非法吸收公众存款，则未免失之牵强。③ 我们也认为不宜将这种行为认定为非法吸收公众存款罪。尽管该行为与非法吸收公众存款的行为在控制和使用存款上具有相似之处，但二者还是有本质区别的。刑法设立非法吸收公众存款罪主要针对吸收行为，而非拒绝提款行为，拒绝提款的行为完全属于民事侵权行为，且由于其吸收公众存款的行为是合法的，因而不宜将其认定为非法吸收公众存款罪。在运用民事手段就能解决纠纷的情况下没有必要扩大刑法的打击面，这也是刑法谦抑性的应有之义。

（3）本罪的成立并不以数额较大或者巨大为要件，而是以"扰乱金融秩序"为要件。但是，司法实践中，不得不考虑非法吸收公众存款数额的大小。2001年1月21日最高人民法院发布的《全国法院审理金融犯罪案件工作座谈会纪要》指出，非法吸收或者变相吸收公众存款的，要从非法吸收公众存款的数额、范围以及给存款人造成的损失等方面判定扰乱金融秩序造成危害的程度。2010年12月13日最高人民法院《关于审理非法集资刑事案件具体应用法律若干问题的解释》第3条以及2010年5月7日最高人民检察院、公安部

---

① 刘宪权：《金融犯罪刑法学专论》，北京大学出版社2010年版，第241页。
② 张明楷：《刑法学》（下），法律出版社1999年版，第633页。
③ 马克昌主编：《经济犯罪新论》，武汉大学出版社1998年版，第321页。

《关于公安机关管辖的刑事案件立案追诉标准的规定（二）》第 28 条，都作出了相应的规定。因此，是否构成本罪应从吸收公众存款的数额、公众的数量以及给存款人造成的损失等方面加以把握。行为人吸收的存款数额很小的，应当视为情节显著轻微，危害不大，不以犯罪论。

2. 一罪与数罪

司法实践中，行为人擅自设立金融机构后又非法吸收公众存款的，或者非法吸收公众存款后又擅自设立金融机构的，实行数罪并罚；若设立金融机构的目的是非法吸收公众存款，则二者成立方法行为与目的行为的牵连，从一重罪论处。

3. 本罪与集资诈骗罪的区分

虽然本罪与集资诈骗罪在客观方面均具有非法集资的性质，主观方面均表现为故意，犯罪主体也相同，但二者具有明显的区别，主要表现为主观目的不同。本罪不要求行为人具有特定的目的，而集资诈骗罪则要求行为人具有非法占有的目的，这是两罪本质的不同。司法实践中，行为人在非法吸收公众存款后，既不是将资金贷出以牟利，也没有将其用于日常的生产经营，而是将其挥霍殆尽。对此，应从其客观上的挥霍行为推定其主观上具有非法占有所集资金的目的，因此，对行为人以集资诈骗罪定罪处罚。

（四）办案依据查询与适用

1.《中华人民共和国刑法》（1997 年 10 月 1 日起施行）（节录）

第一百七十六条 [非法吸收公众存款罪] 非法吸收公众存款或者变相吸收公众存款，扰乱金融秩序的，处三年以下有期徒刑或者拘役，并处或者单处二万元以上二十万元以下罚金；数额巨大或者有其他严重情节的，处三年以上十年以下有期徒刑，并处五万元以上五十万元以下罚金。

单位犯前款罪的，对单位判处罚金，并对其直接负责的主管人员和其他直接责任人员，依照前款的规定处罚。

2. 最高人民法院《关于审理非法集资刑事案件具体应用法律若干问题的解释》（2011 年 1 月 4 日　法释〔2010〕18 号）（节录）

第一条 违反国家金融管理法律规定，向社会公众（包括单位和个人）吸收资金的行为，同时具备下列四个条件的，除刑法另有规定的以外，应当认定为刑法第一百七十六条规定的"非法吸收公众存款或者变相吸收公众存款"：

（一）未经有关部门依法批准或者借用合法经营的形式吸收资金；

（二）通过媒体、推介会、传单、手机短信等途径向社会公开宣传；

（三）承诺在一定期限内以货币、实物、股权等方式还本付息或者给付回报；

（四）向社会公众即社会不特定对象吸收资金的。

未向社会公开宣传，在亲友或者单位内部针对特定对象吸收资金的，不属于非法吸收或者变相吸收公众存款。

第二条 实施下列行为之一，符合本解释第一条第一款规定的条件的，应当依照刑法第一百七十六条的规定，以非法吸收公众存款罪定罪处罚：

（一）不具有房产销售的真实内容或者不以房产销售为主要目的，以返本销售、售后包租、约定回购、销售房产份额等方式非法吸收资金的；

（二）以转让林权并代为管护等方式非法吸收资金的；

（三）以代种植（养殖）、租种植（养殖）、联合种植（养殖）等方式非法吸收资金；

（四）不具有销售商品、提供服务的真实内容或者不以销售商品、提供服务为主要目的，以商品回购、寄存代售等方式非法吸收资金的；

（五）不具有发行股票、债券的真实内容，以虚假转让股权、发售虚构债券等方式非法吸收资金的；

（六）不具有募集基金的真实内容，以假借境外基金、发售虚构基金等方式非法吸收资金的；

（七）不具有销售保险的真实内容，以假冒保险公司、伪造保险单据等方式非法吸收资金的；

（八）以投资入股的方式非法吸收资金的；

（九）以委托理财的方式非法吸收资金的；

（十）利用民间"会"、"社"等组织非法吸收资金的；

（十一）其他非法吸收资金的行为。

【理解与适用】 本条采取详细列举与概括规定相结合的方式，阐述了非法吸收公众存款的十种具有代表性的行为方式，使得对本罪的追诉更具可操作性。同时，第11项"其他非法吸收资金的行为"则赋予法官一定的自由裁量权，避免因规定过于僵硬而无法应对千差万别的个案。

第三条 非法吸收或者变相吸收公众存款，具有下列情形之一的，应当依法追究刑事责任：

（一）个人非法吸收或者变相吸收公众存款，数额在20万元以上的，单位非法吸收或者变相吸收公众存款，数额在100万元以上的；

（二）个人非法吸收或者变相吸收公众存款对象30人以上的，单位非法吸收或者变相吸收公众存款对象150人以上的；

（三）个人非法吸收或者变相吸收公众存款，给存款人造成直接经济损失数额在10万元以上的，单位非法吸收或者变相吸收公众存款，给存款人造成直接经济损失数额在50万元以上的；

（四）造成恶劣社会影响或者其他严重后果的。

具有下列情形之一的，属于刑法第一百七十六条规定的"数额巨大或者有其他严重情节"：

（一）个人非法吸收或者变相吸收公众存款，数额在100万元以上的，单位非法吸收或者变相吸收公众存款，数额在500万元以上的；

（二）个人非法吸收或者变相吸收公众存款对象100人以上的，单位非法吸收或者变相吸收公众存款对象500人以上的；

（三）个人非法吸收或者变相吸收公众存款，给存款人造成直接经济损失数额在50万元以上的，单位非法吸收或者变相吸收公众存款，给存款人造成直接经济损失数额在250万元以上的；

（四）造成特别恶劣社会影响或者其他特别严重后果的。

非法吸收或者变相吸收公众存款的数额，以行为人所吸收的资金全额计算。案发前后已归还的数额，可以作为量刑情节酌情考虑。

非法吸收或者变相吸收公众存款，主要用于正常的生产经营活动，能够及时清退所吸收资金，可以免予刑事处罚；情节显著轻微的，不作为犯罪处理。

第八条 广告经营者、广告发布者违反国家规定，利用广告为非法集资活动相关的商品或者服务作虚假宣传，具有下列情形之一的，依照刑法第二百二十二条的规定，以虚假广告罪定罪处罚：

（一）违法所得数额在10万元以上的；

（二）造成严重危害后果或者恶劣社会影响的；

（三）二年内利用广告作虚假宣传，受过行政处罚二次以上的；

（四）其他情节严重的情形。

明知他人从事欺诈发行股票、债券，非法吸收公众存款，擅自发行股票、债券，集资诈骗或者组织、领导传销活动等集资犯罪活动，为其提供广告等宣传的，以相关犯罪的共犯论处。

3. 最高人民检察院、公安部《关于公安机关管辖的刑事案件立案追诉标准的规定（二）》（2010年5月7日 公通字〔2010〕23号）（节录）

第二十八条 非法吸收公众存款或者变相吸收公众存款，扰乱金融秩序，涉嫌下列情形之一的，应予立案追诉：

（一）个人非法吸收或者变相吸收公众存款数额在20万元以上的，单位非法吸收或者变相吸收公众存款数额在100万元以上的；

（二）个人非法吸收或者变相吸收公众存款 30 户以上的，单位非法吸收或者变相吸收公众存款 150 户以上的。

【理解与适用】 根据 2011 年 1 月 4 日最高人民法院《关于审理非法集资刑事案件具体应用法律若干问题的解释》第 3 条的相关规定，"个人非法吸收或者变相吸收公众存款对象 30 人以上的，单位非法吸收或者变相吸收公众存款对象 150 人以上的"，应当以本罪追究刑事责任。此处的"户"计量单位已经修改，变为以"人"为计量单位，因此应当适用最高人民法院最新的司法解释。

四、背信运用受托财产罪

（一）必备专业知识

根据《信托法》第 2 条的规定，信托是指委托人基于对受托人的信任，将其财产权委托给受托人，由受托人按委托人的意愿以自己的名义，为受益人的利益或者特定目的，进行管理或者处分的行为。

1. 信托的设立

设立信托必须有合法的信托目的和确定的信托财产，并且该信托财产必须是委托人合法所有的财产。

设立信托应当采取书面形式。书面形式包括信托合同、遗嘱或者法律、行政法规规定的其他书面文件等。采取信托合同形式设立信托的，信托合同签订时，信托成立。采取其他书面形式设立信托的，受托人承诺信托时，信托成立。设立信托，其书面文件应当载明下列事项：（一）信托目的；（二）委托人、受托人的姓名或者名称、住所；（三）受益人或者受益人范围；（四）信托财产的范围、种类及状况；（五）受益人取得信托利益的形式、方法。除前款所列事项外，可以载明信托期限、信托财产的管理方法、受托人的报酬、新受托人的选任方式、信托终止事由等事项。

设立信托，对于信托财产，有关法律、行政法规规定应当办理登记手续的，应当依法办理信托登记。未依照前款规定办理信托登记的，应当补办登记手续；不补办的，该信托不产生效力。

有下列情形之一的，信托无效：（一）信托目的违反法律、行政法规或者损害社会公共利益；（二）信托财产不能确定；（三）委托人以非法财产或者本法规定不得设立信托的财产设立信托；（四）专以诉讼或者讨债为目的设立信托；（五）受益人或者受益人范围不能确定；（六）法律、行政法规规定的其他情形。

2. 信托财产

受托人因承诺信托而取得的财产是信托财产。受托人因信托财产的管理运用、处分或者其他情形而取得的财产，也归入信托财产。法律、行政法规禁止流通的财产，不得作为信托财产。法律、行政法规限制流通的财产，依法经有关主管部门批准后，可以作为信托财产。

信托财产与委托人未设立信托的其他财产相区别。设立信托后，委托人死亡或者依法解散、被依法撤销、被宣告破产时，委托人是唯一受益人的，信托终止，信托财产作为其遗产或者清算财产；委托人不是唯一受益人的，信托存续，信托财产不作为其遗产或者清算财产；但作为共同受益人的委托人死亡或者依法解散、被依法撤销、被宣告破产时，其信托受益权作为其遗产或者清算财产。

信托财产与属于受托人所有的财产相区别，不得归入受托人的固有财产或者成为固有财产的一部分。受托人死亡或者依法解散、被依法撤销、被宣告破产而终止，信托财产不属于其遗产或者清算财产。

除因下列情形之一外，对信托财产不得强制执行：（一）设立信托前债权人已对该信托财产享有优先受偿的权利，并依法行使该权利的；（二）受托人处理信托事务所产生债务，债权人要求清偿该债务的；（三）信托财产本身应担负的税款；（四）法律规定的其他情形。对于违反前款规定而强制执行信托财产，委托人、受托人或者受益人有权向人民法院提出异议。

3. 信托与委托的区别

委托和信托的区别在于，在委托行为中，受托人并不取得财产的所有权，受托人只能以委托人的名义从事民事法律行为，法律后果由委托人承担。而在信托行为中，受托人取得受托财产的所有权，其有权以自己的名义从事民事法律行为并独立承担由此带来的法律后果。通常情况下，委托人和受托人通过订立委托合同，建立委托、信托法律关系。这原本属于《民法通则》、《合同法》、《信托法》等民商事法律规范的调整范畴。然而，如果受托人违背受托义务，擅自运用委托、信托的财产，情节严重的，不仅损害委托人的利益，而且扰乱了国家的金融管理秩序。在这种情况下，依靠民商事法律规范进行调整已远远不够，刑法应当发挥其应有的作用。为此，《中华人民共和国刑法修正案（六）》第12条增设本罪，以保护客户资金、委托、信托的财产安全，维护我国的金融管理秩序。

（二）犯罪构成要件

背信运用受托财产罪，是指商业银行、证券交易所、期货交易所、证券公司、期货经纪公司、保险公司或者其他金融机构，违背受托义务，擅自运用客户资金或者其他委托、信托的财产，情节严重的行为。

1. 客体

犯罪客体是复杂客体，即客户资金或委托人委托、信托财产的收益权和金融市场管理秩序。[①] 在委托中，受托人只能按照委托人的意愿，以委托人的名义从事民事法律行为，其法律后果亦由委托人承担。而在信托中，受托人虽然有权支配受托财产，但是其是基于委托人的信任才取得财产的所有权的，因此，虽然其有权以自己的名义处分财产，但是，其应该尽到善良管理人的义务，使自己的行为最大限度地符合委托人的意愿，使受托财产的收益最大化。若行为人背信运用受托财产，则使客户的资金陷入极大的风险之中，从而动摇社会公众的投资理念，损害客户的利益，进而破坏金融市场管理秩序，妨害金融市场的健康发展。

本罪的犯罪对象是客户资金或者其他委托、信托的财产。所谓"委托、信托的财产"，主要是指在当前的委托理财业务中，存放在各类金融机构中的以下几类客户资金和资产：（1）证券投资业务中的客户交易资金。在我国的证券交易制度中，客户交易结算资金指客户在证券公司存放的用于买卖证券的资金。（2）证券投资基金。证券投资基金是指通过公开发售基金份额募集的客户资金。从法律性质上看，基金的本质是标准份额的集合资金信托，客户购买的基金的性质是客户委托基金公司管理的财产。（3）信托业务中的信托财产。（4）委托理财业务中的客户资产。委托理财业务是金融机构接受客户的委托，对客户存放在金融机构的资产进行管理的客户资产管理业务。[②]

2. 客观方面

犯罪客观方面表现为违背受托义务，擅自使用客户资金或者其他委托、信托的财产，情节严重的行为。

"违背受托义务"不仅指违背委托人和受托人之间约定的具体义务，还包括违背法律、行政法规、部门规章规定的法定义务。委托人和受托人之间约定的具体义务通常记载在书面合同中。在符合法律规定的情况下，委托人和受托人还可以通过口头形式订立委托合同，其约定的义务也必须为当事人所遵守。除了必须遵守当事人之间约定的义务外，受托人还必须遵守《民法通则》、《信托法》等法律、法规规定的义务。如《信托法》第25条规定，受托人应当遵守信托文件的规定，为受益人的最大利益处理信托事务。受托人管理信托

---

① 薛瑞麟主编：《金融犯罪再研究》，中国政法大学出版社2007年版，第40页。
② 李永升、朱建华主编：《经济犯罪学》，法律出版社2012年版，第251页。

财产，必须恪尽职守，履行诚实、信用、谨慎、有效管理的义务。委托人可能由于对相关法律不熟悉等原因而未与受托人约定一些在法律上已经规定的、受托人必须履行的义务，受托人也可能基于自己对相关法律的了解而在合同中以格式条款的方式免除自己的义务。在这种情况下，如果不承认"受托义务"包括法律、行政法规、部门规章规定的法定义务，则会使受托人逃避法律义务，导致委托人的利益遭受重大损失，并扰乱金融市场管理秩序。因此，"违背受托义务"是指违背法定义务和当事人约定的具体义务。

"擅自运用"是指运用客户资金或者委托、信托的财产前，没有经过客户或者委托人的同意，而不是指未经上级或者主管部门的批准或同意。

3. 主体

本罪的主体是特殊主体，且只能是单位，即商业银行、期货交易所、证券交易所、证券公司、期货经纪公司、保险公司或者其他金融机构。这里的"其他金融机构"是指经国家有关主管部门批准的，有资格开展投资理财业务的金融机构，主要包括信托投资公司、投资管理公司、投资咨询公司等。其他非金融机构和自然人均不能成为本罪主体。

4. 主观方面

本罪主观方面表现为故意，即单位直接负责的主管人员和其他直接责任人员，明知本单位与客户、委托人之间签订了委托合同或信托合同，仍以单位的名义，经单位决策机构决定或者决策人同意，违背受托义务，使用客户资金或者其他委托、信托的财产。[1] 过失不构成本罪。行为人通常具有背信运用受托财产，为本单位谋取非法利益的目的，但主观上的目的并不是成立本罪的必备要件。因此，无论出于何种目的或动机，均不影响本罪的成立。

（三）疑难点司法认定

1. 罪与非罪

（1）成立本罪要求"情节严重"，情节不严重的，不成立犯罪。根据《关于公安机关管辖的刑事案件立案追诉标准的规定（二）》第40条的规定，"情节严重"包括：①擅自运用客户资金或者其他委托、信托的财产数额在30万元以上的；②虽未达到上述数额标准，但多次擅自运用客户资金或者其他委托、信托的财产，或者擅自运用多个客户资金或者其他委托、信托的财产的；③其他情节严重的情形。

（2）要注意区分"擅自运用"和"不当运用"。二者的主要区别在于是否征得客户或者委托人的同意。"擅自运用"是未取得同意而运用，"不当运

---

[1] 薛瑞麟主编：《金融犯罪再研究》，中国政法大学出版社2007年版，第43页。

用"是已经取得授权而运用不当。在委托、信托行为中，委托人往往对某一具体事项进行概括授权而没有对细节作出详细的规定，在这种情况下，只要受托人是为了委托人的利益而运用受托财产，哪怕由于过失等原因而使委托人遭受损失，也不能认为其"擅自运用"受托财产。另外，如果行为人只是违背受托义务，占有客户资金或者委托、信托的财产而不予运用，即"占而不用"的，也不宜认定为本罪，可以根据具体情况，以职务侵占罪、贪污罪等论处。

2. 此罪与彼罪

（1）本罪与违法运用资金罪的区分

本罪与违法运用资金罪同时规定在《刑法》第185条之一中，具有同质性，即都属于金融机构擅自运用客户资金或者其他委托、信托的财产。然而，二者在犯罪客观方面有所区别，区分的关键在于主体违反的是国家规定还是受托义务。换言之，如果保险公司、保险资产管理公司、证券投资基金管理公司违反国家规定运用除公众资金以外的客户资金，应当以违法运用资金罪定罪处罚；如果违背受托义务，运用客户资金或者其他委托、信托的财产，则以背信运用受托财产罪定罪处罚。

（2）本罪与挪用类犯罪的区分

本罪与挪用类犯罪的共同点在于客观上均有"用"资金的行为，这在一定程度上混淆了我们对这两个罪的认识。然而，我们还是可以从以下五个方面把握二者的区别。其一，犯罪主体不同。本罪的行为主体是单位，而挪用类犯罪的行为主体是自然人。其二，犯罪客体不同。本罪的犯罪客体为复杂客体，即客户资金或委托人委托、信托财产的收益权和金融市场管理秩序。而挪用类犯罪的犯罪客体是职务行为的廉洁性和公私财产的占有权、使用权和收益权。其三，犯罪对象不同。挪用类犯罪的犯罪对象是单位的资金或款项。而背信运用受托财产罪犯罪对象的范围更为宽泛，既包括客户资金、款项，也包括委托人委托、信托的其他财产。其四，成立挪用类犯罪需要"利用职务上的便利"，而不以"违背信托义务"为前提，只要具备相应的职务，就有可能成立挪用类犯罪；而背信运用受托财产罪则要求行为人违背受托义务，是否利用职务上的便利则在所不问。其五，挪用类犯罪要求"挪用资金归个人使用或者借贷给他人，数额较大、超过三个月未还或者虽未超过三个月，但数额较大、进行营利活动，或者进行非法活动"，而背信运用受托财产罪则无这方面的要求。背信运用受托财产的单位运用财产的状况，如使用财产的时间的长短、将财产用于何种用途等均不影响本罪的成立。

3. 一罪与数罪

将背信运用的受托财产用于其他犯罪，如操纵证券、期货市场，同时符合背信运用受托财产罪和其他犯罪的构成要件的，成立牵连犯，依照牵连犯的处罚原则择一重罪论处。

（四）办案依据查询与适用

1.《中华人民共和国刑法》（1997年10月1日起施行）（节录）

第一百八十五条之一 ［背信运用受托财产罪］ 商业银行、证券交易所、期货交易所、证券公司、期货经纪公司、保险公司或者其他金融机构，违背受托义务，擅自运用客户资金或者其他委托、信托的财产，情节严重的，对单位判处罚金，并对其直接负责的主管人员和其他直接责任人员，处三年以下有期徒刑或者拘役，并处三万元以上三十万元以下罚金；情节特别严重的，处三年以上十年以下有期徒刑，并处五万元以上五十万元以下罚金。

……

【理解与适用】 本罪的主体是特殊主体，只能是单位主体，即商业银行、期货交易所、证券交易所、证券公司、期货经纪公司、保险公司或者其他金融机构。成立本罪要求"情节严重"，这是区分罪与非罪的标准之一。

2. 最高人民检察院、公安部《关于公安机关管辖的刑事案件立案追诉标准的规定（二）》（2010年5月7日　公通字〔2010〕23号）（节录）

第四十条　商业银行、证券交易所、期货交易所、证券公司、期货公司、保险公司或者其他金融机构，违背受托义务，擅自运用客户资金或者其他委托、信托的财产，涉嫌下列情形之一的，应予立案追诉：

（一）擅自运用客户资金或者其他委托、信托的财产数额在30万元以上的；

（二）虽未达到上述数额标准，但多次擅自运用客户资金或者其他委托、信托的财产，或者擅自运用多个客户资金或者其他委托、信托的财产的；

（三）其他情节严重的情形。

五、违法运用资金罪

（一）必备专业知识

1. 社会保障基金

社会保障基金是指在法律的强制规定下，通过向劳动者及其所在用人单位征缴社会保险费，或者由国家财政直接拨款而集中起来，用于社会保险、社会福利、社会救济和公费医疗事业等社会保障事业的一种专项基金。① 它由社会保险基金、企业年金和企业补充医疗保险基金、全国社保基金组成。

社会保险基金主要由基本养老保险基金（包括城镇企业职工养老保险基金和机关事业单位养老保险基金）、医疗保险基金（包括城镇职工基本医疗保险基金和城镇居民基本医疗保险基金）、失业保险基金、工伤保险基金、生育保险基金和农村养老保险基金组成。②

企业年金是企业及其职工在依法参加基本养老保险的基础上自愿建立起来的一种补充养老保险制度，其费用由企业和职工共同缴纳。企业缴费的列支渠道按国家有关规定执行，职工个人缴费可以由企业从职工工资中代扣。

全国社保基金是国家的重要战略储备，是由中央政府集中的社会保障资金，主要用于满足出现人口老龄化高峰期时的社会保障需要。根据2001年12月13日公布的《全国社会保障基金投资管理暂行办法》，全国社会保障基金的来源包括：中央财政预算拨款；国有股减持划入资金；经国务院批准的以其他方式筹集的资金；投资收益；股权资产。

2. 住房公积金

住房公积金是指国家机关、国有企业、城镇集体企业、外商投资企业、城镇私营企业及其他城镇企业、事业单位、民办非企业单位、社会团体及其在职职工缴存的长期住房储备金。③《住房公积金管理条例》第5条规定："住房公积金应当用于职工购买、建造、翻建、大修自住住房，任何单位和个人不得挪作他用。"第28条规定："住房公积金管理中心在保证住房公积金提取和贷款的前提下，经住房公积金管理委员会批准，可以将住房公积金用于购买国债。住房公积金管理中心不得向他人提供担保。"第29条规定："住房公积金的增值收益应当存入住房公积金管理中心在受委托银行开立的住房公积金增值收益专户，用于建立住房公积金贷款风险准备金、住房公积金管理中心的管理费用和建设城市廉租住房的补充资金。"如果住房公积金管理中心未经住房公积金管理委员会批准，将住房公积金的用途扩充至购买国债之外的其他用途，或者以住房公积金为他人提供担保，或者没有把住房公积金的增值收益存入住房公积金增值收益专户，而是用于其他用途的，则属于违法运用住房公积金的行为。

---

① 黄太云：《〈刑法修正案（六）〉的理解与适用》（下），载《人民检察》2006年第15期。
② 李永升主编：《金融犯罪研究》，中国检察出版社2010年版，第333页。
③ 李永升主编：《金融犯罪研究》，中国检察出版社2010年版，第334页。

3. 保险资金

保险资金是指保险公司的各项保险准备金、资本金、营运资金、公积金、未分配利润和其他负债，以及由上述资金形成的各种资产。对于保险基金，《保险法》第 106 条规定："保险公司的资金运用必须稳健，遵循安全性原则。保险公司的资金运用限于下列形式：（一）银行存款；（二）买卖债券、股票、证券投资基金份额等有价证券；（三）投资不动产；（四）国务院规定的其他资金运用形式。"这里的"其他资金运用形式"，主要指：(1) 用于境外投资。中国保险监督管理委员会、中国人民银行和国家外汇管理局共同制定的《保险资金境外投资管理暂行办法》第 31 条规定："保险资金境外投资限于下列投资形式或者投资品种：（一）商业票据、大额可转让存单、回购与逆回购协议、货币市场基金等货币市场产品；（二）银行存款、结构性存款、债券、可转债、债券型基金、证券化产品、信托型产品等固定收益产品；（三）股票、股票型基金、股权、股权型产品等权益类产品；（四）《中华人民共和国保险法》和国务院规定的其他投资形式或者投资品种。"(2) 用于间接投资基础设施项目。中国保险监督管理委员会主席办公会于 2006 年 3 月 6 日通过了《保险资金间接投资基础设施项目试点管理办法》，对保险资金间接投资基础设施项目作了具体的规定。(3) 用于投资商业银行股权。中国保险监督管理委员会保监发〔2006〕98 号《关于保险机构投资商业银行股权的通知》对此进行了规定。(4) 投资股票。《保险机构投资者股票投资管理暂行办法》、《关于保险机构投资者股票投资有关问题的通知》、《保险公司股票资产托管指引（试行）》等文件均对此作了规定。

4. 证券投资基金

证券投资基金是指通过公开发售基金份额募集，由基金管理人管理，基金托管人托管，为基金份额持有人的利益，以资产组合方式进行证券投资活动的基金。[①] 对于证券投资基金，《证券投资基金法》第 73 条规定，基金财产应当用于下列投资：（一）上市交易的股票、债券；（二）国务院证券监督管理机构规定的其他证券及其衍生品种。第 74 条规定，基金财产不得用于下列投资或者活动：（一）承销证券；（二）违反规定向他人贷款或者提供担保；（三）从事承担无限责任的投资；（四）买卖其他基金份额，但是国务院证券监督管理机构另有规定的除外；（五）向基金管理人、基金托管人出资；（六）从事内幕交易、操纵证券交易价格及其他不正当的证券交易活动；（七）法律、行政法规和国务院证券监督管理机构规定禁止的其他活动。证

---

① 薛瑞麟主编：《金融犯罪再研究》，中国政法大学出版社 2007 年版，第 49 页。

投资基金管理公司违反上述规定运用资金的,就属于违法运用证券投资基金。

(二) 犯罪构成要件

违法运用资金罪是《刑法修正案(六)》第12条作为《刑法》第185条之一第2款新增加的罪名,是指社会保障基金管理机构、住房公积金管理机构等公众资金管理机构,以及保险公司、保险资产管理公司、证券投资基金管理公司,违反国家规定运用资金的行为。

1. 客体

犯罪客体是金融市场管理秩序和特定资金的安全。实践中出现的各种违法运用资金的行为,不仅违反公众资金、保险资金、证券投资基金的管理制度,而且破坏金融资本市场的管理秩序,具有严重的社会危害性。[①] 由于特定的公众资金只能依法在特定的领域内进行投资,以保证其保值增值,而违法运用这些资金不仅达不到这个目的,而且影响这些资金的安全,因此,本罪的客体是双重客体,即金融市场管理秩序和特定资金的安全。

本罪的犯罪对象是社会保障基金、住房公积金等公众资金和保险资金、证券投资基金。

2. 客观方面

犯罪客观方面表现为行为人违反国家规定运用社会保障基金、住房公积金等公众资金和保险资金、证券投资基金的行为。根据《刑法》第96条,违反国家规定,是指违反全国人民代表大会及其常务委员会制定的法律和决定,国务院制定的行政法规、规定的行政措施、发布的决定和命令。具体到本罪,主要是指:(1) 国家对运用社会保障基金、住房公积金的规定,如《全国社会保障基金投资管理暂行办法》、《全国社会保障基金境外投资管理暂行规定》、《社会保障基金财政专户管理暂行办法》、《住房公积金管理条例》等。(2) 国家对保险公司、保险资产管理公司、证券投资管理公司运用资金的规定,如《保险法》、《证券法》、《证券投资基金管理公司管理办法》等。

3. 主体

本罪的主体是特殊主体,即社会保障基金管理机构、住房公积金管理机构等公众资金管理机构,以及保险公司、保险资产管理公司、证券投资基金管理公司。[②] 换言之,自然人不能成立本罪。

[①] 薛瑞麟主编:《金融犯罪再研究》,中国政法大学出版社2007年版,第50~52页。
[②] 王作富主编:《刑法》,中国人民大学出版社2011年版,第322页。

4. 主观方面

本罪主观方面表现为故意,过失不构成本罪。行为人主观上一般具有违法运用资金,为本单位牟利的目的,但主观上的目的不是本罪成立的必备要件。因此,无论出于何种目的实施了违法运用资金的行为,只要达到了刑法追诉标准,都应该以本罪定罪处罚。

(三) 疑难点司法认定

1. "情节严重"为本罪的构成要件

有学者认为,本罪是行为犯,只要行为一实施就可以构成本罪,即本罪不以"情节严重"为构成要件。[①] 然而,该观点人为地割裂了本罪与背信运用受托财产罪在体系上的统一性。本罪与背信运用受托财产罪之所以被一同规定在《刑法》第185条之一中,就是因为二者具有同质性,即都属于金融机构擅自运用客户资金或者其他委托、信托的财产。由于社会保障基金、住房公积金等公众资金具有特殊性,因此,刑法才在规定背信运用受托财产罪后,另设一款专门规定违法运用资金罪。[②] 根据《刑法》第185条之一第2款的规定,违反国家规定运用资金的,对其直接负责的主管人员和其他直接责任人员,依照前款的规定处罚,即情节严重的,处三年以下有期徒刑或者拘役,并处三万元以上三十万元以下罚金;情节特别严重的,处三年以上十年以下有期徒刑,并处五万元以上五十万元以下罚金。由此可见,违法运用资金,只有"情节严重""情节特别严重"的,才能成立违法运用资金罪。最高人民检察院、公安部《关于公安机关管辖的刑事案件立案追诉标准的规定(二)》第41条亦规定了本罪的立案追诉标准,即违反国家规定运用资金数额在30万元以上的;虽未达到上述数额标准,但多次违反国家规定运用资金的;其他情节严重的情形。据此可看出,成立本罪必须具备"情节严重"的情形,而判定是否情节严重,则可以从违法运用资金的数额、次数等方面综合考虑。

因此,"情节严重"为本罪的构成要件,不能因为刑法没有明文规定就否定其存在,而应从刑法的体系性以及相关法律文件的规定中得出合理的结论。

2. 本罪与背信运用受托财产罪的区分

如上所述,本罪与背信运用受托财产罪同时规定在《刑法》第185条之一中,具有同质性,然而,二者在犯罪客观方面有所区别,区分的关键在于主

[①] 顾肖荣:《论我国刑法中的背信类犯罪及其立法完善》,载《社会科学》2008年第10期。

[②] 刘宪权:《金融犯罪刑法学专论》,北京大学出版社2010年版,第278页。

体违反的是国家规定还是受托义务（此处的受托义务不局限于委托人和受托人之间约定的具体义务，还包括法律、行政法规、部门规章规定的法定义务）。换言之，如果保险公司、保险资产管理公司、证券投资基金管理公司违反国家规定运用除公众资金以外的客户资金，应当以违法运用资金罪定罪处罚；如果违背受托义务，运用客户资金或者其他委托、信托的财产，则以背信运用受托财产罪定罪处罚。

3. 本罪与挪用类犯罪的区分

本罪与挪用类犯罪的共同点在于客观上均有"用"资金的行为，这在一定程度上混淆了我们对这两个罪的认识。然而，我们还是可以从以下两个方面把握二者的区别。其一，成立挪用类犯罪需要"利用职务上的便利"，不以"违反国家规定"为前提，而违法运用资金罪则要求行为人违反国家规定，是否利用职务上的便利则在所不问。其二，挪用类犯罪要求"挪用资金归个人使用或者借贷给他人，数额较大、超过三个月未还或者虽未超过三个月，但数额较大、进行营利活动，或者进行非法活动"，违法运用资金罪则无这方面的要求。违法运用资金的单位运用财产的状况，如使用财产的时间的长短、将财产用于何种用途等均不影响本罪的成立。

（四）办案依据查询与适用

1.《中华人民共和国刑法》（1997年10月1日起施行）（节录）

第一百八十五条之一 ……

[**违法运用资金罪**] 社会保障基金管理机构、住房公积金管理机构等公众资金管理机构，以及保险公司、保险资产管理公司、证券投资基金管理公司，违反国家规定运用资金的，对其直接负责的主管人员和其他直接责任人员，依照前款的规定处罚。

2. 最高人民检察院、公安部《关于公安机关管辖的刑事案件立案追诉标准的规定（二）》（2010年5月7日 公通字〔2010〕23号）（节录）

第四十一条 社会保障基金管理机构、住房公积金管理机构等公众资金管理机构，以及保险公司、保险资产管理公司、证券投资基金管理公司，违反国家规定运用资金，涉嫌下列情形之一的，应予立案追诉：

（一）违反国家规定运用资金数额在30万元以上的；

（二）虽未达到上述数额标准，但多次违反国家规定运用资金的；

（三）其他情节严重的情形。

六、违法发放贷款罪

(一) 必备专业知识

发放贷款是银行或者其他金融机构的一项重要业务活动，也是它们盈利的主要来源，包括发放信用贷款和发放担保贷款。前者是指仅凭借款人的信用便可发放贷款而不要求其提供任何经济担保。后者指金融机构根据担保法规定的担保方式发放的贷款，包括保证贷款、抵押贷款和质押贷款。其中，保证贷款是指按照担保法规定的保证方式以第三人承诺在借款人不能偿还贷款时，按约定承担一般保证责任或者连带保证责任而发放的贷款；抵押贷款是指按照担保法规定的抵押方式以借款人或第三人的财产作为抵押物发放的贷款；质押贷款是指按照担保法规定的质押方式以借款人或第三人的动产或权利作为质物发放的贷款。①

发放贷款，既要对借款人申请贷款的资格进行审查，又要进行贷款审批和贷后监督。

根据1996年6月28日中国人民银行发布的《贷款通则》的有关规定，借款人申请贷款，应具备以下条件：（1）有按期还本付息的能力；（2）原应付贷款利息和到期贷款已经清偿，没有清偿的，已经作了贷款人认可的还款计划；（3）除自然人和不需要经工商部门核准登记的事业法人外，应当经工商部门办理年检手续；（4）已开立基本账户或一般存款账户；（5）除国务院外，有限责任制公司和股份有限公司对外股本权益性投资累计额未超过其净资产总额的50%；（6）借款人的资产负债率符合贷款人的要求；（7）申请中、长期贷款的，新建项目的企业法人所有者权益与项目所需总投资的比例不低于国家规定的投资项目的资金比例。② 因此，如果银行或者其他金融机构向不符合以上贷款条件的借款人发放贷款的，便属违法发放贷款的情形之一。

此外，《商业银行法》第四章还明确了商业银行发放贷款的基本规则。"商业银行贷款，应当对借款人的借款用途、偿还能力、还款方式等情况进行严格审查。商业银行贷款，应当实行审贷分离、分级审批的制度。""商业银行贷款，借款人应当提供担保。商业银行应当对保证人的偿还能力，抵押物、质物的权属和价值以及实现抵押权、质权的可行性进行严格审查。经商业银行审查、评估，确认借款人资信良好，确能偿还贷款的，可以不提供担保。"

---

① 李永升主编：《金融犯罪研究》，中国检察出版社2010年版，第342页。
② 强力：《金融法》，法律出版社1997年版，第221页。

"商业银行贷款，应当与借款人订立书面合同。合同应当约定贷款种类、借款用途、金额、利率、还款期限、还款方式、违约责任和双方认为需要约定的其他事项。""商业银行应当按照中国人民银行规定的贷款利率的上下限，确定贷款利率。""商业银行贷款，应当遵守下列资产负债比例管理的规定：（一）资本充足率不得低于百分之八；（二）贷款余额与存款余额的比例不得超过百分之七十五；（三）流动性资产余额与流动性负债余额的比例不得低于百分之二十五；（四）对同一借款人的贷款余额与商业银行资本余额的比例不得超过百分之十；（五）国务院银行业监督管理机构对资产负债比例管理的其他规定。""商业银行不得向关系人发放信用贷款；向关系人发放担保贷款的条件不得优于其他借款人同类贷款的条件。关系人是指：（一）商业银行的董事、监事、管理人员、信贷业务人员及其近亲属；（二）前项所列人员投资或者担任高级管理职务的公司、企业和其他经济组织。""商业银行不得违反规定提高或者降低利率以及采用其他不正当手段，吸收存款，发放贷款。""商业银行的工作人员应当遵守法律、行政法规和其他各项业务管理的规定，不得有下列行为：（一）利用职务上的便利，索取、收受贿赂或者违反国家规定收受各种名义的回扣、手续费；（二）利用职务上的便利，贪污、挪用、侵占本行或者客户的资金；（三）违反规定徇私向亲属、朋友发放贷款或者提供担保；（四）在其他经济组织兼职；（五）违反法律、行政法规和业务管理规定的其他行为。"

（二）犯罪构成要件

违法发放贷款罪，是指银行或者其他金融机构工作人员违反国家规定发放贷款，数额巨大或者造成重大损失的行为。

1. 客体

犯罪客体是国家的信贷资金管理秩序。在我国，贷款的总量要根据社会发展和国民经济发展的需要进行控制，同时，要通过调节信贷资金的使用结构以促进社会资金的合理配置，优化经济结构。因此，国家对贷款的申请和批放规定了严格的条件和程序，获得贷款的借贷人，也必须按照借款合同规定的用途使用资金。而违法发放贷款，则破坏了国家对信贷资金的管理，信贷资金无法按照其预计的用途进入市场，有些信贷资金被用于非法活动，有些则成为呆账或不良资产，造成国家贷款的损失，严重损害国民经济的发展。

本罪的犯罪对象是贷款，即贷款人向借款人提供的，要求借款人按照约定的利率和期限还本付息的货币资金。贷款既可以是人民币，也可以是外币。若发放的不是贷款，则不能构成本罪。

2. 客观方面

犯罪客观方面表现为违反国家规定发放贷款，数额巨大或者造成重大损失的行为。根据《刑法》第96条，违反国家规定，是指违反全国人民代表大会及其常务委员会制定的法律和决定，国务院制定的行政法规、规定的行政措施、发布的决定和命令。具体到本罪，主要是指违反《商业银行法》、《银行管理暂行条例》、《借款合同条例》等有关贷款的法律、行政法规关于发放贷款的条件、程序等方面的规定。①

违反国家规定，向关系人发放贷款，是指违反《商业银行法》的规定，向关系人发放信用贷款，或者向关系人发放担保贷款的条件优于其他借款人同类贷款的条件。

构成本罪，还要求"数额巨大"或者"造成重大损失"。是否造成重大损失，应该采用经济的观点进行判断，即只要违反国家规定发放贷款，使得贷款到期无法收回，就认为金融机构事实上遭受了损失。至于损失的范围，应该仅限于直接的经济损失，包括违法发放贷款的本金、利息以及为追回贷款而支出的费用。应当注意，违法发放贷款的行为与金融机构遭受损失之间必须存在因果关系，金融活动都存在一定的风险，借款人拒不还款或者迟延还款在实际生活中并不少见。因此，不能因为存在违法发放贷款以及贷款遭受损失的事实，就一概认定由行为人承担全部责任，因为这有客观归罪之嫌。在因果关系比较复杂的案件中，更应该注意考察违法放款行为与金融机构遭受损失之间的因果关系，将与违法放贷行为无关的损失剥离出去，以此确定是否属于"重大损失"并追究行为人的刑事责任。比如，行为人提高抵押物的抵押率发放贷款，后来抵押物因意外事件毁损而借款人又无其他财产偿还贷款致贷款无法收回的，就不能由行为人承担全部贷款损失的责任，而应仅限于因提高抵押率而超过本应发放的贷款数额的部分。②

3. 主体

本罪的主体是特殊主体，即银行或者其他金融机构及其工作人员。这些银行或者金融机构，必须是经过中国人民银行的批准而设立的，具有贷款业务经营权的银行和金融机构。只有这类金融机构的工作人员，才能构成本罪的自然人犯罪主体。有些金融机构并不能办理贷款业务，这些机构及其工作人员当然不是本罪的主体。

---

① 强力：《金融法》，法律出版社1997年版，第221页。
② 赵秉志主编：《破坏金融管理秩序犯罪疑难问题司法对策》，吉林人民出版社2000年版，第322页。

4. 主观方面

本罪主观方面表现为故意，行为人必须明知自己发放贷款的行为是违法的而仍然予以发放，否则，不成立本罪。成立本罪还要求"数额巨大或者造成重大损失"。应该说，行为人违法发放贷款之时，是能够预料到发放贷款的数额可能巨大或者其行为会给单位造成损失的，然而，其采取了放任甚至希望的态度而执意为之。因此，无论是违法行为还是违法发放贷款的数额，抑或违法行为所造成的重大损失的后果，都在行为人的主观故意范畴之内。所以，本罪主观方面表现为故意。目的或者动机如何，不影响本罪的成立。

（三）疑难点司法认定

1. 一罪与数罪

司法实践中，有的行为人事先与贷款人协商，利用职务上的便利，发放贷款，而事实上只是借助贷款人的名义，使贷款人所贷款项归自己使用。在这种情况下，冒名贷款的行为仅仅是行为人挪用本金融机构资金的手段，行为人的行为完全符合挪用资金罪的构成要件，应以挪用资金罪定罪处罚。如果行为人是国有金融机构的工作人员或者是国有金融机构委派到非国有金融机构从事公务的人员，则成立挪用公款罪。

还存在另外一种情况，即行为人以贷款人所贷款项的一部分必须归其使用为前提，在贷款人无权享受贷款的情况下违法发放贷款。在这种情况下，对行为人应以违法发放贷款罪和挪用资金罪数罪并罚。因为在这种情况下，行为人实际上实施了两个行为，即违法放贷部分款项以及利用职务上的便利，以冒名贷款的方式挪用部分款项，因此，对行为人实施数罪并罚，具有合法性。

2. 共犯问题

行为人与贷款诈骗犯罪分子事前通谋，违法向其发放贷款或者明知贷款人实施贷款诈骗仍然违法向其放贷的，是构成违法发放贷款罪还是成立贷款诈骗罪的共犯？针对第一种情况，由于行为人的行为既符合违法发放贷款罪的构成要件，又符合贷款诈骗罪的构成要件，因此成立想象竞合犯，应择一重罪处罚。对于第二种情况，行为人成立"片面帮助犯"，对行为人的处罚便取决于片面帮助犯是否成立共同犯罪。对此，刑法理论界存在较大的争议。如果认为其成立共同犯罪，则以贷款诈骗罪定罪处罚。如果否认其成立共同犯罪，则只能以违法发放贷款罪定罪处罚。由于现行刑法并没有对此作出规定，因此，我们认为，根据罪刑法定的立法精神，不能认为"片面帮助犯"成立共同犯罪。加之成立共同犯罪要求各共同犯罪人具有主观上的意思联络，而"片面帮助犯"只有一方知道自己正在帮助他人实施犯罪，显然不符合成立共犯的这一条件。因此，对于明知贷款人实施贷款诈骗仍然违法向其放贷的，应以违法发放贷款罪论处。

（四）办案依据查询与适用

1.《中华人民共和国刑法》（1997 年 10 月 1 日起施行）（节录）

第一百八十六条 [违法发放贷款罪] 银行或者其他金融机构的工作人员违反国家规定发放贷款，数额巨大或者造成重大损失的，处五年以下有期徒刑或者拘役，并处一万元以上十万元以下罚金；数额特别巨大或者造成特别重大损失的，处五年以上有期徒刑，并处二万元以上二十万元以下罚金。

银行或者其他金融机构的工作人员违反国家规定，向关系人发放贷款的，依照前款的规定从重处罚。

单位犯前两款罪的，对单位判处罚金，并对其直接负责的主管人员和其他直接责任人员，依照前两款的规定处罚。

关系人的范围，依照《中华人民共和国商业银行法》和有关金融法规确定。

【理解与适用】 本罪的主体是特殊主体，即银行或者其他金融机构及其工作人员。成立本罪还要求"数额巨大或者造成重大损失"，这是区分罪与非罪的标准之一。

2. 最高人民检察院、公安部《关于公安机关管辖的刑事案件立案追诉标准的规定（二）》（2010 年 5 月 7 日 公通字〔2010〕23 号）（节录）

第四十二条 银行或者其他金融机构及其工作人员违反国家规定发放贷款，涉嫌下列情形之一的，应予立案追诉：

（一）违法发放贷款，数额在 100 万元以上的；

（二）违法发放贷款，造成直接经济损失数额在 20 万元以上的。

七、吸收客户资金不入账罪

（一）必备专业知识

账户是银行或者其他金融机构为各开户单位记录、办理资金收付等各项业务所设立的簿籍，也是开户单位办理存贷款、转账结算、支取现金的重要工具。[①] 银行或者其他金融机构开展各项业务时，必须实行严格的账户管理制度。

---

① 刘宪权：《金融犯罪刑法学专论》，北京大学出版社 2010 年版，第 257 页。

近些年来，金融机构经济犯罪案件较多，其形式之一便是采取吸收客户资金不入账，将所获资金用于非法拆借或者发放贷款等用途，从中谋取非法利益。这不仅使借贷人背负沉重的利息负担，还破坏了国家的存款管理秩序，不能将资金用于社会发展最需要的地方，给国家和人民的利益造成损失。加之吸收客户资金不入账往往是其他犯罪，如违法发放贷款罪、挪用类犯罪的预备行为，因此，刑法加以规制，在某种程度上还可以抑制其后续的违法行为。根据原刑法条文的规定，成立本罪需要以牟利为目的，并将资金用于非法拆借、发放贷款，同时造成重大损失。这就使得在认定本罪时产生极大的困难，将吸收客户资金的用途限制为"非法拆借、发放贷款"也具有很大的局限性，因为行为人完全可能将资金用于其他用途，如作为生产经营的资金周转，这也会对存款人和国家正常的存款秩序造成很大的风险，也具有可罚性。因此，《中华人民共和国刑法修正案（六）》第14条对原条文作出修订，删除"以牟利为目的"、"将资金用于非法拆借、发放贷款"，并将"造成重大损失的"修改为"数额巨大或者造成重大损失的"，这便有利于吸收客户资金不入账罪的认定，更好地保护国家的存款管理秩序。

（二）犯罪构成要件

吸收客户资金不入账罪为《中华人民共和国刑法修正案（六）》第14条所修订，是指银行或者其他金融机构及其工作人员吸收客户资金不入账，数额巨大或者造成重大损失的行为。

1. 客体

犯罪客体是国家的存款管理秩序。银行或者其他金融机构通过吸收客户资金，促进社会资金的合理配置，并集中部分资金进行必要的经济建设，优化经济结构。因此，吸收客户资金必须如实入账，以便国家对资金进行有效的配置和管理，这也是国家的存款管理秩序的重要内容。一旦吸收客户资金不入账，则无法反映存款的实际情况，破坏国家的存款管理秩序，难以作出科学的经济决策，影响金融安全。

本罪的犯罪对象是客户资金，即客户存放在银行或者其他金融机构内的、约定到期还本付息的款项。

2. 客观方面

犯罪客观方面表现为银行或者其他金融机构及其工作人员吸收客户资金不入账，数额巨大或者造成重大损失的行为。"客户资金"包括个人的资金和单位的资金；包括以合法手段获得的资金和以不正当手段获得的资金。换言之，客户资金的来源不影响本罪的成立。

银行或者其他金融机构开展业务时,应当实行严格的账户管理制度。《商业银行法》第 55 条规定:"商业银行应当按照国家有关规定,真实记录并全面反映其业务活动和财务状况,编制年度财务会计报告,及时向国务院银行业监督管理机构、中国人民银行和国务院财政部门报送。商业银行不得在法定的会计账册外另立会计账册。"根据 1998 年 8 月 10 日国务院办公厅转发的中国人民银行《整顿银行账外账及违规经营工作实施方案的通知》,"账外账"是指银行违反《中华人民共和国会计法》和其他有关规定,未真实记录并全面反映其业务活动和财务状况,在法定会计账册之外另外设立账册的行为。根据《金融违法行为处罚办法》第 11 条的规定,金融机构不得以下列方式从事账外经营行为:(1)办理存款、贷款等业务不按照会计制度记账、登记,或者不在会计报表中反映;(2)将存款与贷款等不同业务在同一账户内轧差处理;(3)经营收入未列入会计账册;(4)其他方式的账外经营行为。因此,"吸收客户资金不入账",是指违反金融法律法规,对收受客户的存款资金不如实记入金融机构存款项目,账目上反映不出这笔新增存款业务,或者与出具给储户的存款单、存折上的记载不相符,或者入"黑账"不进入金融机构法定账户的行为。[①] 根据 2001 年 1 月 21 日最高人民法院《全国法院审理金融犯罪案件工作座谈会纪要》,吸收客户资金不入账,是指不记入金融机构的法定存款账目,以逃避国家金融监管,至于是否记入法定账目以外设立的账目不影响该罪成立。

3. 主体

本罪的主体是特殊主体,即银行或者其他金融机构及其工作人员。具体包括两类:一为单位,即具有存款业务的银行或者其他金融机构。二为自然人,即达到刑事责任年龄、具备刑事责任能力的银行或者其他金融机构的工作人员。

4. 主观方面

本罪主观方面表现为故意,行为人必须明知吸收客户资金不入账的行为会发生破坏存款管理秩序的结果,并且希望或者放任这种结果发生。否则,不成立本罪。成立本罪还要求"数额巨大或者造成重大损失"。应该说,行为人吸收客户资金不入账之时,是能够预料到资金数额巨大或者其行为会给单位造成损失的,然而,其采取了放任甚至希望的态度而执意为之。因此,无论是违法行为还是吸收客户资金的数额,抑或违法行为所造成的重大损失的后果,都在行为人的主观故意范畴之内,所以,本罪主观方面表现为故意。行为人往往具

---

① 薛瑞麟主编:《金融犯罪再研究》,中国政法大学出版社 2007 年版,第 182 页。

有将不入账的资金用于其他用途或者以此牟利的目的，但是主观上的目的并不是成立本罪的必备要件，因此，目的或者动机如何，不影响本罪的成立。

（三）疑难点司法认定

1. 罪与非罪

成立本罪要求"数额巨大或者造成重大损失"，数额较小或者没有造成重大损失的，不成立本罪而属于一般的金融违法行为，可以根据《金融违法行为处罚办法》第11条第2款的规定，对金融机构给予警告、没收违法所得，并处违法所得1倍以上5倍以下罚款，没有违法所得的，处10万元以上50万元以下罚款；对该金融机构直接负责的高级管理人员和直接责任人员，给予开除的纪律处分；情节严重的，责令该金融机构停业整顿或者吊销经营金融业务许可证。

2. 本罪与非法吸收公众存款罪的区分

由于可以采取非法吸收公众存款的方式吸收客户资金，因此，本罪与非法吸收公众存款罪之间存在一定的联系。然而，本罪并不限于非法吸收公众存款的方式，还可以通过合法吸收公众存款的形式吸收客户资金。如果行为人采取非法吸收公众存款的方式吸收客户资金不入账，且数额巨大或者造成重大损失的，则成立本罪与非法吸收公众存款罪的牵连犯，应择一重罪处罚。如果行为人采取非法吸收公众存款的方式吸收客户资金但是入账或者虽然没有入账，但数额较小，也没有造成重大损失的，则以非法吸收公众存款罪论处，因为在这种情况下，并不符合本罪的构成要件，因此不以本罪论处。

其实，本罪与非法吸收公众存款罪还是存在很明显区别的。其一，犯罪主体不同。本罪的犯罪主体是特殊主体，即银行或者其他金融机构及其工作人员；而非法吸收公众存款罪的主体则是一般主体。其二，犯罪客观方面的表现不同。本罪的客观方面表现为银行或者其他金融机构及其工作人员吸收客户资金不入账，数额巨大或者造成重大损失的行为；而非法吸收公众存款罪并不要求"数额较大或者造成重大损失"，只要非法吸收公众存款或者变相吸收公众存款，"扰乱金融秩序"，即可成立犯罪。

3. 本罪与挪用类犯罪、贪污罪、职务侵占罪的区分

行为人利用职务上的便利，吸收客户资金不入账，并予以挪用或者侵吞、窃取的，同时符合吸收客户资金不入账罪和挪用类犯罪等其他犯罪的，是作为一罪处理还是实行数罪并罚？在这种情况下，吸收客户资金不入账实际上是挪用类犯罪等其他犯罪的预备行为。对任何金融机构及其工作人员来说，吸收客户资金不入账并不是最终目的，其最终目的是其后的挪用、贪污或者侵占行

为。因此，本罪作为预备行为，应为后续的犯罪行为所吸收，即适用吸收犯的处理原则，按吸收之罪论处。

4. 存款人明知银行或者其他金融机构及其工作人员吸收其资金不入账而用于其他用途，但仍然存入资金时应如何定性

根据1997年11月25日最高人民法院通过的《关于审理存单纠纷案件的若干规定》，在出资人直接将款项交与用资人使用，或通过金融机构将款项交与用资人使用，金融机构向出资人出具存单或进账单、对账单或与出资人签订存款合同，出资人从用资人或从金融机构取得或约定取得高额利差的行为中发生的存单纠纷案件，为以存单为表现形式的借贷纠纷案件。以存单为表现形式的借贷，属于违法借贷，出资人收取的高额利差应充抵本金，出资人、金融机构与用资人因参与违法借贷均应当承担相应的民事责任。可分以下几种情况处理：

（1）出资人将款项或票据（以下简称资金）交付给金融机构，金融机构给出资人出具存单或进账单、对账单或与出资人签订存款合同，并将资金自行转给用资人的，金融机构与用资人对偿还出资人本金及利息承担连带责任；利息按人民银行同期存款利率计算至给付之日。

（2）出资人未将资金交付给金融机构，而是依照金融机构的指定将资金直接转给用资人，金融机构给出资人出具存单或进账单、对账单或与出资人签订存款合同的，首先由用资人偿还出资人本金及利息，金融机构对用资人不能偿还出资人本金及利息部分承担补充赔偿责任；利息按人民银行同期存款利率计算至给付之日。

（3）出资人将资金交付给金融机构，金融机构给出资人出具存单或进账单、对账单或与出资人签订存款合同，出资人再指定金融机构将资金转给用资人的，首先由用资人返还出资人本金和利息。利息按人民银行同期存款利率计算至给付之日。金融机构因其帮助违法借贷的过错，应当对用资人不能偿还出资人本金部分承担赔偿责任，但不超过不能偿还本金部分的百分之四十。

（4）出资人未将资金交付给金融机构，而是自行将资金直接转给用资人，金融机构给出资人出具存单或进账单、对账单或与出资人签订存款合同的，首先由用资人返还出资人本金和利息。利息按人民银行同期存款利率计算至给付之日。金融机构因其帮助违法借贷的过错，应当对用资人不能偿还出资人本金部分承担赔偿责任，但不超过不能偿还本金部分的百分之二十。

本条中所称交付，指出资人向金融机构转移现金的占有或出资人向金融机构交付注明出资人或金融机构（包括金融机构的下属部门）为收款人的票据。出资人向金融机构交付有资金数额但未注明收款人的票据的，亦属于本条中所

称的交付。

如以存单为表现形式的借贷行为确已发生，即使金融机构向出资人出具的存单、进账单、对账单或与出资人签订的存款合同存在虚假、瑕疵，或金融机构工作人员超越权限出具上述凭证等情形，亦不影响人民法院按以上规定对案件进行处理。

（四）办案依据查询与适用

1.《中华人民共和国刑法》（1997年10月1日起施行）（节录）

第一百八十七条 ［吸收客户资金不入账罪］ 银行或者其他金融机构的工作人员吸收客户资金不入账，数额巨大或者造成重大损失的，处五年以下有期徒刑或者拘役，并处二万元以上二十万元以下罚金；数额特别巨大或者造成特别重大损失的，处五年以上有期徒刑，并处五万元以上五十万元以下罚金。

单位犯前款罪的，对单位判处罚金，并对其直接负责的主管人员和其他直接责任人员，依照前款的规定处罚。

【理解与适用】 本罪的主体是特殊主体，即银行或者其他金融机构及其工作人员。成立本罪还要求"数额巨大或者造成重大损失"，这是区分罪与非罪的标准之一。

2. 最高人民检察院、公安部《关于公安机关管辖的刑事案件立案追诉标准的规定（二）》（2010年5月7日 公通字〔2010〕23号）（节录）

第四十三条 银行或者其他金融机构及其工作人员吸收客户资金不入账，涉嫌下列情形之一的，应予立案追诉：

（一）吸收客户资金不入账，数额在100万元以上的；

（二）吸收客户资金不入账，造成直接经济损失数额在20万元以上的。

3. 最高人民法院《全国法院审理金融犯罪案件工作座谈会纪要》（2001年1月21日）（节录）

吸收客户资金不入账，是指不记入金融机构的法定存款账目，以逃避国家金融监管，至于是否记入法定账目以外设立的账目，不影响该罪成立。

Chapter 6
第六讲
金融票证犯罪

一、金融票证犯罪基础知识

（一）金融票证犯罪的刑事立法概况

随着我国市场经济体制的建立和不断发展，金融业得到了空前的发展，人们的金融活动日益丰富，金融票证成为现代经济交易中最为重要的支付工具，其以特有的信用功能、支付功能、结算功能以及融资功能，成为金融市场的基本要素之一，促进了商品经济的繁荣。与此同时，涉及金融票证的各类犯罪也层出不穷，且危害较大。虽然我国1979年《刑法》对危害金融票证以及有价证券管理制度的犯罪有所涉及，但由于当时我国市场经济还不发达，金融活动虽然存在但尚属单纯，金融犯罪还不是很严重。因此，对金融票证犯罪的规定较为简单，范围较小，不能适应社会的发展需要而使刑事处罚出现较大的空隙。为此，1995年全国人大常委会通过的《关于惩治破坏金融秩序犯罪的决定》第11条规定了伪造、变造金融票证罪，将危害金融票证管理制度的犯罪从危害有价证券管理制度的犯罪中分离出来，并且把变造行为规定为犯罪行为，同时扩大了犯罪对象的范围，即除了支票外，汇票、本票、委托收款凭证、银行存单等银行结算凭证也可以成为犯罪的侵害对象。1997年《刑法》进一步将股票和公司、企业债券独立出来以和国库券和其他有价证券相区别。另外，针对我国司法实践中日益增多且危害性较大的妨害信用卡管理制度的行为，全国人大常委会于2005年2月28日通过了《中华人民共和国刑法修正案（五）》，增设了妨害信用卡管理罪以及窃取、收买、非法提供信用卡信息罪。之后的《中华人民共和国刑法修正案（六）》又增设了骗取贷款、票据承兑、金融票证罪，弥补了刑法关于金融票证犯罪方面规定的不足。

与此同时，为了应对日益复杂、犯罪分工日益精细的金融票证犯罪，使法官裁决案件有更为充分的法律依据，《关于公安机关管辖的刑事案件立案追诉标准的规定》、《关于审理非法集资刑事案件具体应用法律若干问题的解释》等司法解释相继出台，为司法人员追究犯罪提供了具有可操作性的标准。对金融票证犯罪的惩治，是随着市场经济的发展以及金融票证犯罪的发展态势而不断深化的。对金融票证犯罪特征的把握，将有利于我们更好地对其进行控制、防范。

（二）金融票证犯罪的犯罪构成

金融票证犯罪，是指违反金融管理法规，妨害金融票证管理秩序或者对违法票据进行承兑、付款和保证的行为。

1. 客体

本罪侵犯的客体是国家对金融票证的管理秩序。为了保证现代经济的交易安全，必须禁止伪造、变造金融票证、违规出具金融票证等非法行为。

2. 客观方面

本罪在客观方面表现为违反金融管理法规，妨害金融票证管理秩序或者对违法票据进行承兑、付款和保证的行为。其中，有的需要"数额较大"才能成立犯罪，如伪造、变造国家有价证券罪，伪造、变造股票、公司、企业债券罪。有的则需要达到"情节严重"的程度，如违规出具金融票证罪、擅自发行股票、公司、企业债券罪。刑法之所以作出这样的限制，是为了避免不当扩大打击范围，将不具有刑罚处罚性的行为也纳入刑法规制的范畴。

3. 主体

金融票证犯罪的主体既有一般主体，也有特殊主体。如伪造、变造金融票证罪的主体是一般主体，包括已满16周岁，具有刑事责任能力的自然人和单位。对违法票据承兑、付款、保证罪、违规出具金融票证罪的主体则是特殊主体，只能由银行或者其他金融机构及其工作人员构成。

4. 主观方面

金融票证犯罪的主观方面是故意，出于何种动机不影响犯罪的成立。一般认为，实施金融票证犯罪是为了获取非法利益，但这并不是法定的构成要件要素。

（三）金融票证犯罪的现状特征

随着我国改革开放的深化和市场经济的发展，金融领域的犯罪现象日益突出，破坏金融票证管理秩序的犯罪也呈不断发展之势。从司法实践的具体情况来看，金融票证犯罪呈现以下特点：

1. 涉案金额不断增加

20世纪80年代以前，金融犯罪案件的案值一般在几千元、几万元之间，上百万元的仅为个别现象；而进入 90 年代至今，案值日趋增大，数十万元的案件较为普遍，数百万元的案件经常发生，数千万元甚至上亿元的案件也时有发生。①

2. 犯罪分子复杂化，内外勾结共犯化

金融票证犯罪的犯罪人员成分呈现复杂趋势，既有经商人员、社会无业人员，也有金融机构的工作人员，还有法人或者非法人组织的单位犯罪，以及他们相互协作的犯罪。由于金融机构的工作人员熟悉金融业务以及操作程序，知道如何规避监管制度且熟悉作案环境，因此，金融机构的工作人员违法犯罪的现象屡见不鲜。有些外部人员甚至通过与金融机构的工作人员相互勾结，共同策划犯罪，通过其职务上的便利，里应外合，使得犯罪的进展更为顺利，内外勾结也因此成为金融票证犯罪的突出特点。

3. 犯罪形式日趋专业化、组织化

金融票证犯罪多是预谋犯罪，诸如伪造、变造金融票证罪，窃取、收买、非法提供信用卡信息罪等犯罪更是金融诈骗犯罪的先前行为，通常情况下，一部分人实施金融票证犯罪行为，另一部分人实施金融诈骗行为，具有很强的组织性。同时，金融电子化已成为现代金融业的重要标志，金融票证犯罪的手段也越来越现代化，呈现高科技化的特点，由传统的伪造、变造金融票证发展到现在的利用信用卡进行犯罪，更有甚者，入侵篡改数据、窃取信用卡持有人的信息资料，表现出很强的专业性。

正因为金融票证犯罪的涉案数额大、参与人员成分复杂且日趋专业化、组织化，具有极强的扰乱金融票证管理秩序和破坏现代经济交易安全的危害性，因此，有必要严密刑事法网，加大对金融票证犯罪的惩处力度。

二、骗取贷款、票据承兑、金融票证罪

（一）必备专业知识

1. 贷款

贷款，指通过银行或者其他金融机构积聚起来的、以偿还为条件、专供借贷使用的货币资金。通常情况下，贷款要经历以下八个程序：（1）贷款申请，即借款人向贷款人申请贷款必须填写包含借款金额、借款用途、偿还能力及还款方式等主要内容的《借款申请书》，同时提供借款人及保证人基本情况、财

---

① 游小勇：《金融犯罪案件的特点及其侦防对策》，载《西南政法大学学报》2004 年第 4 期。

政部门或会计（审计）事务所核准的上年度财务报告（以及申请借款前一期的财务报告）、项目建议书和可行性报告等资料；（2）对借款人的信用等级评估；（3）贷款调查；（4）贷款审批；（5）签订借款合同，应当包括给定借款种类、借款用途、金额、利率、借款期限、还款方式，借、贷双方的权利与义务，违约责任和双方认为需要约定的其他事项；（6）贷款发放；（7）贷后检查；（8）贷款归还。①

2. 票据承兑

票据，是指票据法规定的汇票、本票、支票。汇票是出票人签发的、委托付款人在见票时或者在指定日期无条件支付确定的金额给收款人或者持票人的票据。本票是出票人签发的、承诺自己在见票时无条件支付确定的金额给收款人或者持票人的票据。支票是出票人签发的、委托办理支票业务的银行或者其他金融机构在见票时无条件支付确定的金额给收款人或者持票人的票据。

承兑是指汇票付款人承诺在汇票到期日支付汇票金额的票据行为。定日付款或者出票后定期付款的汇票，持票人应当在汇票到期日前向付款人提示承兑。提示承兑是指持票人向付款人出示汇票，并要求付款人承诺付款的行为。见票后定期付款的汇票，持票人应当自出票日起一个月内向付款人提示承兑。未按照规定期限提示承兑的，持票人丧失对前手的追索权。见票即付的汇票无须提示承兑。付款人对向其提示承兑的汇票，应当自收到提示承兑的汇票之日起3日内承兑或者拒绝承兑。付款人承兑汇票的，应当在汇票正面记载"承兑"字样和承兑日期并签章；见票后定期付款的汇票，应当在承兑时记载付款日期。付款人承兑汇票，不得附有条件；承兑附有条件的，视为拒绝承兑。付款人承兑汇票后，应当承担到期付款的责任。

3. 信用证

根据我国《国内信用证结算办法》第2条规定："本办法所称信用证，是指开证行依照申请人的申请开出的，凭符合信用证条款的单据支付的付款承诺。"以信用证的方式支付货款，卖方便取得了银行的付款保证，银行信用代替了商业信用，这就大大地降低了交易风险，只要卖方按照信用证所规定的条件提交货运单据，其货款便得到了银行的保证。买方也可以通过信用证条款促使卖方履行义务，且其在付款后便能取得符合信用证规定的货运单据。由此可见，信用证对合同的履行和交易安全具有极大的促进作用，其在国家贸易中被普遍使用。根据性质、流通方式和付款期限的不同，信用证可分为：可撤销信用证和不可撤销信用证；可转让信用证和不可转让信用证；即期信用证和远期

---

① 刘宪权：《金融犯罪刑法学专论》，北京大学出版社2010年版，第218页。

信用证等。《国内信用证结算办法》规定的信用证为不可撤销、不可转让的跟单信用证。"不可撤销",是指在有效期内,未经受益人或者相关当事人的同意,开证行不得单方修改或者撤销信用证。"不可转让"是指信用证只能由受益人本人使用,不得转让给他人。"跟单信用证"是指银行付款时必须以严格审查单据为条件的信用证。

4. 保函

保函是指银行以自身信用为他人承担担保责任的担保文件。为他人提供担保是商业银行的一项法定业务。担保不同于保证,按照我国担保法的规定,担保方式除了保证之外,还有抵押、质押、留置和定金等方式。根据目前的法律规定,中国人民银行不得向任何单位和个人提供担保。据此,违规出具保函分为两类:一是中国人民银行违反规定为他人提供担保;二是商业银行及非银行金融机构违反规定为他人出具保函,通常表现为没有对被担保人的资信状况进行严格的调查和评估,没有要求资信状况较差的被担保人提供反担保或者虽然要求其提供反担保,但没有对其担保物的权属情况进行审查等。

提供贷款、承兑票据、开具信用证和保函等金融票证,是银行或者其他金融机构的主要业务,对推动金融活动的发展起到了重要的作用。然而,以欺骗手段取得银行或者其他金融机构的贷款、票据承兑、信用证、保函等行为也相伴而生,极大地损害了金融信用和金融管理秩序。囿于传统金融诈骗犯罪以"非法占有为目的"为犯罪成立的目的要件而难以对虚假陈述型的金融欺诈行为予以规制,难以适应惩处日益增长的金融犯罪的现实需要,《中华人民共和国刑法修正案(六)》第10条增设了本罪,明确规定以欺骗手段取得银行或者其他金融机构贷款、票据承兑、信用证、保函等,给银行或者其他金融机构造成重大损失或者有其他严重情节的,即构成本罪而不问行为人是否有主观上的特殊目的,以维护金融信用和金融管理秩序。

(二) 犯罪构成要件

骗取贷款、票据承兑、金融票证罪,是指以欺骗手段取得银行或者其他金融机构贷款、票据承兑、信用证、保函等,给银行或者其他金融机构造成重大损失或者有其他严重情节的行为。

1. 客体

犯罪客体是国家的金融管理秩序和金融资金的安全。骗取贷款、票据承兑、金融票证的行为,危及正常的金融业务的开展,扰乱国家的金融管理秩序。与此同时,银行或者其他金融机构的资金面临极大的风险,有些资金被用于从事非法活动,有些则成为坏账、呆账或不良资产,严重损害国民经济的发展。因此，本罪是双重客体，相比而言，国家的金融管理秩序是主要客体，金融资金的安全是次要客体。本罪的犯罪对象相当广泛，主要是银行或者其他金融机构的贷款、票据承兑、信用证、保函等。应当注意，刑法条文使用了"等"这个字眼，以增强本罪的适用性和涵盖性。"当然，对于'等'的解释，也不能漫无边际，必须遵循同类解释的规则"①，即必须是与贷款、票据承兑、信用证、保函性质相当的信用工具，如票据、存单、资信证明、银行结算凭证等。换言之，凡是金融票据和金融凭证都可以成为本罪的对象。

2. 客观方面

犯罪客观方面表现为以欺骗手段取得银行或者其他金融机构贷款、票据承兑、信用证、保函等，给银行或者其他金融机构造成重大损失或者有其他严重情节的行为。为了维护金融交易安全，向银行申请贷款、承兑票据，申请开具信用证、保函等，需要具备一定的条件，如果行为人在申请时提供了虚假的文件或者证明材料，虚构事实或者隐瞒真相，即为"以欺骗手段取得银行或者其他金融机构贷款、票据承兑、信用证、保函"。本罪并没有明文列举欺骗手段的具体行为方式，而是采取了概括立法的模式，以应对司法实践中日新月异的欺诈方式，在保证刑法的稳定性的同时，对各类欺诈行为予以规制。

3. 主体

本罪的主体是一般主体，达到刑事责任年龄、具备刑事责任能力的自然人即可构成，主体中也包括单位。其中，自然人主体往往以共同犯罪的形式出现，单位主体既可以是法人资格的单位，也可以是非法人资格的单位。依据1999年最高人民法院《关于审理单位犯罪案件具体应用法律有关问题的解释》第2条规定："个人为进行违法犯罪活动而设立的公司、企业、事业单位实施犯罪的，或者公司、企业、事业单位设立后，以实施犯罪为主要活动的，不以单位犯罪论处。"因此，个人如果为实施骗取贷款、票据承兑、金融票证犯罪活动而设立公司、企业、事业单位的，或者在公司、企业、事业单位设立后，以实施骗取贷款、票据承兑、金融票证犯罪为主要活动的，不以单位犯罪论处，而以个人犯罪论处。

4. 主观方面

本罪主观方面表现为故意，不要求行为人具有特定的目的。如果行为人以"转贷牟利"为目的，则有可能成立高利转贷罪。如果行为人以"非法占有"为目的，则有可能成立其他的金融诈骗罪。

---

① 张明楷：《刑法分则的解释原理》，中国人民大学出版社2004年版，第28页。

（三）疑难点司法认定

1. 罪与非罪

（1）在认定行为人是否采取欺骗手段骗取贷款、票据承兑、金融票证时，应当注意区分欺骗与差错的界限。如果行为人仅仅因为过失而导致提供的材料不完整、不充分，由此使金融机构产生错误认识而获得贷款、票据承兑、信用证、保函的，不能认为行为人具有欺骗的故意，不能成立本罪。

（2）成立本罪要求"给银行或者其他金融机构造成重大损失或者有其他严重情节"，造成的损失较小或者情节较轻的，不成立本罪。

2. 本罪与贷款纠纷的区分

贷款纠纷是借款人和贷款人因履行借款合同而发生的民事纠纷。引起贷款纠纷的主要原因是合同当事人违反合同的约定，如贷款人不按合同约定的用途使用资金；贷款人到期不偿还贷款等，当事人需要承担民事责任。而在本罪中，行为人主观上是出于故意，客观上采取欺骗手段取得银行或者其他金融机构的贷款，成立犯罪的，行为人须承担刑事责任。

3. 本罪与贷款诈骗罪、票据诈骗罪、信用证诈骗罪等金融诈骗罪的区分

本罪与贷款诈骗罪、票据诈骗罪、信用证诈骗罪等金融诈骗罪在犯罪客观方面均表现为使用欺骗手段，虚构事实或者隐瞒真相，取得贷款、票据承兑、信用证。然而，它们的区别也是很明显的。其一，在犯罪主观方面，本罪不要求行为人具有特定的目的，而金融诈骗罪则要求行为人必须具有"非法占有"的目的，这是本罪与金融诈骗罪的最主要的区别。其二，在犯罪主体方面，本罪的犯罪主体是一般主体，即年满16周岁，具有刑事责任能力的自然人和单位，而金融诈骗罪一般为自然人犯罪，单位不能成为犯罪的主体。

4. 一罪与数罪

行为人将骗取的贷款、票据承兑、金融票证用于其他违法犯罪活动，同时符合本罪和其他犯罪的构成要件的，成立牵连犯，应当按照牵连犯的处罚原则择一重罪论处。

（四）办案依据查询与适用

1.《中华人民共和国刑法》（1997年10月1日起施行）（节录）

第一百七十五条之一 [骗取贷款、票据承兑、金融票证罪] 以欺骗手段取得银行或者其他金融机构贷款、票据承兑、信用证、保函等，给银行或者其他金融机构造成重大损失或者有其他严重情节的，处三年以下有期徒刑或者拘役，并处或者单处罚金；给银行或者其他金融机构造成特别重大损失或者有

其他特别严重情节的，处三年以上七年以下有期徒刑，并处罚金。

单位犯前款罪的，对单位判处罚金，并对其直接负责的主管人员和其他直接责任人员，依照前款的规定处罚。

【理解与适用】 成立本罪要求给银行或者其他金融机构造成重大损失或者有其他严重情节。

2. 最高人民检察院、公安部《关于公安机关管辖的刑事案件立案追诉标准的规定（二）》（2010年5月7日 公通字〔2010〕23号）（节录）

第二十七条 以欺骗手段取得银行或者其他金融机构贷款、票据承兑、信用证、保函等，涉嫌下列情形之一的，应予立案追诉：

（一）以欺骗手段取得贷款、票据承兑、信用证、保函等，数额在100万元以上的；

（二）以欺骗手段取得贷款、票据承兑、信用证、保函等，给银行或者其他金融机构造成直接经济损失数额在20万元以上的；

（三）虽未达到上述数额标准，但多次以欺骗手段取得贷款、票据承兑、信用证、保函等的；

（四）其他给银行或者其他金融机构造成重大损失或者有其他严重情节的情形。

三、伪造、变造金融票证罪

（一）必备专业知识

汇票，是指出票人签发的，委托人在见票时或者在指定日期，无条件支付确定的金额给收款人或者持票人的票据。本票是指出票人签发的，承诺由自己在见票时无条件支付确定的金额给收款人或持票人的票据。支票是指出票人签发的，委托办理支票存款业务的银行或者其他金融机构在见票时无条件支付确定的金额给收款人或持票人的票据。

银行结算凭证是指办理银行结算的证明。委托收款凭证是指收款人向银行提供的，委托其向付款人收取款项的结算凭证，分为邮寄和电报划回两种。委托收款适用于在银行或者其他金融机构开立账户的单位和个体经济户的商品贸易、劳务款项以及其他应收款项的结算。① 汇款凭证是指汇款人委托银行给异地收款人进行汇兑结算的凭证，包括信汇凭证与电汇凭证。信汇是指银行使用邮寄凭证划转款项，结算时间比较长；电汇是指银行使用电报划拨款项，结算

---

① 刘宪权：《金融犯罪刑法学专论》，北京大学出版社2010年版，第294页。

时间比较短,更为快捷。汇兑适用于个人和单位的各类款项的结算,便于汇款人向异地付款。银行存单,既是一种信用凭证,也是一种银行结算凭证,它是指由储户向银行交存款项,办理开户,银行签发载有户名、账号、存款金额、存期、存入日、到期日、利率等内容的存单。存单分为记名式和不记名式,记名式的存单可以挂失,不记名式的存单不可挂失。① 其他银行结算凭证,是指除上述结算凭证以外的结算凭证。

信用证,是指开证行依照申请人的申请开出的,凭符合信用证条款的单据支付的付款承诺。根据性质、流通方式和付款期限的不同,信用证可分为:可撤销信用证和不可撤销信用证;可转让信用证和不可转让信用证;即期信用证和远期信用证等。

信用证的附随单据、文件是指受益人向金融机构提供的,与信用证规定相一致的单据、文件,主要包括三类:(1)货物单据,如发票、商检证书、产地证书等;(2)运输单据,如仓单、提单等;(3)保险单据。除这三类主要的附随单据、文件外,有些还附有其他文件,如出口许可证、海关发票等。由于利用信用证进行的实际上是单据的交易,故只要单单相符、单证相符,银行便应无条件地付款。因此,行为人也往往采取伪造单据的方式实施犯罪。

根据 2004 年 12 月 29 日全国人大常委会有关刑法规定的"信用卡"含义的立法解释,刑法规定的"信用卡",是指由商业银行或者其他金融机构发行的具有消费支付、信用贷款、转账结算、存取现金等全部功能或部分功能的电子支付卡。

(二)犯罪构成要件

伪造、变造金融票证罪,是指仿照真实金融票证制造假的金融票证或者对真实金融票证进行加工改造的行为。② 具体而言,伪造、变造金融票证罪,是指伪造、变造汇票、本票、支票、委托收款凭证、汇款凭证、银行存单等其他银行结算凭证、信用证或者附随的单据、文件以及伪造信用卡的行为。

1. 客体

犯罪客体是国家对金融票证的管理制度。金融票证作为一种财产权利凭证,代表一定数目的金额,是重要的信用工具,对于促进商品交易、资金周转、提升商业信用,具有重要的意义。因此,伪造、变造的金融票证一旦进入流通领域,便会影响金融市场的安全,加大金融交易的风险。若被当作金融诈

---

① 刘宪权:《金融犯罪刑法学专论》,北京大学出版社 2010 年版,第 294 页。
② 王作富主编:《刑法》,中国人民大学出版社 2011 年版,第 313 页。

骗的工具，则不仅损害当事人的利益，更影响金融票证应有的信誉，损害国家对金融票证的管理制度。

本罪的犯罪对象是金融票证，即汇票、本票、支票、委托收款凭证、汇款凭证、银行存单等其他银行结算凭证、信用证或者附随的单据、文件以及信用卡。

2. 客观方面

犯罪客观方面表现为伪造、变造汇票、本票、支票、委托收款凭证、汇款凭证、银行存单等其他银行结算凭证、信用证或者附随的单据、文件以及伪造信用卡的行为。这里的"伪造"包括两种情况：一是有形伪造，即没有金融票证制作权的人，假冒他人（包括虚无人）的名义，擅自制造外观上足以使一般人误以为是真金融票证的假金融票证。二是无形伪造，即有金融票证制作权的人，超越其制作权限，违背事实制造内容虚假的金融票证。[①]"变造"是指没有变更权限的人，采用涂改、挖补、拼接等方法，对真票证变更除签名之外的记载内容的行为。[②] 本罪是选择性罪名，只要行为人实施了伪造或者变造的行为即可以本罪论处。行为人既实施了伪造行为又实施了变造行为的，亦以本罪论处。

3. 主体

本罪的主体是一般主体，凡是达到刑事责任年龄、具备刑事责任能力的人均可成为本罪的主体。根据我国现行刑法规定，单位也能成为本罪的主体。依据1999年最高人民法院《关于审理单位犯罪案件具体应用法律有关问题的解释》第2条规定："个人为进行违法犯罪活动而设立的公司、企业、事业单位实施犯罪的，或者公司、企业、事业单位设立后，以实施犯罪为主要活动的，不以单位犯罪论处。"因此，个人如果为实施伪造、变造金融票证犯罪活动而设立公司、企业、事业单位的，或者在公司、企业、事业单位设立后，以实施伪造、变造金融票证犯罪为主要活动的，不以单位犯罪论处，应当以个人犯罪论处。

4. 主观方面

犯罪主观方面是故意。行为人的目的是否影响本罪的成立，则存在不同的观点。有学者认为，"现行刑法并没有将该罪规定为目的犯，因而行为人目的的存在以及内容不是该罪成立的必备要件。"[③] 然而，"有些犯罪，刑法条文中虽

[①] 张明楷：《刑法学》，法律出版社2007年版，第586页。
[②] 利子平、胡祥福主编：《金融犯罪新论》，群众出版社2005年版，第173页。
[③] 李永升主编：《金融犯罪研究》，中国检察出版社2010年版，第210页。

然没有规定构成该罪必须具有某种特定犯罪目的,但从司法实践与刑法理论上看,则必须具备某种特定目的才能构成犯罪,即所谓的不成文的构成要件。"① 因此,目的犯应该包括法定的目的犯和非法定的目的犯。立法者完全有可能因为某种犯罪目的是那么平常、普遍、易于知晓以致成为某种常识而觉得没必要在刑法中加以明确规定。

就本罪而言,伪造、变造的金融票证如果没有在社会上流通,则其社会危害性便难以体现,对行为人也就没有处罚的必要。换言之,如果行为人伪造、变造金融票证仅是出于个人欣赏、娱乐等目的,并且没有认识到伪造、变造的金融票证会落入他人之手而流通于社会,那么,对行为人就不能以本罪论处。反之,如果行为人有使用伪造、变造的金融票证进行非法营利的目的,或者虽无此目的但认识到伪造、变造的金融票证会落入他人之手而在社会上流通,那么,对行为人则应以本罪论处。

(三) 疑难点司法认定

1. 伪造、变造票据的行为的认定

票据是一种设权证券,仅有票据用纸而没有出票人的签名、签章的,票据权利无从产生。因此,仅仅仿制票据的外观、样式而制作出了票据用纸,但没有出票人的签名、签章的,不属于伪造票据的行为。因为没有签名、签章的票据并不能创设票据权利,与废纸并无二异。换言之,只有伪造签名、签章的,才可认定为伪造票据。至于相关记载事项的填写是否完整,不影响伪造行为的认定。

变造票据,是指没有变更权限的人变更票据上除签章以外的其他记载事项的行为,其本质在于通过更改票据的内容,改变已经设立的票据权利义务关系。据此,以下行为不属于变造票据的行为:一是有变更权限的人所作的变更;二是变更票据的签章,因为这种行为属于伪造票据的行为。

2. 伪造信用卡的行为的认定

我国刑法所规定的伪造行为实际上可以分为形式伪造和内容伪造两种形式。形式伪造是指对有价证券或者文书证件外观形式的非法仿制;内容伪造则是指对有价证券或者文书证件实质内容的非法填写。② 根据最高人民检察院、公安部《关于公安机关管辖的刑事案件立案追诉标准的规定(二)》第 29 条第 2 款的规定,伪造信用卡 1 张以上,或者伪造空白信用卡 10 张以上的,应

---

① 陈兴良:《刑法哲学》,中国政法大学出版社 1992 年版,第 266 页。
② 刘宪权:《金融犯罪刑法学专论》,北京大学出版社 2010 年版,第 288 页。

予立案追诉。由此可见,伪造信用卡应包括形式伪造(伪造空白信用卡)和内容伪造(伪造信用卡)。

有人质疑刑法仅规定伪造信用卡而没有规定变造信用卡,是刑事立法的漏洞,因此,建议将《刑法》第177条第4款"伪造信用卡的"修改为"伪造、变造信用卡的"。① 其实,"变造"的形式是多种多样的,有的是通过修改真实信用卡的关键信息,如卡号、有效期等,有的则是对空白的信用卡进行凸印、制磁,制作成新的信用卡。无论是何种变造行为,均是对信用卡的实质内容进行非法填写,除了徒具信用卡的外观外,已与原先的信用卡有了本质的区别,本质上就是一张伪造的信用卡,即上述的"内容伪造"的伪造信用卡的行为。

3. 一罪与数罪

(1) 为伪造、变造金融票证而伪造公司、企业、事业单位、人民团体印章的,应如何定性。

从整体上来看,伪造印章的行为是伪造、变造金融票证行为的一部分,根据吸收犯原理,应以伪造、变造金融票证罪论处。

(2) 伪造、变造金融票证后实施诈骗行为的,应如何定性。

伪造、变造金融票证的行为是方法行为,诈骗行为是目的行为,二者构成牵连关系,应按牵连犯的处罚原则择一重罪处理。伪造、变造金融票证后尚未实施诈骗行为即案发的,则以伪造、变造金融票证罪一罪论处即可。

(3) 与妨害信用卡管理罪、窃取、收买、非法提供信用卡信息罪的联系。

以伪造信用卡的犯罪进程为例,行为人通常以窃取、收买等非法手段获得信用卡的信息,然后实施伪造信用卡的行为,随后持有、运输伪造的信用卡。这一连串的行为被刑法规定为三个不同的罪名,即窃取、收买、非法提供信用卡信息罪、伪造金融票证罪与妨害信用卡管理罪。之所以作出这样的立法规制,是由于伪造、变造金融票证行为的复杂性和专业性。但带来以下问题:行为人在同一宗案件中同时实施了上述行为,应如何处理?

在这种情况下,应以伪造、变造金融票证罪论处。此前的窃取、收买信用卡信息的行为作为预备行为被伪造行为所吸收,而持有、运输行为则属于不可罚的事后行为。这种处理方式同样适用于伪造、变造金融票证罪的共同犯罪。在共同犯罪中,共犯人往往存在不同的分工,有的实施伪造行为,有的专门从事使用行为,但数人均在共同的犯罪故意的支配下进行活动,以谋取非法利益,因此,应以伪造、变造金融票证罪的共犯论处。若利用伪造、变造的金融

---

① 王晨:《诈骗犯罪研究》,人民法院出版社2003年版,第208页。

票证实施诈骗等其他犯罪,成立牵连犯的,则以伪造、变造金融票证罪的共犯与相应的诈骗罪的共犯择一重罪论处。

行为人在不同宗案件中分别实施了上述行为的,则应分别定罪,实行数罪并罚。

4. 共犯问题

《刑法》第 25 条第 1 款规定:"共同犯罪是指二人以上共同故意犯罪。"对于伪造、变造金融票证的行为应该区分情况予以处理。

(1) 二人以上在共同故意的支配下,共同实施伪造、变造金融票证行为的,完全符合共同犯罪的成立条件,应以伪造、变造金融票证罪的共犯论处。

(2) 二人以上事先通谋,一方伪造、变造金融票证后,交由他方使用,共同谋取非法利益。由于"各共同犯罪人的行为,不管他们在共同犯罪中表现形式如何,都不是互相孤立的,而是有一个共同的犯罪目标把他们联系起来,成为统一的犯罪活动,他们每个人的行为都是共同犯罪行为不可或缺的组成部分。"[①] 且数人均有共同犯罪的故意,因此,应以共同犯罪论处。若利用伪造、变造的金融票证实施诈骗等其他犯罪,成立牵连犯的,则以伪造、变造金融票证罪的共犯与相应的诈骗罪的共犯择一重罪论处。

(3) 一方伪造、变造金融票证后将其出售,而另一方明知是伪造、变造的金融票证仍予以购买并使用。虽然双方均有可能以谋取非法利益为目的,但由于双方并未进行事前通谋,因此,不具有共同的犯罪故意,故不以共同犯罪论处,而应以伪造、变造金融票证罪与金融票证诈骗罪或者票据诈骗罪分别定罪处罚。

(四) 办案依据查询与适用

1. 《中华人民共和国刑法》(1997 年 10 月 1 日起施行)(节录)

第一百七十七条 [伪造、变造金融票证罪] 有下列情形之一,伪造、变造金融票证的,处五年以下有期徒刑或者拘役,并处或者单处二万元以上二十万元以下罚金;情节严重的,处五年以上十年以下有期徒刑,并处五万元以上五十万元以下罚金;情节特别严重的,处十年以上有期徒刑或者无期徒刑,并处五万元以上五十万元以下罚金或者没收财产:

(一) 伪造、变造汇票、本票、支票的;

(二) 伪造、变造委托收款凭证、汇款凭证、银行存单等其他银行结算凭证的;

---

① 马克昌主编:《犯罪通论》,武汉大学出版社 2003 年版,第 506 页。

（三）伪造、变造信用证或者附随的单据、文件的；

（四）伪造信用卡的。

单位犯前款罪的，对单位判处罚金，并对其直接负责的主管人员和其他直接责任人员，依照前款的规定处罚。

【理解与适用】　本条详细列举了伪造、变造金融票证罪的行为对象，即汇票、本票、支票、委托收款凭证、汇款凭证、银行存单等其他银行结算凭证、信用证或者附随的单据、文件、信用卡。

2. 最高人民检察院、公安部《关于公安机关管辖的刑事案件立案追诉标准的规定（二）》（2010年5月7日　公通字〔2010〕23号）（节录）

第二十九条　伪造、变造金融票证，涉嫌下列情形之一的，应予立案追诉：

（一）伪造、变造汇票、本票、支票，或者伪造、变造委托收款凭证、汇款凭证、银行存单等其他银行结算凭证，或者伪造、变造信用证或者附随的单据、文件，总面额在1万元以上或者数量在10张以上的；

（二）伪造信用卡1张以上，或者伪造空白信用卡10张以上的。

3. 最高人民法院、最高人民检察院《关于办理妨害信用卡管理刑事案件具体应用法律若干问题的解释》（2009年12月16日　法释〔2009〕19号）（节录）

第一条　复制他人信用卡、将他人信用卡信息资料写入磁条介质、芯片或者以其他方法伪造信用卡1张以上的，应当认定为刑法第一百七十七条第一款第（四）项规定的"伪造信用卡"，以伪造金融票证罪定罪处罚。

伪造空白信用卡10张以上的，应当认定为刑法第一百七十七条第一款第（四）项规定的"伪造信用卡"，以伪造金融票证罪定罪处罚。

伪造信用卡，有下列情形之一的，应当认定为刑法第一百七十七条规定的"情节严重"：

（一）伪造信用卡5张以上不满25张的；

（二）伪造的信用卡内存款余额、透支额度单独或者合计数额在20万元以上不满100万元的；

（三）伪造空白信用卡50张以上不满250张的；

（四）其他情节严重的情形。

伪造信用卡，有下列情形之一的，应当认定为刑法第一百七十七条规定的"情节特别严重"：

（一）伪造信用卡25张以上的；

（二）伪造的信用卡内存款余额、透支额度单独或者合计数额在100万元以上的；

（三）伪造空白信用卡250张以上的；

（四）其他情节特别严重的情形。

本条所称"信用卡内存款余额、透支额度"，以信用卡被伪造后发卡行记录的最高存款余额、可透支额度计算。

【理解与适用】　本条根据犯罪对象的不同，对"情节严重"、"情节特别严重"作出了详细的规定，以便对伪造、变造金融票证的行为进行追诉，并处以恰当的刑罚。

第八条　单位犯本解释第一条、第七条规定的犯罪的，定罪量刑标准依照各该条的规定执行。

四、妨害信用卡管理罪

（一）必备专业知识

信用卡，是指由商业银行发给储户的一种用塑料制作的身份证卡，持卡人购物时，只要将信用卡插入银行设置的终端，计算机便将其应付金额从持卡人的银行账户中直接转到商店名下，体现了货币的媒介职能和支付职能，因而又称为"塑料货币"、"电子货币"。①

以中国人民银行《银行卡业务管理办法》（1999年3月1日）为界限，信用卡的含义有广义和狭义之分。《银行卡业务管理办法》实施以前的信用卡是广义的信用卡，指银行、金融机构向信用良好的单位和个人签发的，可以在指定的商店和场所进行直接消费，并可在发卡行及联营机构的网点存取款、办理转账结算的一种信用凭证和支付工具。② 如中国人民银行1996年《信用卡业务管理办法》第3条规定："本办法所称信用卡，是指中华人民共和国境内各商业银行（含外资银行、中外合资银行）向个人和单位发行的信用支付工具，信用卡具有转账结算、存取现金、消费信用等功能。"

1999年《银行卡业务管理办法》中，信用卡的含义发生了重大的变化。该办法第2、5、6、7条分别规定：本办法所称银行卡，是指由商业银行（含邮政金融机构）向社会发行的具有消费信用、转账结算、存取现金等全部或部分功能的信用支付工具。银行卡包括信用卡和借记卡。按照是否向发卡行交存备用金，信用卡分为贷记卡和准贷记卡。贷记卡是指持卡人可以在发卡行给

---

① 黎诣远：《西方经济学》，高等教育出版社1999年版，第360页。
② 薛瑞麟主编：《金融犯罪再研究》，中国政法大学出版社2007年版，第7页。

予的信用额度内先消费后还款的信用卡。准贷记卡，是指持卡人必须按照发卡行的要求先存入一定的款项，当卡内余额不足时，可以在发卡行规定的信用额度内小额、善意地透支信用卡。借记卡按照功能的不同，可以分为转账卡（含储蓄卡）、专用卡、储值卡。同信用卡相比，借记卡不具有透支的功能，这是信用卡和借记卡的最主要的区别。显然，这里的信用卡是指狭义的信用卡。

令人困惑的是，信用卡犯罪当中的"信用卡"是指广义的信用卡还是指狭义的信用卡？使用伪造的借记卡的行为，又该如何定性？2004年12月29日第十届全国人民代表大会常务委员会第十三次会议通过的《关于〈中华人民共和国刑法〉有关信用卡规定的解释》明确刑法规定的"信用卡"，是指由商业银行或者其他金融机构发行的具有消费支付、信用贷款、转账结算、存取现金等全部功能或部分功能的电子支付卡。据此，借记卡符合上述关于信用卡的特征，属于信用卡。换言之，我国刑法规定的"信用卡"，为广义的信用卡。

（二）犯罪构成要件

妨害信用卡管理罪，是指实施了刑法规定的妨害信用卡管理的应受刑罚处罚的行为。

1. 客体

犯罪客体是国家对信用卡的管理秩序。有观点认为，该罪客体为"国家对信用卡的管理规定和他人的财产所有权，是双重客体。"[①] 然而，虽然犯罪人多有套取、骗取银行等金融机构的资金或者非法占有他人财物的目的，但是该罪不同于直接针对财物的信用卡诈骗罪，其仅仅处于犯罪人利用信用卡进行诈骗的上游阶段，并不意味着实施了本罪行为就必然侵犯他人的财产所有权。如使用虚假的身份证明骗领信用卡，并不会侵犯任何人的财产所有权。因此，本罪应为单一客体，即国家对信用卡的管理秩序。

本罪的犯罪对象是信用卡，根据2004年12月29日全国人大常委会有关刑法规定的"信用卡"含义的立法解释，刑法规定的"信用卡"，是指由商业银行或者其他金融机构发行的具有消费支付、信用贷款、转账结算、存取现金等全部功能或部分功能的电子支付卡。

2. 客观方面

犯罪客观方面表现为实施了刑法规定的妨害信用卡管理秩序的行为，具体

[①] 刘建：《金融刑法学》，中国人民公安大学出版社2008年版，第341页。

表现为:

(1) 明知是伪造的信用卡而持有、运输的,或者明知是伪造的空白信用卡而持有、运输,数量较大的。持有,并不要求行为人直接占有,将信用卡拿在手里甚至随身携带,只要行为人对信用卡具备事实上或者法律上的支配或者控制,便可成立,如行为人将信用卡放于家中或者将信用卡寄存于他处等。运输,是指为使本罪对象从某一地域转到另一地域而进行的空间转移活动,包括长途运输和短途运输。① 在运输信用卡的过程中必然持有信用卡,根据吸收犯原理,应以运输论。

(2) 非法持有他人信用卡,数量较大的。"非法持有"是指行为人没有合法根据而持有他人信用卡,如未经他人授权而持有他人信用卡。按照国际信用卡组织和中国人民银行的规定,信用卡及其账户只能由经发卡行批准的持卡人本人使用而不得出租或者转借他人。生活中经常有持卡人将信用卡交由他人使用的情形,然而,使用者毕竟得到他人的授权,且持有他人信用卡的数量一般也不会很多,这种行为算是违规行为。但是,如果行为人持有大量的他人的信用卡且不能说明其合法来源的,则有很大可能将信用卡用于之后的诈骗行为。为此,刑法规定,非法持有他人信用卡,数量较大的,成立妨害信用卡管理罪,以制止信用卡诈骗的预备行为。

(3) 使用虚假的身份证明骗领信用卡。申领信用卡时,必须提供本人真实、有效的身份证件,如居民身份证、军官证、士兵证、港澳居民往来内地通行证、台湾居民来往大陆通行证、护照等。这是为了在持卡人不能按时还款时,发卡机构可以根据持卡人的有效信息及时追偿。如果行为人使用虚假的身份证明骗领信用卡,如使用伪造的身份证明骗领信用卡或者使用他人的身份证明骗领信用卡,则表明行为人没有归还款项的意图,其随时可能恶意使用以虚假的身份证明骗领的信用卡,因此必须予以制止,以防止使用行为导致更大损失发生。如果行为人使用虚假的身份证明骗领信用卡后又予以使用的,则成立本罪与信用卡诈骗罪的牵连犯,应择一重罪论处。

(4) 出售、购买、为他人提供伪造的信用卡或者以虚假的身份证明骗领的信用卡。如果行为人将自己伪造或者使用虚假的身份证明骗领的信用卡予以出售或者为他人非法提供的,则成立伪造金融票证罪与妨害信用卡管理罪的牵连犯,应择一重罪论处。

3. 主体

本罪的主体是一般主体,凡是达到刑事责任年龄、具备刑事责任能力的人

---

① 王作富主编:《刑法》,中国人民大学出版社2011年版,第315页。

均可成为本罪的主体。但根据我国现行刑法规定,单位仍不能成为本罪的主体。实践中,有的公司冒用公司员工的名义骗领信用卡,此时,应当追究直接负责的主管人员和其他直接责任人员的责任,而不以单位犯罪论处。

4. 主观方面

本罪主观方面表现为故意。虽然行为人主观上一般具有使用信用卡,进而非法占有他人财物的意图,但主观上的目的不是本罪成立的必备要件。因此,行为人的目的如何,不影响本罪的成立。其中,持有、运输伪造的信用卡的,行为人必须明知自己持有、运输的是伪造的信用卡;持有、运输伪造的空白信用卡的,行为人必须明知自己持有、运输的是伪造的空白信用卡。否则,不成立本罪。

(三) 疑难点司法认定

1. 罪与非罪

(1) 持有、运输伪造的空白信用卡,必须达到"数量较大",否则不成立本罪。这是由于伪造的信用卡已经写入个人信息,随时可以使用,而伪造的空白信用卡尚未写入个人信息,仍处于半成品状态,危害性较小,所以入罪标准较高,必须达到数量上的要求方可定罪。

(2) 非法持有他人信用卡,必须达到"数量较大",否则不成立本罪。他人的信用卡,一般是指他人真实、有效的信用卡。如果行为人误以为他人伪造的信用卡为真实、有效的信用卡而非法持有的,仍可认定为非法持有他人的信用卡,因为行为人主观上并不明知其持有的是伪造的信用卡,因此不能认定为"明知是伪造的信用卡而持有、运输",但是行为人对于信用卡是属于他人的则具有认识,因此,认定为"非法持有他人信用卡"并无不妥。

(3) 如果行为人使用真实的身份证明申领信用卡,只是申请时隐瞒了其他真实信息,如个人的财产状况、资信状况等,不可认为行为人"使用虚假的身份证明骗领信用卡",不能认定为本罪,但可以根据其是否具有恶意透支的情形认定其成立信用卡诈骗罪。

2. 一罪与数罪

(1) 本罪与伪造金融票证罪,窃取、收买、非法提供信用卡信息罪的联系。以伪造信用卡的犯罪进程为例,行为人通常以窃取、收买等非法手段获得信用卡的信息,然后实施伪造信用卡的行为,随后持有、运输伪造的信用卡。这一连串的行为被刑法规定为三个不同的罪名,即窃取、收买、非法提供信用卡信息罪、伪造金融票证罪与妨害信用卡管理罪。之所以作出这样的立法规制,是由于信用卡犯罪行为的复杂性和专业性。但也带来以下问题:

行为人在同一宗案件中同时实施了上述行为,应如何处理。在这种情况下,应以伪造、变造金融票证罪论处。因为此前的窃取、收买信用卡信息的行为作为预备行为被伪造行为所吸收,而持有、运输的行为则属于不可罚的事后行为,因此,以伪造、变造金融票证罪论处即可。

行为人在不同宗案件中分别实施了上述行为的,则应分别定罪,实行数罪并罚。

(2) 行为人持有、运输的信用卡或者空白信用卡是自己伪造的,以伪造金融票证罪一罪论处即可。行为人自己伪造信用卡或者空白信用卡而持有、运输的,则持有、运输行为为伪造行为所吸收,对行为人以伪造金融票证罪论处即可。同理,若行为人出售、为他人提供的信用卡为自己所伪造,由于出售、为他人提供信用卡的行为是伪造行为的必然发展,属于不可罚的事后行为,因此,对行为人以伪造金融票证罪论处即可。如果行为人不仅自己伪造信用卡,而且持有、运输、出售或者为他人提供他人伪造的信用卡,则以伪造金融票证罪和妨害信用卡管理罪数罪并罚。

3. 购买他人盗窃的信用卡的行为,应如何定性

由于妨害信用卡管理罪中的购买行为只针对"伪造的信用卡"或者"以虚假的身份证明骗领的信用卡"而不包括他人盗窃的信用卡。因此,不能将此种行为归属于妨害信用卡管理罪中的购买行为,但可以将其认定为"非法持有他人信用卡",根据数量是否较大来认定其是否构成妨害信用卡管理罪。如果行为人购买他人盗窃的信用卡并使用的,则属于"冒用他人信用卡",对其行为可以按信用卡诈骗罪论处。

4. 本罪与信用卡诈骗罪的联系

信用卡诈骗罪是以非法占有为目的的信用卡犯罪,其重点在于使用了伪造的信用卡、以虚假的身份证明骗领的信用卡、作废的信用卡或者冒用他人的信用卡以及恶意透支,与本罪具有密切的联系。妨害信用卡的行为大多为信用卡诈骗罪的手段行为,因此,如果行为人实施妨害信用卡的行为是为了进行诈骗活动,且符合本罪与信用卡诈骗罪的构成要件的,则成立本罪与信用卡诈骗罪的牵连犯,应择一重罪论处。

5. 犯罪停止形态

由于本罪的行为方式有四种,故对每种行为方式的停止形态予以分别讨论。

(1) 明知是伪造的信用卡而持有或者明知是伪造的空白信用卡而持有,数量较大的或者非法持有他人信用卡,数量较大的。由于只要具备事实上或者法律上的支配或者控制状态,便可成立"持有",因此,"持有"并不要求时

间上具有延续性。因此，对于此种持有型的金融犯罪，一般不存在未遂形态，只要着手实施便成立犯罪既遂。

（2）明知是伪造的信用卡而运输或者明知是伪造的空白信用卡而运输，数量较大的。该种行为方式应以信用卡是否起运作为既遂的标准，因为伪造的信用卡一旦开始运输，便会对国家的信用卡管理秩序造成侵犯。至于是否运输至目的地，则在所不问。如果行为人在运输之前即被发现或查获的，则属于犯罪未遂。若行为人以邮寄的方式运输，只要其成功地将信用卡交付承运部门，即成立犯罪既遂。若其在办理邮寄的过程中被发现或查获的，则属于犯罪未遂。

（3）使用虚假的身份证明骗领信用卡的，骗领成功，方为既遂。如果由于行为人意志以外的原因而未能骗领成功，如银行在审查的过程中发现行为人的身份证明系虚假的而不予发卡，则为犯罪未遂。

（4）出售、购买、为他人提供伪造的信用卡或者以虚假的身份证明骗领的信用卡。此类行为应以信用卡是否交付作为既遂的标准。至于出售后是否获得价款，则在所不问。因为出售信用卡的核心行为是受领信用卡，且伪造或者骗领的信用卡一旦交付，便对信用卡管理秩序造成极大的威胁，因此，以是否交付作为此类行为既未遂的标准。

（四）办案依据查询与适用

1.《中华人民共和国刑法》（1997年10月1日起施行）（节录）

第一百七十七条之一　[妨害信用卡管理罪]　有下列情形之一，妨害信用卡管理的，处三年以下有期徒刑或者拘役，并处或者单处一万元以上十万元以下罚金；数量巨大或者有其他严重情节的，处三年以上十年以下有期徒刑，并处二万元以上二十万元以下罚金：

（一）明知是伪造的信用卡而持有、运输的，或者明知是伪造的空白信用卡而持有、运输，数量较大的；

（二）非法持有他人信用卡，数量较大的；

（三）使用虚假的身份证明骗领信用卡的；

（四）出售、购买、为他人提供伪造的信用卡或者以虚假的身份证明骗领的信用卡。

……

【理解与适用】　本法条列举了妨害信用卡管理的四种行为方式，并根据数量以及情节的严重程度规定不同的量刑幅度。其中，明知是伪造的信用卡或者伪造的空白信用卡而持有、运输，非法持有他人信用卡的，均要求"数量较大"，否则不成立本罪。

2. 最高人民检察院、公安部《关于公安机关管辖的刑事案件立案追诉标准的规定（二）》（2010 年 5 月 7 日　公通字〔2010〕23 号）（节录）

第三十条　妨害信用卡管理，涉嫌下列情形之一的，应予立案追诉：

（1）明知是伪造的信用卡而持有、运输的；

（2）明知是伪造的空白信用卡而持有、运输，数量累计在 10 张以上的；

（3）非法持有他人信用卡，数量累计在 5 张以上的；

（4）使用虚假的身份证明骗领信用卡的；

（5）出售、购买、为他人提供伪造的信用卡或者以虚假的身份证明骗领的信用卡的。

违背他人意愿，使用其居民身份证、军官证、士兵证、港澳居民往来内地通行证、台湾居民来往大陆通行证、护照等身份证明申领信用卡的，或者使用伪造、变造的身份证明申领信用卡的，应当认定为"使用虚假的身份证明骗领信用卡"。

3. 最高人民法院、最高人民检察院《关于办理妨害信用卡管理刑事案件具体应用法律若干问题的解释》（2009 年 12 月 16 日　法释〔2009〕19 号）（节录）

第二条　明知是伪造的空白信用卡而持有、运输 10 张以上不满 100 张的，应当认定为刑法第一百七十七条之一第一款第（一）项规定的"数量较大"；非法持有他人信用卡 5 张以上不满 50 张的，应当认定为刑法第一百七十七条之一第一款第（二）项规定的"数量较大"。

有下列情形之一的，应当认定为刑法第一百七十七条之一第一款规定的"数量巨大"：

（一）明知是伪造的信用卡而持有、运输 10 张以上的；

（二）明知是伪造的空白信用卡而持有、运输 100 张以上的；

（三）非法持有他人信用卡 50 张以上的；

（四）适用虚假的身份证明骗领信用卡 10 张以上的；

（五）出售、购买、为他人提供伪造的信用卡或者以虚假的身份证明骗领的信用卡 10 张以上的。

违背他人意愿，使用其居民身份证、军官证、士兵证、港澳居民往来内地通行证、台湾居民来往大陆通行证、护照等身份证明申领信用卡的，或者使用伪造、变造的身份证明申领信用卡的，应当认定为刑法第一百七十七条之一第一款第（三）项规定的"使用虚假的身份证明骗领信用卡"。

4. 全国人民代表大会常务委员会《关于〈中华人民共和国刑法〉有关信用卡规定的解释》（2004 年 12 月 29 日第十届全国人民代表大会常务委员会第十三次会议通过）（节录）

全国人民代表大会常务委员会根据司法实践中遇到的情况，讨论了刑法规定的"信用卡"的含义问题，解释如下：刑法规定的"信用卡"，是指由商业银行或者其他金融机构发行的具有消费支付、信用贷款、转账结算、存取现金等全部功能或者部分功能的电子支付卡。

【理解与适用】　立法解释关于刑法中"信用卡"的理解不仅包括贷记卡，还包括不具有信用贷款功能，仅有消费支付、转账结算、存取现金等功能的借记卡或者其他具有部分功能的电子支付用卡。

五、窃取、收买、非法提供信用卡信息罪

（一）必备专业知识

信用卡信息资料是关系信用卡交易安全的重要资料，正是由于信用卡上的信息资料能够被发卡机构识别，所以信用卡才能被 ATM 机、POS 机等终端设备识别，信用卡才得以正常使用。信用卡信息资料，是指信用卡磁条的磁道上所记载的有关客户信息。根据中国人民银行 2000 年 11 月 10 日发布的《银行卡磁条信息格式和使用规范》的规定，该信息主要包括：（1）主账号，即 primary account number；（2）发卡机构标识号码，即 issuer identification number；（3）个人账户标识，即 individual account identification；（4）校验码，即 check digit；（5）个人标识代码，即 personal identification number（PIN），也就是通常所说的密码。

（二）犯罪构成要件

窃取、收买、非法提供信用卡信息罪，是指窃取、收买或者非法提供他人信用卡信息资料的行为。

1. 客体

犯罪客体是双重客体，即信用卡持卡人的合法权益和国家对信用卡的管理秩序。信用卡作为现代化交易的支付工具，在经济发展中具有重要的作用，而信用卡信息资料则关系信用卡交易安全，如果个人信息资料泄露且为不法分子所利用，不仅影响信用卡持有人的资信和利益，而且会影响整个信用卡管理秩序。因此，刑法规定，窃取、收买或者非法提供他人信用卡信息资料的行为构成犯罪，以保护信用卡持卡人的合法权益和国家对信用卡的管理秩序。

本罪的犯罪对象是信用卡信息资料，即信用卡磁条的磁道上所记载的有关客户信息。主要包括：（1）主账号；（2）发卡机构标识号码；（3）个人账户标识；（4）校验码；（5）个人标识代码，即密码。

2. 客观方面

犯罪客观方面表现为窃取、收买或者非法提供他人信用卡信息资料的行为。窃取，是指行为人以自以为不为人知的方式，非法获得他人的信用卡信息资料。如在ATM机上安装摄像头偷录；利用对银行系统的电脑进行维修之机窃取信用卡的数据资料以破解密码等。收买，是指以支付对价的方式获得他人的信用卡信息资料。最常见的是收买银行等金融机构的内部工作人员，以获取他人的信用卡信息资料。非法提供，是指没有合法的根据或者授权而将他人的信用卡信息资料提供给不应该知晓相关信息的人，可以是有偿的，也可以是无偿的。最常见的是银行等金融机构的工作人员利用职务上的便利，将其掌握的他人的信息资料提供给其他人。

3. 主体

本罪的主体是一般主体，凡是达到刑事责任年龄、具备刑事责任能力的人均可成为本罪的主体。但根据我国现行刑法规定，单位仍不能成为本罪的主体。银行或者其他金融机构的工作人员由于职务上的便利更容易获得他人的信用卡信息资料，其将该资料非法提供给他人的可能性亦不容忽视，一旦发生，将造成很大的危害。因此，刑法规定，银行或者其他金融机构的工作人员利用职务上的便利犯本罪的，从重处罚。

4. 主观方面

本罪主观方面表现为故意，过失不构成本罪。只要行为人明知自己所窃取、收买、非法提供的是他人的信用卡信息资料，但仍然希望或者放任其流失，就具备主观方面的故意。尽管行为人通常具有利用所窃取、收买或者非法提供的信息资料牟利或者进行信用卡诈骗，从而非法占有他人财物的目的，但是，目的或者动机并不是本罪成立的必备要件。因此，目的或者动机如何并不影响本罪的成立。

（三）疑难点司法认定

1. 罪与非罪

构成本罪的行为方式仅限于窃取、收买或者非法提供，如果行为人通过虚假的客服电话套取信用卡持卡人的信息资料的，为骗取伪造信用卡资料，如果其用该骗取的资料伪造信用卡，则成立伪造金融票证罪。如果其获得该资料后没有提供给他人，应认为其行为没有值得科处刑罚的危害性，不构成犯罪。这是因为，窃取与骗取的行为方式并不相同。窃取采用的是隐蔽的方式，一般不为人知，被害人并不愿意将个人的信息资料提供给他人。而骗取则是采用公开的方式，通过隐瞒真相或者虚构事实，使他人误以为真，从而"心甘情愿"地告知其信息资料。既然窃取与骗取并不相同，刑法也只规定窃取他人信用卡信息的才构成犯罪，那么根据罪刑法定原则，仅仅骗取他人信用卡信息的，不成立犯罪。

2. 本罪与妨害信用卡管理罪、伪造金融票证罪的联系

以伪造信用卡的犯罪进程为例，行为人通常以窃取、收买等非法手段获得信用卡的信息，然后实施伪造信用卡的行为，随后持有、运输伪造信用卡。这一连串的行为被刑法规定为三个独立的罪名，即窃取、收买、非法提供信用卡信息罪、伪造金融票证罪与妨害信用卡管理罪。如果行为人在同一宗案件中同时实施了上述行为，则以伪造、变造金融票证罪论处。因为此前的窃取、收买信用卡信息的行为作为预备行为被伪造行为所吸收，而持有、运输行为则属于不可罚的事后行为。如果行为人在不同宗案件中分别实施了上述行为的，则应分别定罪，实行数罪并罚。

3. 共犯问题

如果行为人是与意图伪造信用卡的人事先通谋，为其窃取、收买或者非法提供他人的信用卡信息资料的，则以伪造金融票证罪的共犯论处。如果没有证据证明行为人是为了伪造信用卡的，则以本罪定罪处罚。

（四）办案依据查询与适用

1. 《中华人民共和国刑法》（1997年10月1日起施行）（节录）

第一百七十七条之一……

[窃取、收买、非法提供信用卡信息罪] 窃取、收买或者非法提供他人信用卡信息资料的，依照前款规定处罚。

银行或者其他金融机构的工作人员利用职务上的便利，犯第二款罪的，从重处罚。

2. 最高人民检察院、公安部《关于公安机关管辖的刑事案件立案追诉标准的规定（二）》（2010年5月7日 公通字〔2010〕23号）（节录）

第三十一条 窃取、收买或者非法提供他人信用卡信息资料，足以伪造可进行交易的信用卡，或者足以使他人以信用卡持有人名义进行交易，涉及信用卡1张以上的，应予立案追诉。

3. 最高人民法院、最高人民检察院《关于办理妨害信用卡管理刑事案件具体应用法律若干问题的解释》（2009年12月16日 法释〔2009〕19号）（节录）

第三条 窃取、收买、非法提供他人信用卡信息资料，足以伪造可进行交易的信用卡，或者足以使他人以信用卡持有人名义进行交易，涉及信用卡1张以上不满5张的，依照刑法第一百七十七条之一第二款的规定，以窃取、收买、非法提供信用卡信息罪定罪处罚；涉及信用卡5张以上的，应当认定为刑法第一百七十七条之一第一款规定的"数量巨大"。

六、伪造、变造国家有价证券罪

（一）必备专业知识

有价证券是指标有一定的票面金额，代表一定的财产所有权或债权的书面凭证。持券人凭此可以取得一定的财产权益，如商品、货币或者利息、股息等收入。有价证券本身没有价值，但由于它代表一定的财产权利，因此可以在证券市场上流通，客观上便具有交易价格，如国库券、公债券、股票、仓单、提单、汇票、本票、支票等。

国家有价证券，是指国家基于一定的目的而向公众发行的用于筹集资金，并承诺在一定期限内还本付息的有价证券或债券。《刑法》第178条第1款明文规定了国库券这种国家债券。国库券是指中央政府为调节国库短期收支差额，弥补政府正常财政收入不足而由国家财政部门发行的一种短期或中短期政府债券。国家发行的其他有价证券是指国家发行的除国库券以外的其他国家有价证券及国家银行金融债券，目前这类有价证券主要有：国家重点建设债券、国家建设债券、财政债券、特种债券等。[①]

成立本罪的国家有价证券具有以下两个特性：（1）有价性，即代表一定的财产所有权或者债权，可以取得一定的财产性收益或者作为融资媒介以筹集资金，并且可以公开买卖或交易。（2）国家发行性。所谓国家发行，首先指中央政府发行，而非地方政府或者其职能部门发行；其次是代表国家的国家职能部门发行，如由财政部、中央银行及其有关职能部门发行。

（二）犯罪构成要件

伪造、变造国家有价证券罪，是指伪造、变造国库券或者国家发行的其他

[①] 薛瑞麟主编：《金融犯罪再研究》，中国政法大学出版社2007年版，第338页。

有价证券，数额较大的行为。

1. 客体

犯罪客体是国家对国库券或国家发行的其他有价证券的管理制度。国库券或国家发行的其他有价证券是中央政府为筹集财政资金而发行的一种政府债券，代表了国家的信用。由于其具有利率高、风险低、信用好的特点而备受青睐，为国家弥补财政赤字、平衡财政收支起到了重要的作用。若对其进行伪造、变造并使之进入流通领域，则侵犯了国家对国库券或国家发行的其他有价证券的管理制度，损害了真实、有效的国家有价证券的发行和流通。

本罪的犯罪对象是国库券和国家发行的其他有价证券。国库券是指中央政府为调节国库短期收支差额，弥补政府正常财政收入不足而由国家财政部门发行的一种短期或中短期政府债券。国家发行的其他有价证券是指国家发行的除国库券以外的其他国家有价证券及国家银行金融债券，目前这类有价证券主要有：国家重点建设债券、国家建设债券、财政债券、特种债券等。① 由于本罪的犯罪对象是国家发行的有价证券，因此，地方政府发行的债券不在本罪的犯罪对象之列。

2. 客观方面

犯罪客观方面表现为伪造、变造国库券或者国家发行的其他有价证券，数额较大的行为。"所谓'伪造'，就是模仿真的造假的，是指仿照真实的国库券或国家发行的其已有有价证券的样式，擅自制作足以以假乱真的国库券或者国家发行的其已有有价证券的行为。伪造的手法多种多样，如翻版、印刷、描绘、复印、描摹、影印、拓印等，但方法如何不影响定罪。所谓'变造'，是指行为人以真实的国库券或者国家发行的其已有有价证券为基本材料，擅自变更其记载内容的行为。"② 伪造、变造的有价证券必须是国家发行的有价证券，不包括地方政府发行的债券；是我国发行的有价证券，不包括外国国家发行的有价证券。伪造、变造外国的有价证券进行诈骗，数额较大的，以诈骗罪论处。成立本罪还要求"数额较大"，伪造、变造国家有价证券，数额较小的，不成立本罪。本罪是选择性罪名，只要行为人实施了伪造或者变造的行为即可以本罪论处。行为人既实施了伪造行为又实施了变造行为的，亦以本罪论处，不实行数罪并罚。

---

① 薛瑞麟主编：《金融犯罪再研究》，中国政法大学出版社 2007 年版，第 338 页。

② 莫洪宪、叶小琴：《论伪造、变造国家有价证券罪的若干问题》，载《淮阴师范学院学报》2005 年第 3 期。

3. 主体

本罪的主体是一般主体,包括达到刑事责任年龄、具备刑事责任能力的自然人和单位。依据1999年最高人民法院《关于审理单位犯罪案件具体应用法律有关问题的解释》第2条规定:"个人为进行违法犯罪活动而设立的公司、企业、事业单位实施犯罪的,或者公司、企业、事业单位设立后,以实施犯罪为主要活动的,不以单位犯罪论处。"因此,个人如果为实施伪造、变造国家有价证券犯罪而设立公司、企业、事业单位的,或者在公司、企业、事业单位设立后,以实施伪造、变造国家有价证券犯罪为主要活动的,不以单位犯罪论处,应当以个人犯罪论处。

4. 主观方面

本罪主观方面表现为故意,并且具有使用的目的或者虽无此目的但认识到伪造、变造的国家有价证券会落入他人之手而在社会上流通但仍然采取放任的态度。

由于伪造、变造的国家有价证券如果没有在社会上流通,则其社会危害性便难以体现,对行为人也就没有处罚的必要。因此,如果行为人伪造、变造国家有价证券仅是出于个人欣赏、娱乐等目的,并且没有认识到伪造、变造的国家有价证券会落入他人之手而流通于社会,那么,对行为人就不能以本罪论处。反之,如果行为人有使用伪造、变造的国家有价证券进行非法营利的目的,或者虽无此目的但认识到伪造、变造的国家有价证券会落入他人之手而在社会上流通,那么,对行为人就应以本罪论处。

(三) 疑难点司法认定

1. 伪造实际上并不存在的有价证券,应如何定性

有观点认为,伪造实际上并不存在的有价证券,只要足以使一般人误以为真,即可以本罪论处。然而,该观点并不妥当。就本罪的构成要件而言,伪造的有价证券必须是国家发行的,而伪造实际上并不存在的有价证券则不具备该要件,其在本质上是行为人的"作品",徒具有价证券的外表而已,并不会损害国家实际发行的有价证券的信用,更谈不上侵害国家对有价证券的管理制度。因此,伪造实际上并不存在的有价证券的行为,不构成本罪。但如果行为人以此进行诈骗且数额较大的,则以诈骗罪论处;数额较小,情节较轻的,则作为一般的违法行为处理或者追究其侵犯财产权的民事责任。

2. 伪造、变造失效、作废的国家有价证券,应如何定性

伪造、变造失效、作废的国家有价证券,应根据不同情况作出不同的处理。如果行为人明知自己伪造、变造的是已经失效、作废的国家有价证券,但

为了骗取财物仍然伪造、变造，且数额较大的，以诈骗罪论处。如果行为人并不知道自己伪造、变造的是已经失效、作废的国家有价证券，且伪造、变造的数额较大的，以本罪的未遂论处。如果行为人在伪造、变造的过程中发现国家有价证券已经作废或者失效，于是停止伪造、变造，并且没有利用先前伪造、变造的国家有价证券实施犯罪行为的，对行为人作无罪处理。

3. 一罪与数罪

（1）行为人伪造、变造国家有价证券，数额较大但尚未进行诈骗的，以伪造、变造国家有价证券罪论处。

（2）行为人伪造、变造国家有价证券，数额较小，但利用该有价证券进行诈骗的，如果数额较大，则以诈骗罪论处；如果数额较小，则以诈骗罪的未遂论处。

（3）行为人伪造、变造国家有价证券，数额较大，且利用该有价证券进行诈骗，数额较大的，成立伪造、变造国家有价证券罪和诈骗罪的牵连犯，按照牵连犯的处罚原则择一重罪处理。

（4）行为人伪造、变造国家有价证券，数额较大，且使用明知是他人伪造、变造的国家有价证券进行诈骗且数额较大的，以伪造、变造国家有价证券罪和诈骗罪数罪并罚。

（5）为伪造、变造国家有价证券而伪造、变造国家机关印章的，从整体上来看，伪造、变造国家机关印章的行为是伪造、变造国家有价证券行为的一部分，根据吸收犯原理，应以伪造、变造国家有价证券罪一罪论处。

4. 共犯问题

伪造、变造国家有价证券后交由他人使用，应根据不同情况作出不同的处理。

（1）如果伪造、变造者与使用者事先通谋，由一部分人实施伪造、变造行为，另一部分人实施使用伪造、变造的国家有价证券进行诈骗的行为，则构成共同犯罪，对行为人均以伪造、变造国家有价证券罪和诈骗罪择一重罪处罚。

（2）如果伪造、变造者与使用者事先无通谋，且使用者知道该有价证券是他人伪造、变造的，并利用其进行诈骗的，由于不存在共同的犯罪故意，因此，不成立共同犯罪，对各行为人应分别定罪量刑，对伪造、变造者以本罪论处，对使用者以诈骗罪论处。但如果使用者不知道该有价证券是他人伪造、变造的，则不成立犯罪，而伪造、变造者则构成诈骗罪的间接正犯，应以伪造、变造国家有价证券罪和诈骗罪择一重罪论处。

（四）办案依据查询与适用

1.《中华人民共和国刑法》（1997 年 10 月 1 日起施行）（节录）
第一百七十八条 [伪造、变造国家有价证券罪] 伪造、变造国库券或者国家发行的其他有价证券，数额较大的，处三年以下有期徒刑或者拘役，并处或者单处二万元以上二十万元以下罚金；数额巨大的，处三年以上十年以下有期徒刑，并处五万元以上五十万元以下罚金；数额特别巨大的，处十年以上有期徒刑或者无期徒刑，并处五万元以上五十万元以下罚金或者没收财产。

【理解与适用】 成立本罪，要求伪造、变造国库券或者国家发行的其他有价证券，"数额较大"，这是区分罪与非罪的标准之一。

2. 最高人民检察院、公安部《关于公安机关管辖的刑事案件立案追诉标准的规定（二）》（2010 年 5 月 7 日 公通字〔2010〕23 号）（节录）
第三十二条 伪造、变造国库券或者国家发行的其他有价证券，总面额在 2000 元以上的，应予立案追诉。

七、伪造、变造股票、公司、企业债券罪

（一）必备专业知识

1. 股票

股票，是指股份公司为筹集资金公开发行的证明股东在公司中拥有一定权益，表明股东权利和地位的可流通的有价证券。它是投资入股的凭证，股票的持有人就是公司的股东。所谓公司，是指有权发行股票的股份有限公司。

股票的主要特点是：（1）股票是股东对股份公司投资的权利凭证。股东向公司投资后，由公司根据股东投资的股份总数发给其相应的股票，从而证明投资的事实和金额；（2）股票是股东行使股东权的凭证。股东参加股东大会、参与分配公司利润，对公司事务的决定发表意见并投票，均要以其持有的股票为依据。不仅如此，股东权利的多少和管理权的大小，取决于股东所持有的股票数量的多寡；（3）股票的价值和存在的意义依赖于股份，如果股份丧失，股票则丧失了存在的基础，也当然不存在。从这个意义上讲，股份是实质，股票只是表现和反映股份的证券形式；（4）股票具有流通性。股票是具有一定资本价值的有价证券，其转让可以反映资本的流动和投资关系的变化；①
（5）股票是一种要式权利凭证，其发行必须严格遵守法律的规定，其流通也

---

① 甘培忠：《企业与公司法学》，北京大学出版社 2007 年版，第 377～378 页。

要在特定的证券场所进行。股票应当载明下列事项：公司名称；公司登记成立的日期；股票种类、票面金额及代表的股份数；股票的编号。股票须有法定代表人签名，公司盖章。发起人的股票，应当标明发起人股票字样。

按照股票上是否记载股东姓名，股票可以分为记名股票和不记名股票。（1）记名股票的权利只能由记名的股东享有，除非有记名股东的授权，否则，他人持有记名股票亦不得行使权利。依据我国《公司法》第130条的规定，公司发行的股票，可以为记名股票，也可以为无记名股票。股份公司向发起人、法人发行的股票，应当为记名股票，并应当记载该发起人、法人的名称或者姓名，不得另立户名或者以代表人姓名记名。《公司法》第131条规定，公司发行记名股票的，应当置备股东名册。股东名册应当记载：股东的姓名或名称及住所；各股东所持股份数；各股东所持股票的编号；各股东取得股份的日期。根据公司法的规定，记名股东转让股票，须由股东采取背书的方式确认受让股东或者法律、行政法规规定的其他方式进行，转让完成后，由公司将受让人的姓名或者名称、住所记载于股东名册。公司股东大会召开前20日内或者公司决定分配股利的基准日5日内，不得进行记名股票股东的变更登记。（2）无记名股票是指不记载股东姓名的股票。凡是持有无记名股票的人都是公司的股东。无记名股票的转让只需在法律规定的场合，如证券交易所和柜台交易场所，由原股东将股票转让出去，受让人通过证券服务机构买入即可。根据《公司法》第131条第2款的规定，公司发行无记名股票的，应当记载其股票数量、编号及发行日期。

股票的发行价格可以按票面金额，也可以超过票面金额，但不得低于票面金额。

2. 公司、企业债券

公司、企业债券是指公司、企业依照法定程序发行的，约定在一定期限内还本付息的有价证券，其显示了公司、企业与债券持有者之间的债权债务关系。公司成立后，由于扩大规模、更新设备等原因而需要在原有资本的基础上筹集资金，发行债券便是其方式之一。公司发行债券时应遵守公司法的有关规定，又由于公司债券属于证券的一种，因此，其发行和交易还应遵守证券法的规定。

公司、企业债券具有以下特点：（1）公司、企业债券是一种有价证券。它是由公司发行的，约定在一定期限内还本付息的权利证书，代表了一定数额的金钱，并且具有固定的标准化模式，盖有发行公司的公章，并有其法定代表人的签名。因此，它具有流通性，可以在证券市场上转让、交易，在特定的情况下还可以与实物、现金等进行交换。（2）债权凭证。公司、企业债券的实质是以公司、企业为债务人,以债券持有者为债权人的一种金钱借贷关系,约定的期限一到,发行债券的公司、企业就必须还本付息。(3)债券的发行必须遵守《公司法》和《证券法》的规定。如《公司法》第七章对公司债券的规定。第155条规定:发行公司债券的申请经国务院授权的部门核准后,应当公告公司债券募集办法。公司债券募集办法中应当载明下列主要事项:(一)公司名称;(二)债券募集资金的用途;(三)债券总额和债券的票面金;(四)债券利率的确定方式;(五)还本付息的期限和方式;(六)债券担保情况;(七)债券的发行价格、发行的起止日期;(八)公司净资产额;(九)已发行的尚未到期的公司债券总额;(十)公司债券的承销机构。第156条规定:公司以实物券方式发行公司债券的,必须在债券上载明公司名称、债券票面金额、利率、偿还期限等事项,并由法定代表人签名,公司盖章。第157条规定:公司债券,可以为记名债券,也可以为无记名债券。

按照债券券面上是否记载债券人的姓名或者名称,债券可以分为记名债券和无记名债券。(1)记名债券。公司发行公司债券应当置备公司债券存根簿。发行记名公司债券的,应当在公司债券存根簿上载明下列事项:(一)债券持有人的姓名或者名称及住所;(二)债券持有人取得债券的日期及债券的编号;(三)债券总额,债券的票面金额、利率、还本付息的期限和方式;(四)债券的发行日期。公司债券可以转让,转让价格由转让人与受让人约定。公司债券在证券交易所上市交易的,按照证券交易所的交易规则转让。记名公司债券,由债券持有人以背书方式或者法律、行政法规规定的其他方式转让;转让后由公司将受让人的姓名或者名称及住所记载于公司债券存根簿。(2)无记名债券。发行无记名公司债券的,应当在公司债券存根簿上载明债券总额、利率、偿还期限和方式、发行日期及债券的编号。无记名公司债券的转让,由债券持有人将该债券交付给受让人后即发生转让的效力。

根据《公司法》第162条和第163条的规定,上市公司经股东大会决议可以发行可转换为股票的公司债券,并在公司债券募集办法中规定具体的转换办法。上市公司发行可转换为股票的公司债券,应当报国务院证券监督管理机构核准。发行可转换为股票的公司债券,应当在债券上标明可转换公司债券字样,并在公司债券存根簿上载明可转换公司债券的数额。公司还应当按照其转换办法向债券持有人换发股票,但债券持有人对转换股票或者不转换股票有选择权。

3. 股票与公司、企业债券的区别

股票与公司、企业债券有着明显的区别:其一,股票的持有者为公司的股东,有权参与公司的管理,而债券持有者为公司、企业的债权人,并不享有管理权。其二，股票体现的是股权，只能在公司盈利的情况下获得红利，而债券体现的是债权，公司、企业必须按照规定的期限向债券持有人支付本金和利息。在公司、企业解散或者破产时，债权人先于股东获得债务上的清偿。就这一点而言，股票的风险比公司、企业债券大。其三，债券的利息率是固定的，收益相对稳定，而股东所能获的红利则随着公司经营状况的改变而改变，具有很大的不确定性。

（二）犯罪构成要件

伪造、变造股票、公司、企业债券罪，是指伪造、变造股票或者公司、企业债券，数额较大的行为。

1. 客体

犯罪客体是国家对股票、公司、企业债券的管理制度。股票、债券的发行和流通渗透在经济生活的方方面面，不仅关系到发行人和投资人的利益，更对国家的金融秩序和经济建设产生重大影响。因此，国家建立了一系列制度，对股票和公司、企业债券的发行和流通进行严格的管理。如《公司法》第五章对股份有限公司的股份发行和转让作了细致的规定。若伪造、变造股票、公司、企业债券并使之进入流通领域，则不仅侵犯了公私财产，更重要的是破坏了国家对股票、公司、企业债券的管理制度，影响正常的金融秩序。

本罪的犯罪对象是股票和公司、企业债券。股票，是指股份公司为筹集资金公开发行的证明股东在公司中拥有一定权益的有价证券。公司、企业债券则是指公司、企业依照法定程序发行的，约定在一定期限内还本付息的有价证券。

2. 客观方面

犯罪客观方面表现为伪造、变造股票或者公司、企业债券，数额较大的行为。"伪造"，就是模仿真的造假的，是指仿照真实的股票、公司、企业债券的样式，擅自制作足以以假乱真的股票和公司、企业债券的行为。伪造的手法多种多样，如翻版、描绘、印刷、描摹、复印、影印、拓印等，但方法如何不影响定罪。"变造"，是指行为人以真实的股票、公司、企业债券为基本材料，擅自变更其记载内容的行为。

本罪是选择性罪名，只要行为人实施了伪造或者变造的行为即可以本罪论处。行为人既实施了伪造行为又实施了变造行为的，亦以本罪论处，不实行数罪并罚。

3. 主体

本罪的主体是一般主体，包括达到刑事责任年龄、具备刑事责任能力的自然人和单位。依据 1999 年最高人民法院《关于审理单位犯罪案件具体应用法律有关问题的解释》第 2 条规定："个人为进行违法犯罪活动而设立的公司、企业、事业单位实施犯罪的，或者公司、企业、事业单位设立后，以实施犯罪为主要活动的，不以单位犯罪论处。"因此，个人如果为实施伪造、变造股票、公司、企业债券犯罪而设立公司、企业、事业单位的，或者在公司、企业、事业单位设立后，以实施伪造、变造股票、公司、企业债券犯罪为主要活动的，不以单位犯罪论处，而应当以个人犯罪定罪处罚。

4. 主观方面

本罪主观方面表现为故意，并且具有使用的目的或者虽无此目的但认识到伪造、变造的股票、公司、企业债券会落入他人之手而在社会上流通但仍然采取放任的态度。

由于伪造、变造的股票、公司、企业债券如果没有在社会上流通，则其社会危害性便难以体现，对行为人也就没有处罚的必要。因此，如果行为人伪造、变造股票、公司、企业债券仅是出于个人欣赏、娱乐等目的，并且没有认识到伪造、变造的股票、公司、企业债券会落入他人之手而流通于社会，那么，对行为人就不能以本罪论处。反之，如果行为人有使用伪造、变造的股票、公司、企业债券进行非法营利的目的，或者虽无此目的但认识到伪造、变造的股票、公司、企业债券会落入他人之手而在社会上流通，那么，对行为人就应以本罪论处。

（三）疑难点司法认定

1. 罪与非罪

（1）成立本罪要求"数额较大"，伪造、变造股票、公司、企业债券，数额较小的，不成立本罪。

（2）伪造、变造外国公司、企业股票、债券的，是否成立本罪？由于刑法规定本罪的目的在于保护我国对股票、公司、企业债券的管理制度，因此，如果外国公司、企业并未在我国设立分公司或者子公司，或者其股票、债券不在我国境内发行，而行为人伪造、变造其股票、债券的，不成立本罪。反之，如果外国公司、企业在我国设有分公司或者子公司，或者其股票、债券在我国境内发行的，则涉及我国对其经营管理活动的管理问题，在这种情况下，伪造、变造其股票、债券且数额较大的，则侵害了我国对股票、债券的管理制度，因此，应以本罪论处。

（3）伪造、变造失效、作废的股票、公司、企业债券的，是否成立本罪？伪造、变造失效、作废的股票、公司、企业债券，应根据不同情况作出不同的处理。如果行为人明知自己伪造、变造的是已经失效、作废的股票、公司、企业债券，但为了骗取财物仍然伪造、变造，且数额较大的，以诈骗罪论处。如果行为人并不知道自己伪造、变造的是已经失效、作废的股票、公司、企业债券，且伪造、变造的数额较大的，以本罪的未遂论处。如果行为人在伪造、变造的过程中发现股票、公司、企业债券已经作废或者失效，于是停止伪造、变造，并且没有利用先前伪造、变造的股票、公司、企业债券实施犯罪行为的，对行为人作无罪处理。

2. 一罪与数罪

（1）行为人伪造、变造股票、公司、企业债券，数额较大但尚未进行诈骗的，以伪造、变造股票、公司、企业债券罪论处。

（2）行为人伪造、变造股票、公司、企业债券，数额较小，但利用股票、公司、企业债券进行诈骗的，如果数额较大，则以诈骗罪论处；如果数额较小，则以诈骗罪的未遂论处。

（3）行为人伪造、变造股票、公司、企业债券，数额较大，且利用股票、公司、企业债券进行诈骗，数额较大的，成立伪造、变造股票、公司、企业债券罪和诈骗罪的牵连犯，按照牵连犯的处罚原则择一重罪处理。

（4）行为人伪造、变造股票、公司、企业债券，数额较大，且使用明知是他人伪造、变造的股票、公司、企业债券进行诈骗且数额较大的，以伪造、变造股票、公司、企业债券罪和诈骗罪数罪并罚。

（5）为伪造、变造股票、公司、企业债券而伪造公司、企业印章的，从整体上来看，伪造公司、企业印章的行为是伪造、变造股票、公司、企业债券行为的一部分，根据吸收犯原理，应以伪造、变造股票、公司、企业债券罪一罪论处。

3. 共犯问题

伪造、变造股票、公司、企业债券后交由他人使用，应根据不同情况作出不同的处理。

（1）二人以上在共同故意的支配下，共同实施伪造、变造股票、公司、企业债券行为的，完全符合共同犯罪的成立条件，应以伪造、变造股票、公司、企业债券罪的共犯论处。

（2）如果伪造、变造者与使用者事先通谋，由一部分人实施伪造、变造行为，另一部分人实施使用伪造、变造的股票、公司、企业债券进行诈骗的行为，则构成共同犯罪，对行为人均以伪造、变造股票、公司、企业债券罪和诈骗罪择一重罪处罚。

（3）如果伪造、变造者与使用者事先无通谋，且使用者知道该股票、公司、企业债券是他人伪造、变造的，并利用其进行诈骗的，对各行为人应分别定罪量刑。对伪造、变造者以本罪论处；对使用者以诈骗罪论处。但如果使用者不知道该股票、公司、企业债券是他人伪造、变造的，则不成立犯罪，而伪造、变造者则构成诈骗罪的间接正犯，应以伪造、变造股票、公司、企业债券罪和诈骗罪择一重罪论处。

4. 本罪与擅自发行股票、公司、企业债券罪的区别

这两个罪的犯罪主体、犯罪主观方面和犯罪对象相同，所不同的是二者的客观方面。本罪的客观方面表现为伪造、变造股票或者公司、企业债券，数额较大的行为，所伪造、变造出来的股票或者公司、企业债券从形式到内容都是虚假的；而擅自发行股票、公司、企业债券罪的客观方面表现为未经国家有关主管部门批准，擅自发行股票或者公司、企业债券，数额巨大、后果严重或者有其他严重情节的行为，其所发行的股票或者公司、企业债券在形式上是真实的，但由于未经国家有关主管部门批准这一程序上的瑕疵而使其内容具有虚假性而不被刑法所允许。

（四）办案依据查询与适用

1.《中华人民共和国刑法》（1997 年 10 月 1 日起施行）（节录）

第一百七十八条 ［伪造、变造股票、公司、企业债券罪］ 伪造、变造股票或者公司、企业债券，数额较大的，处三年以下有期徒刑或者拘役，并处或者单处一万元以上十万元以下罚金；数额巨大的，处三年以上十年以下有期徒刑，并处二万元以上二十万元以下罚金。

单位犯前两款罪的，对单位判处罚金，并对其直接负责的主管人员和其他直接责任人员，依照前两款的规定处罚。

2. 最高人民检察院、公安部《关于公安机关管辖的刑事案件立案追诉标准的规定（二）》（2010 年 5 月 7 日 公通字〔2010〕23 号）（节录）

第三十三条 伪造、变造股票或者公司、企业债券，总面额在 5000 元以上的，应予立案追诉。

八、擅自发行股票、公司、企业债券罪

（一）必备专业知识

参照本讲之七"伪造、变造股票、公司、企业债券罪"的专业知识部分。

（二）犯罪构成要件

擅自发行股票、公司、企业债券罪，是指未经国家有关主管部门批准，擅

自发行股票或者公司、企业债券,数额巨大、后果严重或者有其他严重情节的行为。

1. 客体

犯罪客体是国家对股票、债券发行的管理制度。股票、债券的发行和流通渗透在经济生活的各个方面,不仅关系到发行人和投资人的利益,更对国家的金融秩序和经济建设产生重大影响。因此,国家建立了一系列制度,对股票和公司、企业债券的发行和流通进行严格的监管。如《公司法》第五章对股份有限公司的股份发行和转让作了细致的规定。若未经国家主管部门批准,擅自发行股票、公司、企业债券,则破坏了国家对股票、债券发行的管理制度,影响正常的金融秩序。

本罪的犯罪对象是股票和公司、企业债券。

2. 客观方面

犯罪客观方面表现为未经国家有关主管部门批准,擅自发行股票或者公司、企业债券,数额巨大、后果严重或者有其他严重情节的行为。

根据《证券法》第12条,设立股份有限公司公开发行股票,应当符合《中华人民共和国公司法》规定的条件和经国务院批准的国务院证券监督管理机构规定的其他条件,向国务院证券监督管理机构报送募股申请和文件。《证券法》第14条规定,公司公开发行新股,应当向国务院证券监督管理机构报送募股申请和文件。《证券法》第17条规定,申请公开发行公司债券,应当向国务院授权的部门或者国务院证券监督管理机构报送文件。《公司法》第155条规定,发行公司债券的申请经国务院授权的部门核准后,应当公告公司债券募集办法。据此,"国家有关主管部门"是指国务院证券监督管理机构或者国务院授权的部门。具体而言,公开发行股票必须报经国务院证券监督管理机构核准;发行公司债券必须报经国务院授权的部门核准。根据《企业债券管理条例》第11条,企业发行企业债券必须按照本条例的规定进行审批;未经批准的,不得擅自发行和变相发行企业债券。中央企业发行企业债券,由中国人民银行会同国家计划委员会审批;地方企业发行企业债券,由中国人民银行省、自治区、直辖市、计划单列市分行会同同级计划主管部门审批。

发行股票、债券必须具备法定条件,履行法定程序,获得国家有关主管部门批准,方可为之。《股票发行与交易管理暂行条例》第8条,《企业债券管理条例》第12条,《公司法》第126条至第137条,第154条至第163条均对股票、债券的发行条件作了详细的规定。一般认为,"未经国家有关主管部门批准,擅自发行股票、公司、企业债券"是指发行股票、债券的程序性条件而与是否具备发行股票、债券的实体性条件无关。换言之,即使具备发行股票、债券的实体资格但未履行"报国家有关主管部门批准"这一程序，仍然认定行为人"未经国家有关主管部门批准，擅自发行"。实践中一般表现为以下情形：（1）根本未向国家有关主管部门申请；（2）虽向国家有关主管部门申请，但未获批准；（3）虽然获得国家有关主管部门批准，但由于法定事由而由主管部门暂停或终止其发行，但行为人依然继续发行；（4）新股上市发行或者发行新债券，未向国家有关主管部门申请或者虽申请但未获批准而擅自发行；（5）超出国家有关主管部门批准的范围发行股票、债券。

3. 主体

本罪的主体是一般主体，包括达到刑事责任年龄、具备刑事责任能力的自然人和单位。既包括不具备股票、债券发行资格的个人和单位，也包括虽具备发行资格但未经国家有关主管部门批准的个人和单位。

个人如果为实施擅自发行股票、公司、企业债券犯罪而设立公司、企业、事业单位的，或者在公司、企业、事业单位设立后，以实施擅自发行股票、公司、企业债券犯罪为主要活动的，不以单位犯罪论处，而应当以个人犯罪定罪处罚。

4. 主观方面

本罪主观方面表现为故意，过失不构成本罪。行为人通常具有擅自发行股票、债券以筹集资金的目的。但是，主观上的目的并不是本罪成立的必备要件。因此，无论出于何种目的实施了擅自发行股票、公司、企业债券的行为，只要达到了刑法追诉标准，都应该以本罪定罪处罚。

（三）疑难点司法认定

1. 罪与非罪

（1）成立本罪要求"数额巨大、后果严重或者有其他严重情节"。这是区分罪与非罪的一个重要标准。只要具备其中一个条件即可，不需要三个条件同时具备。

（2）考察行为人发行股票、公司、企业债券是否经过国家有关主管部门的批准。若行为人履行了程序性条件，即经过国家有关主管部门批准，即使其因发行股票、债券的实体性资格存在某种程度的欠缺而实施了弄虚作假的行为，也不构成本罪。如果其行为符合欺诈发行股票、债券罪的构成要件，则以该罪论处。

（3）考察行为人是否实际发行了股票、公司、企业债券。所谓发行，是指股票、公司、企业债券已经进入流通领域且为公众所知晓或购买。只有行为人实际发行了股票、公司、企业债券，才可能构成本罪，若行为人尚未发行或者准备发行，则不构成本罪。

2. 一罪与数罪

行为人为了让人购买其擅自发行的股票、债券而伪造国家有关主管部门的文件、印章的，成立伪造国家机关公文、印章罪与本罪的牵连犯，择一重罪论处。

另外，如果行为人采取擅自发行股票、公司、企业债券的方法进行诈骗的，则成立本罪与诈骗犯罪的牵连犯，应按牵连犯的处罚原则择一重罪论处。

3. 本罪与集资诈骗罪的界限

根据《刑法》第192条的规定，集资诈骗罪是指以非法占有为目的，使用诈骗方法非法集资，数额较大的行为。由于行为人可以通过擅自发行股票、公司、企业债券的方式进行非法集资，而擅自发行股票、债券时行为人也可能采用欺诈手段，因此二者的界限比较模糊。但二者区别是客观存在的：其一，在集资诈骗罪中，行为人具有非法占有的目的，从一开始便没有归还资金的意图。而擅自发行股票、公司、企业债券罪的行为人则不具有非法占有的目的，其发行股票、债券是为了筹集资金，并且准备日后支付股息或者偿还本金和利息。是否具有非法占有的目的是区分两罪的主要标志。其二，犯罪客观方面的表现不同。集资诈骗罪的行为人往往采取虚构事实、隐瞒真相的方法使受害人上当受骗；而本罪侧重于形式上违法，即未经国家有关主管部门批准而擅自发行股票、债券。

4. 本罪与非法吸收公众存款罪的区分

两罪都是募集资金的犯罪，不同的是募集资金的方式不同。非法吸收公众存款罪是以非法吸收或者变相吸收存款的方式募集资金，如向公众出具存折、存单等。而擅自发行股票、公司、企业债券罪则是以发行股票、债券的方式募集资金。根据最高人民法院《关于审理非法集资刑事案件具体应用法律若干问题的解释》第2条第5款的规定，不具有发行股票、债券的真实内容，以虚假转让股权、发售虚构债券等方式非法吸收资金的，以非法吸收公众存款罪定罪处罚。

5. 本罪与欺诈发行股票、债券罪的界限

根据《刑法》第160条的规定，欺诈发行股票、债券罪，是指在招股说明书、认股书、公司、企业债券募集办法中隐瞒重要事实或者编造重大虚假内容，发行股票或者公司、企业债券，数额巨大、后果严重或者有其他严重情节的行为。这两个罪在犯罪主观方面以及侵害的客体上均有相似之处，所不同的是犯罪主体以及二者在犯罪客观方面的表现。擅自发行股票、公司、企业债券罪的行为人是在未经国家有关主管部门批准的情况下发行股票、债券的，而欺诈发行股票、债券罪的行为人则是在具备发行资格的前提下，在发行股票、债券的过程中实施欺诈行为。反映到犯罪主体上则是，本罪的犯罪主体是一般主体，而欺诈发行股票、债券罪的犯罪主体则是特殊主体，即具有股票、债券发行资格的自然人以及单位。因此，如果行为人既未获得国家有关主管部门批准，又在发行股票、债券的过程中实施欺诈行为的，以擅自发行股票、公司、企业债券罪论处，因为在这种情况下，行为人不具备欺诈发行股票、债券罪的主体要件，因此不成立欺诈发行股票、债券罪。

（四）办案依据查询与适用

1.《中华人民共和国刑法》（1997年10月1日起施行）（节录）

第一百七十九条［擅自发行股票、公司、企业债券罪］ 未经国家有关主管部门批准，擅自发行股票或者公司、企业债券，数额巨大、后果严重或者有其他严重情节的，处五年以下有期徒刑或者拘役，并处或者单处非法募集资金金额百分之一以上百分之五以下罚金。

单位犯前款罪的，对单位判处罚金，并对其直接负责的主管人员和其他直接责任人员，处五年以下有期徒刑或者拘役。

2. 最高人民法院《关于审理非法集资刑事案件具体应用法律若干问题的解释》（2011年1月4日 法释〔2010〕18号）（节录）

第六条 未经国家有关主管部门批准，向社会不特定对象发行、以转让股权等方式变相发行股票或者公司、企业债券，或者向特定对象发行、变相发行股票或者公司、企业债券累计超过200人的，应当认定为刑法第一百七十九条规定的"擅自发行股票、公司、企业债券"。构成犯罪的，以擅自发行股票、公司、企业债券罪定罪处罚。

【理解与适用】 根据本条，行为人未经国家有关主管部门批准，向社会不特定对象发行股票或者公司、企业债券，由于对象本身不特定，因此，没有人数要求，而向特定对象发行时，则有数量要求，即需累计超过200人。否则，不以本罪论处。

3. 最高人民检察院、公安部《关于公安机关管辖的刑事案件立案追诉标准的规定（二）》（2010年5月7日 公通字〔2010〕23号）（节录）

第三十四条 未经国家有关主管部门批准，擅自发行股票或者公司、企业债券，涉嫌下列情形之一的，应予立案追诉：

（一）发行数额在50万元以上的；

（二）虽未达到上述数额标准，但擅自发行致使30人以上的投资者购买了股票或者公司、企业债券的；

(三) 不能及时清偿或者清退的;

(四) 其他后果严重或者有其他严重情节的情形。

4. 最高人民法院、最高人民检察院、公安部、中国证券监督管理委员会《关于整治非法证券活动有关问题的通知》（2008年1月2日 证监发〔2008〕1号）（节录）

二、明确法律政策界限，依法打击非法证券活动

(二) 关于擅自发行证券的责任追究。未经依法核准，擅自发行证券涉嫌犯罪的，依照《刑法》第179条之规定，以擅自发行股票、公司、企业债券罪追究刑事责任。未经依法核准，以发行证券为幌子，实施非法证券活动，涉嫌犯罪的，依照《刑法》第176条、第192条等规定，以非法吸收公众存款罪、集资诈骗罪等罪名追究刑事责任。未构成犯罪的，依照《证券法》和有关法律的规定给予行政处罚。

(三) 关于非法经营证券业务的责任追究。任何单位和个人经营证券业务，必须经证监会批准。未经批准的，属于非法经营证券业务，应予以取缔；涉嫌犯罪的，依照《刑法》第225条之规定，以非法经营罪追究刑事责任。对于中介机构非法代理买卖非上市公司股票，涉嫌犯罪的，应当依照《刑法》第225条之规定，以非法经营罪追究刑事责任；所代理的非上市公司涉嫌擅自发行股票，构成犯罪的，应当依照《刑法》第179条之规定，以擅自发行股票罪追究刑事责任。非上市公司和中介机构共谋擅自发行股票，构成犯罪的，以擅自发行股票罪的共犯论处。未构成犯罪的，依照《证券法》和有关法律的规定给予行政处罚。

九、违规出具金融票证罪

(一) 必备专业知识

1. 信用证

信用证是银行的一种有条件的付款承诺，是开证银行根据客户（开证申请人）的要求和指示或主动向受益人开出的，要求受益人在规定的期限内凭规定的单据向银行请求付款的书面凭证。根据性质、流通方式和付款期限的不同，信用证可分为：可撤销信用证和不可撤销信用证；可转让信用证和不可转让信用证；即期信用证和远期信用证等。

在开具信用证时，要严格遵守相关法律、法规、规章以及内部制度的规定，对开证行、申请人的资格、保证金等内容进行严格审查。主要包括：（1）开具信用证的行为人所在的金融机构是否有权开具信用证，其开具信用

证的限额是多少、种类是什么；（2）申请开具信用证者是否符合条件，如根据《国内信用证结算办法》，国内信用证只适用于国内企业之间商品交易的结算，个人之间、个人与企业之间的商品交易或者企业之间的非商品交易结算均不能适用信用证；（3）开具信用证时是否违反了本应该遵守的规定，如信用证的种类是否注明、信用证的有效期是否超过法定期限、申请人在申请文件上的签章是否与其预留在银行的签章相符等。

2. 保函

保函是指银行以自身信用为他人承担担保责任的担保文件。为他人提供担保是商业银行的一项法定业务。担保不同于保证，按照我国担保法的规定，担保方式除了保证之外，还有抵押、质押、留置和定金等方式。根据目前的法律规定，中国人民银行不得向任何单位和个人提供担保。据此，违规出具保函分为两类：一是中国人民银行违反规定为他人提供担保；二是商业银行及非银行金融机构违反规定为他人出具保函，通常表现为没有对被担保人的资信状况进行严格的调查和评估，没有要求资信状况较差的被担保人提供反担保或者虽然要求其提供反担保，但没有对其担保物的权属情况进行审查等。

3. 票据

票据，是指票据法规定的汇票、本票、支票。汇票是出票人签发的、委托付款人在见票时或者在指定日期无条件支付确定的金额给收款人或者持票人的票据。本票是出票人签发的、承诺自己在见票时无条件支付确定的金额给收款人或者持票人的票据。支票是出票人签发的、委托办理支票业务的银行或者其他金融机构在见票时无条件支付确定的金额给收款人或者持票人的票据。

4. 存单

存单是指银行或者其他金融机构给存款人签发的存款凭证，存款人以此主张其权利。这里的存单主要指储蓄存单，包括存单、存折、对账单等一切存款凭证。它是由储户向银行交存款项，办理开户，银行签发载有户名、账号、存款金额、存期、存入日、利率等内容的存单。① 储户凭借存单办理存款手续，存款到期后，银行或者其他金融机构便负有绝对的还款责任。判断行为人是否违规出具存单，关键看行为人是否虚开存单或者开具超过储户实际存款金额的存款凭证。

5. 资信证明

资信证明是指银行或者其他金融机构应他人请求出具的，证明某人或者某单位具有相应资产和信用的证明文件。从广义上看，地契、房契、票据、存单

---

① 王凤垒：《金融犯罪研究》，中国检察出版社2008年版，第289页。

以及其他产权证明,都可以看作一个单位或者一个人的资信证明。在经济交往中,为了降低交易风险,大家均愿意与经济实力雄厚、信誉高、资信状况良好的人交易,因此,在交易开始之初,就必须了解对方的资信状况,可以说,资信状况如何,在很大程度上决定了交易是否能够顺利达成。

（二）犯罪构成要件

违规出具金融票证罪,是指银行或者其他金融机构的工作人员以及单位,违反规定,为他人出具信用证或者其他保函、票据、存单、资信证明,情节严重的行为。

1. 客体

犯罪客体是国家对金融票证的管理制度。金融票证代表了金融机构的金融信用。金融机构往往采取开具信用证、保函及其他资信证明的方式促进现代交易更为有效、便捷地进行。然而,市场交易充满风险,一旦发生不测,开具金融票证的金融机构便要以其自身资金承担票证所记载的法律责任。为了最大限度地防止该类风险发生,有关金融法律、行政法规、规章及金融机构内部制定的规章制度和业务规则,均对金融机构出具金融票证的行为作了严格的规定。因此,本罪的直接客体是国家对金融票证的管理制度。

本罪的犯罪对象是金融票证,即信用证或者其他保函、票据、存单以及资信证明。

2. 客观方面

犯罪客观方面表现为行为人违反规定,为他人出具信用证或者其他保函、票据、存单、资信证明,情节严重的行为。其中,违反规定是指违反有关金融法律、行政法规、规章及银行或者其他金融机构内部制定的规章制度与业务规则。[1] 包括以下几种情况:（1）无权出具金融票证而出具;（2）为不具备持证资格或条件的人或单位出具金融票证;（3）出具金融票证时违反相关操作或相关规定。具体认定时应结合行为人及其所在金融机构的业务资格、获得金融票证者的资格与条件、具体金融票证的开具程序与条件进行分析。[2]

"为他人"则包括为自然人和为单位。

出具的范围仅限于信用证或者保函、票据、存单、资信证明,而不包括承兑、付款、保证等票据行为,因为《刑法》第189条规定的"违法票据承兑、付款、保证罪"已经对相关行为作了专门规定。

---

[1] 张明楷:《刑法学》,法律出版社2007年版,第592页。
[2] 王凤垄:《金融犯罪研究》,中国检察出版社2008年版,第284页。

3. 主体

本罪的主体是特殊主体，即银行或者其他金融机构及其工作人员。具体包括两类：一为单位，即银行与其他金融机构。这里的银行主要指商业银行，但政策性银行、人民银行也可以成为本罪主体。金融机构则是指依照法定程序，经人民银行国家证监会批准设立，从事金融业务的机构。[①] 二为自然人，即达到刑事责任年龄、具备刑事责任能力的银行或者其他金融机构的工作人员。

4. 主观方面

本罪主观方面表现为故意，过失不构成本罪。尽管行为人通常具有牟利的目的，或者出于对金融机构的不满而伺机报复，企图使金融机构蒙受资金损失，但是，主观上的目的并不是本罪成立的必备要件。因此，出于何种目的或者动机，不影响本罪的成立。

（三）疑难点司法认定

1. 罪与非罪

（1）是否"违反规定"

如果行为人出具金融票证并没有违反任何规定，即使给金融机构造成了较大甚至重大的损失，也不构成本罪。

（2）是否"情节严重"

成立本罪还要求"情节严重"，如果没有达到情节严重的程度，则属于一般的违规违法行为，可以根据《金融违法行为处罚办法》第13条第2款的规定，对金融机构给予警告，没收违法所得，并处违法所得1倍以上5倍以下的罚款，没有违法所得的，处10万元以上50万元以下的罚款；对该金融机构直接负责的高级管理人员和直接责任人员，给予开除的纪律处分。出具金融票证所涉及的数额、次数以及由此造成的损失等，都是判断情节是否严重的主要标准。应当注意，此处的"损失"是指直接经济损失，而不包括间接经济损失；是指实际损失，而不包括信誉损失等抽象、无形的损失。

2. 一罪与数罪

司法实践中，银行或者其他金融机构的工作人员违反规定，出具金融票证的行为往往不是单一的行为，而是伴随着诸如为其他犯罪提供便利等违法行为或者犯罪行为，经常是方法行为构成本罪，结果行为构成另一罪，并且两罪之间存在不可分割的牵连关系。在这种情况下，应当根据牵连犯的处罚原则，择一重罪论处。

[①] 王凤垒：《金融犯罪研究》，中国检察出版社2008年版，第293页。

根据最高人民检察院、公安部《关于公安机关管辖的刑事案件立案追诉标准的规定（二）》第44条第4款，接受贿赂，违规出具信用证或者其他保函、票据、存单、资信证明的，应以违规出具金融票证罪立案追诉；若符合受贿罪的构成要件，则以受贿罪和违规出具金融票证罪数罪并罚。

3. 共犯问题

诈骗犯罪分子为达到目的，往往会采取各种诈骗手段，包括请求银行或者其他金融机构的工作人员以及单位为其出具信用证或者其他保函、票据、存单以及资信证明。若行为人与诈骗犯罪分子具有共同实施诈骗罪的故意，则出具金融票证的行为可视为诈骗罪的帮助行为，二者成立诈骗罪的共犯。对违规出具金融票证者以诈骗罪的共犯与违规出具金融票证罪按牵连犯的处罚原则择一重罪论处。若二者无共同实施诈骗罪的意思联络，则应分别定罪，即对诈骗犯罪分子以相应的诈骗犯罪论处，对违规出具金融票证者以违规出具金融票证罪论处。换言之，是成立本罪还是成立诈骗罪的共犯，应该看其是否满足共犯的成立要件。若不满足，则应判断是否符合具体犯罪的构成要件，以此决定是否以相应罪名对其定罪处罚。

4. 本罪与伪造、变造金融票证罪的区分

二者均为金融票证的犯罪，但存在明显的区别，表现在：其一，犯罪主体不同。前者是特殊主体，即银行或者其他金融机构的工作人员以及单位。后者是一般主体。其二，行为方式不同。前者是违规出具票证，所出具的票证是真实的，不是虚假的。后者是伪造、变造票证，所伪造、变造出来的票证必然是虚假的。

（四）办案依据查询与适用

1.《中华人民共和国刑法》（1997年10月1日起施行）（节录）

第一百八十八条 ［违规出具金融票证罪］ 银行或者其他金融机构的工作人员违反规定，为他人出具信用证或者其他保函、票据、存单、资信证明，情节严重的，处五年以下有期徒刑或者拘役；情节特别严重的，处五年以上有期徒刑。

单位犯前款罪的，对单位判处罚金，并对其直接负责的主管人员和其他直接责任人员，依照前款的规定处罚。

【理解与适用】 本罪的犯罪对象是特定的，即信用证或者其他保函、票据、存单、资信证明。

2. 最高人民检察院、公安部《关于公安机关管辖的刑事案件立案追诉标准的规定（二）》（2010 年 5 月 7 日　公通字〔2010〕23 号）（节录）

第四十四条　银行或者其他金融机构的工作人员违反规定，为他人出具信用证或者其他保函、票据、存单、资信证明，涉嫌下列情形之一的，应予立案追诉：

（一）违反规定为他人出具信用证或者其他保函、票据、存单、资信证明，数额在 100 万元以上的；

（二）违反规定为他人出具信用证或者其他保函、票据、存单、资信证明，造成直接经济损失数额在 20 万元以上的；

（三）多次违规出具信用证或者其他保函、票据、存单、资信证明的；

（四）接受贿赂违规出具信用证或者其他保函、票据、存单、资信证明的；

（五）其他情节严重的情形。

【理解与适用】　本条针对何为"情节严重"规定了五种情形，使得对违规出具金融票证的行为的追诉具有可操作性，同时，该条第五项"其他情节严重的情形"采用兜底性质的规定，使得法官具备了一定的自由裁量权，避免因法条规定过于僵硬而无法应对纷繁复杂的个案。

十、对违法票据承兑、付款、保证罪

（一）必备专业知识

票据，是指发票人依法签发的，约定自己或者委托他人或者金融机构于到期日或者见票时向受款人或者持票人无条件支付一定金额的有价证券。这里的票据，是指票据法规定的汇票、本票、支票。

1. 汇票

根据《票据法》第二章关于汇票的规定，汇票是出票人签发的、委托付款人在见票时或者在指定日期无条件支付确定的金额给收款人或者持票人的票据。汇票分为银行汇票和商业汇票。汇票的出票人必须与付款人具有真实的委托付款关系，并且具有支付汇票金额的可靠资金来源。出票人不得签发无对价的汇票用以骗取银行或者其他票据当事人的资金。汇票必须记载下列事项：（一）表明"汇票"的字样；（二）无条件支付的委托；（三）确定的金额；（四）付款人名称；（五）收款人名称；（六）出票日期；（七）出票人签章。汇票上未记载前款规定事项之一的，汇票无效。汇票上记载付款日期、付款地、出票地等事项的，应当清楚、明确。汇票上未记载付款日期的，为见票即付。汇票上未记载付款地的，付款人的营业场所、住所或者经常居住地为付款地。汇票上未记载出票地的，出票人的营业场所、住所或者经常居住地为出票地。出票人签发汇票后，即承担保证该汇票承兑和付款的责任。出票人在汇票得不到承兑或者付款时，应当向持票人清偿汇票金额及其因行使追索权而支付的其他一切费用。

2. 本票

根据《票据法》第三章关于本票的规定，本票是出票人签发的、承诺自己在见票时无条件支付确定的金额给收款人或者持票人的票据。本票的出票人必须具有支付本票金额的可靠资金来源，并保证支付。本票必须记载下列事项：（一）表明本票字样；（二）无条件支付的承诺；（三）确定的金额；（四）收款人名称；（五）出票日期；（六）出票人签章。本票上未记载前款规定事项之一的，本票无效。本票上记载付款地、出票地等事项的，应当清楚、明确。本票上未记载付款地的，出票人的营业场所为付款地。本票上未记载出票地的，出票人的营业场所为出票地。本票的出票人在持票人提示见票时，必须承担付款的责任。本票自出票日起，付款期限最长不得超过二个月。本票的持票人未按照规定期限提示见票的，丧失对出票人以外的前手的追索权。

3. 支票

根据《票据法》第四章关于支票的规定，支票是出票人签发的、委托办理支票业务的银行或者其他金融机构在见票时无条件支付确定的金额给收款人或者持票人的票据。开立支票存款账户，申请人必须使用其本名，并提交证明其身份的合法证件。开立支票存款账户和领用支票，应当有可靠的资信，并存入一定的资金。支票必须记载下列事项：（一）表明"支票"字样；（二）无条件支付的委托；（三）确定的金额；（四）付款人名称；（五）出票日期；（六）出票人签章。支票上未记载前款规定事项之一的，支票无效。支票上的金额可以由出票人授权补记，未补记前的支票，不得使用。支票上未记载收款人名称的，经出票人授权，可以补记。支票上未记载付款地的，付款人的营业场所为付款地。支票上未记载出票地的，出票人的营业场所、住所或者经常居住地为出票地。支票可以支取现金，也可以转账，用于转账时，应当在支票正面注明。支票中专门用于支取现金的，可以另行制作现金支票，现金支票只能用于支取现金；支票中专门用于转账的，可以另行制作转账支票，转账支票只能用于转账，不得支取现金。支票的出票人所签发的支票金额不得超过其付款时在付款人处实有的存款金额。出票人签发的支票金额超过其付款时在付款人处实有的存款金额的，为空头支票。禁止签发空头支票。支票的出票人必须按照签发的支票金额承担保证向该持票人付款的责任。支票的持票人应当自出票日起 10 日内提示付款；异地使用的支票，其提示付款的期限由中国人民银行另行规定。超过提示付款期限的，付款人可以不予付款；付款人不予付款的，出票人仍应当对持票人承担票据责任。

4. 承兑

承兑是指汇票付款人承诺在汇票到期日支付汇票金额的票据行为。定日付款或者出票后定期付款的汇票，持票人应当在汇票到期日前向付款人提示承兑。提示承兑是指持票人向付款人出示汇票，并要求付款人承诺付款的行为。见票后定期付款的汇票，持票人应当自出票日起 1 个月内向付款人提示承兑。未按照规定期限提示承兑的，持票人丧失对前手的追索权。见票即付的汇票无须提示承兑。付款人对向其提示承兑的汇票，应当自收到提示承兑的汇票之日起 3 日内承兑或者拒绝承兑。付款人承兑汇票的，应当在汇票正面记载"承兑"字样和承兑日期并签章；见票后定期付款的汇票，应当在承兑时记载付款日期。付款人承兑汇票，不得附有条件；承兑附有条件的，视为拒绝承兑。付款人承兑汇票后，应当承担到期付款的责任。

5. 付款

付款是指票据债务人向票据债权人支付票据金额的行为。持票人应当按照下列期限提示付款：（一）见票即付的汇票，自出票日起 1 个月内向付款人提示付款；（二）定日付款、出票后定期付款或者见票后定期付款的汇票，自到期日起 10 日内向承兑人提示付款。持票人未按照前款规定期限提示付款的，在作出说明后，承兑人或者付款人仍应当继续对持票人承担付款责任。持票人获得付款的，应当在汇票上签收，并将汇票交给付款人。持票人委托银行收款的，受委托的银行将代收的汇票金额转账收入持票人账户，视同签收。持票人委托的收款银行的责任，限于按照汇票上记载事项将汇票金额转入持票人账户。付款人委托的付款银行的责任，限于按照汇票上记载事项从付款人账户支付汇票金额。付款人及其代理付款人付款时，应当审查汇票背书的连续，并审查提示付款人的合法身份证明或者有效证件。对定日付款、出票后定期付款或者见票后定期付款的汇票，付款人在到期日前付款的，由付款人自行承担所产生的责任。付款人依法足额付款后，全体汇票债务人的责任解除。

6. 保证

保证是指汇票债务人以外的他人对票据上已经存在的债务进行担保的票据行为。汇票的债务可以由保证人承担保证责任。保证人由汇票债务人以外的他人担当。保证人必须在汇票或者粘单上记载下列事项：（一）表明"保证"的字样；（二）保证人名称和住所；（三）被保证人的名称；（四）保证日期；

（五）保证人签章。保证人在汇票或者粘单上未记载第（三）项的，已承兑的汇票，承兑人为被保证人；未承兑的汇票，出票人为被保证人。未记载第（四）项的，出票日期为保证日期。保证不得附有条件；附有条件的，不影响对汇票的保证责任。保证人对合法取得汇票的持票人所享有的汇票权利，承担保证责任。但是，被保证人的债务因汇票记载事项欠缺而无效的除外。被保证的汇票，保证人应当与被保证人对持票人承担连带责任。汇票到期后得不到付款的，持票人有权向保证人请求付款，保证人应当足额付款。保证人为2人以上的，保证人之间承担连带责任。保证人清偿汇票债务后，可以行使持票人对被保证人及其前手的追索权。

（二）犯罪构成要件

对违法票据承兑、付款、保证罪，是指银行或者其他金融机构及其工作人员在票据业务中，对违反票据法规定的票据予以承兑、付款或者保证，造成重大损失的行为。

1. 客体

犯罪客体是国家的金融票据管理秩序。票据作为现代交易的一种重要的金融工具，以其汇兑、支付、结算和流通功能，在商业活动和资金融通的过程中发挥着重要的作用。若银行或者其他金融机构及其工作人员对违反票据法规定的票据予以承兑、付款或者保证，势必损害票据管理秩序和金融机构的利益。比如，对没有真实委托付款关系的汇票予以承兑，则使办理承兑业务的金融机构沦为该汇票的主债务人，并负有在汇票到期日支付汇票金额的责任。又如，对超过时效期限的票据予以付款，将使金融机构蒙受资金损失。

本罪的犯罪对象是违反票据法的票据。按照我国票据法的规定，承兑只对汇票而言，保证是对汇票、本票而言，付款则对汇票、本票、支票三者而言。因此，具体而言，对违法票据承兑罪的犯罪对象是汇票，对违法票据付款罪的犯罪对象是汇票、本票和支票，对违法票据保证罪的犯罪对象是汇票和本票。

2. 客观方面

犯罪客观方面表现为银行或者其他金融机构及其工作人员在票据业务中，对违反票据法规定的票据予以承兑、付款或者保证，造成重大损失的行为。

"违反票据法规定的票据"是指票据的形式、内容不符合票据法的规定，对此类票据不应予以承兑、付款、保证。票据法对票据的形式、内容均作了详细的规定。如《票据法》第4条规定，票据出票人制作票据，应当按照法定条件在票据上签章，并按照所记载的事项承担票据责任。持票人行使票据权利，应当按照法定程序在票据上签章，并出示票据。第5条规定，票据当事人可以委托其代理人在票据上签章，并应当在票据上表明其代理关系。第6条规定，无民事行为能力人或者限制民事行为能力人在票据上签章的，其签章无效，但是不影响其他签章的效力。第7条第3款规定，在票据上的签名，应当为该当事人的本名。第8条规定，票据金额以中文大写和数码同时记载，二者必须一致，二者不一致的，票据无效。第9条规定，票据金额、日期、收款人名称不得更改，更改的票据无效。对票据上的其他记载事项，原记载人可以更改，更改时应当由原记载人签章证明。第12条规定，以欺诈、偷盗或者胁迫等手段取得票据的，或者明知有前列情形，出于恶意取得票据的，不得享有票据权利。持票人因重大过失取得不符合本法规定的票据的，也不得享有票据权利。第14条规定，票据上的记载事项应当真实，不得伪造、变造。伪造、变造票据上的签章和其他记载事项的，应当承担法律责任。第22条规定，汇票必须记载下列事项：（一）表明"汇票"的字样；（二）无条件支付的委托；（三）确定的金额；（四）付款人名称；（五）收款人名称；（六）出票日期；（七）出票人签章。汇票上未记载前款规定事项之一的，汇票无效。

3. 主体

本罪的主体是特殊主体，即银行或者其他金融机构及其工作人员。具体包括两类：一为单位，即具有票据业务的银行或者其他金融机构。根据《中国人民银行法》的规定，中国人民银行不得提供担保，其为各金融机构办理的票据再贴现也不属于票据业务，因此，中国人民银行不为本罪主体。二为自然人，即达到刑事责任年龄、具备刑事责任能力的银行或者其他金融机构的工作人员。

4. 主观方面

本罪主观方面表现为故意，行为人必须明知是违反票据法规定的票据而予以承兑、付款或者保证，否则，不成立本罪。本罪是结果犯，要求造成重大损失。应该说，行为人对违反票据法规定的票据予以承兑、付款或者保证之时，是能够预料到其行为会给单位造成损失的。然而，其采取了放任甚至希望的态度而执意为之。因此，无论是违法行为还是违法行为所造成的重大损失的后果，都在行为人的主观故意范畴之内，所以，本罪主观方面表现为故意。目的或者动机如何，不影响本罪的成立。

（三）疑难点司法认定

1. 罪与非罪

成立本罪要求"造成重大损失"，这是区分罪与非罪的标准之一。如果未造成重大损失的，则属于一般的金融违法行为，可以根据《金融违法行为处罚办法》第14条第2款的规定，对金融机构给予警告，没收违法所得，并处违法所得1倍以上3倍以下的罚款,没有违法所得的,处5万元以上30万元以下的罚款;对该金融机构直接负责的高级管理人员、其他直接负责的主管人员和直接责任人员,给予记大过直至开除的纪律处分;造成资金损失的,对该金融机构直接负责的高级管理人员,给予撤职直至开除的纪律处分。

2. "重大损失"的受害者以及损失的范围应如何界定

"重大损失"的受害者首先是银行或者其他金融机构,还可能包括其他单位和个人。

对违反票据法规定的票据予以兑付,付款机构首先受到损失。至于如何认定"重大损失",可以参见最高人民检察院、公安部《关于公安机关管辖的刑事案件立案追诉标准的规定(二)》第45条的规定,"银行或者其他金融机构及其工作人员在票据业务中,对违反票据法规定的票据予以承兑、付款或者保证,造成直接经济损失数额在20万元以上的,应予立案追诉。"

"重大损失"的范围应仅限于直接经济损失,而不包括间接经济损失;仅限于实际损失,而不包括信誉损失等抽象、无形的损失。行为人多次对违法票据予以承兑、付款、保证的,造成直接经济损失的数额应该累计计算。

3. 一罪与数罪

本罪是选择性罪名,只要行为人实施了对违法的票据予以承兑、付款或者保证的行为即可以本罪论处。行为人同时实施了承兑、付款或者保证两个以上的行为的,亦以本罪论处,不实行数罪并罚。

4. 本罪与票据诈骗罪共犯的区分

票据诈骗的行为人为了使诈骗更为顺利,往往与银行或者其他金融机构的工作人员勾结,共同实施诈骗行为。在这种情况下,银行或者其他金融机构的工作人员成立票据诈骗罪的共犯,其对违法票据进行承兑、付款或者保证的行为仅仅是共同犯罪行为的一部分,为此后的诈骗行为提供条件,因此,应以票据诈骗罪的共犯论处,而不以本罪定罪处罚。当然,如果没有事前同谋,行为人只是因为接受他人贿赂而对违法票据予以承兑、付款或者保证的,不成立票据诈骗罪的共犯。若同时符合受贿罪、非国家工作人员受贿罪与本罪的,则对行为人实行数罪并罚。

(四) 办案依据查询与适用

1.《中华人民共和国刑法》(1997年10月1日起施行)(节录)

第一百八十九条 [对违法票据承兑、付款、保证罪] 银行或者其他金融机构的工作人员在票据业务中,对违反票据法规定的票据予以承兑、付款或者保证,造成重大损失的,处五年以下有期徒刑或者拘役;造成特别重大损失的，处五年以上有期徒刑。

单位犯前款罪的，对单位判处罚金，并对其直接负责的主管人员和其他直接责任人员，依照前款的规定处罚。

【理解与适用】　本罪的主体是特殊主体，即银行或者其他金融机构及其工作人员。本罪限定发生在票据业务过程中，为非法的票据行为。

2. 最高人民检察院、公安部《关于公安机关管辖的刑事案件立案追诉标准的规定（二）》（2010年5月7日　公通字〔2010〕23号）（节录）

第四十五条　银行或者其他金融机构及其工作人员在票据业务中，对违反票据法规定的票据予以承兑、付款或者保证，造成直接经济损失数额在20万元以上的，应予立案追诉。

Chapter 7
第七讲
证券、期货犯罪

一、证券、期货专业知识

(一) 证券与证券市场

证券是指用以证明或设定权利而做成的书面凭证,它表明证券持有人或者第三者有权取得该证券代表的特定利益,或者证明其曾经发生过的行为。

1. 有价证券

有价证券是指标有票面金额,用于证明持有人或该证券指定的特定主体对特定财产拥有所有权或债权的凭证。这类证券本身没有价值,但是由于它代表着一定量的财产权利,持有人可以凭借该证券直接取得一定量的商品、货币,或是取得利息、股息等收入,因而可以在证券市场上买卖和流通,客观上具有了交易价格。

有价证券有广义与狭义两种概念。狭义的有价证券即指资本证券,广义的有价证券包括商品证券、货币证券和资本证券。商品证券是证明持有人有商品所有权或使用权的凭证,取得这种证券就等于取得这种商品的所有权或使用权。属于此类的有提货单、运货单、仓单等。货币证券是指本身能使持有者或第三人取得货币索取权的有价证券。货币证券主要包括两类:一是商业证券,主要是商业汇票和商业本票;二是银行证券,主要是汇票、本票和支票。资本证券是指由金融投资或与金融投资有直接联系的活动而产生的证券。持有人有一定的收入请求权。资本证券是有价证券的主要形式,一般所说的有价证券即指资本证券。

有价证券还可以从以下不同角度进行分类:(1) 按证券发行主体的不同,有价证券可以分为政府证券、政府机构证券和公司证券。政府证券一般是指由中央政府或地方政府发行的债券。政府机构债券即通常所说的"国债",通常由财政部发行。地方政府债券由地方政府发行,以地方税或其他收入偿还。公司债券是公司为筹备资金而发行的有价证券。公司证券包括的范围比较广泛，有股票、公司债券及商业票据等。（2）按是否在证券交易所挂牌交易，有价证券可分为上市证券与非上市证券。上市证券是指经证券主管机关核准发行，并经证券交易所依法审核同意，允许在证券交易所内公开买卖的证券。非上市证券是指未申请上市或不符合证券交易所挂牌交易条件的证券。非上市交易证券可以在交易所以外的场外交易市场发行和交易。（3）按募集方式分类，有价证券可分为公募证券和私募证券。公募证券是指发行人向不特定的社会公众投资者公开发行的证券，审核较严格，并采取公示制度。私募证券是指向特定的投资者发行的证券，其审查条件相对宽松，投资者也较少，不采取公示制度。（4）按证券所代表的权利性质分类，有价证券可分为股票、债券和其他证券三大类。股票和债券是证券市场两个最基本和最主要的品种；其他证券包括基金证券、证券衍生品等，如金融期货、金融期权、可转换证券、权证等。

2. 证券市场

证券市场是股票、债券、投资基金等有价证券发行和交易的场所。证券市场是市场经济发展到一定阶段的产物。

（1）证券市场的特征

证券市场具有以下三个显著特征：

第一，证券市场是价值直接交换的场所。有价证券都是价值的直接代表，它们本质上是价值的一种直接表现形式，所以证券市场本质上是价值的直接交换场所。

第二，证券市场是财产权利直接交换的场所。证券市场上的交易对象是作为经济权益凭证的股票、债券、投资基金等有价证券，它们本身代表着对一定数额财产的所有权或者债权以及相关的收益权。因此，证券市场实际上是财产权利的直接交换场所。

第三，证券市场是风险直接交换的场所。有价证券既是一定收益权利的代表，同时也是一定风险的代表。有价证券的交换在转让出一定收益权的同时，也把该有价证券所特有的风险转让出去。所以，从风险的角度分析，证券市场也是风险直接交换的场所。

（2）证券市场的结构

第一，层次结构。可分为发行市场和交易市场。证券发行市场又称一级市场或初级市场，是发行人以筹集资金为目的，按照一定的法律规定和发行程序，向投资者出售新证券所形成的市场。证券交易市场又称二级市场、流通市场或次级市场，是已发行的证券通过买卖交易实现流通转让的市场。

第二，品种结构。主要包括股票市场、债券市场、基金市场、衍生产品市场等。股票市场是股票发行和买卖交易的场所，其交易的对象是股票，价格经常处于波动之中。债券市场是债券发行和买卖交易的场所，其因为有固定的票面利率和期限，因此，相对于股票价格而言，市场价格比较稳定。基金市场是基金份额发行和流通的市场。封闭式基金在证券交易所挂牌交易，开放式基金则通过投资者向基金管理公司申购和赎回实现流通转让。此外，近年来，全球各主要市场均开放了交易所交易基金（简称 ETF）或上市开放式基金（简称 LOF）交易，使开放式基金也可以在交易所市场挂牌交易。衍生品市场是各类衍生产品发行和交易的市场，随着金融创新在全球范围内的不断深化，衍生产品市场已经成为金融市场不可或缺的重要组成部分。

第三，交易场所结构。按交易活动是否在固定场所进行，证券市场可以分为有形市场和无形市场。通常人们也把有形市场称为场内市场，是指有固定场所的证券交易所市场。该市场是有组织、制度化了的市场。有形市场的诞生是证券市场走向集中化的重要标志之一。无形市场又称场外市场或柜台市场（简称 OTC 市场），是指没有固定交易场所的市场。随着现代通信技术的发展和电子计算机网络的广泛应用，交易技术和交易组织形式的演进，越来越多的证券交易不在有形的场内市场进行，而是通过经纪人或者交易商的电传、电报、电话、网络等洽谈成交。目前场内市场与场外市场之间的截然划分已经不复存在，出现了多层次的证券市场结构。

(3) 证券市场的基本功能

证券市场综合反映国民经济运行的各个维度，被称为国民经济的"晴雨表"，客观上为观察和监控经济运行提供了直接的指标，它的基本功能包括：

第一，筹资—投资功能。证券市场的筹资—投资功能是指证券市场一方面为资金需求者提供了通过发行证券筹集资金的机会，另一方面为资金供给者提供了投资对象。在证券市场上交易的任何证券既是筹资的工具，也是投资的工具。

第二，资本定价功能。证券是资本的表现形式，所以证券的价格实际上是证券所代表的资本的价格。证券的价格是证券市场上证券供求双方共同作用的结果。证券市场中形成了证券需求者和证券供给者的竞争关系，这种竞争的结果是：能产生高投资回报的资本，市场的需求大，相应的证券价格就高；反之，证券的价格就低。因此，证券市场提供了资本的合理定价机制。

第三，资本配置功能。证券市场的资本配置功能是指通过证券价格引导资本的流动从而实现资本合理配置的功能。在证券市场上，证券价格的高低是由该证券所能提供的预期报酬率的高低来决定的。证券价格的高低实际上是该证券投资能力的反映。能提供高报酬率的证券一般来自经营好、发展潜力巨大的企业，或者是来自新型行业的企业。由于这些证券的预期报酬率高，其市场价格相应也高，从而筹资能力就强。这样，证券市场就引导资本流向能产生高报酬的企业或行业，使资本产生尽可能高的利率，进而实现资本的合理配置。

3. 证券投资人

证券投资人是指通过买入证券而进行投资的各类机构法人和自然人。相应地，证券投资人可以分为机构投资者和个人投资者两大类。

（1）机构投资者

机构投资者主要有政府机构、金融机构、企业和事业法人及各类基金等。

①政府机构。政府机构参与证券投资的目的主要是调剂资金余缺和进行宏观调控。各级政府及政府机构出现资金剩余时，可以通过购买政府债券、金融债券投资于证券市场。中央银行以公开市场操作为政策手段，通过买卖政府债券或者金融债券，影响货币供应量或者利率水平，进行宏观调控。

②金融机构。参与证券投资的金融机构包括证券经营机构、银行业金融机构、保险经营机构、合格境外投资者（简称 QFII）与合格境内投资者（简称 QDII）、主权财富基金以及其他金融机构（包括信托投资公司、企业集团财务公司、金融租赁公司等）。其中证券经营机构是证券市场上最活跃的机构投资者，它以其自有资本、营运资金和受托资金进行证券投资，不包括借贷资本。我国证券经营机构主要为证券公司。

③企业和事业法人。企业可以用自己的积累资金或者暂时不用的闲置资金进行证券投资。企业可以通过股票投资实现对其他企业的控股或者参股，也可以将暂时闲置的资金通过自营或者委托专业机构进行证券投资以获得收益。我国现行规定是，各类企业可以参与股票配售，也可以投资于股票二级市场；事业法人可以用自有资金和有权自行支配的预算外资金进行证券投资。

④各类基金。基金性质的投资者包括证券投资基金、社保基金、企业年金、社会公益基金。证券投资基金，是指通过公开发售基金份额筹集资金，由基金管理人管理，基金托管人托管，为基金份额持有人的利益，以资产组合方式进行政权投资活动的基金。在我国，社保基金分为两个层次：一是国家以社会保障税的形式征收的全国性社会保障基金；二是由企业定期向员工支付并委托基金公司管理的企业年金。企业年金是指根据依法制定的企业年金计划筹集的资金及其投资运营收益形成的企业补充养老保险基金。

（2）个人投资者

个人投资者是指从事证券投资的社会自然人，他们是证券市场最广泛的投资者。

个人进行证券投资应具备一些条件，这些条件包括国家有关法律、法规关于个人投资者投资资格的规定和个人投资者必须具备一定的经济实力。为保护个人投资者利益，对于部分高风险证券产品的投资（如衍生产品），监管法规还要求相关个人具有一定的产品知识并签署书面的知情同意书。

4. 证券市场中介机构

证券市场中介机构是指为证券的发行、交易提供服务的各类机构。在证券市场起中介作用的机构是证券公司和其他证券服务机构，通常把两者合称为证券中介机构。

（1）证券公司

证券公司又称证券商，是指依照《中华人民共和国公司法》、《证券法》规定并经国务院证券监督管理机构批准经营证券业务的有限责任公司或者股份有限公司。按照《证券法》，证券公司的主要业务包括：证券经纪业务，证券投资咨询业务，与证券交易、证券投资活动有关的财务顾问业务，证券承销和保荐业务，证券自营业务，证券资产管理业务以及其他证券业务。

（2）证券服务机构

证券服务机构是指依法设立的从事证券服务业务的法人机构，主要包括证券投资咨询机构、证券登记结算机构、财务顾问机构、资信评级机构、资产评估机构、会计师事务所、律师事务所等。

5. 自律性组织

证券市场的自律性组织主要包括证券交易所和行业协会。另外，根据《证券登记结算管理办法》，我国的证券登记结算机构实行行业自律管理。

（1）证券交易所

根据《证券法》的规定，证券交易所是为了证券集中交易提供场所和设施，组织和监督证券交易，实行自律管理的法人。证券交易所的监管职能包括对证券交易活动进行管理，对会员进行管理，以及对上市公司进行管理。我国境内的证券交易所包括上海证券交易所和深圳证券交易所。

（2）证券业协会

按照《证券法》，中国证券业协会是证券行业自律性组织。中国证券业协会具有独立的法人地位，采取会员制的形式，协会的权力机构为全体会员组成的会员大会。中国证券业协会的自律管理体现在保护行业共同利益、促进行业共同发展方面，具体体现为：对会员单位的自律管理，对从业人员的自律管理和负责制定代办股份转让系统运行规则，监督证券公司代办股份转让业务活动和信息披露等事项。

（3）证券登记结算机构

证券登记结算机构是为证券交易提供集中登记、存管与结算服务，不以营利为目的的法人。按照《证券登记结算管理办法》证券登记结算机构实行行业自律管理。我国的证券登记结算机构为中国证券登记结算有限责任公司。

6. 证券监管机构

在我国,证券监管机构是指中国证监会及其派出机构。中国证监会是国务院直属的证券监督管理机构,按照国务院授权和依照相关法律法规对证券市场进行集中、统一监管。它的主要职责是:依法制定有关证券市场监管的规章、规则,负责监督有关法律法规的执行,负责保护投资者的合法权益,对全国的证券发行、证券交易、中介机构的行为等依法实施全面监管,维持公平而有序的证券市场。

(二) 股票、债券与基金

1. 股票

(1) 股票概述

股票是一种有价证券,它是股份有限公司签发的证明股东所持股份的凭证。股票实质上代表了股东对股份公司净资产的所有权,股东凭借股票可以获得公司的股息和红利,参加股东大会并行使自己的权利,同时也承担相应的责任。

(2) 股票的类型

①普通股票和优先股票

按股东享有权利的不同,股票可以分为普通股和优先股。

普通股票。这是最基本最常见的一种股票,其持有者享有股东的基本权利和义务。普通股票的股利完全随公司盈利的高低而变化。在公司盈利和剩余财产的分配顺序上列在债权人和优先股票股东之后,故其承担的风险也较高。

优先股票。这是一种特殊股票,在其股东权利、义务中附加了某些特别条件。优先股票的股息率是固定的,其持有者的股东权利受到一定限制,但在公司盈利和剩余财产的分配顺序上比普通股东享有优先权。

具体而言,相对于普通股票,优先股票具有以下特征:

第一,股息率固定。普通股票的红利是不固定的,它取决于股份公司的经营状况和盈利水平。而优先股票在发行时就约定了固定的股息率,无论公司经营状况和盈利水平如何变化,该股息率不变。

第二,股息分派优先。在股份公司盈利分配顺序上,优先股票排在普通股票之前。因此,从风险角度看,优先股票的风险小于普通股票。

第三,剩余资产分配优先。当股份公司因解散或者破产进行清算时,在对公司剩余资产的分配上,优先股票股东排在债权人之后、普通股票股东之前。

第四，一般无表决权。优先股票股东权利是受限制的，最主要的是表决权限制。普通股票股东参与股份公司的经营决策主要通过参加股东大会行使表决权，而优先股票股东在一般情况下没有投票表决权。

②记名股票和无记名股票

按是否记载股东姓名，股票可以分为记名股票和无记名股票。

记名股票是指在股票票面和股份公司的股东名册上记载股东姓名的股票。股份有限公司向发起人、法人发行的股票应当为记名股票。记名股票有如下特点：第一，股东权利归属于记名股东。第二，可以一次或者分期缴纳出资。第三，转让相对复杂或受限制。《公司法》规定，记名股票由股东以背书的方式或者法律、行政法规规定的其他方式转让；转让后由公司将受让人的姓名或者名称及住所记载于股东名册。第四，便于挂失，相对安全。如果记名股票遗失，股东的资格和权利并不消失，可以依据法定程序向股份公司挂失，要求公司补发新的股票。

无记名股票。是指在股票票面和股份公司股东名册上不记载股东姓名的股票。无记名股票在形式上分为两部分：一部分是股票的主体，记载了有关公司的事项，如公司名称、股票所代表的股数等；另一部分是股息票，用于进行股息结算和行使增资权利。与记名股票相对，无记名股票有如下特点：股东权利归属股票的持有人；认购股票时要求一次缴纳出资；转让相对简便；安全性较差。

③有面额股票和无面额股票

按是否在股票票面上表明金额，股票可以分为有面额股票和无面额股票。

有面额股票。是指在股票票面上记载一定金额的股票。同次发行的有面额股票的每股票面金额是相等的，票面金额一般以国家主币为单位。其有如下特点：可以明确表示每一股所代表的股权比例；为股票发行价格的确定提供依据。

无面额股票。是指在股票票面上不记载股票面额，只注明它在公司总股本中所占比例的股票。其有如下特点：发行或者转让价格比较灵活，便于股票分割。

（3）与股票相关的资本管理概念

①股利政策

股利政策是指股份公司对公司经营获得的盈余公积和应付利润采取现金分红或者派息、发放红股等方式回馈股东的制度。分红派息是股票投资者经常收入的主要来源。

派现，也叫现金股利，指股份公司以现金分红方式将盈余公积和当期应付利润的部分或者全部发放给股东，股东为此应当支付所得税。

送股，也称股票股利，是指股份公司对原有股东无偿派发股票的行为。送股实质上是留存利润的凝固化和资本化，表面上看送股后股东持有的股份数量因此而增长，其实股东在公司中占有的权益比例和账面价值均无变化。

四个相关日期。上市公司宣布分红派息方案后至除权除息日前，该上市证券为含息或者含权证券。除息是指证券不再含有最近已宣布发放的股息（现金股利）；除权是指证券不再含有最近已宣布的送股、配股及转增权益。第一，股利宣布日，即公司董事会将分红派息的消息公布于众的时间。第二，股权登记日，即统计和确认参加本期股利分配的股东的日期，在此日期持有公司股票的股东方能够享受股利发放。第三，除息除权日，通常为股权登记日之后的一个工作日，本日之后买入的股票不再享有本期股利。第四，派发日，即股利正式发放给股东的日期。根据证券存管和资金划转的效率不同，通常会在几个工作日之内到达股东账户。

②股份变动

股份有限公司在首次公开发行股票并在证券交易所上市后，还会因为增发、配股、公积金转增股本、股份回购、可转换债券转换为股票、股票分割与合并等而引起公司股份总数的变动并对股票价格产生影响。

增发。指公司业务发展需要增加资本额而发行新股。上市公司可以向公众公开增发，也可以向特定机构或者个人增发，又称为定向增发。增发之后，公司注册资本和股份相应增加。

配股。是面向公司的原有股东，按持股数量的一定比例增发新股。原股东可以参与配股，也可以放弃配股权。现实中，由于配股价通常低于市场价格，配股上市后可能导致股价下跌。

资本公积金转增股本。资本公积金是在公司的生产经营之外，由资本、资产本身及其他原因形成的股东权益收入。股份公司的资本公积金主要来源于股票发行的溢价收入、接受的赠与、资产增值、因合并而接受其他公司资产净额等。其中，股票发行溢价是上市公司最常见、最主要的资本公积金来源。

股份回购。上市公司利用自有资金，从公开市场上买回发行在外的股票，被称为股份回购。通常，股份回购会导致公司股价上涨，一是因为股份回购改变了原有供求平衡，增加需求，减少供给；二是向市场传达了积极的信息，因为公司通常在股价较低时实施回购，而市场一般认为公司给予信息优势做出的内部估值比外部投资者的估值更准确。

可转换债券转换为股票。上市公司符合法定条件并经监管机构核准后可以公开发行可转换债券。可转换债券在发行时约定债券持有人在一定条件下可以将债券转换为公司股票。当转债持有人行使转换权时,公司收回并注销发行的转债,同时发行新股。

2. 债券

(1) 债券概述

债券是一种有价证券,是社会各类经济主体为筹集资金而向债券投资者出具的、承诺按一定利率定期支付利息并到期偿还本金的债权债务凭证。债券属于有价证券,是一种虚拟资本,也是一种债权的表现。债券具有偿还性、流动性、安全性和收益性等特征。

根据不同的标准,证券可以分为许多种类,但是其中最重要的一种是根据发行主体的不同,分为政府债券、金融债券和公司债券。

(2) 政府债券

政府债券的发行主体是政府,它是指政府财政部门或者其他代理机构为筹集资金,以政府名义发行的、承诺在一定时期支付利息和到期还本的债务凭证。政府债券具有安全性高、流通性强、收益稳定等特征,同时还可以享受免税待遇。政府债券根据发行主体不同可以分为中央政府债券和地方政府债券。

①中央政府债券

中央政府债券也称为国家债券,即我们通常所说的国债。国债发行量大,品种多,是政府债券市场上最主要的融资和投资工具。

国债按照不同的标准可以分为许多种类。按照偿还期限分类,国债可以分为短期国债、中期国债和长期国债。按照资金用途分类,国债可以分为赤字国债、建设国债、战争国债和特种国债。按照流通与否进行分类,国债可以分为流通国债和非流通国债。

②地方政府债券

地方政府债券是由地方政府发行并负责偿还的债券,简称"地方债券",也被称为"地方公债"或者"市政债券"。地方政府债券是地方政府根据本地区经济发展和资金需求情况,以承担还本付息责任为前提,向社会筹集资金的债务凭证。地方政府债券的发行主体是地方政府。

地方政府债券按资金用途和偿还资金来源分类,通常可以分为一般责任债券(普通债券)和专项债券(收入债券)。一般责任债券是指地方政府为缓解资金紧张或者解决临时经费不足而发行的债券,不与特定项目联系,其还本付息得到发行政府信誉和税收支持,发行一般必须经当地议会表决或者全体公民表决同意。专项债券是指为筹集资金建设某项具体工程而发行的债券,与特定项目或者部分特定税收联系,其还本付息来自投资项目的收益、收费及政府特定的税收或者补贴。大部分转向债券是用来为政府拥有的公用事业和准公用事业等项目筹资。

（3）公司债券

公司债券是公司依照法定程序发行的、约定在一定期限还本付息的有价证券。公司债券是债权体系中的重要品种，它反映发行债券的公司和债券投资者之间的债权债务关系。

其一，公司债券的类型：

①信用公司债券。是一种不以公司任何资产作为担保而发行的债券，属于无担保债券范畴。信用公司债券的发行人实际上是将公司信誉作为担保，为了保护投资者的利益，可要求信用公司债券负有某些限制性条款，如公司债券不得随意增加资金用途、债券未清偿之前股东的分红要有限制等。

②不动产抵押公司债券。是以公司的不动产作为抵押而发行的债券，是抵押债券的一种。公司以这种财产的房契或者地契作为抵押，如果发生了公司不能偿还债务的情况，抵押的财产将被出售，所得款项用来偿还债务。另外，用作抵押的财产价值不一定与发生的债务额相等，当某抵押品价值很大时，可以分为若干次抵押，这样就有第一抵押债券和第二抵押债券之分。在处理抵押品清偿时，要按顺序依次偿还优先等级的抵押债券。

③保证公司债券。是指公司发行的由第三者作为还本付息担保人的债券，是担保债券的一种。担保人是发行人以外的其他人（或者被称为"第三者"），如政府、信誉好的银行或者举债公司的母公司等。一般来说，投资者比较愿意购买保证公司债券，因为一旦公司到期不能偿还债务，担保人将负清偿之责。实践中，保证行为常见于母子公司之间，如由母公司对子公司发行的公司债券予以保证。

④受益公司债券。受益公司债券是一种具有特殊性质的债券，它与一般债券类似，有固定到期日，清偿时债券排列顺序先于股票。另外，它又与一般债券不同，其利息只在公司有盈利时才支付，即发行公司的利润扣除各项固定支出后的余额用作债券利息的来源。如果余额不足支付，未付利息可以累加，待公司收益增加后再补发。所有应付利息付清后，公司才可以对股东分红。

⑤可转换公司债券。是指发行人依照法定程序发行、在一定期限内依据约定的条件可以转换成股份的公司债券。这种债券附加转换选择权，在转换前是公司债券形式，转换后相当于增发了股票。可转换公司债券兼有债权投资和股权投资的双重优势。可转换公司债券与一般的债券一样，在转换前投资者可以定期得到利息收入，但此时不具有股东的权利；当发行公司的经营业绩取得显著增长时，可转换公司债券的持有人可以在约定期限内，按照预定的转换价格

转换成公司的股份，以分享公司业绩增长带来的收益。可转换公司债券一般要经股东大会或者董事会的决议通过才能发行，而且在发行时，应在条款中规定转换期限和转换价格。

⑥附认股权证的公司债券。是指公司发行的一种附有认购该公司股票权利的债券。这种债券的购买者可以按照预先规定的条件在公司发行股票时享有优先购买权。预先规定的条件主要是指股票的购买价格、认购比例和认购期间。按照附新股认股权和债券本身能否分开划分，这种债券有两种类型：一种是可分离型，即债券与认股权可以分离，可以独立转让，即可分离交易的附认股权证公司债券；另一种是非分离型，即不能把认股权从债券上分离，认股权不能成为独立买卖的对象。

⑦可交换债券。可交换债券是指上市公司的股东依法发行、在一定期限内依据约定的条件可以交换成该股东所持有的上市公司股份的公司债券。可交换债券与可转换债券的相同之处是发行要素相似，也包括票面利率、期限、换股价格和换股比率、换股期限等；不同之处是发行主体不同。对投资者来说与持有标的上市公司的可转换债券相同，投资价值与上市公司价值相关，在约定期限内可以以约定的价格交换为标的股票。

其二，我国证券市场上同时存在企业债券和公司债券，它们在发行主体、监管机构以及规范的法规上有一定区别。主要表现在：

①发行主体的范围不同。非企业债券主要是以大型的企业为主发行的；公司债券的发行不限于大型公司，一些中小型公司只要符合一定法规标准，都有发行机会。

②发行方式以及发行的审核方式不同。企业债券的发行采取审批制或者注册制；公司债券的发行则采取核准制，引进发审委制度和保荐制度。

③担保要求不同。企业债券较多地采取了担保方式，同时又以一定的项目（国家批准或者政府批准）为主；公司债券募集资金的使用不强制与项目挂钩，包括可以用于偿还银行贷款、改善财务结构等股东大会核准的用途，也不强制担保，而是引入了信用评级方式。

④发行定价方式不同。《企业债券管理条例》规定，企业债券的利率不得高于银行相同期限居民储蓄定期存款利率的40%；公司债券的利率或者价格由发行人通过市场询价确定。

3. 证券投资基金

（1）概述

证券投资基金是指通过公开发售基金份额募集资金，由基金托管人托管，由基金管理人管理和运用资金，为基金份额持有人的利益，以资产组合方式进行证券投资的一种利益共享、风险共担的集合投资方式。

（2）证券投资基金的分类

①按照基金的组织形式划分，分为契约型基金和公司型基金。契约型基金又称为单位信托基金，是指将投资者、管理人、托管人三者作为信托关系的当事人，通过签订基金契约的形式发行受益凭证而设立的一种基金。公司型基金是依据基金公司章程设立，在法律上具有独立法人地位的股份投资公司。公司型基金以发行股份的方式募集资金，投资者购买基金公司的股份后，以基金持有人的身份成为投资公司的股东，凭其持有的股份依法享有投资收益。

②按基金运作方式划分，分为封闭式基金和开放式基金。封闭式基金是指经核准的基金份额总额在基金合同期限内固定不变，基金份额可以在依法设立的证券交易场所交易，但基金份额持有人不得申请赎回的基金。开放式基金是指基金份额总额不固定，基金份额可以在基金合同约定的时间和场所申购或者赎回的基金。为了满足投资者赎回基金、实现变现的要求，开放式基金一般都从所筹资金中拨出一定比例，以现金形式保持这部分资产。这虽然会影响基金的盈利水平，但是对开放式基金来说是必须的。

③按基金的投资标的划分，可以分为债券基金、股票基金、货币市场基金等。债券基金是一种以债券为主要投资对象的证券投资基金，由于债券的年利率固定，因而这类基金的风险较低，适合于稳健型投资者。股票基金是指以股票为主要投资对象的证券投资基金，股票基金的投资目标侧重于追求资本利得和长期资本增值。货币市场基金是以货币市场工具为投资对象的一种基金，其投资对象期限较短，一般在一年以内，包括银行短期存款、国库券、公司短期债券、银行承兑票据以及商业票据等货币市场工具。

（3）证券投资基金的范围

我国《证券投资基金法》规定，基金财产应当用于下列用途：第一，上市交易的股票、债券；第二，国务院证券监督管理机构规定的其他证券品种。因此，证券投资基金的投资范围为股票、债券等金融工具。目前我国的基金主要投资于国内依法公开发行上市的股票、非公开发行股票、国债、企业债券和金融债券、公司债券、货币市场工具、资产支持证券、权证等。

（三）金融衍生工具

1. 概述

金融衍生工具又被称为金融衍生产品，是与基础金融产品相对应的一个概念，指建立在基础产品或者基础变量之上，其价格取决于基础金融产品价格（或者数值）变动的派生金融化产品。

金融衍生产品具有以下几个特征：

第一，跨期性。凡是金融衍生工具都会影响交易者在未来一段时间内或者未来某个时间点上的现金流，跨期交易的特点十分突出。

第二，杠杆性。金融衍生工具一般只需要支付少量的保证金或者权利金就可以签订远期大额合约或互换不同的金融工具。在收益可能成倍增长的同时，交易者所承担的风险与损失也会成倍放大。

第三，联动性。这是指金融衍生工具的价值与基础产品或者基础变量紧密联系、规则变动。通常，金融衍生工具与基础变量联系的支付特征由衍生工具合约规定，其联动关系既可以是简单的线性关系，也可以表达为非线性函数或者分段函数关系。

2. 金融衍生工具的分类

金融衍生工具可以按照不同的产品形态、自身交易方式、基础工具种类等分为不同类别。

（1）根据产品形态，金融衍生工具可以分为独立衍生工具和嵌入式衍生工具。独立衍生工具是指本身即为独立存在的金融合约，例如期权合约。嵌入式衍生工具是指嵌入到非衍生合同中的衍生金融工具，该衍生工具使主合同的部分或者全部现金流量将按照特定利率、金融工具价格、汇率、价格或者利率指数等的变动而发生调整。

（2）按照金融衍生工具自身交易的方式及特点的不同，可以分为金融远期合约、金融期货合约、金融期权、金融互换和结构化金融衍生工具。

金融远期合约是指交易双方在场外市场上通过协商，按约定价格（称为"远期价格"）在约定的未来日期（交割日）买卖某种标的的金融资产（或金融变量）的合约。金融远期合约主要包括远期利率协议、远期外汇合约和远期股票合约。

金融期货是指交易双方在集中地交易场所以公开竞价方式来进行的标准化金融期货合约的交易。金融期货是以金融工具为基础工具的期货交易，主要包括货币期货、利率期货、股票指数期货和股票期货四种。

金融期权是指合约买方向卖方支付一定的费用（称为"期权费"或者"期权价格"），在约定日期内（或者约定日期）享有按照事先确定的价格向合约买方买卖某种金融工具权利的契约，包括现货期权和期货期权两大种类。

金融互换是指两个或者两个以上的当事人按照共同商定的条件，在约定的时间内定期交换现金流的金融交易。可以分为货币互换、利率互换、股权互换、信用违约互换等类别。

结构化金融衍生工具是指利用结构化特性，通过相互结合或者与基础金融工具相结合，能够开发设计出更多具有复杂特性的金融衍生产品。

（3）按照基础工具种类的不同，可以分为股权类产品的衍生工具、货币衍生工具、利率衍生工具、信用衍生工具以及其他衍生工具。

股权类产品的衍生工具是指以股票或者股票指数为基础工具的金融衍生工具，主要包括股票期货、股票期权、股票指数期货、股票指数期权以及上述合约的混合交易合约。

货币衍生工具是指以各种货币作为基础工具的金融衍生工具，主要包括远期外汇合约、货币期货、货币期权、货币互换以及上述合约的混合交易合约。

利率衍生工具是指以利率或者利率的载体为基础工具的金融衍生工具，主要包括远期利率协议、利率期货、利率期权、利率互换以及混合交易合约。

信用衍生工具是指以基础产品所蕴含的信用风险或者违约风险为基础变量的金融衍生工具，用于转移或者防范信用风险，主要包括信用互换、信用联结票据等。

（4）按照交易场所进行分类，可以分为交易所交易的衍生工具和场外交易市场交易的衍生工具。前者是指在有组织的交易所上市交易的衍生工具，例如在股票交易所交易的股票期权产品，在期货交易所和专门的期权交易所交易的各类期货合约、期权合约等。后者简称 OTC，是指通过各种通信方式，不通过集中即交易所，实行分散的、一对一交易的衍生工具，例如金融机构之间的各类互换交易和信用衍生产品交易。

3. 金融远期、期货与互换

（1）现货交易、远期交易与期货交易

根据交易合约的签订与实际交割之间的关系，市场交易的组织形态可以分为三类：现货交易、远期交易与期货交易。

现货交易的特征是"一手交钱，一手交货"，即以现款买卖的方式进行交易。远期交易是双方约定在未来某时刻或者时间段内按照现在确定的价格进行交易。期货交易是指交易双方在集中的交易所市场以公开竞价方式所进行的标准化期货合约的交易。

（2）金融远期合约

金融远期合约是最基础的金融衍生产品，是指交易双方在场外市场上通过协商、按照约定价格（称为"远期价格"）在约定的未来日期（交割日）买卖某种标的金融资产的合约。

根据基础资产进行划分，常见的金融远期合约包括以下四个大类。

第一，股权类资产的远期合约，包括单个股票的远期合约、一篮子股票的远期合约和股票价格指数的远期合约三个子类。

第二，债券类资产的远期合约，主要包括定期存款单、短期债券、长期债券、商业票据等固定收益证券的远期合约。

第三，远期利率协议，是指按照约定的名义本金，交易双方在约定的未来日期交换支付浮动利率和固定利率的远期协议。

第四，远期汇率协议，是指按照约定的汇率，交易双方在约定的未来日期买卖约定数量的某种外币的远期协议。

(3) 金融期货合约

金融期货是期货交易的一种。金融期货合约的基础工具是各种金融工具或者金融变量，如外汇、债券、股票、股价指数等。金融期货是以金融工具或者金融变量为基础工具的期货交易。

按照基础工具划分，金融期货主要有三种类型：外汇期货、利率期货、股权类期货。

外汇期货又称货币期货，是以外汇为基础工具的期货合约，是金融期货中最早产生的品种，主要用于规避外汇风险。

利率期货是继外汇期货之后产生的又一个金融期货类别，其基础资产是一定数量的与利率相关的某种金融工具，主要是各类固定收益金融工具。利率期货主要是为了规避利率风险而产生的。

股权类期货是以单只股票、股票组合或者股票价格指数为基础资产的期货合约。股票价格指数期货是以股票价格指数为基础变量的期货交易，是为了使人们控制股市风险，尤其是系统性风险的需要而产生的。

(4) 金融互换交易

互换是指两个或者两个以上的当事人按照共同商定的条件，在约定的时间内定期交换现金流的金融交易，可以分为货币互换、利率互换、股权互换、信用互换等类别。从交易结构上看，可以将互换交易视为一系列远期交易的组合。

4. 金融期权与期权类金融衍生产品

期权又被称为"选择权"，是指其持有者能在规定的期限内按照交易双方商定的价格购买或者出售一定数量的基础工具的权利。期权交易就是对这种选择权的买卖。金融期权是指以金融工具或者金融变量为基础工具的期权交易形式。期权交易实际上是一种权利的单方面有偿让渡。期权的买卖以支付一定数量的期权费为代价而拥有了这种权利，但不承认必须买进或者卖出的义务；期权的卖方则在收取了一定数量的期权费后，在一定期限内必须无条件服从买方的选择并履行成交时的允诺。

(1) 金融期权的分类

根据不同的分类标准，可以将金融期权划分为很多类别。

①按照选择权的性质划分，金融期权可以分为看涨期权和看跌期权。看涨期权也称为"认购权"，指期权的买方具有在约定期限内或者合约到期日按照协定价格买入一定数量的基础金融工具的权利。看跌期权又被称为"认沽权"，指期权的买方具有在约定期限内按照协定价格卖出一定数量基础金融工具的权利。

②按照合约所规定的履约时间的不同，金融期权可以分为欧式期权、美式期权和修正的美式期权。欧式期权只能在期权到期日执行；美式期权则可以在期权到期日或者到期日之前的任何一个营业日执行；修正的美式期权也被称为"百慕大期权"或者"大西洋期权"，可以在期权到期日之前的一系列规定日期执行。

③按照金融期权基础资产性质的不同，金融期权可以分为股权类期权、利率期权、货币期权、金融期货合约期权、互换期权等。股权类期权与股权类期货类似，也包括三种类型：单只股票期权、股票组合期权和股价指数期权。利率期权指买方在支付期权费后，即取得在合约有效期内或者到期时以一定的利率买入或者卖出一定面额的利率工具的权利。货币期权又被称为外币期权、外汇期权，是指买方在支付期权费后，即取得在合约有效期内或者到期时以约定的汇率购买或者出售一定数额某种外汇资产的权利。金融期货合约期权，是一种以金融期货合约为交易对象的选择权，它赋予其持有者在规定时间内以协定价格买卖特定金融期货合约的权利。互换期权是以金融互换合约为交易对象的选择权，它赋予其持有者在规定时间内以规定条件与交易对手进行互换交易的权利。

(2) 权证

权证是基础证券发行人或者其以外的第三人（以下简称发行人）发行的，约定持有人在规定期间内或者特定到期日，有权按照约定价格向发行人购买或者出售标的证券，或者以现金结算方式收取结算差价的有价证券。从产品属性上看，权证是一种期权类金融衍生产品。

根据各种分类标准，可以把权证分为不同的类型：

按基础资产分类，可以分为股权类权证、债券类权证以及其他权证。目前我国证券市场推出的权证均为股权类权证，其标的资产可以是单只股票或者股票组合。

按照基础资产的来源，可以分为认沽权证和备兑权证。认沽权证也被称为股本权证，一般由基础证券的发行人发行，行权时上市公司增发新股售予认股权证的持有人。备兑权证通常由投资银行发行,备兑权证所认兑的股票不是新发行的股票,而是已经在市场上流通的股票,不会增加股份公司的股本。

按照持有人的权利,可以分为认购权证和认沽权证。前者实质上属于看涨期权,其持有人有权按照规定价格购买基础资产;后者属于看跌期权,其持有人有权按照规定价格卖出基础资产。

按照行权的时间不同,可以分为美式权证、欧式权证、"百慕大式权证"等类别美式权证可以在权证失效日之前任何交易日行权;欧式权证仅仅可以在失效日当日行权;"百慕大式权证"则可以在失效日之前一段规定时间内行权。

(3) 可转换债券

可转换债券是指其持有者可以在一定时期内按照一定比例或者价格,将之转换成一定数量的另一种证券的证券。可转换债券通常是转换成普通股票,到那个股票价格上涨时,可转换债券的持有人行使转换权比较有利。在国际市场上,按照发行时证券的性质,可以将其分为可转换债券和可转换优先股票两种。可转换债券是指债券持有者依据一定的转换条件,可以将信用债券转换成为发行人普通股票的证券。可转换优先股票是指证券持有者可以依据一定的转换条件,将优先股票转换成发行人普通股票的证券。

二、证券、期货犯罪基础知识

(一) 证券、期货犯罪的刑事立法概况

1949年6月10日,上海市人民政府关闭了上海市的证券交易所。从此,股票、债券、期货等在中国大陆绝迹,仅仅在新中国成立初期由政府发行了少量的"爱国公债券"。我国大陆形成了社会主义计划经济体制的经济模式,这种经济模式否定了证券、期货市场存在的经济意义和必要性。我国曾经以既无外债又无内债而自豪,在这样的情况下自然也就不存在对证券、期货进行法律的规范而立法了。

改革开放之后,在建立社会主义市场经济过程中,才逐渐有了证券、股票、期货、金融市场等事物。1981年,我国政府开始发行国库券。1984年,我国发行了新中国第一张股票。1990年7月27日,国务院发出〔1990〕第46号文件,正式批准了商业部等国务院8部委联合签署的《关于开办郑州粮食批发市场的报告》。同年10月12日,该批发市场正式开业,诞生了新中国第一笔期货交易——1000吨尚未收获的小麦的远期合同。1990年12月19日,上海证券交易所成立。1991年7月,深圳证券交易所正式营业。1991年9月

10 日,深圳有色金属交易所成立,1992 年 5 月 28 日,当时的物质部与上海市人民政府共同建立了我国第一个国家级的期货交易市场——上海金属交易所。截至 1994 年 6 月,被冠以"商品交易所"、"期货交易所"的期货市场在全国已达到 40 余家。

随着我国证券、期货市场的正式产生、发展,为了规范我国证券、期货的发行、交易和管理,国务院以及有关部门颁布了一系列证券、期货行政法规。其中就有以下几个重要条例:《中华人民共和国国库券条例》(1992 年 3 月 18 日)、《股票发行与交易管理暂行条例》(1993 年 9 月 2 日)、《禁止证券欺诈行为暂行办法》(1993 年 9 月 2 日)、《证券投资基金管理暂行办法》(1997 年 11 月 14 日)、《证券交易所管理办法》(1997 年 12 月 10 日)等。随后,全国人民代表大会常务委员会对证券市场进行了相关立法,主要有《中华人民共和国公司法》(1993 年 12 月 29 日第五届全国人民代表大会常务委员会第 5 次会议通过,1994 年 7 月 1 日施行)和《中华人民共和国证券法》(1998 年 12 月 29 日第九届全国人民代表大会第 6 次会议通过,1999 年 7 月 1 日施行),《中华人民共和国证券投资基金法》(2003 年 10 月 28 日第十届全国人民代表大会常务委员会第 6 次会议通过,2004 年 6 月 1 日施行)。这三部法律的颁布、施行,标志着我国证券法律体系的初步建立。期货方面的法律则主要在于整顿期货市场过多过滥、期货不规范以及国内企业在境外进行期货交易的问题。1993 年 11 月,国务院下发了〔1993〕国发第 77 号文件——《关于坚决制止期货市场盲目发展的通知》,明确我国期货市场过多过滥、期货不规范以及国内企业在境外进行期货交易的问题。1993 年 11 月,国务院下发了〔1993〕国发第 77 号文件——《关于坚决制止期货市场盲目发展的通知》,明确我国期货市场的试点性质,要求建立期货交易行情监管部门。国务院于 1999 年 6 月 2 日颁布了《期货交易管理暂行条例》(1999 年 9 月 1 日起施行),对期货交易规范。国务院于 2007 年 2 月 7 日颁布了《期货交易管理条例》(2007 年 4 月 15 日施行),对《期货交易管理暂行条例》进行了修订,是现行的行政法规。

我国的证券、期货刑事立法则是随着我国证券期货市场及证券、期货立法的发展而发展的。在没有证券、期货及证券、期货市场的年代,也就无所谓证券、期货刑事立法。1979 年《中华人民共和国刑法》第 123 条规定,"伪造支票、股票或者其他有价证券的,处七年以下有期徒刑,可以并处罚金。"这是首次在立法上明确证券犯罪。之后在《中华人民共和国国库券条例》中规定,伪造国库券的,依法追究刑事责任,倒卖国库券的,按照投机倒把论处。《股票发行与交易管理暂行条例》规定,"违反本条例规定,构成犯罪,依法追究刑事责任。"但是，构成什么罪，如何处罚均未明确规定。《企业债券管理条例》对未经批准发行或者变相发行企业债券以及未通过证券经营机构发行企业债券的；超过批准数额发行债券的；企业债券利率超过银行同期储蓄利率40%发行企业债券的；用财政预算拨款、银行贷款或者国家规定不得用于购买企业债券的其他资金购买企业债券，以及储蓄机关用所吸收的存款购买企业债券的；非证券经营机构的自然人经营企业债券承销或者转让业务的，构成犯罪的，依法追究刑事责任。同样，对上述行为构成什么罪，适用什么刑事法律，处以什么样的刑罚仍然没有明确规定。但是上述条例却为证券刑事立法奠定了基础。由于破坏证券市场秩序的行为越来越多，危害越来越大，全国人民代表大会常务委员会通过"决定"的形式对刑法进行了补充，其中最重要的有《关于惩治违反公司法的犯罪的决定》（1995年2月28日第八届全国人大常委会第12次会议通过）、《关于惩治破坏金融秩序犯罪的决定》（1995年6月30日第八届全国人大常委会第14次会议通过），这两个《决定》分别新增了6个新罪名包括"欺诈发行股票、公司债券罪"、"提供虚假财会报告罪"、"提供虚假证明文件罪"、"擅自发行股票、公司债券罪"及"擅自设立金融机构罪"、"伪造、变造、转让金融机构经营许可证罪"，主要是在证券发行、证券市场秩序、证券机构管理方面形成了证券刑事立法规模，但是在涉及证券交易管理方面仍然没有进行刑事立法。

1997年10月1日施行的修订的《中华人民共和国刑法》参照国外证券刑事立法，将证券犯罪首次写进了刑法典，这表明我国对证券犯罪行为的惩治有了统一的尺度，标志着我国证券刑事法律体系完全确立。1998年12月29日第九届全国人大常委会第6次会议通过并于1998年7月1日起施行的《中华人民共和国证券法》对《中华人民共和国刑法》中有关证券犯罪的规定进行了明确、完善、补充。随后，全国人民代表大会常委会又以"刑法修正案"的形式，对证券犯罪进行了多次修正，形成了完整的证券刑事立法。为我国打击证券犯罪，防范金融危机提供了有力的法律武器，使我国证券刑事立法趋于完善。

（二）证券、期货犯罪的犯罪构成要件

证券、期货犯罪的构成要件是指由《中华人民共和国刑法》规定的，决定某一具体证券、期货发行、交易、管理行为违反法律规定的社会危害性及其程度而为该行为构成证券、期货犯罪所必需的一系列主客观要件的总和。它以证券、期货犯罪概念为基础，并将证券、期货犯罪概念具体化，回答证券、期货犯罪是怎样构成的，证券、期货犯罪的成立必须具备哪些法定要件等问题，旨在解决成立证券、期货犯罪的具体标准以及规格等问题。

证券、期货犯罪主要可以区分为以下几个类型：一是挪用型犯罪。主要包括行为人利用职务之便挪用公款，挪用股东、客户资金供自己进行证券、期货交易，从中获利。二是贪污、侵占型犯罪。主要是行为人利用职务之便贪污、侵占股东、客户及其证券、期货机构的财产。三是诈骗型犯罪。主要是行为人以合资为名，骗取客户保证金等。四是受贿型犯罪。主要是行为人在利用职务之便，为投资者谋取利益后向投资者收受贿赂。五是盗窃型犯罪。主要是行为人采取秘密手段获取他人交易密码盗卖他人的证券、期货合约的行为，一般是将他人高价位的证券、期货合约以低价位卖出给行为人或者直接将证券、期货合约兑现后取走现金。

1. 客体

关于证券、期货犯罪侵害客体，学术界说法不一。但证券、期货以及其市场交易的性质决定了我们刑法所要保护的法益。证券、期货市场之所以能够健康发展，主要还是靠"公开透明"的监管制度，才能吸引投资者进场交易，获取投资收益。而证券、期货市场上的违法犯罪活动本质上是对这种良好的交易秩序的破坏，同时也就损害了投资者的利益。因此，证券期货犯罪客体应该是证券、期货的管理秩序和交易秩序以及投资者的合法权益。

2. 客观方面

首先，表现为非法性。即行为人违反了国家对证券、期货市场的监管、交易法律法规，扰乱了正常的监管秩序和交易秩序。其次，行为人的行为发生的时空领域是特定的，即在证券、期货发行、交易、管理等活动中，实施了证券、期货犯罪的行为。最后，证券、期货犯罪只有达到情节严重才能构成犯罪，基本上是典型的结果犯。

3. 主体

多数证券、期货犯罪的主体既可以是自然人，也可以是单位。只有利用未公开信息交易罪的犯罪主体只能是自然人。证券、期货犯罪是技术犯罪的体现，其犯罪主体一般具有特殊的身份或者技能，在共同犯罪的时候，有身份者可以与无身份者相互勾结，共同实施证券、期货犯罪。

4. 主观方面

行为人主观上一般具有欺诈的故意，证券、期货犯罪的行为人主要是出于贪利的目的，明知自己的行为违反证券、期货管理法律法规，为了追究非法利益，故意实施证券、期货犯罪行为。当然，一般情况下行为人动机、目的不是证券、期货犯罪的必要构成要件。只要行为人主观上出于故意实施犯罪，就可以构成犯罪。

证券、期货犯罪构成要件具有以下法律特征：（1）它是一系列主客观要件的总和。每个具体的犯罪构成都包括有犯罪主体和犯罪的主观要件，以及犯罪客体和犯罪客观要件。犯罪构成的四个要件相互联系，每个要件都是整体的有机组成部分。（2）组成证券、期货犯罪构成的主客观要件必须能够反映并决定行为的社会危害性及其程度。任何一种证券、期货犯罪，都可以用许多事实特征来表明，但是并非每一事实特征都可以成为犯罪构成要件，只有那些对其行为的社会危害性及其程度具有决定意义而使该行为成立证券、期货犯罪所必需的事实特征，才能成为证券、期货犯罪的构成要件。（3）是否属于某一证券、期货犯罪的构成要件，必须为《中华人民共和国刑法》所规定。这是罪刑法定原则的必然要求，也是罪刑法定原则的具体体现。无论哪一种证券、期货犯罪，都必须是违反刑事法律规范，也就是实施了刑事法律规范所禁止的各种行为，即其行为具备了刑事法律规范所规定的证券、期货犯罪构成的各种要件。

（三）证券、期货犯罪的新近发展

随着证券、期货市场的逐步扩展，证券、期货监管也越来越困难，犯罪分子利用监管漏洞的机会增多，犯罪手段和技术不断提升，打击证券、期货犯罪的难度也不断上升，证券、期货犯罪呈现出了与以往不同的特点。

1. 证券、期货犯罪的"黑数"多，发案迟

证券、期货犯罪随着金融市场的繁荣而发案率不断上升，但司法实践中受到查处的证券、期货犯罪数量却不多，这其中就存在很大的"犯罪黑数"。其中，一项调查显示，来自上市公司的被调查者对"黑数"的估值约50%，证券公司的被调查者认为这一数值达到70%之多。[①] 另外，查处证券、期货犯罪案件从案件发生到被揭发，往往时间间隔较长，犯罪隐蔽程度较高，不容易被查处。

2. 证券、期货犯罪种类繁多，大案要案居多

随着证券、期货市场上的金融工具逐渐增多，犯罪分子的专业化、技术化程度上升，证券、期货犯罪的种类不断增多。上市公司虚假陈述、内幕交易、操作市场、炒作本公司股票；证券公司等投资机构操作市场，挪用用户资金，以委托理财方式变相非法吸收存款；会计师事务所、律师事务所等中介机构，提供虚假证明文件、虚假陈述；大股东掏空上市公司，违规担保、关联交易、不按时披露信息等种类繁多的证券、期货犯罪让我们屡见不鲜。而这些案件还

[①] 王晓东主编：《当代金融犯罪防治对策研究》，山东人民出版社2007年版，第127页。

有一个共同的特点，就是一旦被揭发和查处，往往都是涉及犯罪金额高，被害人数众多，涉及面很广、影响极坏的大案要案。

3. 多为共同犯罪、相互勾结犯罪，往往形成牵连犯

证券、期货犯罪一人难以完成，往往是单位与单位之间、单位与个人之间、内部人员和外部人员之间相互勾结、共同犯罪。在犯罪过程中，一般也不会仅仅只有一个犯罪行为，往往形成了手段行为和目的行为的相互牵连，构成牵连犯。因此，给司法机关在认定犯罪形态上提出了更多挑战。

4. 单位犯罪主体多，犯罪分子技能化、专业化

证券、期货市场交易的复杂性以及金融工具的多样性，决定了证券、期货犯罪的主体往往是以单位居多。因为只有单位才能集中大量财力、人力和物力在证券、期货市场上实施犯罪行为。个人往往是没有这样的能力，只有在单位进行具体犯罪的时候，个人才能参与其中。参与证券、期货犯罪的人往往都是具备相当高的专业技能，只有利用其技术优势、信息优势和专业优势，才能实施此类高超的犯罪行为，因而其查处难度也就较大。

三、内幕交易、泄露内幕信息罪

内幕交易、泄露内幕信息罪又称为"背信交易罪"，是《刑法修正案（七）》第2条对刑法第180条第1款修正后的新罪名，是指证券、期货交易内幕信息的知情人员或者非法获取证券、期货交易内幕信息的人员，在涉及证券的发行，证券期货交易或者其他对证券、期货交易价格有重大影响的信息尚未公开之前，买入或者卖出该证券，或者从事与该内幕信息有关的期货交易，或者泄露该信息，或者明示暗示他人从事上述交易活动，情节严重的行为。

（一）犯罪构成要件

1. 客体

犯罪客体是国家对证券、期货交易市场的管理制度和投资者的合法权益。我国自1980年恢复重建证券交易市场以来，证券市场发展迅速。上海、深圳两大证券交易所的交易额迅猛上升，对市场经济宏观调控发挥了重要作用。为保证证券市场健康有序发展，除了1993年国务院发布《股票发行与交易管理暂行条例》外，1998年12月29日全国人大常委会又通过了《中华人民共和国证券法》，禁止一切在证券交易中违反公开、公平、公正和诚实信用原则损害投资者合法权益的行为。近些年，国家又在个别地区开放了期货市场。为了规范期货交易活动，国务院于1999年6月2日颁布了《期货交易管理暂行条

例》（自 1999 年 9 月 1 日起施行），其中规定对利用内幕信息从事期货交易或者泄露内幕信息交易的行为也应予以惩处。

2. 客观方面

犯罪客观方面表现为以下几种行为：第一，在涉及证券的发行或者其他对证券的价格有重大影响的内幕信息、尚未公开前，买入或者卖出该证券。根据《证券法》第 69 条的规定，所谓"内幕信息"，是指证券交易活动中，涉及公司的经营、财务或者对该公司证券市场的价格有重大影响，尚未公开的信息。内幕信息多种多样，在 1993 年 9 月 2 日国务院证券委员会发布的《禁止证券欺诈行为暂行办法》第 5 条中列举了 25 种内幕信息，也并未穷尽。总而言之，都必须是尚未公开的，可能对该公司证券市场的价格产生重大影响的事实信息。行为人利用任何一种内幕信息买入或者卖出该公司的证券，情节严重的，都可构成本罪。

第二，在涉及期货交易或者其他对期货交易价格有重大影响的内幕信息尚未公开之前，从事与该内幕信息有关的期货交易。如同前述行为一样，利用任何一种有关期货交易的内幕信息从事期货交易，情节严重的都可构成本罪。

第三，在证券或者期货交易的内幕信息尚未公开之前，将所获取的内幕信息泄露给其他人或者单位。

第四，内幕信息知情人员，明示或者暗示他人从事与内幕信息有关的证券或者期货交易活动。这是《刑法修正案（七）》所增加的一种犯罪行为。其特点在于，虽然行为人自己并未从事证券、期货交易活动，但是其利用自己获取的内幕信息，明示、暗示他人从事与该信息有关的证券、期货交易，在本质上与其自己从事上述活动一样，属于破坏金融管理秩序的行为。

3. 主体

犯罪主体是特殊主体，即内幕信息的知情人员。包括以下三部分人员和单位：第一部分是《证券法》第 68 条规定的有关证券交易的下列内幕信息知情人员：（1）发行股票或者公司债券的公司董事、监事、经理、副经理及有关的高级管理人员；（2）持有公司百分之五以上股份的股东；（3）发行股票公司的控股公司的高级管理人员；（4）由于所任公司职务可以获取公司有关证券交易信息的人员；（5）证券监督管理机构工作人员以及由于法定的职责对证券交易进行管理的其他人员；（6）由于法定职责而参与证券交易的社会中介机构或者证券登记结算机构、证券交易服务机构的有关人员；（7）国务院证券监督管理机构规定的其他人员。而在 1993 年 9 月 2 日国务院证券委员会发布的《禁止证券欺诈行为暂行办法》第 6 条规定内幕人员是指由于持有发行人的证券，或者在发行人或者与发行人有密切联系的公司中担任董事、监事、高级管理人员，或者由于其会员地位、管理地位、监督地位和职业地位，或者作为雇员、专业顾问履行职务，能够接触或者获得内幕信息的人员，包括：（1）发行人的董事、监事、高级管理人员、秘书、打字员，以及其他可以通过履行职务接触或者获得内幕信息的职员；（2）发行人聘请的律师、会计师、资产评估人员、投资顾问等专业人员，证券经营机构的管理人员、业务人员，以及其他因其业务可能接触或者获得内幕信息的人员；（3）根据法律、法规的规定对发行人可以行使一定管理权或者监督权的人员，包括证券监管部门和证券交易场所的工作人员，发行人的主管部门和审批机关的工作人员，以及工商、税务等有关经济管理机关的工作人员等；（4）由于本人的职业地位、与发行人的合同关系或者工作联系，有可能接触或者获得内幕信息的人员，包括新闻记者、报刊编辑、电台主持人以及编排印刷人员等；（5）其他可能通过合法途径接触到内幕信息的人员。

第二部分是 1999 年 6 月 2 日国务院发布的《期货交易管理暂行条例》第 70 条规定的"内幕信息知情人员"，即由于其管理地位、监督地位或者职业地位，或者作为雇员、专业顾问履行职责，能够接触或者获得内幕信息的人员，包括：期货交易所的理事长、副理事长、总经理、副总经理等高级管理人员以及其他有关部门的工作人员以及中国证监会规定的其他人员。

第三部分是采用不正当手段，非法获取证券、期货交易内幕信息的人员。

4. 犯罪主观方面

犯罪主观方面，行为人是出于故意，即明知是内幕信息，不准许泄露或者非法利用，而有意为之。本罪只能由故意构成，过失不构成本罪。有学者认为："如果行为人主观上不是出于故意，而是由于过失或者完全不知情，则对其非法买卖相关证券行为和泄露内幕行为不能定罪，而只能作为一般违法行为处理。"[①] 这种论断并不全面，存在一定的局限性。过失内幕交易当然不构成犯罪，但是过失泄露内幕信息则不同。行为人因为过失，或者因为认识上的错误，将内幕信息误认为一般信息或者误认为不是内幕信息而加以泄露的，不构成泄露内幕信息罪。但是，情节严重的，符合玩忽职守罪构成要件的，应以玩忽职守罪论处；所泄露的内容属于国家秘密，符合过失泄露国家秘密罪构成要件的，则构成过失泄露国家秘密罪。情节一般或者虽然情节严重，但是刑法没有规定为犯罪的，作为普通违法违规行为，按照《证券法》第 183 条的规定，责令依法处理非法获得的证券，没收违法所得，并且处以违法所得 1 倍以上 5

[①] 魏智彬：《证券及相关犯罪认定处理》，中国方正出版社 1999 年版，第 80 页。

倍以下或者非法买卖证券等值以下的罚款。①

(二) 疑难点司法认定

1. 罪与非罪

对于本罪的把握,最重要的是要正确界定所利用或者泄露的信息是否属于内幕信息,内幕信息在内容、来源以及交易发生的时间等方面均有严格的限制,具体认定时必须严格依法进行。关于内幕交易罪的认定,既不能把正常的证券、期货交易理解为内幕交易,也不能把利用内幕交易进行的违法交易理解为合法交易。内幕人员在不知道内幕信息的情况下进行的证券、期货交易,内幕人员并未利用内幕信息或者所进行的证券、期货交易与其所知悉的内幕信息无关,行为人完全是根据股评或者根据公开的信息资料,对证券、期货市场的价格走势做出预测而买卖证券或者进行期货交易的,均不能构成本罪。关于泄露内幕信息罪的认定,既不能把行为人泄露的一般信息理解为内幕信息,也不能把泄露的内幕信息理解为一般信息。

2. 一罪与数罪

本罪是选择性罪名,实际上包含了内幕交易罪和泄露内幕信息罪两种犯罪。行为人实施上述两种行为,同时触犯两种犯罪的,以内幕交易、泄露内幕信息罪定罪处理,不实行数罪并罚。内幕交易行为与泄露内幕信息行为内涵不同,构成特征也存在差异,因为分别界定两者的主观方面的内容是正确的。内幕交易犯罪行为只能由直接故意构成,间接故意和过失不能成立犯罪。因为实施这种犯罪的行为人,无论是自己进行证券交易,还是建议他人进行证券交易,均是为了获取非法利益,即行为人以获取非法利益为目的,明知自己获取了内幕信息,在这种信息依法公开之前不允许进行与该信息相关的证券交易,仍然进行该证券的交易或者建议他人进行该证券的交易,并且希望这种获取非法利益的结果发生。所以内幕交易犯罪的行为人实施这种犯罪,主观上不仅是故意的,而且是直接故意的。但是泄露内幕信息行为的主观故意内容与内幕交易行为却不相同。实践中行为人实施泄露内幕信息行为的目的和动机多种多样,立法也未对实施这种行为的主观目的做出特殊要求,因而既可以由直接故意构成,也可以由间接故意构成。

3. 本罪与编造并传播证券、期货交易虚假信息罪的界限

二者的主要区别在于:第一,侵犯的客体不完全相同。内幕交易、泄露内幕信息罪侵犯的是证券、期货市场管理秩序中的证券、期货信息保密管理秩

---

① 王晨:《证券期货犯罪的认定与处罚》,知识产权出版社2008年版,第221页。

序；而编造并传播证券、期货交易虚假信息罪侵犯的则是证券、期货市场管理秩序中的信息公开制度。第二，客观表现不同。内幕交易、泄露内幕信息罪的客观方面表现为，在涉及证券发行、交易或者其他对证券、期货的价格有重大影响的信息公开之前，买卖该证券、期货合约，或者泄露该信息，情节严重的行为；后者的客观方面则表现为编造、传播影响证券、期货交易的虚假信息，扰乱证券、期货市场，造成严重后果的行为。前者是利用真的信息，后者则是编造并传播虚假的信息。第三，犯罪主体不完全相同。前罪的主体是知悉内幕信息的人员，主要是证券发行机构或者期货交易机构的内幕人员；而后罪的主体则既可以是普通投资者，也可以是证券、期货经营机构或者证券、期货服务机构的工作人员。第四，犯罪目的不完全相同。实施内幕交易的行为人主观上一般具有获取非法利益或者转嫁风险的特殊目的；而编造并传播证券、期货交易虚假信息罪的构成则不要求行为人主观上具有特定的目的。

（三）办案依据查询与适用

1.《中华人民共和国刑法》（1997年10月1日起施行）（节录）
第一百八十条 [内幕交易、泄露内幕信息罪] 证券、期货交易内幕信息的知情人员或者非法获取证券、期货交易内幕信息的人员，在涉及证券的发行，证券、期货交易或者其他对证券、期货交易价格有重大影响的信息尚未公开前，买入或者卖出该证券，或者从事与该内幕信息有关的期货交易，或者泄露该信息，或者明示、暗示他人从事上述交易活动，情节严重的，处五年以下有期徒刑或者拘役，并处或者单处违法所得一倍以上五倍以下罚金；情节特别严重的，处五年以上十年以下有期徒刑，并处违法所得一倍以上五倍以下罚金。

单位犯前款罪的，对单位判处罚金，并对其直接负责的主管人员和其他直接责任人员，处五年以下有期徒刑或者拘役。

内幕信息、知情人员的范围，依照法律、行政法规的规定确定。

[利用未公开信息交易罪] 证券交易所、期货交易所、证券公司、期货经纪公司、基金管理公司、商业银行、保险公司等金融机构的从业人员以及有关监管部门或者行业协会的工作人员，利用因职务便利获取的内幕信息以外的其他未公开的信息，违反规定，从事与该信息相关的证券、期货交易活动，或者明示、暗示他人从事相关交易活动，情节严重的，依照第一款的规定处罚。

【理解与适用】 需要注意的是，本条第一款是2009年2月28日全国人大常委会《中华人民共和国刑法修正案（七）》第二条第二次修订的，所以在司法实务中应注意本条的溯及力问题。1997年《中华人民共和国刑法》原条文第一款仅处罚证券内幕交易、泄露证券内幕交易信息的行为。1999年12月25日全国人大常委会《中华人民共和国刑法修正案》第四条增加了处罚期货内幕交易、泄露期货内幕交易的规定。《刑法修正案（七）》增加了处罚"明示、暗示他人从事上述交易活动"的规定。由于本条在历次修改中逐渐扩大了处罚的范围，所以根据从旧兼从轻和罪刑法定的原则，对于新纳入刑法的行为类型，只有发生在相应的刑法条文生效日期之后的，才能以本罪定罪处罚。

2. 最高人民法院、最高人民检察院《关于办理内幕交易、泄露内幕信息刑事案件具体应用法律若干问题的解释》（2012年6月1日　法释〔2012〕6号）（节录）

第一条　下列人员应当认定为刑法第一百八十条第一款规定的"证券、期货交易内幕信息的知情人员"：

（一）证券法第七十四条规定的知情人员；

（二）期货交易管理条例第八十五条第十二项规定的人员。

第二条　具有下列行为的人员应当认定为刑法第一百八十条第一款规定的"非法获取证券、期货交易内幕信息的人员"：

（一）利用窃取、骗取、套取、窃听、利诱、刺探或者私下交易等手段获取内幕信息的；

（二）内幕信息知情人员的近亲属或者其他与内幕信息知情人员关系密切的人员，在内幕信息敏感期内，从事或者明示、暗示他人从事，或者泄露内幕信息导致他人从事与该内幕信息有关的证券、期货交易，相关交易行为明显异常，且无正当理由或者正当信息来源的；

（三）在内幕信息敏感期内，与内幕信息知情人员联络、接触，从事或者明示、暗示他人从事，或者泄露内幕信息导致他人从事与该内幕信息有关的证券、期货交易，相关交易行为明显异常，且无正当理由或者正当信息来源的。

第三条　本解释第二条第二项、第三项规定的"相关交易行为明显异常"，需要综合以下情形，从时间吻合程度、交易背离程度和利益关联程度等方面予以认定：

（一）开户、销户激活资金账户或者指定交易（托管）、撤销指定交易（转托管）的时间与该内幕信息形成、变化、公开时间基本一致的；

（二）资金变化与该内幕信息形成、变化、公开时间基本一致的；

（三）买入或者卖出与内幕信息有关的证券、期货合约时间与内幕信息的形成、变化和公开时间基本一致的；

（四）买入或者卖出与内幕信息相关的证券、期货合约时间与获悉内幕信息的时间基本一致的；

（五）买入或者卖出证券、期货合约行为明显与平时交易习惯不同的；

（六）买入或者卖出证券、期货合约行为，或者集中持有证券、期货合约行为与该证券、期货公开信息反映的基本面明显背离的；

（七）账户交易资金进出与该内幕信息知情人员或者非法获取人员有关联或者利害关系的；

（八）其他交易行为明显异常情形。

第四条　具有下列情形之一的，不属于刑法第一百八十条第一款规定的从事与内幕信息相关的证券、期货交易：

（一）持有或者通过协议、其他安排与他人共同持有上市公司百分之五以上股份的自然人、法人或者其他组织收购该上市公司股份的；

（二）按照事先订立的书面合同、指令、计划从事相关证券、期货交易的；

（三）依据已被他人披露的信息而交易的；

（四）交易具有其他正当理由或者正当信息来源的。

第五条　本解释所称"内幕信息敏感期"是指内幕信息自形成至公开的时间。

证券法第六十七条第二款所列"重大事件"的发生时间，第七十五条规定的"计划"、"方案"以及期货交易管理条例第八十五条第十一项规定的"政策"、"决定"等的形成时间应当认定为内幕信息的形成之时。

影响内幕信息形成的动议、策划、决策或者执行人员，其动议、筹划、决策或者执行初始时间，应当认定为内幕信息的形成之时。

内幕信息的公开，是指内幕信息在国务院证券、期货监督管理机构指定的报刊、网站等媒体披露。

第六条　在内幕信息敏感期内从事或者明示、暗示他人从事或者泄露内幕信息导致他人从事与该内幕信息有关的证券、期货交易，具有下列情形之一的，应当认定为刑法第一百八十条第一款规定的"情节严重"：

（一）证券交易成交额在五十万元以上的；

（二）期货交易占用保证金数额在三十万元以上的；

（三）获利或者避免损失数额在十五万元以上的；

（四）三次以上的；

（五）具有其他严重情节的。

第七条　在内幕信息敏感期内从事或者明示、暗示他人从事或者泄露内幕信息导致他人从事与该内幕信息有关的证券、期货交易，具有下列情形之一的，应当认定为刑法第一百八十条第一款规定的"情节特别严重"：

（一）证券交易成交额在二百五十万元以上的；

（二）期货交易占用保证金数额在一百五十万元以上的；

（三）获利或者避免损失数额在七十五万元以上的；

（四）具有其他特别严重情节的。

第八条 二次以上实施内幕交易或者泄露内幕信息行为，未经行政处理或者刑事处理的，应当对相关交易数额依法累计计算。

第九条 同一案件中，成交额、占用保证金额、获利或者避免损失额分别构成情节严重、情节特别严重的，按照处罚较重的数额定罪处罚。

构成共同犯罪的，按照共同犯罪行为人的成交总额、占用保证金总额、获利或者避免损失总额定罪处罚，但判处各被告人罚金的总额应掌握在获利或者避免损失总额的一倍以上五倍以下。

第十条 刑法第一百八十条第一款规定的"违法所得"，是指通过内幕交易行为所获利益或者避免的损失。

内幕信息的泄露人员或者内幕交易的明示、暗示人员未实际从事内幕交易的，其罚金数额按照因泄露而获悉内幕信息人员或者被明示、暗示人员从事内幕交易的违法所得计算。

第十一条 单位实施刑法第一百八十条第一款规定的行为，具有本解释第六条规定情形之一的，按照刑法第一百八十条第二款的规定定罪处罚。

3. 最高人民检察院、公安部《关于公安机关管辖的刑事案件立案追诉标准的规定（二）》（2010年5月7日 公通字〔2010〕23号）（节录）

第三十五条 证券、期货交易内幕信息的知情人员、单位或者非法获取证券、期货交易内幕信息的人员、单位，在涉及证券的发行，证券、期货交易或者其他对证券、期货交易价格有重大影响的信息尚未公开前，买入或者卖出该证券，或者从事与该内幕信息有关的期货交易，或者泄露该信息，或者明示、暗示他人从事上述交易活动，涉嫌下列情形之一的，应予立案追诉：

（一）证券交易成交额累计在五十万元以上的；

（二）期货交易占用保证金数额累计在三十万元以上的；

（三）获利或者避免损失数额累计在十五万元以上的；

（四）多次进行内幕交易、泄露内幕信息的；

（五）其他情节严重的情形。

四、利用未公开信息交易罪

利用未公开信息交易罪是《刑法修正案（七）》第2条对《刑法》第180条增加第4款所规定的犯罪，是指证券交易所、期货交易所、证券公司、期货经纪公司、基金管理公司、商业银行、保险公司等金融机构的从业人员以及有关监管部门或者行业协会的工作人员，利用职务之便获取的内幕信息以外的其他未公开的信息，违反规定，从事与该信息相关的证券、期货交易活动，或者明示、暗示他人从事相关交易活动，情节严重的行为。

(一) 犯罪构成要件

1. 客体

本罪客体是复杂客体，既侵犯国家证券、期货交易市场的管理制度，又侵犯投资者的合法权益。本罪的犯罪对象是"内幕信息以外的其他未公开信息"。关于其他未公开信息的定义，刑法理论上有多种观点，至今并没有一个准确的定义。目前，较为权威的有两种：第一种观点认为，未公开信息是指证券、期货交易活动中，内幕信息以外的其他对证券、期货的市场价格有重大影响的尚未公开的信息。[1] 第二种观点认为，未公开信息既可以是金融机构开展业务过程中的经营信息，也可以是相关法律法规没有明文规定将其纳入内幕信息范围，但形成于上市公司内部且对上市公司股票走向具有重大影响的价格敏感信息，还可以是金融监管部门、证券、期货交易所以及行业协会在行政执法、业务指导、交易管理行业自律监督过程中掌握的监管信息、管理信息或者行业信息，甚至可以是利用汇率、利率、税收等宏观调控政策信息等。因此，利用未公开信息交易罪中的"内幕信息以外的其他未公开的信息"是指，不为公众所知悉，对相关证券、期货交易价格有重要影响，金融机构、监管部门以及行业协会按照规定采取规范管理的投资经营、监督管理、调控政策等信息。[2]

2. 客观方面

根据我国《刑法》第180条第4款的规定，利用未公开信息交易罪的行为人实施了利用职务便利获取的内幕信息以外的其他未公开的信息，违反规定，从事与该信息相关的证券、期货交易活动，或者明示、暗示他人从事相关交易活动，情节严重的行为。

"违反规定，从事与该信息相关的证券、期货交易活动"，不仅包括证券投资基金法等法律、行政法规所规定的禁止基金等资产管理机构的从业人员从

---

[1] 赵秉志：《简析〈刑法修正案（七）〉的若干热点罪名》，载《法制日报》2009年10月21日第12版。

[2] 刘宪权、谢杰：《证券期货犯罪刑罚理论与实务》，上海人民出版社2012年版，第234页。

事损害客户利益等行为,而且包括所有证券、期货市场监管法律法规以及中国证监会发布的禁止金融机构从业人员从事违背受托义务的利用未公开信息交易活动的行为。利用未公开信息交易行为一般表现为,金融机构从业人员或者金融监管机构人员在市场一般投资者买入证券或者其衍生品、期货或者期权合约等金融产品之前,自己先行买入,或者在市场一般投资者及其投资的基金卖出之前,自己先行卖出等行为。同时,构成利用未公开信息交易罪还可以采用明示或者暗示他人从事买卖证券、期货合约的行为。当然,利用未公开信息交易行为必须达到"情节严重"的程度,才能构成犯罪。"情节严重"的标准应当根据司法解释规定的追诉标准加以确定。

3. 主体

根据我国《刑法》第180条第4款的规定,利用未公开信息交易罪的犯罪主体是特殊主体,仅限于自然人,具体分为两种类型:(1)金融机构从业人员。包括证券交易所、期货交易所、证券公司、期货经纪公司、基金管理公司、商业银行、保险公司等金融机构的从业人员。(2)监管机构工作人员。包括中国人民银行、中国证券监督管理委员会、中国银行业监督管理委员会、中国保险监督管理委员会等有关承担监管职责的部门的工作人员,以及中国证券业协会、中国期货业协会、中国保险行业协会等承担自律性管理职能的协会的工作人员。

需要注意的是,作为本罪的行为主体,金融机构从业人员具有明确的规范含义,即必须按照法律、法规、部门规章等规范性文件判断相关主体是否属于依法从事金融业务的单位中从事具体金融业务的专业人员。金融机构中与实际金融业务无关的非专业工作人员不能构成利用本罪的主体。例如,金融机构中的文秘、复印员、保洁员、资料保管员等工作中可能接触重要信息的人员,可以成为内幕交易罪中的信息非法获取者,[①] 但是由于其显然不是金融从业人员,即使获取未公开信息且从事金融交易,也无法认定利用未公开信息交易罪,只能根据侵犯商业秘密罪进行法律评价。

关于监管机构的工作人员,主要可以分为有关监管部门的工作人员和有关行业协会的工作人员。前者主要是指中国人民银行、中国证监会、中国银监会、中国保监会及其各地派出机构。由于我国金融行业具有多头监管的特点,其他承担部分金融监管职能的部委也应当属于有关监管部门。例如,财政部金

---

① 参见最高人民检察院法律政策研究室、中国证券监督管理委员会法律部编著:《证券期货犯罪司法认定指南》,中国人民公安大学出版社2009年版,第49页;李宇先、贺小电:《证券犯罪的定罪与量刑》,人民法院出版社2009年版,第159~160页。

融司的职责范围涵盖：协调执行货币政策；拟定并监督执行银行、保险、证券、信托等非银行金融机构的资产与财务管理制度；对于主权信用进行评级等。① 中国证券业、期货业、保险业、银行业、信托业协会以及其他地区性协会属于接受金融主管部门监督管理与业务指导的自律性金融行业协会，根据行政法规、金融主管部门的规章以及规范性文件，主要负责各类金融信息的收集、管理与交流，对于金融机构会员进行管理、监督、检查以及服务。上述行业协会工作人员属于利用未公开信息交易罪的犯罪主体。

4. 主观方面

以利用未公开信息交易罪为代表的证券期货内线交易犯罪的犯罪本质是以欺诈手段违规侵犯资本市场金融交易的公平性，其欺诈性、违规性的犯罪本质特征决定了其当然地属于故意犯罪。故意犯罪的基本定位能够使利用未公开信息交易犯罪与利用未公开信息交易违法之间形成明确的界限。同时，区分直接故意与间接故意对于利用未公开信息交易罪而言，并没有理论意义和实践意义。刑法规范并没有限定利用未公开信息交易罪属于直接故意犯罪（以获取利益或者规避损失为目的），故其故意的内容相对宽泛——行为人明知其利用职务便利获取未公开信息从事或者建议他人从事相关证券、期货交易对证券、期货市场公平交易秩序制造了不允许的风险却仍然实施该种行为。在实践中，获取利益或者规避损失的主观目的往往在利用未公开信息交易犯罪数额认定时得到体现，无须控方就主观目的（直接故意）进行证明。因此，在刑法理论上对利用未公开信息交易罪进行故意犯罪的基础定位依据充分，且无深究直接故意或者间接故意的必要。另外，还应当注意的是，构成本罪并不以"盈利"或者"减少、避免损失"作为条件。此处"盈利"或者"减少、避免损失"是故意之内的目的，可能是一种动机。因此，其不是犯罪构成的必要条件，对是否构成本罪没有影响。②

（二）疑难点司法认定

1. "未公开信息"的认定

未公开信息的认定无疑是利用未公开信息交易罪中最为重要的问题之一。"内幕信息以外的其他未公开信息"这一刑法语言文字表述在规范解释层面存

---

① 财政部金融司主要职责参见财政部网站：http://jrs.mof.gov.cn/zhengwuinxi/guanyuwomen/zhongyang/2008/t20080522_33463.html，2013年5月22日访问。

② 赵斌、曹云清：《利用未公开信息交易罪若干问题研究》，载《江西公安专科学校学报》2009年第4期。

在明显的不确定性，导致司法实务比较难精准地认定行为人从事相关证券、期货交易所利用的是否属于未公开信息。因此，在刑法理论上非常有必要细致地区分未公开信息。从《刑法》第180条第4款的规定来看，"未公开信息"应当具备以下基本特征：一是差别性，即未公开信息必须是内幕信息之外的其他信息；二是未公开性，即"未公开信息"尚未通过法定渠道或者其他以公众熟知的方式向社会大众和广大投资者公布；三是关联性，即未公开信息必须是与证券、期货合约的市场价格有关的重大信息，而不能是其他一切信息；四是价格敏感性，即未公开信息对于证券、期货合约的价格具有重要影响；五是可利用性，即未公开信息被行为人所掌握后，行为人或者其亲友可以从中受益的信息。

未公开信息与内幕信息的界限。一般而言，内幕信息具有秘密性与重大性两大核心特征。[①] 由于秘密性即指内幕信息未公开，重大性是指内幕信息对于证券、期货价格有重大影响，故内幕信息的基本特征本质上与未公开信息的未公开性与价格敏感性并无二致。虽然未公开性与价格敏感性在概括的层面属于未公开信息与内幕信息共同具备的基本特征，但两者之间也有明显的界限。首先，未公开信息与内幕信息基本特征上的共性只是出于抽象、静止的概括层面，在司法实践中动态的判断层面，未公开信息与内幕信息在未公开性、价格敏感性问题上的判断标准与法律依据截然不同。其次，未公开信息具有明显区别于内幕信息的独立性特征与差异化标志。刑法中二者对定罪量刑的意义不同。

2. 利用未公开证券市场信息从事金融期货交易行为的性质判断

根据《刑法修正案（七）》规定，对于利用未公开信息从事股指期货交易情节严重的行为，显然构成利用未公开信息交易罪。在刑法已经明确规定利用未公开信息交易罪的情况下，有必要对于此类利用未公开信息交易行为进行刑法规制。当然，由于前置性行政法律、法规、规章等文件没有对股指期货市场中证券公司、基金公司、证券期货交易所等从业人员利用职务行为获取的未公开信息从事交易行为做出具体的禁止性规定，实际上造成了法律体系一致性阙如。这也是今后证券、期货法律规范应当给予完善的方面。

在明确利用未公开证券市场信息从事金融期货交易行为具有刑事可罚性的基础上，应当注意到，证券现货市场与股指期货市场毕竟只是关联性市场，而并非统一市场，对于跨市场的利用未公开信息交易行为，在司法认定上，显然应当与同一市场中的利用未公开信息交易行为有所区别。刑法重在震慑而非积极介入资本市场的监管。关键在于要求证券公司、基金公司、证券交易所等建

[①] 范健、王建文：《证券法》，法律出版社2010年版，第358~360页。

立有效的内控机制,切实阻断证券从业人员利用未公开信息从事股指期货交易谋取个人利益的风险。在监管部门尚未出台规范从业人员从事股指期货交易的具体细则之前,相关证券业机构应当率先建立严格的内幕交易报告制度,要求核心业务部门人员以及技术人员全面向本单位披露其从事的股指期货交易内容;对于高级管理人员,其从事股指期货交易应当接受合规部门的审查,在核准之后才能进行股指期货交易。特别是基金公司,应当通过严格的内控机制防止从业人员违背心意利用交易权限,无视基金投资者利益,通过相关股指期货交易谋取私利的行为。

(三) 办案依据查询与适用

1.《中华人民共和国刑法》(1997 年 10 月 1 日起施行)(节录)

第一百八十条 [内幕交易、泄露内幕信息罪] 证券、期货交易内幕信息的知情人员或者非法获取证券、期货交易内幕信息的人员,在涉及证券的发行,证券、期货交易或者其他对证券、期货交易价格有重大影响的信息尚未公开前,买入或者卖出该证券,或者从事与该内幕信息有关的期货交易,或者泄露该信息,或者明示、暗示他人从事上述交易活动,情节严重的,处五年以下有期徒刑或者拘役,并处或者单处违法所得一倍以上五倍以下罚金;情节特别严重的,处五年以上十年以下有期徒刑,并处违法所得一倍以上五倍以下罚金。

单位犯前款罪的,对单位判处罚金,并对其直接负责的主管人员和其他直接责任人员,处五年以下有期徒刑或者拘役。

内幕信息、知情人员的范围,依照法律、行政法规的规定确定。

[利用未公开信息交易罪] 证券交易所、期货交易所、证券公司、期货经纪公司、基金管理公司、商业银行、保险公司等金融机构的从业人员以及有关监管部门或者行业协会的工作人员,利用因职务便利获取的内幕信息以外的其他未公开的信息,违反规定,从事与该信息相关的证券、期货交易活动,或者明示、暗示他人从事相关交易活动,情节严重的,依照第一款的规定处罚。

【理解与适用】 参见内幕交易、泄露内幕信息罪中的相关内容。

2. 最高人民检察院、公安部《关于公安机关管辖的刑事案件立案追诉标准的规定(二)》(2010 年 5 月 7 日 公通字〔2010〕23 号)(节录)

第三十六条 证券交易所、期货交易所、证券公司、期货公司、基金管理公司、商业银行、保险公司等金融机构的从业人员以及有关监管部门或者行业协会的工作人员,利用因职务便利获取的内幕信息以外的其他未公开的信息,违反规定,从事与该信息相关的证券、期货交易活动,或者明示、暗示他人从事相关交易活动，涉嫌下列情形之一的，应予立案追诉：

（一）证券交易成交额累计在五十万元以上的；

（二）期货交易占用保证金数额累计在三十万元以上的；

（三）获利或者逃避损失数额累计在 15 万元以上的；

（四）多次利用内幕信息以外的其他未公开信息进行交易活动的；

（五）其他情节严重的情形。

五、编造并传播证券、期货交易虚假信息罪

编造并传播证券、期货交易虚假信息罪，是指编造并传播影响证券、期货交易的虚假信息，扰乱证券、期货交易市场，造成严重后果的行为。

（一）犯罪构成要件

1. 客体

本罪的客体是复杂客体，既包括国家对证券、期货交易的管理制度，又包括投资者的经济利益。信息公开制度是我国证券、期货市场的核心，贯穿于证券的发行，证券、期货交易的全过程。投资者通过对证券、期货市场的各种信息进行分析，便可以了解上市公司的经营管理、组织管理、经济指数状况，并据此做出投资选择。因此，证券、期货市场的信息直接关系到投资者资金的投资方向，进而影响投资者的利益。为此，《中华人民共和国证券法》明文禁止国家工作人员、新闻传播媒介从业人员和有关人员编造并传播虚假信息，影响证券交易。《期货交易管理条例》也规定任何单位或者个人编造并且传播影响期货交易的虚假信息，扰乱期货交易构成犯罪的，依法追究刑事责任。

2. 客观方面

本罪的客观方面表现为编造并且传播证券、期货交易的虚假信息，扰乱证券、期货交易市场，造成严重后果的行为。

第一，必须要有编造并且传播虚假信息的行为。编造、传播行为是并列关系，必须两者同时具备才可以构成编造并传播证券、期货交易虚假信息罪的"编造并且传播"。否则，虽然编造了虚假的信息但是如果没有加以传播，或者传播了虚假的信息但不是其编造且没有与编造者共谋的，则同样不能以编造并传播证券、期货交易虚假信息罪论处，因为这些行为不具备"编造并且传播"的行为特征。如果行为人编造了虚假信息故意要他人去传播，或者行为人被编造虚假信息者要求传播，其亦明知是编造虚假信息者编造的虚假信息，则应当以编造并传播证券、期货交易虚假信息罪论处。所谓"编造"，就是虚

构、捏造。① 就是无中生有、毫无根据地凭空捏造、胡编乱造，从而产生一些不真实、不全面的信息。所谓"传播"，就是大范围散布、传达。② 是指通过各种途径加以宣传、散布。传播方式很多，如口头传播、书面传播、网上传播、电话传播等；至于传播的对象可以是单个自然人，也可以是多个自然人等，只要能达到将所编造的虚假信息加以扩散、公开的目的，就可以认定为本罪。③

第二，编造并且传播的内容必须是"影响证券、期货交易的虚假信息"。所谓"影响证券、交易的虚假信息"，是指可能对上市公司的证券、交易价格产生重大影响的虚假信息，如捏造公司订立可能对公司资产、负债、权益或者经营效果产生显著影响的合同，公司发生重大债务，公司资产遭受重大损失或者发生重大亏损，公司减资、合并、解散等虚假信息。凡是能够影响证券、交易的虚假信息都包括在内。而所谓"影响期货交易的虚假信息"，主要是指可能对期货合约的交易产生较大影响的虚假信息。如金融银根政策、市场整顿措施，新品种上市、税率调整、大户入市、保证金比例的提高、交易头寸变化、仓量调整、新法规、新措施的出台等。如果编造或者传播的信息与证券、期货交易无关或者不影响证券、期货交易，不会扰乱证券、期货市场，自然不能构成编造并传播证券、期货交易虚假信息罪。影响证券、期货交易的虚假信息，具有两个方面的特征：一是该信息必须是虚假的而不是真实的。如果是真实的无所谓编造，也就无所谓成立编造并传播证券、期货交易虚假信息罪。如果将真实的证券、期货交易信息在尚未公开之前加以泄露并传播，构成犯罪的，应当是泄露内幕信息罪，而不是编造并传播证券、期货交易虚假信息罪。二是该信息必须是能够直接影响证券、期货交易，导致投资者据此信息进行相关证券、期货交易，从而扰乱证券、期货市场。从内容上看主要包括招股说明书、公司企业债券招募办法、财务会计报告等涉及的相关信息。此外，所有"内幕信息"的内容都可以成为虚假编造并且传播的内容，而这些信息都足以影响证券、期货交易，一旦被编造成虚假的信息并传播就会扰乱证券、期货市场。判定影响证券、期货交易的虚假信息的标准一是看市场对该信息的反应是

---

① 李行健主编：《现代汉语规范词典》，外语教学与研究出版社、语文出版社2004年版，第74页。

② 李行健主编：《现代汉语规范词典》，外语教学与研究出版社、语文出版社2004年版，第203页。

③ 李宇先、贺小电主编：《证券犯罪的定罪与量刑》，人民法院出版社2009年版，第180页。

否强烈;二是看该信息是否会影响人们对证券、期货的交易。①

第三,行为人编造并传播证券、期货交易虚假信息的行为必须扰乱了证券、期货交易市场,造成了严重危害后果。如果行为人的行为没有扰乱证券市场,没有造成严重后果,该行为就不能构成编造并传播。严重危害后果包括证券、期货价格暴涨;在投资者中引起恐慌,致使投资者大量抛售或者购买证券、期货;给投资者造成重大损失;造成恶劣的社会影响等。因为行为人编造并传播的是虚假的信息,无论是利好的还是利空的消息都会打破原有的证券、期货交易秩序,表现在个股、某种期货合约或者整个证券、期货市场上,就会使多头可能因此转为空头,空头可能会转为多头。在此情况下,多空力量迅速地转换,导致证券、期货价格行情发生逆转,使许多投资者猝不及防,并由此转入疯狂地购买或者恐慌性抛售。无论是购买或者是抛售,从整体上来讲,都必须扰乱原有的证券、期货正常的交易秩序,使市场陷入混乱。但是由于市场上传播的信息是虚假的,根本无法支撑疯涨上去的证券、期货价格和压低下去的证券、期货价格。当该信息被证明是虚假的以后,市场行情又会发生一次逆转,使市场再度陷入混乱。②

3. 主体

本罪的主体是一般主体,既包括单位,又包括年满16周岁具有刑事责任能力的自然人。一般来说证券、期货投资者相对多一些。

4. 主观方面

本罪的主观方面必须是出于故意,即明知自己编造并传播虚假的证券、期货交易信息会影响证券、期货交易价格,扰乱证券、期货交易市场而仍然决意编造并且加以传播。"编造"、"传播"两个词的词义本身就包含着故意的主观心态。行为人动机可能多种多样,有的是企图通过编造并传播虚假信息的手段影响投资者,致使其根据虚假信息做出错误的判断进行证券、期货交易,自己进而趁机抛售或者买入某证券、期货合约以谋取非法利益或者转嫁应当承受的损失;有的是想造成证券、期货交易价格波动,引起证券、期货交易市场混乱等。但是不论动机如何,只要主观上出于犯罪故意,即可以构成编造并传播证券、期货交易虚假信息罪。如果确实不知道自己传播的信息是虚假的,或者误认为信息是真实的;或者过失编造并传播了虚假的证券、期货交易信息的,均不构成本罪。

---

① 熊选国主编:《刑法罪名疑难问题精析》,人民法院出版社2007年版,第864页。
② 熊选国主编:《刑法罪名疑难问题精析》,人民法院出版社2007年版,第865页。

(二) 疑难点司法认定

1. 罪与非罪

首先，要正确认定本罪中的"证券、期货交易的虚假信息"。构成编造并传播证券、期货交易虚假信息罪要求行为人编造并传播的虚假信息在性质上必须与证券、期货交易有关，并且足以给证券、期货市场造成严重后果。否则，行为人即使编造并传播了虚假信息，但是与证券、期货交易无关，客观上不可能对证券、期货交易产生不良影响，自然不能以编造并传播虚假信息罪论处。

其次，编造并传播证券、期货交易虚假信息罪是结果犯。行为人编造并传播的证券、期货交易的虚假信息，必须已经扰乱了证券、期货市场，造成了严重后果。否则，虽然有编造并传播的行为，但是没有造成严重后果，也不能构成编造并传播证券、期货交易虚假信息罪。根据《最高人民检察院、公安部关于经济犯罪追诉标准的规定》第 30 条的规定，编造并传播证券、期货交易虚假信息"涉嫌下列情形之一的，应予追诉：（1）造成投资者直接经济损失数额在 3 万元以上的；（2）致使交易价格和交易量异常波动的；（3）造成恶劣影响的"。因此，造成严重后果的标准就是以上三条。

2. 本罪与股评预测失误行为的界限

股评人士根据相关信息，利用自身的知识，结合证券市场前期变化规律，经过分析研究，判断证券市场发展变化趋势并通过大众传播媒体对证券市场价格进行预测，引导投资者注意回避市场风险，为法律所允许。有时候，由于受到主、客观条件的制约，预测分析也可能出现一些偏差，但是这种情形与故意编造的虚假信息并加以传播的行为有着本质的区别，应当严格区分。在审查时，一是注意审查行为人主观上是处于善意还是处于恶意，即其动机不是出于欺骗投资者或者其他违法犯罪的意图。二是注意审查行为人的预测是否有合理的依据，所谓"合理的依据"是指预测人进行预测时不是凭空捏造，而是以事实为基础。如果行为人是毫无根据地胡乱猜测，和编造无异，如果传播出去造成严重后果的，应当认定构成编造并传播证券、期货交易虚假信息罪。[①] 三是要注意审查行为人是否有对证券市场进行预测的资格。一般而言，股评人士做出股评后，都要注明"股市有风险，本股评仅供参考"以回避法律风险。

3. 本罪与泄露内幕信息罪的区分

两者在传播信息这一行为方式上有着相同之处，但是区别也是比较明显的：一是犯罪主体不同。前者为一般主体，后者为特殊主体，即只有内幕人员

[①] 王作富主编：《刑法分则实务研究》，中国方正出版社 2007 年版，第 541 页。

或者非法获取内幕信息的人员或者单位才能构成犯罪;二是客观方面不同。前者表现为编造并传播的行为,后者表现泄露的行为;三是犯罪对象不同,前者是有关证券、期货交易的虚假信息,后者是有关证券发行,证券、期货交易的内幕信息。

(三)办案依据查询与适用

1.《中华人民共和国刑法》(1997年10月1日起施行)(节录)

第一百八十一条 [编造并传播证券、期货交易虚假信息罪] 编造并且传播影响证券、期货交易的虚假信息,扰乱证券、期货交易市场,造成严重后果的,处五年以下有期徒刑或者拘役,并处或者单处一万元以上十万元以下罚金。

[诱骗投资者买卖证券、期货合约罪] 证券交易所、期货交易所、证券公司、期货经纪公司的从业人员,证券业协会、期货业协会或者证券期货监督管理部门的工作人员,故意提供虚假信息或者伪造、变造、销毁交易记录,诱骗投资者买卖证券、期货合约,造成严重后果的,处五年以下有期徒刑或者拘役,并处或者单处一万元以上十万元以下罚金;情节特别恶劣的,处五年以上十年以下有期徒刑,并处二万元以上二十万元以下罚金。

单位犯前两款罪的,对单位判处罚金,并对其直接负责的主管人员和其他直接责任人员,处五年以下有期徒刑或者拘役。

【理解与适用】 本条为1999年12月25日全国人大常委会《中华人民共和国刑法修正案》第五条所修订。1997年《中华人民共和国刑法》原条文仅限于证券交易方面的犯罪,不涉及期货问题。1999年《中华人民共和国刑法修正案》增加了期货交易犯罪的规定。

2. 最高人民检察院、公安部《关于公安机关管辖的刑事案件立案追诉标准的规定(二)》(2010年5月7日 公通字〔2010〕23号)(节录)

第三十七条 编造并且传播影响证券、期货交易的虚假信息,扰乱证券、期货交易市场,涉嫌下列情形之一的,应予立案追诉:

(一)获利或者避免损失数额累计在五万元以上的;

(二)造成投资者直接经济损失数额在五万元以上的;

(三)致使交易价格和交易量异常波动的;

(四)虽未达到上述数额标准,但多次编造并且传播影响证券、期货交易的虚假信息的;

(五)其他造成严重后果的情形。

六、诱骗投资者买卖证券、期货合约罪

诱骗投资者买卖证券、期货合约罪是指证券交易所、期货交易所、证券公司、期货经纪公司的从业人员、证券业协会、期货业协会或者证券、期货管理部门的工作人员，故意提供虚假信息或者伪造、编造，销毁交易记录，诱骗投资者买卖证券、期货合约，造成严重后果的行为。

（一）犯罪构成要件

1. 客体

本罪所侵害的客体是复杂客体，既侵害了国家证券、期货交易管理制度，又损害了投资者的财产利益。证券交易所、期货交易所、证券公司、期货经纪公司是我国证券上市发行，证券、期货交易的场所，证券业协会、期货业协会及证券监督管理部门是证券业、期货业自律性组织和证券监督管理机构。为了保证证券、期货市场正常、有序地发展，《中华人民共和国证券法》、《期货交易管理条例》对证券交易所、期货交易所、证券公司、期货经纪公司和证券业协会、期货业协会以及证券监督管理部门及其从业人员的行为都作了严格的要求。《证券法》第 63 条规定，"发行人、上市公司依法披露的信息，必须真实、准确、完整，不得有虚假记载、误导性陈述或者重大遗漏。"第 78 条第 2 款规定，"禁止证券交易所、证券公司、证券登记结算机构、证券服务机构及其工作人员，在证券交易活动中做出虚假陈述或者信息误导。"对证券交易所，《证券法》第 115 条规定，"证券交易所应当对上市公司及其相关信息披露义务人披露信息进行监督，督促其依法及时、准确地披露信息。"《中华人民共和国刑法》还对提供虚假信息，诱骗投资者买卖证券的行为规定为犯罪，处置以一定刑罚，无疑非常必要。至于诱骗投资者买卖证券、期货合约罪的对象则是证券发行，证券、期货交易的虚假信息和证券、期货合约罪的对象则是证券发行，证券、期货交易的虚假信息和证券、期货交易记录。虚假信息外在表现为一种"客观事实"，"虚假信息"有三个特征：其一，虚假信息表现为一种客观事实而不是一种行为人的主观推测；其二，虚假信息是不符合实施情况的信息；其三，虚假信息是可能影响证券、期货市场价格的信息。①

2. 客观方面

本罪客观方面表现为行为人提供虚假信息或者伪造、变造、销毁交易记录，诱骗投资者买卖证券、期货，造成严重后果的行为。具体而言，需要注意

---

① 王作富主编：《刑法分则实务研究》，中国方正出版社 2007 年版，第 544 页。

以下几个问题：

第一，要有提供虚假信息或者伪造、变造、销毁交易记录之一的行为。应当指出，诱骗投资者买卖证券、期货合约罪的伪造变造以及销毁行为所指向的对象是证券、期货交易记录，而非别的文件。如果伪造、变造和销毁的不是证券、期货交易记录就不能构成诱骗投资者买卖证券、期货交易合约罪。所谓"证券、期货交易记录"是指证券交易所、期货交易所、证券公司、期货经纪公司对证券、期货交易情况的记录，包括客户交易情况、即时证券、期货交易行情，日证券、期货市场行情，异常交易情况等。

第二，提供虚假信息或者伪造、变造、销毁证券、期货交易记录的目的是诱骗投资者买卖证券、期货合约。所谓"诱骗投资者买卖证券、期货合约"，是指行为人提供虚假信息或者伪造、变造、销毁交易记录，对投资者进行欺骗、引导、误导，致使投资者对证券、期货交易产生错误的判断而买卖该证券、期货合约。如果行为人故意提供虚假信息或者伪造、变造、销毁证券、期货交易记录，不是诱骗投资者买卖证券、期货，而是出于其他目的，如为应付有关部门的检查、审计等，则不构成诱骗投资者买卖证券、期货合约罪，构成犯罪的，应当以他罪论处。

第三，行为人提供虚假信息或者伪造、变造、销毁证券、期货交易记录，诱骗投资者买卖证券、期货合约的行为必须造成了严重后果才可以构成诱骗投资者买卖证券、期货合约罪。否则，即使有上述行为而未造成严重后果也不能构成诱骗投资者买卖证券、期货合约罪。

3. 主体

本罪主体是特殊主体，即只有证券交易所、期货交易所、证券公司、期货经纪公司的从业人员、证券业协会、期货业协会或者证券期货监督管理部门的工作人员，以及证券交易所、期货交易所、证券公司、期货经纪公司、证券业协会、期货业协会、证券期货管理部门等单位才能构成本罪的主体。非上述人员及单位，即使有诱骗投资者买卖证券、期货合约的行为，也不能以诱骗投资者买卖证券、期货合约罪论处。构成犯罪的，可能涉嫌其他罪，如编造并传播证券交易虚假信息罪。

1990年12月5日在北京正式开通的全国证券自动报价系统，即STAQ系统。STAQ系统是一个依托互联网进行证券交易的综合性场外交易市场。1993年4月28日开始运行的中国证券交易系统有限公司，即NEST，简称中正交，其主要业务为提供证券集中交易的网络系统和设施；管理上市证券的买卖；对证券交易提供报价、清算、交割服务，并负责监管；提供有价证券的托管服务；提供证券市场的投资咨询及信息服务等。① 这两个系统的功能与上海证券交易所、深圳证券交易所的功能极为相似，如果这两个系统的从业人员或者其所在单位实施了提供虚假信息，或者伪造、变造、销毁交易记录的行为，也可以成为诱骗投资者买卖证券罪的犯罪主体。②

4. 主观方面

本罪的主观方面必须是出于故意，即明知自己进行的是提供虚假信息或者故意伪造、变造、销毁证券、期货交易记录，诱骗投资者买卖证券、期货合约的行为仍然为之。过失不能构成诱骗投资者买卖证券、期货合约罪。

(二) 疑难点司法认定

1. 一罪与数罪

本罪的客观行为方式具体包括提供虚假信息和伪造、编造、销毁交易记录两种。如果行为人既故意提供虚假信息，又实施伪造、变造、销毁交易记录行为，由于行为人只实施了本罪的数种行为方式，因而只构成本罪一罪，不实行数罪并罚。

行为人故意提供虚假信息或者伪造、变造、销毁交易记录，目的是操纵证券、期货交易价格，获取不正当利益或者转嫁风险，对行为人应以一罪处理还是实行数罪并罚？有学者认为，应当实行数罪并罚。③ 但是这种观点并不妥当。在上述情形下，行为人实施犯罪行为的主观目的是相同的。即通过提供虚假信息或者伪造、变造、销毁交易记录，诱骗投资者买卖证券、期货合约，达到操纵证券、期货交易价格的目的，并进而获取非法利益或者转嫁风险，诱骗投资者买卖证券、期货合约的目的也在行为人的概括故意之中。在客观方面，提供虚假信息或者伪造、变造、销毁交易记录行为与操纵行为密不可分，离开了前者，操纵行为便无从谈起，离开了后者，其提供虚假信息等行为便失去了目的性，因而两者之间存在刑法上的牵连关系，应当按处理牵连犯的原则择一重罪从重处罚，一般应以诱骗投资者买卖证券、期货合约罪论处。

2. 停止形态

本罪既是情节犯，又是目的犯。作为情节犯，刑法明确规定，行为人故意实施诱骗投资者买卖证券、期货合约的行为，必须"造成严重后果"的，才能以犯罪论处，因而"严重后果"对于本罪的构成具有重要意义，这是区分

---

① 中国证券业协会编：《证券基础知识》，中国金融出版社1996年版，第298页。
② 熊选国主编：《刑法罪名疑难问题精析》，人民法院出版社2007年版，第869页。
③ 鲜铁可：《金融犯罪的定罪与量刑》，人民法院出版社1999年版，第356页。

本罪之罪与非罪的重要标志。如果没有造成严重后果，即使提供了虚假信息或者伪造、变造、销毁了交易记录，诱骗了投资者买卖证券，也不能构成本罪。作为目的犯，特定的目的是本罪构成中应有的要素，目的是否达到便成为区分行为完成形态与未完成形态的重要标志。行为人故意实施了诱骗投资者买卖证券、期货合约的行为，其他投资者因上当受骗而错误地买卖了有关证券、期货合约，行为人故意实施诱骗投资者买卖证券、期货合约行为的目的已经达到，应当成立本罪的完成形态；行为人故意实施了诱骗投资者买卖证券、期货合约的行为，但是，由于主客观原因，其他投资者并未因受骗而买卖有关证券、期货合约的，则成立本罪的未完成形态。

3. 共犯形态

本罪既可以由单位构成，也可以由自然人构成，因此本罪的共同犯罪可以分为3种形式，即自然人与自然人共同构成犯罪、自然人与单位共同构成本罪以及单位与单位共同构成犯罪。在单位犯罪中，作为单位犯罪行为具体实施者的自然人可能不是一人而是多人。由于在单位犯罪中，单位内部人员是在单位统一意志下实施犯罪的，数个自然人的行为人只是单位整体行为的组成部分，故单位犯罪中的数个自然人不存在共同犯罪问题。

现行刑法规定，构成本罪的单位限于证券交易所、期货交易所、证券公司、期货经纪公司、证券业协会、期货业协会或者证券期货监督管理部门。构成本罪的自然人限于证券交易所、期货交易所、证券公司、期货经纪公司的从业人员，证券业协会、期货业协会或者证券期货监督管理部门的工作人员。上述机构及工作人员以外的其他机构和其他人员不能单独构成本罪，但是，可以与具备身份关系的上述机构和内部工作人员相互勾结共同构成本罪。

（三）办案依据查询与适用

1. 《中华人民共和国刑法》（1997年10月1日起施行）（节录）

第一百八十一条 ［编造并传播证券、期货交易虚假信息罪］ 编造并且传播影响证券、期货交易的虚假信息，扰乱证券、期货交易市场，造成严重后果的，处五年以下有期徒刑或者拘役，并处或者单处一万元以上十万元以下罚金。

［诱骗投资者买卖证券、期货合约罪］ 证券交易所、期货交易所、证券公司、期货经纪公司的从业人员，证券业协会、期货业协会或者证券期货监督管理部门的工作人员，故意提供虚假信息或者伪造、变造、销毁交易记录，诱骗投资者买卖证券、期货合约，造成严重后果的，处五年以下有期徒刑或者拘役，并处或者单处一万元以上十万元以下罚金；情节特别恶劣的，处五年以上

十年以下有期徒刑，并处二万元以上二十万元以下罚金。

单位犯前两款罪的，对单位判处罚金，并对其直接负责的主管人员和其他直接责任人员，处五年以下有期徒刑或者拘役。

2. 最高人民检察院、公安部《关于公安机关管辖的刑事案件立案追诉标准的规定（二）》（2010 年 5 月 7 日　公通字〔2010〕23 号）（节录）

第三十八条　证券交易所、期货交易所、证券公司、期货公司的从业人员，证券业协会、期货业协会或者证券期货监督管理部门的工作人员，故意提供虚假信息或者伪造、变造、销毁交易记录，诱骗投资者买卖证券、期货合约，涉嫌下列情形之一的，应予立案追诉：

（一）获利或者避免损失数额累计在五万元以上的；
（二）造成投资者直接经济损失数额在五万元以上的；
（三）致使交易价格和交易量异常波动的；
（四）其他造成严重后果的情形。

七、操纵证券、期货市场罪

操纵市场证券、期货市场罪，是指行为人在证券、期货交易活动中，违反证券、期货交易法律规范，故意操纵证券、期货交易价格，情节严重的行为。

（一）犯罪构成要件

1. 客体

本罪所侵害的是复杂客体，即国家证券、期货交易管理制度和其他投资者的利益。一般而言，证券、期货市场的价格除了公司业绩之外，主要取决于证券、期货合约的供求关系。因此，人为地操纵证券、期货交易供求关系，使得证券、期货价格朝着有利于操纵者的预定方向发展，致使证券市场行情扭曲，必然影响证券、期货市场的健康、有序地发展。此外，由于人为地操纵证券、期货交易价格，会给证券、期货市场发出虚假的价格信息，对其他投资者产生误导，致使盲目跟进，会损害他人的合法利益。

2. 客观方面

本罪客观方面表现为违反证券、期货交易管理制度，采用法律禁止的行为操纵证券、期货市场，情节严重的行为。要注意以下几点：

第一，要有操纵证券、期货市场的行为。根据《中华人民共和国刑法》、《中华人民共和国证券法》和《期货交易管理条例》，本罪的行为方式主要有：

（1）单独或者合谋，集中资金优势、持股或者平仓优势或者利用信息优势联合或者连续买卖，操纵证券、期货交易价格或者证券、期货交易量。一般是指资金大户、持股或者持仓大户利用其资金、持有的股票、期货合约或者了解到一般投资者尚没有掌握的信息的优势,单独或者合谋,对某种证券、期货合约联合或者连续买卖,致使该证券、期货成交量加大以造成该证券、期货交易活跃的假象,价位暴涨或者暴跌,诱使其他投资者做出错误的判断,买入或者卖出该证券、期货合约。尔后,在价格暴涨时将股票、期货合约大量抛出或者在价格暴涨时则将股票、期货合约大量买入。这里的"信息"包括任何与证券、期货交易有关的信息,既包括内部信息,也包括还没有公开但是已经事先知悉的信息;既包括重大信息,也包括一般信息;既包括真实信息,也包括虚假信息。因为在很多情况下,行为人利用一般的信息也能达到操纵证券、期货市场的目的。①

(2)与他人串通,以事先约定的时间、价格和方式相互进行证券、期货交易、影响证券、期货交易价格或者证券、期货交易量。这种行为可以称为"相对委托"、"对敲",是指参与证券交易的双方(或者多方)分别扮演买家和卖家,由一方做出交易委托,另一方按照约定好的时间、地点、方式,以相同的数量、价格委托证券、期货商并达成交易的行为。② 行为人并无在交易市场上实际成交的意思,但是却空报价格,当真的有人要作相对交易时又不实际成交,而是按约定由某人买入,然后再返还给行为人,使证券、期货合约的所有权并未发生转移,造成一种虚假的价格和成交量,诱骗其他投资者盲目跟进,导致证券、期货交易价格暴涨或者暴跌,行为人从中抛售或者买入该证券或者期货合约。

(3)在自己实际控制的账户之间进行证券交易、或者以自己为交易对象,自买自卖期货合约,影响证券、期货交易价格或者证券、期货交易量。这种方式称为"自买自卖",实际上是证券、期货合约同一所有者或者两个账户的实际控制者在证券交易所、期货交易所同时既作买方又作卖方,委托同一证券、期货商或者不同的证券、期货商在自己不同账户之间向证券交易所、期货交易所申报相对应的卖出与买入,其间证券、期货合约的实际所有权并没有改变。这种方式又称"对冲性交易"。其特点一是不转移证券、期货合约的所有权;二是买卖双方实际上为同一人。此时,证券、期货合约的卖主与买主是同一人

---

① 刘宪权:《操纵证券、期货交易价格行为方式之解读》,载《法商研究》2005年第1期。

② 熊选国主编:《刑法罪名疑难问题精析》,人民法院出版社2007年版,第880页。

或者同一单位，往往是同一公司、家庭内部开几个户头进行买卖、炒作。①

（4）以其他方式操纵证券、期货市场。其他方式是指上列前三种法律明文的规定方式以外的方式。中国证券监督管理委员会《关于严禁操纵证券市场行为的通知》规定，操纵证券市场的行为包括：①通过合谋或者集中资金操纵证券市场价格；②以散布谣言，传播虚假信息等手段影响证券发行、交易；③为制造证券的虚假价格，与他人串通，进行不转移证券所有权的虚买虚卖；④以自己的不同账户在相同的时间内进行价格和数量相似，方向相反的交易；⑤出售或者要约出售其并不持有的证券、扰乱证券市场秩序；⑥以抬高或者压低证券价格为目的，连续交易某种证券；⑦利用职务之便利，人为地压低或者抬高证券价格；⑧证券投资咨询机构及股评人士利用媒介及其他传播手段制造和传播虚假信息，扰乱市场正常运行；⑨上市公司买卖或者与他人传统买卖本公司的股票；⑩中国证券监督管理委员会认定的其他操纵市场的行为。这样，上述方式中除了《中华人民共和国刑法》、《中华人民共和国证券法》所列前三种具体操纵市场价格的方式外，都属于操纵证券交易市场的其他行为方式。

第二，行为人操纵证券、期货市场价格的行为，必须达到情节严重才能构成操纵证券、期货市场罪。否则，虽有上述行为，但未达到情节严重，也不能以操纵证券、期货市场罪论处。所谓"情节严重"，可以参照2010年5月7日最高人民检察院、公安部《关于公安机关管辖的刑事案件立案追诉标准的规定（二）》第39条的有关规定。

3. 主体

本罪的主体为一般主体，即年满16周岁具有刑事责任能力的自然人均可以构成操纵证券、期货市场罪的主体。此外，根据《中华人民共和国刑法》第182条第2款的规定，单位亦可以成为操纵证券、期货市场罪的犯罪主体。

4. 主观方面

本罪在主观方面必须是出于故意，即明知自己的行为在操纵证券、期货市场的行为而仍然决意为之。其目的在《中华人民共和国刑法》及《中华人民共和国刑法修正案》中均表述为"为了获取不正当利益或者转嫁风险"。但是，《中华人民共和国刑法修正案（六）》将该"目的"取消了，这样一来，操纵证券、期货市场罪就不再是目的犯了，这就表明，无论行为人出于什么目的，只要实施了法律禁止实施的操纵证券、期货市场的行为，情节严重的，就

---

① 熊选国主编：《刑法罪名疑难问题精析》，人民法院出版社2007年版，第880~881页。

构成犯罪。过失不能构成操纵证券、期货市场罪。

(二) 疑难点司法认定

1. 罪与非罪

首先判断行为人在证券、期货交易过程中,是否采取了法律所禁止的某些行为方式。其次在判明实施了操作证券、期货市场行为的基础上,还要符合看是否达到"情节严重"的入罪标准。具体标准参见2010年5月7日最高人民检察院、公安部《关于公安机关管辖的刑事案件立案追诉标准的规定(二)》第39条的有关规定。另外,过失实施了上述行为的,即使"情节严重"也不构成本罪。

2. 操纵行为与虚假陈述的界限

根据《禁止欺诈行为暂行办法》第11条的规定,虚假陈述是指行为人对证券发行、交易及相关活动的事实、性质、前景、法律等事项做出不实、严重误导或者含有重大纰漏的,任何形式的陈述或者诱导,致使投资者在不了解事实真相的情况下做出证券投资决定的行为。虚假陈述与散布谣言或者不实资料的操纵行为在行为方式上有许多共同之处。二者的不同之处主要在于:(1)两者的主体不同。根据上述办法第12条的规定,虚假陈述的主体限于证券发行单位、证券经营机构、专业性证券服务机构、证券业自律性组织等;而以散布谣言、不实资料等实施操纵行为的主体则没有任何限制。(2)侵害的客体不同。虚假陈述是对信息公开文件真实性、准确性的违反,以散布谣言、不实资料等方法操纵市场则是对证券管理秩序的破坏。(3)行为手段不完全相同。虚假陈述主要是利用法律要求的信息公开文件做出虚假陈述;而散布谣言、不实资料的方法和途径则多种多样。

3. 本罪与内幕交易罪的区分

操纵证券、期货市场与内幕交易都可能带来证券、期货交易价格的人为变化。《刑法》第182条第1项规定的本罪的行为方式中有"利用信息优势联合或者连续买卖,操纵证券交易价格的"行为。这里的"信息"是指能够影响证券、期货交易价格的重要信息。本罪与内幕交易罪的主要区别在于:(1)内幕交易是行为人利用现存的、真实的、对证券价格走势有重大影响的未公开信息为自己谋利;而操纵证券、期货市场是通过人为地制造某种情势为自己谋利。在操纵市场行为中,行为人通过联合或者连续买卖、虚买虚卖、自买自卖等非法交易行为,将自己的意志积极地体现到某种证券、期货价格的行情变化中,让其随着自己的意志上扬或者下跌。这种交易所代表的供求关系是不真实的。(2)操纵证券、期货市场罪中所利用的信息包括已经公开的信息,当然，在这种信息公开前行为人可能已经掌握或者了解，并预先做了准备，使得行为人能够在信息公开后较短的时间内即进行大量的证券、期货合约买入或者卖出，达到操纵证券、期货交易价格，非法获利或者转嫁风险的目的；而内幕交易罪所利用的内幕信息只能是尚未公开前，行为人即利用其来进行证券、期货交易，达到非法获利的目的。（3）操纵证券、期货犯罪中利用内幕信息的行为，是先引发证券、期货交易价格变化，再从中非法获利或者转嫁风险；而内幕交易行为人利用内幕信息则在该信息公开前，买进或者卖出某证券、期货合约即可获利，不必进行反方向的操作。对于其他投资者来说，内幕交易行为的不公平之处在于内幕交易者先于其他投资者知悉有关信息，可以提前做出投资决策；而操纵证券、期货市场行为的不公平之处在于，操纵者先于其他投资者知悉的信息正是操纵者自己制造出来的。

（三）办案依据查询与适用

1.《中华人民共和国刑法》（1997年10月1日起施行）（节录）

第一百八十二条［操纵证券、期货市场罪］ 有下列情形之一，操纵证券、期货市场，情节严重的，处五年以下有期徒刑或者拘役，并处或者单处罚金；情节特别严重的，处五年以上十年以下有期徒刑，并处罚金：

（一）单独或者合谋，集中资金优势、持股或者持仓优势或者利用信息优势联合或者连续买卖，操纵证券、期货交易价格或者证券、期货交易量的；

（二）与他人串通，以事先约定的时间、价格和方式相互进行证券、期货交易，影响证券、期货交易价格或者证券、期货交易量的；

（三）在自己实际控制的账户之间进行证券交易，或者以自己为交易对象，自买自卖期货合约，影响证券、期货交易价格或者证券、期货交易量的；

（四）以其他方法操纵证券、期货市场的。

单位犯前款罪的，对单位判处罚金，并对其直接负责的主管人员和其他直接责任人员，依照前款的规定处罚。

【理解与适用】 本条为2006年6月29日全国人大常委会《中华人民共和国刑法修正案（六）》第十一条第二次所修订。1999年12月25日全国人大常委会《中华人民共和国刑法修正案》第六条对本条进行过一次修订。1997年《中华人民共和国刑法》原条文仅处罚操纵证券市场的行为。1999年《中华人民共和国刑法修正案》将操纵期货市场的行为犯罪化。2006年《中华人民共和国刑法修正案（六）》主要是删除了原条文中"获取不正当利益或者转嫁风险"的要件，同时取消了单位犯罪中主管人员和其他直接责任人员独立的法定刑，按照自然人犯操纵证券、期货市场罪的法定刑处罚单位犯罪中的自然人。

2. 最高人民检察院、公安部《关于公安机关管辖的刑事案件立案追诉标准的规定（二）》（2010年5月7日 公通字〔2010〕23号）（节录）

第三十九条 操纵证券、期货市场，涉嫌下列情形之一的，应予立案追诉：

（一）单独或者合谋，持有或者实际控制证券的流通股份数达到该证券的实际流通股份总量百分之三十以上，且在该证券连续二十个交易日内联合或者连续买卖股份数累计达到该证券同期总成交量百分之三十以上的；

（二）单独或者合谋，持有或者实际控制期货合约的数量超过期货交易所业务规则限定的持仓量百分之五十以上，且在该期货合约连续二十个交易日内联合或者连续买卖期货合约数累计达到该期货合约同期总成交量百分之三十以上的；

（三）与他人串通，以事先约定的时间、价格和方式相互进行证券或者期货合约交易，且在该证券或者期货合约连续二十个交易日内成交量累计达到该证券或者期货合约同期总成交量百分之二十以上的；

（四）在自己实际控制的账户之间进行证券交易，或者以自己为交易对象，自买自卖期货合约，且在该证券或者期货合约连续二十个交易日内成交量累计达到该证券或者期货合约同期总成交量百分之二十以上的；

（五）单独或者合谋，当日连续申报买入或者卖出同一证券、期货合约并在成交前撤回申报，撤回申报量占当日该种证券总申报量或者该种期货合约总申报量百分之五十以上的；

（六）上市公司及其董事、监事、高级管理人员、实际控制人、控股股东或者其他关联人单独或者合谋，利用信息优势，操纵该公司证券交易价格或者证券交易量的；

（七）证券公司、证券投资咨询机构、专业中介机构或者从业人员，违背有关从业禁止的规定，买卖或者持有相关证券，通过对证券或者其发行人、上市公司公开作出评价、预测或者投资建议，在该证券的交易中谋取利益，情节严重的；

（八）其他情节严重的情形。

Chapter 8
第八讲
外汇、洗钱犯罪

一、外汇、洗钱犯罪基础知识

（一）外汇犯罪必备专业知识

1. 外汇

根据《外汇管理条例》第3条的规定，外汇是指下列以外币表示的可以用作国际清偿的支付手段和资产，具体包括：（1）外国货币，包括纸币、铸币；（2）外币支付凭证，包括票据、银行存款凭证、邮政储蓄凭证等；（3）外币有价证券，包括政府债券、公司债券、股票等；（4）特别提款权、欧洲货币单位；（5）其他外汇资产。

外汇具有以下特征：首先，外汇是以外币表示的资产。外汇必须以外国货币表示，这是其基本特点。其次，外汇被世界各国普遍接受，可以用于国际支付。最后，外汇具有可兑换性。外汇是能兑换成其他支付手段的外币资产。

2. 外汇管理制度

（1）经常项目外汇的管理。经常项目是指国际收支中经常发生的交易项目，包括贸易收支、劳务收支、单方面转移等。根据《外汇管理条例》，境内机构的经常项目外汇收入必须调回境内，不得违反国家有关规定将外汇擅自存放在境外。境内机构的经常项目外汇收入，应当按照国务院关于结汇、售汇及付汇管理的规定卖给外汇指定银行，或者经批准在外汇指定银行开立外汇账户。个人因私用汇，在规定限额以内购回；超过规定限额的个人因私用汇，应当向外汇管理机关提出申请，外汇管理机关认为其申请属实的，可以购汇。个人携带外汇进出境，个人移居境外购汇汇出者携带出境必须按照条例的规定办理。驻华机构及来华人员将合法收入兑付汇出、由境外汇入或者携带入境的外汇也应当遵守条例的相关规定办理。

（2）资本项目外汇管理。资本项目是指国际收支中因资本输出和输入而

215

产生的资产与负债的增减项目,包括直接投资、各类贷款、证券投资等。依照法律规定,境内机构的资本项目外汇收入,除了国务院另有规定外,应当调回境内。境内机构的资本项目外汇收入,应当按照国家有关规定在外汇指定银行开立外汇账户;卖给外汇指定银行的,须经外汇管理机关批准。境内机构向境外投资,在向审批主管部门申请前,由外汇管理机关审查其外汇资金来源;经批准后,按照国务院关于境外投资外汇管理的有关规定办理有关资金汇出手续。境内机构向境外投资、借用国外贷款、金融机构在境外发行外币债券、提供对外担保必须按照条例的规定办理。

(3)金融机构外汇业务管理。金融机构经营外汇业务须经外汇管理机关批准,领取经营外汇业务许可证。未经外汇管理机关批准,任何单位和个人不得经营外汇业务。经批准经营外汇业务的金融机构,经营外汇业务不得超出批准的范围。经营外汇业务的金融机构应当按照国家有关规定为客户开立外汇账户,办理有关外汇业务。金融机构经营外汇业务,应当按照国家有关规定交存外汇存款准备金,遵守外汇资产负债比例管理的规定,并建立呆账准备金。

(4)人民币与外汇市场管理。人民币汇率实行以市场供求为基础的、单一的、有管理的浮动汇率制度。中国人民银行根据银行间外汇市场形成的价格,公布人民币对主要外币的汇率。外汇市场交易应当遵循公开、公平、公正和诚实信用的原则。外汇市场交易的币种和形式由国务院外汇管理部门规定和调整。外汇指定银行和经营外汇业务的其他金融机构,应当根据中国人民银行公布的汇率和规定的浮动范围,确定对客户的外汇买卖价格,办理外汇买卖业务。国务院外汇管理部门依法监督管理全国的外汇市场。中国人民银行根据货币政策的要求和外汇市场的变化,依法对外汇市场进行调控。

3. 外汇犯罪刑事立法概况

由于外汇是重要的经济资源,也是国家经济实力的体现,大多数国家都制定了关于外汇管理的法规和政策,对外汇实行严格的管理,对外汇的存放、使用和转移等都做了具体、明确的规定。我国也不例外,外汇在我国的经济发展中具有相当重要的作用。因此,加强外汇管理,坚决有力地打击外汇犯罪十分必要。

我国历来对外汇实行集中管理、统一经营的管理方针,严禁任何个人和单位实施有损外汇管理制度的违法犯罪活动。新中国成立之初,我国就有了关于外汇管理方面的法规,一般主要规定逃汇、套汇等几类违法犯罪行为,并大多将逃汇、套汇的行为与走私违法犯罪相提并论。例如,1952年6月16日《海关总署关于逃汇套汇案件应作为走私案件处理核示应注意个点的命令》规定:"逃汇、套汇,不论采取何种方式,其结果与走私出口黄金、外币无异,均应作为走私案件处理。"

改革开放以来,我国对外贸易日趋繁荣,外汇的收支管理越来越重要,因此我国加强了与外汇相关的刑事立法工作。1979年《刑法》首次以刑法典的形式规定了涉及外汇的犯罪及其刑罚,即在第117条至第119条规定中,把违反外汇管理法规、情节严重的行为规定为投机倒把罪。随着我国改革开放的不断深入,逃汇与走私、投机倒把牟取暴利等经济犯罪活动频发,对社会主义事业和人民利益危害严重。为了坚决打击这些犯罪活动,严厉惩治犯罪分子,1982年3月28日第五届全国人大常委会第二十二次会议通过了《关于严惩严重破坏经济的罪犯的决定》,对走私、套汇、投机倒把牟取暴利的处刑补充或者修改为:情节特别严重的,处10年以上有期徒刑、无期徒刑或者死刑,可以并没收财产。对于《决定》明确将套汇与走私、投机倒把并列单独作出规定,有的学者认为,这是我国第一次提出了"套汇犯罪"的提法。① 但是大多数学者不同意这种看法,认为《关于严惩严重破坏经济的罪犯的决定》把走私和套汇并列规定,只是为了说明当前套汇这种犯罪现象比较严重,以便把它突出来引起重视,并要加强同这种走私犯罪行为作斗争,而不是意味着套汇就是一个独立罪名了。② 因此,套汇犯罪在上述《决定》中并不是一个独立罪名,而应理解为对1979年《刑法》第118条的补充。该《决定》中规定的"情节特别严重"的处"10年以上有期徒刑、无期徒刑或者死刑"与1979年《刑法》第118条规定的处刑"3年以上10年以下有期徒刑"是衔接的。显然,该《决定》的规定只是增加了一个量刑幅度而已,并未创立新的罪名。

此外,我国行政法律法规中对外汇违法行为也有了相关规范。1985年4月5日经国务院批准,由国家外汇管理局公布的《违反外汇管理处罚施行细则》③ 中第4条详细规定了几类具体的逃汇行为,但其行为性质仅是违法行为,受行政处罚,并未涉及犯罪。1996年4月1日起施行的《外汇管理条例》用第39条至第51条13个条文对逃汇、套汇、违法经营外汇和非法买卖外汇、变相买卖外汇或者倒卖外汇等各种违法犯罪行为做了具体详细的列举规定。

1997年《刑法》第190条规定:"国有公司、企业或者其他国有单位,违反国家规定,擅自将外汇存放境外,或者将境内的外汇非法转移到境外,情节

---

① 赵凤祥主编:《国际金融犯罪比较研究与防范》,中国大百科全书出版社1998年版,第108页。
② 鲜铁可:《金融犯罪的定罪与量刑》,人民法院出版社1999年版,第417页。
③ 1996年1月19日中华人民共和国国务院令第193号发布的《外汇管理条例》将本条例废止。

严重的，对单位判处罚金，并对直接负责的主管人员和其他直接责任人员，处五年以下有期徒刑或者拘役。"1997年《刑法》对《关于惩治走私罪的补充规定》[1]作出了以下几处修改：（1）取消了套汇犯罪的规定。因为1996年11月27日，我国政府宣布自当年12月1日起实行人民币经常项目下的可兑换。1997年1月14日修正的《外汇管理条例》第5条规定："国家对经常性国际支付和转移不予限制。"（2）明确了逃汇罪的现状。（3）修改了本罪的犯罪主体，即由原来的"全民所有制、集体所有制企业事业单位、机关、团体"修改为"国有公司、企业或者其他国有单位"。

现在看来，1997年《刑法》未将非国有的单位纳入逃汇罪的范围，亦未规定骗购外汇，这显然不利于对骗购外汇犯罪的惩治。从严格意义上说，外汇的骗购行为方式与套取行为方式具有一定程度的区别，难以互相包容，这是由骗购外汇行为和套取外汇行为的本质特性决定的。虽然骗购外汇在本质上是一种套汇行为，但在行为方式上二者有较大区别。因此，尽管在《外汇管理条例》第40条中规定了"构成犯罪的，依法追究刑事责任"，但是在刑法条文中缺乏相应的罪名规定，也就很难对骗购外汇的行为追究刑事责任。另外，骗购外汇行为与逃汇行为也有很大区别且难以互相包容。因为，逃汇的本质在于该存放在境内的外汇存放境外或者将境内的外汇转移到境外的行为，这一特征显然与骗购外汇的行为有很大区别，即对骗购外汇的犯罪行为无法以逃汇罪论处。[2]

为适应打击此类犯罪的需要，1998年12月29日全国人大常委会通过的《关于惩治骗购外汇、逃汇和非法买卖外汇犯罪的决定》对1997年《刑法》有关外汇犯罪规定作了重要修改：其一，增设了骗购外汇罪；其二，扩大了逃汇罪的犯罪主体范围，即由原来的"国有公司、企业或者其他国有单位"修改为"公司、企业或者其他单位"；其三，由原来的以"情节严重"为定罪起点修改为"数额较大"作为定罪起点；其四，修改了法定刑，由原来的"对单位判处罚金，并对其直接负责的主管人员和其他直接负责的责任人员，处5年以下有期徒刑或者拘役"修改为"对单位判处逃汇数额5%以上30%以下罚金，并对其直接负责的主管人员和其他直接责任人员处5年以下有期徒刑或者拘役；数额巨大或者有其他严重情节的，对单位判处逃汇数额5%以上30%以下罚金，并对直接负责的主管人员和其他直接责任人员处5年以上有期徒刑"。

---

[1] 1988年1月21日第六届全国人民代表大会常务委员会第二十四次会议审议通过《全国人民代表大会常务委员会〈关于惩治走私罪的补充规定〉》。

[2] 程宗璋：《对骗购外汇罪的若干探讨》，载《平顶山师专学报》2000年第3期。

（二）洗钱犯罪必备专业知识

1. 洗钱犯罪概述

洗钱活动的过程十分复杂，其模式也并不固定。通常来说，洗钱的过程一般有四个特征。第一，洗钱者首先考虑的是隐藏有关犯罪收益的真正所有权和来源。第二，改变有关金钱的形式，例如，将现金变成金融票据。第三，洗钱过程中尽量避免留下明显的痕迹。第四，洗钱者能够控制洗钱的全过程。

典型的洗钱过程通常被分为三个阶段，即处置阶段、离析阶段和融合阶段，每个阶段都各有其目的及运行模式，洗钱者有时交错运用，以达到最终的清洗目的。

（1）处置阶段

处置阶段亦称放置阶段。处置阶段是指将犯罪收益投入清洗系统的过程。处置阶段是洗钱手法的第一阶段，也是过程中最弱、犯罪者最容易被侦查到的阶段。利用的媒介包括金融机构或非金融机构。主要方法是把非法财产存入银行或者转换为银行票据、国债、信用证等。或者将小面额面钞换大面额面钞、大笔资金分多次小额提取，利用正常的金融工具，掩盖其洗钱的目的；或者将赃钱存到不同账户后，再分别签发支票给第三者，使赃钱有洗钱的目的；或者将赃钱存到不同账户后，再分别签发支票给第三者，使赃钱由洗钱者账户转账到第三者在其他银行户头内，都可避免因现金申报规定而被查到的风险。有的将钱存入地下钱庄，通过地下钱庄将犯罪收益转移到国外，然后进入外国银行。有的用现金在非银行金融机构购买汇票，有的用现金在保险公司购买保险，有的用现金在股票市场购买股票。

（2）离析阶段

离析阶段也叫培植阶段，主要是通过用复杂多层的金融交易，将非法收益及其来源分开，分散其不法所得，从而掩盖查账线索和隐藏罪犯身份。即在不同国家间的错综复杂的交易，或在一国内通过对不同金融工具错综复杂的运用，模糊犯罪收益的真实来源、性质以及犯罪收益与犯罪者的联系，使得犯罪收益与合法资金难以分辨。

（3）融合阶段

融合阶段又叫归并阶段。融合阶段是洗钱链条中的最后阶段，又称为"整合阶段"，被形象地描述为"甩干"，其目的在于使不法回归形式合法，为犯罪得来的资金或者财产提供表面的合法性。犯罪收益经过充分地培植后，已经和合法的资金混同融入合法的金融和经济体制中。此时，犯罪收益已经披上了合法的外衣。犯罪受益人可以自由地使用该犯罪收益了。

在实际操作过程中,三个阶段有时明显,有时则发生重叠,交叉运用,难以截然分开。

2. 洗钱犯罪刑事立法概况

随着社会发展和经济体制的转变,我国刑事立法对于洗钱犯罪的规定经历了一个"从无到有"的过程。以下几个发展阶段可以具体体现我国有关洗钱犯罪的刑事立法轨迹:

第一阶段,受计划经济体制的限制,我国 1979 年《刑法》没有也不可能规定洗钱犯罪。一是因为当时我国还没有全面实行对外开放,其他国家和地区的洗钱犯罪行为对我国的影响极小,刑法中规定洗钱犯罪似乎没有必要;二是我国对金融领域还实行较为严格的管制,金融的流通功能并没有像现在这样,洗钱较难出现,刑法中规定洗钱犯罪没有客观基础;三是由于历史的局限性和立法者立法经验的欠缺,1979 年《刑法》对新型犯罪,尤其是经济领域方面的大量犯罪没有具体规定,表现出明显的滞后性。

第二阶段,20 世纪 80 年代后期,随着改革开放的深入和新兴市场经济体制的建立,规定经济犯罪的单行刑法不断涌现。在新的经济条件下,犯罪的形式和性质也相应发生了重大变化,1979 年《刑法》的局限性日渐明显,我国刑事立法者不得不根据国家经济形势的变化和同犯罪作斗争的实际需要,不断出台单行刑法增加了大量的经济犯罪和新型犯罪,以便对 1979 年《刑法》进行修改和补充。[①] 由于我国在 1989 年 9 月 4 日第七届全国人大常委会第九次会议通过了《关于批准〈联合国禁止非法贩卖麻醉药品和精神药物公约〉的决定》,而该公约要求缔约国在国内法中将隐瞒或者掩饰贩毒犯罪收益确立为刑事犯罪,为了履行公约所要求的立法义务,我国于 1990 年 12 月 28 日由第七届全国人大常委会第十七次会议通过了《关于禁毒的决定》。该决定第 4 条明确规定:"掩饰、隐瞒出售毒品获得财物的非法性质和来源的,处七年以下有期徒刑、拘役或者管制,可以并处罚金。"这是我国在国内法中首次将隐瞒或者掩饰犯罪收益的洗钱活动规定为犯罪,但是在《关于禁毒的决定》中没有出现"洗钱"这一专门术语,而是仅将对毒赃的清洗行为规定为犯罪,具体罪名为掩饰、隐瞒毒赃性质、来源罪。

第三阶段,在我国 1997 年新《刑法》的形成过程中,立法者决定在《关于禁毒的决定》确立掩饰、隐瞒毒赃性质、来源罪的基础上增设洗钱犯罪。我国 1997 年《刑法》第 191 条明确规定,明知是毒品犯罪、黑社会性质的组

---

① 为了及时调整和处理各种新的社会关系,打击各类犯罪活动,从 1981 年 6 月起到 1995 年 10 月止,全国人大常委会先后通过了 23 个刑法修改补充规定和决定。

织犯罪、走私犯罪的违法所得及其产生的收益，为掩饰、隐瞒其性质和来源，有下列行为之一的，构成洗钱罪：（1）提供资金账户的；（2）协助将财产转换为现金或者金融票据的；（3）通过转账或者其他结算方式协助资金转移的；（4）协助将资金汇往境外的；（5）以其他方式掩饰、隐瞒犯罪的违法所得及其收益的来源和性质的。单位犯前款罪的，对单位判处罚金，关对其直接负责任的主管人员和其他直接责任人员，处5年以下有期徒刑或者拘役。刑法的这一规定将犯罪对象由"贩毒收益"扩大至"毒品犯罪、黑社会性质的组织犯罪、走私犯罪的违法所得及其产生的收益"，并增设了"单位犯罪主体，具体罪名为洗钱罪"。

第四阶段，对1997年《刑法》"洗钱罪"上游犯罪的不断修改完善。第一，《刑法修正案（三）》对洗钱罪的修改。2001年9月11日，美国纽约世贸大楼与华盛顿五角大楼遭到恐怖分子袭击之后，在全世界范围内掀起了反恐怖主义的斗争，我国也不例外。为了惩治恐怖活动犯罪，保障国家和人民生命、财产的安全，维护社会秩序，第九届全国人大常委会第二十五次会议与2001年12月29日通过了《刑法修正案（三）》。该修正案第7条对原《刑法》第191条规定的洗钱罪作了两点重要修改：首先，将洗钱罪上游犯罪的范围从刑法规定的三种犯罪，即毒品犯罪、黑社会性质的组织犯罪和走私犯罪增加到四种，即增加了恐怖活动犯罪，以适应世界反恐怖斗争的需要；其次，提高了单位犯洗钱罪的法定刑，对于情节严重的单位犯罪，对直接负责的主管人员和其他直接责任人员，可以出5年以上10年以下有期徒刑。依照这一修正案的内容，自然人犯洗钱罪受到的处罚和单位犯洗钱罪直接负责的主管人员和直接责任人员受到的处罚是一致的，最高刑均为10年有期徒刑。第二，《刑法修正案（六）》对洗钱罪的再次修改。2006年6月29日，第十届全国人大常委会第二十二次会议通过的《刑法修正案（六）》再一次对刑法规定的洗钱罪作了修正。这次修正案所作的主要是对洗钱罪的上游犯罪作扩大规定。即在刑法规定洗钱罪的上游犯罪包括走私罪、毒品犯罪、黑社会性质犯罪和恐怖活动犯罪等的基础上，又将贪污贿赂犯罪和金融犯罪（包括破坏金融管理秩序犯罪和金融诈骗犯罪）列入其中。经过这次修改，应该说现行《刑法》中对洗钱罪的相关规定已经基本能满足司法实践的打击犯罪需要，并符合国际公约的要求。

第五阶段，专项立法的出台。2006年10月31日第十届全国人大常委会第二十四次会议通过了《反洗钱法》，该法已于2007年1月1日正式实施。①由于有关洗钱犯罪的刑事责任已经由《刑法》及相关修正案做出了规范，因此，《反洗钱法》主要任务是预防监控洗钱活动、遏制洗钱犯罪及其上游犯罪，并维护金融管理秩序、保障国家经济安全。

综合上述我国有关洗钱犯罪立法轨迹，不难发现以下特点：

第一，我国刑法中洗钱罪这一罪名的从无到有，直接体现和反映了我国市场条件下金融业的快速发展以及我国对外交往日益扩大的现状和过程。

第二，我国刑法将洗钱罪从赃物犯罪中分离出来独立犯罪，顺应了司法实践的需要，也反映了立法者对惩治洗钱犯罪的重视程度。尽管洗钱罪也具有一些赃物犯罪的特征，但是由于其侵犯的主要客体是金融管理秩序，社会危害性主要体现为正常金融管理秩序的破坏，因此如果以赃物犯罪对其进行定罪处罚显然不妥。修订后的《刑法》将其独立设罪，不仅适应了司法实践的需要，真正做到罪刑相衡，而且可以提高人们对惩治洗钱犯罪的重视程度。

第三，我国刑法中有关洗钱罪的完善有一个渐进过程，其涉及范围（特别是上游犯罪的范围）有逐步扩大的趋势，这不仅是受立法和司法对洗钱犯罪社会危害性逐步认识的影响，也多多少少受到国际社会对我们的要求以及其他国家和地区相关立法的影响。

3. 洗钱犯罪的新近发展

（1）洗钱犯罪手法不断更新，打击洗钱犯罪难度加大。

最原始的洗钱方式是通过现金流转来完成的，最为典型的是简单的现金搬运，利用车船、飞机等现代交通工具完成资金转移，通过海关进出境携带大量现金或者多次携带现金等方式直接完成洗钱。另外，利用存在大量现金周转的零售业为掩盖进行的非法资金转移，通过开办高价值消费品企业、餐饮娱乐业等现金流多的商业形式进行洗钱。随着金融服务业的发展和打击洗钱犯罪力度加大，这些简单的洗钱方式越来越不安全，因此产生了通过银行等金融机构进行洗钱的方式，目前这种洗钱方式仍是最重要的一种洗钱方式。利用银行的金融工具和多种账户、多国账户以及小额交易等形式，进行资金转移，以达到洗钱的目的。当然，银行等金融机构洗钱必须有实物企业公司的辅助，否则容易

---

① 在此之前，2003年1月中国人民银行连续发布了第1号令、第2号令和第3号令（2003年3月1日起正式实施），公布了《金融机构反洗钱规定》、《人民币大额和可疑支付交易报告管理办法》、《金融机构大额和可疑外汇资金交易报告管理办法》。这些规定和管理办法对金融机构提出了反洗钱的原则要求和操作规范，促进了金融领域反洗钱法律框架的建立，初步构建了我国金融机构反洗钱的法律体系。

引发怀疑，因此空壳公司与金融机构的配合使得洗钱更加隐蔽。尤其是，跨境洗钱时往往找一些离岸群岛注册公司企业，方便进行洗钱。随着国际贸易和信息技术的发展，洗钱电子化、网络化趋势越加明显。在证券、期货市场以及国际大宗交易当中，洗钱变得越来越隐蔽，电子支付、网络交易也使得洗钱活动在全球进行扩展，使得打击洗钱类犯罪变得越发困难。

（2）我国洗钱犯罪的新特点：

①利用洗钱方式将贪腐犯罪所得转移至境外的案件成为洗钱犯罪新的增长点。国内贪官以及其他违法犯罪分子利用金融监管漏洞，将非法所得通过移民、投资、开办公司等形式转移至境外。洗钱犯罪和腐败犯罪成为一对共生体。

②引进外资的过程中，给境外洗钱提供了新的渠道。境外洗钱机构利用我国对外资的税收优惠和法律优惠等制度，将脏钱以外资的形式输入我国，通过投资漂白，再转移出去。

③银行体系不健全，银行业存贷竞争给洗钱者提供了机会，金融市场上洗钱也逐渐起步，借助银行系统和金融交易进行洗钱的犯罪活动越来越多。

④国际犯罪集团入境洗钱活动频繁。由于国外对洗钱犯罪打击力度加大，而中国经济高速发展，大量热钱涌入，但国内反洗钱法制仍不健全，因此国际犯罪集团纷纷将国外进行违法犯罪活动所得非法收益转入中国，通过投资和金融交易，在中国境内洗钱，然后将赢利以合法形式转回。[①]

⑤地下钱庄活动猖獗。在沿海发达地区，地下钱庄为非法外汇交易提供了新的渠道，有些外向型企业为了获取外汇，由于国家实行外汇管制，通过正常渠道获得外汇数额受限且手续烦琐。因此，地下钱庄便从事非法买卖外汇、参与洗钱活动。目前地下钱庄已经成为非法收入进行洗钱的工具，成为沿海地区资本外逃的一个重要渠道。

二、逃汇罪

逃汇罪，是指公司、企业或者其他单位，违反国家规定，擅自将外汇存放境外，或者将境内的外汇非法转移到境外，数额较大的行为。

（一）犯罪构成要件

1. 客体

本罪侵害的客体是国家的外汇管理制度。本罪的犯罪对象是外汇。实施外

---

① 顾肖荣、周骏如、涂龙科等：《当前金融犯罪新问题研究》，黑龙江人民出版社2008年版，第132页。

汇管理，有利于国家外汇资金的集中使用，保护我国贸易的发展；有利于防止资本逃避，维持国际收支平衡；有利于增强人民币信誉，提高我国的经济地位；有利于稳定国内物价，促进经济平衡、协调发展。所以为了保持国际收支平衡，促进国民经济健康发展，必须加强外汇管理，规范外汇市场。为了有效地惩治逃汇行为，《外汇管理条例》第39条规定，实施逃汇行为的，由外汇管理机关责令限期调回外汇，强制收兑，并处逃汇金融30%以上5倍以下的罚款；构成犯罪的，依法追究刑事责任。1979年《刑法》并未规定逃汇罪。1997年修订《刑法》时，在第190条增设了本罪，即国有公司、企业或者其他国有单位，违反国家规定，擅自将外汇存放境外，或者将境内的外汇非法转移到境外，情节严重的，对单位判处罚金，并对其直接负责的主管人员和其他直接责任人员，处5年以下有期徒刑或者拘役。1998年12月29日全国人大常委会《关于惩治骗购外汇、逃汇和非法买卖外汇犯罪的决定》的第3条对逃汇罪进行了修改：公司、企业或者其他单位，违反国家规定，擅自将外汇存放境外，或者将境内的外汇非法转移到境外，数额较大的，对单位判处逃汇数额5%以上30%以下罚金，并对直接负责的主管人员和其他直接责任人员处5年以下有期徒刑或者拘役；数额巨大或者有其他严重情节的，对单位判处逃汇数额5%以上30%以下罚金，并对其他直接负责的主管人员和其他直接责任人员处5年以上有期徒刑。

2. 客观方面

本罪在客观方面表现为违反国家规定，擅自将外汇存放境外，或者将境内的外汇非法转移至境外，情节严重的行为。主要应当注意以下几点：

（1）行为违反了国家规定。这是本罪成立的一个特定前提。这里的国家规定，是指有关国家外汇管理的规定，如《外汇管理条例》、《结汇、售汇、付汇管理规定》、《境内外汇账户管理规定》、《境外外汇账户管理规定》等。

（2）行为人实施了逃汇的行为。所谓逃汇，是指擅自将外汇存放境外，或者将境内的外汇非法转移到境外。根据《外汇管理条例》第39条的规定，逃汇行为主要有以下几种：

①违反国家规定擅自将外汇存放在境外的；

②不按照国家规定将外汇卖给指定银行的；

③违反国家规定汇出外汇或者携带出境的，如以投资的名义将外汇转移至国外的；

④未经外汇管理机关批准，擅自将外币存款凭证、外币有价证券携带或者邮寄出境的；

⑤其他逃汇的行为。

(3) 行为必须达到了"情节严重"的程度，即擅自将外汇存放境外，或者境内的外汇非法转移至境外的逃汇行为只有达到了"情节严重"的程度，才能构成犯罪，否则，只能按一般违法处理。

3. 犯罪主体

本罪的主体是特殊主体，是纯正的单位犯罪，即只有公司、企业或者其他单位才能构成犯罪，自然人不能构成犯罪的主体。这是刑法中为数不多的没有规定自然人犯罪而只规定单位可以构成犯罪主体且又实行两罚制的犯罪。根据全国人大常委会《关于惩治骗购外汇、逃汇和非法买卖外汇犯罪的决定》，本罪的主体已由1997年《刑法》规定的特殊主体"国有公司、企业或者其他国有单位"改为"公司、企业或者其他单位"。因此，所有单位都能成为本罪的主体。

4. 主观方面

本罪在主观方面只能由故意构成，即行为人明知擅自将外汇存放境外，或者将境内的外汇非法转移到境外的行为违反国家规定，而仍旧实施。过失不构成本罪。

(二) 疑难点司法认定

1. 罪与非罪

本罪是情节犯，本罪与一般逃汇行为的界限，以"情节严重"入罪条件。对于"情节严重"的判断可以参照2010年5月7日最高人民检察院、公安部《关于公安机关管辖的刑事案件立案追诉标准的规定（二）》第46条的规定处理，公司、企业或者其他单位，违反国家规定，擅自将外汇存放境外，或者将境内的外汇非法转移到境外，单笔在200万美元以上或者累计数额在500万美元以下的，应予立案追诉。

2. 本罪与骗购外汇罪的界限

两者侵犯的客体都是国家外汇管理制度，犯罪对象都是外汇，客观方面均以违反国家外汇管理规定和"数额较大"为构成要件，主观方面都表现为故意。二罪的区别主要体现在：

（1）行为表现不同。骗购外汇罪表现为骗购外汇；逃汇罪则表现为擅自将外汇存放境外，或者不存入国家指定银行，或者将境内的外汇非法转移到境外。

（2）犯罪主体不同。骗购外汇罪的主体是一般主体，既可以由自然人构成，也可由单位构成；逃汇罪则属于纯正单位犯罪，只能由公司、企业或者其他单位构成。

3. 本罪与走私罪的区分

在全国人大常委会《关于惩治走私罪的补充规定》颁布之前，逃汇罪被规定在走私罪或者投机倒把罪中。而从理论上分析，外汇管理制度是国家对外贸实施管制的措施之一。也正因为如此，过去无论在立法上，还是在理论上，对于进出境而逃汇套汇的，都曾认为应当以走私论处，这主要是因为走私罪和逃汇罪在客体上存在非常密切的关系，都可能引起国家外汇收入的减少。1997年《刑法》将走私罪和逃汇罪分别列为独立的罪名，二者的主要区别在于：

（1）侵犯国家的外汇管理制度并不必然侵犯国家的对外贸易管理制度；

（2）在主体上，走私罪的主体既包括自然人，也包括单位，而逃汇罪只能是单位，个人不能成为本罪的主体；

（3）在客观行为上，走私罪表现为逃避海关监督，非法运输、携带、邮寄货物、物品进出国（边）境，而逃汇罪的行为是将外汇擅自存放境外，或者将境内的外汇非法转移到境外。

在两罪的界限上，理论界争议较大的问题是，外汇能否作为走私罪的对象？对于携带外汇出境的，是按走私罪处理，还是按逃汇罪处理？有的学者认为，由于外汇亦是限制进出境的物品，因而可以成为走私罪的对象。司法实践中，行为人将境内的外汇非法转移到境内的行为，有时还会违反海关法规，逃避海关监管，从而具备走私性质。易言之，行为人所实施的行为往往不仅同时触犯逃汇罪，而且还可能构成走私罪。这实际上属于刑法理论中一行为同时触犯数罪名的想象竞合犯之情形。对此应依想象竞合犯"从一重罪处断"的原则定罪处罚。① 有的学者认为上述情形构成牵连犯，应按牵连犯的处理原则，择一重罪并从重处断。② 但上述观点都是值得商榷的，对于携带外汇出境行为的定性理应具体问题具体分析。首先，从犯罪对象上说，外汇可以成为走私罪的对象，因为我国刑法中的逃汇罪在其成为独立罪名前就是作为走私罪处理的。其次，就行为主体而言，如果自然人实施携带外汇出境的行为，因为不符合逃汇罪的主体要件，只能以走私罪处理。最后，如果单位实施携带外汇出境的行为，则产生逃汇罪与走私罪法条的竞合，如同诈骗罪与招摇撞骗罪一样，有部分内容发生重合，按竞合的处理原则——重法优于轻法，应择一重罪处断。

---

① 赵秉志主编：《刑法相邻相近罪名界定与运用》，吉林人民出版社2000年版，第439页。

② 马克昌主编：《经济犯罪新论》，武汉大学出版社1998年版，第339页。

(三) 办案依据查询与适用

1.《中华人民共和国刑法》(1997年10月1日起施行)(节录)

第一百九十条 [逃汇罪] 公司、企业或者其他单位,违反国家规定,擅自将外汇存放境外,或者将境内的外汇非法转移到境外,数额较大的,对单位判处逃汇数额百分之五以上百分之三十以下罚金,并对其直接负责的主管人员和其他直接责任人员处五年以下有期徒刑或者拘役;数额巨大或者有其他严重情节的,对单位判处逃汇数额百分之五以上百分之三十以下罚金,并对其直接负责的主管人员和其他直接责任人员处五年以上有期徒刑。

【理解与适用】 本条为第九届全国人民代表大会常务委员会第六次会议通过的《关于惩治骗购外汇、逃汇和非法买卖外汇犯罪的决定》(1998年12月29日,主席令第14号)第3条所修订。1997年《中华人民共和国刑法》原条文为:"国有公司、企业或者其他国有单位,违反国家规定,擅自将外汇存放境外,并对其直接负责的主管人员和其他直接责任人员,处五年以下有期徒刑或者拘役。"

2. 最高人民检察院、公安部《关于公安机关管辖的刑事案件立案追诉标准的规定(二)》(2010年5月7日 公通字〔2010〕23号)(节录)

第四十六条 公司、企业或者其他单位,违反国家规定,擅自将外汇存放境外,或者将境内的外汇非法转移到境外,单笔在200万美元以上或者累计数额在500万美元以下的,应予立案追诉。

3. 最高人民法院、最高人民检察院、公安部《关于印发〈办理骗汇、逃汇犯罪案件联席会议纪要〉的通知》(1999年6月7日 公通字〔1999〕39号)(节录)

全国人大常委会《关于惩治骗购外汇、逃汇和非法买卖外汇犯罪的决定》公布施行后发生的犯罪行为,应当依照《决定》办理;对于《决定》公布施行前发生的公布后尚未处理或者正在处理的行为,依照修订后的刑法第十二条第一款规定的原则办理。

三、骗购外汇罪

骗购外汇罪,是指违反国家外汇管理法规,使用伪造、变造的海关签发的报关单、进口证明、外汇管理部门核准件等凭证和单据,或者重复使用海关签发的报关单、进口证明、外汇管理部门核准件等凭证和单据,或者以其他方式骗购外汇,数额较大的行为。

（一）犯罪构成要件

1. 客体

本罪侵犯的客体是国家外汇管理制度。骗购外汇的行为严重地侵犯了国家的外汇管理制度，破坏了国家对外汇的管理与监督，影响了国家对外贸易的顺利进行与国民经济的发展。1979年《刑法》与1997年修订《刑法》都没有规定本罪。随着骗购外汇行为的日益严重，国家为了有效地惩治骗购外汇这种严重的不法行为，全国人大常委会《关于惩治骗购外汇、逃汇和非法买卖外汇犯罪的决定》第1条增设了骗购外汇罪。

2. 客观方面

本罪在客观方面表现为违反国家外汇管理规定，骗购外汇、数额较大的行为。本罪的客观方面主要需注意以下几点：

（1）行为违反了国家外汇管理的规定；

（2）行为人实施了骗购外汇的行为。根据全国人大常委会《关于惩治骗购外汇、逃汇和非法买卖外汇犯罪的决定》第1条的规定，骗购外汇主要有以下几种表现方式：①使用伪造、变造的海关签发的报关单、进口证明、外汇管理部门核准件等凭证和单据，骗购外汇的。海关签发的报关单包括进、出口货物报关单和登记手册。报关单，是指进出口单位向海关申报货物进、出口的单证。报关单是海关查验和审批货物进、出口的主要单证。进口证明包括进口许可证、进口批件等。外汇管理部门核准件，则指经外汇管理局或者其分局、支局核发的售汇通知单、外汇担保登记证等。②重复使用海关签发的报关单、进口证明、外汇管理部门核准件等凭证和单据，骗购外汇的。③以其他方式骗购外汇的。

3. 主体

与逃汇罪主体只能由单位构成不同的是，骗购外汇罪的主体既可以由自然人构成也可以由单位构成，且均为一般主体。在司法实践中，实施骗购外汇行为的多为单位，自然人较少。而单位犯罪中，单位主体多为具有进出口经营权的外贸公司、企业或者其他单位。对于单位的所有制性质和所属行业，法律没有做出限制性规定。因此，无论何种所有制性质和行业的公司、企业、事业单位、机关、团体都可以成为本罪的主体。根据全国人大常委会《关于惩治骗购外汇、逃汇和非法买卖外汇犯罪的决定》第1条第4款规定，单位犯骗购外汇罪的，对单位依照第1款的规定判处罚金，并对其直接负责的主管人员和其他直接责任人员，处五年以下有期徒刑或者拘役；数额巨大或者有其他严重情节的，处五年以上十年以下有期徒刑；数额特别巨大或者有其他特别严重情节的，处十年以上有期徒刑或者无期徒刑。

4. 主观方面

骗购外汇罪行为人主观上只能是故意,这显然没有异议。但是,有的学者认为,本罪的主观方面可以包括间接故意。因为全国人大常委会《关于惩治骗购外汇、逃汇和非法买卖外汇犯罪的决定》并没有将骗购外汇罪的故意限定在直接故意范围,而且从实践中发生的案件看,放任骗购外汇结果发生的案件并不在少数。因此,骗购外汇罪在主观上包括直接故意和间接故意。《关于惩治骗购外汇、逃汇和非法买卖外汇犯罪的决定》没有规定骗购外汇罪的目的,也表明立法本意未对故意的范围做出任何限定。① 但是上述看法是值得商榷的,因为本罪实质上是一种"骗购"外汇的行为,即行为人的行为实际上是欺骗与购买行为的结合。在这种情况下,行为人购买外汇必然是持积极追求态度的,不可能是放任。"骗购"行为必然具有目的性,也是不言自明的,法律不必做特别的限定。上述学者认为该决定未规定"目的"表明本罪可以不具有目的性,是不能成立的,因为刑法中的许多犯罪目的并不一定都表明在条文之中。既然本罪主观上有非法购取外汇的目的,目的犯的罪过形式就必然是直接故意,不可能存在间接故意。

另外,考察犯罪动机往往有利于案件的侦办。本罪的犯罪动机多种多样,有学者将本罪的犯罪动机归纳为以下几种:其一,用于违法犯罪活动,谋取非法利益。有些犯罪分子进行走私、逃汇、洗钱、骗取出口退税等违法犯罪活动需要大量外汇,就不惜采取各种欺骗手段骗购国家外汇。如行为人利用非设关码头走私、低报伪报走私、大量偷漏应缴关税,少报或者未报的那部分贷款需要对外付汇的,走私分子即采取以假报关单骗购外汇的方式支付境外贷款。有些单位为了逃避国家对自己所取得的外汇的管理,达到将境内的外汇存放境外的目的,不惜通过骗购外汇的方式,将自己账户上的外汇支付到境外存放。有的犯罪分子通过走私、贩毒、实施黑社会性质犯罪取得了大量非法所得,为了使非法所得合法化,犯罪分子不惜利用属于非法所得的赃款骗购外汇,达到洗钱的目的。此外,近一段时期以来,出口退税货物高报价格非常严重,有的比正常价格高报几倍甚至几十倍,可以骗取大额出口退税款,其高报的价格为了与出口外汇核销达到平衡,势必进行相应的外汇支付,行为人便使用假报关单进行骗汇。其二,用于炒汇,谋取暴利。东南亚金融危机爆发后,港澳两地与内地的外汇存款利率存在一定差价,致使外汇黑市交易死灰复燃。目前,一些沿海城市出现了"地下钱庄",他们以集团化形式,专门以伪造合同、单证等手法为一些企业、商人服务,骗取外汇、赚取中间差额。其三,非法持有、使

---

① 张相军:《骗购外汇罪的认定与处罚》,载《刑事司法指南》(第1期),法律出版社2000年版,第80页。

用。在当前国际金融市场动荡不安的大环境下，人们对人民币抱怀疑态度，一些外商和国内商人听信谣言，产生了不恰当的心理预测，急于把资本或者利润转移到境外，于是将人民币通过骗汇的形式汇往境外。一些公民认为外汇尤其是美元是"硬通货"，不存在贬值问题。他们为了使自己的合法收入不贬值，也将人民币骗购成外汇持有。且在本国或者周边国家货币贬值的情况下，持外汇在本国或者外国购物更加具有价值。① 应当认为，本罪行为人的犯罪动机可能多种多样，但是，其犯罪动机的内容不影响本罪的构成。

（二）疑难点司法认定

1. 本罪与诈骗罪的区分

骗购外汇罪与诈骗罪都有一个"骗"字，行为方式上都实施了虚构事实、隐瞒事实真相的行为，主观上都是直接故意，并且都有一定的非法目的，因此有相似之处。但是它们仍然存在区别，具体而言：

第一，犯罪客体不同。骗购外汇罪的客体是国家外汇管理秩序中的进口售汇核销管理制度，属于破坏金融管理秩序犯罪。而诈骗罪的客体是他人公私财物的所有权，属于侵犯财产犯罪。

第二，犯罪客观要件不同。骗购外汇罪的行为方式是使用伪造、变造的海关签发的报关单、进口证明、外汇管理部门核准件等凭证和单据，或者重复使用海关签发的报关单、进口证明、外汇管理部门核准件等凭证和单据，或者以其他欺骗方法，向外汇指定银行骗购外汇，其行为特征突出表现为骗购外汇。而诈骗罪的行为方式是虚构事实、掩盖真实情况骗取他人财物。

第三，犯罪的被害人不同。骗购外汇罪的被害方只能是外汇指定银行，这是由我国的外汇结售体制所决定的。而诈骗罪的被害人则没有对象的限制，可以是自然人，也可以是单位，可以是中国人，也可以是外国人。

第四，犯罪对象不同。骗购外汇罪的对象只能是外汇，而不能是人民币。而诈骗罪的对象则泛指公私财物，可以是人民币，也可以是外汇，可以是钱款，也可以是物品。

第五，犯罪主体不同。骗购外汇罪的主体既可以是自然人，也可以是单位，单位多为外贸代理企业。诈骗罪的主体只能是自然人，不能是单位。

2. 本罪与合同诈骗罪的界限

根据全国人大常委会《关于惩治骗购外汇、逃汇和非法买卖外汇犯罪的决定》第7条规定，金融机构、从事对外贸易经营活动的公司、企业的工作

---

① 蒋兰香：《论骗购外汇罪》，载《湖南省政法管理干部学院学报》1999年第5期。

人员严重不负责任，造成大量外汇被骗购，致使国家利益遭受重大损失的，依据《刑法》第167条的规定以签订、履行合同失职被骗罪定罪处罚。显然，《关于惩治骗购外汇、逃汇和非法买卖外汇犯罪的决定》把行为人向外汇指定银行骗购外汇的活动视为发生在签订、履行合同过程中的行为。

有的学者认为，对于以虚假、无效的凭证和单据向外汇指定银行骗购外汇的行为人而言，其实施的骗购外汇行为也属于合同诈骗行为，两罪之间存在法条竞合关系。按照特别法优于普通法的原则，应按骗购外汇罪定罪。[1] 但是，这种观点是值得商榷的。从全国人大常委会《关于惩治骗购外汇、逃汇和非法买卖外汇犯罪的决定》的上述规定得不出骗购外汇罪与合同诈骗罪是特别法与普通法之间的法条竞合关系的结论。因为合同诈骗罪是无偿地非法占有他人的财物，而骗购外汇罪虽然在取得外汇的手段上有"欺骗"的方法，但它是通过交付一定对价的人民币而取得的，可以说是有偿取得。这种通过对价交换而取得外汇的行为，是一种破坏金融管理秩序的欺诈行为，但不是非法占有他人财物意义上的合同诈骗罪。因此，两罪之间不是法条竞合关系。签订、履行合同过程中的欺诈行为并不等于合同诈骗罪。从构成要件看，两罪的区别与本罪和诈骗罪的区别相仿，在此不再赘述。

（三）办案依据查询与适用

1. 全国人民代表大会常务委员会《关于惩治骗购外汇、逃汇和非法买卖外汇犯罪的决定》（1998年12月29日 主席令第14号）

一、有下列情形之一，骗购外汇，数额较大的，处五年以下有期徒刑或者拘役，并处骗购外汇数额百分之五以上百分之三十以下罚金；数额巨大或者有其他严重情节的，处五年以上十年以下有期徒刑，并处骗购外汇数额百分之五以上百分之三十以下罚金；数额特别巨大或者其他特别严重情节的，处十年以上有期徒刑或者无期徒刑，并处骗购外汇数额百分之五以上百分之三十以下罚金或者没收财产：

（一）使用伪造、变造的海关签发的报关单、进口证明、外汇管理部门核准件等凭证和单据的；

（二）重复使用海关签发的报关单、进口证明、外汇管理部门核准件等凭证和单据的；

（三）以其他方式骗购外汇的。

---

[1] 赵秉志主编：《破坏金融管理秩序犯罪疑难问题司法对策》，吉林人民出版社2000年版，第421页。

伪造、变造海关签发的报关单、进口证明、外汇管理部门核准件等凭证和单据，并用于骗购外汇的，依照前款的规定从重处罚。

明知用于骗购外汇而提供人民币资金的，以共犯论处。

单位犯前三款罪的，对单位依照第一款的规定判处罚金，并对其直接负责的主管人员和其他直接责任人员，处五年以下有期徒刑或者拘役；数额巨大或者有其他严重情节的，处五年以上十年以下有期徒刑；数额特别巨大或者有其他特别严重情节的，处十年以上有期徒刑或者无期徒刑。

【理解与适用】 本条为1998年12月29日全国人大常委会《关于惩治骗购外汇、逃汇和非法买卖外汇犯罪的决定》第一条所增设。本条在刑法典中没有条文顺位，李立众主编的《刑法一本通》里将其编为"第一百九十条之一"，但同时提到，刑事判决书中引用本条文的时候，应该严格引用"《关于惩治骗购外汇、逃汇和非法买卖外汇犯罪的决定》第一条"的序号。

2. 全国人大常委会《关于惩治骗购外汇、逃汇和非法买卖外汇犯罪的决定》（1998年12月29日第九届全国人民代表大会常务委员会第六次会议通过）（节录）

第五条 海关、外汇管理部门以及金融机构、从事对外贸易经营活动的公司、企业或者其他单位的工作人员与骗购外汇或者逃汇的行为人同谋，为其提供购买外汇的有关凭证或者其他便利的，或者明知是伪造、变造的凭证和单据而售汇、付汇的，以共犯论，依照本决定从重处罚。

3. 最高人民法院、最高人民检察院、公安部《关于公安机关管辖的刑事案件立案追诉标准的规定（二）》（2010年5月7日 公通字〔2010〕23号）（节录）

第四十七条 骗购外汇，数额在50万美元以上的，应予立案追诉。

四、洗钱罪

洗钱罪是指明知是毒品犯罪、黑社会性质的组织犯罪、恐怖活动犯罪、走私犯罪、贪污贿赂犯罪、破坏金融管理秩序犯罪、金融诈骗犯罪的违法所得及其产生的收益，以非法手段掩饰、隐瞒其来源和性质的行为。

（一）犯罪构成要件

1. 客体

本罪侵犯的犯罪客体是国家金融管理制度和司法机关的正常活动。本罪的犯罪对象是特定的，即作为"上游犯罪"违法所得的及其产生的收益。这里的"上游犯罪"，1997年修订《刑法》将其界定为毒品犯罪、黑社会性质的组织犯罪、走私犯罪；《刑法修正案（三）》与《刑法修正案（六）》又分别将恐怖活动犯罪与贪污贿赂犯罪、破坏金融管理秩序、金融诈骗犯罪纳入进来。

2. 客观方面

本罪在客观方面表现为对毒品犯罪、黑社会性质的组织犯罪、恐怖活动犯罪、走私犯罪、贪污贿赂犯罪、破坏金融管理秩序犯罪、金融诈骗犯罪的违法所得及其产生的收益，以非法手段掩饰、隐瞒其来源和性质的行为。具体表现为以下五种形式：（1）提供资金账户。为上游犯罪分子提供自己在金融机构开立的各种资金账户，或者为上游犯罪分子开立新的资金账户，使赃款与持有人在形式上分离，掩盖持有人的真实身份。（2）协助将财产转换为现金或者金融票据。将上游犯罪所得现金之外的财产通过变卖、换购、典当等形式，换成现金或者金融票证。（3）通过转账结算方式协助资金转移。利用汇票、本票、支票等金融票证或者电汇、网银、托收承付、委托收款等方式，将赃款从一个账户转移到另外的账户。（4）协助将资金汇往境外。（5）以其他方法掩饰、隐瞒犯罪的违法所得及其收益的来源和性质。这里的"其他方法"参考适用2009年11月11日最高人民法院《关于审理洗钱等刑事案件具体应用法律若干问题的解释》第2条的相关规定。

3. 主体

本罪犯罪主体为一般主体，即达到刑事责任年龄且具有刑事责任能力的自然人均可构成。单位亦能成为本罪主体。需要指出的是，实施毒品犯罪、黑社会性质的组织犯罪、恐怖活动犯罪、走私犯罪、贪污贿赂犯罪、破坏金融管理秩序犯罪、金融诈骗犯罪的犯罪分子为自己掩饰、隐瞒犯罪的违法所得及其收益的性质和来源的，则成立刑法上的吸收犯，按吸收犯的理论，重行为吸收轻行为，从一重罪定罪量刑，应按其所实施的毒品犯罪、黑社会性质的组织犯罪、恐怖活动犯罪、走私犯罪处罚，不实行数罪并罚。

4. 主观方面

本罪的主观方面由故意构成，并且只能是直接故意，即行为人明知是毒品犯罪、黑社会性质的组织犯罪、恐怖活动犯罪、走私犯罪、贪污贿赂犯罪、破坏金融管理秩序犯罪、金融诈骗犯罪的违法所得及其产生的收益而掩饰、隐瞒其非法性之和来源。行为人的目的就是将"黑钱"洗成"白钱"，即将赃款转化为合法收入。如果行为人的目的就是将不知道这是上述几种特定犯罪的违法所得及其产生的收益，而误认为是合法的财物，就不构成犯罪。

应当注意的是，若行为人事前与毒品犯罪、黑社会性质的组织犯罪、恐怖活动犯罪、走私犯罪、贪污贿赂犯罪、破坏金融管理秩序犯罪、金融诈骗犯罪通谋的，应以毒品犯罪、黑社会性质的组织犯罪、恐怖活动犯罪、走私犯罪、贪污贿赂犯罪、破坏金融管理秩序犯罪、金融诈骗犯罪的共犯论处。在这种情况下，不能再以洗钱罪追究行为人的刑事责任。

（二）疑难点司法认定

1. 罪与非罪

本罪是行为犯，其不以"数额较大"、"情节严重"及其他危害结果为构成要件。只要行为人实施了上述五种洗钱行为之一，就构成犯罪，并且成立本罪的既遂。另外，本罪的犯罪对象是特定的，即毒品犯罪、黑社会性质的组织犯罪、恐怖活动犯罪、走私犯罪、贪污贿赂犯罪、破坏金融管理秩序犯罪、金融诈骗犯罪的违法所得及其产生的收益。若行为人掩饰、隐瞒的不是上述犯罪的违法所得及其产生的收益，就不构成本罪。

2. 本罪与掩饰、隐瞒犯罪所得及其产生的收益罪的界限

《刑法修正案（六）》将《刑法》第312条规定的窝藏、转移、收购、销售赃物修改为：明知是犯罪所得及其产生的收益而予以窝藏、转移、收购、代为销售后以其他方法掩饰、隐瞒的，处3年一年有期徒刑、拘役或者管制，并处或者单处罚金；情节严重的，处3年以上7年以下有期徒刑，并处罚金。罪名也相应修改为掩饰、隐瞒犯罪所得及其产生的收益罪。本罪与掩饰、隐瞒犯罪所得及其产生的收益罪都侵犯了司法机关的正常活动，行为人都是在明知是犯罪分子的违法所得及其产生的收益的情况下，仍给予犯罪分子帮助，都是行为犯，都是直接故意犯罪。两者的区别是：（1）客体不同。本罪侵犯的是双重客体，即国家金融管理制度和司法机关的正常活动；后者侵犯的是单一客体，即司法机关的正常活动。（2）犯罪对象不同。本罪的犯罪对象是上述其中特定犯罪的违法所得及其产生的收益；后者泛指一切犯罪的违法所得及其产生的收益。（3）行为方式不同。洗钱的方式有五种，上文已表述，此不赘述；后者则包括窝藏、转移、收购、代为销售或者以其他方法。（4）主体不同。自然人和单位都能成为本罪主体；而后者的主体只能是自然人。

3. 本罪与窝藏、转移、隐瞒毒品、毒赃罪的区分

根据《刑法》第349条的规定，窝藏、转移、隐瞒毒品、毒赃罪，是指为走私、贩卖、运输、制造毒品罪的犯罪分子窝藏、转移、隐瞒毒品或者犯罪所得赃物的行为。两者的区别是：（1）客体不同。前者侵犯的是双重客体，即国家金融管理制度和司法机关的正常活动；后者侵犯的是单一客体，即社会管理秩序。（2）犯罪对象不同。前者指上述七种特定犯罪的违法所得及其产生的收益；后者指走私、贩卖、运输、制造毒品罪的毒品或者犯罪所得的赃物。（3）行为方式不同。洗钱的方式有五种，上已表述，此不赘述；后者则

表现为窝藏、转移、隐瞒三种方式。（4）主体不同。自然人和单位都能成为本罪主体；而后者的主体只能是自然人。区别两者的关键是，洗钱是掩饰、隐瞒违法所得及其所得的来源和性质，目的是把"黑钱"变成"白钱"；而窝藏、转移、隐瞒毒品、毒赃罪不是掩饰、隐瞒毒品、毒赃的来源和性质，把毒品、毒赃转化为合法财产，其目的是帮助毒品犯罪分子逃避司法追究。

（三）办案依据查询与适用

1.《中华人民共和国刑法》（1997年10月1日起施行）（节录）

第一百九十一条［洗钱罪］ 明知是毒品犯罪、黑社会性质的组织犯罪、恐怖活动犯罪、走私犯罪、贪污贿赂犯罪、破坏金融管理秩序犯罪、金融诈骗犯罪的所得及其产生的收益，为掩饰、隐瞒其来源和性质，有下列行为之一的，没收实施以上犯罪的所得及其产生的收益，处五年以上有期徒刑或者拘役，并处或者单处洗钱数额百分之五以上百分之二十以下罚金；情节严重的，处五年以上十年以下有期徒刑，并处洗钱数额百分之五以上百分之二十以下罚金：

（一）提供资金账户的；

（二）协助将财产转换为现金、金融票据、有价证券的；

（三）通过转账或者其他结算方式协助资金转移的；

（四）协助将资金汇往境外的；

（五）以其他方法掩饰隐瞒犯罪所得及其收益的来源和性质的。

单位犯前款罪的，对单位判处罚金，并对其直接负责的主管人员和其他责任人员，处五年以下有期徒刑或者拘役；情节严重的，处五年以上十年以下有期徒刑。

【理解与适用】 本条为2006年6月29日全国人大常委会为《中华人民共和国刑法修正案（六）》第16条第二次修订。2001年12月29日全国人大常委《中华人民共和国刑法修正案（三）》第7条对本条进行过一次修订。在1997年《中华人民共和国刑法》原条文中，只有"毒品犯罪、黑社会性质的组织犯罪、走私犯罪的违法所得及其产生的收益"才构成洗钱的对象。2001年《中华人民共和国刑法修正案（三）》主要是增加了洗钱的对象"恐怖活动犯罪所得及其产生的收益"，并对单位犯罪部分增加了"情节严重的，处五年以上十年以下有期徒刑"的规定。2006年《中华人民共和国刑法修正案（六）》则进一步将洗钱的对象扩大到"贪污贿赂犯罪、破坏金融管理秩序犯罪、金融诈骗犯罪的所得及其产生的收益"。

2. 最高人民法院《关于审理洗钱等刑事案件具体应用法律若干问题的解释》（2009 年 11 月 11 日　法释〔2009〕15 号）（节录）

第一条　刑法第一百九十一条、第三百一十二条规定的"明知"，应当结合被告人的认知能力，接触他人犯罪所得及其收益的情况，犯罪所得及其收益的种类、数额，犯罪所得及其收益的转换、转移方式以及被告人的供述等主、客观因素进行认定。

具有下列情形之一的，可以认定被告人明知系犯罪所得及其收益，但有证据证明确实不知道的除外：

（一）知道他人从事犯罪活动，协助转换或者转移财物的；

（二）没有正当理由，通过非法途径协助转换或者转移财物的；

（三）没有正当理由，以明显低于市场的价格收购财物的；

（四）没有正当理由，协助转换或者转移财物，收取明显高于市场的"手续费"的；

（五）没有正当理由，协助他人将巨额现金散存于多个银行账户或者在不同银行账户之间频繁划转的；

（六）协助近亲属或者其他关系密切的人转换或者转移与其职业或者财产状况明显不符的财物的；

（七）其他可以认定行为人明知的情形。

被告人将刑法第一百九十一条规定的某一上游犯罪的犯罪所得及其收益误认为刑法第一百九十一条规定的上游犯罪范围内的其他犯罪所得及其收益的，不影响刑法第一百九十一条规定的"明知"的认定。

第二条　具有下列情形之一的，可以认定为刑法第一百九十一条第一款第（五）项规定的"以其他方法掩饰、隐瞒犯罪所得及其收益的来源和性质"：

（一）通过典当、租赁、买卖、投资等方式，协助转移、转换犯罪所得及其收益的；

（二）通过与商场、饭店、娱乐场所等现金密集型场所的经营收入相混合的方式，协助转移、转换犯罪所得及其收益的；

（三）通过虚构交易、虚设债权债务、虚假担保、虚报收入等方式，协助将犯罪所得及其收益转换为"合法"财物的；

（四）通过买卖彩票、奖券等方式，协助转换犯罪所得及其收益的；

（五）通过赌博方式，协助将犯罪所得及其收益转换为赌博收益的；

（六）协助将犯罪所得及其收益携带、运输或者邮寄出入境的；

（七）通过前述规定以外的方式协助转移、转换犯罪所得及其收益的。

第三条　明知是犯罪所得及其产生的收益而予以掩饰、隐瞒，构成刑法第三百一十二条规定的犯罪，同时又构成刑法第一百九十一条或者第三百四十九条规定的犯罪的，依照处罚较重的规定定罪处罚。

第四条 刑法第一百九十一条、第三百一十二条、第三百四十九条规定的犯罪，应当以上游犯罪事实成立为认定前提。上游犯罪尚未依法裁判，但查证属实的，不影响刑法第一百九十一条、第三百一十二条、第三百四十九条规定的犯罪的审判。

上游犯罪事实可以确认，因行为人死亡等原因依法不予追究刑事责任的，不影响刑法第一百九十一条、第三百一十二条、第三百四十九条规定的犯罪的认定。

上游犯罪事实可以确认，依法以其他罪名定罪处罚的，不影响刑法第一百九十一条、第三百一十二条、第三百四十九条规定的犯罪的认定。

本条所称"上游犯罪"，是指产生刑法第一百九十一条、第三百一十二条、第三百四十九条规定的犯罪所得及其收益的各种犯罪行为。

3. 最高人民检察院、公安部《关于公安机关管辖的刑事案件立案追诉标准的规定（二）》（2010年5月7日 公通字〔2010〕23号）（节录）

第四十八条 明知是毒品犯罪、黑社会性质的组织犯罪、恐怖活动犯罪、走私犯罪、贪污贿赂犯罪、破坏金融管理秩序犯罪、金融诈骗犯罪的所得及其产生的收益，为掩饰、隐瞒其来源和性质，涉嫌下列情形之一的，应予立案追诉：

（一）提供资金账户的；

（二）协助将财产转换为现金、金融票据、有价证券的；

（三）通过转账或者其他结算方式协助资金转移的；

（四）协助将资金汇往境外的；

（五）以其他方法掩饰、隐瞒犯罪所得及其收益的来源和性质的。

Chapter 9 第九讲
金融诈骗犯罪

一、金融诈骗犯罪基础知识

(一) 金融诈骗犯罪的刑事立法概况

20世纪80年代以前，我国当时处于计划经济时代，金融市场基本没有，当然也就不存在金融犯罪方面的刑法规范。我国1979年刑法仅对诈骗犯罪作了概括规定，对金融领域发生的诈骗犯罪按照普通诈骗参照处理。改革开放以后，随着市场经济的发展，金融市场开始建立并逐步完善过程中，出现了早期的金融诈骗犯罪，有鉴于此，1995年6月30日八届人大常委会第十四次会议通过了《关于惩治破坏金融秩序犯罪的决定》，首次以刑事立法的形式确立了集资诈骗罪、贷款诈骗罪、票据诈骗罪、信用证诈骗罪、信用卡诈骗罪和保险诈骗罪等一系列金融诈骗罪。[①]

1997年新修订的《刑法》在吸收上述《决定》有关内容和精神的基础上，在第三章第五节规定了"金融诈骗罪"，可以说1997年《刑法》基本上沿用了《决定》的规定，仅增加了金融凭证诈骗罪、有价证券诈骗罪和对信用卡诈骗罪中的"恶意透支"单独作了界定。随后，为了正确理解和适用刑法中关于金融诈骗犯罪的规定，适应司法实践新形势，全国人大常委会、最高人民法院、最高人民检察院、公安部等立法、司法和执法机关先后多次对金融诈骗犯罪中具体个罪的有关内容出台了若干立法解释、司法解释和法律规范文件。

1998年11月27日最高人民检察院研究室《关于保险诈骗未遂能否按犯罪处理问题的答复》中对诈骗未遂进行了解释，并认为诈骗未遂但情节严重的，应依法追究刑事责任。2001年1月21日，最高人民法院印发了《全国法

---

① 柯葛壮主编：《中国经济刑法发展史》，黑龙江人民出版社2009年版，第246页。

院审理金融犯罪案件工作座谈会纪要》。该《纪要》中对如何认定金融诈骗犯罪的"非法占有目的"、贷款诈骗罪、集资诈骗罪、金融诈骗犯罪定罪量刑的数额标准和犯罪数额的计算等问题做了细致的说明。2004年12月29日十届人大常委会第十三次会议通过《全国人民代表大会常务委员会关于〈中华人民共和国刑法〉有关信用卡规定的解释》中对刑法中规定的"信用卡"的含义作了立法解释。刑法规定的"信用卡",是指由商业银行或者其他金融机构发行的具有消费支付、信用贷款、转账结算、存取现金等全部功能或者部分功能的电子支付卡。2008年5月7日最高人民检察院《关于拾得他人信用卡并在自动柜员机(ATM机)上使用的行为如何定性问题的批复》中认定:拾得他人信用卡并在自动柜员机(ATM机)上使用的行为属于信用卡诈骗罪中的"冒用他人信用卡"进行诈骗活动,构成犯罪的,应当以信用卡诈骗罪定罪处罚。2009年12月16日最高人民法院、最高人民检察院《关于办理妨害信用卡管理刑事案件具体应用法律若干问题的解释》中对信用卡诈骗罪中"冒用他人信用卡"的行为方式和如何认定"恶意透支"以及恶意透支中的非法占有为目的、定罪数额、出罪情形等相关情况进行了解释说明。2011年1月4日最高人民法院《关于审理非法集资刑事案件具体应用法律若干问题的解释》对非法吸收公众存款罪和集资诈骗罪的有关内容进行了解释说明,对集资诈骗罪中如何认定行为人主观上的"非法占有为目的"以及定罪数额和计算方式作了权威解释。2010年5月7日最高人民检察院、公安部联合发布《关于公安机关管辖的刑事案件立案追诉标准的规定(二)》中对金融诈骗罪具体个罪的追诉标准进行了一一规定,为司法实践中检察机关追诉犯罪提供了立案标准。

(二)金融诈骗犯罪的基本特征

金融诈骗罪有两个基本特性:金融性和诈骗性。金融诈骗罪是金融犯罪与诈骗犯罪的交叉重合部分,即在金融市场中,利用金融交易关系,进行了诈骗犯罪活动。由此,金融诈骗罪一方面必然侵犯金融交易秩序,另一方面又侵犯了公私财产所有权。

1. 客体特征

金融秩序是金融犯罪的必要客体。金融诈骗罪客体是复杂客体,其主要客体是金融秩序,次要客体是公私财产所有权。金融诈骗犯罪对金融秩序的侵害表现为:对金融交易秩序的侵害、对金融管理秩序的侵害、对金融机构内部秩序的侵害。另外,金融诈骗罪是从普通诈骗犯罪中分离出来的,必然侵害公私财产所有权。

2. 客观特征

金融诈骗犯罪可以分为以下几类：第一类是破坏资金市场秩序的诈骗犯罪，包括集资诈骗罪、贷款诈骗罪；第二类是破坏金融信用制度的诈骗犯罪，包括票据诈骗罪、金融凭证诈骗罪、信用证诈骗罪、信用卡诈骗罪、有价证券诈骗罪；第三类是破坏社会保险秩序的诈骗犯罪，指保险诈骗罪。①

金融诈骗罪发生在金融市场之中，其违法性表现在违反了金融市场中的特定法律规范，行为方式是采用虚构事实、隐瞒真相的诈骗方法，使受害人"自愿地"交出财物。金融诈骗犯罪离不开金融规范、金融工具，其前提是违反了金融规范，诈骗手段中利用了各类金融工具。

犯罪数额对金融诈骗罪的定罪量刑意义重大，刑法规定的八种具体金融诈骗罪，仅有信用证诈骗罪是行为犯，不要求数额较大，其余七种金融诈骗犯罪都要求"数额较大"作为犯罪构成要件。犯罪数额又分为所得额、损失额等，在定罪量刑时，应该有着不同的考虑。定罪数额应当严格依照有关法律规范的规定，至于量刑要综合考虑损失额和所得额，以及财产偿还情况。

3. 主体特征

金融诈骗犯罪中，只能由自然人构成而单位不能成为其主体的犯罪有：贷款诈骗罪、信用卡诈骗罪和有价证券诈骗罪。而既可以由自然人又可以由单位构成的金融诈骗罪有：集资诈骗罪、票据诈骗罪、金融凭证诈骗罪、信用证诈骗罪和保险诈骗罪。对于仅能由自然人构成犯罪的三种具体金融诈骗罪，如果单位集体犯罪，如何处理？在现行刑法没有修改之前，遵循罪刑法定原则，还是应当按照自然人犯罪来处理，追究直接负责的主管人员和其他直接责任人员的刑事责任，或者以其他犯罪定罪处罚。

4. 主观特征

在金融诈骗罪中虽然仅有第192条集资诈骗罪和第193条贷款诈骗罪分别规定了"以非法占有为目的"为必备的主观构成要件，其余六个金融诈骗罪中均没有类似明确规定，但这并不代表这些金融诈骗罪主观上不要求"非法占有目的"。恰恰相反，对于所有的金融诈骗犯罪而言，行为人主观上非法占有目的是其必备要件，这是由诈骗罪与金融诈骗罪的内在关系决定的。②

至于如何认定金融诈骗犯罪行为人主观上的"非法占有目的"一直是司法实践中的一个难题。为了破解这一难题，为司法实践提供权威理解，早在

---

① 宋晓峰主编：《金融犯罪的界限与认定处理》，中国方正出版社1998年版，第146~147页。

② 刘宪权：《金融犯罪刑法学专论》，北京大学出版社2010年版，第466页。

1996年12月16日最高人民法院《关于审理诈骗案件具体适用法律的若干问题的解释》中对非法集资的"非法占有目的"就有司法解释。当然这一理解也随着该司法解释的废止而使得其法律效力归于无效，但后续的司法解释和规范文件为金融诈骗犯罪的"非法占有目的"提供了更加详细的理解。

根据2001年1月21日最高人民法院《全国法院审理金融犯罪案件工作座谈会纪要》的相关内容，在司法实践中如何认定金融诈骗犯罪中的"非法占有目的"，应当坚持主客观相一致的原则，既要避免单纯根据损失结果客观归罪，也不能仅凭被告人自己的供述，而应当根据案件具体情况具体分析。根据司法实践，对于行为人通过诈骗的方法非法获取资金，造成数额较大资金不能归还，并具有下列情形之一的，可以认定为具有非法占有的目的：（1）明知没有归还能力而大量骗取资金的；（2）非法获取资金后逃跑的；（3）肆意挥霍骗取资金的；（4）使用骗取的资金进行违法犯罪活动的；（5）抽逃、转移资金、隐匿财产，以逃避返还资金的；（6）隐匿、销毁账目，或者搞假破产、假倒闭，以逃避返还资金的；（7）其他非法占有资金、拒不返还的行为。但是，在处理具体案件的时候，对于有证据证明行为人不具有非法占有目的的，不能单纯以财产不能归还就按金融诈骗罪处罚。

对于金融诈骗犯罪具体个罪中的"非法占有目的"的认定，最高人民法院和最高人民检察院也有过一些司法解释出台：第一，关于信用卡诈骗犯罪中"恶意透支"的非法占有目的认定。根据2009年12月16日最高人民法院、最高人民检察院《关于办理妨害信用卡管理刑事案件具体应用法律若干问题的解释》的相关规定，可以通过以下事实认定"恶意透支"的非法占有目的：（1）明知没有还款能力而大量透支，无法归还的；（2）肆意挥霍透支的资金，无法归还的；（3）透支后逃匿、改变联系方式，逃避银行催收的；（4）抽逃、转移资金，隐匿财产，逃避还款的；（5）使用透支的资金进行违法犯罪活动的；（6）其他非法占有资金，拒不归还的行为。第二，关于集资诈骗罪中"非法占有目的"的认定。根据2011年1月4日最高人民法院《关于审理非法集资刑事案件具体应用法律若干问题的解释》第4条第2款的相关规定，以下情况可以认定行为人具有非法占有目的：（1）集资后不用于生产经营活动或者用于生产经营活动与筹集资金规模明显不成比例，致使集资款不能返还的；（2）肆意挥霍集资款，致使集资款不能返还的；（3）携带集资款逃匿的；（4）将集资款用于违法犯罪活动的；（5）抽逃、转移资金、隐匿财产，逃避返还资金的；（6）隐匿、销毁账目，或者搞假破产、假倒闭，逃避返还资金的；（7）拒不交代资金去向，逃避返还资金的；（8）其他可以认定非法占有目的的情形。与此同时，上述司法解释还规定：对于集资诈骗罪中的非法占有目的，应当区分情形进行具体认定。行为人部分非法集资行为具有非法占有目的的，对该部分非法集资行为所涉集资款以集资诈骗罪定罪处罚；非法集资共同犯罪中部分行为人具有非法占有目的，其他行为人没有非法占有集资款的共同故意和行为的，对具有非法占有目的的行为人以集资诈骗罪定罪处罚。这为司法实践中认定非法集资数额和共同犯罪有关问题提供了法律依据。

（三）金融诈骗犯罪的新近发展

金融诈骗犯罪严重危害正常金融管理秩序和公私财产所有权，是危害社会主义市场经济秩序中较为严重的一类犯罪，应当给予严厉打击。近年来，随着金融市场的深入发展，金融交易增多，犯罪技术也在提升，金融犯罪有愈演愈烈的趋势，并呈现一些新的特点。

第一，犯罪率上升，涉案金额大。随着金融市场的扩大和金融交易额的大幅增加，金融犯罪的犯罪分子动力越来越大，金融犯罪也呈现了多发态势，且涉案金额越来越大。往往还表现为案中案，涉案人数多和跨地区、跨国境犯罪。

第二，共同犯罪、内外勾结犯罪现象突出。金融市场规范严格，金融犯罪的技术难度较大，因而金融交易中内外勾结共同犯罪的现象就更突出。犯罪分子往往案前经过精心策划，作案时分工明确，密切配合，案发后形成攻守同盟，使得案件侦破有不小的难度。

第三，犯罪手段智能化、多样化。金融工具不断翻新，金融市场不断改革，也引发了金融犯罪的手段多样化发展。犯罪分子利用各种金融知识、网络技术和市场漏洞，打时间差、擦边球，有时候通过内部人员对整个金融系统风险漏洞进行利用，实现内外勾结共同犯罪。

第四，金融犯罪跨地区、国际化趋势加速。随着全国经济一体、中国加入WTO以及经济全球化，金融犯罪也呈现跨省区、跨地区和国际化趋势，一些犯罪往往涉及国内多个省区甚至涉足国际金融市场。境内外犯罪分子勾结进行金融犯罪、国际诈骗团伙入境作案等的现象也十分普遍。国际化金融犯罪呈现多方位、多种类犯罪并发，破坏持久，局面难以控制，其犯罪危害更加值得我们重视。

二、集资诈骗罪

（一）必备专业知识

社会资金只有流通才能产生更多财富，有时候往往需要将资金集中起来，才能形成规模效益。"集资"即社会资金的募集，是一种将闲散的社会资金通过特定的方式和渠道集中起来的行为。它是指国家、公司、个人或者其他组织经过中国人民银行或者其他国家有关部门批准，按照法律法规规定的正常渠道，向社会公众按照特定程序募集资金的行为。

根据集资者是否获得报偿，集资可分为有偿集资和无偿集资。无偿集资主要用于兴办公益事业的集资。实践中更多的是有偿集资，根据主体不同，有偿集资可分为国家集资、企业集资和个人集资。合法的集资必须具备以下要件：(1) 集资主体合法。我国集资主体限于股份有限公司、有限责任公司或其他依法设立的具有法人资格的企业，任何个人和非法人经济组织不能以任何形式向社会公众集资。(2) 集资目的必须合法。集资必须为了企业设立或者扩大再生产，而不能用以弥补亏损、转嫁风险等目的。(3) 集资方式必须合法。企业集资主要通过发行股票、债券或者融资租赁、联营、合资等方式进行。(4) 集资程序必须合法。必须按照法律法规规定的方式、程序、条件、期限、募集数额、募集对象等进行。①

虽然集资的方式多种多样，可以通过银行集资，利用政府、公司债券集资、通过证券市场、股票等手段集资。但无论采用何种手段，都必须经由一定机关批准、经过法定程序才能进行合法集资。否则即为非法集资。非法集资不但破坏金融市场秩序，而且给不特定的多数人带来财产损失，因此要予以坚决打击。

(二) 犯罪构成要件

集资诈骗罪是指以非法占有为目的，使用诈骗方法非法集资，数额较大的行为。

1. 客体

本罪的客体是复杂客体，既妨害了国家金融管理秩序，又侵害了公私财产所有权。主要客体是妨害国家金融管理秩序。

2. 客观方面

行为人客观上实施了以诈骗的方法非法集资，数额较大的行为。

(1) 行为人实施了非法集资行为。本罪中的"集资"可理解为：企事业单位或者个人依照法律、法规规定的一定方式在资金市场上向特定或不特定的投资人筹集资金的行为。根据我国《证券法》、《公司法》、《企业债券管理条例》、《股票发行与交易管理暂行条例》等法律法规的规定，公司企业和个人

---

① 张勇：《存贷款罪刑法理论与实务》，上海人民出版社 2012 年版，第 189~190 页。

集资都必须符合法定条件和法定程序，包括集资主体、集资对象、集资目的、集资方式和审批程序都必须符合相关规定。而非法集资的"非法"即是违反了上述法律法规的相关规定而进行集资。任何单位和个人只要未经有权机关批准和经过法定程序，向不特定多数人募集资金的行为均可视为"非法集资"。另外，行为人利用欺骗、贿赂、胁迫等非法方式获取审批机关许可而进行集资的，也应当认定为"非法集资"。对于行为人已经获得集资许可，但集资过程中超出集资许可内容，超范围、超标准、超时间集资的，其超出部分也应认为是"非法集资"。①

（2）集资过程中使用诈骗方法。即行为人采用虚构集资用途，使用虚假证明文件和许以高回报率，骗取集资款的行为。虚构资金用途一般表现为行为人虚构不存在的企业或者项目，并表示集资款用途，吹嘘高回报，以诱惑集资者。使用虚假证明文件是行为人为了增强集资人对集资项目的信任，使用一些假的科研成果、专利发明等证书或者资信证明、公司业绩，以及其他一切虚假的用以证明集资项目可靠度，误导集资者的证明文件。在集资过程中，行为人往往对集资者许以高回报率进行诱骗。有时集资人往往怀疑行为人从事非法集资，但为了获得高收益而不顾风险参与集资的，只要集资人采用了诈骗手段，不影响行为人非法集资罪的成立。

（3）非法集资数额较大。根据最高人民检察院、公安部《关于公安机关管辖的刑事案件立案追诉标准的规定（二）》第49条的规定，以非法占有为目的，个人非法集资诈骗数额在10万元以上的；单位非法集资诈骗，数额在50万元以上的，应予立案追诉。

3. 主体

本罪的犯罪主体为一般主体，既包括自然人，也包括单位。凡年满16周岁，具备刑事责任能力的自然人均可成为本罪主体。根据最高人民法院《全国法院审理金融犯罪案件工作座谈会纪要》的相关内容，以单位名义实施犯罪，违法所得归单位所有的，是单位犯罪。以单位的分支机构或者内设机构、部门的名义实施犯罪，违法所得亦归分支机构或者内设机构、部门所有的，应认定为单位犯罪。不能因为单位的分支机构或者内设机构、部门没有可供执行罚金的财产，就不将其认定为单位犯罪，而按照个人犯罪处理。如何判断单位分支机构或者内设机构、部门构成单位犯罪？第一，审查单位分支机构或者内设机构、部门是否具备现行刑法规定的单位的法定特征；第二，审查单位分支

---

① 康均心：《金融诈骗犯罪理论与侦查实务研究》，中国方正出版社2005年版，第7~9页。

机构或者内设机构、部门有无对外经营自主权；第三，审查非法集资的决定是否是单位分支机构或者内设机构、部门的直接领导所决定或者集体决定；第四，审查集资诈骗利益所得归谁占有。另外，金融机构理论上也能成为集资诈骗罪的犯罪主体，这一点法律规定上不存在障碍。

4. 主观方面

集资诈骗罪的主观方面应是直接故意，行为人具有非法占有的目的。间接故意与过失不构成本罪。"非法占有目的"是刑法分则第三章第五节"金融诈骗罪"所有具体罪名中行为人主观方面都应当具备的。至于如何认定"非法占有目的"，根据最高人民法院《关于审理非法集资刑事案件具体应用法律若干问题的解释》第4条第2款的相关规定，以下情况可以认定行为人具有非法占有目的：（1）集资后不用于生产经营活动或者用于生产经营活动与筹集资金规模明显不成比例，致使集资款不能返还的；（2）肆意挥霍集资款，致使集资款不能返还的；（3）携带集资款逃匿的；（4）将集资款用于违法犯罪活动的；（5）抽逃、转移资金，隐匿财产，逃避返还资金的；（6）隐匿、销毁账目，或者搞假破产、假倒闭，逃避返还资金的；（7）拒不交代资金去向，逃避返还资金的；（8）其他可以认定非法占有目的的情形。集资诈骗罪中的非法占有目的，应当区分情形进行具体认定。行为人部分非法集资行为具有非法占有目的的，对该部分非法集资行为所涉集资款以集资诈骗罪定罪处罚；非法集资共同犯罪中部分行为人具有非法占有目的，其他行为人没有非法占有集资款的共同故意和行为的，对具有非法占有目的的行为人以集资诈骗罪定罪处罚。

另外，根据最高人民法院《全国法院审理金融犯罪案件工作座谈会纪要》的相关内容，在司法实践中，认定是否具有非法占有为目的，应当坚持主客观相一致的原则，既要避免单纯根据损失结果客观归罪，也不能仅凭被告人自己的供述，而应当根据案件具体情况具体分析。根据司法实践，对于行为人通过诈骗的方法非法获取资金，造成数额较大资金不能归还，并具有下列情形之一的，可以认定为具有非法占有的目的：（1）明知没有归还能力而大量骗取资金的；（2）非法获取资金后逃跑的；（3）肆意挥霍骗取资金的；（4）使用骗取的资金进行违法犯罪活动的；（5）抽逃、转移资金、隐匿财产，以逃避返还资金的；（6）隐匿、销毁账目，或者搞假破产、假倒闭，以逃避返还资金的；（7）其他非法占有资金、拒不返还的行为。但是，在处理具体案件的时候，对于有证据证明行为人不具有非法占有目的的，不能单纯以财产不能归还就按金融诈骗罪处罚。

在处理非法集资案件时还要注意以下两点：一是不能仅凭较大数额的非法

集资款不能返还的结果，推定行为人具有非法占有的目的；二是行为人将大部分资金用于投资或生产经营活动，而将少量资金用于个人消费或挥霍的，不应仅以此便认定具有非法占有的目的。

（三）疑难点司法认定

1. 非法集资与合法集资

非法集资与合法集资区分的关键在于集资人集资是否经过国家有关部门的批准，集资人是否处在没有受骗的情况下自愿集资，集资的目的、资金用途和集资程序等是否符合法律规定。如果不符合上述特点，集资人用欺骗方式，意图非法占有他人财产，数额较大则构成集资诈骗罪。

集资诈骗罪要与集资纠纷区分开来，实践中，有很多情况下是因为集资项目有风险导致集资款无法及时归还，也有可能其中掺杂了行为人的虚假陈述或者隐瞒真相，此时如何认定为集资纠纷还是集资诈骗罪？关键是看行为人主观目的，集资诈骗的目的很明确，就是非法占有集资款。而集资纠纷则主要是因为市场风险导致无法归还集资款，其中也许有些欺骗因素，比如夸大回报、隐瞒风险等，但其主观上不曾有侵占集资款的目的，此时应认定为集资纠纷。

2. 本罪与非法吸收公众存款罪的界限

首先，犯罪目的不同，有无非法占有目的是两罪区分的关键。非法吸收公众存款罪是以营利为目的，没有侵犯钱款的所有权，而是侵犯其使用权；非法集资罪则是以非法占有集资款为目的。其次，侵犯客体不同。非法集资罪是复杂客体，而非法吸收公众存款罪是单一客体，仅侵犯财产使用权。再次，犯罪行为不同。非法集资要求行为人使用诈骗的方式，而非法吸收公众存款则没有此项要求。最后，非法集资是结果犯，其既遂标准是非法集资达到一定数额要求。而非法吸收公众存款是行为犯，只要行为人实施非法吸收公众存款或者变相吸收公众存款，扰乱金融秩序，达到一定程度即可构成该罪既遂。

近年来，沿海经济发达地区出现"地下钱庄"、"地下银行"，吸收个人和私营企业的闲散资金并加以放款，从中收取利息差。一般而言，此类非法经营的机构不具有合法性，应以非法吸收公众存款处理，但发生机构管理者、所有者卷款潜逃的，能判明有非法占有目的的，构成集资诈骗的，应当以本罪处理。

3. 本罪与合同诈骗罪的区分

集资诈骗罪与合同诈骗罪都是特种诈骗罪的一种。二者都是主观上出于非法占有目的，客观上采用了诈骗行为方式。二者犯罪客体不同，集资诈骗罪侵犯了国家金融管理秩序和公私财产所有权；而合同诈骗罪侵犯了合同制度和公私财产所有权。二者犯罪对象不同，集资诈骗罪犯罪对象是社会公众资金；合同诈骗罪犯罪对象是合同当事人的财物。二者时空条件不同，合同诈骗罪要求是在签订、履行合同过程中，骗取对方当事人财物；非法集资罪则不是。最后，二者的客观行为方式也有所不同。

4. 一罪与数罪

集资诈骗过程中，行为人为了达到非法占有集资款的目的，会采用虚构事实、隐瞒真相的办法实施诈骗，而这些行为即有可能构成其他犯罪。如集资诈骗过程中伪造、变造公文证件、印章时，因为行为人手段行为与目的行为之间的牵连关系，应当认定为牵连犯，若法律没有特别规定者，按照从一重处断原则处理。

（四）办案依据查询与适用

1.《中华人民共和国刑法》（1997 年 10 月 1 日起施行）（节录）

第一百九十二条 [集资诈骗罪]　以非法占有为目的，使用诈骗方法非法集资，数额较大的，处五年以下有期徒刑或者拘役，并处二万元以上二十万元以下罚金；数额巨大或者有其他严重情节的，处五年以上十年以下有期徒刑，并处五万元以上五十万元以下罚金；数额特别巨大或者有其他特别严重情节的，处十年以上有期徒刑或者无期徒刑，并处五万元以上五十万元以下罚金或者没收财产。

【理解与适用】　首先，要确定集资的非法性，要与经过审批、按照法律规定的合法集资行为区分开来。其次，非法集资中运用的诈骗方式多种多样，较为典型的有：虚构资金用途；使用虚假的证明文件；以高额回报作为诱饵等方式骗取集资款。最后，还要确认行为人非法集资的主观目的是非法占有他人财产。

第一百九十九条　犯本节第一百九十二条规定之罪，数额特别巨大并且给国家和人民利益造成特别重大损失的，处无期徒刑或者死刑，并处没收财产。

【理解与适用】　集资诈骗罪可以判处死刑。只有非法集资"数额特别巨大并且给国家和人民利益造成特别重大损失"的犯罪分子，才能依法选择适用死刑。对于追缴、退赔后，挽回了损失或者损失不大的，一般不应当判处死刑立即执行；对具有法定从轻、减轻处罚情节的，一般不应当判处死刑。

第二百条　单位犯本节第一百九十二条、第一百九十四条、第一百九十五条规定之罪的，对单位判处罚金，并对其直接负责的主管人员和其他直接责任人员，处五年以下有期徒刑或者拘役，可以并处罚金；数额巨大或者有其他严重情节的，处五年以上十年以下有期徒刑，并处罚金；数额特别巨大或者有其他特别严重情节的，处十年以上有期徒刑或者无期徒刑，并处罚金。

2. 最高人民法院《关于审理非法集资刑事案件具体应用法律若干问题的解释》（2011年1月4日　法释〔2010〕18号）（节录）

第二条　实施下列行为之一，符合本解释第一条第一款规定的条件的，应当依照刑法第一百七十六条的规定，以非法吸收公众存款罪定罪处罚：

（一）不具有房产销售的真实内容或者不以房产销售为主要目的，以返本销售、售后包租、约定回购、销售房产份额等方式非法吸收资金的；

（二）以转让林权并代为管护等方式非法吸收资金的；

（三）以代种植（养殖）、租种植（养殖）、联合种植（养殖）等方式非法吸收资金的；

（四）不具有销售商品、提供服务的真实内容或者不以销售商品、提供服务为主要目的，以商品回购、寄存代售等方式非法吸收资金的；

（五）不具有发行股票、债券的真实内容，以虚假转让股权、发售虚构债券等方式非法吸收资金的；

（六）不具有募集基金的真实内容，以假借境外基金、发售虚构基金等方式非法吸收资金的；

（七）不具有销售保险的真实内容，以假冒保险公司、伪造保险单据等方式非法吸收资金的；

（八）以投资入股的方式非法吸收资金的；

（九）以委托理财的方式非法吸收资金的；

（十）利用民间"会"、"社"等组织非法吸收资金的；

（十一）其他非法吸收资金的行为。

第四条　以非法占有为目的，使用诈骗方法实施本解释第二条规定所列行为的，应当依照刑法第一百九十二条的规定，以集资诈骗罪定罪处罚。

使用诈骗方法非法集资，具有下列情形之一的，可以认定为"以非法占有为目的"：

（一）集资后不用于生产经营活动或者用于生产经营活动与筹集资金规模明显不成比例，致使集资款不能返还的；

（二）肆意挥霍集资款，致使集资款不能返还的；

（三）携带集资款逃匿的；

（四）将集资款用于违法犯罪活动的；

（五）抽逃、转移资金、隐匿财产，逃避返还资金的；

（六）隐匿、销毁账目，或者搞假破产、假倒闭，逃避返还资金的；

（七）拒不交代资金去向，逃避返还资金的；

（八）其他可以认定非法占有目的的情形。

集资诈骗罪中的非法占有目的,应当区分情形进行具体认定。行为人部分非法集资行为具有非法占有目的的,对该部分非法集资行为所涉集资款以集资诈骗罪定罪处罚;非法集资共同犯罪中部分行为人具有非法占有目的,其他行为人没有非法占有集资款的共同故意和行为的,对具有非法占有目的的行为人以集资诈骗罪定罪处罚。

第五条 个人进行集资诈骗,数额在10万元以上的,应当认定为"数额较大";数额在30万元以上的,应当认定为"数额巨大";数额在100万元以上的,应当认定为"数额特别巨大"。

单位进行集资诈骗,数额在50万元以上的,应当认定为"数额较大";数额在150万元以上的,应当认定为"数额巨大";数额在500万元以上的,应当认定为"数额特别巨大"。

集资诈骗的数额以行为人实际骗取的数额计算,案发前已归还的数额应予扣除。行为人为实施集资诈骗活动而支付的广告费、中介费、手续费、回扣,或者用于行贿、赠与等费用,不予扣除。行为人为实施集资诈骗活动而支付的利息,除本金未归还可予折抵本金以外,应当计入诈骗数额。

3. 最高人民检察院、公安部《关于公安机关管辖的刑事案件立案追诉标准的规定(二)》(2010年5月7日 公通字〔2010〕23号)(节录)

第四十九条 以非法占有为目的,使用诈骗方法非法集资,涉嫌下列情形之一的,应予立案追诉:

(一)个人集资诈骗,数额在十万元以上的;

(二)单位集资诈骗,数额在五十万元以上的。

4. 最高人民法院《全国法院审理金融犯罪案件工作座谈会纪要》(2011年1月21日)(节录)

(三)关于金融诈骗罪

1. 金融诈骗罪中非法占有目的的认定

金融诈骗犯罪都是以非法占有为目的的犯罪。在司法实践中,认定是否具有非法占有为目的,应当坚持主客观相一致的原则,既要避免单纯根据损失结果客观归罪,也不能仅凭被告人自己的供述,而应当根据案件具体情况具体分析。根据司法实践,对于行为人通过诈骗的方法非法获取资金,造成数额较大资金不能归还,并具有下列情形之一的,可以认定为具有非法占有的目的:

(1)明知没有归还能力而大量骗取资金的;

(2)非法获取资金后逃跑的;

(3)肆意挥霍骗取资金的;

(4)使用骗取的资金进行违法犯罪活动的;

(5) 抽逃、转移资金、隐匿财产，以逃避返还资金的；

(6) 隐匿、销毁账目，或者搞假破产、假倒闭，以逃避返还资金的；

(7) 其他非法占有资金、拒不返还的行为。但是，在处理具体案件的时候，对于有证据证明行为人不具有非法占有目的的，不能单纯以财产不能归还就按金融诈骗罪处罚。

……

3. 集资诈骗罪的认定和处理：集资诈骗罪和欺诈发行股票、债券罪、非法吸收公众存款罪在客观上均表现为向社会公众非法募集资金。区别的关键在于行为人是否具有非法占有的目的。对于以非法占有为目的而非法集资，或者在非法集资过程中产生了非法占有他人资金的故意，均构成集资诈骗罪。但是，在处理具体案件时要注意以下两点：一是不能仅凭较大数额的非法集资款不能返还的结果，推定行为人具有非法占有的目的；二是行为人将大部分资金用于投资或生产经营活动，而将少量资金用于个人消费或挥霍的，不应仅以此便认定具有非法占有的目的。

（四）死刑的适用

刑法对危害特别严重的金融诈骗犯罪规定了死刑。人民法院应当运用这一法律武器，有力地打击金融诈骗犯罪。对于罪行极其严重、依法该判死刑的犯罪分子，一定要坚决判处死刑。但需要强调的是，金融诈骗犯罪的数额特别巨大不是判处死刑的惟一标准，只有诈骗"数额特别巨大并且给国家和人民利益造成特别重大损失"的犯罪分子，才能依法选择适用死刑。对于犯罪数额特别巨大，但追缴、退赔后，挽回了损失或者损失不大的，一般不应当判处死刑立即执行；对具有法定从轻、减轻处罚情节的，一般不应当判处死刑。

三、贷款诈骗罪

（一）必备专业知识

贷款是贷款人对借款人发放货币资金并由借款人按照约定期限和方式归还本息的活动。贷款人提供货币资金，借款人到期归还本息。贷款人是在中国境内依法设立的被批准经营贷款业务的金融机构，贷款人经营贷款业务必须经由中国人民银行批准，持有中国人民银行颁发的《金融机构法人许可证》或《金融机构营业许可证》，并经工商行政管理部门核准登记。贷款人主要有商业银行、外资金融机构、财务公司、信托投资公司、农村信用合作社、城市信用合作社、典当行等。①

商业银行是主要的贷款人。商业银行,是指按照商业银行法和公司法规定设立的,吸收公众存款、贷款、办理结算业务的金融法人。商业银行具体又包括:第一,国有独资商业银行,即中国工商银行、中国农业银行、中国建设银行、中国银行。第二,股份制商业银行,主要有交通银行、招商银行、深圳发展银行、广东发展银行、上海浦东发展银行等。根据我国《中国人民银行法》和《商业银行法》的相关规定,发放贷款功能仅是依法设立并经批准的商业银行或其他金融机构才能够具有。其他金融机构是指银行以外,其他依法参加金融活动,开展金融业务的企业法人,包括:保险公司、信托公司、证券机构、农村及城市信用合作社等。

信贷资产是商业银行资产的重要组成部分,信贷资产的质量好坏对商业银行本身的正常经营、对存款人的利益、对社会经济的发展都有直接或者间接的影响。因此,为了管理贷款秩序,加强商业银行对信贷资产的管理,我国商业银行法要求,商业银行贷款,应当对借款人的借款用途、偿还能力、还款方式进行严格审查。并建立审贷分离、分级审批等贷款管理制度以确保信贷资产安全。②

金融机构的贷款业务是从借款人提出贷款申请开始的,借款人依法填写借款申请书,提供审核资料,经银行或者其他金融机构审核部门进行信用审查和评估后,同意发放贷款的,另由贷款批准部门批准后,双方签订正式的贷款合同,依据合同向借款人发放贷款,双方开始履行合同义务内容。借款合同内容除双方当事人信息外,主要包括贷款种类、借款用途、借款金额、借款利率、还款期限、还款资金来源和方式、担保条款、违约责任等条款。

商业银行贷款主要分为两类:担保贷款和信用贷款。商业银行从事贷款业务,以提供担保贷款为原则,因此担保贷款是主要的贷款方式。贷款中担保的方式可以是保证、抵押、质押,因此可以分为保证贷款、抵押贷款和质押贷款。(1)保证贷款是第三人承诺保证在借款人不能偿还贷款时,按照约定承担一般保证责任或者连带责任而发放的贷款。(2)抵押贷款是借款人或者第三人以自己的财产作为抵押,约定借款人到期不能偿还贷款时,以抵押物变现偿还而发放的贷款。(3)质押贷款是借款人或者第三人以动产或者权利作为质押物,约定借款人到期不能偿还贷款时,以质押物变现偿还而发放的贷款。

---

① 沈富强:《贷款法律实务》,立信会计出版社2000年版,第9页。
② 李萍主编:《银行法新释与例解》,同心出版社2001年版,第185页。

（二）犯罪构成要件

贷款诈骗罪，是指以非法占有为目的，虚构事实或者隐瞒真相，骗取银行或者其他金融机构的贷款，数额较大的行为。①

1. 客体

本罪的客体是复杂客体，同时侵犯了国家贷款管理制度和金融机构资金所有权。犯罪对象为"银行和金融机构的贷款"，构成本罪对象的首先应当是具有经营信贷业务的金融机构的贷款资金。不能发放贷款的金融机构的资金不能成为贷款诈骗罪的犯罪对象。非法设立的"地下银行和钱庄"的资金以及从事非法金融活动的民间机构的资金，不能认定为信贷资金，故也不能成为本罪的犯罪对象。②

2. 客观方面

行为人采用虚构事实或者隐瞒真相的方法，骗取银行或者其他金融机构的贷款，数额较大的行为。

（1）贷款诈骗的方法。根据我国《刑法》第193条规定，贷款诈骗罪的行为方式主要有：①编造引进资金、项目等虚假理由骗取银行或者其他金融机构的贷款，即行为人无中生有捏造根本不存在的引进资金、项目等虚假理由或者夸大事实，诱骗银行或者其他金融机构贷款；②使用虚假的经济合同是指在贷款合同签订过程中弄虚作假或者利用其他伪造、变造或者作废的虚假经济合同，骗取银行或者金融机构的信任，诈骗贷款的；③使用虚假的用以证明贷款申请人身份、资信能力和其他相关的证明文件，骗取贷款的；④使用虚假的产权证明作担保或者超出抵押物价值重复担保，向银行和其他金融机构骗取贷款的；⑤以其他方法诈骗贷款的。这里的"其他方法"与前四项在骗取贷款的性质上应当是一致的，主要是使用虚构事实、隐瞒真相的方式，使得银行和其他金融机构误信贷款申请而发放贷款的。

（2）数额较大。根据最高人民检察院、公安部《关于公安机关管辖的刑事案件立案追诉标准的规定（二）》第50条规定，以非法占有为目的，诈骗银行或者其他金融机构的贷款，数额在2万元以上的，应予立案追诉。

3. 主体

本罪的犯罪主体为一般自然人主体，凡是年满16周岁、具备刑事责任能力的自然人都可以成为本罪主体。根据《刑法》第30条、第193条和第200

---

① 赵秉志：《金融诈骗新论》，人民法院出版社2001年版，第154页。

② 康均心：《金融诈骗犯罪理论与侦查实务研究》，中国方正出版社2005年版，第70~72页。

条的规定，单位不能成为贷款诈骗罪的主体。在司法实践中，对于单位十分明显的以非法占有为目的，利用签订、履行借款合同诈骗银行或其他金融机构贷款，符合《刑法》第224条规定的合同诈骗罪构成要件的，应当以合同诈骗罪定罪处罚。

4. 主观方面

贷款诈骗罪的主观方面只能是直接故意，具有非法占有所贷资金的目的。至于如何认定行为人主观上的"非法占有目的"？根据最高人民法院《全国法院审理金融犯罪案件工作座谈会纪要》的相关内容，在司法实践中，认定是否具有非法占有为目的，应当坚持主客观相一致的原则，既要避免单纯根据损失结果客观归罪，也不能仅凭被告人自己的供述，而应当根据案件具体情况具体分析。根据司法实践，对于行为人通过诈骗的方法非法获取资金，造成数额较大资金不能归还，并具有下列情形之一的，可以认定为具有非法占有的目的：(1) 明知没有归还能力而大量骗取资金的；(2) 非法获取资金后逃跑的；(3) 肆意挥霍骗取资金的；(4) 使用骗取的资金进行违法犯罪活动的；(5) 抽逃、转移资金、隐匿财产，以逃避返还资金的；(6) 隐匿、销毁账目，或者搞假破产、假倒闭，以逃避返还资金的；(7) 其他非法占有资金、拒不返还的行为。但是，在处理具体案件的时候，对于有证据证明行为人不具有非法占有目的的，不能单纯以财产不能归还就按金融诈骗罪处罚。

(三) 疑难点司法认定

1. 罪与非罪

判断罪与非罪的关键在于：第一，行为人是否具有"非法占有目的"。具体参见本罪主观方面的相关论述。第二，区分贷款诈骗和贷款纠纷的界限。根据最高人民法院《全国法院审理金融犯罪案件工作座谈会纪要》，对于合法取得贷款后，没有按规定的用途使用贷款，到期没有归还贷款的，不能以贷款诈骗罪定罪处罚；对于确有证据证明行为人不具有非法占有的目的，因不具备贷款的条件而采取了欺骗手段获取贷款，案发时有能力履行还贷义务，或者案发时不能归还贷款是因为意志以外的原因，如因经营不善、被骗、市场风险等，不应以贷款诈骗罪定罪处罚。第二，是否达到"数额较大"的入罪标准。根据最高人民检察院、公安部《关于公安机关管辖的刑事案件立案追诉标准的规定（二）》第50条的规定：以非法占有为目的，诈骗银行或者其他金融机构的贷款，数额在2万元以上的，应予立案追诉。

2. 本罪与合同诈骗罪的区别

合同诈骗罪，是指以非法占有为目的，在签订、履行合同过程中，以虚构事实或者隐瞒真相的方法,骗取对方当事人的财物,数额较大的行为。虽然合同诈骗罪和贷款诈骗罪有很多行为方式类似的地方,但二者显著不同:首先,二者侵犯客体不同。合同诈骗罪侵犯的客体是国家对经济合同的管理秩序和公私财产所有权,贷款诈骗罪侵犯的客体是国家对金融机构贷款管理制度和金融机构资金所有权。贷款诈骗罪的犯罪对象仅限于金融机构的贷款。其次,二者犯罪主体不同。合同诈骗罪主体包括自然人和单位,贷款诈骗罪主体仅限于自然人。最后,二者的行为方式不同。合同诈骗发生在签订、履行合同过程中,虽然贷款诈骗罪也利用了一定的合同形式,但贷款人是编造了引进资金的虚假理由进行诈骗,而贷款合同只是为了掩盖非法目的的方法。二者可以形成法条竞合关系,对此应当以贷款诈骗罪定罪处罚。

3. 本罪与高利转贷罪的界限

高利转贷罪是指以转贷牟利为目的,套取金融机构信贷资金高利转贷给他人,违法所得数额较大的行为。第一,其与本罪客体不同。高利转贷罪侵犯单一客体,即国家对金融信贷资金的管理制度。而贷款诈骗罪既侵犯国家对金融机构的贷款管理制度,也侵犯金融机构对贷款的所有权。第二,客观方面不同。高利转贷罪是套取金融机构信贷资金高利转贷给他人,而贷款诈骗是直接采用欺诈方法,骗取银行或者其他金融机构的贷款。第三,犯罪主体不同。高利转贷罪主体包括自然人和单位,而贷款诈骗罪主体仅是自然人。第四,犯罪主观方面不同。高利转贷罪主观上必须具有转贷牟利的目的,贷款诈骗罪主观上是具有非法占有目的。实践中,行为人从金融机构套取信贷资金后,将其高利转贷给他人的行为既可能构成高利转贷罪还可能构成贷款诈骗罪,区分的关键就在于行为人的主观目的是"转贷牟利"还是"非法占有"。

4. 一罪与数罪

(1) 伪造、变造、买卖或者盗窃、抢夺有关文件、证件、印章或者以虚假的票据、银行存单进行质押而骗取贷款的。

行为人为了从银行或者其他金融机构获取骗贷,往往会实施伪造、变造、买卖或者盗窃、抢夺国家机关的公文、证件、印章;伪造公司、企业、事业单位、人民团体的印章或者使用虚假的票据、银行存单进行质押的行为。有的为了逃避追究,往往还实施了伪造、变造居民身份证的行为。根据刑法规定,这些先行行为都可以单独入罪。行为人实施这些先行行为是为了从银行或者其他金融机构骗得贷款,属于手段行为与目的行为的牵连犯,依据牵连犯的处罚规则,应当以贷款诈骗罪与上述犯罪中的重罪从重处罚。

(2) 冒充国家工作人员诈骗贷款的。

冒充国家工作人员诈骗贷款当然构成贷款诈骗罪,而冒充国家工作人员身份骗取贷款又符合招摇撞骗罪的基本特征,因此形成了法条竞合关系。表面上触犯了数罪,而实质上是一罪,此时冒充国家工作人员仅是一种犯罪手段,可以认定其属于"以其他方法诈骗贷款",仅以贷款诈骗罪定罪处罚为宜。

5. 共犯形态

金融机构工作人员与外部人员相互勾结,利用职务上的便利,以贷款形式骗取所经手、管理的资金的,应当按照贪污罪或者职务侵占罪的共同犯罪处理。构成贪污罪还是职务侵占罪关键看金融机构的性质和金融机构工作人员是否属于国家工作人员身份。对于金融机构工作人员与外部人员勾结,如果没有利用职务便利,仅仅是利用自己熟悉金融机构贷款程序、相关手续或者熟人等便利条件骗取贷款的,应当按照贷款诈骗罪共犯处理。

(四)办案依据查询与适用

1.《中华人民共和国刑法》(1997年10月1日起施行)(节录)

第一百九十三条 [贷款诈骗罪] 有下列情形之一,以非法占有为目的,诈骗银行或者其他金融机构的贷款,数额较大的,处五年以下有期徒刑或者拘役,并处二万元以上二十万元以下罚金;数额巨大或者有其他严重情节的,处五年以上十年以下有期徒刑,并处五万元以上五十万元以下罚金;数额特别巨大或者有其他特别严重情节的,处十年以上有期徒刑或者无期徒刑,并处五万元以上五十万元以下罚金或者没收财产:

(一)编造引进资金、项目等虚假理由的;

(二)使用虚假的经济合同的;

(三)使用虚假的证明文件的;

(四)使用虚假的产权证明作担保或者超出抵押物价值重复担保的;

(五)以其他方法诈骗贷款的。

【理解与适用】 本条中"其他金融机构"必须是依法设立并经批准具有经营信贷业务功能的金融机构。

2. 最高人民检察院、公安部《关于公安机关管辖的刑事案件立案追诉标准的规定(二)》(2010年5月7日 公通字〔2010〕23号)(节录)

第五十条 以非法占有为目的,诈骗银行或者其他金融机构的贷款,数额在二万元以上的,应予立案追诉。

3. 最高人民法院《全国法院审理金融犯罪案件工作座谈会纪要》(2001年1月21日)(节录)

(2)贷款诈骗罪的认定和处理。贷款诈骗犯罪是目前案发较多的金融诈骗犯罪之一。审理贷款诈骗犯罪案件,应当注意以下两个问题:

一是单位不能构成贷款诈骗罪。根据刑法第三十条和第一百九十三条的规定，单位不构成贷款诈骗罪。对于单位实施的贷款诈骗行为，不能以贷款诈骗罪定罪处罚，也不能以贷款诈骗罪追究直接负责的主管人员和其他直接责任人员的刑事责任。但是，在司法实践中，对于单位十分明显地以非法占有为目的，利用签订、履行借款合同诈骗银行或其他金融机构贷款，符合刑法第二百二十四条规定的合同诈骗罪构成要件的，应当以合同诈骗罪定罪处罚。

二是要严格区分贷款诈骗与贷款纠纷的界限。对于合法取得贷款后，没有按规定的用途使用贷款，到期没有归还贷款的，不能以贷款诈骗罪定罪处罚；对于确有证据证明行为人不具有非法占有的目的，因不具备贷款的条件而采取了欺骗手段获取贷款，案发时有能力履行还贷义务，或者案发时不能归还贷款是因为意志以外的原因，如因经营不善、被骗、市场风险等，不应以贷款诈骗罪定罪处罚。

……

(4) ……在具体认定金融诈骗犯罪的数额时，应当以行为人实际骗取的数额计算。对于行为人为实施金融诈骗活动而支付的中介费、手续费、回扣等，或者用于行贿、赠与等费用，均应计入金融诈骗的犯罪数额。但应当将案发前已归还的数额扣除。

【理解与适用】 实践中，部分单位在贷款过程中采用虚构事实、隐瞒真相的手段诈骗贷款的现象十分普遍，但我国刑法关于贷款诈骗罪的规定中却没有将单位纳入贷款诈骗罪的主体范围。因此，便有了很多争论，在现行刑法没有做出修改之前，依据罪刑法定原则，单位以非法占有为目的，利用签订、履行借款合同诈骗银行或其他金融机构贷款的，符合合同诈骗罪犯罪构成的，可以按照合同诈骗罪进行处理。

四、票据诈骗罪

（一）必备专业知识

票据是发票人依法发行的，有自己无条件支付或者委托他人无条件支付一定金额的有价证券。[①]票据具备以下特点：票据是一种完全的有价证券，权利的发生、转让、行使都需要票据，权利与票据不可分离。票据是一种要式证券，票据形式和记载事项都由票据法严格规定，必须依法制作、行使方为有效。票据是一种流通证券，票据权利可以通过背书或者交付方式进行转让。票

---

① 谢怀栻：《票据法概论》，法律出版社2006年版，第16页。

据是一种无因债券，票据上的法律关系和权利不受原因关系的影响，原因关系无效和缺陷，不影响票据发生效力。票据是一种提示债券，票据持有人行使权利时，必须向债务人出示票据来证明其持有票据的事实。[①]

依据《票据法》第 2 条第 2 款规定，票据分为三类，是指汇票、本票和支票。（1）汇票是出票人签发一定金额，委托付款人于指定到期日，无条件支付给收款人或者持票人的票据。依据不同分类标准可以将汇票分为不同类型。根据出票人的不同可以将汇票分为银行汇票和商业汇票。根据汇票指定的付款日期不同可将汇票分为即期汇票和远期汇票。即期汇票是见票即付，远期汇票是载明一定期间或特定日期付款的汇票。（2）本票是出票人签发的，承诺自己在见票时无条件支付确定的金额给收款人或者持票人的票据。本票仅有两个基本当事人，出票人和收款人。而汇票和支票中原则上存在三个基本当事人，即出票人、付款人和收款人。本票是出票人自己支付确定金额的票据，本票出票人在到期日无条件支付票款，我国票据法规则下本票限于即期本票、银行本票和记名本票，不适用承兑制度。（3）支票是指出票人签发一定之金额，委托办埋支票存款业务的银行、信用合作社等金额机构，在见票时无条件支付给收款人或持票人相应款项的票据。支票付款人只能是银行或其他金融机构，付款人限于经中国人民银行批准办理支票存款业务的银行、城市信用合作社和农村信用合作社。支票是见票即付的即期票据，支票的无条件支付意义更加突出，支票无因性受到一定限制，出票人不得签发空头支票。[②]

票据流通过程中会经历如出票、背书、承兑、保证、付款、追索等全部或者部分环节，可能涉及以下票据关系的当事人：（1）出票人是签发票据并将票据交付收款人，从而创设票据的人。它是票据关系中的义务主体。汇票的出票人应当担保其签发的票据能够得到承兑和付款，如果票据未得到承兑和付款，出票人应向持票人支付票据金额和利息费用损失。本票的出票人应当承担无条件对持票人付款的票据义务。支票的出票人应当担保其签发的票据能够得到付款。（2）收款人是记名于票据上最初的持票人，是出票人在票据上明确记载的权利人。他属于票据关系中的权利主体。（3）付款人是汇票和支票中出票人记载的，将来可能对票据进行兑付的人。一般来说，付款人属于票据关系中的关系主体，但远期汇票的付款人如果在票据上为承兑行为后，其地位上

[①] 丁义军主编：《〈票据法〉及司法解释的理解与适用》，山东大学出版社 2002 年版，第 8~10 页。

[②] 李绍章：《中国票据法原理》，中国法制出版社 2012 年版，第 93~95、136~138、148~151 页。

升至承兑人成为票据债务人，属于义务主体。(4) 背书人是在票据背面或者粘单上记载一定事项，从而将票据转让给他人或者将票据权利授予他人来行使的人。背书人首先应当是持票人，背书后应当对被背书人票据权利的实现负有担保责任。(5) 被背书人是经背书人所为的背书行为而取得票据的人。如果说收款人是票据的原始取得人，被背书人就是票据继受取得人。如果被背书人不再转让票据，他就是最后的持票人，属于权利主体。(6) 承兑人是在远期汇票上记载一定事项，表示在票据到期日无条件支付票据金额的人。承兑人首先必须是远期汇票上记载的付款人，在为承兑行为之前，付款人属于关系主体，在为承兑行为之后，付款人变为承兑人，成为义务主体。(7) 保证人是在票据上记载一定事项，以担保某一票据义务人履行票据义务的人。保证人应当由票据上原有义务人之外的人来担任。在作保证行为之前，该人不属于票据关系当事人，在作出保证之后，保证人成为票据义务主体。(8) 被保证人是保证人所担保的对象，被保证人必须是票据上的义务主体。如果保证人未指明被保证人，已承兑的票据，以承兑人为被保证人；未承兑的或者无须承兑的票据，以出票人为被保证人。①

(二) 犯罪构成要件

票据诈骗罪，是指行为人以非法占有为目的，故意使用伪造、变造或者作废的金融票据或者冒用他人的金融票据，签发无资金保证或其他虚假的金融票据，骗取数额较大财物的行为。②

1. 客体

本罪侵犯的是复杂客体，既侵犯了国家票据管理制度，又侵犯了公私财产所有权。主要客体是以商业信用为核心的票据制度。犯罪对象包括汇票、本票和支票。汇票是出票人签发的，委托付款人在见票时或者指定日期无条件支付确定的金额给收款人或者持票人的票据。本票是出票人签发的，承诺自己在见票时无条件支付确定金额给收款人或者持票人的票据。支票是出票人签发的，委托办理支票存款业务的银行或者其他金融机构在见票时无条件支付确定的金额给收款人或者持票人的票据。

---

① 丁义军主编：《〈票据法〉及司法解释的理解与适用》，山东大学出版社2002年版，第31~32页。

② 李永升：《金融犯罪研究》，中国检察出版社2010年版，第476页。

2. 客观方面

行为人客观上表现为使用明知是伪造、变造、作废或者冒用他人的汇票、本票、支票，签发空头支票或者与预留印鉴不符的支票，签发无资金保证的汇票、本票或者在出票时虚假记载，骗取财物，数额较大的行为。具体表现为五种行为模式：

（1）明知是伪造、变造的汇票、本票、支票而使用的

首先，行为人主观上对其使用的汇票、本票、支票系伪造、变造的有明确认识，但不要求行为人知道伪造、变造票据的具体来源。伪造的票据，是指包括仿照真实票据的样式伪造假的票据的非法制作票据行为和假冒他人在真实票据上为一定票据行为的非法填制票据行为。由于本罪重点是"使用"，因此票据诈骗的主要工具是实施过非法填制行为的票据，即在非法制作的票据、真实空白票据、他人未经背书、未经承兑的票据上，非法填制票据内容，包括出票伪造、背书伪造、承兑伪造和保证伪造等。变造的票据是指无权更改票据内容的人，对票据上签章以外的记载事项加以变更的票据。变造的票据以合法有效的票据为基础，在行为人无权更改票据内容的情况下，更改了票据记载内容（除签章以外），以达到欺骗目的。

其次，行为人客观上使用了上述伪造、变造的票据，如果只有伪造、变造行为而没有使用不构成本罪，可能构成伪造、变造金融票证罪。这里的"使用"应当是以获得经济利益为目的，采用兑现、转让、设立质押、贴现等企图实现非法票据"价值"的行为。[1] 首先，使用行为是有获取经济利益目的的，而无论是否获取对价。其次，使用方法多种多样，可以是兑现、转让或者在票据上设定权利等。最后，使用票据后行为人得到一定的利益，实现了票据的全部或者部分"价值"。

（2）明知是作废的汇票、本票、支票而使用的

作废票据，包括付款请求权已经实现的票据、过期的票据和依法被宣布作废的票据。至于自始无效的票据，不属于此列，因为从字面含义理解"作废"是一个自有效到无效的过程，如果自始无效则无所谓作废问题。付款请求权已经实现的票据和过期的票据的含义实践中比较好把握，而依法被宣布作废的票据主要包括：被宣布破产、吊销执照或者被依法撤销的企业本应当及时上缴或者销毁但因其他原因留存下来的票据；银行等金融机构根据国家规定而宣布作废的票据；人民法院在诉讼过程中经公示催告程序判决除权的票据。这里

---

[1] 康均心：《金融诈骗犯罪理论与侦查实务研究》，中国方正出版社2005年版，第136页。

"使用"的含义与前述第一种表现形式中具有相同含义。

（3）冒用他人的汇票、本票、支票的

"冒用"从字面来讲包括冒充和使用两层含义。既冒充了他人的身份和名义，又使用了此类票据，实现了票据的经济利益。这里的"他人"是指金融票据的合法所有人或者持有人。这里的冒用行为应当仅限于兑现、转让、质押、贴现等持票使用行为，不包括变更真实票据上记载内容的行为，即冒用仅限于消极冒用。如果对票据记载内容或形式进行变更，可能属于明知是伪造、变造的金融票据而使用。

（4）签发空头支票或者与其预留印鉴不符的支票，骗取财物的

"空头支票"是指出票人签发的支票金额超过其付款时在付款人处所有的存款金额的支票。判断是否是空头支票应以付款时为标准，以付款人账户实有存款金额为准。实践中主要表现为三类：没有存款的空头支票、超过存款的空头支票、提回存款的空头支票。签发空头支票本身具有欺骗性质，在账户余额不足以支付支票金额的情况下，签发空头支票可以诈骗他人钱财。"预留印鉴"是指银行在行为人申请开立支票存款账户时，为了在付款时供其核对、鉴定并加以确认后付款的签名样式、印章底样，包括本名签名、盖章或签名加盖章。签发与其预留印鉴不符的支票会使得持票人无法得到付款，从而也达到骗取他人财物的目的。当然，本行为需要最终以骗取财物为目的才能构成，这里的财物可以做扩大解释，包括财产性利益。

（5）汇票、本票的出票人签发无资金保证的汇票、本票或者在出票时作虚假记载，骗取财物的

本行为主体是合法的出票人，行为违反《票据法》的法定义务，在承兑票据时不具有支付汇票、本票金额的可靠资金来源和保证支付能力，或者所签发的是内容虚假记载的汇票、本票。根据《票据法》第21条规定，"票据的出票人必须与付款人具有真实的委托关系，并且具有支付汇票金额的可靠资金来源。"第74条规定，"本票的出票人必须具有支付本票金额的可靠资金来源，并保证支付。"显然，有无资金保证是认定此类票据诈骗行为的关键因素。"虚假记载"是指汇票、本票的出票人在出票时故意作与法律规定或者实际情况不符的虚假记载，如在票据上记载根本不存在的付款地、出票地及出票人签名等。若行为人对签章进行修改，或者对票据非空白处的原有事项进行更改，可能构成伪造、变造票据。另外，本处也要求行为人具有骗取财物的非法目的。

3. 主体

本罪主体是一般主体，凡年满16周岁具备刑事责任能力的自然人均可构

成本罪。根据《刑法》第 200 条的规定，单位也可以成为本罪主体。

4. 主观方面

主观上具有非法占有目的，出于直接故意。间接故意和过失不构成本罪。至于如何理解"非法占有目的"参照前述集资诈骗罪的相关论述。如何认定本罪行为方式中的"明知"？这里的"明知"是行为人确定性认知，即对自己违法性质已经有认识。不仅包括确切知道而且包括明知可能性。明知可能性是指行为人对其使用的票据的真实程度存有怀疑，知道票据可能是假的。当然"明知"仅是行为人使用票据前或者过程中的明知，如果在使用后才发现使用的票据是虚假的，则不成立本罪行为方式中要求的"明知"。

(三) 疑难点司法认定

1. 罪与非罪

主要看三个方面：首先，行为人主观上是否具有直接故意和非法占有他人财产的目的。对自己使用的伪造、变造、作废、他人的汇票、本票、支票是否是明知而使用的。其次，行为人在客观上是否实施了具体的使用行为。没有使用行为的不能定本罪。最后，行为人进行票据诈骗的数额是否达到较大。这里的"数额较大"是指：个人进行金融票据诈骗，数额在 1 万元以上；单位进行金融票据诈骗，数额在 10 万元以上。

2. 本罪与伪造、变造金融票证罪的界限

首先，犯罪对象范围不同。票据诈骗罪的犯罪对象是金融票据，包括汇票、本票、支票。而伪造、变造金融票证罪的对象除了上述金融票据以外，还包括信用证、信用卡等，犯罪对象更加宽泛。其次，行为方式不同。票据诈骗罪强调行为人使用了金融票据进行诈骗，而伪造、变造金融票证罪没有要求有使用行为，伪造、变造行为本身即构成犯罪。若行为人先行伪造、变造金融票据，后又加以使用进行诈骗的，都构成犯罪的，属于牵连犯，应当择一重罪处断，按照票据诈骗罪处理。

3. 本罪与金融凭证诈骗罪的区分

金融凭证诈骗罪是指行为人以非法占有为目的，使用伪造、变造的委托收款凭证、汇款凭证、银行存单等其他银行结算凭证进行诈骗，数额较大的行为。首先，二者犯罪客体不同。金融凭证诈骗罪主要侵犯金融凭证管理秩序，而票据诈骗罪主要侵犯金融票据秩序。其次，行为方式不同。金融凭证诈骗罪只有使用伪造、变造的委托收款凭证、汇款凭证、银行存单等其他银行结算凭证进行诈骗的一种行为方式，而票据诈骗罪刑法列明的行为方式就有五种之多。最后，二者犯罪对象不同。票据诈骗罪犯罪对象是金融票据，包括汇票、本票和支票。金融凭证诈骗罪主要利用金融票据以外的其他银行结算凭证，包括委托收款凭证、汇款凭证、银行存单等。

4. 一罪与数罪

首先，伪造、变造金融票据并加以利用的。行为人伪造、变造汇票、本票、支票向他人出售，获取经济利益的，构成伪造、变造金融票证罪。行为人伪造、变造汇票、本票、支票后自己使用进行票据诈骗的，属于伪造、变造金融票证罪和票据诈骗罪的牵连犯，应当择一重罪处断。

其次，盗窃、侵占他人金融票据后冒用的。对于盗窃、侵占他人空白转账支票后，骗取财物或者非法占有支票款项的行为定性为盗窃罪、侵占罪，并无异议。对于盗窃、侵占的票据为印鉴齐全的空白票据，行为人使用该类空白票据进行诈骗，骗取财物的行为如何定性？如果行为人为了进行票据诈骗而盗窃、侵占他人票据，此时，盗窃、侵占票据仅是手段行为，票据诈骗是目的行为，二者存在牵连关系，应择一重罪处断。若行为人的诈骗意图是盗窃、侵占他人票据后才产生的，则分别以盗窃罪、侵占罪与票据诈骗罪定罪，实行数罪并罚。

5. 共犯形态

票据诈骗具有很强的专业性，实践中，金融机构工作人员与外部人员相互勾结进行票据诈骗的案件大量存在。如何确定是构成本罪还是贪污罪、职务侵占罪便成为问题，这就产生了共犯中身份犯与非身份犯共同犯罪如何定罪的问题。张明楷教授提出的"实行行为+部分犯罪共同说"的方案可为我们提供解决该问题的思路。首先以实行行为的犯罪性质确定共同犯罪的性质，其次当各方均为实行犯的情况下，运用部分犯罪共同说的原理作为补充原则。"大体上可以说共同犯罪的性质是由实行行为的性质决定的，但在从不同角度看各行为人都有自己的实行行为时，恐怕关键在于要考察谁是共同犯罪的核心角色。至于核心角色的确定，则必须综合主体身份、主观内容、客观行为及主要的被害法益等方面进行考察。"[①]

（四）办案依据查询与适用

1.《中华人民共和国刑法》（1997年10月1日起施行）（节录）

第一百九十四条第一款 [票据诈骗罪] 有下列情形之一，进行金融票据诈骗活动，数额较大的，处五年以下有期徒刑或者拘役，并处二万元以上二十万元以下罚金；数额巨大或者有其他严重情节的，处五年以上十年以下有期

---

① 张明楷：《刑法的基本立场》，中国法制出版社2002年版，第279~282页。

徒刑，并处五万元以上五十万元以下罚金；数额特别巨大或者有其他特别严重情节的，处十年以上有期徒刑或者无期徒刑，并处五万元以上五十万元以下罚金或者没收财产：

（一）明知是伪造、变造的汇票、本票、支票而使用的；

（二）明知是作废的汇票、本票、支票而使用的；

（三）冒用他人的汇票、本票、支票的；

（四）签发空头支票或者与其预留印鉴不符的支票，骗取财物的；

（五）汇票、本票的出票人签发无资金保证的汇票、本票或者在出票时作虚假记载，骗取财物的。

【理解与适用】　本条中"金融票据"仅指《票据法》中规定的汇票、本票、支票，而利用其他金融凭证或者有价证券进行诈骗活动的，刑法另有特别规定。因此，在遇到金融票据、凭证和有价证券进行诈骗时，应当首先区分犯罪对象，以此来确定不同罪名。

第二百条　单位犯本节第一百九十二条、第一百九十四条、第一百九十五条规定之罪的，对单位判处罚金，并对其直接负责的主管人员和其他直接责任人员，处五年以下有期徒刑或者拘役，可以并处罚金；数额巨大或者有其他严重情节的，处五年以上十年以下有期徒刑，并处罚金；数额特别巨大或者有其他特别严重情节的，处十年以上有期徒刑或者无期徒刑，并处罚金。

2. 最高人民检察院、公安部《关于公安机关管辖的刑事案件立案追诉标准的规定（二）》（2010年5月7日　公通字〔2010〕23号）（节录）

第五十一条　进行金融票据诈骗活动，涉嫌下列情形之一的，应予立案追诉：

（一）个人进行金融票据诈骗，数额在一万元以上的；

（二）单位进行金融票据诈骗，数额在十万元以上的。

五、金融凭证诈骗罪

（一）必备专业知识

金融票证是指在金融活动过程中，代表一定财产权利内容，体现金融活动过程或者结果的并能依法流通的有价证券。有的金融票证本身就代表着一定数量的金钱，并在法定条件下得以流通发挥着货币作用，如汇票、本票、支票（金融票据）；有的金融票证是银行保证付款的凭证或者起担保作用的合约，如信用证、银行保函等；有的金融票证是反映经济活动过程或经济活动结果的凭证，如委托收款凭证、汇款凭证、银行存单等银行结算凭证；有的金融票证则是银行发给用户用于购买商品和服务的信用凭证,如信用卡。为了打击金融票证类犯罪,刑法将"伪造、变造金融票证犯罪"与"使用伪造、变造的金融票证犯罪(金融票证诈骗犯罪)"区分开来,与此同时,刑法根据金融票证的种类和特点,将"金融票证诈骗犯罪"区分为票据诈骗罪(汇票、本票、支票)、信用证诈骗罪、有价证券诈骗罪、信用卡诈骗罪等,而这些划分之后,仍不能被包含的其他金融票证,统称为"金融凭证",将使用伪造、变造的这些金融凭证的行为纳入"金融凭证诈骗罪"进行处理。[1]

金融凭证诈骗罪的犯罪对象是金融票据以外的银行结算凭证,包括委托收款凭证、汇款凭证、银行存单等。委托收款凭证是指收款人在委托银行向付款人收取款项时,所填写提供的凭据和证明。汇款凭证是指汇款人委托银行将款项汇给外地收款人时所填写的凭据和证明。银行存单是指银行办理收付次数较少、具有固定性储蓄业务而出具给储蓄人的凭据和证明。判断是否是银行结算凭证主要看两个方面:首先,必须是权利性凭证,而不是记录性凭证;其次,必须是独立性凭证,而不是附属性凭证。[2]

(二)犯罪构成要件

金融凭证诈骗罪是指行为人以非法占有为目的,使用伪造、变造的委托收款凭证、汇款凭证、银行存单等其他银行结算凭证进行诈骗,数额较大的行为。

1. 客体

本罪客体是复杂客体,主要客体是国家的金融凭证管理秩序,次要客体是公私财产所有权。犯罪对象是金融票据以外的银行结算凭证,包括委托收款凭证、汇款凭证、银行存单等。

2. 客观方面

金融凭证诈骗罪客观方面表现为行为人使用伪造、变造的委托收款凭证、汇款凭证、银行存单等其他银行结算凭证进行诈骗,数额较大的行为。根据有关规定,银行结算凭证应当由中国人民银行制定的专门机构印刷、制作,其他部门或者个人无权印制。"伪造"是指行为人未经有关机关批准,擅自印制银行结算凭证的行为。这里的伪造不仅包括对银行结算凭证外观样式的仿制,也

---

[1] 曾月英:《金融票证犯罪研究》,中国人民公安大学出版社2001年版,第146~148页。

[2] 刘华:《骗局犯罪构成若干问题研究》,载赵秉志主编:《新千年刑法热点问题研究与适用》(下),中国检察出版社2001年版,第1250~1253页。

包括对银行结算凭证内容的虚假记载和篡改。伪造有仿真度要求,必须达到外观上足以令一般人误认为是真的银行结算凭证。"变造"是指以真实的银行结算凭证为基础,采用剪接、涂改、挖补等手段,对结算凭证的内容非法改变的行为。但对完全失效的银行结算凭证进行加工改造,制造出新的银行结算凭证的行为,不是变造而是伪造。①

使用了伪造、变造的银行结算凭证,是将上述虚假的银行结算凭证作为真实有效的银行结算凭证加以利用,实现其非法的经济价值,骗取公私财物。这里的"使用"必须是以虚假的银行结算凭证冒充真实的银行结算凭证,通过正常结算程序,骗取信用,取得公私财产。如果是对方知假买假或者交换上述虚假的银行结算凭证而实现经济价值的,不属于本罪中的使用。

使用伪造、变造的委托收款凭证、汇款凭证、银行存单等其他银行结算凭证进行诈骗活动,(1)个人进行金融凭证诈骗,数额在1万元以上的;(2)单位进行金融凭证诈骗,数额在10万元以上的,应当予以立案追诉。

3. 主体

本罪为一般主体。凡年满16周岁具备刑事责任能力的自然人均可构成本罪。根据《刑法》第200条规定,单位也可以成为本罪主体。

4. 主观方面

本罪主观上出于直接故意,具有非法占有他人财物的目的。一方面行为人对自己使用伪造、变造的银行结算凭证是明知而为;另一方面行为人主观上具有非法占有的目的。如何理解"明知"和"非法占有目的"可参见前述票据诈骗罪的论述。

(三) 疑难点司法认定

1. 本罪与票据诈骗罪、信用卡诈骗罪、信用证诈骗罪的区分

首先,实施诈骗时所使用的金融工具不同。本罪所使用的限于伪造、变造的委托收款凭证、汇款凭证、银行存单等其他银行结算凭证;后者分别是票据、信用卡和信用证,可以是真实的也可以是伪造、变造的。其次,诈骗行为方式不同。本罪仅有一种行为方式;后者除使用行为之外,仍包括很多其他行为方式,如签发空头支票、骗取信用证、恶意透支等。最后,犯罪客体也不同。从票据、信用卡、信用证均属于具备银行结算功能的金融凭证来看,金融凭证诈骗罪相对于票据诈骗罪、信用卡诈骗罪、信用证诈骗罪是普通罪名与特殊罪名的关系,发生竞合情况下,按照特殊罪名优于一般罪名处理。

---

① 李永升:《金融犯罪研究》,中国检察出版社2010年版,第492页。

2. 本罪与贷款诈骗罪的界限

贷款诈骗罪，是指以非法占有为目的，编造引进资金、项目等虚假理由，使用虚假的经济合同、证明文件等手段，骗取银行或者其他金融机构的贷款，数额较大的行为。首先，二者侵犯客体不同。贷款诈骗罪犯罪客体是国家贷款管理制度和金融机构资金所有权；金融凭证诈骗罪侵犯的是金融凭证的管理制度和公私财产所有权。其次，行为表现形式不同。金融凭证诈骗罪主要表现为使用伪造、变造的委托收款凭证、汇款凭证、银行存单等其他银行结算凭证进行诈骗；而实践中贷款诈骗罪的诈骗方式多种多样。最后，犯罪主体不同。贷款诈骗罪主体只能是自然人；本罪主体包括自然人和单位。如果行为人利用伪造的银行存单作抵押，骗取银行贷款，可能同时触犯贷款诈骗罪和金融凭证诈骗罪，成立法条竞合，应当按照特别法优于一般法原则，成立贷款诈骗罪。

3. 连续诈骗行为同时涉嫌数种诈骗罪的处理

在连续诈骗行为中，当各种特殊诈骗行为及普通诈骗行为混合在一起，分别依照各种特殊诈骗犯罪和普通诈骗犯罪的构成要件而不构成犯罪，而其诈骗总额按照任何一种诈骗犯罪的定罪标准都可以构成犯罪；或者有的诈骗行为数额上达到定罪标准可以认定为普通诈骗罪或者各种特殊诈骗罪，而另外几种诈骗行为不构成相应的特殊诈骗罪的，如何处理应当考虑：首先要分别以其对应的诈骗犯罪的起刑点为标准，考察是否构成该对应的诈骗罪；其次若依照任何特殊诈骗罪的构成要件不构成特殊诈骗罪的，则以《刑法》第 206 条为基础，综合判断罪与非罪。

4. 共犯形态

金融机构具有处分权限的工作人员与一般主体相互勾结，以类似金融凭证诈骗的手段贪污、侵占金融机构财产的行为，此时，由于一般主体没有欺骗财产处分者，与其勾结的财产处分者也没有陷入认识错误，因而不构成金融凭证诈骗罪。只能根据金融机构工作人员的身份和财产性质，分别按照贪污罪、职务侵占罪定罪处断。

（四）办案依据查询与适用

1.《中华人民共和国刑法》（1997 年 10 月 1 日起施行）（节录）

第一百九十四条 [票据诈骗罪]　有下列情形之一，进行金融票据诈骗活动，数额较大的，处五年以下有期徒刑或者拘役，并处二万元以上二十万元以下罚金；数额巨大或者有其他严重情节的，处五年以上十年以下有期徒刑，并处五万元以上五十万元以下罚金；数额特别巨大或者有其他特别严重情节的，处十年以上有期徒刑或者无期徒刑，并处五万元以上五十万元以下罚金或者没收财产：

（一）明知是伪造、变造的汇票、本票、支票而使用的；

（二）明知是作废的汇票、本票、支票而使用的；

（三）冒用他人的汇票、本票、支票的；

（四）签发空头支票或者与其预留印鉴不符的支票，骗取财物的；

（五）汇票、本票的出票人签发无资金保证的汇票、本票或者在出票时作虚假记载，骗取财物的。

[金融凭证诈骗罪]　使用伪造、变造的委托收款凭证、汇款凭证、银行存单等其他银行结算凭证的，依照前款的规定处罚。

【理解与适用】　银行结算凭证主要特点是：首先，必须是权利性凭证，而不是记录性凭证；其次，必须是独立性凭证，而不是附属性凭证。

第二百条　单位犯本节第一百九十二条、第一百九十四条、第一百九十五条规定之罪的，对单位判处罚金，并对其直接负责的主管人员和其他直接责任人员，处五年以下有期徒刑或者拘役，可以并处罚金；数额巨大或者有其他严重情节的，处五年以上十年以下有期徒刑，并处罚金；数额特别巨大或者有其他特别严重情节的，处十年以上有期徒刑或者无期徒刑，并处罚金。

2. 最高人民检察院、公安部《关于公安机关管辖的刑事案件立案追诉标准的规定（二）》（2010年5月7日　公通字〔2010〕23号）（节录）

第五十二条　使用伪造、变造的委托收款凭证、汇款凭证、银行存单等其他银行结算凭证进行诈骗活动，涉嫌下列情形之一的，应予立案追诉：

（一）个人进行金融凭证诈骗，数额在一万元以上的；

（二）单位进行金融凭证诈骗，数额在十万元以上的。

六、信用证诈骗罪

（一）必备专业知识

信用证作为国际贸易货款结算方式的一种，主要是通过运用一个或者多个银行的信誉和能力，为国际贸易双方提供安全的支付保障。一方面保证向卖方支付合同货物或者服务，只要卖方提供的单据与信用证要求一致；另一方面保证向买方交付货物或者服务。[①] 这种结算方式，由于有了银行作为中介提供担保，弥补了商业信用的不足，为国际贸易的双方提供了相对安全的支付保障。既可以消除卖方担心的交货后无法收到货款的问题，也减少了买方担心的付款

---

① 曾月英：《金融票证犯罪研究》，中国人民公安大学出版社2001年版，第150页。

后收不到货物的顾虑。

根据 2007 年 7 月 1 日生效的国际商会《跟单信用证统一惯例》（简称 UCP600）的规定，信用证是指一项不可撤销的安排，无论其名称或者描述如何，该项安排构成开证行对相符交单予以承付的确定承诺。UCP600 与 UCP500 的一个明显区别是将信用证界定为一项不可撤销的安排。不可撤销信用证是指当规定的单据被提交给指定银行或者开证行且符合信用证条款的条件下，不可撤销信用证构成开证行对汇票或单据进行支付、承兑的一项确切承诺。可撤销信用证是指应开证申请人的指示开给受益人并给予买方最大限度的灵活性的信用证，因为它不经受益人的同意，甚至直到开证行所委托的相应的银行付款时都不需要预先通知受益人就可以加以修改、撤回或者取消。如果卖方信赖可撤销信用证，将货物交运，可能在出示单据时发现信用证已经被撤销或修改，导致陷入困境。同样，除开证人以外的第三人，如押汇银行已经承兑后，了解到开证人修改或者撤销信用证时，也会陷入尴尬。①

信用证交易中，通常会涉及三类合同关系：（1）买卖双方之间的买卖合同关系。相对于信用证而言，买卖合同是其基础合同。（2）买方与开证银行之间为开立信用证而以开证申请书的形式建立的合同关系。（3）开证银行与受益人之间基于信用证而形成的合同关系。

信用证基本原则有：（1）信用证独立性原则。信用证的效力和性质独立于基础买卖合同之外而不受其影响和制约的一种法律属性。（2）信用证严格相符原则。交付的单据必须与信用证的要求完全相符，交付的单据之间必须相互一致，即单证相符、单据一致原则。

信用证流转程序为：（1）进口商与出口商签订货物或者服务买卖合同，并规定以信用证作为货款支付方式；（2）进口商向当地银行申请开立信用证，填写开证申请书，依照买卖合同上的约定填写各项规定和要求，交付押金或者提供保证，并交纳开证费用；（3）开证银行按照申请书内容开立以卖方为受益人的信用证，并寄送通知行；（4）通知行把信用证通知、转达卖方；（5）卖方收到信用证后，及时将货物装船并通知买方；（6）卖方发货后，取得装运单据及信用证要求的其他附随单据后，开具以买方或者开证银行或者其他指定银行为付款人之汇票，按照信用证的规定向其所在地银行议付货款；（7）通知行按照要求先垫付款项；（8）通知行垫款后，在信用证背面批销议付或者议付金额，并将单据寄送开证行索偿；（9）开证行在审查单据无误、单证一致后，偿还通知行垫付款项；（10）开证行通知买方付款赎单；（11）买方向开证行

---

① 王瑛：《信用证欺诈例外原则研究》，中央民族大学出版社 2011 年版，第 5~6 页。

赎单后，凭单提货。①

信用证流转过程中可能会涉及以下当事人：（1）开证人，即开证申请人。他是向银行申请开立信用证的人，一般是进口商，银行也可以为自己开立信用证。（2）开证银行。它是接受开证申请人的委托，为其开具信用证的银行，开证银行按照信用证的规定承诺付款，一般是开证人所在地银行。（3）通知银行。它是受开证银行委托，将信用证通知受益人的银行，通常是出口商所在地银行。（4）受益人。他是信用证上指定的享受权益的人，受益人按照信用证要求签发汇票、提示单据、取得信用证规定的款项。受益人一般是出口商。（5）议付银行。议付是指银行买进汇票及其附随单据并将票款支付给信用证受益人的行为。凡是开证银行在信用证中邀请其他银行不以付款银行的身份买入汇票和附随单据的，该信用证为议付信用证。议付信用证根据议付形式不同可分为限定议付和自由议付。凡是愿意买入或者贴现受益人依照信用证所跟单的条款而提交的跟单汇票的银行，即为议付行。（6）付款银行。它是受益人履行付款义务的银行。通常情况下，付款银行就是开证银行。（7）保兑银行。它是开证行开出的信用证上保证受益人所签发的汇票将予以承兑的银行。通常情况下，保兑行就是通知行；如果信用证的付款人是开证行，此时保兑行就是议付行。

（二）犯罪构成要件

行为人以非法占有为目的，使用伪造、变造的信用证或者附随的单据、文件，使用作废的信用证，骗取信用证或者以其他方法，进行信用证诈骗活动的行为。②

1. 客体

本罪为复杂客体，既侵犯信用证制度，又侵犯公私财产权益（包括所有权、使用权或其他融资性权益）③。信用证是银行有条件保证付款的证书，信用证结算方式是在异地贸易，尤其是国际贸易中广泛使用的一种结算方式。信用证是开证银行根据买方（通常是进出口商）的开证申请，开给卖方（通常的受益人是出口商）的，在其已经具备约定条件后，即可以得到由开证银行或者支付银行支付约定金额并保证付款的凭证。其过程是：买方请求银行向卖

---

① 侯方：《信用证信用卡犯罪问题研究》，法律出版社 2005 年版，第 6 页。
② 刘宪权：《金融犯罪刑法学专论》，北京大学出版社 2010 年版，第 510 页。
③ 李邦友、高艳东：《金融诈骗罪研究》，人民法院出版社 2003 年版，第 272～273页。

方开出信用证，并把货款的一部分或者全部交付银行，银行在信用证上注明支付货款时应审查的事项（主要是发货单据），卖方取得信用证按照信用证所列条件发货后，凭信用证及发货单据要求银行付款，银行审查单据合格后付款。①

2. 客观方面

行为人客观上实施了利用信用证进行诈骗活动的行为，具体行为手段如下：

（1）使用伪造、变造的信用证或者附随的单据、文件的

首先，为了进行信用证诈骗活动，自己伪造、变造信用证并使用或者明知是他人伪造、变造的信用证而使用的。伪造与变造的关键区别是看信用证是否是在原有信用证基础上进行的加工改造，若仍有真实信用证的成分，是为变造；若没有则为伪造。值得注意的是，如果行为人单纯地伪造、变造信用证而未投入诈骗活动进行使用，不构成本罪。

其次，使用伪造、变造的信用证附随单据、文件进行诈骗。附随单据、文件是指附随于信用证的有关单据、文件，通常是作为受益人的出口方在装运完货物后，必须按信用证所要求的种类、份数，在规定的日期内向有权办理保兑、议付、给付等业务的有关银行提交的那些单据、文件。主要包括运输单据、保险单据和商业发票，信用证附随文件还包括领事发票、海关发票、出口许可证、产地说明书等。使用伪造、变造的附随单据、文件可以是使用全套的伪造、变造附随单据、文件，也可以是使用部分伪造、变造的附随单据、文件进行诈骗，骗取信用证项下款项。

（2）使用作废的信用证的

信用证的使用是具有一定的条件与时间限制的。作废的信用证包括已过期限的信用证、无效的信用证、经人涂改的信用证或者经开证行和开证申请人撤销的信用证。行为人明知是作废的信用证而使用，进行信用证诈骗的，即为使用作废信用证。

（3）骗取信用证的

行为人以虚构事实、隐瞒真相的方法，欺骗银行或者开证申请人开出信用证，并使用骗取的信用证进行诈骗活动的行为。此时骗取获得的信用证是真实有效的，仅是获得信用证的手段采用了诈骗方法，使开证行在陷入错误的认识的情况下开出信用证，行为人的目的是骗取信用证项下的款项。

---

① 张明楷：《诈骗罪与金融诈骗罪研究》，清华大学出版社2006年版，第614页。

(4) 以其他方法进行信用证诈骗活动的

其他方法进行信用证诈骗还包括：第一，利用"软条款"信用证。所谓"软条款"信用证是指非善意的开证申请人在开立信用证时，故意设置若干隐蔽的"陷阱条款"，以便在该信用证生效期间使得受益人处于被动位置，开证申请人或者开证行可以随时单方面解除付款责任的信用证。常见"软条款"有"信用证生效时间由开证行另行通知"，"信用证由申请人验货并签署质量检验书方能生效"，"船只、装船日期及装卸港等须以申请人修改后的通知为准"等对信用证生效、承兑、付款行为规定各种由开证申请人或者开证行能够控制的前提条件。第二，虚假"破产"进行信用证诈骗。一些进口商及开证行，根据远期信用证"先取货、后付款"的特点，取货后迅速转移资产，在付款前宣布破产，逃避支付责任。第三，利用骗取的信用证骗取银行贷款。在信用证结算方式下，出口商可以凭借信用证到出口地银行取得信用证抵押贷款或者凭出口单据在议付银行取得出口押汇。一些不法分子在冒充出口商，骗取信用证后，利用该信用证从银行骗取贷款，并挪作他用或者非法占有。第四，使用"可转让信用证"进行诈骗。可转让信用证是开证银行在信用证中授权被委托付款或者承兑的银行或者有权议付的银行，在受益人提出申请后可将信用证全部或者部分的权益转让给一个或者数个第三人使用的信用证。而此时，可转让信用证就有可能被人利用来骗取他人钱财，实际使用中存在一定风险。[1]

本罪是行为犯，不要求造成实际的危害结果，也不要求行为人实际骗取了财物，行为人只要实施了上述四种行为中的一种，就构成本罪，实施了两种或者两种以上行为的，仍为本罪一罪，不实行数罪并罚。

3. 主体

本罪的主体为一般主体，自然人和单位均可构成。实践中，外国企业、公司及国际诈骗团伙在我国所实施的信用证诈骗犯罪屡见不鲜，而根据最高人民法院《关于审理单位犯罪案件具体应用法律有关问题的解释》，我国刑法中单位犯罪主体是指依照中华人民共和国法律设立的合法单位（包括公司、企业、事业单位、社会团体和国家机关等）。因此，对于上述国外企业、公司对国内单位实施的信用证诈骗行为不构成单位信用证诈骗罪，仅能以自然人信用证诈骗罪，对直接负责的主管人员或者其他直接责任人员判处刑罚，这样理解有利于维护我国刑事管辖权。

---

[1] 康均心：《金融诈骗犯罪理论与侦查实务研究》，中国方正出版社2005年版，第249~253页。

4. 主观方面

信用证诈骗罪主观上只能出于直接故意，并具有非法占有他人财物的目的。间接故意和过失不构成本罪。

(三) 疑难点司法认定

1. 罪与非罪

信用证诈骗罪是一种行为犯，区分罪与非罪的关键在于行为人客观上是否实施了使用伪造、变造的信用证或者附随的单据、文件、使用作废的信用证、骗取信用证或者以其他方法进行信用证诈骗活动的诈骗行为。另外，行为人主观上具有"非法占有公私财物"的目的。对于行为人由于工作疏忽或者业务水平不足，导致在办理、使用信用证的过程中实施了违规违法行为，但主观上没有非法占有目的的，不能认定为本罪。

2. 本罪与贷款诈骗罪的区分

第一，发生的场合不同。信用证诈骗罪发生在信用证结算过程中，一般是在国际贸易领域中，而贷款诈骗罪发生在金融机构信贷过程中，既可以是国内信贷也可以是国际信贷。第二，犯罪主体不同。信用证诈骗罪犯罪主体包括自然人和单位，贷款诈骗罪主体只能是自然人，单位不能成为贷款诈骗罪的主体。第三，客观方面行为方式不同。一般情况下，因为刑法规定的行为方式不同，此二罪容易区分。但自然人利用信用证骗取贷款的情形下，是一个行为触犯数个犯罪，属于想象竞合犯，应从一重罪处罚。

3. 一罪与数罪

信用证诈骗罪客观方面表现为多种行为方式，只要行为人实施了其中任何一种行为，即符合信用证诈骗罪的客观构成要件，如果行为人实施了两种及两种以上的行为，仍然构成一罪，不实行数罪并罚。

对于单纯的"伪造、变造信用证或者附随的单据、文件"而未实际使用这些金融票证进行诈骗活动的行为，应当按照《刑法》第177条规定的伪造、变造金融票证罪定罪处罚。另外，一些犯罪分子为了进行信用证诈骗活动，先自行伪造、变造信用证或者附随的单据、文件，后又在信用证诈骗活动中加以使用的，同时触犯两个罪名，属于牵连犯，应当择一重罪处断。

行为人意图盗窃、抢夺、侵占他人财物，盗窃、抢夺、侵占得逞后发现实际获取了他人信用证，随后又用非法获得的信用证进行诈骗的，同时构成盗窃罪、抢夺罪、侵占罪和信用证诈骗罪，实行数罪并罚。若行为人意图利用信用证诈骗而盗窃、抢夺、侵占他人信用证，并用获取的信用证进行诈骗的，属于牵连犯，择一重罪处断。另外，通过欺骗方式获得他人信用证并使用进行诈骗活动的，属于信用证诈骗罪行为方式中的一种，不构成数罪，仅以信用证诈骗罪定罪处罚。

4. 共犯形态

首先，开证申请人与开证行通谋利用信用证诈骗。行为人以开证申请人身份，与开证行通谋，通过制造"软条款"信用证，行骗通知行和受益人。其次，开证申请人与受益人伙同以"空"信用证行骗通知行。最后，开证申请人、受益人伙同开证行工作人员，对开征申请人提交的用以申请开证的虚假贸易合同和用以议付的虚假单据、文件予以掩盖，共同骗取开证行资金。上述前两种情况构成信用证诈骗罪共犯无疑。最后一种，如何定性还要看开证行工作人员的身份特征和有无利用其职务上的便利，若是具备国家工作人员身份可能构成贪污罪共犯，或者利用职务便利骗取本单位（开证行）资金归自己所有的，属于职务侵占罪共犯。当然，若这种处理与行为人罪责刑不相适应时，可按照想象竞合犯从一重罪处断。

（四）办案依据查询与适用

1.《中华人民共和国刑法》（1997年10月1日起施行）（节录）

第一百九十五条［信用证诈骗罪］　有下列情形之一，进行信用证诈骗活动的，处五年以下有期徒刑或者拘役，并处二万元以上二十万元以下罚金；数额巨大或者有其他严重情节的，处五年以上十年以下有期徒刑，并处五万元以上五十万元以下罚金；数额特别巨大或者有其他特别严重情节的，处十年以上有期徒刑或者无期徒刑，并处五万元以上五十万元以下罚金或者没收财产：

（一）使用伪造、变造的信用证或者附随的单据、文件的；

（二）使用作废的信用证的；

（三）骗取信用证的；

（四）以其他方法进行信用证诈骗活动的。

【理解与适用】　本条第4项是兜底条款，凡是以非法占有为目的，利用在开立、转让、议付信用证的过程中，采用虚构事实，隐瞒真相的诈骗手段，骗取信用证项下款项的行为都可以构成本罪。

第二百条　单位犯本节第一百九十一条、第一百九十四条、第一百九十五条规定之罪的，对单位判处罚金，并对其直接负责的主管人员和其他直接责任人员，处五年以下有期徒刑或者拘役，可以并处罚金；数额巨大或者有其他严重情节的，处五年以上十年以下有期徒刑，并处罚金；数额特别巨大或者有其他特别严重情节的，处十年以上有期徒刑或者无期徒刑，并处罚金。

【理解与适用】　信用证通常运用于国际贸易中，其法律关系主体主要是以单位为主体，进口商、出口商、各类银行等都是单位主体，因此规定了单位犯罪条款。但这并不表示信用证诈骗仅由单位主体构成，自然人主体同样可以构成。

2. 最高人民检察院、公安部《关于公安机关管辖的刑事案件立案追诉标准的规定（二）》（2010年5月7日 公通字〔2010〕23号）（节录）

第五十三条 进行信用证诈骗活动，涉嫌下列情形之一的，应予立案追诉：

（一）使用伪造、变造的信用证或者附随的单据、文件的；

（二）使用作废的信用证的；

（三）骗取信用证的；

（四）以其他方法进行信用证诈骗活动的。

【理解与适用】 信用证诈骗罪的构成在立案追诉标准中没有具体的数额要求，只要行为人实施了信用证诈骗罪规定的特定行为就可以构成本罪。因为信用证涉及款项一般较大，对国际信用破坏严重，因此规定为行为犯。

七、信用卡诈骗罪

（一）必备专业知识

信用卡是由银行或者其他发卡机构发给资信状况通过审查的个人或者单位的一种信用工具。信用卡有广义和狭义之分，从狭义上来说，外国的信用卡主要是指有银行或者其他财务机构发行的贷记卡，即无须预先存款就可以贷款消费的信用卡。国内的信用卡主要是贷记卡及准贷记卡（先存款后消费，容许小额善意透支）。广义的信用卡是指凡是能够提供信用证明、持卡人可凭卡购物、消费或者享受特定服务的特指卡片，包括贷记卡、准贷记卡、借记卡、储蓄卡、提款卡、支票卡、赊账卡等。① 信用卡是商品经济发展到一定程度的客观需要，是商业信用和银行信用的产物。信用卡的基本含义是"信用"，持卡人可以凭借信用向银行短期借款或者暂时不支付现金的情况下取得商品或者服务，进行消费活动，以后在规定时间内再补足所欠款项。信用卡的产生加速了商品流转，方便了人们生活，活跃了商品经济。

信用卡主要包含以下功能：（1）转账结算功能。信用卡持卡人凭信用卡在发卡银行指定的特约商户购物消费时，无须支付现金，只要签单支付即可。（2）储蓄功能。每一张信用卡的卡号本身就是一个活期储蓄账号，持卡人在

---

① 李睿：《信用卡犯罪研究》，上海社会科学院出版社2009年版，第3页。

发卡行指定的营业网点办理存款手续也十分方便。(3) 汇兑功能。信用卡持卡人到异地时，如需要大笔现金，可以到当地发卡行的营业网点办理存款手续，然后在汇入地发卡行网点取款。(4) 消费信贷功能。持卡人在规定的期限和规定的限额内，可以利用信用卡透支功能，向银行贷取一定数额的款项，这是信用卡最主要的功能。信用卡的"信用"集中体现在消费信贷功能上。(5) 自动存取款功能。信用卡本身是一个独立的银行账户，可以在 ATM 机上实现自动存取款功能。

信用卡持卡消费的流转程序为：(1) 持卡人使用信用卡购物或者消费服务，并在签购单上签字；(2) 商户向持卡人提供商品或者劳务；(3) 商户向发卡银行提交签购单；(4) 发卡银行向商户付款；(5) 发卡银行向持卡人发付款通知；(6) 持卡人向发卡银行归还欠款。由此可见，信用卡法律关系的三方当事人分别是持卡人、发卡行和特约商户。信用卡的使用给他们各自都带来了一定的便利：可以减少发卡行的现金流通量并加快资金周转，增加了发卡行的存款和利息、手续费收入；持卡人不随身携带大量现金便可以方便消费、购物，并且可以进行限额的透支；加速了商户的商品流转速度，减轻收款工作量，简化支付、记账和结账过程。

信用卡风险是指在信用卡业务中，因某些特定因素而引发的发卡银行、特约商户或者持卡人等遭遇的经济损失风险或者法律制裁风险。① 持卡人的主要风险为：(1) 持卡人失卡后不及时向发卡行挂失，信用卡被他人冒用；(2) 持卡人对密码保管不慎或者泄露；(3) 持卡人将信用卡借给他人使用而引发风险；(4) 持卡人恶意透支的；(5) 持卡人提供虚假身份资料、资信证明等材料申办信用卡。特约商户的主要风险为：(1) 未认真检查黑名单，使不良持卡人蒙混过关；(2) 与不法分子勾结，接受问题信用卡，套取经济利益；(3) 持卡人在签购单上签名后，商户擅自更改消费金额；(4) 将持卡人的信用卡压印多张签购单，在空白签购单上冒签；(5) 窃取持卡人的磁条信息，非法制售信用卡；(6) 使用伪造、变造的信用卡非法提取现金。发卡银行的主要风险：(1) 对申请人的证件审查不严，颁发信用卡或者颁发超额信用卡；(2) 对代理发卡点疏于监督，资信审查流于形式；(3) 保密程序存在漏洞，挂失止付制度虚设。以上这些风险都有可能导致各方当事人的经济损失或者引发违法犯罪行为，严重危害了信用卡管理秩序，需要依靠完善信用卡管理制度和依法打击信用卡违法犯罪活动多重手段进行综合治理。

当前我国信用卡犯罪的主要手段有：(1) 利用诈骗手段，套取客户信用

---

① 侯方：《信用证信用卡犯罪问题研究》，法律出版社 2005 年版，第 133~137 页。

卡密码；（2）ATM 机上张贴虚假告示，提示持卡人操作并套取现金；（3）使用自动电话语音提示，截取用户信用卡密码等信息；（4）网络"钓鱼"，建立虚假网站或者植入木马程序，套取信用卡账户和密码；（5）伪造信用卡窃取现金，克隆信用卡窃取用户现金；（6）恶意透支，勾结特约商户大量套现。

（二）犯罪构成要件

信用卡诈骗罪是指以非法占有为目的，使用伪造、作废或者以虚假的身份证明骗领的信用卡，或者冒用他人的信用卡，或者利用信用卡恶意透支，骗取公私财物，数额较大的行为。

1. 客体

本罪客体为复杂客体，既包括国家对信用卡的管理制度，也包括公私财产所有权。其中，国家对信用卡的管理制度是本罪的主要客体。刑法规定的"信用卡"，是指由商业银行或者其他金融机构发行的具有消费支付、信用贷款、转账结算、存取现金等全部功能或者部分功能的电子支付卡。因此，刑法中的"信用卡"不仅包括贷记卡，也包括不具有信贷功能的借记卡。

2. 客观方面

行为人实施了利用伪造、作废或者以虚假的身份证明骗领的信用卡，或者冒用他人的信用卡，或者利用信用卡恶意透支，骗取公私财物，数额较大的行为。具体行为方式如下：

（1）使用伪造的信用卡

伪造信用卡是指行为人通过模仿真实信用卡的质地、样板、图案以及磁条密码等信息非法制作信用卡，或者在空白卡上输入虚假信息而制作信用卡。所谓"使用"是指利用伪造的信用卡的法定功能进行提现、支付、消费、结算等获取财物或接受服务的行为。使用伪造的信用卡，既可以是自己伪造后使用，也可以是明知是他人伪造的信用卡而使用，如果行为人单纯的伪造信用卡而未使用的，不构成本罪。

（2）使用以虚假的身份证明骗领的信用卡

行为人以非法占有为目的，利用伪造虚假的身份证明材料申领信用卡，进行透支或者消费等行为。如果申请人为了顺利获得信用卡或者较高的授信额度，而在申请信用卡时对自己的有关情况作虚假陈述，主观上没有非法占有目的的，不能认定是本罪中的"以虚假的身份证明骗领的信用卡"。

（3）使用作废的信用卡

作废信用卡是指因法定原因而导致无效的信用卡。如超过使用有效期限，信用卡挂失而失效等。无论是原持卡人还是非持卡第三人，如果其明知是上述已经作废的信用卡而使用,均可构成本罪。

(4) 冒用他人信用卡

信用卡的使用权限于持卡人本人,不得转让或者转借,这是持卡人与发卡行之间信任关系决定的。非经持卡人同意或者授权,以持卡人名义使用信用卡,进行信用卡业务内的支付、消费、提取现金等法定功能的,即为冒用他人信用卡。冒用他人信用卡通常表现为:拾得他人遗失信用卡而冒用(拾得他人信用卡并在 ATM 机上使用的);利用代管他人信用卡之际冒用;骗取他人信用卡后冒用;接受非持卡人转手的信用卡而冒用;窃取、收买、骗取或者以其他非法方式获取他人信用卡信息资料,并通过互联网、通信终端加以冒用等。在盗窃信用卡并使用的场合,虽然表面上行为人也存在冒用行为,但根据《刑法》第 196 条第 3 款的规定,盗窃信用卡并使用的,按照盗窃罪定罪处罚。

(5) 恶意透支

恶意透支是指持卡人以非法占有为目的,超过规定限额或者规定期限透支,并且经发卡银行两次催收后超过 3 个月仍不归还的行为。成立"恶意透支"需具备 3 个条件:首先,行为人主观上存在非法占有目的。无论是透支一开始时就存在非法占有目的,还是善意透支后产生非法占有目的的,都不影响本罪构成。其次,行为人超过发卡行容许的透支限额或者期限进行透支。最后,经发卡行两次催收后超过 3 个月仍不归还。其中,非法占有目的认定可根据透支后经发卡行两次催收之后,超过 3 个月仍不归还的行为来认定。另外,根据有关司法解释规定,利用信用卡恶意透支的,在公安机关立案后人民法院判决宣告前已偿还全部透支款息的,可以从轻处罚,情节轻微的,可以免除处罚。恶意透支,数额在 1 万元以上不满 10 万元的,在公安机关立案前已偿还全部透支款息,情节显著轻微的,可以依法不追究刑事责任。

3. 主体

本罪主体是一般自然人主体,凡年满 16 周岁具备刑事责任能力的自然人均可构成本罪。根据刑法规定,单位不能成为本罪主体。如果单位使用上述行为方式进行信用卡诈骗,为单位谋取利益,可追究单位直接负责的主管人员和其他直接责任人员的刑事责任。

4. 主观方面

本罪主观上是直接故意,行为人必须具有非法占有的目的。另外,行为人对自己进行诈骗所使用的信用卡是伪造的、虚假的、作废的或者他人的都应当是明知的。对于恶意透支,行为人主观上必须出于恶意,明知超过规定限额或期限,经发卡银行催收后,仍拒不归还。可以通过以下事实认定"恶意透支"

的非法占有目的：（1）明知没有还款能力而大量透支，无法归还的；（2）肆意挥霍透支的资金，无法归还的；（3）透支后逃匿、改变联系方式，逃避银行催收的；（4）抽逃、转移资金，隐匿财产，逃避还款的；（5）使用透支的资金进行违法犯罪活动的；（6）其他非法占有资金，拒不归还的行为。

（三）疑难点司法认定

1. 罪与非罪

行为人不知道自己使用伪造的、作废的信用卡，或者误用他人信用卡，或者经持卡人同意后使用他人信用卡的，不能认定为犯罪。善意透支行为不认为是犯罪。本罪区分罪与非罪的关键因素在于是否能认定行为人主观上具有非法占有的目的。另外，客观方面骗取的"数额较大"也是区分罪与非罪的要素之一。

2. 一罪与数罪

根据《刑法》第177条的规定，"伪造信用卡"的行为应当以伪造金融票证罪定罪处罚，使用伪造信用卡进行诈骗，数额较大的，则应当以信用卡诈骗罪定罪处罚。行为人自行伪造信用卡后，又用伪造的信用卡进行诈骗的，伪造行为和使用行为同时构成犯罪的，属于牵连犯，应当择一重罪处断，不实行数罪并罚。

行为人信用卡诈骗活动过程中，为了使用虚假的身份证明骗领信用卡或者冒用他人信用卡而伪造、变造居民身份证件，伪造、变造、购买国家机关公文、证件、印章，或者伪造公司、企业、事业党委、人民团体印章的，虽可能同时触犯伪造、变造居民身份证罪，伪造、变造、买卖国家机关公文、证件、印章罪，伪造公司、企业、事业单位、人民团体印章罪和信用卡诈骗罪，但因手段行为和目的行为存在牵连关系，应按照牵连犯择一重罪处断的规则，以信用卡诈骗罪定罪处罚。

盗窃信用卡并使用的，依据刑法规定，按照盗窃罪定罪处罚。这里的"信用卡"应当限定为有效有主的信用卡。盗窃无效信用卡而误以为是有效信用卡而使用的，是盗窃未遂；盗窃信用卡后明知其是无效信用卡而出售牟利、进行诈骗，则可能构成诈骗罪或者信用卡诈骗罪。

3. 共犯形态

特约商户从业人员与持卡人勾结，利用职务上的便利，明知是伪造的信用卡、骗领的信用卡或者冒用他人信用卡而接受该信用卡进行消费。依据信用卡业务章程，当签购单转到发卡机构时会做退单处理，由此造成的损失由特约商户承担。此时，如果该特约商户从业人员具备国家工作人员身份，其行为性质是贪污罪。如果该特约商户从业人员不具备国家工作人员身份，其行为性质是职务侵占罪。

特约商户从业人员与使用作废的信用卡的持卡人勾结，在该特约商户未接到发卡机构的止付通知期间内接受该作废的信用卡进行消费，或者与持卡人勾结，利用职务便利，骗取银行授权为持卡人恶意透支提供方便，依照信用卡章程，由此造成的损失由银行承担。此时，犯罪对象是银行财产而非特约商户本单位的财产，持卡人和特约商户从业人员的行为构成信用卡诈骗罪共犯。

发卡机构工作人员与持卡人相互勾结，利用职务上的便利，违法办理信用卡或者对应当止付的信用卡不通知止付而提供恶意透支授权等帮助持卡人进行诈骗的，其行为构成贪污罪或者职务侵占罪，又符合信用卡诈骗罪的特征，如果发卡机构工作人员具备国家工作人员身份，则同时构成贪污罪和信用卡诈骗罪，根据法条竞合"重法优于轻法"的规则，应以贪污罪定罪处罚。如果发卡机构工作人员不具备国家工作人员身份，其同时构成职务侵占罪和信用卡诈骗罪，应当以信用卡诈骗罪论处。持卡人以信用卡诈骗罪论处。

（四）办案依据查询与适用

1. 《中华人民共和国刑法》（1997年10月1日起施行）（节录）

第一百九十六条 ［信用卡诈骗罪］ 有下列情形之一，进行信用卡诈骗活动，数额较大的，处五年以下有期徒刑或者拘役，并处二万元以上二十万元以下罚金；数额巨大或者有其他严重情节的，处五年以上十年以下有期徒刑，并处五万元以上五十万元以下罚金；数额特别巨大或者有其他特别严重情节的，处十年以上有期徒刑或者无期徒刑，并处五万元以上五十万元以下罚金或者没收财产：

（一）使用伪造的信用卡，或者使用以虚假的身份证明骗领的信用卡的；

（二）使用作废的信用卡的；

（三）冒用他人信用卡的；

（四）恶意透支的。

前款所称恶意透支，是指持卡人以非法占有为目的，超过规定限额或者规定期限透支，并且经发卡银行催收后仍不归还的行为。

［盗窃罪］ 盗窃信用卡并使用的，依照本法第二百六十四条的规定定罪处罚。

【理解与适用】 恶意透支构成犯罪一定要判明行为人主观上具有非法占有目的，超过限额和期限透支，恶意透支金额在1万元以上，经发卡银行两次催收后，超过3个月仍未归还的。恶意透支的数额计算，仅指持卡人拒不归还的数额或者尚未归还的数额,不包括复利、滞纳金、手续费等发卡银行收取的费用。恶意透支无论透支数额大小,在公安机关立案后人民法院判决宣告前已偿还全部透支款息的,可以从轻处罚;情节轻微的,可以免除处罚。透支"数额较大"即1万元以上不足10万元的,如果在公安机关立案前,已经全部归还款息,情节显著轻微的,可不予追究刑事责任。盗窃信用卡并使用的,不构成信用卡诈骗罪,依据刑法规定构成盗窃罪。

2. 全国人民代表大会常务委员会《关于〈中华人民共和国刑法〉有关信用卡规定的解释》(2004年12月29日第十届全国人民代表大会常务委员会第十三次会议通过)(节录)

全国人民代表大会常务委员会根据司法实践中遇到的情况,讨论了刑法规定的"信用卡"的含义问题,解释如下:刑法规定的"信用卡",是指由商业银行或者其他金融机构发行的具有消费支付、信用贷款、转账结算、存取现金等全部功能或者部分功能的电子支付卡。

【理解与适用】 立法解释关于刑法中"信用卡"的理解不仅包括贷记卡,还包括不具有信用贷款功能,仅有消费支付、转账结算、存取现金等功能的借记卡或者其他具有部分功能的电子支付用卡。

3. 最高人民检察院、公安部《关于公安机关管辖的刑事案件立案追诉标准的规定(二)》(2010年5月7日 公通字〔2010〕23号)(节录)

第五十四条 进行信用卡诈骗活动,涉嫌下列情形之一的,应予立案追诉:

(一)使用伪造的信用卡,或者使用以虚假的身份证明骗领的信用卡,或者使用作废的信用卡,或者冒用他人信用卡,进行诈骗活动,数额在五千元以上的;

(二)恶意透支,数额在一万元以上的。

本条规定的"恶意透支",是指持卡人以非法占有为目的,超过规定限额或者规定期限透支,并且经发卡银行两次催收后超过三个月仍不归还的。

恶意透支,数额在一万元以上不满十万元的,在公安机关立案前已偿还全部透支款息,情节显著轻微的,可以依法不追究刑事责任。

4. 最高人民法院、最高人民检察院《关于办理妨害信用卡管理刑事案件具体应用法律若干问题的解释》(2009年12月16日 法释〔2009〕19号)(节录)

第五条 使用伪造的信用卡、以虚假的身份证明骗领的信用卡、作废的信用卡或者冒用他人信用卡,进行信用卡诈骗活动,数额在5000元以上不满5万元的,应当认定为刑法第一百九十六条规定的"数额较大";数额在5万元以上不满 50 万元的，应当认定为刑法第一百九十六条规定的"数额巨大"；数额在 50 万元以上的，应当认定为刑法第一百九十六条规定的"数额特别巨大"。

刑法第一百九十六条第一款第（三）项所称"冒用他人信用卡"，包括以下情形：

（一）拾得他人信用卡并使用的；

（二）骗取他人信用卡并使用的；

（三）窃取、收买、骗取或者以其他非法方式获取他人信用卡信息资料，并通过互联网、通讯终端等使用的；

（四）其他冒用他人信用卡的情形。

第六条 持卡人以非法占有为目的，超过规定限额或者规定期限透支，并且经发卡银行两次催收后超过 3 个月仍不归还的，应当认定为刑法第一百九十六条规定的"恶意透支"。

有以下情形之一的，应当认定为刑法第一百九十六条第二款规定的"以非法占有为目的"：

（一）明知没有还款能力而大量透支，无法归还的；

（二）肆意挥霍透支的资金，无法归还的；

（三）透支后逃匿、改变联系方式，逃避银行催收的；

（四）抽逃、转移资金，隐匿财产，逃避还款的；

（五）使用透支的资金进行违法犯罪活动的；

（六）其他非法占有资金，拒不归还的行为。

恶意透支，数额在 1 万元以上不满 10 万元的，应当认定为刑法第一百九十六条规定的"数额较大"；数额在 10 万元以上不满 100 万元的，应当认定为刑法第一百九十六条规定的"数额巨大"；数额在 100 万元以上的，应当认定为刑法第一百九十六条规定的"数额特别巨大"。

恶意透支的数额，是指在第一款规定的条件下持卡人拒不归还的数额或者尚未归还的数额。不包括复利、滞纳金、手续费等发卡银行收取的费用。

恶意透支应当追究刑事责任，但在公安机关立案后人民法院判决宣告前已偿还全部透支款息的，可以从轻处罚，情节轻微的，可以免除处罚。恶意透支数额较大，在公安机关立案前已偿还全部透支款息，情节显著轻微的，可以依法不追究刑事责任。

【理解与适用】 刑法对恶意透支行为留有出罪和从宽处罚的窗口：恶意透支，无论透支的数额大小，在公安机关立案后人民法院判决宣告前已偿还全部透支款息的，可以从轻处罚；情节轻微的，可以免除处罚；恶意透支"数额较大"即1万元以上不足10万元的,如果在公安机关立案前,已经全部归还款息,情节显著轻微的,可不予追究刑事责任。要注意不予追究刑事责任的几个重要条件:(1)恶意透支数额限制,1万元以上10万元以下;(2)时间限制,在公安机关立案前已经全部归还款息;(3)情节显著轻微。

5. 最高人民检察院《关于拾得他人信用卡并在自动柜员机(ATM机)上使用的行为如何定性问题的批复》(2008年5月7日 高检发释字〔2008〕1号)(节录)

拾得他人信用卡并在自动柜员机(ATM机)上使用的行为,属于刑法第一百九十六条第一款第(三)项规定的"冒用他人信用卡"的情形,构成犯罪的,以信用卡诈骗罪追究刑事责任。

八、有价证券诈骗罪

(一)必备专业知识

证券与证书不同,证书是记载一定的法律事实或者法律行为的文书,其作用仅是证明这种法律事实或者法律行为曾经发生。如死亡证书、结婚证书、房产证书等。证券不仅记载一定的权利,其本身就代表一定的权利。这种权利存在于证券之上,通常情况下,权利不能离开证券而存在。如车船票、入场券等。依据证券与其所表示的权利之间的联系是否密切,证券可以分为三类:(1)金券(即金额券)。金券标明一定金额,只能为一定目的使用,证券与权利密切结合而不可分的一种证券,如邮票。(2)资格证券。表明持有这种证券的人具有行使一定权利的资格的证券,如入场券、车船票等。(3)有价证券。表示一定权利,权利人行使权利必须持有证券,原则上不得离开证券而行使权利的一种证券。如汇票、本票、支票、各种债券等。[①]

有价证券具备以下几个显著特征:(1)代表一定数额的财产价值。有价证券必须以财产利益为内容,表明一定的财产价值,具有一定的票面货币价值。那些仅代表人身权利或者行政权利的证书不是有价证券,如婚姻证书、身份证书、学历证书等不是有价证券。(2)是权利归属的证明。一般而言,有价证券所主张的权利属于该证券票面上所记载的所有权人。但有些有价证券并没有记载所有权人,此无记名的有价证券的持有人便是所有权人。此时,证券权利与证券持有人身份无关,仅与对证券的占有有关,证券权利和有价证券不可分割。(3)具有可流通性,可以转让。有价证券是仅依双方当事人意志,

---

[①] 谢怀栻:《票据法概论》,法律出版社2006年版,第2~4页。

便可以依法自由流转的权利证书,证券权利的转移具有法律所允许的物质转让性质,因而其转让无须得到证券上义务人或者第三人同意,也不适用合同法上的权利转让或主体变更规则。有价证券依据票面上是否记名,可分为记名证券和不记名证券;根据有价证券上权利的法律性质不同,可分为物权凭证和债权凭证;还可以根据有价证券的功能差别,将有价证券划分为资本证券、货币证券和商品证券。①

(二)犯罪构成要件

有价证券诈骗罪是指行为人以非法占有为目的,明知是伪造、变造的国库券或者国家发行的其他有价证券进行诈骗活动,数额较大的行为。②

1. 客体

本罪客体是国家正常的有价证券管理秩序和公私财产所有权。犯罪对象是国家有价证券,包括国库券和国家发行的其他有价证券。这里的"国家"仅限本国,不包括外国。国家发行的其他有价证券主要是指中央政府、财政部、国家银行或者地方政府发行的除国库券以外的各种公共债券,如国家建设券、财政债券、特种国债以及国家银行金融债券等有价证券。

2. 客观方面

本罪客观上表现为行为人使用伪造、变造的国库券或者国家发行的其他有价证券,进行诈骗活动,数额较大的行为。

(1)伪造、变造的认定

伪造国家发行的有价证券,是指仿照真实的国家发行的有价证券的格式、样式、颜色、形状、面值等特征,采取印刷、复印、拓印等各种方式制作的冒充国家有价证券的虚假证券。变造的国家有价证券是指在真实的国家有价证券基础上,采用涂改、挖补、拼凑等方法加工处理其记载内容如增加证券的面值、张数等后形成的有价证券。不论是伪造的还是变造的国家有价证券,只要行为人使用了其中之一,便构成本罪;使用了二者的,也只构成本罪,不能数罪并罚。

(2)使用的方式

使用伪造、变造的国家有价证券,是指将其用于兑换现金、抵销债务等获取经济利益的行为。如用伪造、变造的有价证券进行权利质押;欺诈性出售伪

---

① 曾月英:《金融票证犯罪研究》,中国人民公安大学出版社2001年版,第4~7页。
② 康均心:《金融诈骗犯罪理论与侦查实务研究》,中国方正出版社2005年版,第330页。

造、变造的有价证券；利用伪造、变造的有价证券兑换现金等。本罪的使用过程中必须具有诈骗意图，且采用了虚构事实、隐瞒真相的办法。

（3）数额较大

使用伪造、变造的国库券或者国家发行的其他有价证券进行诈骗活动，数额在1万元以上的，应予立案追诉。

3. 主体

本罪主体是一般自然人主体，凡年满16周岁具备刑事责任能力的自然人均可构成本罪。根据刑法规定，单位不能成为本罪主体。

4. 主观方面

本罪主观上只能是直接故意，行为人对自己的行为是明知而为之，具有非法占有公私财物的目的。首先，行为人对自己使用的国库券或者国家发行的其他有价证券系伪造、变造的是明知的。其次，行为人的主观目的不是为了占有这些债券，而是通过使用这些虚假有价证券，进行诈骗，达到非法占有他人财产的目的。

（三）疑难点司法认定

1. 本罪与伪造、变造国家有价证券罪的界限

二者在犯罪主体、主观方面有很大的相似性。区别在于：第一，侵犯客体不同。伪造、变造国家有价证券罪侵犯的是国家对有价证券的管理秩序；有价证券诈骗罪除了侵犯国家对有价证券的管理秩序外，还侵犯公私财产所有权。第二，客观行为方式不同。伪造、变造国家有价证券罪表现为伪造、变造国库券或者国家发行的其他有价证券的行为，重点在于伪造、变造行为；而有价证券诈骗罪表现为明知是伪造、变造的有价证券，为了诈骗他人钱财而使用。有价证券诈骗罪强调的是使用行为和诈骗行为，这里使用的有价证券只不过是一种手段和工具，可以是自己伪造、变造的，也可以是他人伪造、变造的。

2. 一罪与数罪

如果是行为人先伪造、变造有价证券，然后又使用其进行诈骗活动，同时构成有价证券诈骗罪和伪造、变造国家有价证券罪的，属于牵连犯，择一重罪处断，即以有价证券诈骗罪定罪处罚。

行为人伪造、变造国家有价证券后，出售给他人，不属于共犯的，成立伪造、变造国家有价证券罪与倒卖伪造的有价票证罪，可以从一重处断。

行为人既使用伪造、变造的国家有价证券进行诈骗，又使用伪造、变造的股票或者公司、企业债券骗取财物的，应当以有价证券诈骗罪和诈骗罪实行数罪并罚。

3. 共犯形态

对行为人伪造、变造国家有价证券后,又将伪造、变造的国家有价证券提供给他人使用的,应当区分不同的情形处理:伪造者、变造者与使用者事先有通谋的,部分犯罪人伪造、变造有价证券,部分犯罪人负责使用伪造、变造的有价证券进行诈骗的,所有共犯同时触犯有价证券诈骗罪和伪造、变造国家有价证券罪,均从一重罪处断。伪造者、变造者与使用者事前无通谋,但伪造者、变造者明知对方进行诈骗活动而为其提供伪造、变造的有价证券的,使用者构成有价证券诈骗罪,伪造者、变造者是片面帮助犯,但仅构成伪造、变造国家有价证券罪。另外,伪造、变造国家有价证券的行为人,以非法占有为目的,将其伪造、变造的有价证券提供给不知情的使用者进行使用,并骗取钱财的,使用者不构成犯罪,伪造者、变造者构成伪造、变造国家有价证券罪和有价证券诈骗罪,从一重处断。

(四) 办案依据查询与适用

1.《中华人民共和国刑法》(1997 年 10 月 1 日起施行)(节录)

第一百九十七条 [有价证券诈骗罪] 使用伪造、变造的国库券或者国家发行的其他有价证券,进行诈骗活动,数额较大的,处五年以下有期徒刑或者拘役,并处二万元以上二十万元以下罚金;数额巨大或者有其他严重情节的,处五年以上十年以下有期徒刑,并处五万元以上五十万元以下罚金;数额特别巨大或者有其他特别严重情节的,处十年以上有期徒刑或者无期徒刑,并处五万元以上五十万元以下罚金或者没收财产。

【理解与适用】 这里的有价证券不包括票据诈骗罪中的汇票、本票、支票等对象,因为刑法已经对这些票据诈骗进行了特别规定。这里的有价证券不仅包括国库券,还包括国家发行的其他有价证券,涉及股票、公司债券、仓单等一切符合有价证券实质特征的证券。

2. 最高人民检察院、公安部《关于公安机关管辖的刑事案件立案追诉标准的规定(二)》(2010 年 5 月 7 日 公通字〔2010〕23 号)(节录)

第五十五条 使用伪造、变造的国库券或者国家发行的其他有价证券进行诈骗活动,数额在一万元以上的,应予立案追诉。

九、保险诈骗罪

(一) 必备专业知识

保险是人们在长期的社会实践活动中,在屡受各种自然灾害、意外事故的打击之后所创造的科学保证制度。它集众人之力，共同筹集保险基金用以对付各种不测损失，并实现合理的风险分散和损失分摊。① 保险合同是合同的一种，保险合同是投保人与保险人约定保险权利义务关系的协议。保险人在保险责任范围内承担赔偿或给付保险金的义务，享有按照合同约定收取保险费的权利；投保人按照合同约定承担交付保险费的义务，享有保险金的请求权。依据我国《保险法》规定，我国保险合同主要分为两类：财产保险合同和人身保险合同。财产保险合同是以财产及其有关利益为保险标的的保险合同，主要分为财产损失保险、责任保险和信用保险等。人身保险合同是以人的寿命和身体为保险标的的保险合同，主要有人寿保险、意外伤害保险、健康保险和年金保险等。

保险法律关系当事人主要包括保险人、投保人、被保险人和受益人。保险人是指依法经营商业保险业务，与投保人建立保险法律关系，承担赔偿或给付保险金责任的人，主要是各类保险公司。投保人是指与保险人签订保险合同，并按照合同约定负有支付保险费义务的人。投保人可以是自然人、法人或者其他组织。投保人需具备相应的民事行为能力，与保险标的之间具有保险利益。被保险人是指财产或者人身受保险合同保障，享有保险金请求权的人。财产保险合同中投保财产的所有权人或经营权人，人身保险合同中以其寿命或身体作为承保对象的人。投保人可以同时就是被保险人，也可以分别为不同民事主体。受益人是指在保险法律关系中，由被保险人依法指定的，享有保险金请求权的人。依据我国保险法规定，受益人依法只适用于人身保险合同。②

保险利益作为保险合同的客体区别于保险标的。它是投保人或者被保险人与保险标的之间所存在的法律上认可的经济利害关系。这种经济利害关系体现着投保人或被保险人因保险标的的存在而享有的经济利益。保险法律关系中要求投保人或者被保险人对保险标的的具有保险利益，否则可能导致滥用保险合同谋取额外利益的投机行为。保险标的是保险人在具体保险合同中承保的对象。在财产保险合同中表现为财产，人身保险合同中是人的寿命或者身体健康。

(二) 犯罪构成要件

保险诈骗罪是指行为人以非法获取保险金为目的，采用虚构事实、隐瞒真相的欺骗手段，使保险人陷入错误认识向其支付保险金，数额较大的行为。

---

① 林荫茂、陆爱勤：《保险违约与保险犯罪》，中国检察出版社2002年版，第1页。
② 贾林青：《保险法》（第三版），中国人民大学出版社2009年版，第55~57页。

1. 客体

本罪客体是复杂客体,主要客体是国家保险制度和正常秩序,次要客体是保险人的财产所有权。

2. 客观方面

客观上行为人是通过虚构事实、隐瞒真相的欺骗方法,使保险人发生错误认识而自动交付保险金,数额较大的行为。主要行为方式如下:

(1) 投保人故意虚构保险标的,骗取保险金的

投保人在与保险公司签订保险合同的过程中,故意虚构或者隐瞒与保险标的有关的事实,如保险标的的实际价值、真实性等。保险标的是作为保险对象的财产以及其他有关利益或者人的寿命、健康和身体等。保险合同的签订要求合同当事人双方本着诚实信用原则进行,投保人故意虚构或者隐瞒有关事实,违背了法律关于诚实信用的原则。虚构保险标的,不限于虚构全部事实,也可以是虚构部分事实;既可以是完全捏造一个不存在的保险标的,也可以是对保险标的中会影响到保险合同内容的有关部分进行虚构。

(2) 投保人、被保险人或者受益人对发生的保险事故编造虚假的原因或者夸大损失的程度,骗取保险金的

投保人、被保险人或者受益人为了骗取保险赔偿,在发生保险事故后,伪造、编造与事故相关的证明文件、资料和证据,掩盖事故发生的真实原因骗取保险赔偿的或者将保险标的损失夸大骗取超额赔偿的。主要表现为两类:第一,行为人对发生保险事故的原因进行编造,使非保险责任转化为保险责任,获取保险赔偿。第二,行为人在发生保险事故后,利用证明资料对事故损失进行夸大,骗取超过保险公司应付赔偿数额的保险金。

(3) 投保人、被保险人或者受益人编造未曾发生的保险事故,骗取保险金的

投保人、被保险人或者受益人在根本没有发生保险事故的情况下,虚构事实、伪造有关证明资料,谎称发生保险事故,骗取保险金的行为。可能采取:第一,无中生有,故意制造事故假象。第二,移花接木,偷换保险标的、谎称保险事故发生时间等形式。

(4) 投保人、被保险人故意造成财产损失的保险事故,骗取保险金的

财产保险的投保人、被保险人在保险有效期限内,故意人为制造保险标的出现保险事故,造成财产灭失或者部分损失,再编造事故发生原因,骗取保险金的行为。这种形式在火灾保险理赔中最为常见,往往是行为人为了获取高额保险金而故意纵火对保险公司进行诈骗。这种行为可能侵犯他人权益或者危害公共安全,因此,刑法规定行为人实施该行为同时构成其他犯罪的,应当数罪

并罚。

(5) 投保人、受益人故意造成被保险人死亡、伤残或者疾病,骗取保险金的

人身保险合同往往是以被保险人死亡、伤残、发生疾病为赔偿条件的,因此,在人身保险合同中,投保人、受益人为了骗取保险金,会故意造成被保险人死亡、伤残或者疾病,再编造事故原因,诈骗保险公司。这种行为可能危害他人身体健康或者生命安全,因此,刑法规定行为人实施该行为同时构成其他犯罪的,应当数罪并罚。

3. 主体

本罪主体是投保人、被保险人、受益人,根据刑法规定,单位也可以成为本罪主体。投保人是指与保险公司签订保险合同,并按照保险合同缴纳保险费用的人。被保险人是指财产或者人身受到保险合同保障,在保险事故发生或者约定保险期限届满时,依据保险合同,有权向保险人请求补偿或者领取保险金的人。受益人是指在人身保险合同中,由被保险人或者投保人明确指定的或者依据有关法律规定依法享有保险金请求权的人。现实生活中,除了投保人、被保险人、受益人诈骗保险金的情况外,保险代理人、保险经纪人诈骗保险费的行为也时常发生,而此时因为他们不是保险合同关系的当事人,如果没有通谋构成共同犯罪的情况下,则只能按照一般的诈骗罪处理。

4. 主观方面

本罪主观上是直接故意,间接故意和过失不构成本罪。另外,行为人必须具有非法占有的目的。

(三) 疑难点司法认定

1. 罪与非罪

实践中要注意区分保险诈骗罪和一般保险纠纷的界限。首先,行为人主观上是否具有非法占有保险金目的。对于行为人因过失导致保险标的发生保险事故的,或者行为人在保险合同订立时,非以骗取保险金为目的故意虚构保险标的的,或者行为人在保险合同履行过程中,故意侵害保险标的,但并不以此诈取保险金的,均不构成保险诈骗罪。其次,行为人客观上实施了保险诈骗行为。集中表现为故意制造骗赔事由和提出赔付要求,前面是方法行为,后面是目的的行为,二者缺一不可。最后,保险诈骗必须数额较大。根据最高人民检察院公安部《关于公安机关管辖的刑事案件立案追诉标准的规定(二)》第56条的规定:个人进行保险诈骗,数额在1万元以上的;单位进行保险诈骗,数额在5万元以上的,应当予以立案追究。

2. 与《刑法》第 183 条的关系

根据《刑法》第 183 条的规定，保险公司的工作人员利用职务上的便利，故意编造未曾发生的保险事故进行虚假理赔，骗取保险金归自己所有的，按照职务侵占罪定罪处罚。国有保险公司工作人员和国有保险公司委派到非国有保险公司从事公务的人员，利用职务上的便利，故意编造未曾发生的保险事故进行虚假理赔，骗取保险金归自己所有的，按照贪污罪定罪处罚。《刑法》第 198 条和第 183 条在行为方式上都有故意编造虚假保险事故骗取保险金归自己所有的行为，但二者还是有几点明显不同：首先，犯罪主体及其身份不同，保险诈骗罪的犯罪主体是保险合同的投保人、被保险人、受益人；《刑法》第 183 条的犯罪主体是保险公司的工作人员、国有保险公司工作人员和国有保险公司委派到非国有保险公司从事公务的人员。其次，行为方式也不尽相同。保险诈骗罪的行为方式多种多样，刑法列明的就有五种之多；《刑法》第 183 条中行为方式仅为故意编造未曾发生的保险事故进行虚假理赔一项，但强调骗取行为是保险机构工作人员利用职务上的便利进行的。最后，二者侵犯的客体不同。虽然二者都是复杂客体，都侵犯了保险人财产所有权，但《刑法》第 183 条侵犯的主要客体是职务行为的廉洁性；保险诈骗罪侵犯的主要客体是国家保险制度和正常秩序。

3. 一罪与数罪

《刑法》第 198 条第 1 款中保险诈骗手段有五项内容，根据本条第 2 款的规定，投保人、被保险人故意造成财产损失的保险事故，或者投保人、受益人故意造成被保险人死亡、伤残或者疾病，骗取保险金的过程中，手段行为与目的行为同时构成犯罪的，依照数罪并罚的规定处罚。另外，对于前三项诈骗手段行为，刑法并没有规定数罪并罚，如果用故意虚构保险标的、对发生的保险事故编造虚假的原因或者夸大损失程度、编造未曾发生的保险事故等手段骗取保险金的过程中，手段行为又同时构成其他罪名的，如伪造、变造公文、证件、印章罪，则依照牵连犯的原则，从一重罪处断。

4. 共犯形态

（1）保险事故的鉴定人、证明人、财产评估人故意提供虚假的证明文件，为他人诈骗提供条件的，以保险诈骗的共犯论处。

应当将本罪的这一共犯形态与《刑法》第 229 条第 1 款和第 2 款规定的"中介组织人员提供虚假证明文件罪"和《刑法》第 229 条第 3 款规定的"中介组织人员出具证明文件重大失实罪"区分开来。对于中介组织人员与他人通谋在保险合同履行过程中，故意提供虚假证明文件，为他人进行保险诈骗活动提供条件的，可能同时构成保险诈骗罪和中介组织人员提供虚假证明文件罪，而《刑法》第198条第4款规定这种情况应当按照保险诈骗罪定罪处罚，显然是为了加重为保险诈骗犯罪分子提供虚假证明文件的保险事故鉴定人、证明人、财产评估人的刑事责任。另外，至于中介组织人员出具证明文件重大失实罪是一种过失犯罪，谈不上通谋和共犯问题。

(2) 保险公司工作人员与投保人、被保险人、受益人相勾结，共同诈骗保险金的。

根据《刑法》第183条规定，保险公司工作人员利用职务上的便利，故意编造未曾发生的保险事故进行虚假理赔，骗取保险金归自己所有的，以职务侵占罪定罪处罚；国有保险公司工作人员和国有保险公司委派到非国有保险公司从事公务的人员，利用职务上的便利，故意编造未曾发生的保险事故进行虚假理赔，骗取保险金归自己所有的，按照贪污罪定罪处罚。因此，当国有保险公司工作人员与投保人、被保险人、受益人相互勾结进行保险诈骗，如果在诈骗过程中利用了国有保险公司工作人员的职务上的便利，应按照贪污罪共犯处理；如果诈骗活动中没有利用职务上的便利，则以保险诈骗罪共犯处理。同理，非国有保险公司工作人员与外部人员相互勾结进行保险诈骗，在诈骗活动中利用了其职务上的便利，构成本罪与职务侵占罪的法条竞合，择一重罪处断，应以保险诈骗罪论处；若在诈骗活动中没有利用其职务上的便利，则按照本罪处理。

(四) 办案依据查询与适用

1.《中华人民共和国刑法》(1997年10月1日起施行)（节录）

第一百九十八条 [保险诈骗罪] 有下列情形之一，进行保险诈骗活动，数额较大的，处五年以下有期徒刑或者拘役，并处一万元以上十万元以下罚金；数额巨大或者有其他严重情节的，处五年以上十年以下有期徒刑，并处二万元以上二十万元以下罚金；数额特别巨大或者有其他特别严重情节的，处十年以上有期徒刑，并处二万元以上二十万元以下罚金或者没收财产：

(一) 投保人故意虚构保险标的，骗取保险金的；

(二) 投保人、被保险人或者受益人对发生的保险事故编造虚假的原因或者夸大损失的程度，骗取保险金的；

(三) 投保人、被保险人或者受益人编造未曾发生的保险事故，骗取保险金的；

(四) 投保人、被保险人故意造成财产损失的保险事故，骗取保险金的；

(五) 投保人、受益人故意造成被保险人死亡、伤残或者疾病，骗取保险金的。

有前款第四项、第五项所列行为,同时构成其他犯罪的,依照数罪并罚的规定处罚。

单位犯第一款罪的,对单位判处罚金,并对其直接负责的主管人员和其他直接责任人员,处五年以下有期徒刑或者拘役;数额巨大或者有其他严重情节的,处五年以上十年以下有期徒刑;数额特别巨大或者有其他特别严重情节的,处十年以上有期徒刑。

保险事故的鉴定人、证明人、财产评估人故意提供虚假的证明文件,为他人诈骗提供条件的,以保险诈骗的共犯论处。

【理解与适用】 本罪主体中包括单位。保险诈骗手段多种多样,总结起来可以归纳为两个方面,一方面是没有保险利益虚构保险标的投保并骗取保险金的;另一方面是正常投保后,虚构、人为制造保险事故或者夸大事故损失,在保险索赔过程中弄虚作假骗取保险金。

2. 最高人民检察院、公安部《关于公安机关管辖的刑事案件立案追诉标准的规定(二)》(2010年5月7日 公通字〔2010〕23号)(节录)

第五十六条 进行保险诈骗活动,涉嫌下列情形之一的,应予立案追诉:

(一)个人进行保险诈骗,数额在一万元以上的;

(二)单位进行保险诈骗,数额在五万元以上的。

3. 最高人民检察院研究室《关于保险诈骗未遂能否按犯罪处理问题的答复》(1998年11月27日 〔1998〕高检研发第20号)(节录)

行为人已经着手实施保险诈骗行为,由于其意志以外的原因未能获得保险赔偿的,是诈骗未遂,情节严重的,应依法追究刑事责任。

Chapter 10 第十讲 金融犯罪案件其他办案依据查询与适用

1. 最高人民法院、最高人民检察院、公安部、中国证券监督管理委员会关于印发《关于办理证券期货违法犯罪案件工作若干问题的意见》的通知（2011年4月27日　证监发〔2011〕30号）

各省、自治区、直辖市高级人民法院、人民检察院、公安厅（局），解放军军事法院、军事检察院，新疆维吾尔自治区高级人民法院生产建设兵团分院，新疆生产建设兵团人民检察院、公安局，中国证监会各省、自治区、直辖市、计划单列市监管局：

为解决近年来在办理证券期货违法犯罪案件工作中遇到的一些突出问题，依法惩治证券期货违法犯罪，现将《最高人民法院、最高人民检察院、公安部、中国证监会关于办理证券期货违法犯罪案件工作若干问题的意见》印发给你们，请遵照执行。

在执行中遇到的问题，请及时报最高人民法院、最高人民检察院、公安部和中国证监会。

关于办理证券期货违法犯罪案件工作若干问题的意见

为加强办理证券期货违法犯罪案件工作，完善行政执法与刑事司法的衔接机制，进一步依法有效惩治证券期货违法犯罪，提出如下意见：

一、证券监管机构依据行政机关移送涉嫌犯罪案件的有关规定，在办理可能移送公安机关查处的证券期货违法案件过程中，经履行批准程序，可商请公安机关协助查询、复制被调查对象的户籍、出入境信息等资料，对有关涉案人员按照相关规定采取边控、报备措施。证券监管机构向公安机关提出请求时，应当明确协助办理的具体事项，提供案件情况及相关材料。

二、证券监管机构办理证券期货违法案件,案情重大、复杂、疑难的,可商请公安机关就案件性质、证据等问题提出参考意见;对有证据表明可能涉嫌犯罪的行为人可能逃匿或者销毁证据的,证券监管机构应当及时通知公安机关;涉嫌犯罪的,公安机关应当及时立案侦查。

三、证券监管机构与公安机关建立和完善协调会商机制。证券监管机构依据行政机关移送涉嫌犯罪案件的有关规定,在向公安机关移送重大、复杂、疑难的涉嫌证券期货犯罪案件前,应当启动协调会商机制,就行为性质认定、案件罪名适用、案件管辖等问题进行会商。

四、公安机关、人民检察院和人民法院在办理涉嫌证券期货犯罪案件过程中,可商请证券监管机构指派专业人员配合开展工作,协助查阅、复制有关专业资料。证券监管机构可以根据司法机关办案需要,依法就案件涉及的证券期货专业问题向司法机关出具认定意见。

五、司法机关对证券监管机构随案移送的物证、书证、鉴定结论、视听资料、现场笔录等证据要及时审查,作出是否立案的决定;随案移送的证据,经法定程序查证属实的,可作为定案的根据。

六、证券监管机构依据行政机关移送涉嫌犯罪案件的有关规定向公安机关移交证据,应当制作证据移交清单,双方经办人员应当签字确认,加盖公章,相关证据随证据移交清单一并移交。

七、对涉众型证券期货犯罪案件,在已收集的证据能够充分证明基本犯罪事实的前提下,公安机关可在被调查对象范围内按一定比例收集和调取书证、被害人陈述、证人证言等相关证据。

八、以证券交易所、期货交易所、证券登记结算机构、期货保证金监控机构以及证券公司、期货公司留存的证券期货委托记录和交易记录、登记存管结算资料等电子数据作为证据的,数据提供单位应以电子光盘或者其他载体记录相关原始数据,并说明制作方法、制作时间及制作人等信息,并由复制件制作人和原始电子数据持有人签名或盖章。

九、发行人、上市公司或者其他信息披露义务人在证券监管机构指定的信息披露媒体、信息披露义务人或证券交易所网站发布的信息披露公告,其打印件或据此制作的电子光盘,经核对无误后,说明其来源、制作人、制作时间、制作地点等的,可作为刑事证据使用,但有其他证据证明打印件或光盘内容与公告信息不一致的除外。

十、涉嫌证券期货犯罪的第一审案件,由中级人民法院管辖,同级人民检察院负责提起公诉,地(市)级以上公安机关负责立案侦查。

2. 最高人民法院、最高人民检察院关于贯彻执行《关于办理证券期货违法犯罪案件工作若干问题的意见》有关问题的通知（2012 年 3 月 14 日　法发〔2012〕8 号）

各省、自治区、直辖市高级人民法院、人民检察院，解放军军事法院、军事检察院，新疆维吾尔自治区高级人民法院生产建设兵团分院、新疆生产建设兵团人民检察院：

最高人民法院、最高人民检察院、公安部、中国证监会《关于办理证券期货违法犯罪案件工作若干问题的意见》（证监发〔2011〕30 号，以下简称《意见》）已于 2011 年 12 月下发各地执行。为正确适用《意见》，做好证券期货犯罪案件起诉审判工作，现就贯彻执行《意见》的有关问题通知如下：

一、《意见》第十条中的"证券期货犯罪"，是指刑法第一百六十条、第一百六十一条、第一百六十九条之一、第一百七十八条第二款、第一百七十九条、第一百八十条、第一百八十一条、第一百八十二条、第一百八十五条之一第一款规定的犯罪。

二、2012 年 1 月 1 日以后，证券期货犯罪的第一审案件，适用《意见》第十条的规定，由中级人民法院管辖，同级人民检察院负责提起公诉。

三、2011 年 12 月 31 日以前已经提起公诉的证券期货犯罪案件，不适用《意见》第十条关于级别管辖的规定。

四、各级人民法院、人民检察院在贯彻执行《意见》的过程中，应当注意总结办案经验，加强调查研究。对于贯彻执行过程中遇到的疑难问题，请及时报告最高人民法院、最高人民检察院。最高人民法院、最高人民检察院将在进一步总结司法审判经验的基础上，通过有关工作会议、司法文件、公布典型案例等方式，对证券期货犯罪案件司法审判工作加强指导，以更好地服务经济社会发展和依法惩处证券期货违法犯罪工作的需要。

特此通知。

3. 最高人民法院、最高人民检察院、公安部、中国证券监督管理委员会《关于整治非法证券活动有关问题的通知》（2008 年 1 月 2 日　证监发〔2008〕1 号）

各省、自治区、直辖市高级人民法院、人民检察院、公安厅（局），解放军军事法院、军事检察院，新疆维吾尔自治区高级人民法院生产建设兵团分院，新疆生产建设兵团人民检察院、公安局，中国证监会各省、自治区、直辖市、计划单列市监管局：

国务院办公厅《关于严厉打击非法发行股票和非法经营证券业务有关问题的通知》（国办发〔2006〕99 号，以下简称"国办发 99 号文"）和国务院

《关于同意建立整治非法证券活动协调小组工作制度的批复》（国函〔2007〕14号）下发后，整治非法证券活动协调小组（以下简称"协调小组"）各成员单位和地方人民政府高度重视，周密部署，重点查处了一批大案要案，初步遏制了非法证券活动的蔓延势头，各类非法证券活动新发量明显减少，打击非法证券活动工作取得了明显成效，相当一部分案件已进入司法程序。但在案件办理过程中，相关单位也遇到了一些分工协作、政策法律界限不够明确等问题。为此，协调小组专门召开会议对这些问题进行了研究。根据协调小组会议精神，现就打击非法证券活动工作中的有关问题通知如下：

一、统一思想，高度重视非法证券类案件办理工作

非法证券活动是一种典型的涉众型的违法犯罪活动，严重干扰正常的经济金融秩序，破坏社会和谐与稳定。从近期办理的一些案件看，非法证券活动具有以下特征：一是按照最高人民检察院、公安部《关于经济犯罪案件追诉标准的规定》（公发〔2001〕11号），绝大多数非法证券活动都涉嫌犯罪。二是花样不断翻新，隐蔽性强，欺骗性大，仿效性高。三是案件涉及地域广，涉案金额大，涉及人员多，同时资产易被转移，证据易被销毁，人员易潜逃，案件办理难度大。四是不少案件涉及到境外资本市场，办理该类案件政策性强，专业水平要求高。五是投资者多为离退休人员、下岗职工等困难群众，承受能力差，极易引发群体事件。各有关部门要进一步统一思想，高度重视，充分认识此类违法犯罪活动的严重性、危害性，增强政治责任感，密切分工协作，提高工作效率，及时查处一批大案要案，维护法律法规权威，维护社会公平正义，维护投资者的合法权益。

二、明确法律政策界限，依法打击非法证券活动

（一）关于公司及其股东向社会公众擅自转让股票行为的性质认定。《证券法》第十条第三款规定："非公开发行证券，不得采用广告、公开劝诱和变相公开方式。"国办发99号文规定："严禁任何公司股东自行或委托他人以公开方式向社会公众转让股票。向特定对象转让股票，未依法报经证监会核准的，转让后，公司股东累计不得超过200人。"公司、公司股东违反上述规定，擅自向社会公众转让股票，应当追究其擅自发行股票的责任。公司与其股东合谋，实施上述行为的，公司与其股东共同承担责任。

（二）关于擅自发行证券的责任追究。未经依法核准，擅自发行证券，涉嫌犯罪的，依照《刑法》第一百七十九条之规定，以擅自发行股票、公司、企业债券罪追究刑事责任。未经依法核准，以发行证券为幌子，实施非法证券活动，涉嫌犯罪的，依照《刑法》第一百七十六条、第一百九十二条等规定，以非法吸收公众存款罪、集资诈骗罪等罪名追究刑事责任。未构成犯罪的，依

照《证券法》和有关法律的规定给予行政处罚。

（三）关于非法经营证券业务的责任追究。任何单位和个人经营证券业务，必须经证监会批准。未经批准的，属于非法经营证券业务，应予以取缔；涉嫌犯罪的，依照《刑法》第二百二十五条之规定，以非法经营罪追究刑事责任。对于中介机构非法代理买卖非上市公司股票，涉嫌犯罪的，应当依照《刑法》第二百二十五条之规定，以非法经营罪追究刑事责任；所代理的非上市公司涉嫌擅自发行股票，构成犯罪的，应当依照《刑法》第一百七十九条之规定，以擅自发行股票罪追究刑事责任。非上市公司和中介机构共谋擅自发行股票，构成犯罪的，以擅自发行股票罪的共犯论处。未构成犯罪的，依照《证券法》和有关法律的规定给予行政处罚。

（四）关于非法证券活动性质的认定。非法证券活动是否涉嫌犯罪，由公安机关、司法机关认定。公安机关、司法机关认为需要有关行政主管机关进行性质认定的，行政主管机关应当出具认定意见。对因案情复杂、意见分歧，需要进行协调的，协调小组应当根据办案部门的要求，组织有关单位进行研究解决。

（五）关于修订后的《证券法》与修订前的《证券法》中针对擅自发行股票和非法经营证券业务规定的衔接。修订后的《证券法》与修订前的《证券法》针对擅自发行股票和非法经营证券业务的规定是一致的，是相互衔接的，因此在修订后的《证券法》实施之前发生的擅自发行股票和非法经营证券业务行为，也应予以追究。

（六）关于非法证券活动受害人的救济途径。根据1998年3月25日《国务院办公厅转发证监会关于清理整顿场外非法股票交易方案的通知》（国办发〔1998〕10号）的规定，最高人民法院于1998年12月4日发布了《关于中止审理、中止执行涉及场外非法股票交易经济纠纷案件的通知》（法〔1998〕145号），目的是为配合国家当时解决STAQ、NET交易系统发生的问题，而非针对目前非法证券活动所产生的纠纷。如果非法证券活动构成犯罪，被害人应当通过公安、司法机关刑事追赃程序追偿；如果非法证券活动仅是一般违法行为而没有构成犯罪，当事人符合民事诉讼法规定的起诉条件的，可以通过民事诉讼程序请求赔偿。

三、加强协作配合，提高办案效率

涉嫌犯罪的非法证券类案件从调查取证到审理终结，主要涉及证监、公安、检察、法院四个部门。从工作实践看，大部分地区的上述四个部门能够做到既有分工，也有协作，案件办理进展顺利，但也有部分地区的一些案件久拖不决，有的甚至出现"踢皮球"的现象，案件办理周期过长。究其原因，有的是工作不扎实，有的是认识上存在差距，有的是协调沟通不畅。协调小组工作会议高度重视存在的问题，并对各相关部门的工作分工及协调配合做了总体部署。

证监系统要督促、协调、指导各地落实已出台的贯彻国办发99号文实施意见，将打击非法证券活动长效机制落到实处；根据司法机关需要，对非法证券类案件及时出具性质认定意见；创新办案模式，在当地政府的领导下，密切与其他行政执法机关的联合执法，提高快速反应能力；根据工作需要，可组织当地公、检、法等部门相关人员进行业务培训或案情会商；加强对境外资本市场的跟踪研究。

公安机关对涉嫌犯罪的非法证券类案件要及时进行立案侦查，并做好与证监、工商等部门的工作衔接；上级公安机关要加强案件的协调、指导、督办工作，提高办案效率；密切与检察院、法院的协调配合，及时交流信息，通报情况，加大对大要案的侦办力度。

检察机关要及时做好此类案件的批捕、起诉和诉讼监督工作；加强与相关部门的沟通联系，及时处理需要协调的事项。

人民法院要加强与相关部门的沟通协调，及时受理、审理各类涉及非法证券活动的民事、刑事案件，对性质恶劣、社会危害大的案件依法予以严惩。

各相关部门在办理非法证券类案件过程中遇到重大问题的，可提请协调小组协助解决。

4. 最高人民法院《关于审理骗购外汇、非法买卖外汇刑事案件具体应用法律若干问题的解释》（1998年8月28日 法释〔1998〕20号）

为依法惩处骗购外汇、非法买卖外汇的犯罪行为，根据刑法的有关规定，现对审理骗购外汇、非法买卖外汇案件具体应用法律的若干问题解释如下：

第一条 以进行走私、逃汇、洗钱、骗税等犯罪活动为目的，使用虚假、无效的凭证、商业单据或者采取其他手段向外汇指定银行骗购外汇的，应当分别按照刑法分则第三章第二节、第一百九十条、第一百九十一条和第二百零四条等规定定罪处罚。

非国有公司、企业或者其他单位，与国有公司、企业或者其他国有单位勾结逃汇的，以逃汇罪的共犯处罚。

第二条 伪造、变造、买卖海关签发的报关单、进口证明、外汇管理机关的核准件等凭证或者购买伪造、变造的上述凭证的，按照刑法第二百八十条第一款的规定定罪处罚。

第三条 在外汇指定银行和中国外汇交易中心及其分中心以外买卖外汇，扰乱金融市场秩序，具有下列情形之一的，按照刑法第二百二十五条第（三）

项的规定定罪处罚：

（一）非法买卖外汇二十万美元以上的；

（二）违法所得五万元人民币以上的。

第四条 公司、企业或者其他单位，违反有关外贸代理业务的规定，采用非法手段或者明知是伪造、变造的凭证、商业单据，为他人向外汇指定银行骗购外汇，数额在五百万美元以上或者违法所得五十万元人民币以上的，按照刑法第二百二十五条第（三）项的规定定罪处罚。

居间介绍骗购外汇一百万美元以上或者违法所得十万元人民币以上的，按照刑法第二百二十五条第（三）项的规定定罪处罚。

第五条 海关、银行、外汇管理机关工作人员与骗购外汇的行为人通谋，为其提供购买外汇的有关凭证，或者明知是伪造、变造的凭证和商业单据而出售外汇，构成犯罪的，按照刑法的有关规定从重处罚。

第六条 实施本解释规定的行为，同时触犯二个以上罪名的，择一重罪从重处罚。

第七条 根据刑法第六十四条规定，骗购外汇、非法买卖外汇的，其违法所得予以追缴，用于骗购外汇、非法买卖外汇的资金予以没收，上缴国库。

第八条 骗购、非法买卖不同币种的外汇的，以案发时国家外汇管理机关制定的统一折算率折合后依照本解释处罚。

5. 最高人民法院印发《关于人民法院为防范化解金融风险和推进金融改革发展提供司法保障的指导意见》的通知（2012年2月10日 法发〔2012〕3号）

各省、自治区、直辖市高级人民法院，解放军军事法院，新疆维吾尔自治区高级人民法院生产建设兵团分院：

现将最高人民法院《关于人民法院为防范化解金融风险和推进金融改革发展提供司法保障的指导意见》印发给你们，请认真贯彻执行。

关于人民法院为防范化解金融风险和推进
金融改革发展提供司法保障的指导意见

随着经济发展方式转变和结构调整，我国经济社会发展对金融改革和发展提出了更高的要求。国际金融危机使世界经济金融格局发生深刻变化，我国经济和金融开放程度不断提高，金融风险隐患也在积聚。中央经济工作会议和第四次全国金融工作会议提出了今后一个时期我国金融工作的总体要求，突出强调要显著增强我国金融业综合实力、国际竞争力和抗风险能力，全面推动金融改革、开放和发展。规范金融秩序,防范金融风险,推动金融改革,支持金融创新,维护金融安全,不仅是今后一个时期金融改革发展的主要任务,也是人民法院为国家全面推进金融改革发展提供司法保障的重要方面。各级人民法院要充分认识为防范化解金融风险和推进金融改革发展提供司法保障的重要性和紧迫性,充分发挥审判职能作用,深化能动司法,把握好"稳中求进"的工作总基调,为全面推进金融改革发展,保障实体经济平稳健康发展提供有力的司法保障。

一、制裁金融违法犯罪,积极防范化解金融风险

金融风险突发性强、波及面广、危害性大,积极防范化解金融风险是金融工作的生命线。各级人民法院必须充分认识当前国际金融局势的复杂性以及国内金融领域的突出问题和潜在风险,通过审判工作严厉打击金融犯罪活动,制裁金融违法行为,防范化解金融风险,保障国家金融改革发展任务的顺利进行。

1. 依法惩治金融犯罪活动。各级人民法院要充分发挥刑事审判职能,依法惩治金融领域的犯罪行为。要依法审理贷款、票据、信用证、信用卡、有价证券、保险合同方面的金融诈骗案件,加大对操纵市场、欺诈上市、内幕交易、虚假披露等行为的刑事打击力度,切实维护金融秩序。要通过对非法集资案件的审判,依法惩治集资诈骗、非法吸收或变相吸收公众存款、传销等经济犯罪行为,以及插手民间借贷金融活动的黑社会性质组织犯罪及其他暴力性犯罪,维护金融秩序和人民群众的财产安全。要依法审判洗钱、伪造货币、贩运伪造的货币、逃汇套汇、伪造变造金融凭证等刑事案件,努力挽回经济损失。

2. 依法制裁金融违法行为。各级人民法院在审理金融民商事纠纷案件中,要注意其中的高利贷、非法集资、非法借贷拆借、非法外汇买卖、非法典当、非法发行证券等金融违法行为;发现犯罪线索的,依法及时移送有关侦查机关。对于可能影响社会稳定的金融纠纷案件,要及时与政府和有关部门沟通协调,积极配合做好处理突发事件的预案,防范少数不法人员煽动、组织群体性和突发性事件而引发新的社会矛盾。

3. 支持清理整顿交易场所。各级人民法院要根据国务院《关于清理整顿各类交易场所切实防范金融风险的决定》(国发〔2011〕38号)精神,高度重视各类交易场所违法交易活动中蕴藏的金融风险,对于"清理整顿各类交易场所部际联席会议"所提出的工作部署和政策界限,要予以充分尊重,积极支持政府部门推进清理整顿交易场所和规范金融市场秩序的工作。要审慎受理和审理相关纠纷案件,防范系统性和区域性金融风险,维护社会稳定。

4. 切实防范系统金融风险。各级人民法院要妥善审理因民间借贷、企业

资金链断裂、中小企业倒闭、证券市场操纵和虚假披露等引发的纠纷案件，发现有引发全局性、系统性风险可能的，及时向公安、检察、金融监管、工商等部门通报情况。要正确适用司法强制措施，与政府相关部门一道统筹协调相关案件的处理，防止金融风险扩散蔓延。要加强对融资性担保公司、典当行、小额贷款公司、理财咨询公司等市场主体融资交易的调研和妥善审理相关纠纷案件，规范融资担保和典当等融资行为，切实防范融资担保风险向金融风险的转化。要依法审理地方政府举债融资活动中出现的违规担保纠纷，依法规范借贷和担保各方行为，避免财政金融风险传递波及。要加强与银行、证券、保险等金融监管部门的协调配合，确有必要时，可建立相应的金融风险防范协同联动机制。

二、依法规范金融秩序，推动金融市场协调发展

金融市场的稳定运行和健康发展，直接关涉金融秩序和社会政治的稳定。各级人民法院要通过切实有效地开展好各类金融案件的审判工作，促进多层次金融市场体系建设，维护金融市场秩序，推动金融市场全面协调发展。

5. 保障信贷市场规范健康发展。各级人民法院要根据最高人民法院《关于依法妥善审理民间借贷纠纷案件，促进经济发展维护社会稳定的通知》的精神，妥善审理民间借贷等金融案件，保障民间借贷对正规金融的积极补充作用。要依法认定民间借贷合同的效力，保护合法的民间借贷法律关系，提高资金使用效率，推动中小微企业"融资难、融资贵"问题的解决。要依法保护合法的借贷利息，遏制民间融资中的高利贷化和投机化倾向，规范和引导民间融资健康发展。要高度重视和妥善审理涉及地下钱庄纠纷案件，严厉制裁地下钱庄违法行为，遏制资金游离于金融监管之外，维护安全稳定的信贷市场秩序。

6. 保障证券期货市场稳定发展。各级人民法院要从保护证券期货市场投资人合法权益、维护市场公开公平公正的交易秩序出发，积极研究和妥善审理因证券机构、上市公司、投资机构内幕交易、操纵市场、欺诈上市、虚假披露等违法违规行为引发的民商事纠纷案件，消除危害我国证券期货市场秩序和社会稳定的严重隐患。要妥善审理公司股票债券交易纠纷、国债交易纠纷、企业债券发行纠纷、证券代销和包销协议纠纷、证券回购合同纠纷、期货纠纷、上市公司收购纠纷等，保障证券期货等交易的安全进行。

7. 依法保障保险市场健康发展。各级人民法院要妥善审理因销售误导和理赔等引发的保险纠纷案件，规范保险市场秩序，推动保险服务水平的提高。要在保险合同纠纷案件审理中，注意协调依法保护投保人利益和平等保护市场各类主体、尊重保险的精算基础和保护特定被保险人利益、维护安全交易秩序

和尊重便捷保险交易规则、防范道德风险和鼓励保险产品创新等多种关系,要积极支持保险行业协会等调处各类保险纠纷,维护保险业对经济社会发展的"助推器"和"稳定器"功能,促进保险业的健康持续发展。

8. 促进金融中介机构规范发展。各级人民法院在金融纠纷案件审理过程中,发现中介机构存在不实披露或不合理估价等违法违规情形的,应当及时向金融监管部门通报相关情况,提高中介机构信息披露的透明度,加大会计机构对复杂金融产品信息的披露,强化中介机构对金融产品的合理估价。要妥善审理违法违规提供金融中介服务的纠纷案件,正确认定投资咨询机构、保荐机构、信用评级机构、保险公估机构、财务顾问、会计师事务所、律师事务所等中介机构的民事责任,努力推动各类投资中介机构规范健康发展。

9. 完善金融企业市场退出机制。各级人民法院要妥善审理金融企业的重整和破产案件,规范金融企业和投资者的行为,建立合理的金融企业市场退出机制,维护金融市场稳健运行,夯实金融市场规范发展的基础,为金融企业破产立法奠定扎实的实证基础。要以优化证券市场优胜劣汰机制为导向,根据国家关于稳步推进上市公司退市制度改革的部署,加强对上市公司破产案件的受理和审理的调研工作,不断提高审判能力,最大限度地保障投资者合法权益,保障上市公司破产重整过程规范有序,促进证券市场法制环境的不断优化。

三、依法保障金融债权,努力维护国家金融安全

金融安全关乎国家安全和社会和谐稳定。保障金融债权的实现程度,是衡量金融安全水平的重要因素。各级人民法院要自觉服从和服务于国家经济发展的大局,依法支持金融监管机构有效行使管理职能,担负起保护金融债权、维护国家金融安全的职责。

10. 妥善审理金融不良债权案件。金融不良债权的处置事关国家利益和金融改革,各级人民法院要继续按照《关于审理涉及金融资产管理公司收购、管理、处置国有银行不良贷款形成的案件适用法律若干问题的规定》和《关于审理涉及金融不良债权转让案件工作座谈会纪要》等司法解释和司法政策的规定和精神审理相关案件,保障国家金融债权顺利清收,防止追偿诉讼成为少数违法者牟取暴利的工具,依法维护国有资产安全。

11. 依法制裁逃废金融债务行为。在审理金融纠纷案件中,要坚持标准,认真把关,坚决依法制止那些企图通过诉讼逃债、消债等规避法律的行为。对弄虚作假、乘机逃废债务的,要严格追究当事人和相关责任人的法律责任,维护信贷秩序和金融安全。针对一些企业改制、破产活动中所存在的"假改制,真逃债"、"假破产、真逃债"的现象,各级人民法院要在党委的领导下,密切配合各级政府部门,采取一系列积极有效的措施,依法加大对"逃废金融

债务"行为的制裁,协同构筑"金融安全区",最大限度地保障国有金融债权。

12. 继续加大金融案件执行力度。各级人民法院要在最高人民法院的指导和部署下,继续通过集中时间、集中力量、统一调度、强化力度等多种方式,有计划地开展金融案件专项执行活动。在必要时,要在各级党委领导下,各级政府支持下,通过执行联动机制,加大金融案件的执行力度,确保金融案件的顺利执行。要妥善运用诸如以资产使用权抵债、资产抵债返租、企业整体承包经营、债权转股权以及托管等执行方式,努力解决难以执行的金融纠纷案件。

四、依法保障金融改革,积极推进金融自主创新

随着金融改革的日益深入和金融创新的不断发展,金融改革和创新业务引发的纠纷案件显著增多,呈现出案件类型多样化、法律关系复杂化、利益主体多元化等特点。人民法院要妥善处理鼓励金融改革创新和防范化解金融风险之间的关系,依法保护各类金融主体的合法权益。

13. 妥善审理金融创新涉诉案件,推动金融产品创新。各级人民法院要关注和有效应对金融创新业务涉诉问题,加强对因股权出质、浮动抵押、保理、"银证通"清算、抵押贷款资产证券化信托、黄金期货交易委托理财、代客境外理财产品(QDII)、外汇贷款利率、货币掉期合约、外汇汇率锁定合约、信用证议付、独立保函等引发的新型案件的调研,上级人民法院要及时总结审判经验,加强对下级人民法院的审判指导。人民法院在审查金融创新产品合法性时,对于法律、行政法规没有规定或者规定不明确的,应当遵循商事交易的特点、理念和惯例,坚持维护社会公共利益原则,充分听取金融监管机构的意见,不宜以法律法规没有明确规定为由,简单否定金融创新成果的合法性,为金融创新活动提供必要的成长空间。

14. 妥善审理金融知识产权案件,保障金融自主创新。随着金融机构在金融创新领域中投入的不断加大,知识产权已经成为有效提升银行竞争力的重要手段。各级人民法院要加强对金融业务电子化和网络化进程中基础性金融技术知识产权的司法保护,加大对商业银行、保险公司、证券公司自主开放的软件和数据库的保护力度。要加强对知识产权担保、信托、保险、证券化等新情况、新问题的调研。在案件审理中注意金融法律和知识产权法律适用的衔接与协调,要通过对金融知识产权案件审理,切实保护金融知识产权人的合法权益,激励和保护金融创新,维护金融业公平竞争秩序。

15. 依法妥善运用各种司法措施,保护金融信息安全。各级人民法院要从防范系统性金融风险和保障国家金融安全的高度,认识依法保护金融信息安全的重要性和紧迫性,妥善运用各种司法措施,保障国家金融网络安全和金融信

息安全。要依法打击攻击金融网络、盗取金融信息、危害金融安全的违法犯罪行为，依法审理金融电子化产品运用中引发的侵害金融债权纠纷案件，保护金融债权人合法的财产和信息安全，维护国家金融网络安全和信息安全。

五、深化能动司法理念，全面提升金融审判水平

化解金融纠纷的创新性和前沿性，要求人民法院必须大力开展调查研究，发挥司法建议功能，延伸能动司法效果，构建专业审判机制，拓展金融解纷资源，不断提高金融审判水平。

16. 发挥司法建议功能，延伸能动司法效果。各级人民法院要关注金融纠纷的市场和法律风险，加强各种信息的搜集、分析、研判，充分发挥司法建议的预警作用。要通过对审理案件过程中发现的问题，有针对性地提出对策建议，有效帮助金融机构完善产品设计。要通过行政审判，探索符合金融领域规律的审查标准和方式，促进政府依法行政和有效防范化解金融风险。要充分发挥金融商事审判的延伸服务功能，对金融机构自身管理方面存在的缺陷，要及时发现，及时反馈，为金融监管部门和金融机构查堵漏洞、防范风险提出司法建议。

17. 加强监督指导工作，回应金融案件审判需求。各级人民法院要在审判工作中密切关注因金融改革和创新而出现的各种新情况和新问题，深入开展前瞻性调查研究，及时总结审判经验。要发挥指导性案例以及其他典型案件的规范指引作用，通过多种信息披露形式展示指导性案例和其他典型案例的处理模式和思路，引导金融市场主体预防避免类似金融纠纷。最高人民法院将加紧制定物权法担保物权、保险法、融资租赁、证券市场虚假陈述、质押式国债回购、票据贴现回购、国家资本金、银行卡以及利息裁判标准等方面的司法解释和指导意见，以有效回应金融审判实践的需求。

18. 构建专业审判机制，拓展金融解纷资源。各级人民法院要积极培育和利用专业资源，探索构建高效的专业审判模式。要大力培养专家型法官，加强与专业研究机构、高校的合作与资源共享，努力打造金融专家法官队伍。要针对金融案件专业性强的特点，积极借助外部智力资源，建立专家咨询、专家研讨机制，努力提高金融案件审判的专业化水平。要尝试专家陪审机制，通过聘请金融法律专家作为专家陪审员，充分发挥金融专业人士在专业性强、案件类型新、社会影响大的金融案件审判中的作用。

19. 探索集中审理制度，完善统一协调机制。对于众多债权人向同一金融机构集中提起的系列诉讼案件、金融机构破产案件、集团诉讼案件、群体性案件等，可能引发区域性或系统性金融风险和存在影响社会和谐稳定因素的特殊类型民商事金融案件，相关的不同地区、不同审级法院之间应加强信息沟通，

在上级法院的统一指导下探索集中受理、诉讼保全、集中协调、集中审理、集中判决、协调执行，以防范金融风险扩散，避免各地法院针对同一金融机构的同类案件出现裁判标准不统一，以及针对同一金融机构的多个案件在执行中出现矛盾和冲突的现象，依法平等保护各地债权人的合法权益。

20. 加强司法宣传工作，发挥审判导向作用。各级人民法院要加强金融法制宣传工作，及时通过召开新闻发布会、组织专题或系列报道等多种形式，教育和引导各类金融主体增强依法经营和风险防范意识，倡导守法诚信的金融市场风尚，努力营造公平规范有序的金融市场交易秩序。

我国金融发展已经处于一个新的历史起点，人民法院为防范化解金融风险和推进金融改革发展提供司法保障的范围之广阔，任务之艰巨，将大大超过以往任何时期。各级人民法院要把中央经济工作会议和第四次全国金融工作会议的精神，切实贯彻到金融案件的审判和执行实践中，进一步增强大局意识和风险意识，坚持"为大局服务，为人民司法"工作主题，践行社会主义法治理念，充分发挥审判职能作用，共同为防范化解金融风险，维护金融秩序稳定，推动金融市场协调发展，保障金融改革创新，保障国家金融安全做出新的更大的贡献。

6. 最高人民检察院、中央金融工委、中国人民银行、中国证券监督管理委员会、中国保险监督管理委员会《关于在金融系统共同开展预防职务犯罪工作的通知》（2001年8月7日　高检会〔2001〕6号）

各省、自治区、直辖市人民检察院，军事检察院，新疆生产建设兵团人民检察院，各中国人民银行分行，各商业银行总行、政策性银行，各证券监管办公室（证券监管特派员办事处），上海、深圳证券交易所，各保险监管办公室，各中资商业保险公司：

为深入贯彻党的十五大和中央纪委五次全会关于从源头上治理腐败的精神，抓好整顿金融秩序工作，促进金融系统党风廉政建设，推动反腐败斗争深入开展，现就检察机关和金融机构共同做好预防和打击金融系统贪污、贿赂、渎职等职务犯罪工作通知如下：

一、加强协调配合，积极查办案件

检察机关和金融机构对金融系统贪污贿赂、渎职等职务犯罪要依法严厉打击，金融机构一旦发现或者收到群众举报有关金融高级管理人员和其他从业人员涉嫌贪污贿赂、渎职等职务犯罪线索，并认为已经构成犯罪的，应当依法及时移送有关检察机关处理。检察机关应当依法及时审查办理。对依法不构成犯罪或者不需要追究刑事责任的，检察机关应当及时回复有关金融机构，并说明法律依据。其中，对需要追究党纪、政纪责任的，应当提出检察意见。

在依法立案侦查金融高级管理人员和其他从业人员职务犯罪案件过程中，检察机关应严格按照法律程序办案，金融机构对检察机关的依法侦查取证活动，应当积极配合。检察机关和金融机构要提高安全防范意识，加强预警措施，积极防止涉嫌职务犯罪的金融高级管理人员和其他从业人员潜逃。

二、建立健全有效的预防联系工作机制

检察机关和金融机构要结合各自的实际情况，从有利于共同开展预防犯罪工作出发，积极建立健全多种形式的加强双方工作联系协调和配合的组织形式，如联席会议制度、预防指导委员会、预防协调小组（办公室）等，从制度上、组织上保证双方共同顺利开展预防职务犯罪工作，并形成有效的预防联系工作机制。在此基础上，建立健全预防职务犯罪的网络，增强控制和防范金融高级管理人员和其他从业人员职务犯罪的能力。

三、加强信息交流促进案件防范工作

为了更好地使检察机关了解金融机构出台的有关体制改革、业务改革、内控机制建设等涉及预防犯罪的政策、措施，金融机构应当利用预防联系工作机制，将上述内容及金融高级管理人员和其他从业人员违法违纪案件查处的情况，定期或不定期的向检察机关通报；检察机关也应利用预防联系工作机制，就查办的金融高级管理人员和其他从业人员职务犯罪案件情况，特别是案件发生的原因、特点、手段、规律与趋势，定期或不定期地向有关金融机构通报，以促进金融机构加强管理，完善其内部预防职务犯罪的机制。

四、共同积极开展预防职务犯罪对策研究

对于出现的金融高级管理人员和其他从业人员职务犯罪的苗头性、倾向性问题，检察机关和金融机构可以发挥各自优势，组织各自专门人员，共同积极开展有针对性的调查分析。在调查研究中，除通过典型案例查找经验教训外，更应注意积极总结和推广各地检察机关、金融机构开展预防金融高级管理人员和其他从业人员职务犯罪方面有效做法和成功经验并以此为依据，研究切实可行的预防职务犯罪对策。金融机构在制定、出台有关规定、政策和改革措施时，要充分考虑预防职务犯罪的要求，必要时，可以请检察机关共同研究完善；检察机关在研究、提出有关涉及金融部门预防职务犯罪对策和措施时，也可以请金融机构进行论证或提出意见。

五、共同推进检察建议的落实

检察机关在查办金融高级管理人员和其他从业人员典型职务犯罪案件过程中，应向发案单位提出有关预防职务犯罪内容的检察建议。检察建议要有针对性和可操作性。检察建议在向发案单位提出时，应当同时抄送其上级领导机关。检察机关要加强对检察建议落实情况的检查和回访。发案单位对检察建议提出的要求认真整改落实，并将落实情况及时回复检察机关，其上级机构要对检察建议的落实加强督促指导。凡对因提出的检察建议未及时落实而导致严重后果的，应当严肃追究有关单位领导的相关责任。

六、加强教育工作

金融机构要充分认识金融高级管理人员和其他从业人员职务犯罪的危害性，与各地检察机关联手，积极开展预防职务犯罪教育工作，采取各种有效形式加强对金融高级管理人员和其他从业人员的思想政治教育、职业道德教育、法制教育、警示教育和廉政勤政教育，使他们树立正确的人生观、世界观和价值观，端正经营思想，增强拒腐防变的能力。

各省级人民检察院和有关金融机构可以结合本地实际情况，根据本通知的精神，制定具体的实施办法。在执行本通知中遇到的重要情况和问题，要及时向各自的中央领导机关报告。

7. 最高人民检察院关于印发《部分罪案审查逮捕证据参考标准（试行）》的通知（2003年11月27日　高检侦监发〔2003〕107号）

各省、自治区、直辖市人民检察院侦查监督处，军事检察院刑事检察厅，新疆生产建设兵团人民检察院侦查监督处：

证据问题是审查逮捕工作乃至整个刑事诉讼活动的核心问题。为了指导各级检察机关侦查监督部门办理审查逮捕案件工作，提高办案质量和效率，我厅制定了《部分罪案审查逮捕证据参考标准（试行）》，现予以印发试行，并对有关问题通知如下：

1. 审查逮捕证据参考标准分为通用证据参考标准和具体罪案证据参考标准两个部分。前者是办理审查逮捕所有刑事案件时均须审查的证据参考标准，后者是办理审查逮捕具体罪案时须审查的证据参考标准。在办案工作中，必须综合审查这两个方面的证据。

2. 审查逮捕案件证据参考标准是指导性、参考性的，而不是硬性的要求，也不是必备的最低标准。司法实践中的案件千差万别、情况复杂，具体案件逮捕需要具备哪些证据，应根据案件的实际情况进行选择。证据参考标准中所列各项不能孤立使用，必须将各类证据有机结合起来，同时需要案件承办人充分发挥主观能动性，运用法律知识、办案经验作出判断。

3. 这次印发的有十种具体罪案审查逮捕证据参考标准。今后，我们将继续选择一批常见、重点罪案，研究制定其审查逮捕证据参考标准，逐步形成审查逮捕证据体系。

4. 研究制定审查逮捕案件证据参考标准是一项复杂的工程，需要有一个逐步发展完善的过程。各级检察机关侦查监督部门要勇于探索，注意总结办案中审查和运用证据的经验，为做好这项工作积极献计献策。尤其是对于这次印发的审查逮捕案件通用证据参考标准和十种具体罪案证据参考标准，试行中遇到的问题，以及对体例、内容有何修改意见，请及时报我厅。

5. 为了取得公安机关工作上的配合，各省级检察院应主动将审查逮捕案件证据参考标准向公安机关有关部门通报。

部分罪案审查逮捕证据参考标准（试行）

一、审查逮捕通用证据参考标准

人民检察院侦查监督部门对有关部门移送审查逮捕的案件，应从程序和实体两个方面审查证据：

（一）程序方面。

1. 诉讼程序的有关证据材料：

（1）受案登记表、立案决定书。

（2）证明案件来源的有关证据材料。

（3）破获案件过程说明或破案报告书。

（4）拘留证、监视居住决定书、取保候审决定书，保证书、缴纳保证金收据，对被拘留人家属或单位通知书等有关法律文书。

（5）拘留人大代表、政协委员的报告及该代表所属的同级人大主席团或常委会同意拘留的许可证明。

（6）其他有关证明材料。

2. 取证程序的有关证据材料：

（1）证明讯问犯罪嫌疑人、询问证人的主体合法，并且为两人以上进行的证据。

（2）证明已经告知犯罪嫌疑人、证人权利、义务的证据。

（3）犯罪嫌疑人、证人被讯问、询问后，在笔录上签署的意见；侦查人员的签名。

（4）证明没有刑讯逼供、诱供、诱证情况的证据。

（5）提供证据的个人或单位的签名及加盖的单位公章。

（6）搜查、起获赃物时的见证人。

（二）实体方面。

1. 主体身份：

（1）自然人普通主体的身份证明：证明犯罪嫌疑人的姓名、性别、出生年月日、居住地的户籍资料、居民身份证、出生证、户口迁移证明、护照或经会晤后外方出具的外籍身份证明材料等法定身份证件（原件或附有制作过程文字说明并加盖复制单位印章的复制件），或者户籍所在地公安机关核实的其他证据（以上证据材料在排除合理怀疑的情况下可以只具备其中一种）。对于户籍、出生证等材料内容不实的，应提供其他证据材料。

对于不讲真实姓名、住址，身份不明的犯罪嫌疑人可以按照其自报的姓名、身份、年龄或者护照编号审查批捕，必要时可以对其进行骨龄鉴定。对于流窜作案的犯罪嫌疑人，除处于法定责任年龄段，应当具备能够证明其年龄的身份证件等材料外，如一时难以取得犯罪嫌疑人的法定身份证件或户籍所在地公安机关的其他证据，根据其自报的身份或者同案人证明的身份材料审查批捕。

（2）自然人的特殊主体的身份证明：证明所在单位性质或所有制形式的证据材料、所在单位或组织人事部门出具的表明犯罪嫌疑人身份、职务及职权范围或职责权限的有关证明材料。外国人犯罪的案件，应有护照等身份证明材料。人大代表、政协委员犯罪的案件，应注明身份，并附身份证明材料。

（3）单位主体的身份证明：企业法人营业执照、法人工商注册登记证明、法人设立证明、国有公司性质证明及非法人单位的身份证明、法人税务登记证明和单位代码证等。

（4）法定代表人等的身份证明：法定代表人、直接负责的主管人员和其他直接责任人在单位的任职、职责、负责权限的证明材料。

2. 需要追究刑事责任并可能判处徒刑以上刑罚：

犯罪嫌疑人达到刑事责任年龄，具有刑事责任能力，不属于正当防卫、紧急避险或刑诉法第十五条规定情形之一，根据《刑法》总则和分则有关条款的规定，可能判处有期徒刑以上刑罚。

3. 有逮捕必要：

（1）犯罪嫌疑人具有社会危险性，即采取取保候审、监视居住等方法不足以防止发生社会危险性。

①犯罪嫌疑人有行政刑事处罚记录，包括：受过刑事处罚，曾因其他案件被相对不起诉，受过劳动教养、治安处罚及其他行政处罚。

②属于危害国家安全犯罪、恐怖犯罪、有组织犯罪、黑社会性质组织犯罪、暴力犯罪等严重危害社会治安和社会秩序的犯罪嫌疑人，累犯或多次犯罪、犯罪集团或共同犯罪的主犯，流窜犯罪；属于犯罪情节特别严重；具有法定从重情节；犯罪嫌疑人没有悔罪表现。

③犯罪嫌疑人可能逃跑、自杀、串供、干扰证人作证以及伪造、毁灭证据等妨害刑事诉讼活动的正常进行的，或者存在行凶报复、继续作案的可能，如

曾以自伤、自残方法逃避侦查，持有外国护照或者可能逃避侦查；已经逃跑或逃跑后抓获的。

④属于违反刑诉法第五十六条、第五十七条规定，情节严重的。

（2）犯罪嫌疑人不具有不适合羁押的特殊情况。

①犯罪嫌疑人未患有严重疾病或正在怀孕、哺乳自己婴儿，不属于未成年人、在校学生和年老体弱及残障。

②经济犯罪案件逮捕法人代表或其他骨干不可能严重影响企业合法的生产经营。

九、伪造货币罪案审查逮捕证据参考标准

伪造货币罪，是指触犯《刑法》第170条的规定，仿照人民币或者外币的面额、图案、色彩、质地、式样、规格等，使用各种方法，非法制造假货币、冒充真货币的行为。其他以伪造货币罪定罪处罚的有：行为人销售、伪造货币版样或者与他人事前通谋、为他人伪造货币提供版样的。

对提请批捕的伪造货币案件，应当注意从以下几个方面审查证据：

（一）有证据证明发生了伪造货币犯罪事实。

重点审查：

1. 查获的伪造货币的实物或照片、收缴的犯罪工具或照片等证明发生伪造货币的行为的证据。

2. 证明伪造货币的总面额达到二千元以上，或者币量达到二百张（枚）以上的证据。

3. 证明伪造货币犯罪事实发生的证人证言、犯罪嫌疑人供述等。

4. 证明是假币的有关部门的鉴定。

（二）有证据证明伪造货币犯罪事实是否系犯罪嫌疑人实施的。

重点审查：

1. 现场查获犯罪嫌疑人实施伪造货币犯罪的证据。

2. 犯罪嫌疑人的供认。

3. 证人证言。

4. 同案犯罪嫌疑人的供述。

5. 其他能够证明犯罪嫌疑人实施伪造货币犯罪的证据。

（三）证明犯罪嫌疑人实施伪造货币犯罪行为的证据已有查证属实的。

重点审查：

1. 现场查获犯罪嫌疑人实施犯罪的，现场勘查笔录、收缴的假币、犯罪工具或照片等证据。

2. 其他证据能够印证的犯罪嫌疑人的供述。

3. 能够相互印证的证人证言。
4. 能够与其他证据相互印证的证人证言或者同案犯、被雇人员供述。
5. 其他已有查证属实的证明犯罪嫌疑人实施伪造货币犯罪的证据。

8. 公安部、中国人民银行、中国保险监督管理委员会《关于在查处金融违法犯罪案件中加强协作配合的通知》（2001年7月5日　公通字〔2001〕60号）

各省、自治区、直辖市公安厅、局，新疆生产建设兵团公安局，中国人民银行各分行、营业管理部、省会（首府）城市中心支行，中国保监会各保监办：

为严厉打击破坏金融管理秩序和金融诈骗犯罪活动，进一步整顿和规范金融秩序，维护国家金融安全，现就公安机关、中国人民银行、保险监管机构等部门在查处金融违法犯罪案件中加强协作配合的有关问题通知如下：

一、建立案件线索移送制度。中国人民银行各分、支行和中国保监会各保监办，在行使监管职能过程中，发现属于公安机关管辖的金融犯罪案件（案件范围见附件）线索，应制作"移送案件线索通知书"，并附相关证据材料，及时向公安机关移送。公安机关接到"移送案件线索通知书"后，应立即进行审查，审查结果及办理情况应在1个月内向移送单位通报，其中符合立案条件的要及时立案侦查，不符合立案条件、不属于公安机关管辖的，要说明理由及时退回原移送单位。对不属于公安机关管辖的刑事案件，犯罪嫌疑人有逃跑、销毁证据等迹象的，公安机关应先行采取相应措施。各级公安机关在侦办经济犯罪或者其他犯罪案件时发现涉及银行、保险机构及其从业人员违规、违章、违纪行为的，应及时将有关线索移送中国人民银行、中国保监会或者当事人所在的银行、保险机构进行查处。

二、加强办案协作。公安机关在侦办经济犯罪案件工作中，依法需到银行、保险及其他金融机构调查取证，或者对涉案单位（个人）的银行账户进行查询，予以冻结的，公安机关办案人员要出示本人证件及相关法律文书，中国人民银行、中国保监会及其他金融机构应给予积极配合和支持。中国人民银行、中国保监会在查处本行业内的违法、违规案件时，确有必要对涉案人员采取限制出境措施的，应通过中国人民银行、中国保监会按有关规定向公安部提请协助。对于案情重大、复杂的案件，公安机关、银行、保险监管机构及其他金融机构可组成联合工作组，根据各自职责开展工作。

三、严格依法办案。各级公安机关、中国人民银行、保险监管机构及其他银行、非银行金融机构在查处金融违法违纪案件过程中，要严格把握罪与非罪的界限，对涉嫌犯罪的，要坚决依法惩处，不得以罚代刑，降格处理。对不构成犯罪的，由中国人民银行、保险监管机构按照相关法律、法规，给予处罚。

四、建立工作联络和信息资料交换制度。各级公安机关、中国人民银行、中国保监会要建立相应的工作联系制度，定期和不定期召开联席会议，通报新出台的金融政策、工作举措、法律、法规和一段时期内的金融违法犯罪案件情况、特点及国际金融犯罪动向，探讨打击和预防金融违法犯罪的对策和措施，研究建立可疑资金报告和情报通报制度。

中国人民银行、中国保监会应指定一批金融业务专家组成咨询班子，对公安机关在办案过程中遇到的专业性较强的问题提供咨询。公安机关对进入咨询班子的业务专家应发聘请书，并定期总结咨询工作，适时将咨询工作情况向中国人民银行、中国保监会反馈。

各地公安机关、中国人民银行、保监办接到本通知后，应结合本地、本部门实际情况，联合制定具体实施办法，工作中遇到的问题请分别报公安部、中国人民银行、中国保监会。国家外汇管理部门、各政策性银行、各商业银行、各保险公司和非银行金融机构参照本通知的规定执行。

请中国人民银行各分行、营业管理部、中国保监会各保监办将本通知转发辖内的被监管的金融机构并监督执行。

附件：

公安机关管辖金融犯罪案件范围

1. 走私假币案（《刑法》第 151 条第 1 款）
2. 虚报注册资本案（《刑法》第 158 条）
3. 虚假出资、抽逃出资案（《刑法》第 159 条）
4. 欺诈发行股票、债券案（《刑法》第 160 条）
5. 提供虚假财会报告案（《刑法》第 161 条）
6. 妨害清算案（《刑法》第 162 条）
7. 公司、企业人员受贿案（《刑法》第 163 条）
8. 对公司、企业人员行贿案（《刑法》第 164 条）
9. 非法经营同类营业案（《刑法》第 165 条）
10. 为亲友非法牟利案（《刑法》第 166 条）
11. 签订、履行合同失职被骗案（《刑法》第 167 条）
12. 徇私舞弊造成破产、亏损案（《刑法》第 168 条）
13. 徇私舞弊低价折股、出售国有资产案（《刑法》第 169 条）
14. 伪造货币案（《刑法》第 170 条）
15. 出售、购买、运输假币案（《刑法》第 171 条第 1 款）
16. 金融工作人员购买假币、以假币换取真币案（《刑法》第 171 条第 2 款）

17. 持有、使用假币案（《刑法》第 172 条）

18. 变造货币案（《刑法》第 173 条）

19. 擅自设立金融机构案（《刑法》第 174 条第 1 款）

20. 伪造、变造、转让金融机构经营许可证案（《刑法》第 174 条第 2 款）

21. 高利转贷案（《刑法》第 175 条）

22. 非法吸收公众存款案（《刑法》第 176 条）

23. 伪造、变造金融票证案（《刑法》第 177 条）

24. 伪造、变造国家有价证券案（《刑法》第 178 条第 1 款）

25. 伪造、变造股票、公司、企业债券案（《刑法》第 178 条第 2 款）

26. 擅自发行股票、公司、企业债券案（《刑法》第 179 条）

27. 内幕交易、泄露内幕信息案（《刑法》第 180 条）

28. 编造并传播证券交易虚假信息案（《刑法》第 181 条第 1 款）

29. 诱骗投资者买卖证券案（《刑法》第 181 条第 2 款）

30. 操纵证券交易价格案（《刑法》第 182 条）

31. 违法向关系人发放贷款案（《刑法》第 186 条第 1 款）

32. 违法发放贷款案（《刑法》第 186 条第 2 款）

33. 用账外客户资金非法拆借、发放贷款案（《刑法》第 187 条）

34. 非法出具金融票证案（《刑法》第 188 条）

35. 对违法票据承兑、付款、保证案（《刑法》第 189 条）

36. 逃汇案（《刑法》第 190 条）

37. 集资诈骗案（《刑法》第 192 条）

38. 贷款诈骗案（《刑法》第 193 条）

39. 票据诈骗案（《刑法》第 194 条第 1 款）

40. 金融凭证诈骗案（《刑法》第 194 条第 2 款）

41. 信用证诈骗案（《刑法》第 195 条）

42. 信用卡诈骗案（《刑法》第 196 条）

43. 有价证券诈骗案（《刑法》第 197 条）

44. 保险诈骗案（《刑法》第 198 条）

45. 职务侵占案（《刑法》第 271 条第 1 款）

46. 挪用资金案（《刑法》第 272 条第 1 款）

47. 挪用特定款物案（《刑法》第 273 条）

9. 公安部经济犯罪侦查局《关于对违法发放贷款案件中损失认定问题的批复》（2007 年 7 月 27 日　公经〔2007〕1458 号）

福建省公安厅经侦总队：

你总队《关于违法发放贷款案件中损失认定问题的请示》（闽公经

〔2007〕157号）已收悉。经研究，现批复如下：

在案件侦办过程中，如有证据证明犯罪嫌疑人实施了违法、违规发放贷款的行为，只要发生贷款已无法收回的情况且达到追诉标准的，就应视为《刑法》第一百八十六条所规定的造成损失。案中提及的未到期贷款及其利息，如确定不能追回，应视为犯罪损失。

10. 国务院办公厅转发证监会等部门《关于依法打击和防控资本市场内幕交易意见的通知》（2010年11月16日　国办发〔2010〕55号）

各省、自治区、直辖市人民政府，国务院各部委、各直属机构：

证监会、公安部、监察部、国资委、预防腐败局《关于依法打击和防控资本市场内幕交易的意见》已经国务院同意，现转发给你们，请认真贯彻执行。

关于依法打击和防控资本市场内幕交易的意见

为维护市场秩序，保护投资者合法权益，促进我国资本市场稳定健康发展，现就依法打击和防控资本市场内幕交易提出以下意见：

一、统一思想，提高认识

内幕交易，是指上市公司高管人员、控股股东、实际控制人和行政审批部门等方面的知情人员，利用工作之便，在公司并购、业绩增长等重大信息公布之前，泄露信息或者利用内幕信息买卖证券谋取私利的行为。这种行为严重违反了法律法规，损害投资者和上市公司合法权益。证券法第五条规定，"禁止欺诈、内幕交易和操纵证券市场的行为"，第七十三条规定，"禁止证券交易内幕信息的知情人和非法获取内幕信息的人利用内幕信息从事证券交易活动"。刑法第一百八十条、第一百八十二条对内幕交易、利用信息优势操纵证券交易价格等行为的量刑和处罚作出了明确规定。

当前，打击和防控资本市场内幕交易面临的形势较为严峻。一些案件参与主体复杂，交易方式多样，操作手段隐蔽，查处工作难度很大。随着股指期货的推出，内幕交易更具隐蔽性、复杂性。各地区、各相关部门要充分认识内幕交易的危害性，统一思想，高度重视，根据刑法和证券法等法律法规规定，按照齐抓共管、打防结合、综合防治的原则，采取针对性措施，切实做好有关工作。

打击和防控资本市场内幕交易工作涉及面广，社会关注度高，需要动员各方面力量，促进全社会参与。要通过法制宣传、教育培训等多种形式，普及刑法、证券法等法律知识，帮助相关人员和社会公众提高对内幕交易危害性的认识,增强遵纪守法意识。要坚持正确的舆论导向,增强舆论引导的针对性和实效性,充分发挥社会舆论监督作用,形成依法打击和防控资本市场内幕交易的社会氛围。

二、完善制度,有效防控

内幕信息,是指上市公司经营、财务、分配、投融资、并购重组、重要人事变动等对证券价格有重大影响但尚未正式公开的信息。加强内幕信息管理是防控内幕交易的重要环节,对从源头上遏制内幕交易具有重要意义。各地区、各相关部门要建立完善内幕信息登记管理制度,提高防控工作的制度化、规范化水平。

一是抓紧制定涉及上市公司内幕信息的保密制度,包括国家工作人员接触内幕信息管理办法,明确内幕信息范围、流转程序、保密措施和责任追究要求,并指定负责内幕信息管理的机构和人员。二是尽快建立内幕信息知情人登记制度,要求内幕信息知情人按规定实施登记,落实相关人员的保密责任和义务。三是完善上市公司信息披露和停复牌等相关制度,督促上市公司等信息披露义务人严格依照法律法规,真实、准确、完整、及时地披露信息。四是健全考核评价制度,将内幕交易防控工作纳入企业业绩考核评价体系,明确考核的原则、内容、标准、程序和方式。五是细化、充实依法打击和防控内幕交易的规定,完善内幕交易行为认定和举证规则,积极探索内幕交易举报奖励制度。

所有涉及上市公司重大事项的决策程序,都要符合保密制度要求,简化决策流程,缩短决策时限,尽可能缩小内幕信息知情人范围。研究论证上市公司重大事项,原则上应在相关证券停牌后或非交易时间进行。

三、明确职责,重点打击

证券监督管理部门要切实负起监管责任,对涉嫌内幕交易的行为,要及时立案稽查,从快作出行政处罚;对涉嫌犯罪的,要移送司法机关依法追究刑事责任,做到有法必依,执法必严,违法必究;对已立案稽查的上市公司,要暂停其再融资、并购重组等行政许可;对负有直接责任的中介机构及相关人员,要依法依规采取行政措施,暂停或取消其业务资格。公安机关在接到依法移送的案件后,要及时立案侦查。各级监察机关、各国有资产监督管理部门要依据职责分工,对泄露内幕信息或从事内幕交易的国家工作人员、国有(控股)企业工作人员进行严肃处理。

各地区要按照依法打击和防控资本市场内幕交易工作的部署和要求,加强组织领导,落实责任主体,进一步细化和落实各项制度,完善配套措施和办法,强化监督,严格问责,积极支持和配合有关方面做好相关工作。

各地区、各相关部门要认真按照法律法规规定,各司其职,协同配合,建立和完善案件移送、执法合作、信息管理、情况沟通等工作机制，形成上下联动、部门联动、地区联动的综合防治体系和强大打击合力。证监会要会同公安部、监察部、国资委、预防腐败局等部门抓紧开展一次依法打击和防控内幕交易专项检查，查办一批典型案件并公开曝光，震慑犯罪分子。

11. 北京市高级人民法院《关于审理假币犯罪案件具体适用法律的意见》（1998年12月18日　京高法发〔1998〕448号）

市第一、第二中级人民法院、北京铁路运输中级法院：
各区县人民法院、各铁路运输法院：

《关于审理假币犯罪案件具体适用法律的意见》和《关于如何适用刑法第347条第4款"情节严重"的意见》，已经我院审判委员会第37次会议讨论通过，现印发给你们，请在刑事审判工作中参照执行。在执行中如有问题，请及时报告我院刑二庭。

关于审理假币犯罪案件具体适用法律的意见

一九九七年三月二十九日，我院曾下发《关于审理货币犯罪案件具体适用法律的意见》，鉴于修订后的刑法对假币犯罪进行了补充修改，现根据刑法关于假币犯罪的规定，结合我市审理假币犯罪案件的实际，对审理假币犯罪案件具体适用法律重新提出以下意见：

一、伪造货币罪

伪造货币罪是指仿照真货币的图案、形状、色彩、防伪技术等特征，使用各种方法，非法制造假币，冒充人民币及境外流通货币的行为。

1. 伪造货币总面值在人民币（其他币种应当折算成人民币，下同）500元以上不满15000元或者币量在50张以上不满1500张的，应当依照刑法第一百七十条的规定，处三年以上十年以下有期徒刑，并处五万元以上五十万元以下罚金。

伪造货币的数额接近以上数额起点，同时具有下列情节之一的，亦应按上述刑罚惩处：

（1）曾因伪造货币受过刑事处罚或两次以上行政处罚的；
（2）伪造并出售伪造的货币的；
（3）伪造并使用伪造的货币的。

2. 伪造货币总面值在人民币15000元以上或者币量在1500张以上的，属于"伪造货币数额特别巨大"，应当依照刑法第一百七十条的规定，处十年以上有期徒刑、无期徒刑或者死刑，并处五万元以上五十万元以下罚金或者没收财产。其中，具有下列情形之一的，可以考虑判处无期徒刑以上刑罚：

（1）伪造货币集团的首要分子；

（2）伪造货币总面值在人民币 10 万元以上或者币量在 1 万张以上的；

（3）伪造货币数额达到特别巨大，同时具有暴力抗拒检查、拘留、逮捕的；

（4）有其他特别严重情节的。

二、出售、购买、运输假币罪

出售、购买、运输假币罪，是指出售、购买伪造的货币或者明知是伪造的货币而运输，数额较大的行为。

1. 行为人出售、购买、运输假币构成犯罪，同时有使用假币行为的，依照刑法第一百七十一条的规定，以出售、购买、运输假币罪定罪，从重处罚。

2. 出售、购买、运输假币是同一宗的，数额不重复计算，不是同一宗的，数额累计计算，根据行为确定罪名，不实行数罪并罚。

3. 出售、购买、运输假币"数额较大"，可以掌握在货币总面值在人民币 1000 元以上不满 3 万元或者币量 100 张以上不满 3000 张。

4. 出售、购买、运输假币"数额巨大"，可以掌握在货币总面值在人民币 3 万元以上不满 10 万元或者币量在 3000 张以上不满 1 万张。

5. 出售、购买、运输假币"数额特别巨大"，可以掌握在货币总面值人民币 10 万元以上或者币量在 1 万张以上。

三、金融工作人员购买假币、以假币换取货币罪

金融工作人员购买假币、以假币换取货币罪，是指银行或者其他金融机构的工作人员购买假币，或者利用职务上的便利，以假币换取货币的行为。

1. 金融工作人员购买假币，以假币换取货币的"情节较轻"，可以掌握在货币总面值在人民币 500 元以上不满 1000 元或者币量 50 张以上不满 100 张（均指假币，下同）。

2. 金融工作人员购买假币，以假币换取货币总面值在人民币 1000 元以上不满 3 万元或者币量 100 张以上不满 3000 张，可以判处三年以上十年以下有期徒刑，并处二万元以上二十万元以下罚金。

3. 金融工作人员购买假币，以假币换取货币"数额巨大"，可以掌握在货币总面值在人民币 3 万元以上不满 10 万元或者币量在 3000 张以上不满 1 万张。

4. 金融工作人员购买假币，以假币换取货币总面值在人民币 10 万元以上或者币量在 1 万张以上的，可以考虑判处无期徒刑。数额达到巨大，同时具有下列情形之一的，也可以判处无期徒刑：

（1）曾因假币犯罪受到刑事处罚或两次以上行政处罚的；

（2）造成严重后果或者恶劣影响的。

四、持有、使用假币罪

持有、使用假币罪，是指明知是伪造的货币而持有或者使用，数额较大的行为。

1. 行为人既实施持有假币、又实施使用假币行为的，不实行数罪并罚，持有、使用假币的数额累计计算。

2. 持有、使用假币"数额较大"，可以掌握在货币总面值人民币2000元以上不满3万元或者币量200张以上不满3000张。

3. 持有、使用假币"数额巨大"，可以掌握在货币总面值人民币3万元以上不满10万元或者币量3000张以上不满1万张。

4. 持有、使用假币"数额特别巨大"，可以掌握在货币总面值人民币10万元以上或者币量在1万张以上。

五、变造货币罪

变造货币罪，是指以真货币为基础，采用挖补、揭层、涂改、拼接等手段，改变货币的真实形态、色彩、文字、数目等，使其升值，且数额较大的行为。

1. 变造货币"数额较大"，可以掌握在货币总面值人民币500元以上不满15000元或者币量50张以上不满1500张。

2. 变造货币"数额巨大"，可以掌握在货币总面值人民币15000元以上或者币量1500张以上。

3. 实施伪造货币和变造货币两种行为分别构成犯罪的，应当实行数罪并罚。

六、其他

1. 伪造、变造境外货币或者出售、购买、运输、持有、使用境外假币的面值按犯罪时国家公布的汇率折算为人民币。

2. 本《意见》下发后，我院一九九七年三月二十九日下发的《关于审理货币犯罪案件具体适用法律的意见》不再适用。

3. 最高人民法院有关假币犯罪适用法律的司法解释下发后，本《意见》的规定如与《解释》的规定不一致的，执行司法解释；司法解释不明确的，可参照本《意见》。

12. 广东省高级人民法院、广东省人民检察院、广东省公安厅《关于办理涉及传销或者变相传销刑事案件适用法律若干问题的意见》（2003年7月10日）（节录）

为依法惩处以非法传销、变相传销方式实施的犯罪活动，保护公民合法权益,规范、维护市场经济秩序,确保社会稳定,根据法律、司法解释等规定,对办理传销或者变相传销刑事案件适用法律的问题提出如下意见:

第二条 未经金融管理部门批准,以定期或不定期还本付息或者变相还本付息为回报,以养殖、种植、庄园开发、旅游以及会员卡、消费卡、资格卡等形式,向社会不特定对象吸收资金,数额较大或者有其他严重情节、构成犯罪的,依照刑法第一百七十六条的规定,以非法吸收公众存款罪追究刑事责任;以非法占有为目的,使用诈骗方法实施上述行为的,依照刑法第一百九十二条的规定,以集资诈骗罪追究刑事责任。

13. 广东省高级人民法院关于印发《关于办理破坏社会主义市场经济秩序犯罪案件若干具体问题的指导意见》的通知(2002年7月2日 粤高法〔2002〕87号)(节录)

全省各级人民法院、广州铁路运输两级法院:

为严格、准确执行《刑法》和最高人民法院有关司法解释,根据我省实际情况,本院对办理走私、金融犯罪、合同诈骗等刑事案件中具体应用法律的若干问题,提出了《关于办理破坏社会主义市场经济秩序犯罪案件若干具体问题的指导意见》。现将该《意见》印发给你们,请参照执行。如果在执行中遇到与现行法律、司法解释相抵触的,以现行法律、司法解释为准。

关于办理破坏社会主义市场经济秩序犯罪案件若干具体问题的指导意见

二、关于金融犯罪案件

12. 关于非法设计、制造或者非法提供、贩卖、运输假币胶版行为的定性问题。根据最高人民法院《全国法院审理金融犯罪案件工作座谈会纪要》(以下简称《纪要》)精神,非法设计、制造假币胶版,或者非法提供、贩卖、运输假币胶版的行为,应当按照伪造货币罪追究刑事责任。处理时不认定犯罪数额,按犯罪情节决定刑罚。

13. 关于违法发放贷款罪的数额标准。根据《纪要》第二部分第(三)项规定,结合我省实际情况,我省法院办理违法向关系人发放贷款案件时,以造成损失30万元以上不满100万元为"较大损失",100万元以上为"重大损失"。对于违法发放贷款案件和用账外客户资金非法拆借、发放贷款案件,以造成损失100万元以上不满500万元为"重大损失",500万元以上为"特别重大损失"。

14. 关于《刑法》第194条规定的票据诈骗罪和金融凭证诈骗罪的认定。

行为人在实施一宗诈骗行为中，既使用了支票、汇票、本票等票据，又使用了其他银行结算凭证的，视其以何种票据、凭证为主，在票据诈骗罪和金融凭证诈骗罪中择一重罪处罚，不实行数罪并罚；如果在不同宗诈骗行为中，分别使用了支票、汇票、本票等票据和其他银行结算凭证的，则应分别认定票据诈骗罪和金融凭证诈骗罪，数罪并罚。

15. 关于集资诈骗罪的数额标准。行为人集资诈骗20万元以下的为"数额较大"，20万元以上不满100万元为"数额巨大"，100万元以上为"数额特别巨大"。

16. 关于票据诈骗罪、金融凭证诈骗罪、贷款诈骗罪、信用卡诈骗罪、有价证券诈骗罪、保险诈骗罪的数额标准。行为人实施上述几类诈骗行为，数额在10万元以下为"数额较大"，10万元以上不满50万元为"数额巨大"，50万元以上为"数额特别巨大"。

17. 关于信用证诈骗罪的数额标准。行为人实施信用证诈骗行为数额在20万元以上不满100万元为"数额巨大"，100万元以上为"数额特别巨大"。

18. 犯集资诈骗罪、票据诈骗罪、金融凭证诈骗罪或者信用证诈骗罪，造成直接经济损失50万元以上的，属于"给国家和人民利益造成特别重大损失"。

19. 单位犯集资诈骗罪、票据诈骗罪、金融凭证诈骗罪、信用证诈骗罪、保险诈骗罪"数额巨大"、"数额特别巨大"的标准，按照各该罪个人犯罪数额标准的5倍掌握。

……

14. 国务院《金融违法行为处罚办法》（1999年2月22日 中华人民共和国国务院令第260号）

《金融违法行为处罚办法》已经1999年1月14日国务院第13次常务会议通过，现予发布施行。

金融违法行为处罚办法

第一条 为了惩处金融违法行为，维护金融秩序，防范金融风险，制定本办法。

第二条 金融机构违反国家有关金融管理的规定，有关法律、行政法规有处罚规定的，依照其规定给予处罚；有关法律、行政法规未作处罚规定或者有关行政法规的处罚规定与本办法不一致的，依照本办法给予处罚。

本办法所称金融机构，是指在中华人民共和国境内依法设立和经营金融业务的机构，包括银行、信用合作社、财务公司、信托投资公司、金融租赁公司等。

第三条 本办法规定的行政处罚，由中国人民银行决定；但是本办法第二十四条、第二十五条规定的行政处罚，由国家外汇管理机关决定。

本办法规定的纪律处分，包括警告、记过、记大过、降级、撤职、留用察看、开除，由所在金融机构或者上级金融机构决定。

金融机构的工作人员依照本办法受到开除的纪律处分的，终身不得在金融机构工作，由中国人民银行通知各金融机构不得任用，并在全国性报纸上公告。金融机构的高级管理人员依照本办法受到撤职的纪律处分的，由中国人民银行决定在一定期限内直至终身不得在任何金融机构担任高级管理职务或者与原职务相当的职务，通知各金融机构不得任用，并在全国性报纸上公告。

本办法所称高级管理人员，是指金融机构的法定代表人和其他主要负责人，包括银行及其分支机构的董事长、副董事长、行长、副行长、主任、副主任；信用合作社的理事长、副理事长、主任、副主任；财务公司、信托投资公司、金融租赁公司等金融机构的董事长、副董事长、总经理、副总经理等。

第四条 金融机构的工作人员离开该金融机构工作后，被发现在该金融机构工作期间违反国家有关金融管理规定的，仍然应当依法追究责任。

第五条 金融机构设立、合并、撤销分支机构或者代表机构的，应当经中国人民银行批准。

未经中国人民银行批准，金融机构擅自设立、合并、撤销分支机构或者代表机构的，给予警告，并处 5 万元以上 30 万元以下的罚款；对该金融机构直接负责的高级管理人员，给予撤职直至开除的纪律处分。

第六条 金融机构有下列情形之一的，应当经中国人民银行批准：

（一）变更名称；

（二）变更注册资本；

（三）变更机构所在地；

（四）更换高级管理人员；

（五）中国人民银行规定的其他变更、更换情形。

金融机构未经中国人民银行批准，有前款所列情形之一的，给予警告，并处 1 万元以上 10 万元以下的罚款；有前款第（四）项所列情形的，对该金融机构直接负责的高级管理人员，给予撤职直至开除的纪律处分。

第七条 金融机构变更股东、转让股权或者调整股权结构的，应当经中国人民银行批准；涉及国有股权变动的，并应当按照规定经财政部门批准。

未经依法批准，金融机构擅自变更股东、转让股权或者调整股权结构的，给予警告，没收违法所得，并处违法所得1倍以上3倍以下的罚款，没有违法所得的，处5万元以上30万元以下的罚款；对该金融机构直接负责的高级管理人员，给予撤职直至开除的纪律处分。

第八条　金融机构不得虚假出资或者抽逃出资。

金融机构虚假出资或者抽逃出资的，责令停业整顿，并处虚假出资金额或者抽逃出资金额百分之五以上百分之十以下的罚款；对该金融机构直接负责的高级管理人员给予开除的纪律处分，对其他直接负责的主管人员和直接责任人员给予记过直至开除的纪律处分；情节严重的，吊销该金融机构的经营金融业务许可证；构成虚假出资、抽逃出资罪或者其他罪的，依法追究刑事责任。

第九条　金融机构不得超出中国人民银行批准的业务范围从事金融业务活动。

金融机构超出中国人民银行批准的业务范围从事金融业务活动的，给予警告，没收违法所得，并处违法所得1倍以上5倍以下的罚款，没有违法所得的，处10万元以上50万元以下的罚款，对该金融机构直接负责的高级管理人员给予撤职直至开除的纪律处分，对其他直接负责的主管人员和直接责任人员给予记过直至开除的纪律处分；情节严重的，责令该金融机构停业整顿或者吊销经营金融业务许可证；构成非法经营罪或者其他罪的，依法追究刑事责任。

第十条　金融机构的代表机构不得经营金融业务。

金融机构的代表机构经营金融业务的，给予警告，没收违法所得，并处违法所得1倍以上3倍以下的罚款，没有违法所得的，处5万元以上30万元以下的罚款；对该金融机构直接负责的高级管理人员给予撤职直至开除的纪律处分，对其他直接负责的主管人员和直接责任人员给予降级直至开除的纪律处分；情节严重的，撤销该代表机构。

第十一条　金融机构不得以下列方式从事账外经营行为：

（一）办理存款、贷款等业务不按照会计制度记账、登记，或者不在会计报表中反映；

（二）将存款与贷款等不同业务在同一账户内轧差处理；

（三）经营收入未列入会计账册；

（四）其他方式的账外经营行为。

金融机构违反前款规定的，给予警告，没收违法所得，并处违法所得1倍以上5倍以下的罚款，没有违法所得的，处10万元以上50万元以下的罚款；对该金融机构直接负责的高级管理人员、其他直接负责的主管人员和直接责任人员，给予开除的纪律处分；情节严重的，责令该金融机构停业整顿或者吊销经营金融业务许可证；构成用账外客户资金非法拆借、发放贷款罪或者其他罪的，依法追究刑事责任。

第十二条 金融机构不得提供虚假的或者隐瞒重要事实的财务会计报告、统计报告。

金融机构提供虚假的或者隐瞒重要事实的财务会计报告、统计报告的，给予警告，并处10万元以上50万元以下的罚款；对该金融机构直接负责的高级管理人员给予撤职直至开除的纪律处分，对其他直接负责的主管人员和直接责任人员给予记大过直至开除的纪律处分；情节严重的，责令该金融机构停业整顿或者吊销经营金融业务许可证；构成提供虚假财会报告罪或者其他罪的，依法追究刑事责任。

第十三条 金融机构不得出具与事实不符的信用证、保函、票据、存单、资信证明等金融票证。

金融机构弄虚作假，出具与事实不符的信用证、保函、票据、存单、资信证明等金融票证的，给予警告，没收违法所得，并处违法所得1倍以上5倍以下的罚款，没有违法所得的，处10万元以上50万元以下的罚款；对该金融机构直接负责的高级管理人员、其他直接负责的主管人员和直接责任人员，给予开除的纪律处分；构成非法出具金融票证罪或者其他罪的，依法追究刑事责任。

第十四条 金融机构对违反票据法规定的票据，不得承兑、贴现、付款或者保证。

金融机构对违反票据法规定的票据，予以承兑、贴现、付款或者保证的，给予警告，没收违法所得，并处违法所得1倍以上3倍以下的罚款，没有违法所得的，处5万元以上30万元以下的罚款；对该金融机构直接负责的高级管理人员、其他直接负责的主管人员和直接责任人员，给予记大过直至开除的纪律处分；造成资金损失的，对该金融机构直接负责的高级管理人员，给予撤职直至开除的纪律处分；构成对违法票据承兑、付款、保证罪或者其他罪的，依法追究刑事责任。

第十五条 金融机构办理存款业务，不得有下列行为：

（一）擅自提高利率或者变相提高利率，吸收存款；

（二）明知或者应知是单位资金，而允许以个人名义开立账户存储；

（三）擅自开办新的存款业务种类；

（四）吸收存款不符合中国人民银行规定的客户范围、期限和最低限额；

（五）违反规定为客户多头开立账户；

（六）违反中国人民银行规定的其他存款行为。

金融机构有前款所列行为之一的，给予警告，没收违法所得，并处违法所得 1 倍以上 3 倍以下的罚款，没有违法所得的，处 5 万元以上 30 万元以下的罚款；对该金融机构直接负责的高级管理人员给予撤职直至开除的纪律处分，对其他直接负责的主管人员和直接责任人员给予降级直至开除的纪律处分；情节严重的，责令该金融机构停业整顿或者吊销经营金融业务许可证。

第十六条 金融机构办理贷款业务，不得有下列行为：

（一）向关系人发放信用贷款；

（二）向关系人发放担保贷款的条件优于其他借款人同类贷款的条件；

（三）违反规定提高或者降低利率以及采用其他不正当手段发放贷款；

（四）违反中国人民银行规定的其他贷款行为。

金融机构有前款所列行为之一的，给予警告，没收违法所得，并处违法所得 1 倍以上 5 倍以下的罚款，没有违法所得的，处 10 万元以上 50 万元以下的罚款；对该金融机构直接负责的高级管理人员、其他直接负责的主管人员和直接责任人员，给予撤职直至开除的纪律处分；情节严重的，责令该金融机构停业整顿或者吊销经营金融业务许可证；构成违法向关系人发放贷款罪、违法发放贷款罪或者其他罪的，依法追究刑事责任。

第十七条 金融机构从事拆借活动，不得有下列行为：

（一）拆借资金超过最高限额；

（二）拆借资金超过最长期限；

（三）不具有同业拆借业务资格而从事同业拆借业务；

（四）在全国统一同业拆借网络之外从事同业拆借业务；

（五）违反中国人民银行规定的其他拆借行为。

金融机构有前款所列行为之一的，暂停或者停止该项业务，没收违法所得，并处违法所得 1 倍以上 3 倍以下的罚款，没有违法所得的，处 5 万元以上 30 万元以下的罚款；对该金融机构直接负责的高级管理人员、其他直接负责的主管人员和直接责任人员，给予记大过直至开除的纪律处分。

第十八条 金融机构不得违反国家规定从事证券、期货或者其他衍生金融工具交易，不得为证券、期货或者其他衍生金融工具交易提供信贷资金或者担保，不得违反国家规定从事非自用不动产、股权、实业等投资活动。

金融机构违反前款规定的，给予警告，没收违法所得，并处违法所得 1 倍以上 5 倍以下的罚款，没有违法所得的，处 10 万元以上 50 万元以下的罚款；对该金融机构直接负责的高级管理人员给予开除的纪律处分，对其他直接负责的主管人员和直接责任人员给予撤职直至开除的纪律处分；情节严重的，责令该金融机构停业整顿或者吊销经营金融业务许可证；构成非法经营罪、违法发放贷款罪或者其他罪的，依法追究刑事责任。

第十九条　金融机构应当遵守中国人民银行有关现金管理的规定，不得允许单位或者个人超限额提取现金。

金融机构违反中国人民银行有关现金管理的规定，允许单位或者个人超限额提取现金的，给予警告，并处5万元以上30万元以下的罚款；对该金融机构直接负责的高级管理人员、其他直接负责的主管人员和直接责任人员，给予记大过直至开除的纪律处分。

第二十条　金融机构应当遵守中国人民银行有关信用卡管理的规定，不得违反规定对持卡人透支或者帮助持卡人利用信用卡套取现金。

金融机构违反中国人民银行有关信用卡管理的规定，对持卡人透支或者帮助持卡人利用信用卡套取现金的，给予警告，并处5万元以上30万元以下的罚款；对该金融机构直接负责的高级管理人员、其他直接负责的主管人员和直接责任人员，给予记大过直至开除的纪律处分。

第二十一条　金融机构应当遵守中国人民银行有关资产负债比例管理的规定。

金融机构违反中国人民银行有关资产负债比例管理规定的，给予警告，没收违法所得，并处违法所得1倍以上3倍以下的罚款，没有违法所得的，处5万元以上30万元以下的罚款；对该金融机构直接负责的高级管理人员，给予记大过直至开除的纪律处分。

第二十二条　金融机构不得占压财政存款或者资金。

金融机构占压财政存款或者资金的，给予警告，没收违法所得，并处违法所得1倍以上3倍以下的罚款，没有违法所得的，处5万元以上30万元以下的罚款；对该金融机构直接负责的高级管理人员给予撤职直至开除的纪律处分，对其他直接负责的主管人员和直接责任人员给予降级直至开除的纪律处分。

第二十三条　金融机构应当依法协助税务机关、海关办理对纳税人存款的冻结、扣划。

金融机构违反前款规定，造成税款流失的，给予警告，并处10万元以上50万元以下的罚款；对该金融机构直接负责的高级管理人员、其他直接负责的主管人员和直接责任人员，给予撤职直至开除的纪律处分；构成违反治安管理行为的，依法给予治安管理处罚；构成妨害公务罪或者其他罪的，依法追究刑事责任。

第二十四条　经营外汇业务的金融机构应当遵守国家外汇管理规定。

经营外汇业务的金融机构违反国家外汇管理规定的，依照外汇管理条例的规定，给予行政处罚；对该金融机构直接负责的高级管理人员、其他直接负责的主管人员和直接责任人员，给予记过直至开除的纪律处分；情节严重的，对该金融机构直接负责的高级管理人员，给予撤职直至开除的纪律处分；构成犯罪的，依法追究刑事责任。

第二十五条 经营外汇业务的金融机构，不得有下列行为：

（一）对大额购汇、频繁购汇、存取大额外币现钞等异常情况不及时报告；

（二）未按照规定办理国际收支申报。

经营外汇业务的金融机构有前款所列行为之一的，给予警告，并处 5 万元以上 30 万元以下的罚款；对该金融机构直接负责的高级管理人员、其他直接负责的主管人员和直接责任人员，给予记过直至开除的纪律处分；情节严重的，对该金融机构直接负责的高级管理人员，给予撤职直至开除的纪律处分；构成签订、履行合同失职被骗罪或者其他罪的，依法追究刑事责任。

第二十六条 商业银行不得为证券、期货交易资金清算透支或者为新股申购透支。

商业银行为证券、期货交易资金清算透支或者为新股申购透支的，给予警告，没收违法所得，并处违法所得 1 倍以上 5 倍以下的罚款，没有违法所得的，处 10 万元以上 50 万元以下的罚款；对该商业银行直接负责的高级管理人员给予开除的纪律处分，对其他直接负责的主管人员和直接责任人员给予撤职直至开除的纪律处分。

第二十七条 财务公司不得有下列行为：

（一）超过中国人民银行批准的规模发行财务公司债券；

（二）吸收非集团成员单位存款或者向非集团成员单位发放贷款；

（三）违反规定向非集团成员单位提供金融服务；

（四）违反中国人民银行规定的其他行为。

财务公司有前款所列行为之一的，给予警告，没收违法所得，并处违法所得 1 倍以上 5 倍以下的罚款，没有违法所得的，处 10 万元以上 50 万元以下的罚款；对该财务公司直接负责的高级管理人员、其他直接负责的主管人员和直接责任人员，给予记过直至开除的纪律处分；情节严重的，责令该财务公司停业整顿，对直接负责的高级管理人员给予撤职直至开除的纪律处分；构成非法吸收公众存款罪、擅自发行股票、公司企业债券罪或者其他罪的，依法追究刑事责任。

第二十八条 信托投资公司不得以办理委托、信托业务名义吸收公众存款、发放贷款，不得违反国家规定办理委托、信托业务。

信托投资公司违反前款规定的，给予警告，没收违法所得，并处违法所得

1倍以上5倍以下的罚款，没有违法所得的，处10万元以上50万元以下的罚款；对该信托投资公司直接负责的高级管理人员、其他直接负责的主管人员和直接责任人员，给予记大过直至开除的纪律处分；情节严重的，暂停或者停止该项业务，对直接负责的高级管理人员给予撤职直至开除的纪律处分；构成非法吸收公众存款罪、集资诈骗罪或者其他罪的，依法追究刑事责任。

第二十九条　金融机构缴纳的罚款和被没收的违法所得，不得列入该金融机构的成本、费用。

第三十条　对中国人民银行所属从事金融业务的机构的金融违法行为的处罚，适用本办法。

第三十一条　对证券违法行为的处罚，依照国家有关证券管理的法律、行政法规执行，不适用本办法。

对保险违法行为的处罚，依照国家有关保险管理的法律、行政法规执行，不适用本办法。

第三十二条　本办法自发布之日起施行。

下 篇
SAMPLES
专业化公诉样本

- 案件一　刘某某、余某、王某某出售、购买假币案
- 案件二　赵某某持有假币案
- 案件三　A公司非法吸收公众存款案
- 案件四　吴某某内幕交易案
- 案件五　杨某某利用未公开信息交易案
- 案件六　汪某某操纵证券市场案
- 案件七　何某某、杨某某集资诈骗案
- 案件八　钮某某、郑某集资诈骗案
- 案件九　伊某贷款诈骗案
- 案件十　罗某某、袁某某贷款诈骗案
- 案件十一　孙某、张某某票据诈骗案
- 案件十二　陈某信用证诈骗案
- 案件十三　泰某信用卡诈骗案
- 案件十四　程某某信用卡诈骗案
- 案件十五　李某保险诈骗案

Case 1 案件一
刘某某、余某、王某某出售、购买假币案

一、犯罪嫌疑人基本情况及诉讼过程

犯罪嫌疑人：刘某某，男，1971年6月7日出生，河南省人，初中文化程度。

犯罪嫌疑人：余某，男，1969年8月2日出生，河南省人，初中文化程度。

犯罪嫌疑人：王某某，男，1969年6月15日出生，河南省人，小学文化程度。

上述三犯罪嫌疑人均因涉嫌购买假币罪，于2009年8月15日被依法逮捕。

二、侦查机关认定的犯罪事实与意见

犯罪事实：犯罪嫌疑人刘某某伙同犯罪嫌疑人余某于2009年4月至6月间，多次前往广东省某市购买假币共计面额690万元，并通过长途车运至北京，藏匿于刘某某租用的本市朝阳区仓库内及朝阳区租住处。上述假币已部分起获。

犯罪嫌疑人余某于2009年6月间，在本市丰台区公益西桥等地，多次向犯罪嫌疑人王某某出售假币共计面额25万余元。

犯罪嫌疑人刘某某于2009年5月间，伙同唐某强（已判刑）从广东省深圳市购买面额为100元的假币14970张，面额为50元的假币580张，共计面额152.6万余元，后刘某某将假币运至北京交给唐某旺（已判刑），由唐某旺乘坐长途车将假币从北京运至河南省某县。上述假币均已起获。

侦查机关认为：犯罪嫌疑人刘某某的行为触犯了《中华人民共和国刑法》

第171条第1款之规定,涉嫌购买、运输假币;犯罪嫌疑人余某的行为触犯了《中华人民共和国刑法》第171条第1款之规定,涉嫌购买、出售假币;犯罪嫌疑人王某某的行为触犯了《中华人民共和国刑法》第171条第1款之规定,涉嫌购买假币罪。

三、检察机关依法审查后认定的事实及证据

(一)第一起犯罪事实

2008年5月,刘某某伙同唐某强购买152.6万元假币的事实,均被查扣。

据刘某某供述,2008年4月,刘某某与同乡唐某强(已判刑)商量一起购买假币贩卖牟利。5月上旬,两人约好到广东陆丰购买假币。后唐某强因故没有去陆丰,刘某某一人坐长途车到陆丰。唐某强于2008年5月16日、19日先后通过陆丰县邮政储蓄银行、中国建设银行光山县支行汇给一个户名为李某的账户人民币2万元、刘某某人民币4.2万元,共计6.2万元,作为购买假币的货款。刘某某到陆丰后找到一个叫李某福(不在案)的人,看了对方给的面值100元的样品,后将唐某强汇入其账号的4万元货款取出并交给对方。李某福在陆丰交给他装有假币的编织袋,后刘某某携带假币坐长途车回北京。

刘某某称,唐某强说要把假币带回老家光山县卖。5月23日,刘某某得知其外甥唐某旺要回老家光山县,就把假币装在一个蓝黑色密码箱内,交给唐某旺带回光山县给唐某强。后唐某旺乘坐北京发往固始县的长途车回光山县。24日凌晨3时许,唐某旺从光山县寨河镇三叉路口大转盘附近下车,将该密码箱交给唐某强,两人乘出租车准备离开时,被在此布控的某县公安局民警当场抓获,公安机关共缴获人民币面值为50元的580张,面值为100元的14970张,合计面值152.6万元,经中国人民银行某县支行鉴定,均属机制假币。

唐某强否认与刘某某购买假币的事实。唐某旺称,不知道刘某某给其的密码箱内装有假币。

经审查,认定上述事实的证据是:

1. 犯罪嫌疑人供述和辩解

犯罪嫌疑人刘某某在侦查阶段供述:

2008年4月,我在老家光山县和唐某强商量做假币生意,唐某强说他有进假币渠道,约了我们当地有名的假币出售人员王某前(音)。我们见面后,王某前给我们介绍了假币生意的情况,说可以带我们到南方看一看。过了一段时间,王某前带我和唐某强到深圳龙华区见了一个叫房某妹的女子,这次王某前买了180万元假币。我和唐某强怕出事,就与王某前分开走了。我到老家后

没几天就回到北京开棋牌室。

第一次：到 5 月上旬，我在北京接到唐某强电话，问我是否愿意做假币生意，我同意了。两人说好各自出发到深圳。这次是唐某强联系的李某福。这样我从北京六里桥坐长途车到郑州，从郑州转车到陆丰，但在路上唐某强通知我，他家里有事，这次就由我一个人接货。我到陆丰后联系上李某福。他带我到一个没名的旅馆住下，费用由他支付。到房间后，李某福给我看了一张百元面值的假币，我认为质量还可以，我和他讲价，最后定为每张假币 3 元，要面值 200 万元的假币。李某福提出要 2 万元订金，但当时我没钱，就给唐某强打了电话，让他给对方汇了 2 万元钱，对方查账确认收到钱后就走了。过了一两天，李某福给我准备好假币后，我再次给唐某强打电话，让他给我的建设银行卡（在陆丰开的账户）汇了 4 万元，另外我当时取钱时多了 2000 元，后来知道是唐某强给我的路上开销费用，我收到钱后，通知了李某福，两人约好第二天交货。第二天早上，我和李某福在旅店附近的路边见面，他交给我一个塑料编织袋，我当时没验货，就把 4 万元现金给了对方。我拿到假币后，就到陆丰高速公路上拦下到郑州的长途车，到郑州高速路上下车，再拦下到北京的长途车，车到北京时已经是夜里了，我在三环路上下车，打车回到住处，之后把假币藏在库房。过了一天左右，我知道我的外甥唐某旺要从北京回老家，就把假币装在旅行箱里，并让外甥把箱子带回老家交给唐某强，我把这件事通知了唐某强，让他准备接唐某旺，另外我把他们的手机号转告给对方。这样我从住处找了黑出租车把外甥送到良乡环岛附近，并将他送上固始的长途车，他上车后我把情况通知了唐某强，后来我听说他们见面时被当场抓获了。唐某旺不知道行李箱里是假币。

2. 证人证言

证人唐某旺（男，28 岁，河南省人）的证言：

2008 年 5 月 23 日，其准备回老家某县，刘某某打车送其到房山良乡坐车，交给其一个旅行箱，让帮忙带回某县交给同村的唐某强。刘某某说箱里是衣服，其不知道箱内装有假币。刚上车，刘某某就电话告诉唐某强，其已上车，到站其带着箱子下车，上了唐某强乘坐的车，后被抓获。

3. 主要书证

（1）中国建设银行存款凭条证明：2008 年 5 月 19 日，刘某某的账户内存入人民币 4.2 万元。

（2）河南省某县公安局扣押物品清单证明：2008 年 5 月 24 日，河南省某县公安人员从唐某旺处扣押假人民币 100 元面值 14970 张，50 元面值 580 张。

（3）中国人民银行某县支行出具的《货币真伪鉴定书》证明：从唐某旺

处扣押的面值为 152.6 万元的人民币为机制假币。

（4）中国人民银行某县支行出具的《假币收入凭证》证明：从唐某旺处扣押的假人民币 152.6 万元被依法予以没收。

（5）河南省某县人民法院刑事判决书证明：唐某强犯购买假币罪、唐某旺犯运输假币罪分别被判处刑罚。

（二）第二起犯罪事实

2009 年 5、6 月间，刘某某单独或伙同余某购买假币。公安机关查扣假币面值 5324480 元。

刘某某在 2009 年 5 月至 6 月间先后二次到广东陆丰购买过假币，第一次是其一个人去的，第二次是其和余某一块去的。

第一次（60 万元，单独去）：

据刘某某供述，2009 年 5 月，刘某某电话联系李某福（不在案），谈好从李某福处进 10 元、20 元、50 元面值的假币。后刘某某乘坐长途汽车从北京出发，经郑州到广东陆丰。李某福安排刘某某到一家旅店住下。在旅店房间内，李某福给刘某某看了 10 元、20 元、50 元的假币样品，刘某某决定购买面额 60 万元的假币（其中 10 万元面值 10 元的假币，1.2 元一张；50 万元面值 50 元的假币，2.5 元一张），刘某某向李某福支付货款 3.6 万元。刘某某，坐三轮车到高速路服务区拦下汕头到郑州的大巴，又从郑州到的北京，将假币藏在位于北京市朝阳区某库房。

第二次（500 万元，与余某同去）：

刘某某供述称，今年 6 月 23 日左右，孙哥给刘某某打电话称，来了一批质量好的货，价格便宜，刘某某就和孙哥谈好以每张 2.2 元的价格要 500 万元的假币，货款大约是 11 万元。6 月底，刘某某就叫上余某一起乘坐长途车到广东陆丰，并与孙哥取得联系。刘某某称，孙哥在其住的旅店内给他看了 2 张百元面值的假币，他觉得质量还行，就把 1 万元的货款订金给了孙哥（侦查阶段称给了 11 万元货款）。刘某某、余某坐长途车回京后存于库房内。

公安机关查获假币情况：

2009 年 7 月 8 日 16 时 30 分许，侦查员在朝阳区将犯罪嫌疑人刘某某、余某抓获，在该二人乘坐的蓝色夏利车后排座椅上收缴绿色手提纸袋一个，内有假币 249900 元（其中 100 元面值 1999 张，50 元面值 1000 张），同时，侦查人员在该村犯罪嫌疑人刘某某妻子陈某芳身上收缴黑色纸袋一个，内有假币 150000 元（面值 100 元的假币 1500 张）。后侦查人员在刘某某位于朝阳区某处存放假币的库房内收缴假币共计面值 4924580 元（其中 100 元面值 40993

张，50 元面值 13095 张，20 元面值 2 张，10 元面值 17049 张），以上共计 5324480 元，经鉴定均为机制假币。

经审查，认定上述事实的证据是：

1. 犯罪嫌疑人供述和辩解

（1）犯罪嫌疑人刘某某在侦查阶段供述：

唐某强、唐某旺出事后，我就没敢再干假币生意，在北京以假名李军生活，另外我开的棋牌室也不敢再干了，所以到 2009 年 3 月底 4 月初，我就没有了经济来源，于是我又想到通过假币挣钱。于是我找出王某以前告诉我的李某福的电话，我联系了对方，约好从他那进 10 元、20 元、50 元面值的假币，而面值 100 元的没货。这样我一个人坐长途车从北京六里桥经郑州到陆丰。到站后，我联系李某福。后来一个男子开着老款丰田车来接我，把我带到一个旅店住下，费用由他支付。在房间里，李某福给我看了 10 元、20 元、50 元的假币样品，我觉得 20 元的质量差就没有要，经过讨价还价，我以 10 元假币 1.2 元一张，定了面值 10 万元的；50 元假币 2.5 元一张，定了 50 万元的。我把 3.6 万元货款给了他。第二天早上九点多，李某福让我到桥下见他，他从后备箱拿出一个编织袋交给我，我当时没有验货，坐三轮车到高速路服务区拦下汕头到郑州的大巴，又从郑州到的北京，到北京后，我又把假币藏在库房。

我和余某认识后，两人在第二天商量一起买卖假币。6 月 23 日左右，我在北京接到孙哥电话说，来了一批质量好的货，价格可以便宜。我觉得一是货好又便宜，二是近一段时间打假币风声紧，货源不好找，于是我和孙哥谈好每张 2.2 元，要面值 500 万元的假币，总值 11 万元。这样我和余某又从六里桥坐长途车经郑州到陆丰。到了之后，我们又约在路桥下见面，这次孙哥坐车过来，把我们安排到一家无名旅店住下。在房间里，我看了两张百元面值的假币，认为质量还行，就把 11 万元货款给了他。第二天，我们在小店对面路上见面，他坐车过来给了我两大一小的塑料编织袋，我也没验货，就散了。这次我怕不安全，就让余某到深圳回北京，而我一个人坐长途车回了北京，到京后我把假币仍然放在库房。

我购买假币的钱是我出的，开销也是我出。我把假币放在库房后，按面值不同，把假币装在旅行箱里。购买假币时，他们那边有规矩，他们负责住宿，谈好价后先付货款，交货时在街上，不能清点就各自离开。

我们购买这些假币用于出售，余某也卖过一些，具体卖给谁记不清了。

（2）犯罪嫌疑人余某供述：

2007 年上半年，我经常到刘某某在官庄开的棋牌室打麻将，认识了刘某某，去年刘某某跟我提到过要买假币，但由于是奥运会期间，北京查得严就没具体商量这件事。到今年4、5月，刘某某又再次提到买假币的事，当时我手里没钱，我就跟着他干，他说每月给我一些好处费。

2009年6月28日，刘某某说去陆丰买些货，于是我们两人又去了陆丰。刘某某还是联系的孙哥，也是在路上交易，当时从车上拿下来两个大编织袋和一个小袋，刘某某带着假币坐长途汽车经郑州回的北京，我去深圳坐火车回的北京。这次买的货币比第一次多很多，后来我知道有500万元面值，估计花了十几万元，假币由刘某某保管，购买假币的钱也是刘某某出的。

我们两次一共进了有600多万元面值的假币。

2. 证人证言

（1）证人周某元（男，54岁，犯罪嫌疑人刘某某放置假币库房房东）证言

2008年7月或8月，我将房子出租给一对自称夫妻的人存放货物。2009年春节后，我看见租房的男子经常往房间里拉拉杆箱，不知道是什么东西，5月份以后拉得比较频繁，男的自称是小商品，在网上卖，给人家送货。每天都能看见他和他媳妇骑车向外拿货好几次，他们每人有一个小包，每次拿得不多，拿完东西后骑车就走，和院里的邻居从不联系。我还对男的说"每次多拿点，老这么跑多累呀"。那男的说"不行，只能要什么拿什么"。我不知道他们住在哪里，听说可能住在管庄。

附辨认笔录：2010年1月7日，周某元从12张不同男子照片中辨认出刘某某是租住其房屋的男子。

（2）证人管某祥（男，34岁，河南省人）的证言

我开黑车拉活。2009年6月的一天，我在朝阳区某市场附近认识了河南省某县的一老乡，以后老乡打过四五次车。其中有两三次是去公益西桥。第一次是2009年6月20日左右，老乡打车去公益西桥，在公益西桥路边有个男的在等，老乡下车跟那男的见面，我没注意老乡手里拿没拿东西，后又把老乡送回了朝阳某村。第二次大约是7月初，老乡又去公益西桥，当时老乡拿了一个手提袋，在公益西桥，有一个男的在路边等，老乡把手提袋交给男的，男的给老乡一个黑色塑料袋，后他俩上了车，在车里聊天说到了假币。第三次是2009年7月8日上午，老乡打电话要去公益西桥，在公益西桥老乡空手下车，一会儿来了一名骑自行车的男子与老乡见面。老乡就从车里拿了一个绿色手提袋给男子，男子给老乡一个黑色塑料袋，后我开车把老乡又送回朝阳区某处。

附辨认笔录：2010年1月12日，管某祥从12张不同男子照片中辨认出余某是乘坐其车的老乡。

（3）证人陈某芳（刘某某之妻）的证言

2007年9月，刘某某在北京市朝阳区管庄开了一棋牌室，我带孩子到北京后就住在棋牌室旁边的出租房。2009年春节后，刘某某租了朝阳区某处，我有时也带孩子去住，我只知道刘某某在北京经常接触一个叫余某和一个姓管开黑车的。2009年7月8日上午八九点，我带孩子在某处住，刘某某从外面带回一袋子钱，什么面值的都有，刘某某让我数，总共3万余元，其用皮筋捆好放在家里衣柜一个棕色女式单肩挎包里，我不清楚这些钱从哪来。当日下午四五点钟，我带孩子在家门口的铁道边玩，余某过来给我一个袋子说去买烟，让我帮他拿会儿，余某走后没多久，我就被警察抓住了，余某没说袋子里装的什么东西。袋子长五六十公分，宽三四十公分，黑色的纸制装衣服的手提袋，我看见里面是用报纸盖着的。

3. 搜查笔录

2009年7月8日，公安人员在刘某某的租地，朝阳区某出租房搜查时，发现并扣押了存放假币的4个布质拉杆旅行箱，箱内有大量新版个等面值的假人民币，共计面值4924580元及刻有FR23的印章两枚。另扣押刘某某手机一部、人民币270元。同日，公安人员在对陈某芳暂住地朝阳区某房间搜查时，发现并扣押人民币53950元、诺基亚手机一部，棕色女士挎包一个。另扣押假人民币1500张，共计面值15万元。

4. 主要书证

（1）扣押物品清单证明：扣押余某所持有的假人民币2999张，面值249900元；人民币17张400元，手机一部、SIM卡一张。

（2）现场照片证明了刘某某在朝阳区某出租房仓库藏匿假人民币及公安人员对陈某芳的暂住地朝阳区某房间搜查的情况。

（3）中国人民银行营业管理部货币金银处出具的《货币真伪鉴定书》证明：经鉴定，在刘某某库房搜查到的4924580元可疑人民币均为机制假人民币，余某持有的249900元可疑人民币均为机制假人民币，陈某芳持有的150000元可疑人民币均为机制假人民币。

（4）光盘一张内容为：刘某某指认其藏匿假币的仓库及民警从其仓库起获假币的经过。

（5）北京市公安局宣武分局刑侦支队出具的收缴工作记录证明：2009年7月8日16时30分许，公安人员在朝阳区小海子村将正要出售假币的余某抓获，并当场从其乘坐的蓝色夏利车后排座椅上收缴绿色手提纸袋一个，内有假币249900元，其中100元面值1999张，50元面值1000张。同日收缴刘某某黑色拉杆箱四个，内有假人民币共计面值4924580元，从陈某芳身上收缴黑色纸袋一个，内有15万元假人民币。

(6) 中国人民银行营业管理部货币金银处出具的《假人民币没收收据》证明：没收刘某某、余某、陈某芳所持有的上述假人民币。

(三) 第三起犯罪事实

2009年王某某两次购买145万元假币的事实，其中25万元系余某出售。公安机关查扣假币面值1307810元。

第一次（25万元，购自余某）

2009年年初，王某某通过一个叫"老温"的朋友认识了余某。6月至7月间，王某某先后四次从余某处购买25万元假币。每次交易地点都在公益西桥附近。余某乘坐开黑出租的管某祥的车到公益西桥附近交易。

第二次（120万元，购自"胡四"）

王某某供述，2009年6月，其通过一个叫"胡四"的人介绍，在公益西桥附近从一个姓张的安徽人手中以7.6万元的价格购买了120万元假币（其中100万100元面值的、20万50元面值的）。该120万元假币被装在两个黑色拉杆旅行箱内。后王某某将装有假币的两个黑色拉杆旅行箱放在了其租住的大兴区出租房的床底下。

公安机关查获假币的情况：

2009年7月8日20时许，侦查员在大兴区某出租房内将犯罪嫌疑人王某某抓获，并收缴假币共计面值1307810元（其中100元面值10210张，50元面值5050张，20元面值223张，10元面值2983张，5元面值4张），经鉴定均为机制假币。

经审查，认定上述事实的证据是：

1. 犯罪嫌疑人供述和辩解

(1) 犯罪嫌疑人王某某供述：

2009年4月，我通过朋友"老温"认识了做假币生意的姓余的。我们先在南四环公益西桥往南一公里的路边见面谈了一下假币的事。过了几天，在上次见面的地点，姓余的乘坐一辆绿色夏利汽车来与我见面，让我看了一下样品，其中一张100元面值、一张50元面值、一张10元面值，姓余的讲100元的价格是8元一张，50的5元一张，10元的2.2元一张，我告诉姓余的，如果需要就给他打电话。大概是2009年6月初，我给姓余的打电话要求进2万元假币。姓余的同意，在同样的地点，姓余的乘坐的还是那辆绿色夏利汽车，他下车给了我一个白色塑料里面用纸包着两万元百元面值的假币，我当时没带钱，就对姓余的讲能不能卖出去再给钱，姓余的表示同意。之后我们就分开了,这是我第一次做买卖假币的生意。之后陆续又从姓余的手里拿了一部分假币,第二次是3万元,第三次10万元,第六次是10万元,总共从姓余的手中购买了25万元假币,我和姓余的结账方式是一次押一次,就是说拿第二次假币结第一次假币的账。我的假币都放在我暂住处大兴区平房出租屋内的大床下面。

我把假币卖给"胡四"、"荣刚"、姓杨的、姓蓬的、姓李的、姓刘的、姓宋的、姓邱的,这些人的联系方式我没有,都是他们找我要假币时,主动给我打电话,要什么面值的假币,并约好交易地点,基本上是在两个地点交易,一个是南四环公益西桥往南500米的路边上;另一个是京开路附近新发地批发市场边的长途车站附近的路边上。每次都是我给他们假币,他们给我钱。

我家里存放的假币中,120万元假币是一个姓张的安徽人卖给我的。我第一次卖给"胡四"假币时就认识了他,当时我是从姓余的手里进假币卖给"胡四"。2009年6月,"胡四"介绍我从一个姓张的安徽人手中购买假币,他的假币便宜。第二天,"胡四"带着姓张的和我在南四环公益西桥往南500米左右的路边见面,姓张的男子说100元面值要100万张就是6元一张,50元面值的是4元一张,这样我订了120万元的假币,其中100元面值的是100万张,50元面值的是20万张,总价是7.6万元。姓张的说可以,并说过几天给我打电话交货。这样我开始筹钱,我从我在南京的表哥王某辉(1385148×××
×)处借了7万元,剩下的6000元是我自己的。大约过了10天,我和姓张的安徽人约在公益西桥南500米的地方交易,"胡四"和姓张的开着一辆白色面包车来,拿下两个蓝黑色的旅行箱交给我,我验完货,感觉没问题就将钱给了姓张的安徽人。我把假币拿回家放在我的住处大床下面。

附辨认笔录:

犯罪嫌疑人王某某于2009年7月9日4时30分至4时10分在见证人杨某平的见证下对犯罪嫌疑人进行了辨认,在12张照片中指出5号男子就是自2009年2月以来多次为其提供假币让其出售的自称姓余的男子。(5号为犯罪嫌疑人余某)

(2)犯罪嫌疑人余某供述:

到这次我们进假币后,刘某某让我找一些下家出售假币,于是我跟老乡、朋友说我有假币,如果有人想要可以找我。这样没过几天,王某某就打电话给我说要看样品。我和王某某是在2008年9月通过老乡"老温"认识的,当时我就知道王某某是干买卖假币的,认识之后没什么往来。

2009年6月初,我和刘某某从广东陆丰买回假币后,我们两人就分别在朋友中说自己手里有假币,如果谁想买就可以找我们。这样有个叫王某某的给我来电话，说要买假币，但要先看一看样品。于是我从刘某某手里要了一张 100 元面值的和一张 50 元面值的假币，在小海子村打黑车去了公益西桥附近，见面后我把样品给了王某某，他看了说要买 10 万元的假币，是 100 元面值的。过了几天，王某某就跟我联系让我到公益西桥见面，这次他向我要了 20 万元面值的假币，每张 8 元，之后我拿着 160 万元假币款回了小海子村，把钱给了刘某某。这次后没几天，我又给王某某送了 3 万元假币。第三次交易是我和刘某某第二次购买假币回到北京后，应该是在 7 月 5 日，我给王某某送去 10 万元假币。7 月 8 日上午，我又给王某某送去 10 万元假币。他每次都跟我结账。

我只跟王某某交易过，所以卖给王某某几次假币，就从刘某某那拿过几次假币，连同拿样品加上 4 次交易一共是 5 次，每次都是我跟他要货，他在小海子村把货用纸手提袋给我，我交易完后再马上把货钱给刘某某。我卖 100 元面值假币 8 元一张，我没卖过其他面值的假币。我卖完假币后，刘某某没有给过我钱。

7 月 8 日下午 5 点左右，我当时在暂住地待着，刘某某给我打电话，让我到楼下他们住处拿一袋东西，东西放在鞋架上，于是我就去取，当时屋里没有人，我拿到东西后就下楼，按他说的到小海子村口找他，而我没走多远，他又给我打电话说东西不用了，让我放回去。这时我看见刘某某妻子陈某芳在楼下待着，于是我把袋给了陈某芳说是刘某某的东西，说完后我就去找刘某某，见面后我刚打开黑出租车门就被抓了。（刘某某叫你拿的什么东西？）他当时说让我跟他一起出去办事，没有说卖假币，所以拿着东西后，我也没多想。

2. 证人证言

（1）证人郑某珍（王某某之妻）的证言

2009 年 7 月 6 日，我和孩子到北京后住在北京市大兴区西红门王某某的暂住地。2009 年 7 月 8 日上午，王某某出去，中午我睡午觉时，听见屋子里有动静，看见王某某正在屋里的大床下面塞两个小的旅行箱。我问王某某箱子里是什么东西，王某某说都是假币。后来警察当场起获了那两箱假币。从家里起获的 10 万元，除了从老家带来的钱外，剩下的钱应该都是王某某卖假币挣的钱。

（2）证人赵某山（住北京市大兴区）的证言

我家东屋出租给一对夫妻，带三个孩子。男人姓王，河南人，四十岁左右，不知道名字。他媳妇和三个孩子来了有两三天，平时就是这个男的一个人住在这里。我不知道王姓男子房间内存有假币。

附辨认笔录

赵某山在 12 张不同男子照片中辨认出王某某就是租住其房屋的王姓男子。

3. 搜查笔录及扣押清单

2009年7月8日，公安人员对北京市大兴区王某某的暂住地搜查时，发现并扣押两个旅行箱，内有大量不同面值的假人民币，共计1307810元。另扣押诺基亚手机两部、神州行卡两张及人民币110120元。

4. 主要书证

（1）现场照片证明了公安人员对王某某的暂住地搜查的情况。

（2）中国人民银行营业管理部货币金银处出具的《货币真伪鉴定书》证明：经鉴定，在王某某暂住地搜查到的1307810元可疑人民币均为机制假人民币。

（3）北京市公安局宣武分局刑侦支队出具的收缴工作记录证明：2009年7月8日，公安人员在北京市大兴区西红门一出租房内将王某某抓获，经对王某某租住的出租房搜查，从其床下收缴黑色拉杆箱两个，内有假币共计面值1307810元。从其家中收缴现金人民币110120元。

（4）中国人民银行营业管理部货币金银处出具的《假人民币没收收据》证明：没收王某某暂住地发现的假币1307810元。

（5）犯罪嫌疑人刘某某、余某、王某某在公安机关预审期间的供述与上述证据相互印证。

（6）立案决定书、拘留证、逮捕证等书证证明：对犯罪嫌疑人刘某某、余某、王某某采取法律手续的情况。

（7）公安机关出具的到案经过证明犯罪嫌疑人刘某某、余某、王某某被公安人员抓获的情况。

（8）公安机关出具的工作说明证明：公安机关在侦查刘某某、余某的犯罪事实时发现王某某存在违法行为，后侦查人员于2009年7月8日分别将刘某某、余某、王某某抓获。抓捕工作中，不存在犯罪嫌疑人指认及提供有关地点的情况。

（9）公安机关出具的工作说明及在逃人员登记信息表证明：刘某某系网上在逃人员。

（10）公安机关出具的犯罪嫌疑人刘某某、余某、王某某的常住人口基本信息资料证明三犯罪嫌疑人的自然情况。

四、本案典型疑难问题法律适用解析

假币的制造、出售、运输、购买、持有、使用各个环节，都是刑法严厉打击的对象。出售、购买、运输假币行为是伪造货币与使用货币的中间环节，是实践中最为常见的假币类犯罪。《刑法》第171条规定的出售、购买、运输假

币罪，是指明知是假币而出售、购买或者运输，数额较大的行为，本罪是选择性罪名。

（一）出售、购买、运输行为

所谓出售，是指将本人持有的伪造的货币有偿地转让给他人，通常按照低于伪造的货币的票面额度，也可能是获取一定的实物。不论行为人是自己伪造的货币而出售，还是购买的伪造的货币再次出售，都是本罪的出售行为。所谓购买，是指将他人持有的伪造的货币予以收购，通常低于票面额，可以是真币也可以是商品。假币是违禁品，不允许出售与购买。出售与购买行为是对合行为，属于必要共同犯罪中的对向犯。所谓对向犯，"是指以存在二人以上相互对象的行为为要件的犯罪"①，出售与购买行为属于法定刑相同的对向犯。出售与购买行为相辅相成、不可分开，实践中按照行为的种类及是否是同一宗假币来确定罪名。

所谓运输，是指行为人以转移假币为意图，在一定的空间范围内以一定的方式转移货币的行为。司法实践中有人认为只有对大宗假币才能构成运输假币罪，还有人认为运输假币一般是县与市之间的运输，一个县内的一个乡到另一个乡，或一个市内的一个区到另一个区不属于运输只能是持有。笔者认为，亲自实行的运输行为与持有行为客观方面表现基本一致，在认定运输假币罪时，应当根据主客观情况进行综合判断，如果能够查清行为人具有转移假币空间位置的意图，客观上采取一定的方式转移假币，应当认定运输假币罪。在这里，是否是大宗假币以及转移距离的大小，不影响运输假币罪的成立。如果不能证明行为人具有转移假币空间位置的意图，只是查清假币存放于行为人的身上或者交通工具之上，应当认定为持有假币罪。

犯罪嫌疑人刘某某、余某和王某某，以低于票面金额的人民币购买伪造的货币，属于购买假币行为；犯罪嫌疑人刘某某、余某共同向王某某出售25万元假币，属于出售假币行为。

（二）多个行为罪名确定

行为人既有购买行为又有出售行为，应当认定为出售、购买假币罪。

行为人购买假币后运输到存放地点的，或者运输假币到出售地点进行出售，是认定为数个行为还是认定为一个行为存在较大争议：一种观点认为，购买后运输到存放地点，或者运输假币到出售地点后出售，这里的购买、出售与

---

① 张明楷：《刑法学》（第4版），法律出版社2011年版，第350页。

运输行为之间存在密切联系，运输行为不是独立的犯罪行为，是购买行为和出售行为的组成部分，应该分别认定为购买假币罪和出售假币罪，不能认定运输假币罪。另一种观点认为应当考虑犯罪中存在的行为种类，全面地认定为出售、购买、运输假币罪。司法实践中具体处理方式并不一致，笔者认为第一种观点具有一定的合理性，购买后的运输行为是购买行为的一部分，运输后的出售行为是出售行为的一部分，不具有独立性，不宜认定为购买、运输行为和出售、运输行为。

犯罪嫌疑人刘某某、余某、王某某不仅存在购买、出售行为，还有运输行为。第一次2008年5月，刘某某独自去广州陆丰购买假币，然后坐长途车将假币运输到北京，又由唐某旺运输到河南省光山县，在光山县寨河镇三叉路口被公安机关当场抓获。从广州陆丰到北京、从北京到河南光山县都是运输行为，这里的运输行为是购买行为的组成部分，仅认定购买假币行为即可。同样刘某某、余某共同从广州陆丰购买假币后从长途车运输到北京，运输行为同样不具有独立性。余某向王某某出售25万元假币，余某乘坐开黑出租的管某祥的车到公益西桥附近交易，从朝阳区王四营到丰台区公益西桥，在出售假币之前同样存在运输假币的行为，这里的运输行为从属于出售行为，仅认定出售假币罪即可。

根据《全国法院审理金融犯罪案件工作座谈会纪要》的规定："对同一宗假币实施了法律规定为选择性罪名的行为，应根据行为人所实施的数个行为，按相关罪名刑法规定的排列顺序并列确定罪名，数额不累计计算，不实行数罪并罚"；"对不同宗假币实施法律规定为选择性罪名的行为，并列确定罪名，数额按全部假币面额累计计算，不实行数罪并罚"。

犯罪嫌疑人刘某某购买、出售假币712.6万元，犯罪嫌疑人余某购买、出售假币500万元，其中犯罪嫌疑人刘某某、余某共同向王某某出售假币为25万元，与购买假币为同一宗假币，数额不累加计算。

(三) 主观明知

与非法持有假币罪相同，出售、购买运输假币罪要求主观明知是假币，对于确实不知是假币的，不能认定为犯罪。判断行为人主观是否明知，不能仅根据行为人的供述，应根据其客观行为进行综合判断，着重分析假币的来源、存放地点及方式、去向等。

本案中主观明知证据是比较充分的，犯罪嫌疑人不仅认罪，供述之间还能够相互印证，尤其是假币的来源、存储、去向等均有明确的供述，大部分假币被公安机关扣押核查。

（四）量刑情况

根据最高人民法院《关于审理伪造货币等案件具体应用法律若干问题的解释》第3条的规定，出售、购买、运输假币20万元以上的，属于数额特别巨大，根据《刑法》第171条第1款的规定，"数额特别巨大的，处十年以上有期徒刑或者无期徒刑，并处五万元以上五十万元以下罚金或者没收财产"。

本案三名犯罪嫌疑人中：犯罪嫌疑人刘某某、余某、王某某出售、购买假币数额均超过20万元，属于数额特别巨大。犯罪嫌疑人余某受刘某某雇佣，购买假币的资金由刘某某提供，假币由刘某某控制，贩卖假币的主要收益归刘某某，应认定余某在共同犯罪中为从犯，可以从轻或者减轻处罚。

审判机关最终判决：一、被告人刘某某犯出售、购买假币罪，判处无期徒刑，剥夺政治权利终身，并处没收个人全部财产；二、被告人余某犯出售、购买假币罪，在共同犯罪中起次要和辅助作用，系从犯，依法对其从轻处罚，判处有期徒刑13年，并处罚金人民币26万元；三、被告人王某某犯购买假币罪，判处有期徒刑12年，并处罚金人民币24万元。

Case 2 案件二
赵某某持有假币案

一、犯罪嫌疑人基本情况及诉讼过程

犯罪嫌疑人：赵某某，男，1973年1月14日出生，河南省人，小学文化。

犯罪嫌疑人赵某某因涉嫌持有假币罪，」2011年4月27日被依法逮捕。

二、侦查机关认定的犯罪事实与意见

犯罪事实：2011年4月15日12时许，犯罪嫌疑人赵某某在丰台区出租房内被民警抓获，当场起获伪造的人民币55张，总计金额4650元。

侦查机关认为：犯罪嫌疑人赵某某的行为触犯《中华人民共和国刑法》第172条之规定，涉嫌持有假币罪。

三、检察机关依法审查后认定的事实及证据

2011年春节期间，犯罪嫌疑人赵某某在原籍玩牌认识一自称金某某（真名金明某）男子，金某某告诉赵某某自己有假币，100元面额的卖18元。2011年2月赵某某回京后，与金某某电话联系商定购买面额共为5000元的假币，在丰台区金某某将面额共为5000元的假币交给了赵某某，赵某某并未支付相应的价款，而是约定待这些假币花出去以后以每100元支付18元的比例进行支付。截至2011年4月，赵某某将5000元假币全部花完。4月12日，与金某某联系，在丰台区分钟寺附近，赵某某给了金某某900元钱，购买了5000元假币，分别为20张50元面值的和40张100元面值。2011年4月15日，在赵某某与其女朋友张某洁的共同居住地丰台区出租房，公安机关将赵某某抓获，并从其家中起获17张50元面值的假币和38张100元面值的假币，共计4650元面额。使用假币所获得赃款公安机关扣押3100元，其余部分被赵某某消费。

中国人民银行营业管理部对扣押赵某某的55张假币进行鉴定，均为机制假币。

2011年5月11日，公安机关将金某某抓获，从其身上扣押部分假币，但金某某否认向赵某某出售过假币。

认定上述事实的主要证据：

（一）被告人供述和辩解

犯罪嫌疑人赵某某在侦查阶段供述稳定，认罪态度较好，主要供述内容如下：

2011年春节，我在原籍过年玩牌时认识了一个叫金某某的河南男子，他说："在北京花假币可以挣钱，晚上坐出租车、找地摊买几元钱的东西就可以换真钱。100元的假币花18元就可以买到。"2011年农历正月十五后，我来到北京但没找到工作。我就给金某某打电话问："有没有假币？"金某某说："有。"我就向他要了5000元的假币。我们约好在分钟寺加油站附近交货，他给了我5000元的假币，我当面没给他钱，但约好这些假币花出去后按18元购买一张100元假币。2月底，我认识了老乡张某。他告诉我他也是花假币的，并可以教我怎么花假币。之后，张某就带我出去教我花假币，再以后我就自己干了。4月12日，最初的那5000元假币基本花完时，金某某打电话给我，要购买假币的钱。我对他说："不太好花。"金某某说："给你带点面值小的假币。"我同意了。我们约在分钟寺加油站见面，我给了金某某900元购买假币的钱，他又给了我5000元假币。这次的假币有20张50元面值的和40张100元面值的。没几天我就被民警抓获，民警从我家里起获17张50元面值的假币和38张100元面值的假币。我从金某某那里购买了一共1万元假币。90张100元面值和20张50元面值的假币。被抓获时，我还有17张50元面值的假币和38张100元的假币。我使用假币一共挣了3000多元。我用假币换钱就是拿一百元假币去地摊上买几元钱的东西，人家找给我的真钱我就收起来，然后再换个地方接着拿一百元假币去买几元钱的东西就这样换。我大多数是打黑车的时候花，还有就是在郊区的地摊上。100元面值的钱的号码都一样，都是新的，表面非常光滑，50元面值的号码也都一样，也都是新的。我和张某一起出去用过3次。他教的我，开始他给人一张真的钱，之后我说有零钱，他就把100元真钱拿回来，我再说零钱不够，之后张某再给人100元的假钱，以调包的方式花假钱。我俩说好一人一半，一共花了17张左右，我给了张某600多元钱。我挣的钱一部分我自己平时花了，家里还剩下3100元钱。我把假钱还有每天挣的钱都放在家里的一个抽屉里。

辨认笔录一份。

2011年5月11日，侦查人员在丰台分局看守所内向辨认人赵某某说明要求后，出示了事先准备好的男性正面免冠照片14张（金明某掺杂在其中），在见证人的见证下，赵某某经辨认指出"5号"男子（金明某）就是自称叫金某某，并向其贩卖1万元假币的男子。

（二）证人证言

1. 证人张某洁（女，27岁，户籍地河南省）证言

2010年7月左右，我在老家通过朋友认识的赵某某。2010年10月，我来京找工作就和他处男女朋友，从那以后我们就同居在丰台区出租房。今年农历2月20日左右，我从老家回来。我打算买衣服就从家里饮水机旁的抽屉里拿出几张100元的人民币，赵某某对我说："那些100元不能花，全是假的。"我就把钱放了回去。赵某某对我说："你别管了。"我就什么话都没说。赵某某没有工作。

证明：赵某某持有一些假币。

2. 证人金明某（男，38岁，户籍地河南省）证言

2011年5月11日，在西红门我的暂住处，民警把我抓了，民警从我的提包里翻出了20元面额的假币50多张。我的假币是一个姓陈的老乡给我的，我一直没花。我认识赵某某，但是我没有向他贩卖过假币。

3. 证人许某祥（男，34岁，户籍地福建省）证言

2010年9月开始，我将丰台区分钟寺分钟家园110号租给赵某某。

（三）勘验、检查笔录

2011年4月15日16时，民警对赵某某的暂住地北京市丰台区某房间进行搜查，在见证人张某洁的见证下对赵某某的暂住地内物品进行搜查，在其暂住地的床头柜的第一个抽屉中发现17张50元面值疑似假币，38张100元面值疑似假币，现金人民币3100元。

（四）主要书证

1. 中国人民银行营业管理部2011年4月15日出020、021《货币真伪鉴定书》，丰台分局樊家村派出所送鉴人民币50元面值（AC5658××××－14张、AC5658××××－2张、AC5658××××－1张），人民币100元面值（DKI386××××－36张、DKI386××××－2张）均为机制假人民币。

2. 照片：赵某某暂住地、持有假币及用假币换来的3100元真人民币的

照片。

3. 丰台分局扣押物品清单：丰台分局民警侯某峰、于某在张某洁的见证下，于2011年4月15日扣押本案犯罪嫌疑人赵某某持有的100元面值疑似假币38张，50元面值疑似假币17张，人民币现金3100元。（假币已没收）

4. 假人民币没收收据：丰台分局樊家村派出所上缴的伪造的人民币50元面值（AC5658××××－14张、AC5658××××－2张、AC5658××××－1张）、人民币100元面值（DKI386××××－36张、DKI386××××－2张）已被中国人民银行营业管理部货币金银处没收。

5. 电话查询记录及常住人口基本信息：犯罪嫌疑人赵某某年满18周岁，无违法记录，非负案在逃人员。

6. 破案报告：2011年4月15日12时许，北京市公安局丰台分局樊家村派出所民警接群众匿名电话举报称：在丰台区有一个叫赵某某的男子持有大量假币。丰台分局樊家村派出所接报后立即赶往现场开展工作，将犯罪嫌疑人赵某某抓获并依法传唤至所内审查，民警当场起获假币4650元。

四、本案典型疑难问题法律适用解析

《刑法》第172条规定："明知是伪造的货币而持有、使用，数额较大的，处三年以下有期徒刑或者拘役，并处或者单处一万元以上十万元以下罚金……"这是刑法关于持有、使用假币罪的规定。本罪是选择性罪名，持有是对事物的事实上的控制与支配，持有假币罪，是指明知是假币而持有，数额较大，而且根据现有证据不能认定假币来源或者行为人是为了进行其他假币犯罪的。办理持有假币案件，离不开对"持有"、"明知"、"数额较大"以及是否构成其他犯罪几个方面进行评判。

（一）持有

持有行为本质是对物品的控制与支配，离不开一定的时空条件。所谓时间条件，是指行为人从何时起控制假币，从何时终止对假币的控制，持有是一种存续状态，只要在一定时间内假币为行为人所持有，不论时间长短，均属于持有。所谓空间条件，是指行为人对假币的事实上的支配和控制状态，包括直接控制和间接控制。

持有行为本身是一种控制状态，持有假币罪并没有既遂、未遂的区分。

持有的对象是假币，既包括人民币也包括外币，必须是可流通或兑换的货币。持有假币，不仅包括伪造的货币也包括变造的货币，虽然2001年《全国法院审理金融犯罪案件工作座谈会纪要》中有这样的表述："明知是伪造的货

币而持有，数额较大……"并非是有意强调只有持有伪造的货币才构成本罪，仅是就实践中多发的案件的情况法律适用进行解释，虽然持有变造的货币的案件极少，但如果达到数额较大的标准，同样构成本罪。《人民银行法》第43条规定："购买伪造、变造的人民币或者是明知是伪造、变造的人民币而持有、使用，构成犯罪的，依法追究刑事责任；尚不构成犯罪的，由公安机关处十五日以下拘留、一万元以下罚款。"2003年中国人民银行发布的《中国人民银行假币收缴、鉴定管理办法》第3条第2款中就明确规定"本办法所称假币是指伪造、变造的货币。"

本案中，赵某某的行为属于持有行为，根据其本人供述，自2011年4月12日，从金某某手中购买面额为100元和50元的假币共计5000元，至2011年4月15日被公安机关抓获，在此时间内，假币处于赵某某持有状态。赵某某所持有的假币存放在其暂住地，其暂住地位于丰台区，是从许某祥手中租赁，假币在此空间内处于赵某某的控制之下。

(二) 明知

构成本罪必须"明知"是假币而持有，如果行为人确实不知道所持有的是假币，不构成本罪。认定明知是办理非法持有假币罪的关键。如果不能认定为明知，比如受人蒙蔽欺骗帮助携带和保管假币，或者误收假币并在不知情的情况下持有适用的，均不能认定为本罪。

无论是确知是假币，还是明知可能是假币，均属于明知。认定明知主要是通过客观行为判断，假币的来源，使用过程中是否被告知是假币，本人有没有对真假币进行对比等。对于行为人关于不明知的辩解也是审查的关键，对其辩解中涉及的证据需要深入调取，以证实或证伪。

本案中认定赵某某明知是假币而持有的证据还是比较充分的：从来源看，货币是赵某某以一定金额购买的；从用途看，赵某某主要是为了用假币购买小额商品，骗取钱财；在使用的过程中，赵某某还明确告知其女朋友张某洁这些货币是假币；从货币本身的特点看，赵某某所持有的这些货币的编号一致。

(三) 数额较大

根据最高人民法院《关于审理伪造货币等案件具体应用法律若干问题的解释》第5条："明知是假币而持有、使用，总额在四千元以上不满五万元的，属于'数额较大'；总面额在五万元以上不满二十万元的，属于'数额巨大'；总面额在二十万元以上的，属于'数额特别巨大'，依照刑法第一百七十二条的规定定罪处罚。"最高人民检察院、公安部《关于经济犯罪案件追诉标准的规定》也有相同的规定。持有假币面额在4000元以上的，属于数额较大。

本案犯罪嫌疑人赵某某非法持有假币面额共计4650元，属于数额较大。

（四）罪名辨析

持有假币罪是一个兜底性罪名，对同一宗假币无法认定为其他犯罪的情况下，才认定为持有假币罪，如果能够认定所持有的假币构成其他犯罪，应当以其他犯罪定罪处罚。无论是认定为持有假币罪还是其他犯罪，需综合分析全案证据，是否符合证据确实充分的标准。

本案公安机关以赵某某构成持有假币罪，持有假币面额4650元；检察机关以赵某某构成购买假币罪，购买假币面额4650元提起公诉，审判机关认定事实与检察机关一致，判处赵某某有期徒刑7个月，并处罚金人民币2万元。在办理过程中存在一定的争议，一种观点认为赵某某构成购买假币罪，赵某某从金某某手中先后购买1万元假币，购买之后已使用了5350元，购买假币并使用的，应认定为购买假币罪，证明存在购买假币的行为不仅有赵某某的供述，还有扣押在案的假币为证；另一种观点认为不能认定赵某某构成购买假币罪，应当依据第二种意见认定赵某某构成持有假币罪。

笔者认为法院判决是值得商榷的，从本案的证据看，认定赵某某构成持有假币罪是比较恰当的，赵某某供认假币购买自金某某，先后两次，每次5000元，经过辨认指认出金明某就是金某某，公安机关对金明某取证，从其身上也扣押了小额假币，但是金明某否认向赵某某出售假币。扣押的4650元假币，并不能证明购买的过程，在只有犯罪嫌疑人供述的情况下，认定存在购买行为的证据是不充分的。认定赵某某构成持有假币罪，其供述中关于假币的来源可以作为判断其主观明知的依据之一。如果存在金明某的供述并且与赵某某的供述一致，可以认定购买假币罪，即使有5350元假币被赵某某花掉，仍然可以认定赵某某购买假币1万元；在没有金明某的证言的情况下，既认定购买假币罪，又认定4650元假币，这种处理方式是存在矛盾的。

Case 3
案件三
A公司非法吸收公众存款案

一、犯罪嫌疑人基本情况及诉讼过程

被告人牛某，男，1983年12月15日出生，汉族，北京市人，职高文化程度，A公司法定代表人兼执行董事。被告人李某，男，1967年4月17日出生，汉族，北京市人，大专文化程度，A公司董事长。二人均因涉嫌非法吸收公众存款罪，于2012年5月10日被公安机关刑事拘留，经检察机关批准于同年6月15日被公安机关执行逮捕。

二、侦查机关认定的犯罪事实与意见

2010年1月至今，犯罪嫌疑人牛某、李某伙同他人，在北京市朝阳区A公司内，以招收投资加盟商发展电子商务为名，非法吸收公众存款共计10亿余元人民币，后被抓获。

犯罪嫌疑人牛某、李某等人的行为已触犯《中华人民共和国刑法》第176条之规定，涉嫌非法吸收公众存款罪。

三、检察机关依法审查后认定的事实及证据

（一）检察机关认定的事实

1. 公司成立及演变经过

A公司，由犯罪嫌疑人李某于2005年创立，股东仅为李某一人，公司没有实际经营业务。2009年年底，犯罪嫌疑人牛某经与李某商议将公司股东变更为牛某、李某等5人，公司开始经营涉案加盟业务。其中，牛某担任公司首席执行顾问，负责项目的策划、加盟流程的制订、宣传、执行过程的监督；李

349

某统管财务。

2. 公司组织结构及部门分工

A 公司组织比较严密,分工细致,公司高管以下设总监,总监之下为部门经理,将公司业务行为分解为客服部、签约部、财务部等 14 个部门,设立部门经理。

3. 公司运营模式

(1) 基本模式

2010 年以来,A 公司通过网站和宣传册对公众公开宣传,将公司说成是一家以高端创新销售模式为基础的创新型科技贸易公司,公司将打造集酒店、餐饮、培训、娱乐、旅游、健身、养生、服装、化妆品、百货、电子商务为一体的多元化、立体式的服务平台。而且公司在网站上还宣称通过线下已注册加盟商数量来吸引多行业企业加盟合作,并以线下会员带动线上免费会员,同时建立拥有本企业独立的支付系统、网购系统以及点对点广告系统的电子商务平台,实现产品多元化和多产业连锁,最终打造上市型电子商务企业。

但实际经营中,该公司主要是以个人加盟模式变相吸收公众巨额资金进而获取巨额非法利益,该种模式的具体流程是:

第一步,公司培训部组织客户听课,由培训师对公司的个人加盟模式进行讲解,并说明盈利前景;听课后如客户仍有疑问,可由公司客服部或呼叫中心进一步答疑。

第二步,如客户愿意签约,则进入公司签约部;签约时,通常签订《加盟合同》、《套系订购单》以及《项目服务专员协议》,客户还需填写日后返还营运补贴所用的个人银行账号。

第三步,客户签约后到财务部交纳合同款项,然后按照交纳款项所对应的积分(1 元对应 1 个积分)到物流部提取相应积分额度的货物(货物通常是企业加盟商提供给 A 公司,由公司产品认证部到市场上进行调研确定价格报李某决定,通常成本仅为价格的 10%—20%)。

第四步,公司按照约定按期向客户账户内返还营运补贴。

就加盟协议及套系订购单的内容具体而言:客户以每 1500 元为一个计量单位向公司交纳所谓的加盟款项(200 套 30 万元封顶),之后客户可以按照公司给出返利的期数(如有 9 期、16 期、25 期,每一期为一个月,25 期即可以得到 25 次返利)及返利的计算公式获取相应的返利(营运补贴)。以客户订购 10 个套系,选择 25 期订购单为例,由于公司对 25 期的第一个月的补贴系数固定为 1%,则其在交款后的第二个月可以得到的营运补贴为 15000×1% = 150 元;从第二个月开始,计算公式改为(1 + 公司收入增长比例)×本金×

1%，如公司收入增长了50%，则第二个月的营运补贴即为（1+0.5）×15000×1%=225元，依此类推。到期满后客户一般会拿到本金4—5倍的返利（最高可以拿到10倍于本金的运营补贴，客户投入本金多，相对于得到的运营补贴也就高，同购买的物品没有联系）。由此可见，客户能否得到返利，以及得到返利的多少完全取决于是否有新的"加盟商"以一定倍率不断加入。

（2）延伸模式

A公司为了更快发展客户，更多吸收公众资金，还在个人加盟模式中发展了项目服务专员及服务中心两项业务。

一是项目服务专员。即每个加盟客户在加盟时即可申请成为公司的项目服务专员，签订《项目服务专员服务合作协议书》，可以为公司发展其他加盟客户。发展的新客户通常要填个人加盟申请，在申请上写明服务专员的名字，服务专员会有定期的培训，需向新客户讲解联合加盟方案，运营补贴的核算等。作为回报，项目服务专员享受公司的待遇包括：①公司发放的服务费，标准为本人发展的加盟商加盟金额的10%。②奖励配备硬件设备，根据服务专员介绍加盟商的业绩汇总，奖励配备服务专员相应硬件设备。等级有30万元、50万元、80万元、150万元、500万元。奖励硬件有电子产品、出境游、汽车、房产等。③设立服务精英奖、服务排名奖，奖励金额由几万元到几十万元不等。上述资金来源均是公司加盟收入产生。

二是服务中心。即企业加盟平台，在向公司缴纳30万元保证金，拥有360平方米经营场所后同公司签订企业网店加盟协议，按照个人加盟模式自行收取加盟客户的资金后将款再汇到A公司账上，或是客户直接将资金汇至A公司，该服务中心可以得到其所发展的个人加盟客户加盟资金的3%作为服务费。石景山服务中心即是此种形式，2012年2月，犯罪嫌疑人李某在A公司培训总监邢某某的建议下，在石景山中础大厦设立服务中心即"石景山分公司"。据其供述，加盟资金共计6000余万元，获取服务费共计180多万元。

（3）模式分析

A公司在经营过程中，设计了多项制度以规避相关风险：一是假借以积分换商品的形式宣称存在实体经营，表明公司与加盟商之间是正常的商品加盟销售关系，不存在骗取财物或是非法集资的行为。产品通常包括食品、电器、包装类食品、保健品、化妆品、器具、珠宝、旅游、体验项目、精彩人生训练营、生活用品和乳胶制品等。二是在加盟商与公司签订的《个人加盟合同》中专设条款，称每期只拿出营业额的25%进行分配返利，没有业绩就不分配运营补贴，以此表明并不存在承诺保本付息或是支付高额回报的问题。三是对公司项目服务专员设定单层计酬的返利方式，以有别于非法传销中常见的多层计酬返利,即每个项目服务专员只能获取其直接介绍的加盟商的服务费,对于该加盟商再介绍的加盟商不能再次收取服务费。四是对外宣称公司是一种全新的合法的经营模式,无风险、高回报,以吸引客户加盟:①宣称公司对经营收入进行合理分配,以保证加盟商利益:分配给加盟商的运营补贴占25%;公司直接留存45%供公司正常运转使用;保障基金9%,出现特殊情况,在客户运营补贴无法保障时,留以备用,可以降低风险;其他支出21%。同时通过设置保障基金、"安全阀"等措施来降低风险,以此表明公司有足够的支付能力。②宣称公司会通过不断推出销售策略的方式保证公司能够保持一定的增长比率,确保高额回报。

但在实际运营中,A公司与其宣称的经营模式相去甚远:一是销售的商品或服务定价虚高,并非公司获取经营收入的来源。供货商的证言、货款结算单等书证及牛某等人的口供均证明所销售商品市场价一般为公司销售价格的10%—20%。且审计报告显示,公司支付的货款为4亿余元,占全部非吸总额的16%左右。公司的所有收入均来源于客户加盟款,并非依赖商品交易。二是加盟商获取的返利远高于商品价值,部分加盟商甚至不提货,销售商品只是一个幌子。审计报告显示,2009年12月加盟的加盟商获利是其加盟本金的9.3倍,此外,部分服务专员总计获取的招商补贴等奖励达上千万元,如高级市场顾问仅顾问费一项就达1417万余元;大部分加盟商都没有销售加盟商品或是经营的实体店铺,也没有实施相关销售行为。三是关于承诺返本付息问题:①A公司实际宣传过程中不强调甚至回避公司业绩不增长就不发放返利的制度规定,很多加盟商直至案发也不知道该事实。②公司培训师通过课件向加盟商展示公司近十几期的历史经营数据,均呈现增长趋势,按不同的增长比例,加盟商可以拿到10倍以上的回报。且初期的加盟商均真实获得高达近10倍的回报。③通过审计发现,公司实际经营业绩升降浮动较大,并非一直增长,而牛某等人每月却将增长比例进行一定程度的调整,维持分红的实际承诺。四是收入分配与公司对外宣传存在较大出入。

通过对司法审计及在案相关书证的审查认定:2009年12月至2012年5月间,A公司通过上述方式吸引全国各地4.3万余人加盟,变相吸收公众资金人民币26亿余元。

(二)认定上述事实的主要证据

1. 被告人供述和辩解

(1)犯罪嫌疑人牛某供述:

我是A公司现任法人。2009年12月我到的该公司,当时是通过李某介绍，我到公司后做的首席执行顾问，任务是项目的策划，流程的制订、宣传、执行过程的监督。

我公司投资就只有三种方式，我们叫做联合加盟方案，个人加盟方式，从一套系开始起卖，不能超过30万元。具体的操作方法是当消费者购买任意一个套系（1500元）的产品后，可以从公司的卖场选购价值1500元的商品，这种商品的成本价也就销售价的两折内。本月产生的营业额，从下个月开始拿到补贴，计算公式是（公司当月销售总额×补贴的比例）÷订购当月公司产生的套系数量，这个公式就是每个套系可得到的返利数额，客户买了多少套系，就再乘以套系数就可以了。第二种是个人加盟方式，从100元算一个套系，比例计算方式和个人加盟都是一样的，但这种方式还没有启用。第三种是企业加盟方式，因为我公司的这种营销模式是需要出售商品的，所以需要从企业进购商品，分两种方式：第一种是企业直接卖给我公司产品，但是成本价必须控制在销售价的两折以内；第二种是到我公司的柜台展示，每月月底从我公司结账。

每个客户只要购买一个套系的商品，就可以申请成为我公司的项目服务专员，成为项目服务专员，就可以为其他的客户服务，并拿到公司给项目服务专员负责客户补贴的30%。一般都是项目服务专员自己介绍客户，自己负责。

我公司运营补贴比例从2009年12月至2010年7月，是返24期的，是第一、二个月4%，第三、四个月是3%，第五、六个月是2%，然后从第7个月至第24个月都是1%。从2011年8月至今每个月运营补贴都是1%，是返25期的。投资期限分别为10期、15期、20期、25期。

我公司的利息比银行利息高，最高可以拿到10倍于本金的运营补贴，客户投入本金多，相对于得到的运营补贴也就高，同购买的物品没有联系。以25期为例，当消费者购买任意一个套系（1500元）的产品后，可以从公司的卖场选购价值1500元的商品，这种商品的成本价也就销售价的两折内。本月产生的营业额，从下个月开始拿到补贴，计算公式是（公司当月销售总额×补贴的比例）÷订购当月公司产生的套系数量，这个公式就是每个套系可得到的返利数额，客户买了多少套系，就再乘以套系数就可以了。一般客户在6月以上就能收回成本，到25期结束时最高可以累积从公司拿到10倍于加盟费的运营补贴。商品是直接去我们1、2楼的卖场选购，商品一般成本在销售价的两折内。

加盟商回报的商品都是招商来的，都是一些商家慕名而来，想在我们楼下开设柜台，由我公司招商运营部负责，我们只收租金，这些商户和加盟客户没有关系。卖的商品有食品、服装，都是不知名的牌子，进货价很低，我们公司没有想在卖商品上赚钱,客户的目的不是买商品,而是看重高额运营补贴。

我们公司没有保证对客户高额的回报,但是我们和客户讲公司会不断发展壮大,吸引投资,并且把公司之前的发展历史和通常这类公司的发展趋势告诉客户,客户觉得会赚钱所以才投资。实际我们公司一直在依靠不断增加的客户订货款在运转,来维持之前的客户返利。通过服务专员实现快速增长,公司同服务专员签订《项目服务专员服务合作协议书》,对服务专员培训和考核。

我们公司经营业务属于提供给客户服务,客户除了买到产品,还能享受高额返利,实际上我觉得客户在哪买到商品都一样,在我们公司买还能享受返利,是划算的。我觉得我的客户在买到商品同时还能享受返利,返利是商品额外的附加服务。现阶段如果没有返利会没有人买我的商品,但是等我的电子商务平台正式运营后,就可以不用返利吸引客户了。而且我公司的返利金额不定,与银行不同,如果公司发展达到一定增长比例,返利是逐月增加的,利息也要高于银行。我觉得不违法,我有商品,也正常销售,而且客户是自愿的。

(2)犯罪嫌疑人李某供述(略)。

2. 证人证言

(1)A公司工作人员的证言。

(2)加盟商证言。

3. 书证

包括《加盟合同》、《套系订购单》、《项目服务专员协议》,相关公司工商、税务登记材料及营业执照,公司账册、银行查询记录等。

4. 电子数据证据,包括讲课视频、PPT课件

5. 审计报告,是对A公司案发期间加盟人数、金额、各项支出的审计

6. 其他证据,包括户籍证明、法律手续、到案经过及扣押物品清单

四、本案典型疑难问题法律适用解析

关于本案的定性存在如下观点:一种观点认为,A公司属于全新的营销模式,没有明确承诺高额返利的具体比例或金额,不构成非法吸收公众存款罪;另一种观点认为A公司构成非法吸收公众存款罪。

《刑法》第176条规定:"非法吸收公众存款或者变相吸收公众存款,扰乱金融秩序的,处三年以下有期徒刑或者拘役,并处或者单处二万元以上二十万元以下罚金;数额巨大或者有其他严重情节的,处三年以上十年以下有期徒刑,并处五万元以上五十万元以下罚金。单位犯前款罪的,对单位判处罚金,并对其直接负责的主管人员和其他直接责任人员,依照前款的规定处罚。"

最高人民法院2010年11月22日《关于审理非法集资刑事案件具体应用

法律若干问题的解释》(以下简称《解释》)第 1 条规定：违反国家金融管理法律规定，向社会公众（包括单位和个人）吸收资金的行为，同时具备下列 4 个条件的，除刑法另有规定的以外，应当认定为《刑法》第 176 条规定的"非法吸收公众存款或者变相吸收公众存款"：(一)未经有关部门依法批准或者借用合法经营的形式吸收资金；(二)通过媒体、推介会、传单、手机短信等途径向社会公开宣传；(三)承诺在一定期限内以货币、实物、股权等方式还本付息或者给付回报；(四)向社会公众即社会不特定对象吸收资金。未向社会公开宣传，在亲友或者单位内部针对特定对象吸收资金的，不属于非法吸收或者变相吸收公众存款。

根据该解释第 1 条的规定，构成非法吸收公众存款罪必须同时符合以下四个条件：

第一，非法性。非法性特征是指违反国家金融管理法律规定吸收资金，具体表现为未经有关部门依法批准吸收资金和借用合法经营的形式吸收资金两种。非法吸收公众存款罪的违反国家金融管理法律规定不能局限地理解为某部金融法律，应理解为金融法律体系。根据 1998 年国务院颁布的《非法金融机构和非法金融业务活动取缔办法》的规定："前款所称非法吸收公众存款，是指未经中国人民银行批准，向社会不特定对象吸收资金，出具凭证，承诺在一定期限内还本付息的活动；所称变相吸收公众存款，是指未经中国人民银行批准，不以吸收公众存款的名义，向社会不特定对象吸收资金，但承诺履行的义务与吸收公众存款性质相同的活动。"非法性体现在两个方面，未经批准和借用合法形式吸收资金。

A 公司属于违反金融法律借用合法形式吸收资金。A 公司的公司章程规定的内容是商品销售和提供服务，虽然经营范围种类较多，但毫无疑问的是，A 公司既不具有经营理财产品更不具有吸收公众存款的资格。A 公司的经营模式也并非其所宣称的一种全新的商品买卖模式，加盟商购买商品的真实目的是获取公司的运营补贴，公司销售商品的真正诱惑并非商品的使用价值，而是提供后续的运营补贴，A 公司与加盟商之间的关系，是商品交易掩盖下的投资理财行为。所以加盟商既不关心商品的质量，也不在乎商品的用途，更不在乎商品的价格，有的甚至根本就不提货。所以 A 公司的经营模式是借用合法的形式吸收资金，具有非法性。

第二，公开性。公开性特征是指通过媒体、推介会、传单、手机短信等途径向社会公开宣传。首先，公开宣传是公开性的实质，而具体的宣传途径可以多种多样。《解释》列举了通过媒体、推介会、传单、手机短信集中途径，只是列举性规定，因这几种形式比较典型，但并不限于此几种情形。对于"口口相传、以人传人"应具体区分。

A公司吸收公众存款对外宣传主要依靠三种途径：网站（不知证据是否调取，网站是否进行技术固定）、培训授课、口口相传。无论哪一种方式都体现了对外公开宣传的特点。首先公司网站并非针对特定会员，并不要求浏览者具备一定的条件，而是面向不特定网民点击浏览，浏览后的网民也就成为A公司加盟商的潜在群体。其次，对来公司准备加盟的客户，公司也没有进行选择，而是由培训部根据人员的数量、质量组织培训讲师授课，辅之以客服部和呼叫中心的解答，属于典型的以推介会的形式进行公开宣传。最后，"口口相传"不仅是A公司对外宣传的一个重要渠道，公司确立了项目服务专员制度，项目服务专员公开吸引其他客户参加的同时，也以自身情况为A公司的信誉进行背书，A公司鼓励项目服务专员公开宣传吸引客户加盟，甚至在其宣传过程中也提出"以线上会员带动线下会员"，此种方式也具有公开性的特定。综上，A公司具有公开宣传的特点。

第三，利诱性。是指集资人向集资群众承诺在一定期限内以货币、实物、股权等方式还本付息或者给予回报。利诱性特征包括有偿性和承诺性两个方面内容，也即承诺将来给予回报，既可能是固定回报，也可能是非固定性回报。还本付息一般属于规定性回报，还本，是指退还本金；付息，是指支付利息，还本付息，通常是银行利率的几倍。给予回报是指本息难以确切分开的情况下概括性给付，一般也高于银行本息，是非固定性回报。

犯罪嫌疑人辩解称A公司并没有承诺还本付息和高额返利，而是一种商品交易关系的新形式，加盟商分取的是公司的一定百分比的利润，这种辩解是不成立的。首先，从《审计报告》来看，A公司自2009年12月至2012年4月间，除了收取加盟款之外，并没有其他获利渠道，其所宣称的电子商务、房地产等投资项目只有投入并无产出。这种情况下加盟商加盟后所分配的公司利润是什么呢？是其他加盟商的加盟款项。也就是说A公司以后续进入的加盟商的加盟款项对前面加入的加盟商运营补贴进行分配。加盟商以一定加速度加入是A公司两年来运营的基础，而给予加盟商高额返利是吸引加盟商不断加入的动力。其次，A公司宣称按照公司加盟金额的增长速度发放运营补贴，如加盟金额零增长或者负增长，则少发或不发运营补贴。从公司对外推介的课件等授课内容看，公司一方面不断地告知客户的是一定的增长比率，顾客加盟后将会获得十几倍甚至几十倍的回报；另一方面向客户保证公司会通过ABC-DEFG等方案不断保证这一增长比率，同时强调公司经营合法无风险，也就是说A公司告诉客户获取高额回报需要满足几个条件，而现在公司完全符合这几个条件，通过这一逻辑关系承诺对客户高额返利。最后，从运营补贴的实际发放来看。A公司实际运行过程中并未按照所宣传的那样，按照加盟金额增长的倍率进行运营补贴的发放，而是刻意维系运营补贴的发放幅度，来控制补贴款的发放，其目的就是兑现对加盟商给予回报的承诺。公司宣称将加盟金额的25%用于返利，从审计的结果看，公司没有一个月是按照这一比例，2012年2月为91.69%，4月更高达92.84%。公司宣称按照增长比率来发放运营补贴，实际上没有一个月是遵循这一比例，2010年6月、2010年9月、2012年2月，公司加盟金额为负增长，仍按照增长比率来发放补贴。公司宣称留存9%作为风险基金，从《审计报告》看并没有提存这笔基金。

综上，A公司是以销售商品或提供服务为名，吸收客户资金，承诺给予回报，具有利诱性。

第四，社会性。社会性特征是指向社会公众即社会不特定对象吸收资金。社会性特征与公开性特征密不可分，包括广泛性和不特定性两个方面的内容。

A公司吸引加盟商面向社会公众这一不特定对象进行，公司的项目服务专员和推介会等形式可以证明其具有社会性特征。

A公司具有非法性、公开性、利诱性、社会性四个方面的特征，也即符合《解释》第1条的规定，属于变相非法吸收公众存款行为。

《解释》第2条列举了非法吸收公众存款罪的十种表现形式，但是符合第1条规定的非法吸收公众存款罪的四个构成条件的情况下，第2条第11项又设定了兜底条款，可以考虑认定为一种新的非法吸收公众存款的犯罪形式。

五、本案公诉实务

面向不特定社会公众公开宣传基本不持异议，主要争议焦点是A公司是否承诺高额返利，控方的《公诉意见书》直面庭审焦点问题，对于争议不大的问题一笔带过，内容如下：

（一）本案的事实清楚，证据确实充分

1. 以客观证据为基础，以被告人供述为印证，能够证明A公司宣传过程中承诺高额返利。

被告人牛某等人涉嫌非法吸收公众存款一案，案卷材料达600余册，在举证质证阶段公诉人以去粗取精的方式进行了出示，纳入庭审质证作为指控依据的证据，均客观、真实、有效。

其中，电子数据证据中的讲师讲课的视频资料，证明A公司宣传过程中，虽然有"不承诺返利的具体数额"这样的表述，但实质上是承诺保持高比例的运营补贴增长速度，以公司处于成长期及过去成长业绩作为依据，变相承诺高额返利，该证据中明确指出"16个4的优惠活动的特点就是回本快"。庭审过程中，被告人牛某等对上述客观证据的内容予以认可并提出了相应的辩解。邢某某明确指出"16个4回本的速度快，'本'指的是加盟金额"，就高额返利进行本息的区分。被告人牛某就此辩解"本"指的应该是货物，回本就是获得货物。按照牛某的辩解，既然"本"指的是货物，那么回本就是提货，回本的速度快应该指的是提货的速度快，督促加盟商提货就是回本，为什么是"16个4"的模式回本的速度快，其辩解漏洞百出的背后，就是因为客观证据显示公司对高额返利的承诺是毋庸置疑的。

书证《李总讲稿》是李某宣传过程中讲话所使用，称：过去拿满25期补贴金额几乎是加盟金额的10倍，公司将来也会通过CDEFG模式的切换，保证超过1:1.15这一比例增长，也就是投入3万元，运营补贴将会超过6万元。我们也注意到，这篇讲稿中的确也存在有关A公司不增长等方面的内容，但是是被刻意地模糊和淡化的，A公司一直对外强调无风险，同历史业绩对比、公司成长周期及方案调整，低额增长比例也简直是不可能。通观整篇讲稿的内容，A公司想告诉加盟商，高额返利不仅过去有，而且是发展趋势，具有必然性、合理性；低额返利不仅过去没有，也违背公司发展趋势。

公诉人还出示了其他培训讲师讲授的演示文稿、讲稿，都存在通过保证增长比例的方式承诺高额返利的问题。从这些证据的内容看，首先按照1:1.3进行测算，测算的结果是加盟一个套系1500元，将获得16712.05元运营补贴，是加盟金额的11倍；如按照1:1.5进行测算，是加盟金额的17倍。宣传课件随后设定了一个虚假的前提，就是公司处于成长期，增长比例将维持在1:1.3—1:1.5之间，并且告诉加盟商，公司两年间的增长比例一直略高于这个范围，等于向加盟商承诺了返利区间。当然上述测算都是在有封顶的情况下，值得注意的是什么是封顶呢？也就是加盟金额为1500元，在后面几个月每月运营补贴最高额将不超过1500元，向加盟商传递的信息是，在25个月的后面某几个月，每个月的返利金额都将可能是1500元。

检察机关审查A公司对外宣传的相关证据，从来不是断章取义的，我们也注意到其中有关于公司1:1的测算，关于公司有哪些风险，但是总体从每个宣传资料看，对此明显持否定态度，既不符合公司现在的成长阶段，也不符合公司的历史业绩。对正反两方面一取一舍，证明了宣传的主要目的是承诺对加盟商的高额返利。

2. 审计报告客观公正，证明了A公司虚假宣传的目的是兑现高额返利承诺。

不可否认，审计报告没有直观反映一些案件需要的数据，被告人牛某也指出有些数值与自己的记忆不符，但这也印证了审计报告的客观公正，仅依据现有的检材做客观的统计和鉴定，不为办案需要而拿出不实的结论。审计报告的客观公正不仅体现在审计过程，更重要的是审计依据是客观公正。其中，公司的客服后台数据不仅得到被告人、证人的认可，实践中两年多一直作为运营补贴发放的依据。

我们对比审计的结论能证明公司虚假宣传的目的是承诺对加盟商的返利：

（1）A公司对外宣称每个月仅发放公司总营业额的25%，从《审计报告》的结论看，截至案发A公司吸存金额为26亿余元，发放运营补贴款为14亿余元，占取比例54.47%，与25%相去甚远。不仅如此，从每期的情况看，补贴金额占加盟金额的比例呈逐期增加的趋势，2009年12月占4%，发展至2012年2月高达91.69%。A公司所宣称的公司仅拿出利润的四分之一，即可给予加盟商足额返利，公司处于一种良性循环状态，显然是虚构的。

（2）A公司对外宣称公司增长期增长比例在1∶1.3—1∶1.5之间，果真如此吗？公司成立之初第2期增长比例为1∶4，第3期为1∶2.58，第4期为1∶2.05，第6期负增长，为1∶0.64，第22期负增长，为1∶0.84。增长比例跳跃性强且无规律可循，根本不具有公司对外所宣称的稳定性。另外，公司果真是按照实际增长比例发放运营补贴吗？显然也不是，A公司在刻意地营造一种公司规律的、稳定的、可持续的一个增长比率，其目的是配合对外宣传，诱使加盟商加盟。

（3）A公司对外宣称，除了占25%的运营补贴外，保障基金占9%。从所冻结的账目情况看，不仅没有设立专门账户，也未见每月提存9%作为保障基金。

（4）难道A公司将这些钱款用于投资经营了吗？A公司的购房款、聚优胜淘、维思方科、电子商务投资项目的支出仅为1160万余元，所占比例为0.43%。与A公司发放补贴款捉襟见肘、对外投资一毛不拔形成鲜明对比的是，对股东工资、分红及其他支出可谓慷慨大方，A股东分红款、工资、购车款及其他获利共计7244万余元。无任何投资收入，却有高额的股东分红，分的显然是加盟商的加盟款。

3. 其他的书证和言词证据能够证明在整个非法吸收公众存款犯罪中，各部门的分工及各被告人职责。

高额返利的问题客观证据已确实充分，上述客观证据的客观性、真实性、合法性已得到言词证据的认可。对于其他证据，公诉人经过了大量的、细致的工作，明确其证明目的的有限性，也明确了检察机关进行了去粗取精的取舍。但是在第一天的举证质证阶段，辩方反复强调的是就意见性陈述的部分可能存在笔录拷贝问题，以及所猜测的公安机关诱导的问题，显然是没有抓住庭审的重点。

事实上A公司将非法吸收公众存款的犯罪行为外化为各部门的工作内容，将各被告人按不同职务、级别分工于各自的工作岗位，外化为公司的运转，实际为共同犯罪实施活动。言词证据用来证明各被告人在共同犯罪中的分工及职责，是客观真实的，当庭也得到了被告人的认可。检察机关指控A公司非法吸收公众存款，从来没有依据任何证人的判断。尤其是联合加盟方案经过企划部的润色，有培训讲师面向社会公众宣讲，辅之以电话客服部的解答，公开进行宣传。签约、交款、结算等环节完成了加盟资金进入公司账户的过程。

4. 部分被告人无罪供述矛盾重重，面对客观证据，其辩解可谓漏洞百出。

我们注意到，法庭讯问阶段关于A公司的联合加盟方案，存在两种说法：

第一种说法与牛某的说法是一致的，公司始终按照加盟金额的25%为加盟商发放运营补贴，这样就产生三个问题：第一个问题是公司与加盟商之间存在约定，即按照加盟金额的25%来发放运营补贴；第二个问题是从实际执行的情况，截至案发A公司吸存金额为26亿余元，发放运营补贴款为14亿余元，占取比例54.47%。如果算上招商补贴、顾问费等，比重高达68.53%。2009年12月（或者说是公司第一月）占4%，第二月6.1%，此比例逐渐增加，第19月44.29%，第22月66.72%，第24月91.69%。没有一个月是按照25%的比例发放；第三个问题是按照牛某的说法，以加盟金额的25%发放运营补贴，当月的加盟金额是加盟商当月加盟款的总和，公司用这些钱款发放前面加盟商的运营补贴，难道还不是用后面加盟商的钱来返还前面加盟商的运营补贴吗？

对于运营补贴实际发放比例不一致的问题，李某在庭审过程中提出了有别于牛某的第二套说法，就是公司运用沉淀资金（保障基金）进行调整控制补贴的发放比例，控制在1∶1.3至1∶1.5之间。按照1∶1.3的比例发放运营补贴，拿满25期，加盟1500元，能够拿到运营补贴总额在存在封顶的情况下，补贴金额是16712.05元，是加盟金额的11倍。按照1∶1.5的比例，有封顶的情况下是加盟金额的17倍。我们注意到李某的说法与《联合加盟方案》所列举的比例是一致的，这样又产生了三个问题：第一，按照被告人李某的说法，运营补贴的发放比例根本就不是客观形成的，是经过沉淀资金的调控的结果。那么，被告人所宣称的运营补贴客观形成——无法承诺的谎言就不攻自破了。第二，李某称加盟金额的增长比例与运营补贴的发放比例是两个概念，加盟金额的增长比例通过沉淀资金的调整形成运营补贴的发放比例，那么我们来看一下沉淀资金的力度有多大？第6个月加盟金额负增长为1∶0.64，对外宣称运营补贴增长比例为1∶1.72，第22个月加盟金额负增长为1∶0.84，对外宣称运营补贴增长比例为1∶1.38，第24月加盟金额负增长为1∶0.63，对外宣称运营补贴的增长比例为1∶1.39。沉淀资金变成调整发放比例，兑现高额返利的工具。第三，我们看李某所供述的沉淀资金调控运营补贴发放比例的目的是什么，难道是减少运营补贴的发放吗？显然不是，李某供述中承认其主要目的是保障加盟商运营补贴的发放金额。这难道不是在以实际行动来兑现对加盟商的返利承诺吗？

综上所述，在法庭调查阶段，公诉人所依据的用来指控犯罪的证据客观、真实、合法，能够证明起诉书所指控的犯罪事实。

（二）被告人牛某、李某的行为均构成非法吸收公众存款罪

根据《刑法》第176条规定，非法吸收公众存款或者变相吸收公众存款，扰乱金融秩序的，构成非法吸收公众存款罪。根据国务院制定的《非法金融机构和非法金融业务活动取缔办法》第4条的规定："变相非法吸收公众存款，是指未经中国人民银行批准，不以吸收公众存款的名义，向社会不特定对象吸收资金，但承诺履行的义务与吸收公众存款性质相同的活动。"根据最高人民法院2010年11月22日《关于审理非法集资刑事案件具体应用法律若干问题的解释》第1条规定：违反国家金融管理法律规定，向社会公众（包括单位和个人）吸收资金的行为，同时具备下列四个条件的，除刑法另有规定的以外，应当认定为《刑法》第176条规定的"非法吸收公众存款或者变相吸收公众存款"：（一）未经有关部门依法批准或者借用合法经营的形式吸收资金；（二）通过媒体、推介会、传单、手机短信等途径向社会公开宣传；（三）承诺在一定期限内以货币、实物、股权等方式还本付息或者给付回报；（四）向社会公众即社会不特定对象吸收资金。

被告人牛某、李某是A公司的组织者和发起者，同时在一定时期内对非法吸收公众存款的犯罪行为承担组织、领导职责。

A公司成立后并无实际经营活动，自2009年12月至2012年4月间，其主要业务是实施非法吸收公众存款的犯罪活动，所宣称的房地产、电子商务等业务尚未开展。根据最高人民法院《关于审理单位犯罪案件具体应用法律有关问题的解释》第2条的规定："个人为进行违法犯罪活动而设立的公司、企业、事业单位实施犯罪的，或者公司、企业、事业单位设立后，以实施犯罪为主要活动的，不以单位犯罪论处。"本案应认定为牛某等13人的自然人犯罪。

被告人牛某等人，通过网络、推介会和项目服务专员，采取公开宣传的方式，面向不特定的社会公众进行公开宣传，承诺给予高额返利，其行为符合非法吸收公众存款罪的构成要件，构成非法吸收公众存款罪。

被告人及辩护人认为，A 公司商品种类多、质量上乘、发货及时、无假冒伪劣，在案发前没有国家机关就 A 公司的商品质量问题进行查处，据此得出一个结论，商品交易是存在的，有商品就有利润，有利润就可以任意处分，所以 A 公司不构成犯罪，公诉人认为这种逻辑是错误的：

1. 商品交易的存在与否不是构成非法吸收公众存款罪的阻却因素。

我们都知道，非法吸收公众存款犯罪行为包括为债券型、股权型、商品营销型、生产经营型四大类，根据最高人民法院《关于审理非法集资刑事案件具体应用法律若干问题的解释》第 2 条列举了 12 种非法吸收公众存款罪的表现形式，其中有 3 种（房产、林权、其他商品）都是以商品交易提供服务的形式表现出来的。商品交易的合法与否、存在与否，不是免罪金牌，不影响非法吸收公众存款罪的认定。

2. 加盟款是发放运营补贴的依据。

通常情况下的商品交易，购买方提供货币，同时获得商品的使用价值。A 公司的联合加盟方案不同的地方在于，加盟商支付加盟款，获得商品，同时加盟款作为获取运营补贴的依据。当然，被告人牛某认为获取运营补贴的依据是购买套系数量，但是，从加盟商的角度看，所付出的现金为加盟款，无论是套系数量、提货金额、积分，都是加盟款的不同表现形式，在这里进行概念的置换没有任何意义。检察机关指控 A 公司非法吸收公众存款，所吸收的就是加盟商的加盟款。指控 A 公司犯罪不是因为公司有没有提供商品或者商品的价格、质量，而是因为公司以加盟款为基础发放运营补贴。

3. 运营补贴与加盟款形成资本与收益的关系。

我们来着重考察一下 A 公司运营补贴发放环节。按照被告人牛某等人设计的联合加盟方案，具体到一个加盟商获得的运营补贴的数额，是一个这样的公式："运营补贴发放数额＝加盟金额×套系方案×增长比例。"也就是说在加盟方案固定的情况下，每个加盟商的运营补贴的数额取决于两个变量，一个是加盟金额，另一个是运营补贴的增长比例，且成正比例关系，加盟金额越高，运营补贴越高，运营补贴增长比例越高，获取的运营补贴越高。我想，买过股票、基金的人，或者到银行存过款的人，都知道，这就形成了"资本收益额＝资本金×资本收益率"这样一个关系。我们指控 A 公司构成犯罪，就是因为 A 公司在商品交易、提供服务的掩盖之下，形成了资本收益关系。

4. A 公司对外宣传过程中既有直接承诺高额返利，也存在通过一定的逻辑关系，变相承诺高额返利。

在邢某某讲课课件中，明确指出"回本快"，直接向加盟商承诺高额返利。

按照 A 公司的联合加盟方案,在增长比例是 1∶1.3 的情况下,购买一个套系,也就是投入 1500 元,在无上限的情况下,25 期可以拿到运营补贴的金额是 16712.05 元,是加盟金额的 11 倍多。同时 A 公司对外宣称,公司在 2011—2012 年,实际运营补贴的增长比例为 1∶1.37—1∶1.56 之间。A 公司会采取 CDEFG 方案,采用沉淀基金,将增长比例控制在 1∶1.3—1∶1.5 之间,不会低于 1∶1.15。等于 A 公司告诉加盟商,达到某一额度的增长比例是返还加盟商数倍加盟款的充分必要条件,A 公司不仅过去维持了这一增长比例,而且在未来一定时间内,也能够维持这一增长比例,这难道不是通过一定的逻辑关系变相承诺高额返利。

5. 运营补贴来源于商品销售利润的说法是不成立的。

我们都知道后台数据系统是计算运营补贴的依据,后台数据录入的仅有加盟金额,并没有公司的成本支出,也就是说,后台数据系统是无法计算出公司的利润的。既然后台数据无法计算出 A 公司每一期的成本与利润,如何就利润进行发放。

从计算公式有,计算公司涉及的两个自变量与成本也没有关系,只与加盟金额与增长比例有关系。

从公司的对外宣传看,也没有说如何对加盟金额扣除成本,计算利润进行发放。

综上所述,我们认为:第一,商品交易存在与否不能阻却 A 公司是否构成非法吸收公众存款罪的成立;第二,A 公司的加盟商提供加盟款不仅是购买商品的依据,还是获取运营补贴的重要因素;第三,在商品交易、提供服务的掩盖之下,运营补贴与加盟商的加盟款形成了资本收益关系;第四,A 公司直接和变相承诺高额返利;第五,运营补贴来源于加盟款而非利润。

(三) 本案具有非常严重的社会危害性

被告人牛某等人的犯罪行为,严重破坏了国家的金融管理秩序。金融业是国家的经济命脉,金融业的稳定关系到整个国民经济的稳定,进而影响到整个社会的稳定。国家通过一系列法律制度,对合法集资行为进行有效的管理,比如我国的《商业银行法》、《证券法》等多个经济法规均有明确的规定,并且设立严格的市场准入制度。一方面能够运用金融手段募集资金,以金融杠杆调控宏观经济;另一方面通过准入、管理、审查等,保证公民的财产权利,防止金融秩序的混乱。

A 公司的非法吸收公众存款的犯罪行为,游离于国家行政法规管控之下,以商品交易为掩护,募集巨额资金处于自己的管控之下,A 既不具有吸收社会公众资金的资格，也未缴纳任何保证金，不接受上级主管机关的金融监管，所募集资金并未用于财产的保值和增值，而是单纯地以后加入人员的资金发放前面加入人员的返利。破坏了金融市场的稳定，破坏了利率的统一，影响币制的稳定，削弱国家通过信贷对国民经济进行调控的能力，破坏了稳定的金融秩序。非法吸收公众存款的时间达近30个月之久，吸收公众存款金额达26亿元之巨，吸收公众存款的范围达4万人之广，足见本案对金融秩序的严重破坏。

被告人牛某等人的犯罪行为，造成加盟商钱款巨额损失，影响社会稳定。A通过虚假宣传的方式，诱骗加盟商投入巨额资金，只是以加盟先后为顺序，将资金混同，在加盟商之间以加入先后为顺序重新进行排列组合，部分加盟商所获取的高额返利，并非基于投资理财或者是经营盈利，完全是后续加入的加盟商的加盟款，导致绝大多数加盟商的加盟款至今无法返还，尤其是造成了后续加入人员的财产损失。这些加盟商来自于全国29个省、自治区、直辖市；有的加盟商并不富裕，倾其所有投入了毕生积蓄，半辈子辛劳受A公司的欺骗而化为乌有；有的加盟商介绍亲朋好友加盟，导致亲友的财产损失，导致家庭失和、朋友失义，在亲友面前无地自容；有的加盟商年龄较大，投入的是自己的养老钱、治病钱。总之，A公司的犯罪行为对社会安定和谐的破坏严重！

通过庭审我们注意到，部分前期加入的加盟商可能是获益者，对A公司心存感激；部分后期加入的加盟商希望A公司能够继续运转，继续通过吸收公众存款来弥补自己的损失，对A公司心存侥幸；有的加盟商受A公司蒙蔽，没有看到所谓的加盟方案并不能创造价值，A公司所缔造的金融帝国，实际上是附着在广大加盟商身上的吸血鬼。市场经济是自由的经济同时也是法治的经济，拔去市场经济的毒瘤是保护经济秩序、维护市场主体的需要。20世纪发端于美国的古老的"旁氏骗局"，同样是"利用新投资人的钱来向老投资者支付利息和短期回报，以制造赚钱的假象进而骗取更多的投资"，市场经济国家均对诈骗类犯罪严厉打击，任何形式的市场经济不会允许用这种拆东墙补西墙、空手套白狼的方式来欺骗投资者。A公司犹如一个硕大的寄生虫，它成长和壮大的背后需要吸附于数量呈几何级数增加的加盟商作为宿主，任由它的发展，必将会导致更多不明真相的加盟商的财产损失。本案正是由于司法机关的果断行动，不仅捍卫了经济秩序，也保护了广大人民群众的利益。

综上所述，公诉人认为，被告人牛某等13人的行为触犯了《刑法》第176条第1款之规定，均构成非法吸收公众存款罪。

(四) 各被告人的刑事责任

根据《刑法》第61条的规定，"对于犯罪分子决定刑罚的时候，应当根据犯罪的事实、犯罪的性质、情节和对于社会的危害程度,依照本法的有关规定判处。"根据最高人民法院《关于审理非法集资刑事案件具体引用法律若干问题的解释》第3条的规定,个人非法吸收公众存款数额在100万元以上的,属于数额巨大。根据审计报告及各被告人加入A公司的时间,全案13名被告人非法吸收公众存款金额均达到数额巨大。

Case 4 案件四
吴某某内幕交易案

一、犯罪嫌疑人基本情况及诉讼过程

犯罪嫌疑人：吴某某，男，1967年9月19日出生，汉族，安徽省人，研究生文化，2005年11月至2010年12月任A会计师事务所有限责任公司（以下简称A）合伙人，2007年3月至2011年1月任B资产评估公司（以下简称B）总经理。

犯罪嫌疑人吴某某因涉嫌内幕交易罪，于2012年5月14日被公安局证券犯罪侦查局第一分局取保候审。

二、侦查机关认定的犯罪事实与意见

犯罪事实：2002年5月15日至2011年11月24日间，吴某某借用其朋友苏某燕在方正证券北京和平东街营业部开立的"苏某燕"股东账户（资金账号60013×××）从事股票交易行为。

2009年，中国中材股份有限公司（以下简称中材股份）拟增资控股甘肃祁连山水泥集团股份有限公司（以下简称祁连山股份）该事项在公开披露前属于《证券法》第75条第2款规定的内幕消息，该信息形成于2009年4月13日，公开于2009年12月28日，内幕信息敏感期为2009年4月13日至12月27日。时任A合伙人的吴某某作为祁连山清产核资审计业务的承揽人和总负责人，属于《证券法》第74条规定的法定内幕信息知情人，知悉上述内幕信息的时间不晚于2009年5月25日。

2009年5月26日至7月21日间，犯罪嫌疑人吴某某多次利用其控制的"苏某燕"股东账户买入"祁连山"股票（代码600720）100000股，成交金额1157598元人民币，并分别于2009年11月3日和11月16日将"祁连山"股票全部卖出，内幕信息敏感期内盈利284845.6元人民币。

2010年，广东科达机电股份有限公司（以下简称科达机电）拟收购佛山恒力泰机械有限公司（以下简称恒力泰），该事项在公开披露前属于《证券法》第75条第2款规定的内幕信息，该信息形成于2010年2月10日，公开于2010年4月29日，内幕信息敏感期为2010年2月10日至4月28日。时任B总经理的吴某某作为科达机电重组项目资产评估业务的承揽人和总负责人，属于《证券法》第74条规定的法定内幕信息知情人，熟悉上述内幕信息的时间不晚于2010年3月7日。

2010年3月10日，犯罪嫌疑人吴某某利用其控制的"苏某燕"股东账户买入"科达机电"股票（代码600499）30000股，成交金额553197元人民币，并分别于2010年5月5日和5月7日将"科达机电"股票全部卖出，内幕信息敏感期内盈利150107.01元人民币。

侦查机关认为：犯罪嫌疑人吴某某作为内幕信息知情人员，为牟取非法利益，在内幕信息敏感期内大量买入"祁连山"股票和"科达机电"股票，成交金额较大，情节严重，触犯《中华人民共和国刑法》第180条第1款之规定，涉嫌内幕交易罪。

三、检察机关依法审查后认定的事实及证据

（一）检察机关认定的事实

经工作，现查明：
1. 犯罪嫌疑人吴某某内幕交易"祁连山"股票部分
（1）涉及公司情况一览
中国中材股份有限公司（中材股份）：在中国香港上市的国有控股公司，其母公司为中材集团，中材集团为大型央企，最终控制人为国务院国资委，中材集团实际控制多家上市公司。

甘肃祁连山建材控股有限公司（祁连山控股）：中材股份增资扩股前实际控制人为甘肃省国资委，2010年5月13日，变更后的工商资料显示中材股份持股51%，甘肃国资委持股49%。

甘肃祁连山水泥集团股份有限公司（祁连山股份）：上市公司，本案中材股份拟控股的目标公司，原控制人为祁连山控股，变更后为中材股份。

（2）内幕信息的形成与公开
2009年间，中材集团作为我国水泥建材行业的龙头央企，拟通过其中国香港上市的子公司中材股份控股祁连山股份。中材集团经与祁连山股份最终实际控制人甘肃省国资委及祁连山控股多轮洽谈，于2009年4月13日中材集团与祁连山控股战略合作工作小组第一次会议确定，由中材集团或其子公司通过

367

参与祁连山股份的定向增发的方式入股祁连山股份,同时中材集团或其子公司增资扩股祁连山控股。按此方案,最终中材集团或其子公司将达到实际控制上市公司祁连山股份的战略目的。2009年4月13日的会议确定了中材集团或其子公司控股祁连山股份事项,并且明确了控股方式和步骤,按照《证券法》第75条的规定,该事项公开前属于内幕信息。

祁连山股份2009年12月28日发布重大事项公告:甘肃省国资委、中材股份、祁连山控股于12月27日签订祁连山控股增资扩股并股权转让协议,中材股份获得祁连山控股51%股权。祁连山控股持有祁连山股份12.78%股权,中材股份持有祁连山股份11.88%股权。祁连山股份实际控制人将由甘肃省国资委变更为中材股份。

中材股份增资控股祁连山股份事项形成于2009年4月13日战略合作工作小组第一次会议,公开于同年12月28日祁连山股份发布公告,内幕信息敏感期为2009年4月13日至同年12月27日。

(3) 内幕消息知情人

2009年5月7日,中材集团与祁连山控股战略合作工作小组第二次会议,确定A负责祁连山清产核资审计业务。时任A合伙人的吴某某作为祁连山清产核资审计业务的承揽人和总负责人,属于《证券法》第74条第6项规定的法定内幕信息知情人。

在案A方面现场负责人孙某伟以及祁连山控股、祁连山股份有关证人证言均证实,犯罪嫌疑人吴某某在2009年4月底至5月初就已经知悉中材集团或其子公司拟控股祁连山股份事项。在案书证材料《祁连山控股专项财务审计委托协议书》显示,吴某某代表A签署上述协议时间为2009年5月25日,即犯罪嫌疑人吴某某知悉上述内幕消息的时间不晚于2009年5月25日。

(4) 买卖"祁连山"股票

在案苏某燕证言、被告人供述及苏某燕证券账户交易记录证实,犯罪嫌疑人吴某某利用其控制的"苏某燕"股票账户,用自有资金于2009年5月26日买入"祁连山"50000股、5月27日买入"祁连山"15000股、6月9日买入"祁连山"25000股、7月21日买入"祁连山"10000股,共计买入"祁连山"100000股,成交金额共计人民币1157598元。犯罪嫌疑人吴某某于同年11月3日卖出"祁连山"50000股、11月16日卖出"祁连山"50000股,违法所得共计人民币284845.6元。

2. 犯罪嫌疑人吴某某内幕交易"科达机电"股票部分

(1) 内幕信息的形成与公开

科达机电是陶瓷机械行业上市公司,部分业务与另一家未上市公司恒力泰存在竞争关系，为同业整合防止行业恶性竞争，也为了加强实力以抗衡外资企业市场竞争，2009年至2010年年初，两家公司多次洽谈合并事项。总体方案是科达机电吸收合并恒力泰，以股份和部分现金作为对价，但具体价格和步骤双方一直未商定。

2010年2月10日，恒力泰大股东吴某真和公司执行董事罗某照等人协商一致后，由吴某真打电话给科达机电总经理边某，表示恒力泰同意被收购，双方商定了收购方案的框架，收购价格大概为10个亿，支付方式是科达机电的股票和不超过一亿元的现金。

科达机电于2010年3月24日发布重大资产重组的停牌公告。公告称，拟筹划与有关方面进行重大资产重组事项，自2010年3月24日起连续停牌。同年4月29日，科达机电发布董事会会议决议公告，公告称，会议审议通过吸收合并恒力泰议案。

科达机电吸收合并恒力泰事项，在公开披露前属于《证券法》第75条第2款规定的内幕信息，该信息形成于2010年2月10日，公开于同年4月29日，内幕信息敏感期为2010年2月10日至4月28日。

（2）内幕消息知情人

2010年3月初（3月10日前），承担科达机电吸收合并恒力泰项目财务顾问业务的某证券股份有限公司（以下简称西南证券）并购融资总部总经理李某给吴某某打电话，告诉吴某某科达机电拟换股吸收合并恒力泰，这个收购重组项目需要对恒力泰进行资产评估，希望吴某某所在的B公司能够承担这项评估业务，吴某某表示同意并告诉李某找B的副总经理任某民具体商谈。打电话之后，吴某某将上述事项告诉任某民，让任某民准备与西南证券的人员接洽。

2010年3月26日，科达机电与B签订了《资产评估业务约定书》，其中评估目的：科达机电拟换股吸收合并恒力泰，科达机电委托B对恒力泰全部权益进行评估。

时任B总经理的吴某某作为科达机电重组项目资产评估业务的承揽人和总负责人，属于《证券法》第74条规定的法定内幕信息知情人，知悉上述内幕信息的时间不晚于2009年3月10日。

（3）买卖"科达机电"股票

在案苏某燕证言、被告人供述及苏某燕证券账户交易记录证实，2010年3月10日，犯罪嫌疑人吴某某利用其控制的"苏某燕"股东账户买入"科达机电"股票（代码600499）30000股，成交金额553197元人民币，并分别于2010年5月5日、7日将"科达机电"股票全部卖出，违法所得共计人民币

150107.01元。

上海证券交易所法律部出具的吴某某内幕交易案协查结果证实：苏某燕股票账户涉案期间内，买入"祁连山"100000股，成交金额1157598元，全部卖出获利284845.6元。买入"科达机电"30000股，成交金额553197元，全部卖出获利150107.01元。合计获利434952.61元。

（二）认定上述事实的主要证据

1. 被告人供述和辩解

犯罪嫌疑人吴某某在侦查阶段供述稳定，认罪态度较好，主要供述内容如下：

前段时间，证监会曾找我调查过有关我交易"科达机电"（600490）和"祁连山"（600720）两只股票的事情，我交易这两只股票的行为属于内幕交易行为，我来主动交代自己的问题。2010年3月10号，我在B公司办公室，使用公司给我配的IBM笔记本电脑操作苏某燕证券账户，买入30000股"科达机电"股票，后来到5月的时候，苏某燕的夫人周某把股票卖掉了。2009年5月至7月我在办公室，用IBM笔记本电脑操作苏某燕的证券账户一共买入100000股"祁连山"的股票，分别在5月26日、5月27日、6月9日、7月21日买入了50000股、15000股、25000股、10000股，11月3日和11月16日，我分两次（每次50000股）将该股卖掉了。

2010年3月初，应该是在3月10号之前，我的一个合作伙伴，西南证券股份有限公司并购融资部总经理李某给我打电话说广东科达机电股份有限公司有一个收购重组项目，想让我们公司为科达机电做资产评估业务，我当时答应他可以做，有关具体业务上的事情我让他找公司副总经理任某民去商谈。通完电话我就在公司办公室跟任某民讲了这个事情，我说西南证券公司李某推荐我们做广东科达机电的一个重组项目的资产评估工作，过两天李某会跟他联系，让他具体去负责业务上的事情。3月11日，西南证券的李某约我和科达机电的总经理边某，恒力泰公司的罗某明、吴某、吴某钊一起在金融街小南国饭店吃饭，西南证券的李某和田某也到场了，当时边某向我介绍了科达机电收购"恒力泰"的有关情况，商谈委托我们公司做资产评估的事宜，具体业务就交给任某民去做，后期又审核并签发了最后的评估报告。3月10号之前，李某告诉我说广东科达机电公司有个收购重组的资产评估项目要我们去做，凭我多年的从业经历，我感觉这是一个利好消息，基于这个信息我判断"科达机电"的股票会涨，为了挣点钱，所以我就买入了这只股票。

大概是在2009年3、4月，甘肃省国资委统计评价处的副处长陈某给我打电话,她说祁连山控股公司要做清产核资业务让我们 A 公司去参加投标。当时还通过传真发过来一份招标通知,让我们公司取报价,参与投标。我就找来我的下属 A 公司部门经理孙某伟和副经理边同某,让他们去甘肃参加这个项目的招投标,他们去国甘肃国资委报价,并参加招投标,中标以后,大概到 2009 年 4 月底 5 月初的时候,我安排孙某伟和边同某到祁连山控股公司做前期调查工作,摸一摸祁连山控股公司清产核资的有关工作事项,当时孙某伟向我汇报了有关工作,据他讲祁连山控股此次做审计的目的主要是因为中材股份有限公司想通过控股祁连山公司进而间接控股祁连山这个上市公司,需要我们要做的就是对整个公司的资产状况进行审计,摸清家底,为中材股份有限公司增资控股做准备。做完前期调查后,2009 年 5 月 12 日,我安排孙某伟根据工作情况带着工作人员进场开始清产核资有关工作。2009 年 5 月 25 日,我代表 A 与甘肃国资委、祁连山控股公司签署了《专项财务审计工作委托协议书》。我印象中,在孙某伟他们做专项审计期间,我到过甘肃祁连山控股公司,慰问现场工作的项目人员,后来我对最终的审计报告进行复核,并签发了该审计报告,具体时间我记不清了,以审计材料记录为准。因为在 5 月初通过孙某伟他们的汇报我就知道祁连山控股此次清产核资的目的是因为中材股份想通过收购祁连山控股公司股权,进而控股祁连山这个上市公司,这对祁连山是一个重大利好消息,股票肯定要涨,为了挣点钱,所以我就买入这只股票。2001 年年初,我向苏某燕的爱人周某提出想借用股票账户打新股,周某让苏某燕将股票账户授权给我使用。2002 年 5 月,我和苏某燕一起到方正证券和平里东街证券营业部签订《授权委托书》,他把证券账户授权委托给我使用,一直使用到 2010 年 4 月 28 日,当时我在证监会并购重组委员会担任委员,为了避嫌,我让苏某燕去办理了撤销授权手续。

问:你怎么认识你 2009 年、2010 年使用苏某燕账户操作"祁连山"和"科达机电"股票的事情?

答:我当时是证监会并购委员会委员,同时也是证券从业人员,作为承办科达机电和祁连山公司相关业务的中介机构负责人,属于法定内幕信息知情人员,按照有关规定是不能在内幕信息价格敏感期操作相关股票的,但自己心存侥幸,以为不是自己的资金和账户就不会出事情,现在看来,我这种行为属于内幕交易犯罪行为,我感到很后悔,现在我认识到了问题的严重性,我愿意认罪服法,积极配合公安机关把这些问题调查清楚,争取宽大处理。

吴某某 2012 年 5 月 16 日笔录:

当时在 2009 年 4 月底,孙某伟在向我汇报后,我知道中材股份要通过增资控股的方式入主祁连山,我知道祁连山是西北和西南地区水泥业的龙头企业，中材股份入主祁连山绝对是一个重大利好消息，所以在 2009 年 5 月，在我代表 A 与甘肃国资委、祁连山控股签署了专项财务审计委托协议后，我购买了祁连山股票，并最终获利。当时，我用的是苏某燕的股票账户分别于 2009 年 5、6、7 月买入祁连山股票 10 万股，并于 2009 年 11 月全部卖出，获利 28 万元左右。

问：你为什么要用苏某燕的股票账户而不用你自己的股票账户进行交易？

答：我认为以上交易是不合法的，我作为知情人员不能从事上述相关交易，所以用他们账户交易能够隐蔽我的行为。

问：当时购买祁连山股票用谁的资金？

答：是我的资金，主要是这几年我用苏某燕账户进行炒股投资赚取的钱。

2. 证人证言

（1）苏某燕（男，60 岁，北京市人）证言

2002 年的时候，周某给我打电话催促我，让我赶紧去和平里营业部办理股票账户的托管手续，让我去签字，把股票账户委托给吴某某操作。我印象中签订了一份《授权委托书》。大概是到了 2007 年的时候，周某给我打电话说证券公司通知《授权委托书》到期了，让我去营业部再续签一下授权委托书。我又去了趟营业部续签一份。大概到了 2010 年上半年，周某说吴某某到证监会任职，不能再操作股票了，办理撤销授权委托手续时，我就是在营业部签了一份材料，我也没有改过股票账户交易密码和银行资金账户密码，他应该还能操作这个股票账户。具体操没操作过我不太清楚，我之后也从没有操作过股票账户，具体交易情况以营业部记录为准。

（2）孙某伟（男，38 岁，北京市人）证言

祁连山控股的业务是当时 A 公司的合伙人吴某某承揽的，这个项目好像是国资委通过招标选中了 A 公司，吴某某是这个项目的总负责人，前期是他承揽联系的这个业务，然后安排我带人到甘肃具体去做的这个项目。据他们介绍此次审计的目的主要是因为中材股份有限公司准备通过控股祁连山控股公司进而间接控股祁连山这个上市公司，需要我们做清产核资工作，对整个公司的资产状况进行审计，摸清家底，为中材增资控股做准备，回去以后，时间大概是 2009 年 4 月底，我们把考察的上述情况向吴某某全面地汇报了，他是该项目的承揽人和总负责人，需要全面掌握该项目的情况，我们在审计祁连山控股期间，他也到甘肃去检查工作，并和祁连山控股的高官一起沟通交流有关情况，审计底稿要交给他审核签字，最终的审计报告也由他签字。

（3）刘某（男，59 岁，甘肃省国资委副主任）证言

2009 年 4 月 13 日，我主持召开中材集团与祁连山控股战略合作工作小组

第一次会议,就加快中材集团与祁连山控股战略合作有关事宜进行专题研究,并将会议议定的有关事项形成会议纪要:一、双方一致同意,中材集团或其子公司参与祁连山的定向增发。祁连山2009年度定向增发通过中国证监会发审会审核,并取得正式批文后,中材集团或其子公司通过询价的方式认购5500万股祁连山非公开发行股票。二、双方约定,为有效推进中材集团或其子公司与祁连山的合作步伐,应尽快安排中材集团或其子公司增资扩股祁连山控股的相关工作。尽快由中介机构对祁连山控股进行审计和评估,评估基准日确定为2009年3月31日。三、中材集团或其子公司对祁连山控股第一次增资完成后,中材集团或其子公司持股比例在40%—44%之间,成为祁连山控股第一大股东,相对控股祁连山控股,并满足中材集团或其子公司合并祁连山财务报表所需条件。

(4) 陈某(女,40岁,甘肃省国资委财务监督处副处长)证言

2009年4、5月,我联系A会计师事务所的合伙人吴某某,让他们公司承担中材集团增资控股祁连山控股公司的清产核资的有关审计工作。大概是2009年4、5月,甘肃省国资委已经确定引入中材集团作为战略投资者,通过中材股份有限公司增资控股祁连山控股公司。

(其他证人证言略)

3. 主要书证

(1) 中国证券监督管理委员会《关于吴某某内幕交易案有关问题的认定函》认定:

①中国中材股份有限公司增资控股甘肃祁连山水泥集团股份有限公司事项在公开披露前属于《证券法》第75条规定的内幕信息,该信息于2009年4月13日开始形成,公开于2009年12月28日,内幕信息敏感期为2009年4月13日至12月27日。时任A会计师事务所有限责任公司合伙人的吴某某作为甘肃祁连山水泥股份有限公司审计工作总负责人,属于《证券法》第74条规定的法定内幕信息知情人,其操作"苏某燕"证券账户买卖"祁连山"股票并获利的行为属于内幕交易行为。

②广东科达机电股份有限公司吸收合并佛山恒力泰机械有限公司事项在公开披露前属于《证券法》第75条规定的内幕信息,该信息于2010年2月10日开始形成,公开于2010年4月29日,内幕信息敏感期为2010年2月10日至4月28日。时任北京B资产评估公司总经理的吴某某作为广东科达机电股份有限公司重组项目资产评估承接人,属于《证券法》第74条规定的法定内幕信息知情人,其操作"苏某燕"证券账户买卖"科达机电"股票并获利的行为属于内幕交易行为。

（2）B 公司出具的吴某某任职情况说明，证实：吴某某 2007 年 3 月任北京 B 资产评估有限公司总经理，2011 年 1 月辞去总经理职务。

（3）A 公司出具的吴某某任职情况说明，证实：吴某某 2005 年 9 月担任 A 会计师事务所有限公司合伙人，2010 年 12 月转出。

（4）祁连山控股专项财务审计委托协议书，委托方为甘肃省国资委、受托方为 A、工作对象祁连山控股，委托事项为：对祁连山控股进行增资扩股前进行清产核资专项财务审计工作。吴某某代表 A 签字日为 2009 年 5 月 25 日。

（其他书证略）

四、本案典型疑难问题法律适用解析

（一）犯罪嫌疑人吴某某交易"祁连山"股票行为构成内幕交易犯罪

本罪主体为特殊主体，即内幕信息的知情人员或者非法获取内幕信息的人员。时任 A 事务所合伙人的吴某某作为祁连山清产核资审计业务的承揽人和总负责人，属于《证券法》第 74 条第 6 项规定的"证券服务机构的有关人员"，属于法定内幕信息知情人，符合内幕交易犯罪主体要求。

2009 年 4 月 13 日中材集团与祁连山控股战略合作工作小组第一次会议，确定了由中材集团或其子公司通过参与祁连山股份的定向增发的方式入股祁连山股份，同时中材集团或其子公司增资扩股祁连山控股，中材集团控股祁连山股份事项，此时已经具有了确定性。同时该事项将直接导致祁连山股份的控制权发生变化，中材集团作为中字头大型国企，实力稳居行业龙头地位，中材集团的入住，对祁连山股票二级市场属于重大利好信息，公开前依照《证券法》等法规属于内幕消息。在案书证证实，上述内幕消息公开于 2009 年 12 月 28 日，所以内幕消息敏感期应认定为 2009 年 4 月 13 日至同年 12 月 27 日。

在案书证材料《祁连山控股专项财务审计委托协议书》签订于 2009 年 5 月 25 日，吴某某代表 A 事务所签字；在案孙某伟、宁某顺、杨某、脱某红等人证言均能证实，犯罪嫌疑人吴某某于 2009 年 4 月底至 5 月初就已经知悉中材集团或其子公司拟控股祁连山股份事项这一内幕消息。犯罪嫌疑人吴某某为获取非法利益，利用上述内幕消息，并用其实际控制的"苏某燕"股票账户，于 2009 年 5 月 26 日至 7 月 21 日，五笔买入"祁连山"股票 100000 股，成交金额共计人民币 1157598 元，至同年 11 月 3 日、16 日全部卖出，违法所得共计人民币 284845.6 元，犯罪嫌疑人吴某某上述行为构成内幕交易犯罪。

内幕交易犯罪主观方面是故意。本案犯罪嫌疑人吴某某作为证券服务机构人员，知悉内幕消息，为获得非法收益，在内幕消息敏感期内，利用内幕消息

买卖股票,其主观方面是直接故意。

(二)犯罪嫌疑人吴某某交易"科达机电"股票行为构成内幕交易犯罪

在案书证材料科达机电与 B 公司签订的《资产评估业务约定书》及李某、任某民等多位证人证言证实,时任 B 公司总经理的吴某某作为科达机电重组项目资产评估业务的承揽人和总负责人,依据《证券法》第 74 条第 6 项的规定,属于"证券服务机构的有关人员",应认定为法定内幕信息知情人,符合内幕交易犯罪主体要求。

科达机电吸收合并恒力泰事项,对科达机电整合陶瓷机械行业,增强企业竞争实力,防止国内同行业企业恶性竞争具有较为重要的意义,对科达机电股票二级市场价格将产生重大影响,在公开披露前属于《证券法》第 75 条规定的内幕信息。科达机电与恒力泰两公司负责人于 2010 年 2 月 10 日,在电话中商定收购事项,并确定了具体价格和步骤,此时间点,内幕消息已经具有确定性,应认定为内幕消息的起点。该信息公开于 2010 年 4 月 29 日,所以内幕信息敏感期为 2010 年 2 月 10 日至 4 月 28 日。需要强调的是,一般认定内幕消息开始形成,都是以某一标志性事件作为时间点,如缔约、会议商定、文件获批等典型事项,但这些常见的内幕消息"开始形成"的形式,并不能排除双方在电话中口头确定某一重大事项作为认定内幕信息"开始形成"的标志,判断的唯一标准应当是该事项是否具有"重要性",即该事项是否可能影响证券市场价格。

在案证人李某证言及犯罪嫌疑人吴某某供述证实,吴某某于 2010 年 3 月 10 日前,从李某处已经获悉科达机电吸收合并恒力泰这一内幕消息。犯罪嫌疑人吴某某为获取非法利益,利用上述内幕消息,并用其实际控制的"苏某燕"股票账户,于 2010 年 3 月 10 日,买入"科达机电"股票 30000 股,成交金额共计人民币 553197 元,至同年 5 月 5 日、7 日全部卖出,违法所得共计人民币 150107.01 元,犯罪嫌疑人吴某某上述行为构成内幕交易犯罪。

虽然吴某某在 B 公司与科达机电签订《资产评估业务约定书》之前已经完成买入"科达机电"股票行为,但这一行为发生在内幕消息敏感期内,并且事实上吴某某接触到上述内幕消息就是因为西南证券李某引荐 B 公司承担资产评估这一证券服务业务,未正式签订协议时的洽谈阶段也是证券服务的一部分。即使最终未签约,只要事实上因提供证券服务(包括洽谈)而知悉内幕消息,都应认定为内幕消息知情人。签约与否并不构成否认内幕消息知情人的主体身份及客观上利用性交易的因素。

本案犯罪嫌疑人吴某某作为证券服务机构人员,知悉内幕消息,为获得非法收益，在内幕消息敏感期内，利用内幕消息买卖股票，其主观方面是直接故意。

上海证券交易所法律部出具的书证材料证实，犯罪嫌疑人吴某某两次内幕交易行为合计成交金额人民币1710795元，合计获利434952.61元。按照2010年最高人民检察院、公安部《关于公安机关管辖的刑事案件立案追诉标准的规定（二）》、2012年最高人民法院、最高人民检察院《关于办理内幕交易、泄露内幕信息刑事案件具体应用法律若干问题的解释》规定，犯罪嫌疑人吴某某内幕交易犯罪行为属于情节严重，基准刑应当在5年以下有期徒刑幅度内。

（三）吴某某是否构成自首

嫌疑人吴某某是否构成自首问题，犯罪嫌疑人吴某某于2012年5月14日按照侦查机关电话传唤要求自行到达办案单位；在案吴某某第一次供述证实，到案后犯罪嫌疑人吴某某对内幕交易犯罪的基本事实能够如实供述，但对内幕交易所使用的电脑下落问题有所隐瞒。按照近年来我院起诉案件的判例和北京市高院指导案例，未经限制人身自由的强制措施，嫌疑人经电话通知到案一般能够认定到案的主动性，到案后供述了主要犯罪事实，可以认定为如实供述。承办人认为，本案中可以认定犯罪嫌疑人吴某某构成自首。

（四）吴某某案的处理情况

经审查全案并比较近年来内幕交易案件处罚情况，对本案犯罪嫌疑人吴某某内幕交易行为形成两种处理意见：

第一种意见：犯罪嫌疑人吴某某的行为构成内幕交易犯罪，应当依法提起公诉。其两次内幕交易行为，合计成交金额人民币1710795元，合计获利金额人民币434952.61元，远大于2010年最高人民检察院、公安部《关于公安机关管辖的刑事案件立案追诉标准的规定（二）》规定的交易金额50万元或者非法获利15万元的内幕交易犯罪追诉标准，但尚未达到2012年最高人民法院、最高人民检察院《关于办理内幕交易、泄露内幕信息刑事案件具体应用法律若干问题的解释》规定的交易金额250万元或者非法获利75万元的"情节特别严重"标准，基准刑应当在3年至4年之间，考虑到可能认定自首的法定从轻、减轻情节，实际量刑幅度在2年至3年之间，参照之前多件判例（国内部分内幕交易刑事案例处罚情况），法院可能适用缓刑，并适用罚金刑。为严惩内幕交易犯罪行为，维护证券市场公开、公平、公正原则，保护广大投资者的合法权益，应当对内幕交易犯罪行为保持高压态势，对本案犯罪嫌疑人吴某某依法提起公诉。

第二种意见：犯罪嫌疑人吴某某存在内幕交易行为，按照2010年最高人民检察院、公安部《关于公安机关管辖的刑事案件立案追诉标准的规定（二）》的规定，达到了追诉的标准。但比较近年来内幕交易行为刑事司法判例和行政处罚案例可以发现，内幕交易犯罪作为"法定犯"，区别于传统的侵犯公民人身权利的暴力犯罪和直接侵财类犯罪，人身危险性相对较小，所以侦查机关移送审查起诉时，很多案件嫌疑人已经取保候审（公安部证券犯罪侦查局第一分局2012年已经移送我院的3件内幕交易案件，嫌疑人均取保候审），法院判决量刑也较轻，同时对部分被告人适用缓刑，2012年6月1日开始适用的最高人民法院、最高人民检察院《关于办理内幕交易、泄露内幕信息刑事案件具体应用法律若干问题的解释》，首次对内幕交易犯罪"情节特别严重"予以明确规定，我院起诉的该司法解释出台后首件"情节特别严重"的内幕交易案件已于今年10月19日宣判，案件中被告人内幕交易金额人民币150余万元，非法获利202余万元，因案件有被告人自首、案发前全额退赃、宣判前已缴纳罚金等法定和酌定情节，法院判处被告人有期徒刑3年缓刑4年，并处违法所得一倍的罚金。本案内幕交易金额人民币1710795元，非法获利金额人民币434952.61元，尚未达到"情节特别严重"的量刑幅度，并且可能认定自首情节，被告人表示愿意全额退赃，参照最近的判例，刑期将低于"判三缓四"。参照证监会公布的2008年至2011年10月共计21件内幕交易行政处罚案例，其中三件内幕交易金额大于本案，另有两件内幕交易金额接近本案，证监会均作出行政处罚，从同类案件处罚均衡角度考虑，本案犯罪嫌疑人内幕交易行为可以考虑作出相对不起诉处理，同时建议证监会对吴某某作出行政处罚。当然，我们通过比较也意识到，证监会稽查后将本案移送司法机关处理还存在另外两个原因，一是吴某某内幕交易非法获利额较之其他仅行政处罚案件要高；二是吴某某曾任证监会"重组委"委员，其内幕交易行为在业界造成一定不良影响。

本案最终按照第一种意见对吴某某提起公诉。

Case 5
案件五
杨某某利用未公开信息交易案

一、犯罪嫌疑人基本情况及诉讼过程

犯罪嫌疑人杨某某，男，1982年10月11日出生，汉族，江苏省人，硕士研究生文化，某金融有限公司资金管理部投资经理。

犯罪嫌疑人杨某某因涉嫌利用未公开信息交易罪，经检察机关批准于2012年6月9日被依法逮捕。

二、侦查机关认定的犯罪事实与意见

1. 犯罪嫌疑人杨某某利用其因职务便利掌握的未公开信息，非法从事与该信息相关的股票交易，情节严重。犯罪嫌疑人以"陈某某"名义开立并实际控制个人证券账户。2010年8月至2011年6月，犯罪嫌疑人杨某某在负责管理"工行企业年金计划-建设银行"、"中国银行企业年金计划-中国银行"、"南方电网企业年金计划-工行"、"工行中金公司定向资产管理-工行"、"农业银行离退休人员福利负债基金-农行"5个企业年金理财账户（以下简称年金账户组）的投资期间，利用其因职务便利掌握的年金账户组信息拟投资深天马A、广州浪奇、万家乐、皖能电力、烽火电子、黔轮胎A、紫光古汉、吉林敖东、珠海中富、华东科技、西藏矿业、盐湖钾肥、江淮动力、新希望、渤海物流、云内动力、新中基、中航精机、航天电器、黔源电力、同洲电子、得润电子、宏润建设、远光软件、华峰氨纶、苏州固锝、江苏国泰、南岭民爆、三钢闽光、顺络电子、北纬通信、通富微电、智光电气、国统股份、科大讯飞、川大智胜、水晶光电、三泰电子、人人乐、巨力索具等，共计92只股票，违反规定，多次指令邢某、向某二人为其操作或自己操作提前大量买入上述股票，待公司年金账户组大量买入、股价拉升后再卖出，从中非法

获利。自 2010 年 8 月至 2011 年 6 月，犯罪嫌疑人杨某某共交易相关股票 92 只，非法买入金额合计 106311541.36 元，盈利期间非法获利 2226323.18 元。

2. 2010 年 8 月至 2011 年 6 月，犯罪嫌疑人杨某某在公司负责管理"工行企业年金计划－建设银行"、"中国银行企业年金计划－中国银行"、"南方电网企业年金计划－工行"、"工行中金公司定向资产管理－工行"、"农业银行离退休人员福利负债基金－农行"5 个企业年金理财账户（以下简称年金账户组）的投资期间，在明知犯罪嫌疑人张某打探意图的情况下，与其共谋，先后向其泄露年金账户组拟投资"广州浪奇"、"珠海中富"、"巨力索具"等股票的信息。张某在获取信息后，通过其控制的张某奇、王某、张某平、张某、石某谷、方某容、王某颖 7 个证券账户（以下简称张某奇账户组）多次提前大量买入年金账户组拟投资的股票，待年金账户组大量买入、建仓或加仓，股价拉升后再卖出，自 2010 年 8 月至 2011 年 6 月，张某奇账户组共交易相关股票 78 只，非法买入金额合计 2557649831.66 元，其中盈利期间非法获利 47431025.82 元。公司年金账户组拟投资的股票信息属于《刑法》第 180 条第 4 款规定的未公开信息，杨某某向张某泄露未公开信息、张某利用杨某某泄露的未公开信息交易股票，二人之间长期多次共谋。犯罪嫌疑人张某获利后，于 2010 年 10 月至 2011 年 3 月先后向杨某某控制的陈某某银行账户转入 5 笔共 266 万元人民币汇款，其中 126 万元作为杨某某透露有关信息的奖励费（其余款项也被杨某某个人炒股使用）。2011 年 11 月中国证监会稽查部门调查杨某某、张某涉嫌违法违规问题，找该二人谈话后，杨某某即将有关款项转回张某。

犯罪嫌疑人杨某某作为金融机构从业人员，利用职务之便掌握未公开信息后，违反规定，利用其控制的"陈某某"个人证券账户大量从事相关交易；同时还与同案犯张某共谋，将未公开信息故意透露给张某，暗示张某从事相关股票的交易，是本案的主犯。

侦查机关认为：杨某某的行为触犯《中华人民共和国刑法》第 180 条之规定，构成利用未公开信息交易罪。

三、检察机关依法审查后认定的事实及证据

（一）检察机关认定的事实

1. 某公司的情况

某金融公司（以下简称某公司）1995 年 8 月成立，注册资本为 1.25 亿美元，为中外合资有限责任公司。公司致力于为国内外机构及个人客户提供符合

国际标准的投资银行、资本市场、机构及个人证券销售和交易、固定收益、资产管理、直接投资以及研究服务。企业性质为投资银行。

2. 杨某某在某公司的任职及职权

犯罪嫌疑人杨某某于2008年3月10日加入该公司，于2011年6月14日解除劳动关系，在公司工作3年。2009年初担任投资资产管理部经理，协助投资总监许某明管理"工行企业年金计划－建设银行"、"中国银行企业年金计划－中国银行"、"南方电网企业年金计划－工行"、"工行中金公司定向资产管理－工行"、"农业银行离退休人员福利负债基金－农行"5个企业年金理财账户。许某明负责账户策略，主要进行资产配置比例，杨某某负责账户具体的个股选择和交易决策。在实际操作中，许某明允许杨某某使用其账户在恒生交易系统进行指令下达，上述账户主要由杨某某进行实际操作。总规模170亿元左右，可用于投资股票的占25%，管理的资产40亿元左右。

3. 未公开信息

该公司买卖股票都是由研究员和投资经理发起，提交投研会讨论，所有投资经理和研究员都参加进行讨论，如果大家觉得某只讨论的股票不错就会建议加入股票池，研究员会提交一份建议书给内部的管理系统——研究报告系统，最终经投资总监批准建议的股票会进入股票池，五家企业年金计划投资的股票必须从股票池中选择。公司的投资经理不能直接交易股票，通过公司恒生交易系统下单，交易员会根据该指令进行交易操作。买入和卖出时机由投资经理决定。

证监会出具的《关于杨某某等人利用未公开信息交易案有关问题的认定函》，第一，本案中涉及的"未公开信息"，是指杨某某在担任某金融有限公司投资经理期间，因管理工行等5个年金账户组而掌握的有关投资决策、交易等方面的信息。第二，本案有关证券账户利用"未公开信息"所进行的股票交易与某公司年金账户组在股票交易品种及交易时机上的关联，即涉及账户先于或同期于年金账户组买入同一只股票。

4. 与张某交易情况

（1）杨某某与张某的交易

2009年，杨某某通过朋友向某与张某相识，后二人关系密切。二人经常互相推荐股票。2010年8月至2011年6月，杨某某在管理5个年金账户组的投资期间，在明知犯罪嫌疑人张某向杨某某询问该公司交易动向系为了利用该信息操作股票赚钱的情况下，先后向张某泄露年金账户组拟投资"广州浪奇"、"鼎立股份"、"珠海中富"、"巨力索具"等股票的信息。张某在获取上述信息后，通过其控制的张某奇、王某、张某平、张某、石某谷、方某容、王某颖7个证券账户多次提前大量买入杨某某管理的年金账户组拟投资的股票,待年金账户组大量买入、股价拉升后再卖出,经证监会查证,张某奇账户组与年金账户组趋同交易股票达78只,张某从中获利总计4743万元。

(2) 利益输送

2010年10月至2011年3月先后向杨某某控制的陈某某银行账户转入5笔共266万元人民币汇款,其中126万元作为杨某某透露有关信息的奖励费(其余款项也被杨某某个人炒股使用)。2011年11月中国证监会稽查部门调查杨某某、张某涉嫌违法违规问题,找该二人谈话后,杨某某即将有关款项转回张某。

杨某某辩解与张某是互相推荐股票,大多数情况是张某向自己推荐,因为张某作为私募消息渠道广阔,张某向自己推荐之后自己让某公司的研究员研究之后决定是否购买。自己大多数情况并没有向张某透露某公司的股票仓位。张某在证监会调查之后潜逃,否认杨某某向自己透露某公司股票信息,称双方讨论股票。

5 陈某某个人账户的交易

(1) 陈某某账户的开立

根据法律规定,杨某某作为某公司的证券从业人员,不允许开立个人证券账户炒股,为了回避监管,2010年下半年,杨某某找了一个朋友叫郝某刚,让他帮忙给开了一个证券账户用于杨某某个人炒股,郝某刚同意并以陈某某名义开立了证券账户和对应的第三方存管银行账户,然后把证券账户的账号、密码、银行账户的账号、密码告诉杨某某,同时将银行转账的U盾也给杨某某寄了过来,之后杨某某就将个人资金投入进去用于炒股。

(2) 陈某某账户的资金来源

陈某某账户开立后,杨某某从叔叔杨某元账户里转了99万元及杨某某个人建行工资卡里转了3万元作为初始投入资金进行炒股,后来张某陆续转了几笔共计251万元给杨某某也用于炒股,杨某某的一个朋友关某乐给转了70万元委托杨某某炒股,总共投入420多万元用于炒股。

(3) 陈某某账户的操作

因为杨某某上班的时间操作不了证券账户,一般情况下,杨某某请向某和邢某作为其操盘手。杨某某自己也操作过,其不在单位或者出差的时候有时会用手机和个人电脑操作。证监会找杨某某谈话后其把电脑丢了、手机扔了。

一般情况下杨某某给邢某和向某下指令让他们买哪只股票以及大概的金额或者数额,也告诉他们可以根据自己的研究自主决策去买一些。杨某某、张某、向某和邢某有个MSN的群,每天在这里讨论股票,对于讨论好觉得不错的股票就会让他们两个人去买,同时杨某某也会在其管理的公司年金账户里买这些股票,杨某某辩解某公司审批至少需要一天或者半天的时间,而告诉向某和邢某买什么股票时他们一般立刻就建仓或者加仓,所以陈某某账户一般就先于管理的某公司建仓。

(4)陈某某账户获利及资金去向

经查,陈某某账户利用未公开信息交易92只股票,非法买入10631万元,获利222万余元。

2011年6月,杨某某从陈某某账户中转出共300万元,同时以李某名义作为次级受益人购买了张某发行的"紫石二期"结构化信托产品;2011年6月、7月,杨某某从这个账户转出99.5万元投资到上海毕佳数据公司,占3.3%股份,这是张某的另一个公司;2011年杨某某从这个账户通过向某转出了10万元自己用;2011年11月的时候杨某某和张某被证监会调查,张某让杨某某把账户清了把剩下的钱给他,杨某某把股票卖了之后还了100万元给关某乐,剩下的200万元都转给张某了。后通知郝某刚,不再使用该账户。

(二)认定上述事实的主要证据

1. 被告人供述和辩解

犯罪嫌疑人杨某某在侦查阶段供述稳定,认罪态度较好,主要供述内容如下:

2008年2月我到公司资产管理部工作,担任研究员。2009年初担任投资经理。2011年6月从某公司辞职。我有证券从业资格和证券分析从业资格。

我们公司资产管理部的资产,一块是大客户资产,目的是保值增值,以稳健和谨慎为主。

我在公司资产管理部期间,协助投资总监许某明负责5家企业年金计划,许某明负责仓位的配置,我负责具体股票的选择,我通过许某明管理的5家企业年金计划的账号和密码进行登录和交易,作为投资经理我有个股选择权。5家企业年金计划包括工商银行年金计划、工商银行中金公司定向资产管理、南方电网年金计划、中国银行年金计划、农业银行退休福利负债。总规模170亿元左右,可用于投资股票的占25%,管理的资产40亿元左右。

我们买卖股票的流程都是由研究员和投资经理发起,提交投研会讨论,所有投资经理和研究员都参加进行讨论,如果大家觉得某只讨论的股票不错就会建议加入股票池,研究员会提交一份建议书给我们内部的管理系统——研究报告系统,最终经投资总监批准建议的股票会进入股票池,5家企业年金计划投资的股票必须从股票池中选择。公司的投资经理不能直接交易股票,通过公司恒生交易系统下单，交易员会根据该指令进行交易操作。买入和卖出时机由投资经理决定。

陈某某名下的证券账户是我的账号，因为根据法律规定，我作为公司的证券从业人员，不允许开立个人证券账户炒股，为了回避监管，2010年下半年，我找了一个朋友叫郝某刚，让他帮忙给我开了一个证券账户用于我个人炒股，他同意了并帮我以陈某某名义开立了证券账户和对应的第三方存管银行账户，然后把证券账户的账号、密码、银行账户的账号、密码告诉我，同时将银行转账的U盾也给我寄了过来，之后我就将个人资金投入进去用于炒股。

账户开立后我从我叔叔杨某元账户里转了99万元及我个人建行工资卡里转了3万元作为初始投入资金进行炒股，后来张某给我陆续转了几笔共计251万元我也用于炒股，我的一个朋友关某乐给我转了70万元委托我炒股，总共投入420多万元用于炒股。

因为我上班的时间操作不了证券账户，所以我一般请我的两个朋友向某和邢某帮我操作。我自己也操作过，我不在单位或者出差的时候有时会用我的手机和个人电脑操作。电脑丢了、手机扔了。

一般的情况都是我给邢某和向某下指令让他们买哪只股票以及大概的金额或者数额，我也告诉他们可以根据自己的研究自主决策去买一些。我们在MSN里有一个群，里面大概有我、张某、向某和邢某，我们每天在这里讨论股票，对于讨论好觉得不错的股票我就会让他们两个人去买，同时我也会在我管理的公司年金账户里买这些股票，因为公司审批至少需要一天或者半天的时间，而我告诉向某和邢某买什么股票时他们一般立刻就建仓或者加仓，所以陈某某账户一般就先于我管理的某公司建仓。MSN内容没有保存。我在某公司期间，陈某某账户交易过多少同样的股票我记不清了，印象比较深的有西藏发展、广州浪奇、鼎立股份、珠海中富、南岭民爆等几只股票获利比较大。

（出示59只股票）这59只股票同期交易过。

陈某某账户挣了300多万元。

2. 证人证言

（1）证人许某明（男，40岁，某公司资产管理部投资经理）

2012年7月16日证言证实：案发期间许某明任某公司资产管理部投资经理，杨某某任副经理。资产管理部管理5家企业年金计划，所购买股票从股票池中选择，比较信任杨某某，杨某某负责投资建议，即决定某段时间具体股票和交易数量，杨某某掌握许某明的账号和密码，实际进行下单交易。

（2）证人唐某（男，41岁，某公司资产管理部副经理）

2012年7月11日证言证实：公司建立股票池的流程通常情况下由研究员

向研究主管提交研究报告申请将某种股票加入基本股票池，研究主管进行审核后确定是否将股票加入基本股票池，如果要加入重点股票池则需要投资经理和行业研究员组，共同讨论通过后报投资决策委员会，审批通过后进入重点股票池。

（3）证人张某（男，32岁，某公司资产管理部投资经理）

2012年7月11日证言，证明公司投研程序，与许某明、唐某证言内容基本相同。

（4）证人赫某刚（男，39岁，吉林华威电子股份有限公司销售员）

2012年5月23日证言证实：2010年7月，帮助杨某某借用了陈某某的股票账户和银行账户。办好后，将股票的账号和密码、银行账户和交易密码告诉了杨某某，将银行账户的U盾寄给了杨某某，杨某某是陈某某股票账户和银行账户的实际控制人，也可能是杨某某的朋友。2011年11月杨某某将两个账户清空。

（5）证人陈某某（女，39岁，吉林华威电子股份有限公司财务部副经理）

证言的内容与郝某刚证言内容一致，证明应郝某刚的要求开立股票账户和银行账户，并将账户提供给郝某刚。

（6）证人向某（男，36岁，上海紫石投资有限公司投资经理）

2012年6月13日证言证实：与杨某某是朋友关系，2010年杨某某找人开立陈某某账户，并告知向某账户和密码，由杨某某决定，向某进行操作。感觉还有其他人操作。

（7）证人邢某（男，36岁，民生银行证券投行部）

2012年10月12日证言证实：与杨某某是朋友关系，2010年下半年杨某某告知陈某某证券账户，由杨某某下指令，邢某帮助操作。一般通过MSN联系。

（8）证人关某乐（男，40岁，中国电子科技集团公司）

2012年7月16日证言证明曾提供70万元由杨某某帮助炒股，2011年11月杨某某归还100万元，其中30万元是收益。

3. 主要书证

（1）证监会认定函

①证监会出具的《关于向公安部证券犯罪侦查局第一分局提供"鼎力股份"等股票涉及趋同交易的协查结果》。账户组一陈某某，账户组二某公司5个企业年金账户。趋同期间合计44个，买入价金额合计61484181.39元；其中，盈利期间24个，盈利期间实际盈利1165297.13元。

②证监会出具的《关于向公安部证券犯罪侦查局第一分局提供"广州浪奇"等股票涉及趋同交易的协查结果》。账户组一陈某某,账户组二某公司5个企业年金账户组。趋同期间54个,买入金额合计48829099.97元,其中盈利期间36个,盈利期间实际盈利金额合计2877526.19元。

③《关于杨某某等人利用未公开信息交易案有关问题的认定函》。第一,本案中涉及的"未公开信息",是指杨某某在担任某金融有限公司投资经理期间,因管理工行等5个年金账户组而掌握的有关投资决策、交易等方面的信息。第二,本案有关证券账户利用"未公开信息"所进行的股票交易与某公司年金账户组在股票交易品种及交易时机上的关联,即涉及账户先于或同期于年金账户组买入同一只股票。

(2)《某公司章程》、《某公司经营证券业务许可证》、《某公司企业法人营业执照》、杨某某的《中国证券业职业证书》。

(3)某公司出具的《证明》,证明杨某某在某公司的工作时间、职务、职权。

(4)陈某某银行账户明细,证明杨某某股票交易资金的来源、交易的详细情况、账户清空后资金的去向。

(5)陈某某股票账户明细,证明该账户股票交易的明细情况。

(6)其他书证包括:杨某某的《抓获经过》、《立案决定书》、《拘留证》、《逮捕证》、《个人身份信息》、《搜查证》、《搜查笔录》、《扣押物品清单》、《某公司员工行为准则》、《某公司股票投研流程及制度》等。

四、本案典型疑难问题法律适用解析

(一)"老鼠仓"入罪的简要分析

自证券投资基金法实施以来,证券投资基金得以迅猛发展。伴之而生的"老鼠仓"[①] 现象比较普遍,刑法却无能为力。为了维护证券、期货市场的管理秩序,切实维护投资者的合法权益,2009年2月28日全国人大常委会通过的《刑法修正案(七)》第2条规定,在《刑法》第180条基础上增加1款作为第4款:"证券交易所、期货交易所、证券公司、期货经纪公司、基金管理

---

① 基金"老鼠仓",是指基金从业人员在使用基金管理公司所有的或者管理的资金拉升某只股票的股价之前,先用个人、亲属、朋友的资金在低位买入该股票进行建仓,待基金管理公司所有的或者管理的资金将该只股票的股价拉升到高位后,将个人仓位的股票率先卖出进而获利的行为。

公司、商业银行、保险公司等金融机构的从业人员以及有关监管部门或者行业协会的工作人员，利用因职务便利获取的内幕信息以外的其他未公开信息，违反规定，从事与该信息相关的证券、期货交易活动，或者明示、暗示他人从事相关交易活动，情节严重的，依照第一款的规定处罚。""两高"在 2009 年 10 月 16 日公布了《关于执行〈中华人民共和国刑法修正案（七）〉确定罪名的补充规定（四）》，将罪名确定为利用未公开信息交易罪。司法实践中一般按该罪名只有一个量刑幅度掌握。纳入刑事诉讼中的利用未公开信息交易罪仅寥寥数个，笔者所承办的杨某某利用未公开信息交易罪为北京市的首例。

（二）杨某某属于金融机构的从业人员

本罪为特殊主体，包括两类：一类是证券交易所、期货交易所、证券公司、期货经纪公司、基金管理公司、商业银行、保险公司等金融机构的从业人员；第二类是有关监管部门或者行业协会的工作人员，比如证监会、银监会、保监会、证券业协会、银行业协会、保险业协会。本罪只有自然人犯罪没有单位犯罪。

本案中某公司的性质是投资银行，杨某某于 2008 年 3 月 10 日加入该公司，案发期间属于该公司工作人员，符合利用未公开信息交易罪主体的要求。2009 年初杨某某开始担任该公司的投资资产管理部经理，协助投资 5 个企业年金理财账户。

（三）"未公开信息"的认定

未公开信息是指在证券、期货交易活动中，除内幕信息以外的对证券、期货的市场价格有重大影响的尚未公开的信息。

对未公开信息的理解需以内幕信息为参照：第一，从信息源头和性质看，前者主要是公司运营状况、发展前景以及公司治理结构的实际信息，其对股票可能产生实质性影响，而后者主要是指内幕信息以外的未公开信息，上市公司本身并不具有或直接的关联性。第二，从信息的特征看，根据《证券法》第 60 条和第 76 条之规定。内幕信息应当具有当然的公开性特征，而未公开信息不一定就是必须要公开的信息。第三，从信息的范围来看，内幕信息通常是关涉上市公司生产、经营活动且已经发生的事实的信息，信息范围比较狭窄，而未公开信息范围比较大。

未公开信息具有如下基本特征：（1）未公开性。未公开信息不一定是当然公开的信息，还包括一些商业秘密，根据我国《反不正当竞争法》规定，商业秘密是指不为公众所知悉，能为权利人带来经济利益，具有实用性，并经权利人采取了保密措施的技术信息和经营信息。对于除了商业秘密以外的还包括应当公开的信息，对于该类未公开信息公开性的标准还包括应当参照国外关于内幕信息的实质性公开性的标准，及信息经法定方式披露，并被市场消化、吸收后，才被认定为公开。《证券法》第45条规定为5日。（2）重要性也称价格敏感性，如果确定未公开信息的重要性，也需要一个客观标准，应当参照美国最高法院以理智的投资者作为认定标准。即如果一个理智的投资者，在他做出投资时，可能认为这个被忽略的事实是重要的，那么这个事实就是重要的。（3）与上市公司无直接的关联性。

一般情况下，未公开信息包括：（1）证券交易所、期货交易所中的股票和期货交易账户的交易信息；（2）证券公司、期货公司、基金管理公司、保险公司、商业银行等金融机构拟投资或者已经投资但尚未公开的证券、期货持仓信息或者资本运作信息；（3）托管或者存管银行、期货保证金安全存管监控机构、登记结算公司的相关证券、资金及交易动向的信息；（4）正在讨论、审批、核准等行政管理或者自律管理涉及相关企业、行业发展的信息；（5）其他的内幕信息以外的未公开信息。

杨某某是该公司年金账户组的投资经理，其所管理的年金账户组投资决策信息即公司拟投资或已投资股票种类、仓位、数量等信息，不属于内幕信息，属于未公开信息。该公司的投研部研究员递交投研报告，经决策层考察后，确定该股票具有可交易性后放入公司的股票池，作为拟交易的股票。公司随后根据进一步掌握的资料，从股票池中确定持股种类、仓位、数量等。（1）从信息来源上看，并不是来源于上市公司的运营、发展前景、结构变化，而是来源于该公司投研部对股票的研究成果，经过公司的决策程序，确定是否买入、何时买入、卖出及持仓比例、金额等。（2）从信息是否公开的属性看，在杨某某利用这些信息操作之前，属于该公司内部的商业秘密，尚未公之于众。作为该公司投入股票池的股票名称，作为拟投资的股票种类，是基于公司自己的研究成果，对外是不公开的。随着这些股票的买入和卖出，实际交易的股票种类、仓位、数量等信息逐步被公开。（3）上述信息具有价格敏感性。进入该公司股票池的股票，具有潜在的交易可能性，一旦上述股票被该公司实际交易，作为大额资金买入或者卖出的信息，对证券交易价格具有一定的敏感性。作为一个正常的投资者，依据一般观念会把上述信息作为重要信息。

《关于杨某某等人利用未公开信息交易案有关问题的认定函》已将上述信息认定为未公开信息。

(四)杨某某利用职务便利掌握的未公开信息从事相关证券、期货交易活动

杨某某在该公司工作期间,能够了解公司股票池股票的情况及利用企业年金账户组交易情况,能够掌握金融机构的尚未公开的信息,具有利用这些信息交易的职务便利。

根据法律的规定杨某某不允许开立个人股票账户,该公司的工作纪律也禁止从业人员进行股票交易,杨某某规避法律规定及公司的监管,通过朋友郝某刚开立了陈某某的个人股票账户,本案目前的证据能够证明该账户为杨某某授意开立,被杨某某控制,并按杨某某的指示注销。

账户开立以后,杨某某从多处筹集420余万元作为启动资金,利用该账户进行股票交易。其具体操作方式有两种,一种是下班、出差自己亲自操作;另一种是在上班时间自己无法操作的情况下,通过MSN或者电话,指示两个操盘手向某和邢某进行操作。

证监会的认定函证明,杨某某所控制的陈某某股票账户与某公司股票趋同交易共计92只股票,非法买入10631万元,获利222万余元。也就是在该公司买入或卖出该股票3天前,杨某某抢先买入或者卖出该股票。

在证监会对杨某某进行调查后,杨某某注销该账户,转移资金,销毁物证。

综上,从客观行为上看,被告人杨某某利用所掌握的该公司的未公开信息,利用所控制的陈某某股票账户进行股票交易92只,非法牟利,属于利用未公开信息交易行为。

(五)情节严重

刑法并没有直接规定利用未公开信息交易罪的刑罚,而是规定为:"情节严重的,依照第一款的规定处罚",将刑罚引证为第180条第1款的刑罚,即犯内幕交易罪、泄露内幕信息罪"……情节严重的,处五年以下有期徒刑或者拘役,并处或者单处违法所得一倍以上五倍以下罚金;情节特别严重的,处五年以上十年以下有期徒刑,并处违法所得一倍以上五倍以下罚金",内幕交易罪、泄露内幕信息罪具有两个量刑幅度。

本案检察机关以杨某某构成利用未公开信息交易罪,且情节特别严重提起公诉。法院认为利用未公开信息交易罪只有一个量刑幅度,不存在情节特别严重,判决杨某某犯利用未公开信息交易罪,情节严重,判处有期徒刑2年。

利用未公开信息交易罪应该具有一个量刑幅度还是两个量刑幅度,理论界产生了分歧。第一种观点认为本罪应当具有两个量刑幅度,即本罪的量刑与前

罪完全相同,绝大部分刑法学者采用此观点,① 并且没有阐述两个量刑幅度的理由,显然认为是基于条文文理解释的当然规定;极少数学者持第二种观点,认为利用未公开信息交易罪应当具有一个量刑幅度,利用未公开信息交易罪只有情节严重的情况才比照内幕交易罪和泄露内幕信息罪处罚,"并未规定'情节特别严重'的条款"②。

但是理论界的倾向性意见并非司法实践中的最终选择,从目前收集的五个案件来看,法院一致认为利用未公开信息交易罪只有一个量刑幅度。

1	韩某	交易股票 14 只,非法获利 30 万元	深圳福田区人民法院	有期徒刑 1 年
2	许某茂	交易股票 68 只,非法获利 209 万元	上海静安区人民法院	有期徒刑 3 年,缓刑 3 年
3	李某利	交易股票 2 只,非法获利 1000 余万元	上海市浦东区人民法院	有期徒刑 4 年
4	季某波	交易股票 20 余只,成交金额 5000 万元,获利 35 万	重庆市第一中级人民法院	有期徒刑 3 年,缓刑 3 年
5	杨某某	交易股票 92 只,非法获利 222 万余元	北京市第二中级人民法院	有期徒刑 2 年

其中最为典型的是杨某某案,该案成交金额达立案标准的一百倍,检察机关按照情节特别严重提起公诉,而法院判决认为"指控杨某某犯利用未公开信息交易罪,情节特别严重,缺乏法律依据"③,在 5 年以下判处主刑。不同于检察官的积极追诉立场,法官们一致性地认定利用未公开信息交易罪只有一个量刑幅度,是否合法、是否合理?对利用未公开信息交易罪,对量刑幅度的不同态度,涉及对刑法条文的解读,即刑法的解释问题。"刑法解释是对刑法规定意义的说明。"④

---

① 比如,张明楷:《刑法学》(第四版),法律出版社 2011 年版,第 694 页;王作富主编:《刑法分则实务研究》(上),中国方正出版社 2010 年版,第 507 页;曲新久主编:《刑法学》(第三版),中国政法大学出版社 2009 年版,第 350 页;熊选国审定:《定罪量刑指南》(第五版),人民法院出版社 2009 年版,第 186 页。
② 还少峰、王勇、曹奇珉:《利用未公开信息交易罪在司法实践运用中若干问题的探讨》,载《上海公安高等专科学校学报》2012 年第 4 期。
③ 引自北京市第二中级人民法院刑事判决书〔2013〕二中刑初字第 215 号。
④ 张明楷:《刑法学》(第四版),法律出版社 2011 年版,第 32 页。

1. 形式解释：两个量刑幅度符合条文本意

《刑法》第180条第4款规定，犯利用未公开信息交易罪，"情节严重的，依照第1款的规定处罚"。依据刑法用语的文意，是解释为：犯利用未公开信息交易罪，只有情节严重的，才依据第1款的规定处罚，引证为第1款的第一个量刑幅度；还是解释为：利用未公开信息交易情节严重的，构成利用未公开信息交易罪，依据第一款的规定处罚，引证为第一款规定的所有量刑幅度，需要考虑每一部分刑法用语的含义。

（1）"……的，"表示罪状的表述完结

刑法规范由罪状和处刑两部分组成，"刑法分则各条文中的'……的，'是罪状的标志，即只要分则条文所规定的是具体犯罪与法定刑，那么，'处……'之前的'……的，'所规定的必然是罪状或假设条件"①。

《刑法》第180条第4款的"依据第1款的规定处罚"属于法定刑，在此之前的"……情节严重的"，均属于罪状表述。也就是说，"情节严重的"，是属于利用未公开信息罪罪状表示的范畴之内，而不是量刑条件。可以当然地得出结论是，利用未公开信息交易罪，未达到情节严重的，不构成利用未公开信息交易罪。认为利用未公开信息交易罪只有一个量刑幅度的理解，是未将"情节严重的"作为罪状理解，即利用未公开信息交易即构成本罪，如何处刑呢？在情节严重的情况下，依据第1款的规定处罚。如何处罚呢？第1款规定的情节严重的情形，处5年以下有期徒刑或者拘役，并处或者单处违法所得1倍以上5倍以下罚金，当然地排除了第1款"情节特别严重的"的适用。

刑法用语有一定规律，对刑法用语的解读应遵循刑法规范的规律，脱离规律的解读得出的结论是错误的。将"情节严重的"之前作为罪状表述，而将"情节严重的，依据第1款的规定处罚"作为处刑条件，是违背刑法用语规律的，据此推导出的两个结论——利用未公开信息交易罪不需情节严重即可构成犯罪的结论和利用未公开信息交易罪只有情节严重一个量刑幅度，都是错误的结论。

（2）"情节严重的"，属定罪情节而非量刑情节

刑法用语中多"情节严重"表述，但其性质并不相同，有定罪情节与量刑情节之分。"定罪情节是指直接说明犯罪构成事实的情状或深度，从而影响犯罪的社会危害程度，影响定罪的各种事实情况。"② "量刑情节，是在某种行

---

① 张明楷：《刑法分则的解释原理》（第二版）（上），中国人民大学出版社2011年版，第170页。

② 张明楷：《刑法学》（上），法律出版社1997年版，第345页。

为已经构成犯罪的前提下,法院对犯罪人裁量刑罚时应当考虑的,据以决定刑罚轻重或者免除刑罚处罚的各种情况。"① 定罪情节属于犯罪构成要素,是区分罪与非罪,此罪与彼罪的条件;而量刑情节不属于犯罪构成要素,是在已符合犯罪构成的情况之下,具有量刑意义的情节。

比如《刑法》第234条之一第1款规定:"组织他人出卖人体器官的,处五年以下有期徒刑,并处罚金;情节严重的,处五年以上有期徒刑,并处罚金或者没收财产。"这里的"情节严重"对组织出卖人体器官罪并没有定罪功能,属于量刑情节。无论是利用未公开信息交易罪还是内幕交易罪、泄露内幕信息罪的"情节严重",均属于定罪情节,属于犯罪的构成要件要素,不具备"情节严重"这一条件,不能依各自的犯罪处理。最高人民检察院、公安部《关于公安机关管辖的刑事案件立案追诉标准的规定(二)》第35条、第36条关于内幕交易罪、泄露内幕信息罪、利用未公开信息交易罪的立案标准的规定,即是对"情节严重"的进一步规定。

利用未公开信息交易罪的"情节严重",虽然也具有量刑意义,但属于定罪情节,属于犯罪构成要件范畴。对于《刑法》第180条第4款中"证券交易所……情节严重的"这段表述,可以替换为"犯利用未公开信息交易罪的",即犯利用未公开信息交易罪的,依照第1款犯内幕交易罪、泄露内幕信息罪的规定处罚,可以得出三种证券犯罪量刑幅度相同的结论。

(3)"依据……处罚"在无特别强调的情况下,引证该条款全部刑罚幅度

刑法中存在大量的"依据……处罚"的引证其他条款的处刑条件的规定,在刑法无特别规定的情况下,引证该条款的全部量刑幅度。

第一,单位犯罪引证自然人犯罪的处刑条件。比如《刑法》第164条第2款对非国家工作人员行贿罪的单位犯罪的规定:"单位犯前款罪的,对单位判处罚金,并对其直接负责的主管人员和其他直接责任人员,依照前款的规定处罚。"对单位犯罪可以适用第1款规定的两个刑罚幅度。如果不是引证全部刑罚幅度,则需单独规定。比如《刑法》第175条第1款规定的高利转贷罪的自然人犯罪有两个量刑幅度,第2款规定:"单位犯前款罪的,对单位判处罚金,并对其直接负责的主管人员和其他直接责任人员,处三年以下有期徒刑或者拘役。"没有规定为:"单位犯前款罪,数额较大的,依据第一款的规定处罚。"

第二,同一犯罪构成要件范畴内对某一犯罪主体或行为进行强调而引证处

---

① 张明楷:《刑法学》(第四版),法律出版社2011年版,第502页。

刑条件①。在同一犯罪构成要件的体系内，对某一犯罪主体或行为的单独规定，应当具有本罪的全部量刑幅度，否则应当特别规定。《刑法》第 201 条逃税罪的规定与利用未公开信息交易罪最为类似，第 201 条第 2 款规定："扣缴义务人采取前款所列手段，不缴或者少缴已扣、已收税款，数额较大的，依照前款的规定处罚"，第 1 款纳税人逃税规定有两个量刑幅度。如果按照对利用未公开信息交易罪一个量刑幅度的理解方式，扣押义务人所实施的逃税行为，应当只有一个量刑幅度，那么在犯罪主体和处刑幅度均存在明显区别的情况下，扣缴义务人的逃税行为应当单独设立罪名，不应从属于逃税罪。而最高人民法院和最高人民检察院并没有单独就扣缴义务人逃税设立单独的罪名。

第三，不同犯罪构成甲罪对乙罪量刑幅度的引证②。《刑法》第 125 条第 2 款规定的非法制造、买卖、运输、储存危险物质罪规定："……危害公共安全的，依照前款的规定处罚"，而第 1 款非法制造、买卖、运输、邮寄、储存枪支、弹药、爆炸物罪有两个量刑幅度，甚至有死刑的规定。显然第 2 款是引证第 1 款的全部刑罚幅度。

不仅从刑法条文的语义和体系分析可以得出利用未公开信息交易罪应当具有两个量刑幅度的结论，从实质上分析，同样能够得出对本罪有重罚的必要。

2. 实质解释：具有重罚的必要性

"犯罪对公共利益的危害越大，促使人们犯罪的力量越强，制止人们犯罪的手段就应该越强有力。这就需要刑罚与犯罪相对称。"③。利用未公开信息交易罪，交易金额动辄百万、千万，获利金额一般达百万以上，本罪的社会危害较大，如将法定刑幅度限定在五年以内，罪刑明显不相适应。

---

① 比如刑法第一百六十八条国有公司、企业、事业单位人员失职罪、滥用职权罪第二款对国有事业单位工作人员这一主体的单独规定；第二百零一条逃税罪第二款对扣缴义务人的单独规定；第二百四十八条虐待被监管人罪第二款对监管人员这一主体的单独规定；第二百八十六条破坏计算机信息系统罪对破坏计算机信息系统罪的犯罪行为的特别强调等。

② 除刑法第二百零一条的规定以外还有刑法第一百二十五条非法制造、买卖、运输、储存危险物质罪对非法制造、买卖、运输、邮寄、储存枪支、弹药、爆炸物罪的引证；刑法第一百七十四条伪造、变造、转让金融机构许可证、批准文件罪对擅自设立金融机构罪的引证；第一百九十四条金融凭证诈骗罪对票据诈骗罪的引证；第二百零九条非法出售用于骗取出口退税、抵扣税款发票罪对非法制造、出售非法制造的用于骗取出口退税、抵扣税款发票罪的引证；第二百八十五条提供侵入、非法控制计算机信息系统程序、工具罪对非法获取计算机信息系统数据、非法控制计算机信息系统罪的引证；第三百条组织、利用会道门、邪教组织、利用迷信致人死亡罪对组织、利用会道门、邪教组织、利用迷信破坏法律实施罪的引证，等等。

③ ［意］贝卡利亚：《论犯罪与刑罚》，黄风译，中国法制出版社 2005 年版，第 79 页。

从侵犯的法益角度分析，利用未公开信息交易罪，侵犯了金融管理秩序，破坏了金融市场公平竞争的环境，增加了证券发行者募集资本与市场主体参与期货合约的成本，间接阻碍实体经济的增长；侵犯了市场投资者的权益，不仅侵犯了投资者的平等交易权，其利用未公开信息抢先买入或卖出所获得的利益，与投资主体的获利损失存在一定的联系；此外，利用未公开信息交易罪还侵犯了金融行业工作人员职务忠诚性。

从犯罪手段和侵犯法益的角度，利用未公开信息交易罪与内幕交易罪，存在一定的相似之处，通常情况下，内幕交易罪因内幕信息具有高度的价格敏感性，对交易价格影响较为明显，内幕交易犯罪涉案金额普遍较大，获利较高；未公开信息对交易价格影响没有内幕信息明显，但未公开信息犯罪通常持续时间较长，个别案件涉案金额也比较高，比如杨某某利用未公开信息交易案，买入金额达1亿元以上，非法获利达200万元以上；李某利用未公开信息交易案，非法获利达1000万元以上。根据最高人民法院、最高人民检察院《关于办理内幕交易、泄露内幕信息刑事案件具体应用法律若干问题的解释》的规定，内幕交易罪和泄露内幕信息罪，成交额在250万元以上，获利在75万元以上，即构成情节特别严重。如果将利用未公开信息交易罪在5年以内处刑，对情节特别严重的犯罪处罚不仅显失公平，也不利于净化资本市场，打击"老鼠仓"等犯罪行为。

通常情况下，未公开信息属于商业秘密的范畴，利用未公开信息交易罪属于特殊领域的侵犯商业秘密的犯罪，而侵犯商业秘密造成权利人损失250万元以上，即属于造成特别严重的后果，可处3年以上7年以下有期徒刑，并处罚金。如果认为利用未公开信息交易罪只有一个量刑幅度，与侵犯商业秘密罪的量刑也严重失衡。

如果说，立法时并未考虑到利用未公开信息交易罪成交金额及获利金额特别巨大的情况，《刑法修正案（七）》颁布以后发生的几个利用未公开信息交易案的犯罪金额之高令人咋舌，加大本罪的犯罪成本不仅是合理的也是必要的。

Case 6
案件六
汪某某操纵证券市场案

一、犯罪嫌疑人基本情况及诉讼过程

犯罪嫌疑人汪某某,男,1968年11月3日出生,汉族,安徽省人,大学文化程度,某投资顾问有限公司法定代表人。

因涉嫌操纵证券市场罪,于2009年5月16日被监视居住,9月28日被逮捕。

二、侦查机关认定的犯罪事实与意见

2006年以来,汪某某先后利用亲友汪某灿、汪某丽、段某云、汪某、何某文、吴某祥、汪某祥、汪某益等人的身份证开立沪、深证券账户,并先后在中信证券、国信证券、银河证券、安信证券开立了17个用于证券交易的资金账户进行交易。同时,在工商银行开立了10个银行账户,用于存取和划转。

2007年1月至2008年5月间,汪某某利用其控制的证券资金账户和银行账户,采取"先行买入证券,再向公众推荐证券,再抢先卖出"的手法操纵证券市场达55次,并获利1.25亿元。

其行为涉嫌操纵证券市场罪。

三、检察机关依法审查后认定的事实及证据

(一)检察机关认定的事实

犯罪嫌疑人汪某某于2001年8月16日,在某区工商局注册成立了某投资顾问有限公司(以下简称"投资顾问公司"),法定代表人汪某某,注册资本100万元,汪某某与前妻赵某玲分别出资80%、20%。2002年10月,投资顾问公司增资至1000万元,二人的持股比例不变,经营范围为投资咨询、经济信息咨询、因特网信息服务等业务。

投资顾问公司于 2004 年 1 月 15 日取得证券投资咨询从业资质，基本业务是通过向社会公众发布投资咨询报告的方式，评价证券品种，预测市场走势，为公众提供投资建议。该公司发布证券投资咨询报告的媒体覆盖面较广，主要包括该公司设立的首放证券网（www.shoufang.com.cn）、新浪网、搜狐网、东方财富网、全景网、《上海证券报》、《证券时报》等媒体。除首放证券网外，其他媒体均经投资顾问公司授权或供稿，转载刊登该公司的投资咨询报告。

2006 年 7 月至 2008 年 3 月间，犯罪嫌疑人汪某某先后利用本人及 8 名亲友汪某灿、汪某丽、段某云、汪某、何某文、吴某祥、汪某祥、汪某益的身份证开立了沪、深证券股票账户，并先后使用上述股票账户在中信证券、国信证券、银河证券、安信证券开立了 17 个资金账户用于证券交易。同时，在工商银行开立了 10 个银行账户，用于证券交易资金的存取和划转。

2007 年 1 月 9 日至 2008 年 5 月 21 日间，犯罪嫌疑人汪某某利用其控制的上述股票账户和资金账户，共计交易证券 110 只，买入金额 84.19 亿元，卖出金额 86.39 亿元。其中，汪某某先后针对工商银行、中国联通、中国铝业等 38 只证券，实施了共计 55 次"抢帽子"交易的行为，即先行买入某只或多只证券→后向社会公众推荐该证券→再在其期待的价格上扬期间抢先卖出证券，从中获利。

有证据证实，犯罪嫌疑人汪某某作为投资顾问公司的法定代表人、总经理，对公司有控制决策权。案发期间，其先行买入某只或多只证券；然后在买入当天，其会在公司例行召开的集体讨论会上，要求分析师在股评分析报告中加入推荐该证券的信息，后其利用公司对外发布股评分析报告之机，通过新浪网、搜狐网、《证券时报》、《上海证券报》等多家知名媒体和网站向公众推荐其买入的证券；此后，在其期待的价格上扬期间（经查绝大部分是在买入后的第二个交易日）抢先卖出该证券。

经审查，犯罪嫌疑人汪某某实施上述"抢帽子"交易的行为，共计 55 次，买入金额 52.6 亿余元，卖出金额 53.86 亿余元。其中，交易盈利 45 次，获利 150785934.71 元；交易亏损 10 次，亏损 25028335.21 元，共计净获利 125757599.5 元。

（二）认定上述事实的证据

上述事实有如下证据证实：
1. 犯罪嫌疑人供述和辩解

汪某某在侦查阶段的供述是逐渐转变的。前两次供述中，其辩解是接受 8 位亲属的委托，代为操作股票账户。

自第三次供述起,其供认将自己的资金打入代为管理的亲友账户中,投资股票获利。并承认其通过抢先交易的方法获利主要分为两种情况,一部分是其与投资顾问公司集体讨论的决策相同时,在投资顾问公司没有公布市场分析报告前,其先行买入证券,等市场分析报告向公众推荐后,再卖出证券;另一部分是在其得知投资顾问公司决策后,先于当日收市前偷偷买入相关股票,待公司将市场分析报告向公众推荐后,再卖出证券。其供认自2007年初至2008年5月间,以此种方式共获利人民币1.25亿元。

但其对此有以下辩解:

(1)认为其买卖股票的行为是短线技巧,是先研究市场信息再卖出股票。证监会认定其"抢帽子"交易的数量只占其个人股票交易数量的三分之一,交易量只占四分之一。而其买卖股票的交易模式都是相同的,都是第一天买第二天卖出。

(2)其买卖的均为大盘股,其个人的资金量和交易额均不足以造成操纵有关证券价格的后果。

(3)投资顾问公司的推荐行为不是其操纵的,推荐股票是有相关程序的,包括集体研究讨论等。

(4)证监会认定的55次交易获利额1.25亿,认为只有一半是抢先交易,另外的不认为是。第一个是交易所对其有优惠政策,交易的手续费低,这一部分有3000万的利润。第二个是有两次公司推荐的股票,国家政策的利好导致的上涨,不是其影响的,具体是2008年3月23日公布印花税降低,还有一次是中信证券的有一个十送十的信息公布,这两只股票获利2500万。第三个是这55次交易中有一次其买的和公司推荐的不一致,这次获利500万左右。

综上,汪某某的供述及辩解,可以证明其实施了"抢帽子"交易的行为,具有利用抢先交易的方式谋取非法利益的主观故意,并实际达到了获利目的。但不承认具有操纵证券市场的故意和行为。

2. 证人证言

(1)投资顾问公司员工证言

①董某(男,35岁,投资顾问公司咨询部经理)

投资顾问公司每日上下午各开一次分析会,分析大盘,然后每日休市后,在公司首放网站上发布《掘金报告》,共有四个部分。掘金报告中推荐的个股,均由汪某某决定,公司从未集体讨论推荐个股。投资顾问公司在证券业影响较大,网站点击率达十七八万次,汪某某还主编出版了两本书《板块掘金涨停技法》、《牛市涨停赢家》。

②陈某（男，32 岁，投资顾问公司投资业务部研究员）

每个交易日收盘后，汪某某组织业务部的人（有董某、杨某、杜某、其本人）和副总梁某明开会，汪某某下达当日公司推荐的股票，有时是个股，有时是多支，有时是板块。其和大家一起按照汪某某推荐的股票，结合有关股票的相关利好消息，撰写文章分别发表。其主要为上海证券报和电视媒体制作文字内容，杨某负责为中国证券报供稿，杜某为证券时报供稿，董某和梁某明负责编写当日的《掘金报告》，并在报告中加入推荐的股票信息。公司其他人员在收盘之前均不知道汪某某将要推荐哪支股票或哪个板块。汪某某荐股时直接就是结论，其不知道汪的分析判断依据是什么。

③龚某萍（女，37 岁，投资顾问公司职员）

公司在网上发布《掘金报告》。《掘金报告》由汪某某审核拍板。公司知名度很好，网站点击率在 10 万次以上，公司出过书，汪某某还受邀到中央台做过节目。

证明：以上三名证人均是投资顾问公司的职员，证言相互印证，证实犯罪嫌疑人汪某某在投资顾问公司对公众发布投资咨询建议或分析报告过程中，参与讨论过程，并对推荐个股或推荐板块具有最终决定权。同时证实投资顾问公司网站的点击率达到 10 余万次/日以上。

（2）股票账户开户人证言

①汪某灿（汪某祥之子）（男，27 岁，农民，住安徽省安庆市怀宁县）2008 年 11 月 20 日证言节录

自己不炒股，2007 年 10 月曾将身份证借与汪某某，但汪某某未对其讲过炒股的事。另外，2008 年 4 月，汪某某让其帮忙取现。

②汪某丽（汪某祥之女）（女，33 岁，农民，住安庆市怀宁县）2008 年 11 月 20 日证言节录

没有委托他人炒股，2007 年借身份证给汪某某，不知干什么用。

③吴某祥（保姆何某芹之夫）（男，52 岁，新民小学教师，住安徽省巢湖无为县）2009 年 2 月 24 日证言节录

本人不炒股票，身份证在 2006 年到北京时丢了，当时是去汪某某家看其妻子何某芹（保姆）。本人身份证被用来开立股票账户的情况不清楚。

④汪某祥（汪某某大哥）（男，58 岁，农民，住安庆市怀宁县）2008 年 12 月 16 日、2009 年 2 月 23 日证言节录

没有委托他人炒股，自己的身份证及老婆、儿子、女儿的身份证也借给过汪某某。证监会开始调查投资顾问公司期间，同汪某某见面并提供帮助的事实。

⑤汪某益（汪某某三哥）（男，45岁，超市职员，住安庆市大观区。2008年6月，投资顾问公司接受证监会调查期间，其帮助汪某某转移涉案资金8460万元，因涉嫌洗钱罪，已于2008年12月26日被逮捕）2008年11月16日、21日证言节录。

其曾经炒过股票。2008年3月，其将身份证借给汪某某，在武汉一个证券营业部和一个工商银行开了股票账户和存折，并由汪某某炒股使用，其本人不参与。证监会开始调查投资顾问公司期间，同汪某某见面并提供帮助的事实。

上述证人证言证明：均证实本人的身份证曾借汪某某使用，本人不炒股，也没有委托汪某某代为炒股理财。

3. 书证

（1）中国证券监督管理委员会出具的《关于汪某某操纵市场行为认定意见的函》。附《关于某证券投资公司咨询报告发布后相关证券价格和交易波动情况的分析报告》。

证明：犯罪嫌疑人汪某某利用其控制的证券投资咨询机构向公众推荐证券的特殊地位和影响，在公开推荐前买入证券，公开推荐后卖出，人为影响或意图影响证券交易价格以谋取巨额私利，扰乱了正常的市场交易秩序，侵害了公众投资者的利益。汪某某的上述行为违反了《证券法》第77条第1款第4项禁止的"以其他手段操纵证券市场"的规定，并涉嫌构成《中华人民共和国刑法》第182条规定的操纵证券市场罪。

（2）某投资顾问有限公司相关工商材料、资格证书、经营许可证等。

证明：投资顾问公司成立日期2001年8月16日；注册资本1000万元；末次年检时间2008年4月22日（2007年度）。2003年11月26日取得因特网信息服务业务许可，开通了域名为www.shoufang.com.cn的北京首放网；2004年1月15日，取得中国证监会颁发的证券投资咨询业务资格（除证券公司以外的企业）。

（3）相关互联网、报纸等媒体出具的情况说明及投资顾问公司在上述媒体上发布的证券市场分析文章等。

东方财富网——投资顾问公司主动供稿或转载

新浪网——投资顾问公司授权刊登

搜狐网——投资顾问公司投稿

上海证券报——投资顾问公司提供

证券时报——作者投稿和编辑约稿

全景网（证券时报电子版）——发稿或转载

投资顾问公司在互联网、报纸等媒体上发布的证券市场分析文章等。

证明：投资顾问公司在上述媒体发表过的分析文章及发表时间。同时证实各大媒体投放的上述分析文章是由投资顾问公司供稿或授权的，而非犯罪嫌疑人汪某某所辩解的"文章的刊发是被各大媒体转载的，投资顾问公司没有主动向他们供稿"。

（4）汪某某使用本人和借用他人身份证件开立的证券公司资金账户、股票账户资料及相关交易水单。

证明：犯罪嫌疑人汪某某在中信证券等五家营业部交易证券的品种、交易时间、交易方向和交易额等情况。

（5）汪某某使用本人和借用他人身份证件开立的用于银证互转或第三方存管的银行资金账户开户资料、对账单。

证明：汪某某使用上述银行账户通过银证互转等，相互划转资金的情况。

（6）涉案关联账户抢先交易一览表。

证明：犯罪嫌疑人汪某某涉嫌操纵证券市场犯罪涉及的38只股票交易情况统计表，是认定其非法获利数额的依据。

需要说明的问题：认定该交易数额的原始依据是涉案证券营业部出具的对账单，认定盈利1.25亿余元。此外，证监会曾以交易所数据为依据做过统计，盈利额为1.218亿余元，但该交易所统计数据没有将涉案的"汪某益"账户内非法获利0.277亿余元计算在内。由于按照营业部的数据统计，已将犯罪嫌疑人汪某某支付的相关税费、佣金等费用扣除，即为其操纵证券市场买卖证券的净盈利，数额为1.25亿余元，该数额低于交易所的1.49亿余元，故承办人最终以营业部数额为准，确定犯罪嫌疑人汪某某的非法获利数额为人民币1.25亿余元。

（7）市场禁入决定书〔2008〕23号。

（8）行政处罚决定书〔2008〕42号。

4. 其他证据

户籍证明、法律手续、到案经过、案发经过、扣押物品清单、北京西城法院行政裁定书2份、执行通知、安庆市第六人民医院诊断证明书。

四、本案典型疑难问题法律适用解析

（一）证据方面

本案现有证据包括犯罪嫌疑人供述、证人证言、书证等，取证程序合法、所采信的证据内容真实有效，上述证据材料间具有关联性，能够相互印证、形成证据链条，可以证实的事实是：

1. 犯罪嫌疑人汪某某作为投资顾问公司的法定代表人、总经理，对公司有控制决策权。该公司职员董某、陈某、龚某萍等人的证言证实，公司对外发布的《掘金报告》中有关推荐股票的内容，是由犯罪嫌疑人汪某某决定的，而非经过集体讨论。

证人董某证言证实《掘金报告》中推荐的个股，均由汪某某决定，公司从未集体讨论推荐个股。证人陈某证言进一步证实每个交易日汪某某会组织开会，并下达当日公司推荐的股票，汪某某荐股时直接就是结论，然后大家按照汪某某推荐的股票，结合有关股票的相关利好消息，撰写文章发表。

2. 涉案资金账户和股票账户均由犯罪嫌疑人汪某某实际使用和控制。汪某灿、汪某丽、汪某祥、汪某益、吴某祥等证人的证言均能证实，汪某灿等8人自己不炒股，也没有委托犯罪嫌疑人汪某某代理炒股，并证实犯罪嫌疑人汪某某曾向其本人借用过身份证，上述8人每人名下的股票账户和用于炒股的资金账户，均不是其本人实际使用和控制的账户。

犯罪嫌疑人汪某某对此虽有辩解，称是接受他人委托代理炒股，但该辩解与上述证人的证言相矛盾。且在侦查阶段后期，犯罪嫌疑人汪某某也承认自己是利用上述8人的账户，投入自有资金进行炒股获利，并在炒股过程中，实际使用并控制上述资金和股票账户。

3. 犯罪嫌疑人汪某某利用其控制的股票账户和资金账户，实施了"抢帽子"交易的行为。

中国证监会的认定意见及本案的相关证据，包括涉案资金账户和股票账户的资金划转记录、股票交易记录，以及相关投资顾问公司公开发布的股评分析报告等，能够证实犯罪嫌疑人汪某某于2007年1月至2008年5月间，在交易"工商银行"、"中国联通"等38只股票、权证的过程中，实施了先期买入证券，然后利用投资顾问公司对外发布的股评分析报告，通过媒体向公众推荐该证券，并在推荐证券信息公开后即刻卖出该证券的行为。经核查，犯罪嫌疑人汪某某通过上述"抢帽子"交易行为，买入证券金额共计52.6亿余元，卖出证券金额共计53.86亿元，操纵证券市场55次，非法获利人民币1.25亿余元。

犯罪嫌疑人汪某某承认其实施了上述交易证券的行为，但辩解是短线投资技巧，否认实施了操纵证券市场的行为，并辩称其短线交易行为（资金量、交易量等）不可能达到操纵证券市场的结果。汪某某同时承认其抢先交易的行为是不道德的，但否认具有操纵证券市场的故意。

(二) 定性方面

1. 罪与非罪问题（争议的焦点）。

操纵证券市场罪，是指以法律明令禁止的各种方法，操纵证券市场，情节严重的行为。《刑法修正案（六）》第 11 条明确规定了操纵证券市场的四种行为：

（1）单独或者合谋，集中资金优势、持股或者持仓优势或者利用信息优势联合或者连续买卖，操纵证券交易价格或者证券交易量的（连续交易操纵）；

（2）与他人串通，以事先约定的时间、价格和方式相互进行证券交易，影响证券交易价格或者证券交易量的（约定交易操纵）；

（3）在自己实际控制的账户之间进行证券交易，影响证券交易价格或者证券交易量的（洗售操纵）；

（4）以其他方法操纵证券市场的。

犯罪嫌疑人汪某某的行为不符合上述（1）—（3）项的规定，而关于能否适用"（4）其他"条款的规定来认定其构成操纵证券市场罪，现存在以下几个问题：

第一，法律依据问题。

对于"抢帽子"交易的行为，刑法没有明确规定为操纵证券市场的行为。本案侦查机关认定的主要依据是中国证监会的认定意见：犯罪嫌疑人汪某某利用其控制的证券投资咨询机构向公众推荐证券的特殊地位和影响，在公开推荐前买入证券，公开推荐后卖出，人为影响或意图影响证券交易价格以谋取巨额私利，扰乱了正常的市场交易秩序，侵害了公众投资者的利益。汪某某的上述行为违反了《证券法》第 77 条第 1 款第 4 项禁止的"以其他手段操纵证券市场"的规定，并涉嫌构成《中华人民共和国刑法》第 182 条规定的操纵证券市场罪。

而证监会的认定依据虽然引用了《证券法》，但也是适用了"其他"条款，实质上其依据的是《中国证券监督管理委员会证券市场操纵行为认定指引（试行）》的相关规定，即证券市场操纵行为，是指行为人以不正当手段，影响证券交易价格或者证券交易量，扰乱证券市场秩序的行为。但该《指引》并非行政法规，也不对外公开，仅是证监会证券行政执法的指导性文件。并且，该指引中规定的操纵行为要求"影响证券交易价格或者证券交易量"，而本案由于行为本身的特点，不像其他典型的操纵市场案件那样有明显的量价变化，现有证据仅能证实"整体上看，量价高于大盘指数"。因此，本案是否属于《指引》规定的市场操纵行为存在争议。

第二,"情节严重"的认定标准问题。

本罪要求"情节严重"才能入罪,而关于"情节严重"的认定标准,没有明确的法律规定。尽管2008年3月5日最高检、公安部颁布了《关于经济犯罪案件追诉标准的补充规定》,对操纵证券、期货市场行为的追诉标准作了规定,但列举的各种标准,均不能对本案汪某某的行为结果是否达到"情节严重"作出明确界定。

第三,因果关系问题。

犯罪嫌疑人汪某某"抢帽子"交易行为与证券交易价格、交易量异常之间,是否具有必然的因果关系,现有证据不足。

根据《中国证券监督管理委员会证券市场操纵行为认定指引(试行)》的相关规定,证券市场操纵行为,是指行为人以不正当手段,影响证券交易价格或者证券交易量,扰乱证券市场秩序的行为。

影响证券交易价格或者证券交易量,是指行为人的行为致使证券交易价格异常或形成虚拟的价格水平,或者行为人的行为致使证券交易量异常或形成虚拟的交易量水平。

所称致使,是指行为人的行为是证券交易价格异常或形成虚拟的价格水平,或者证券交易量异常或形成虚拟的交易量水平的重要原因。

从上述中国证监会证券行政执法的指导性文件所规定的内容分析,在行政执法过程中,认定行为人的行为是操纵证券市场的行为,要求证实交易价格或交易量的异常同行为人的行为具有重要的关联。

从法理上分析,认定行为人的行为构成犯罪,也要求必须有证据证实该行为同行为结果之间,存在必然的因果关系。但由于本案中的"抢帽子"交易的行为特点,不同于以往典型的操纵证券市场行为。前者是通过先持有后公开荐股再卖出,实现获利,后者则是借助资金、持股优势等实施连续交易、约定交易或者通过洗售操纵,实现获利。

典型的操纵证券市场行为,可以通过收集一段时间内,相关证券交易价格和交易量的数据,印证该证券是否受到操纵行为的操纵,但犯罪嫌疑人汪某某实施的"抢帽子"交易行为对相关证券交易价格和交易量的影响,通过现有技术不能取得充足的证据加以证实,无法排除汪某某荐股的同时,存在其他影响证券量价变化的因素,因此客观上无法证实因果关系。

因为存在上述三个问题,所以一种意见认为,犯罪嫌疑人汪某某的行为不构成犯罪。本案的辩护律师通过专家论证(高某瑄、周某鸾、赵某志、陈某良、张某辉),也提出了"现有证据不能认定汪某某构成操纵证券市场罪"的无罪辩护意见：

（1）从行为的性质上看，汪某某的行为性质属于利用某证券投资公司咨询报告中的未公开信息买卖证券，不属于操纵证券市场。

（2）从行为的严重程度上看，汪某某的行为虽然获利1.25亿元，但仍没有达到操纵证券市场罪中的"情节严重"程度。

（3）从处罚的必要性上看，综合汪某某的行为情节和中国证监会的行政处罚内容，没有必要对汪某某予以刑事处罚。

承办人认为：犯罪嫌疑人汪某某在2007年1月至2008年5月间，实施了"抢帽子"交易行为55次，交易金额高达上百亿元，非法获利1.25亿元，其行为扰乱了证券市场秩序，具有社会危害性，应当受到处罚。

关于罪刑法定原则，承办人认为刑法不可能对现实生活中的各种情况加以事前规范，特别是在市场经济领域，不可能做到一一列举。因此，立法者通过规定"其他"条款，为司法者自由裁量提供了法律依据。当然，司法机关也不能据此就无限扩大"其他"的外延，无限制地发挥自由心证，而是要根据立法本意，谨慎适用自由裁量权。

结合本案，对于《刑法》第182条不完全列举的例示性规定，只要证实"以其他手段操纵证券市场"的情形与列举的三种操纵市场情形类似、具有"相当性"，就可以适用该条款。承办人认为，犯罪嫌疑人汪某某通过实施"抢帽子"交易的手段，实现操纵证券市场的目的，其实质同刑法列举的典型的操纵市场是一样的。典型的操纵是利用资金优势或持股优势实现对市场的操纵，而汪某某则是利用信息优势——其本人的名气等地位优势、投资顾问公司的特殊地位和影响、知名网络、报刊等媒体受众广泛的优势——公开推荐证券，影响投资者对市场和趋势的判断，实现操纵市场的目的。

当然，由于本案行为的特殊性，使得犯罪嫌疑人汪某某对于市场的操纵能力及程度与刑法明示的三种典型市场操纵手段存在一定的差别，但承办人倾向认为这并非本质差别。且中国证监会出具的认定意见也将汪某某"抢帽子"交易的行为界定为"以其他手段操纵证券市场"的行为。对于刑法已作了"其他"规定，而在实践中出现的具有争议的新型手段，作为行业主管部门做出的认定应是具有法律效力的，故本案的操纵行为基本可以认定。

关于本案是否满足"情节严重"的构成要件的问题，犯罪嫌疑人汪某某利用信息优势，影响投资者的判断，从中获利，行为本身破坏了证券市场公平、公正、公开的原则，实施"抢帽子"交易金额高达上百亿元，个人非法获利上亿元，上述情节都有证据证实，是客观存在的。但因为刑法对"情节严重"没有明确的司法解释，造成在判断上述情节是否达到严重程度的问题上，无法可依，缺少判定标准。

同时，证实汪某某的行为同证券市场量价异常的因果关系，由于客观原因导致证据不足。中国证监会出具的《相关证券价格和交易量波动情况的分析报告》显示，某证券咨询公司咨询报告发布后，相关证券的交易价格和交易量在整体上出现了较为明显的上涨。即个股开盘价、当日均价明显提高；集合竞价成交量、开盘后 1 小时成交量成倍放大；全天成交量大幅增长；当日换手率明显上升；参与买入账户明显增多；新增买入账户成倍增加。上述结论是客观真实的，但证据不足在于无法证实上述量价变化同犯罪嫌疑人汪某某的行为之间是否具有必然的因果关系，不能排除有其他因素影响相关证券的量价变化。

综上所述，由于本案的"抢帽子"交易行为是我国刑事司法实践中从未追究过的行为类型，刑法及相关行政法规都存在一定"空白"，导致在本案行为能否认定为操纵行为、行为同结果间的因果关系认定以及对于"情节严重"的入罪标准的把握等问题上存在分歧。因此，认定汪某某构成操纵证券市场犯罪，有一定风险。承办人认为，根据本案证据所体现的事实，犯罪嫌疑人汪某某的行为具有一定的操纵证券市场的性质和相关的社会危害性，对本案的处理从某种程度来说具有示范效应，通过判定其行为的刑事违法性，可以更好地达到规范证券市场秩序的目的。因此，承办人建议尝试起诉，但由于起诉存在风险，为保证法律效果和社会效果的统一，提请法律和金融证券方面的专家对上述问题进行论证，并向上级机关汇报，以妥善处理本案。

2. 在认定犯罪嫌疑人汪某某的行为构成犯罪的前提下，引申出以下两个问题：

（1）此罪与彼罪问题——操纵证券市场与内幕交易犯罪之区别。

内幕交易罪，是指证券、期货交易内幕信息的知情人员或者非法获取证券、期货交易内幕信息的人员，在涉及证券的发行，证券、期货交易或者其他对证券、期货交易价格有重大影响的信息尚未公开前，买入或者卖出该证券，或者从事与该内幕信息有关的期货交易，情节严重的行为。

目前为止，全世界将"抢帽子"交易认定为犯罪的仅有德国的一个判例，该案在法院裁判过程中，一审法院认定构成内幕交易罪，二审法院终审判定构成操纵证券市场罪。犯罪嫌疑人汪某某利用推荐证券信息操纵市场行为与内幕交易行为在很多方面是非常近似的，但二者还是有区别的，最根本的区别在于目的不同。利用推荐证券操纵的行为中，推荐信息的形成和公开均是为犯罪嫌疑人卖出证券，操纵市场服务的。而内幕信息则不具有这种特点。

通过现有证据不难看出，犯罪嫌疑人汪某某对于其推荐证券的选择和信息发布时间的选择，均是为了配合其操纵证券市场非法获利服务的。即在推荐该只股票、权证前，先期买入，然后利用投资顾问公司对外发布荐股信息，待信息公布后该股票、权证价格上涨时，抢先卖出非法获利。因此，犯罪嫌疑人汪某某的行为更符合操纵证券市场犯罪的特点，应当认定其行为构成操纵证券市场罪。

（2）个人犯罪与单位犯罪问题。

一种意见认为本案应认定为单位犯罪，理由主要有两点，一是汪某某本人没有证券分析师资质，其是利用投资顾问公司的投资咨询资质，对外荐股，实施"抢帽子"交易的，实践中一般是对证券从业人员或机构进行规范和处罚；二是汪某某的非法获利尽管在其个人及其控制的银行账户和股票账户中，但投资顾问公司自成立到其后的经营运作，均由汪某某个人出资，公司本身基本没有经营性收入。因此，汪某某的个人资金同投资顾问公司的资金实质上是同一的。

但承办人认为，本案是犯罪嫌疑人汪某某的个人犯罪，而非投资顾问公司的单位犯罪。

首先，投资顾问公司是合法成立并得到证监会认可的证券投资咨询机构，且其成立后从事的是合法的证券投资咨询等业务。

其次，犯罪嫌疑人汪某某在实施"抢帽子"交易过程中，仅是利用投资顾问公司的资质及网络平台，通过对外发布股评分析报告，向公众推荐证券，从而达到操纵证券市场非法获利的目的，其买卖证券使用的是其个人控制的股票账户、资金账户及其自有资金，最终获取的非法利益也由其个人占有。

因此，应当认定本案是犯罪嫌疑人汪某某的个人犯罪。

3. 需要说明的问题：

中国证监会已对犯罪嫌疑人汪某某操纵证券市场的违法（证券法）行为进行了行政处罚（没收其违法所得 125757599.5 元，并处以罚款 125757599.5 元），故在处以刑责时，应结合行政处罚的事实，对其酌定从轻处罚。

Case 7
案件七
何某某、杨某某集资诈骗案

一、犯罪嫌疑人基本情况及诉讼过程

犯罪嫌疑人何某某，男，1938年1月7日出生，汉族，大学本科文化程度，北京中矿三峰实业有限公司法定代表人，户籍地为黑龙江省大庆市。

犯罪嫌疑人杨某某，女，1955年11月15日出生，汉族，初中文化程度，北京中矿三峰实业有限公司办公室主任，户籍地为北京市崇文区。

2008年1月23日15时民警在宣武区马连道将杨某某抓获。2008年1月24日10时民警在朝阳区将何某某抓获。犯罪嫌疑人何某某因集资诈骗罪于2008年1月24日被北京公安局东城分局刑事拘留。犯罪嫌疑人杨某某因涉嫌集资诈骗罪于2008年1月23日被北京公安局东城分局刑事拘留。公安机关以集资诈骗罪将上述二犯罪嫌疑人移送我院审查批捕，经审查，我院于2008年2月23日批准对二人以非法吸收公众存款罪逮捕。现二犯罪嫌疑人均押于北京市东城区看守所。

二、侦查机关认定的犯罪事实与意见

起诉意见书认定：犯罪嫌疑人何某某、杨某某，自2005年5月至同年10月间，虚构其所经营的北京中矿三峰实业有限公司拥有吉林省延边自治州龙井市三峰山价值9600亿元人民币的安山岩矿（评估价值实为1.3亿余元人民币），并谎称有50年的开采权（实为13年），以集资购买矿山设备为由，并以月利息7%的高息返利、3个月偿还本金为诱饵，以购买股权认购书的虚假形式，在东城区对外非法进行集资，先后骗取被害人许某淑、张某敏等50余人，共计金额810万余元。

二人行为触犯《中华人民共和国刑法》第129条之规定，构成非法吸收公众存款罪。

三、检察机关依法审查后认定的事实及证据

（一）检察机关认定的事实

犯罪嫌疑人何某某以集资为目的，于 2005 年 3 月成立北京中矿三峰实业有限公司，并聘请犯罪嫌疑人杨某某为其筹集资金。二犯罪嫌疑人对外宣传公司拥有人民币 1 亿元的注册资本（实缴为人民币 100 万元），谎称该公司拥有吉林省延边自治州龙井市三峰山评估价值为人民币 9600 亿元安山岩矿的五十年开采权（该矿山实为吉林三峰实业有限公司拥有 13 年的开采权，评估价值人民币 1.3 亿余元，但北京中矿三峰公司与吉林三峰公司之间并无资产关联。何某某曾任吉林三峰公司法定代表人，但此时因股权变更、法定代表人更换、其已仅为非控股股东），以筹资资本购买矿山设备为由，以月利息 7% 的高息返利、3 个月偿还本金为诱饵、吸引新人对介绍人返利等手段，以交付股权认购书的虚假形式，在东城区对外非法进行集资，先后骗取被害人许某淑、张某敏等 50 余人，共计金额 810 万余元。上述款项全部打入杨某某个人账户后提取。其间变更至朝阳区百环家园继续对外做虚假宣传，后因被多次催要钱款，曾向部分人员小额支付利息，并销毁股权认购证及存根，搬离办公场所。根据二嫌疑人供述共集资 200 余人、3000 余万元，截至移送起诉，核实被害人为 54 人、涉案金额 800 余万元。经公安机关侦查，集资款未存入北京中矿三峰实业公司银行账户，其建设银行中航科贸支行的基本账户中第一笔存入系注册资本转存的 100 万元，其后资金陆续转出，其中数笔转入其子何某杰名下，现该账户余额为百余元，国贸支行和华夏银行账户的余额总数不足百余元；何某某称集资款投入其成立的三峰盛世、三峰智业等四家公司［其中以何某某或中矿三峰名义出资，四家公司注册资本总计（240 万元）］，但无任何集资款使用账目，四家公司无任何实际生产经营情况，无任何证据证明四家公司系何某某利用集资款成立。现何某某及杨某某表示无力偿还，经查二人账户中无资金可偿还被害人。

（二）认定上述事实的主要证据

1. 被告人供述和辩解

（1）犯罪嫌疑人何某某供述：

我和王某国商量成立公司融资，来到北京，北京市东城区政协的辛某刚给介绍了朋友杨某某，帮助集资，一个月能够集资 3000 万元，他还能帮助我们从山东借款 8000 万元，用来还款，之后几次接触，2005 年 1 月杨某某去考察，之后 2005 年 2 月开始集资，以吉林三峰的名义集资，2 月集资 200 多万

元,于是开办了中矿三峰实业有限公司,王某国办理手续,集资是以借款方式,具体杨某某办理,3个月还本,利息7%。当时给股权认购证明是说给大分红,结果公司没有办起来。投资人200多人,3000多万元。北京中矿开办了四个下属公司。集资的时候说明了是为了买设备。公司进行录像,杨某某制作光盘。我拿走1100多万元,其他钱用于还利息。集资款没账本,存根和股权认购我烧了,因为占地方。吉林三峰是军工企业,1998年接手我成为法人(法定代表人),2003年买断,2005年底变更为黎某锋,2006年变更为王某国。

北京中矿没有开采权。为了集资聘请的杨某某,杨某某制订的方案。2006年2月王某国借款80万元用于还集资款。2004年我见到杨某某的身份为吉林三峰法人。(另一供述)我们和杨某某谈的时候明确了可以认购股本也可以借款。2005年彻底和吉林三峰没有关系了。账户都是融资款没其他业务。我把股权抵押了可以做项目还款。

2008年1月24日我在劲松中街被抓。2005年2月至10月这段时间,我以开发矿山防腐石的名义在北京进行集资。参与集资的主持人是我,聘请杨某某具体负责操作,北京中矿三峰实业有限公司我是法人(法定代表人)。我在北京注册的公司准备开采吉林三峰山矿石。吉林三峰矿石我是股东之一。矿石的总价值在9600亿元,去年评估一千亿元人民币。北京中矿三峰公司没有(吉林)矿山开采权。我来北京就是想融资,把企业做强,寻求合作伙伴。我在北京的集资地点在东城区,集资中向出资人演示的录像是在富力城办公室录制的。光盘中介绍北京中矿三峰公司有吉林三峰山开采权,我自己理解,我是吉林三峰实业有限公司的股东。我明知在京注册的北京中矿三峰实业公司是没有开采权的。我主要是想通过宣传把企业形象搞得好一些增加投资人的信任。我确实忽视了集资是政府不允许擅自进行的,来北京是想通过北京的环境,寻求到有实力的合作伙伴,但说心里话,融资确实以前不懂,怎么才能不触犯法律,确实不清楚。

我是2005年3月成立的北京中矿三峰公司,注册资金1亿元,不是实际出资,是通过办照公司办的,是辛某刚推荐杨某某具体操作集资的事情,是为了集资聘请的杨某某,2005年2月聘请的杨某某,之后去延边考察,杨某某带着万某鹏第一次去考察的,是延边的龙井市郊的三峰山,她实地去的目的是看看有无开采权。我录制的光盘是2005年3、4月,我在富力城录制的,杨某某制订的集资方案,3个月还本,每月支付利息,按10%计息,以股本的形式认购(每股1元),集资方案经过我的同意,集资的款项进入有现金的,我直接收走了,进入杨某某个人银行账户的,再提出来交给我。我从杨某某处拿走的集资款共计1100万元,我给杨某某写的收据。

集资款的用途，我在北京注册了四家公司，目的是通过再注册公司做其他经营，尽快筹措到资金到矿山的开采，2005年2月，开始集资就注册了北京三峰盛世有限公司，第一家做中科院的保健品；第二家北京三峰智业科技发展有限公司，做北京化工大学的壁画散热器；第三家北京三峰昊恒经销公司做板材生意；第四家是黑龙江三峰矿业家用电能科技开发有限公司。分别投入的集资款是200万元人民币、330万元人民币、78万元人民币，最后还有世界华人才艺小姐大赛投资了100万元。北京中矿三峰各项费用大概200万元。因为集资的利息太高，我们不敢把收到的钱马上就用于开采矿山上，而且每月收到的集资款也不是太多，投入到矿山上也是肯定要打水漂，我才在这种情况下，把钱用在了再注册公司从事其他经营的方式，弥补资金的缺口，起码不能让出资人血本无归，我就是这么想的。

对出资人的宣传是公司购买开矿山的进口设备，大家以认购股本的形式，矿山的价值（指9600亿元）在宣传中也做了介绍，出资人是充满信心的，如果这样告诉他们，资金挪作别的项目，会引起意想不到的麻烦，所以就没有告诉出资人。

我开始给杨某某定的是每月5000元，从我这没给她，她自己拿没拿，我就不知道了，还有万某鹏、罗某农他们的工资是杨某某定的，怎么发，发多少，我没干涉。

何某杰是我儿子，他没有参与集资。后来注册公司，还是王某国（中矿三峰实业现在的副总）让他当的公司法人（法定代表人），我给何某杰的公司投了330万元，这些钱的来源，他不知道，后来何某杰从杨某某那里拿过1笔20万元，他公司急用，后来有没有还我就不知道了，何某杰怎么跟杨某某谈的我也不知道，2005年2月到10月总共集资不到1200万元。杨某某具体还了多少利息我不知道，她主持具体集资，通过运转，也就是利息的比例使得1000多万元的集资成了3000多万元，2006年2月王某国为了出资人的钱，从吉林三峰公司借了80万元，打进了杨某某的卡，给出资人还款，这个结果我确实没有想到，原本指望着在北京成立的四家公司能有起色，但事与愿违了。

（2）犯罪嫌疑人杨某某供述：

2001年退休后做过安利和网上远程教育，挣了几万块钱，2005年至今在北京中矿三峰公司工作，职务是主任，具体是向投资人介绍公司的情况，给投资人播放光盘，收款。我知道公安机关是因为北京中矿三峰公司向投资人借款的事情找我。北京中矿三峰一共向250多人借款，有2人是合伙用1个人的名义借的，总借款金额共计3020万元，时间是从2005年2—10月。北京中矿三峰是2005年3月成立，法定代表人何某某，注册地点是海淀区广源大厦，经营范围是除国家法律禁止的经营，办公地点在富力城和东城区，何某某和王某国在富力城，我在都市阳光小区，是我替公司租的。北京三峰公司法定代表人是何某某，负责公司的全面工作，同时是单位的董事长，王某国是副总经理，我也不知道他负责什么具体工作，副总经理辛某刚，何某某的助手。2004年我在北京电子显示器厂的同事辛某刚先后找过我好几次，向我介绍吉林三峰实业有限公司有一座防腐石的矿山，全世界这种矿石都很少，公司的法定代表人是何某某，这个人非常好也很有能力。现在这个公司开采这座矿山缺少资金，想让我帮忙介绍一些人，为公司引资，一开始约我几次见面，我都没见，后来我觉得这个项目不错，就同意和他们见面。第一次是2004年10月左右，在亚运村的一家酒店，当时辛某刚带着何某某、王某国，我带着万某鹏，主要由何某某介绍，何某某称吉林三峰实业有限公司前身是军工厂，转为民企后他接手这个公司，公司地点在吉林延边自治州政府龙井市三峰山，公司有一座防腐石矿山，全世界只有2座，另一座在德国，现在已经开采得差不多了，当时的评估是1.3亿，但是这个评估不全面，如果全面评估，这座山能估10多个亿，现在公司资金不多，听辛某刚说我比较有能力，人缘比较好，请我帮忙为公司引资，购买设备，提高开采率，需要二三千万元。现在公司正在引进资金，很快就可以把钱还了，另外他还做了一些自我介绍，辛某刚、王某国也都说何某某非常有能力。后来我们又谈了两三次，都是我们一起谈的，万某鹏劝我不要做，我对何某某比较信任，在2005年春节我和万某鹏一起去吉林延边考察，何某某他们公司的两个副总经理和一个书记接待的我们，我们到他们公司看了有关的手续，营业执照、税务登记证、开采许可证等。还看了矿山、厂房、厂房内有一些机器设备，都比较陈旧。去考察之前，我们5个人谈的时候，我和何某某商量采取集资的方式向社会引资，高息返利，我们就商定先10%利息引资，借期3个月，等来的人多了再将利息降到7%，最后降到3%。考察完后，我决定帮他们引资，于是租了都市阳光的办公楼。开始我想让万某鹏帮助介绍公司情况，后来因为他说话有口音，大家不爱听，我就从投资人里找了罗某农来负责介绍公司的情况，找了孙某负责记账，万某鹏和我一起给何某某送钱，我们在公司录制何某某介绍公司的情况，我在东四十条东侧一条街的小店里一共刻制了五六十张光盘，来公司的投资人都是熟人介绍，来了以后给他们看光盘，我和罗某农给他们介绍公司的情况，投资的人主要是交现金，我负责收现金，有的他们把钱直接存入我的银行账户上，我和孙某给他们开借据或股权认购书。2005年2月我们开的都是盖有吉林三峰实业有限公司印章的借据；2005年3月，北京三峰成立后，我们开的都是北京三峰的股权认购书，收上来的现金，如果比较多，我们就当天送到富力城，如果少我们就凑几笔以后，再给何某某送去，有的我把钱直接存在何某某的银行账户上。我记不起为什么要股权认购书了，好像是投资人提出的建议，他们当时好像是说如果还不上还可以分公司矿山，这样就改股权认购书了，但实际还是借款。我的银行账户一个是工商银行、一个农业银行、一个建行、一个中国银行，建行和中国银行的都没怎么用，现在都想不起账户和开户行了。何某某的银行账户，有工商银行、建设银行，记不清了，往他卡里存钱的次数和金额都不多。北京三峰银行的账户我知道有两个，一个在建设银行，一个在华夏银行，具体不清楚。集资款都交给何某某了，何某某说矿山用了一部分，办公和房屋用了一部分，保健品的公司用了一部分，三峰盛世、三峰智业用了一部分，北京三峰注册用了100万元。这些都是何某某跟我说的。三峰盛世、三峰智业都是北京三峰的下属公司。截止到2005年10月20日，具体返了投资人多少钱我也不知道，我也不太清楚，但是返利都有记录，记录都给何某某了，三峰公司的账我在去年春节都给何某某了。我在三峰公司的工资是一个月5000元，没有提成，就发到我2005年9月。我直接在集资款里扣除工资。何某某以三峰公司的名义给我一份聘书，聘任我为北京三峰北京办事处办公室主任。我本人一共投了17万元，有11万元是个人名义的，另外6万元是和吴某清投的，我本人的投资没有都拿回来，孙某、罗某农都投钱了，我们2006年3月份从都市阳光搬出，因为我们给的租金少，房主又找了一家，我们就搬了。2006年2月春节前，公司不能给利息和本金，我就说何某某和大家解释一下，结果，王某国代表公司，带着2个人，在都市阳光给六七十个投资人开了会，我也在场，王某国对大家说：

我当时和万某鹏去谈，也经过考察，我们商定融资，给7%利息，最后降到3%，于是租赁了都市阳光的房子，从投资人里找罗某农负责介绍。2005年2月我们开的借据，3月开始开股权认购证明。中矿三峰的。是借款人提出的开股权认购证明，将来可以分矿山，于是改的，实际还是借款。我投了11万，我开始找的安利的朋友。后来我们从都市阳光搬到百环家园了。北京三峰一共集资5000多万元，200多人，公司都是按照何某某的指示走钱。2005年10月停止收钱。何某某说的，说资金马上到位。我和何某某制订的集资方案。

当时何某某没对我说真话，其实他在2005年初的时候就和吉林三峰没有关系了，吉林三峰公司具有开采权，但是2005年夏天他才告诉我，当时我还问何某某集资怎么办，他说从亚洲集团找1亿资金马上到账，到了10月连利息都拿不出来了，于是停止了，何某某说他的钱马上到账了。

2. 被害人陈述及相关书证

（1）万某鹏陈述：

我是2004年春在颐和园游玩时认识杨某某。大概2005年3—4月我给北京中矿三峰公司投资了人民币50多万元。北京中矿三峰公司给我开的股权认购证。现在认购证在湖北家中。2005年春节杨某某向我推荐投资北京中矿三峰实业公司。当时杨某某说她认识的一个朋友叫何某某，是吉林省延边三峰实业有限公司的法人，吉林三峰公司准备投资吉林延边三峰山防腐石矿的开采，但公司因购买设备需要资金，如借钱给公司可以获取利息7%，3个月还本。开始我不信，提出要去实地考察。2005年春节期间，何某某、杨某某亲自陪我去延边自治州考察，我去了三峰实业有限公司、去了三峰山岩矿、见了三峰实业公司的党委书记、工会主席、副厂长等。考察后我基本相信了何某某、杨某某所说的情况。2005年3月何某某在北京成立了北京中矿三峰实业有限公司，何某某自称在北京成立公司是要把公司做大、做强，做成世界知名企业，所以我就投资了北京中矿公司。我的50万元都是现金。我是分两次交给杨某某。在东城区北京中矿三峰公司的办公地交给杨某某。50万元实际上是借款。何某某、杨某某说以购买公司股权这样的形式较为合法，股权证实际上与借条的形式差不多。我的股权证是杨某某开给我的。我到目前为止没有得到北京三峰公司的任何回报。本金利息都没有收回来。2005年12月我仍然没有拿到返利，就找了何某某和杨某某，他们保证到时连本带利还给我，每次都是往后拖，推托公司目前资金周转不开。我不知道多少人参与借款给北京中矿三峰公司。杨某某在北京中矿主要负责收款、做账。有时也向投资者宣传公司。

（2）被害人许某淑陈述：

2005年9月，我认识的一个朋友夏某理向我介绍这个公司缺少资金，向外借款，目前的利息是每月7%，借期3个月，趁现在利息高赶快加入，以后利息将降为3%，过了几天，夏某理带我去新中街都市阳光小区内的该公司办公室，接待我们的是杨某某，她向我们介绍公司实力非常雄厚，拥有天下第一防腐石——吉林三峰山50年的开采权，现在公司需要买设备，办工厂需要资金，现向社会募集资金，借期3个月，利息7%，到期连本带息一起还清。10月10日这期是7%，下期就降为3%。2005年10月10日上午，我在农业银行分理处把2万元人民币存入北京中矿三峰实业有限公司杨某某的农业银行卡号9559980014260739××××。存完后，我告诉杨某某了，她对我说拿存款凭证来换收款凭证。我和杨某某见面时，她给了我一张名片，上面有她的卡号，农行和工商银行，杨某某说可以把钱拿给公司，也可以将钱存入她的银行卡。当时她介绍时，还让我看了一张光盘，光盘中是何某某的讲话，介绍公司情况等。我交钱后过了两天，拿着存款凭证到中矿三峰公司找到杨某某，我把存款凭证交给了杨，她交给我一张早已写好的股权认购证，认购书上盖有北京中矿三峰实业有限公司财务专用章和何某某人名章。我当时问杨某某，为什么给我股权认购书，我是借该公司的钱，不是想认购股份。当时杨和孙某等人都说没问题，我就同意了。2005年10月26日，该公司通知我去领奖励费，我到该公司领了200元，从孙某处领的，孙某告诉我，夏某理从我的款里提走了800

元。我听加入的人说过,如果能介绍他人加入,或者存入的资金数额大的,都有提成。至今没有给过我本金和利息。2005年11月我到该公司很多人要钱,当时何某某来了,他说马上有一笔钱能到公司,等钱到了给大家还钱。但是一直也没有还,2006年春节,公司给每个人还了2000元,2007年春节,给每个人还了100元,后再给杨某某打电话,她总是说快到账了,给何某某打电话,总不接电话。2006年10月,该公司法定代表人换成了王某国,当时办公地点在百环家园,何某某也在场,他们都有还款承诺,我只有股权认购书没有借款凭证,交款前该公司从始至终都说是借款,没有说购买股权。他们给我的都是股权认购书,还说让我交两张照片,办理企业职工工作证,这样和职工借款就合法了,我没有办。我损失17800元。夏某理也借过三峰公司钱,分两次借的,具体我不清楚。

附带书证:《股权认购书》等。

(3)被害人张某敏等六十余人陈述及相关书证(略)。

3. 证人证言

(1)王某国证言

北京天然三峰公司法人是我,我也是中矿三峰的股东之一。该公司法人何某某,2005年建立,何某某60%,我20%,吉林三峰1%,其余的人为吉林三峰和大庆公司的工人,公司注册在海淀区紫竹院,公司成立半个月后办公地点转移到了富力城,后来2005年7月公司搬走,我就不知道了。其业务主要是开发矿石的业务,何某某往上海、武汉卖矿石,他还和化工学院等单位联系,具体做什么不知道。我主要负责中矿艺术方面的。拍了一部电影叫网络少年,2006年我到矿山处理业务。吉林三峰和中矿三峰没有合作协议,当时两家公司法人都是何某某,中矿实际注册用了100万元,其余的一年补充,当时何某某想用吉林三峰的钱来补充,但是后来黎某锋控股了,黎某锋不同意就没有到位。

2004年底何某某、辛某刚和我说想融资,说山东一个朋友借给公司钱,我当时想搞合资企业,没有同意提议,2005年10月何某某和我说借了别人钱想还钱,于是我以个人名义向黎某锋借款80万元,本来这个钱是还给州政府的钱。

(2)阎某光证言

2007年6月5日14时30分在海淀区鸿基商务酒店作证称:我是天然三峰公司法人代表。天然三峰公司控股吉林三峰公司。吉林三峰公司于1999年7月26日成立,法人何某某,2004年4月该公司股权发生变动,何某某450万元、王某国450万元、黎某锋100万元,2005年3月变更法人为王某林,股权结构变更为何某某150万、王某国150万、黎某锋690万、王某林10万元。

2006年5月变更法人为王某国，北京天然三峰公司850万元，何某某150万，2007年4月法人变更为自己，2006年6月何某某将自己的150万元转让给杨某斌，但我们现在找不到杨。2004年的时候何某某成立中矿三峰，但是具体做什么的不清楚。中矿三峰和吉林三峰没有任何关系，我听说吉林三峰有10%的中矿股份但是吉林三峰没有任何股东知道，除了王某国以外，没有经过董事会同意。吉林三峰具有开采权，但是没有给中矿三峰。

4. 其他证据

（1）何某某的银行账户情况。

（2）股权认购证明28份，共计金额101万元。

（3）中矿公司支票两张，共计15万余元。

（4）吉林三峰公司章程修正案，2006年6月11日天然三峰公司出资850万元，何某某150万元修改为杨某斌150万元，天然三峰850万元。

（5）声明。北京天然三峰有限公司股东声明天然三峰的法人为王某国，阎某光通过不正当手段取得法人资格。

（6）关于吉林三峰公司尽快履约的通知。

四、本案典型疑难问题法律适用解析

（一）证据方面

1. 关于北京中矿三峰注册资本问题

本案中多名被害人表示看到北京中矿三峰公司营业执照上注册资本1亿元，因此相信了杨某某等人宣传的公司实力很强，何某某本人供述北京中矿三峰是由代办工商登记的中介办理注册，实际上没有1亿元的注册资本，而从卷宗中现在调取的材料看，其在建行中航科贸支行开立的企业基本账户（卷12P5），并没有1亿元的存款，而营业执照的复印件上虽然在经营范围一栏内加注括号（实缴资本100万元），但是该公司是2005年3月29日核发营业执照，而2006年1月1日新《公司法》实施后，才允许严格的法定资本制改为授权资本制（第26条："有限责任公司的注册资本为在公司登记机关登记的全体股东认缴的出资额。公司全体股东的首次出资额不得低于注册资本的20%，也不得低于法定的注册资本最低限额，其余部分由股东自公司成立之日起2年内缴足；其中，投资公司可以在5年内缴足。有限责任公司注册资本的最低限额为人民币3万元。法律、行政法规对有限责任公司注册资本的最低限额有较高规定的，从其规定"）。北京中矿三峰为何在2005年3月可以采用仅仅缴纳注册资本1%的方式成立一个注册资本1亿元的公司，工商登记是否允许这种情况，何某某虚报如此大的注册资本，其主观目的是什么？是否为了用于欺骗被害人？这些问题应当进一步分析。

2. 关于赃款的数额、用途和下落

（1）根据二犯罪嫌疑人的供述均系集资3000余万元，但目前报案查明的，为800余万元。

（2）用途：何某某供述没有用于矿山开采权，因此将募集的钱款用于开立公司，后由于经营不善，导致无力偿还。但是，2005年8月22日成立的北京三峰智业（注册资本100万元、工商备案出资人情况显示为何某某30万元、何某杰40万元、王某国30万元），2005年6月9日北京中矿三峰实业出资1万元、吕某荣出资39万元成立的北京三峰盛世科技发展有限公司（注册资本40万元），2005年8月2日成立的北京三峰昊恒营销有限公司（注册资本100万元、工商登记投资者为陈某20万元、何某某80万元），即使把这些全部相加，也只有240万元的投入，与二人募集的款项还有很大差距，而这些公司都没有实际的经营情况，只有何某某自己称投资失败。

（二）定性方面

公安机关移送审查批捕罪名是集资诈骗罪，我院审查批捕是非法吸收公众存款罪，公安机关移送起诉的罪名是非法吸收公众存款罪，承办人认为，本案应定性为集资诈骗罪。

根据刑法第176条的规定，非法吸收公众存款罪是指非法吸收公众存款或者变相吸收公众存款，扰乱金融秩序的行为。根据1998年7月国务院发布的《非法金融机构和非法金融业务活动取缔办法》第4条的规定，是指未经中国人民银行批准，向社会不特定对象吸收资金、出具凭证，承诺在一定期限内还本付息的活动。所谓变相吸收公众存款，是指未经中国人民银行批准，不以吸收公众存款的名义，向社会不特定对象吸收资金，但承诺履行的义务与吸收公众存款性质相同的活动。非法吸收公众存款罪的犯罪客体是单一客体，即国家的金融管理秩序。集资诈骗罪与非法吸收公众存款罪在客观上都表现为非法集资的行为，二者区别的关键在于是否以非法占有为目的。集资诈骗罪行须具备非法占有集资款的犯罪目的；非法吸收公众存款罪则是企图通过募集资金进行营利活动，侵犯的主要是资金的使用权以达到非法获利目的，主观方面不具有非法占有目的。何某某、杨某某的行为不是单纯的非法吸收公众存款的行为，不符合非法吸收公众存款罪的构成要件。理由如下：

参照1996年《关于审理诈骗案件的解释》的规定，有下列情形之一应当认定集资诈骗具有"非法占有目的"：（1）携带集资款逃跑的；（2）挥霍集资款，致使集资款无法返还的；（3）使用集资款进行违法犯罪活动，致使集资款无法返还的；（4）具有其他欺诈行为，拒不返还集资款，或者致使集资款无法返还的;最高人民法院2001年1月21日下发《全国法院审理金融犯罪案件工作座谈会纪要》(法〔2001〕8号),"(三)关于金融诈骗罪关于集资诈骗罪的认定和处理和金融诈骗犯罪主观故意的规定——对于行为人通过诈骗的方法非法获取资金,造成数额较大资金不能归还,并具有下列情形之一的,可以认定为具有非法占有的目的:(1)明知没有归还能力而大量骗取资金的;(2)非法获取资金后逃跑的;(3)肆意挥霍骗取资金的;(4)使用骗取的资金进行违法犯罪活动的;(5)抽逃、转移资金、隐匿财产,以逃避返还资金的;(6)隐匿、销毁账目,或者搞假破产、假倒闭,以逃避返还资金的;(7)其他非法占有资金、拒不返还的行为。

北京中矿三峰公司成立后,以谎称具有吉林矿山的开采权为手段,大肆进行非法集资活动,未发现有其他经营业务或其他经营收入。何某某、杨某某以高额回报为诱饵进行非法集资活动,并使用小额后期集资款用于偿还前期投资人的利息回报。北京中矿三峰实业有限公司及何某某、杨某某本人均无能力履行对被害人所做高额回报的承诺,且何某某系采用编造虚假的合作项目和隐瞒集资款真实用途等欺诈方法进行集资,并致使涉案的集资款无法返还。其主观上对其非法集资行为最终会造成被害人实际经济损失的后果是明知的,这一点从何某某本人不保留与被害人等签署的股权认购书上也可以得到印证。故何某某、杨某某具有非法占有的目的,其行为应属于集资诈骗的性质。何某某、杨某某集资诈骗数额特别巨大(现已查实的为800余万元),诈骗对象多为退休的老年人,且给被害人造成了巨大损失未能追回,可能判处无期徒刑以上刑罚。

本案中,虽然犯罪嫌疑人称虽然财产不能归还,但自己将钱款用于投资经营,企图以此否决非法占有的主观故意,承办人认为,认定是否具有非法占有为目的,应当坚持主客观相一致的原则,既要避免单纯根据损失结果客观归罪,也不能仅凭被告人自己的供述,而应当根据案件具体情况具体分析。根据最高人民法院2001年1月21日下发《全国法院审理金融犯罪案件工作座谈会纪要》(法〔2001〕8号),"对于以非法占有为目的而非法集资,或者在非法集资过程中产生了非法占有他人资金的故意,均构成集资诈骗罪。在处理具体案件时要注意以下两点:一是不能仅凭较大数额的非法集资款不能返还的结果,推定行为人具有非法占有的目的;二是行为人将大部分资金用于投资或生产经营活动,而将少量资金用于个人消费或挥霍的,不应仅以此便认定具有非法占有的目的"。本案中,何某某所供述的钱款为3000万元,即使就现在查明的800余万元而言,其用于投资经营的也是只占很少一部分,而且是分文没有投入他向被害人宣传的项目,因为北京三峰公司根本就不具有这个项目的开发权;2005年8月22日成立的北京三峰智业(注册资本100万元、工商备案出资人情况显示为何某某 30 万元、何某杰 40 万元、王某国 30 万元），2005 年 6 月 9 日北京中矿三峰实业出资 1 万元、吕某荣出资 39 万元成立的北京三峰盛世科技发展有限公司（注册资本 40 万元），2005 年 8 月 2 日成立的北京三峰昊恒营销有限公司（注册资本 100 万元、工商登记投资者为陈某 20 万元、何某某 80 万元），即使把这些全部相加，也只有 240 万元的投入，与二人募集的款项还有很大差距，而这些公司都没有实际的经营情况材料，只有何某某自己称投资失败。

（三）量刑情节方面（法定情节、酌定情节）

犯罪数额：金融诈骗犯罪定罪量刑的数额标准和犯罪数额的计算。金融诈骗的数额不仅是定罪的重要标准，也是量刑的主要依据。在没有新的司法解释之前，可参照 1996 年《最高人民法院关于审理诈骗案件具体应用法律若干问题的解释》的规定执行。在具体认定金融诈骗犯罪的数额时，应当以行为人实际骗取的数额计算。对于行为人为实施金融诈骗活动而支付的中介费、手续费、回扣等，或者用于行贿、赠与等费用，均应计入金融诈骗的犯罪数额。但应当将案发前已归还的数额扣除。据此，就认定本案中二犯罪嫌疑人集资诈骗金额为 800 余万元人民币。

Case 8
案件八
钮某某、郑某集资诈骗案

一、犯罪嫌疑人基本情况及诉讼过程

犯罪嫌疑人钮某某，女，1954年2月7日出生，满族，初中文化程度，无业。因涉嫌非法吸收公众存款罪，经北京市崇文区人民检察院批准，于2006年4月12日被北京市公安局崇文分局逮捕。

犯罪嫌疑人郑某（钮某某的丈夫），男，1953年5月23日出生，汉族，初中文化程度，北京翀绰投资顾问有限公司法定代表人。因涉嫌非法吸收公众存款罪，经北京市崇文区人民检察院批准，于2006年4月12日被北京市公安局崇文分局逮捕。

二、侦查机关认定的犯罪事实与意见

犯罪嫌疑人钮某某伙同其夫郑某自2005年以来以借款返还高额利息为手段（每1万元返还利息1000元至1250元不等），在崇文区非法吸收姚某平、付某霞等人存款700余万元，后二人逃逸。

侦查机关的意见：二人行为触犯《刑法》第176条之规定，涉嫌非法吸收公众存款罪。

三、检察机关依法审查后认定的事实及证据

（一）检察机关认定的事实

犯罪嫌疑人钮某某自2004年7、8月开始以高息对外集资。形式是以钮某某个人名义打借条。开始时月息25%，每月结一次。这一时期的客户只有她的朋友孙某等两三人。从2005年春开始，钮某某把息提高到每天2.5%，偿还期缩短到5天结一次。客户共有十余人，大多是孙某介绍来的。2005年5

月，以郑某及杜某（钮某某与前夫之子）为股东的北京翀绰投资顾问有限公司成立（郑某任法人、经理）。钮某某和郑某的解释是孙某建议他们成立一个公司，这样能有个办公地，免得客户老往家里跑。大约有三分之一的借款条在钮某某等人的签名落款处加盖了翀绰投资公司的印章（其中四张由郑某与其共同署名，一张由杜某与其共同署名）。根据钮某某和郑某两人的口供，该公司自成立后没有进行任何经营活动，也没有任何其他收入（现无公司账本，据钮某某说可能被在公司当会计的儿媳董某谊带走）。经补侦，调取了该公司的银行对账单，对账单中显示该公司无大额资金往来发生。

关于集资目的，在审查起诉阶段，钮某某供述自己是为了经营葡萄园需要资金而集资。据其供述，2002年年初其与河北省怀涞县土木镇的葡萄种植基地签了700多亩的承包协议，每年交土地使用费每亩60元以及2%的管理费，并与其子杜某成立了庆生葡萄庄园有限公司。头两年平整土地等，到2004年，又要立桩又要挖渠资金紧张，所以才开始高息集资，并称集资的钱共投入葡萄园50万元左右。钮某某的丈夫、犯罪嫌疑人郑某对于葡萄园经营情况的供述与钮某某基本一致，但不能提供具体数字。而在侦查卷宗中，除了在谈到集资款用途时钮某某说过一句投入葡萄园30万元以外，关于集资的原因，钮某某只说是想做生意赚钱，没有谈到过葡萄园。经补侦，调取了该葡萄园的有关书证材料以及曾为钮某某记账的会计徐某春和为其照看葡萄园的罗某义证言，基本证实上述情况，但关于葡萄园的投入，只调取到2002—2003年的账目，证实钮某某向葡萄园投入30余万元。而集资开始后，即2004年以后的账目就没有。徐和罗在2004年以后也都不再为其工作，但徐证实"2005年他们应该投入了60万元"。至于收益，由于2004年以后没有账，只由证人证言证实收益不佳，"应该是赔钱，因为2004年才开始有一些收成，但收成也不好"。而根据该基地出具的证明，庆生葡萄庄园有限公司已因2005年未年检而被吊销执照。此外，钮某某曾就兴建葡萄酒厂问题向基地提交过可行性报告。在该报告中，酒厂项目"累计净现金流量第5年出现正值，税后财务内部收益率为28.55%，投资利润率为33.36%，投资回收期为6年"。

根据客户的证言，钮某某对他们宣称的集资目的分别有以下几种：从国外引资建葡萄酒厂、承接首钢搬迁工程、通过哥哥河北省长钮某生的关系从上面拿石油批文、由哥哥钮某牛从中央银行批30年3亿元无息贷款急需运作资金等。但这些证言大多比较单一，相互印证的关系不强。其中，钮某某承认自己说过从美国和瑞士引资500万元，并称这两件事一件正在运作，一件因费用问题没运作成，但均不能提供联系人电话地址等具体证明。至于首钢搬迁工程，钮某某称纯属玩笑话。关于通过哥哥钮某生拿石油批文及无息贷款的事，钮某某坚决否认自己说过。钮某某称大部分客户根本不关心投资用途，只关心利息。在这些客户中，付某霞夫妇和姚某平曾去葡萄园看过。钮某某还向其中个别客户提供假房本以做担保。

关于数额，同样由于都是现金，并且没有账本，只能依据借条、被害人证言和嫌疑人口供结合认定。存在的问题是，钮某某辩解借条中是把本金和利息合在一起写的，但大多数客户在侦查机关所作的笔录中都未谈到借条金额包含利息。目前只找到两三名客户，经向他们核实，能够部分印证钮某某的说法，数额认定具体附后。

关于集资款去向，由于本案基本都是现金，并且账本不在案，因此只有钮某某口供。其称除了2005年春葡萄园起苗的费用以及日常施肥、打药、人工费等共计50万元左右，另有付贷款、租金及少量日常花费共几十万元，其余集资款全部用于返利息。"其实我现在自己算了算，这么多钱我自己用上的没多少，都还利息了。2005年7月，我就想不干了，因为息太高期限太短，钱上不来了。客户老来找，我们没钱还，9月12日我离开公司。"9月底，钮某某和郑某到石家庄租房躲避直至案发。但根据有证据证实的集资数目减去返利数目（即本案认定的犯罪数额）700余万元仍然去向不明。虽然其供述的返息数额较大的客户均查找不到，如孙某辉投资180万元，返还本息360万元等。但这已经是返利最高的了，其他人均未能拿回本金。因此根据现有证据，本案至少有600万元左右的集资款去向不明，实际损失特别巨大。

钮某某对于自己行为的认识，一方面承认自己以这样高的利息和这样短的偿还期来集资是根本不可能偿还的，而且也承认自己除葡萄园外并无任何其他经营活动也没有其他任何收入，并供述"自从集资以后我根本没时间精力搞别的项目，开始利息就太高了，天天想办法。最开始25%的月息其实也不可能还上，但是当时我想不了那么多了，这是我一生中最糊涂的事。"但是另一方面，钮某某坚决不承认自己具有非法占有的目的，她辩称自己集资的初衷是为了经营葡萄园，虽然利息太高，但因着急葡萄园要吃要喝，只想着多集点钱，钱的去向也主要是返利息，没想过要非法占有。

关于郑某在本案中的行为和作用，现有证据证实，客观行为方面，郑某与钮某某共同签署过4张借条，并加盖了公司印章，借条金额500余万元，实际金额200余万元，郑某还帮助钮某某取过钱。并且被害人周某旭证实"郑某和钮某某的儿子也说尽量多搞些钱，事情马上就成功了"。但在主观故意方面，郑某以前在侦查机关的笔录曾经承认知道利息等，在审查起诉阶段郑某翻供，辩称自己与钮某某是二婚，钮某某的许多事情都不告诉他，而且在钮某某开始以个人名义向别人借钱时自己一直在石家庄，钮某某非要用他的身份证注册公司他只好同意了，公司成立后钮某某就让他回北京给她开车。平时钮某某到公司上班他就在一边玩电脑，经常有人来找她问她什么时候还钱。"我虽然签了四张条，但是我什么也不知道。因自己是挂名法人，有几个人把钱借给钮某某时要求他也在借条上签名，钮某某就让他签了，但他们怎么谈的自己一点都不知道。而且说到底我认为这是债权债务纠纷，不应该是犯罪。"但郑某一直承认自己对于钮某某的入不敷出有感觉："当时我就觉得这事不对，我跟钮某某说你这样整天拆东墙补西墙，没钱根本就干不了什么事，这样下去肯定不行。她说不用我管。她根本不听我的，我能怎么办，难道我还跟她离婚吗？但当时我并不知道利息这么高，我只知道5天一结。后来我们跑到石家庄以后她才告诉我利息。""我从来没有鼓动过别人投资，我只是替钮某某取过钱。"钮某某在侦查阶段曾证实过一次："他知道我以公司名义对外吸收存款，但具体资金、利息他基本不管，但他知道是以高息为条件才能吸收到大额存款。"在审查起诉阶段，钮某某证实郑某什么都不知道，也不懂，自己的事都不告诉他，后跑到石家庄后他才知道利息这么高。

关于偿还能力，经查钮某某名下共有三辆车（钮某某称均已抵债）和一套房（分期付款），都买自集资之前，但在集资之后继续还贷。目前三辆车已在网上被查封，但均无下落。据侦查人员介绍，房子因贷款未还完，银行不同意查封，现侦查机关要求物业予以暂时冻结。而其葡萄园业已抵债转让给他人，并已几经易手（转让的具体情况尚不清楚）。

（二）认定上述事实的主要证据

1. 犯罪嫌疑人的供述与辩解

（1）犯罪嫌疑人钮某某的口供

2006年3月20日：

我对付某霞说我们公司就是搞投资的，每周10%的利息返还，一周一结，当时她不信，还让我抵押点东西，我就办了一套假的房本给了付某霞好让她相信，第一次成功后，我适当返她点利息。后来她就逐步相信我，不断在我公司投资。

2006年4月2日：

我们公司从注册之后一直没有经营业务，也没有进行投资活动。成立公司的目的就是以公司名义对外借钱。因为以个人名义肯定别人不愿意借给你，而以公司名义事情就好办了。我们没有跟对方说是用于什么，就说是投资用。并且跟他们讲孙某通过借钱给我们，从原来只穿着背心、裤衩到现在又买别墅又买车的例子。使他们相信我们的事业很大，返点利息又高。在我们这投资肯定赚钱。这样他们也就没深究我们用钱干什么，放心地把钱借给我们了。

2006年4月13日：

实际上我也没进行过什么投资，也不可能有比每天2.5%的利息更高的投资利润。我就是想把场面搞大在短时间内能获得更多的投资，没考虑后果的严重性。基本上所有的投资者不关心钱干什么用了。只关心利息是多少,多长时间能返还。我就跟他们说是用于投资了。他们刚开始时都相信我们公司事业很大,肯定有能力付给他们利息。

审查起诉阶段口供:

2002年年初我和河北省怀涞县土木镇政府的葡萄种植基地签了承包协议,700多亩,每年交土地使用费每亩60元,每年还要交2%的管理费,一共26年。我现在交了四年了。头两年平整土地花不了多少钱,到2004年,又要立桩又要挖渠一下子资金紧张,孙某给我出主意,从2004年7、8月开始以高息吸收资金。开始时月息25%,以个人名义打白条,每月结一次。没过多长时间,我感到一个月很快过去了,利息就产生了,钱都没来得及做什么就要返息了,解决不了我的问题。我就想还要找正规渠道,否则这样下去负担越来越大,我就掉到这个坑里出不来了。2005年春天,杜某娥给我介绍了美国郑华投资集团,投资方案是在半年内分期投资,3年以后开始收取一定比例的利润,13年收完。我当时预期的葡萄园的资金需求也就是几百万元,5年以后可以建酒厂要6千万元,那个以后再说。之后,美国总公司的郑总飞来考察我的葡萄园,表示很感兴趣,准备把手头的一个项目报告作完后就作我这个报告。他走后几周还给我打电话说已经向总部汇报了,总部很感兴趣,以后可能要派国际律师来。这个事就等他消息。我的资金还是跟不上,每个月的息还要付。我跟孙某商量,她就把她以前的客户介绍到我这儿来做了。2005年春天开始,按客户的要求把利息提成了每天2.5%,5天一结。当时我着急,集资已经陷进去了,钱还不上我必须得接着找钱。其实我现在自己算了算,这么多钱我自己用上的没多少,都还利息了。最开始25%的月息其实也不可能还上,但是当时我想不了那么多,只想解决眼前的事,葡萄园要吃要喝。2005年5月,钱越来越紧张了,孙某建议我成立一个公司,这样能有个办公地,免得客户老往我家跑。2005年7月,我就想不干了,因为利息太高期限太短,钱还不上来了。客户老来找,我们没钱还,9月12日我离开公司。

郑某就知道我和一些人借钱,为了葡萄园,具体的都不知道,到最后闹起来了他才知道是这么高的利息啊。我和客户谈的时候他有时候在,但他不一定能听全,我认为他不一定能明白。他对财务情况不清楚,只是有时帮着去取钱,但我没告诉他为什么。他还签过几张借条,是我让他签的,他也没问。

(2) 犯罪嫌疑人郑某的口供

2006年3月6日:

我这个公司任何产品也不生产,也不销售任何产品。就是收取他人存款,返还高额利息。我知道我爱人在2004年7月、8月、9月开始收客户的钱。在公司成立以前，我爱人都是在我家里收取客户的钱。

2006年3月8日：

我和我爱人听孙某说，"你们没有公司，别人不会轻易相信你们"。我们就得到了提示，由我爱人于2005年4月着手注册公司，以我的身份证注册登记的。成立一家公司好让别人相信我们有一定的实力，可以放心地向我们投资。有十多人到我们公司投资，我都不认识。一周按五天计算，一周利息为20%或25%不等，每周一结。共吸收了多少我不清楚，大概得有六七百万元。这些钱全部还给客户利息了。（问：你们还有其他收入吗？将客户的投资进行过其他盈利项目的投资吗？）没有，基本上是用后面的钱补前面的窟窿。

2006年3月20日：

肯定还不完。因为欠下的窟窿越来越大，到最后也弄不来钱了，只能是形成一个大窟窿，全都还不上了。大家都堵到公司来要钱，我们就跑到石家庄。一直待到2006年3月被警方抓获。（问：你和钮某某是否采取了积极措施弥补对方的损失？）没有采取任何实际措施。

2006年4月2日：

因为我与钮某某以前有一定的债务，就是想吸引更多的投资还以前的账。我爱人也想过将借来的钱进行其他投资盈利，但实际上刚吸收过来的钱，还未进行投资就得偿还先前的利息。（问：什么项目可以四周将资金翻一倍？）没有。（问：既然知道无法偿还为什么还要继续做？）就是能多扛一天算一天，希望能有更多的投资者来。

审查起诉阶段口供：

钮某某向别人借钱这事我知道，但具体的她没和我说过。2002年钮某某和她儿子成立了怀涞县庆生葡萄庄园有限公司，签了700多亩地，从当地雇了一个人给管着，找了二三十个农民工，我不参与。2004年我估计可能是人工费等开销的资金紧张，钮某某开始向别人借钱，我见过有人上我家去过。钮某某跟这些人借钱就说是经营葡萄园，其中有些人还去葡萄园看过。借钱的利息我不知道，我们家的事她做主，她办的事也不告诉我。我那时在石家庄开歌厅，不怎么回北京。2005年春节钮某某说孙某建议我们开个公司，一是借钱的人不用老上家里去找，二是以后还可以干别的。她说用我的身份证办公司。我说干吗用我的，我又不在北京，用你儿子的多好，她说他还年轻。我就同意了。办完照后她就让我回北京给她开车。她到公司上班我就在一边玩电脑，经常有人来找她问她什么时候还钱。当时我就觉得这事不对，我跟钮某某说你这样整天拆东墙补西墙，根本就干不了什么事，这样下去肯定不行。她说不用我管。但当时我并不知道利息这么高，我只知道5天一结。后来我们跑到石家庄以后她才告诉我利息。2005年清明前后，起苗还有水电费什么的往葡萄园投入了一些钱，数目不清楚。后来一直弄借钱还钱的事也顾不上了。偿还期这么短根本不可能投到葡萄园。我还上付某霞那取过两次钱。我们没有别的收入，钮某某老梦想着天上掉钱。2005年八九月，公司快不行了，付某霞两口子还有两个我不认识的人来找钮某某，让她把利息加上重新算出个借条，钮某某写好后，付某霞说我是法人非让我签名，我就签了，一共四张。2005年国庆前，很多人来要钱，其中有个叫老阎的把我们软禁起来让我们还钱，我们就把葡萄园转让给他了。

我虽然签了四张条，但是我什么也不知道。而且说到底我认为这是债权债务纠纷，不应该是犯罪。

2. 证人证言

（1）孙某，女，40岁，北京富慧鑫汽车销售有限公司

2004年10月初，经人介绍我认识了钮某某，她说她在河北怀涞有个葡萄庄园，她要从瑞士引进500万美元盖葡萄酒厂，她还给我出示了绿色的林权证及去瑞士的机票和签证。她还讲，现在资金紧张但是她哥哥是河北省长钮某生，她能通过关系从上面拿到两笔石油批文。这两个批文能拿回利润2000万元。她想从我这借100万元人民币，等批文的利润回来后，还我本金及25万元利息。时间是一个月。她还带我去她家里，看到有两套房、一辆宝马、一辆阳光、一辆红旗。我感到她家较安定，有实力，这样我同意了，我先后分三次给她1915000元。第一笔2004年10月9日中午，在我公司给她一张支票，人民币165000元，支票号XVI1234××××，有欠条。第二笔2004年11月2日，从我卡上直接转入到钮某某的卡上，人民币850000元，有欠条。第三笔2005年7月25日，我给她人民币100万元，有欠条。她分几次还给我人民币35万元左右。2006年8月我借给她一笔32万元、一笔25万元、一笔7.5万元但是都没有打欠条。当时她讲钱还不够，我又给她介绍了李某、唐某艳。

（2）王某利、付某霞举报材料

付某霞，女，41岁，北京树俊博信息咨询服务部经理。王某利，男，50岁，无业，住朝阳区管庄。

我王某利，妻子付某霞2005年5月下旬经孙某介绍认识了郑某及妻子钮某某，并把我们带入其家中，钮某某自称是原河北省省长钮某生的妹妹，且与中央一些领导有关系，说现在从国外引资500万美元存入账户后，再由哥哥钮某生从中央银行批的3个亿人民币无息贷款使用30年，现急需一笔运作资金，郑某、钮某某与我夫妇协商后，由郑某、钮某某拿房照作为抵押从我夫妻手中借去人民币50万元。约定每10万元每天按2000元付息，一周按五天计算，

每周结算一次，期限3个月。2005年6月中旬以后，又陆续投了几笔钱。第一笔：2005年6月中旬郑某、钮某某的儿子、儿媳（董某谊）在我家取走现金30万元。第二笔：2005年6月末，郑某、钮某某的儿子、儿媳在慈云寺桥从我手中拿走现金40万元。第三笔：2005年7月末，我在孙某手中的钱直接转给钮某某100万元，还有钮某某、郑某连续几天到我家10万元和20万元不等共取走73万元，合计173万元。第四笔：我夫妻到陶然大厦先后两次送去现金24万元和40万元共计64万元。第五笔：我夫妻与郑某、钮某某约定西单见面给郑某、钮某某拿走30万元。在追款过程中，郑某、钮某某给我开了一张180万元的支票，后经验证是假的，押到我手中的房本到房管部门一查也是假的。

王某利证言节录2005年8月14日：

我和我爱人付某霞往钮某某公司投资473万元，钮某某以我爱人付某霞的名义写了一份借款条，同年8月20日孙某跟我们说，你这借条金额太大了，必须把这笔钱分几个人。我们就把这笔钱分成两份，以我的名义写了一张借条，数额是273万元，以付某霞的名义写的是200万元。

（3）李某军，男，45岁，北京鸿鹏货运站站长

2005年7月8日，王某利跟我讲在一个公司搞集资高息，1万元一天200利息，我问他集资干什么，他说好像从银行贷款给好处费用的。第二天，我给了王某利2万元，王某利给了我三周的利息6000元。8月12日我又给了王某利10万元。25日王某利跟我说咱们到公司看看利息怎么还不给，我和王某利、付某霞一起到陶然大厦见到北京翀绰投资公司法人郑某和钮某某。因为我和他们不认识所以没说上话，等我们从公司出来后付某霞跟我说可能要出事不给利息。8月24日我和付某霞、王某利一起到钮某某家找她，她说家里说话不方便。我们一起到公司后我跟她要钱，她说你没有给我钱你的事我不管。9月6号我们又到陶然大厦要钱，钮某某说现在资金紧张在等，这时王某利给我拿出一张有钮某某和郑某签字的借条。9月7日他们就跑了。

（4）周某旭，男，38岁，北京市顺通顺运输公司经理

2005年8月15日梁某刚找到我说现在集资给利息挺高，1万元每天150元利息，你投点钱咱俩一起做，我给了梁某刚5万元现金。第二天梁某刚拿回几张借条，但没有我的，他说我把咱们的钱一起投的，我再给你出个借据，当时梁某刚给我写了5万元的借条，8月18日梁某刚跟我说现在公司资金紧张，能不能再投钱。我们到翀绰投资公司见到钮某某，我问钮某某投资有没有保障，她说大家都在做没什么保障，我说投资有什么风险，她说零风险。我说那我再投11万元。郑某拉着我和梁某刚到陶然大厦附近农行门口等郑某儿媳小

桃,我跟他儿媳一起到柜台将我卡里的11万元转到钮某某的卡里。我不知道他公司是干什么的。我第一次见到钮某某时,她跟我说利息一个星期一结,你把卡号给我,我把利息给你打卡里,没有给过我利息。

周某旭举报材料:

2005年8月20几号我与梁某刚又去陶然大厦,钮某某说现在资金紧张有100万元缺口,郑某和钮某某的儿子也说,尽量多搞些钱,事情马上就成功了。我又给钮某某汇了5万元(连同梁某刚的10万元共汇15万元,梁某刚做的登记)。2005年8月末,钮某某仍然需要钱,我又把随身携带的2万元现金交给了钮某某,连同上次汇的5万元给我开了一张7万元的欠条。共被骗23万元。

(其他证人证言略)

3. 书证材料

(1)借款条:孙某、付某霞、王某利、李某军、周某旭、姚某平、刘某海、王某奎、那某芬、赵某禄、张某国、华某。

(2)客户身份证:孙某、付某霞、王某利、李某军、周某旭、姚某平、那某芬。

(3)(付某霞)建行支票、退票理由书,丰台房地产交易权属发证中心证明、钮某某写的转让房产的保证、委托书及公证书。

(4)(赵某禄)建行支票。

(5)(华某)公证书、委托书、丰台房地产交易权属发证中心证明、北京市朝阳区房屋管理局证明、宣武区建委房屋权属科证明。

(6)民事判决书(梁某红)。

(7)北京翀绰投资顾问有限公司工商材料。

(8)租赁协议、陶然大厦证明。

(9)准住证、行驶本。

(10)工作说明:找不到周某旭、刘某海、王某奎、赵某禄、张某国。

四、本案典型疑难问题法律适用解析

集资诈骗罪是指:以非法占有为目的,以诈骗方法非法集资。

(一)证据分析

1. 关于以诈骗方法集资

(1)在集资目的方面,除了葡萄园和葡萄酒厂,嫌疑人的其他宣传和许诺,如前所述,被害人证言的相互印证性较差,由于现大部分被害人找不到,进一步工作的难度较大。

（2）虽然认定其虚构集资目的的证据不足，但根据现有证据，钮某某虚构了回报率，并且集资款只有很少的一部分投入葡萄园，而且葡萄园的收益并不好，但嫌疑人向客户隐瞒了这一事实真相。但目前关于葡萄园投入和收益情况的书证材料缺乏，应争取进一步工作。

2. 关于非法占有目的

嫌疑人在客户逼债下逃往石家庄躲避，虽然由于集资款去向不明，现在证实嫌疑人携款逃跑和肆意挥霍的证据不足，但根据全国法院审理金融犯罪案件工作座谈会纪要的精神，行为人明知没有归还能力而大量骗取资金的以及非法获取资金后逃跑的，可以认定为具有非法占有的目的。

（1）嫌疑人供述得比较好，承认自己没有偿还能力。

（2）通过补侦调取了嫌疑人公司的银行账目，显示没有大额往来发生，可以印证嫌疑人对于自己没有其他经营活动和经济收入的供述。

（3）无论是25%的月息、每月一结，还是每天2.5%的利息、5天一结，都是畸高的利息，完全不符合客观规律，不论从事何种经营和投资，都是难以偿还的。

（4）钮某某提交的葡萄酒厂的可行性报告明确投资利润率为33.36%，投资回收期为6年。证明钮某某对项目真实回报率和回报周期是明知的。

（5）集资款去向虽然不明，但根据现有证据，可以证实其中大部分没有用于葡萄园及酒厂项目的经营。为进一步查清集资款去向，已要求侦查机关寻找钮某某的儿子、儿媳，目前尚未找到。

（6）嫌疑人曾经有过的财产，车和葡萄园都已抵债，房子贷款尚未还完，其偿还能力与其吸收的资金相比，微不足道。但值得注意的问题是，葡萄园转让的情况还不清楚，虽然钮某某只是以每年交土地承包金的方式承包了葡萄园，转让也是由受让人继续承担承包义务，享有承包收益。但葡萄园经过3年经营毕竟已有一定基础，其价值对于偿还能力的认定有着一定的影响，应当做进一步调查。但根据侦查机关反映的情况，由于其已几易其手，工作难度较大。

（二）定性分析

关于本案构成普通诈骗罪还是集资诈骗罪，区别在于是否向社会"不特定对象"吸收资金。集资诈骗犯罪行为的本质特征在于违反规定向社会公众即社会不特定对象吸收资金。对此，司法解释列举了"通过媒体、推介会、传单、手机短信"等几种，本案不属于该几种方式，而是采用"口口相传"的方式。关于"口口相传"的行为方式是否符合集资诈骗罪要求的公众性是当前司法实践中存在一定争议的问题,我们认为,根据本案的事实和证据,可以认定行为人采用"口口相传"方式向社会"不特定对象"吸收资金。理由如下:

1. 集资对象是否特定的判断,既要考察行为人主观上是否仅向特定对象吸收资金,又要考察其客观上所实施的行为是否可控。本案中行为人对集资行为的辐射面事先不加以限制、事中不作控制,在蔓延后听之任之,并不设法加以阻止,应当认定为向社会不特定对象吸收资金。

2. 本案中行为人以向亲友集资为名,实质上希望或放任内部职工或亲友向社会介绍,通过内部职工或亲友间接向社会公众吸收资金的,可以认定为向社会不特定对象吸收资金。

3. 向社会公开宣传的具体途径可以多种多样,不应局限于司法解释所列举的"通过媒体、推介会、传单、手机短信"等几种。对于以口头等方式发布、传播集资信息是否属于公开宣传,能否将"口口相传"的效果归责于集资行为人,应根据主客观相统一的原则,结合行为人对此是否知情、态度如何、有无具体参与、是否设法加以阻止等主客观因素具体认定。

而根据本案证据,行为人"口口相传"、"打借条"等形式下的实质显然是不加限制地面对社会集资,诱饵就是特殊的回报,其虚构事实或隐瞒真相的落脚点也多是在这一问题上。

因此,本案符合集资诈骗罪的法律特性。

(三)需要说明的问题

1. 数额认定

(1)对于嫌疑人交代的向阎某国等5人借款共计501万元、损失110万元的事实,由于没有其他证据印证,暂不予认定。

(2)在案借条反映的金额为1500多万元,但钮某某辩解借条中是把本金和利息合在一起写的,现只有少数客户能够部分证实其说法。对此,承办人认为,虽然在多数情况下书证效力大于言词证据,并且如果以言词证据为数额认定标准可能在庭审会存在变化的风险及部分被害人的不满,但本案有其特殊之处,一是嫌疑人的辩解得到了部分被害人的印证;二是本案没有单独就利息回报签定协议,承认借条中包含利息并且是高息才更符合案件的特点和实际情况,而嫌疑人以高息为诱饵进行诈骗活动的行为也得以在书证中有所体现。因此,应认可借条中包含利息的说法,根据嫌疑人的供述和能够进行核实工作的被害人陈述的金额予以认定为宜。故,证据可以认定的嫌疑人共计吸收的金额为990.5万元,减去其已返还给被害人的利息得出认定的犯罪数额为756.15

万元。

2. 挽回损失

根据嫌疑人的交代，集资款去向除 2005 年春葡萄园起苗的费用以及日常施肥、打药、人工费等共计 50 万元左右，另有付贷款、租金及少量日常花费共几十万元，其余集资款全部用于返利息。但其供述的返息数额较大的客户均查找不到，如孙某辉投资 180 万元，返还本息 360 万元等。但这已经是返利最高的了，其他人均未能拿回本金。因此根据现有证据，本案至少有 600 万元左右的集资款去向不明，实际损失特别巨大。

由于葡萄园已几经易手，为保护善意第三人利益，追抵损失的可能性不大。关于钮某某名下房产，还可进一步调查情况。此外，还应继续寻找钮某某的子、媳。

Case 9
案件九
伊某贷款诈骗案

一、犯罪嫌疑人基本情况及诉讼过程

犯罪嫌疑人伊某，男，1958年6月17日出生，汉族，大学文化程度，中共党员，北京市人。因涉嫌合同诈骗罪经北京市朝阳区人民检察院批准于2008年2月27日被北京市公安局朝阳分局逮捕。

二、侦查机关认定的事实和意见

2000年11月至2001年5月间，犯罪嫌疑人伊某，以虚构购房人名义，为其公司在南滨河路房地产开发项目融资，从银行骗取银行贷款1亿6千余万元人民币，其间该公司偿还部分贷款，现合计骗取银行贷款1亿3千余万元人民币，后于2008年1月21日被民警查获。其行为触犯《中华人民共和国刑法》第193条之规定，涉嫌贷款诈骗罪。

侦查机关的意见：伊某的行为触犯了《刑法》第193条的规定，涉嫌贷款诈骗。

三、检察机关经依法审查后认定的事实及证据

（一）检察机关认定的事实

1. 伊某承接立恒小区前期洽谈，签订转让合同的情况

北京立恒房地产开发经营有限公司由北京新兴房地产开发总公司、北京万发房地产开发股份有限公司于1998年出资设立。已办好开发小区国有土地使用证、规划局的建设用地规划许可证、可研性报告批复、房管局的土地出让合同等主要审批手续。

1998年伊某通过朋友得知北京立恒小区项目想转让，便开始接触洽谈接手事项。经考察认为该项目前景很好，决定接手该项目。

伊某便于 2000 年 2 月成立北京浩龙耀商贸有限公司，并找来东方汇龙商贸有限公司，于 2000 年 6 月与项目原投资人签订北京立恒小区项目转让及开发合同。

北京立恒小区项目转让及开发合同基本内容主要有：（1）北京新兴房地产开发总公司、北京万发房地产开发股份有限公司将建筑面积约 10 万平方米的北京立恒小区项目转让给北京浩龙耀商贸有限公司、东方汇龙商贸有限公司。（2）转让费合计 1.85 亿元，后伊某累计支付转让费 1.47 亿元。

2. 伊某虚假按揭贷款主要用于支付项目转让款的事实

伊某在接手立恒小区项目前没有资金能力开发该项目，准备通过银行贷款解决资金问题。通过关系找到中国工商银行北京市分行，与房信处副处长孙某商谈办理土地质押流动资金贷款的事。过了半年多没有批下来，便决定通过找人签订购房合同但并不实际购房的方式取得个人购房按揭贷款。之后经人介绍找到九龙山支行，于 2000 年 9 月 20 日签订《支持个人住房贷款购房合作协议书》，约定九龙山支行向立恒小区购房人提供不超过总房价 80% 的贷款，立恒公司为购房人贷款承担连带担保责任。对购房人提出的贷款申请由九龙山支行进行调查，并委托伟拓律师事务所办理有关法律事宜。协议签订后伊某通过各种关系找来 87 人，在 2000 年 11 月举行的项目开盘仪式上签订 100 余份个人购房协议和贷款购房协议，取得个人按揭贷款 1.6 亿余元。

经审查账目材料结合立恒公司证人证言，贷款主要用于支付立恒小区项目转让费约 9600 万元，拆迁费 3000 多万元，还借款 1000 万元以及其他支出。

3. 立恒小区建设、销售以及归还按揭贷款的事实

2000 年年底，伊某开始找建设公司开发一期 2、3 号楼。到 2002 年 12 月 31 日 1、2、3 号楼都已交付，354 套房产除 10 余套大户型以外，绝大多数都销售完毕。此前虚假按揭的房产业已销售，销售资金约 4.2 亿元，该部分资金主要用于支付建设成本、销售费用以及按期归还虚假按揭的月供等。

根据案卷材料显示，截至 2006 年 1 月，立恒公司清还 15 人按揭贷款本息 2200 余万元，为其余 72 人归还按揭贷款本息 5886 余万元。

自 2006 年 2 月，立恒公司账面没有足额资金，也就没有按期归还按揭贷款，银行报案。

4. 立恒公司的负债和资产情况

（1）亏损情况：根据审计报告，北京希文会计师事务所出具的立恒公司的会计鉴定报告。

立恒公司自 2000 年 7 月至 2006 年 12 月的资金往来情况，显示至 2006 年底立恒公司亏损 8000 多万元。

立恒公司职员证实：在项目建设中，伊某不知道节约成本，总想搞明星工

程，材料全用好的，另外在2期项目上有投资，在开发2期时，成本就低了，有了更大的盈利空间。

（2）转让款争议，由于转让方报批建筑面积时规划局只批了9.8万平方米，而受让方至2000年11月底仅支付转让费1100万元，双方违约，故于2000年11月28日签订补充协议（卷6P16），约定受让方所欠转让费分四期支付。后双方就履行合同发生争议，提起民事诉讼，法院判决受让方支付转让费1.47亿元。立恒公司综合部经理邵某证言和伊某2008年6月26日讯问笔录均称转让费已付清。但转让方法定代表人郑某称还有6000万元没付清，正在为此打官司。

①地下车库，1、2、3号楼总共有地下车库8376平方米，车位227个，市值在退补阶段，公安机关未作价。伊某交代，地下车库花了3000多万元，全是机械车库。

②2期项目即立恒小区4号楼，根据案卷材料显示：该项目为商住两用，占地面积8000平方米，审批建筑面积38110平方米（住宅19000平方米）。该项目已经取得立项批复、建设用地规划许可证与国土局签订《土地使用权出让合同》，交纳部分出让金，政府储备土地和入市交易土地联席会议审议结果告知，但尚未办理开工证。立恒公司已将124户拆迁完毕，尚余72户未拆迁。2007年12月26日，立恒公司与乾稷华泰（北京）投资顾问有限公司签订合作协议，准备共同开发该2期项目，至今没有进展。按照立恒公司出具的项目测算，该项目预计销售4亿余元，成本2亿余元。

（二）认定上述事实的主要证据

1. 犯罪嫌疑人伊某供述

承认通过找人来签订贷款购房协议但并不实际购房的方式取得按揭贷款的基本事实。不承认诈骗银行贷款，理由：一是一直在还钱，到2006年没有按期还是因为资金短缺，同时工商银行提起诉讼。二是工商银行的人建议以个贷的方式取得贷款。三是工商银行有审贷会，在几个月内放贷一个多亿人民币，是经过严格审查的。

在审查起诉阶段，承认找人按揭贷款，但辩解搞1期亏损8000多万元，主要为2期作了投资，包括土地出让金、地下管线工程和拆迁。作完2期才有盈利。

2. 证人证言

（1）银行方面证人证言

①九龙山支行信贷科科长杨某宅：我负责这个项目，具体经办人是乌某钧。九龙山支行发放个人住房按揭贷款的程序：第一，购房人合法有效的身份

证件；第二，固定的职业、收入证明；第三，支付购房款总额的 20%—30% 购房款；第四，提供借款人与开发商签订的正式的购房合同。具体审核发放程序是：信贷员审查后签字，信贷科审批，额度超过 200 万元的贷款由主管行长戴某宪审批。产权证下来后由贷款人的房屋作为抵押物。开发商要在房地局作商品房预售登记备案。开发商在销售前必须作预售备案，我们见到这些材料才能发放贷款。我们聘请了伟拓律师事务所为我们审核材料并在材料中签署意见。

我觉得伊某公司内部有问题，这些房买完后，由伊某还款，伊某可能把钱挪作他用了。

②工商银行北京市分行住房信贷科科长孙某：伊某在 2000 年我当住房信贷科科长时找我，当时我们银行集体讨论认为伊某公司没有抵押也没有担保，而且手续也不是很齐，就没有批准贷款。就见过一次，贷款没批就没再找我，也没询问过其他方法，我也没给过建议。没提过个人贷款的事。（2003 年辞职，现不是工行职工。笔录只有签名没有手印）

（2）虚假购房人证言

①孙某：2000 年我是北京忠诚实业房地产信息咨询有限公司的住房销售部经理，当时考虑到想接立恒的销售业务，就答应伊某办理个人按揭贷款。签了两套房，贷款 222 万元。这个贷款是为伊某融资的一个手段，以此方式我从朋友处用了近 10 个人的身份贷款 1000 多万元，钱全打入立恒公司账户，我们一分钱好处都没有。

办理贷款提供了身份证复印件、家庭户口簿复印件。流程是我分别在开发商、银行、律师、保险公司提供的文件上签名就可以了。当时九龙山支行负责贷款的是杨某宅，没有过家访。

②王某玉、郝某明、工某程、刘某发、杨某江等：找我帮忙，说为显示房屋销售情况，搞搞气氛，让我提供身份证、户口簿复印件，在一些购房材料上签名。说签完跟我没有任何关系。其中证人杨某江证实，自己找十几个朋友出手续，后来知道伊某贷款后找到伊某，最后伊某把贷款全还清了。

（3）立恒公司高管人员证言

①立恒公司综合部经理邵某：开盘仪式签了 120 余套房，贷了 1.6 亿元左右，大部分是九龙山支行，有几套是北京市商业银行新街口支行的。当时在场有杨某宅、姓邬的科员。伊某以前做保险业务，自己只有 100 多万元。2001 年 5 月左右开始真正销售房屋，到 2004 年中旬销售 3 亿元左右。贷款主要用于支付转让费，陆续付了 1.5 亿元。3 亿元销售款主要用来支付工程款及相关费用，还有按揭贷款的还款。开始销售时还向建行航天桥支行、华夏银行郡市口支行、北京银行新街口支行贷过款。贷款一直还到 2006 年 5 月，一共还了

433

5000万元左右。公司还欠施工方工程款4000余万元，别的有400万元左右。

②立恒公司财务经理邢某莲：2001年3月来到立恒公司，立恒名苑刚开工建设还未正式销售，当时公司账上有1亿元左右资金，是假按揭贷款的钱。账上资金主要用于支付工程款、工人工资、项目转让费、银行还款。三栋楼销售3亿元左右，盖楼大概用了3.7亿元。销售费用2000万元左右，日常办公用品2000万元左右，还银行贷款5000万元左右。亏损原因是伊某不懂节约成本，设备都是名牌，要盖"明星"楼盘，想在2期上赚钱。剩十几套大户型没卖，抵押给华夏银行贷了4000万元。

③立恒公司管理处经理刘某亮：2005年4月立恒公司资金出现问题，账面上的钱不足以还贷款，伊某一个人到深圳那边去找钱，其间我们一直有联系，直到他被抓。

3. 书证

（1）立恒小区项目转让的证据材料：转让前已取得的证件，立恒小区项目开发及转让合同。

项目转让前已取得出让方已办好国有土地使用证、建设用地规划许可证。项目转让费为1.85亿元。

（2）工商银行北京商务中心支行报案材料。

立恒公司自2000年11月至2001年5月取得个人购房贷款1.656亿元，已还本息共8700余万元。

（3）反映立恒公司的资金往来的证据材料。

①北京浩龙耀服务有限公司交通银行麦子店支行账单：

2000年11月12日至12月19日该账户进账1.02亿元，转入万发9300万元。

立恒公司支付9300万元项目转让款证明。

②立恒公司交通银行麦子店支行账单：

2000年11月24日至26日进账4100万元。

（4）北京希文会计师事务所出具的立恒公司的会计鉴定报告立恒公司自2000年7月至2006年12月的资金往来情况，显示至2006年年底立恒公司亏损8000多万元。

四、本案典型疑难问题法律适用解析

通过审查全案证据，北京市公安局朝阳分局认定"以虚构购房人名义，为其公司在南滨河路房地产开发项目融资，从银行骗取银行贷款1亿6千余万元人民币，其间该公司偿还部分贷款"事实成立，但不能认定贷款诈骗罪，理由如下：

1. 根据最高人民法院《审理金融犯罪案件工作座谈会纪要》第 3 项关于金融诈骗罪第 2 条的规定："单位不能构成贷款诈骗罪。"而本案中，虽然伊某找人实施了虚假签订购房合同，骗取银行按揭贷款，但该行为属于单位行为，虚假按揭贷款的资金主要用于公司的经营，并非被伊某个人非法占有，所以此案不能认定贷款诈骗罪。

2. 同样根据座谈纪要的规定，"对于单位十分明显的以非法占有为目的，利用签订、履行借款合同骗取银行贷款，符合刑法第 224 条规定的合同诈骗罪构成要件的，应当以合同诈骗罪处罚"，但通过审查案件证据，伊某的行为也不能认定合同诈骗罪，理由如下：

首先，从履行合同能力方面来看，立恒公司具有相应的履行合同能力，具体表现在：（1）项目的审批手续较为完备，是实行项目进展的前提条件，合法审批项目的进展是签订履行合同的能力的首要表现；（2）后期项目的建设、销售，使公司具有相应的合法收入，是签订履行合同能力的重要体现。

其次，从是否具有非法占有目的方面来看，最高人民法院根据司法实践，总结出具有非法占有目的的情形包括，明知没有归还能力而大量骗取资金的；非法获取资金后逃跑的；肆意挥霍骗取资金的；抽逃、转移骗取资金的等 7 种情形。通过审查证据，立恒公司无法认定非法占有目的，具体表现为：（1）虚假按揭贷款的资金用于公司购买项目，施工、拆迁等，无法认定非法占有目的；（2）虚假按揭贷款后，前后历时 6 年按期归还按揭月供，并将小部分贷款人员贷款全部还清，累计 8700 余万元，认定合同诈骗，对于受害人的利息无法认定犯罪数额，但从本金的角度，立恒公司归还的数额超过贷款数额的 50%，按照民法理论，主要义务履行，也无法认定非法占有目的；（3）根据立恒公司高管证言，结合财务审计，伊某并没有个人占有贷款资金，公司经营处于亏损状态，对于 2006 年后没有归还按揭贷款，也不足以认定非法占用目的。

最后，从立恒公司目前的偿还能力来看，目前立恒公司主要外债包括按揭贷款和施工款，乃至包括转让款诉讼的数额。对于资产而言，现实的资产有 1 期项目地下 8000 多平方米车库，2 期项目的盈利状况还无法判定，就审批而言，38000 平方米的商住楼，立恒已经投入部分拆迁、土地转让金以及市政管线资金，如具备条件完成项目，应该说有相当的利润空间。

综上，本案属于立恒公司不具备贷款条件，采取欺骗手段获取贷款，由于经营不善及市场原因导致亏损，无法按时偿还按揭贷款，该行为更符合"刑法修正案 6"关于骗取信用罪的特征，但由于法律溯及力的问题，不能认定骗取信用罪。故应当对本案做出不起诉决定。

Case 10
案件十
罗某某、袁某某贷款诈骗案

一、犯罪嫌疑人基本情况及诉讼过程

1. 犯罪嫌疑人北京宁馨儿经贸有限公司，1998年9月注册成立，法定代表人罗某某。

2. 犯罪嫌疑人罗某某，男，1968年12月28日出生，汉族，大学文化程度，宁馨儿公司法定代表人，北京中通信达经贸有限公司实际控制人。

3. 犯罪嫌疑人袁某某，男，1966年10月17日出生，汉族，大专文化程度，北京长江伟业经贸有限公司法定代表人。

二、侦查机关认定的事实和意见

2002年年底，宁馨儿公司董事长罗某某伙同袁某某，为牟取不法利益，经二人密谋策划，决定分工合作诈骗银行贷款资金。罗某某负责以宁馨儿公司名义准备材料向银行申请贷款，在宁馨儿公司资金短缺、无实际经营收入，且不具备贷款资格和偿还能力的情况下，采取伪造房屋产权证明虚增公司注册资本、虚构贸易背景、编造虚假财务报表、伪造担保公司财务资料等手段，向袁某某指定的建设银行北京开发区支行申请5000万元流动资金贷款。同时，袁某某负责确定贷款银行并联络银行工作人员批准贷款，通过赠送高档礼品、出资赞助旅游等手段，拉拢腐蚀建设银行北京开发区支行、潘家园分理处等工作人员。2002年12月，建设银行北京分行开发区支行向宁馨儿公司发放流动资金贷款5000万元，被罗某某、袁某某用于归还公司贷款、债务及用于个人提现或偿还个人债务等。

2003年上半年，罗某某、袁某某为牟取个人非法利益，经二人密谋策划，决定通过收购一家空壳公司并以该公司名义申请贷款的方式诈骗银行贷款资金。按照分工，罗某某指使铁某军按照袁某某的安排购买了空壳公司北京创宝

房地产开发有限公司,并变更为中通信达公司。罗某某等人在未向中通信达公司进行实际出资,且明知该公司无任何资产、任何实际经营且不具备贷款资格和偿还能力的情况下,采取虚构贸易背景、编造虚假财务报表、伪造审计报告等手段,编造虚假贷款申请材料向银行申请贷款。同时,袁某某负责联系空壳公司出售方并确定收购价格,继续联络并拉拢腐蚀银行工作人员批准贷款。2003年6月,建设银行北京分行开发区支行向空壳公司中通信达公司发放流动资金贷款3000万元,被罗某某、袁某某用于归还公司贷款、债务及用于个人提现或偿还个人债务等。

侦查机关的意见:犯罪嫌疑人宁馨儿公司、罗某某、袁某某、李某的行为触犯《刑法》第224条之规定,涉嫌合同诈骗罪。犯罪嫌疑人罗某某、袁某某、刘某、铁某军的行为触犯《刑法》第193条之规定,涉嫌贷款诈骗罪。

三、检察机关依法审查后认定的事实及证据

(一)检察机关认定的事实

1. 北京宁馨儿经贸有限公司5000万元贷款
(1)贷款主体以及相关公司基本情况

犯罪嫌疑人北京宁馨儿经贸有限公司(以下简称宁馨儿经贸公司)前身是北京的一家汽车配件厂,1998年罗某某收购后变更为有限公司,股东为罗某某控制的宁夏宁创集团和银川对外经贸公司,法定代表人和实际控制人为犯罪嫌疑人罗某某。

宁馨儿经贸的母公司——宁夏宁创实业集团有限公司(以下简称宁夏宁创)是罗某某于1997年成立的,兼并宁夏发酵厂,改造后生产无水柠檬酸。后由于环保不达标又缺少技改资金等问题于2002年年初停产。

宁馨儿经贸的子公司——北京宁馨儿生物科技开发有限公司(以下简称宁馨儿生物公司)注册资本100万元,股东为宁馨儿经贸公司(70%)和顺义化工公司。

(2)贷款背景:收购顺义化肥厂项目的情况

顺义化肥厂为一家国有企业,由于经营不景气,企业负债本息合计约2亿元,1999年区政府批复同意由宁夏宁创承债式兼并该化肥厂,成立宁馨儿生物公司,在原顺义化肥厂车间内,投资兴建纤维素酶生产线。兼并协议规定,兼并后,化肥厂全部资产归宁夏宁创所有。但由于国家政策调整,取消对中小企业的优惠政策,兼并无法进行,顺义区政府决定自2001年4月8日起终止兼并,化肥厂进入破产程序。而在原厂车间内的纤维素酶生产线已经建成,2001年上半年开始试生产,顺义区政府考虑职工安置问题,2001年4月8日,

宁夏宁创与顺义化工公司签订托管协议，约定由宁夏宁创对化肥厂进行托管，期限1年，顺义化工公司对化肥厂全部资产享有所有权。宁夏宁创享有资产占有和使用权，并在破产程序终结后享有优先购买权，如托管期未完成破产则重新签订直至完成收购。2002年4月6日，双方又续签了为期半年的托管协议书，至2002年10月7日。后未再签。顺义方面证言反映，由于宁创集团始终无资金注入来收购该企业，也没有按照协议约定出资做好企业下岗职工的安置工作等，导致工人多次上访闹事，破产清算组还曾借钱给其用于安置。故托管协议到期后顺义方面未与其续签。而工厂的生产根据资金情况时断时续，纤维素酶属于高科技产品，需要不断调试，前期投入时间较长，而工厂资金困难，技术改造和原材料跟不上、相关许可证尚未办下来，导致销售不畅，生产规模较小，拖欠部分建设资金、设备款和工人工资。宁馨儿生物科技公司2001年和2002年工商年检材料中显示，2001年该企业因土建工程安装未达到生产要求未经营，2002年由于市场情况掌握不准，生产时断时续，不能收回货款，企业暂时没有营业额，当年损益表为空白。由于已无法获取宁馨儿生物科技公司的原始财务资料，尚无条件对该公司的资产负债情况进行审计。

根据退补取得的证人证言，破产清算程序在2001年年底已经完成，此时需要六七千万元即可完成收购（包括补缴土地出让金、安置费、破产清算费用及其他负债等），1000万元左右即可全面恢复生产，形成销售。

此时，宁馨儿经贸公司由于之前（1999年至2001年间）为借壳上市收购四砂股份（总收购款1.4亿元左右），调用公司大量生产资金，收购失败后出现亏损（账面反映基本持平），在华夏银行和民生银行的贷款面临还贷压力，此外还与一些企业和个人有多笔资金拆借，背负巨额债务，面临资金困难。罗某某开始利用自己在银行的关系继续申请银行贷款，并为了获得贷款准备了夸大、虚假的财务报表等申请资料。但是罗某某找的几家银行都没有办下来。

（3）办理5000万元贷款的事实

2002年春节后，罗某某找到其朋友、犯罪嫌疑人袁某某帮忙。罗、袁二人供证一致，均证实罗某某告知袁某某说自己收购顺义土地市值数亿元，还差七八千万元就完成收购。袁某某供述认为罗某某很有实力，知道罗归还过不少银行贷款，自己与罗几年间的拆借中罗某某也一向有借有还很讲信誉。袁某某先是介绍了建行丰台支行，贷款仍未能办下来，根据退补取得的证言，该行原行长证实，没批下来的原因是没有固定资产抵押、担保公司实力不强和生产状况不佳，这些原因其已电话告知袁某某（袁否认）。2002年10月，袁某某介绍了建行开发区支行的行长颜某壮（证据显示罗某某本人在建行北京分行也有关系，判断也有可能是罗、袁各自关系整合的结果），颜某壮将罗某某介绍给副行长赵某，并安排潘家园分理处主任王某受理了此贷款业务（上述三名银行人员已因违法发放贷款被审查)。罗某某遂着手准备申请资料,主要是公司简介、财务报表和贷款申请报告,并陪同银行信贷员对工厂进行考察,就产量、生产规模等企业生产情况做了虚假的介绍。

罗某某供述证实袁某某没有参与制作财务报表等虚假材料,也不知道袁某某是否清楚这些材料的虚假性。为使贷款顺利获得审批,罗某某多次向颜某壮、赵某等人请客送礼,还出资分别请颜某壮、王某外出旅游。其中,袁某某曾与罗某某、颜某壮一起去过上海、重庆等地。根据退补取得的宁馨儿经贸公司员工证言和公司电话一览表证实,为了工作方便,罗某某口头任命袁某某为宁馨儿经贸公司的副总,专门负责联系银行贷款,但袁某某很少在公司出现,部分员工甚至从未见过袁某某。卷中调取的宁馨儿经贸公司董事会关于申请贷款的决议上"袁某某"的签字,经退补已证实不是袁某某所签。在此期间,袁某某向罗某某提出贷款下来后想借用30%的钱,罗某某同意。根据罗某某供述,袁某某名为借款,实为提成,之所以比例如此之高,是因为宁馨儿公司不符合贷款条件,必须依靠袁某某的关系。但袁某某否认是提成,坚持是借款。

2002年12月17日,建行北京分行开发区支行潘家园分理处与宁馨儿经贸公司签订了为期11个月的5000万元流动资金贷款合同。当天5000万元打入宁馨儿经贸公司建行潘家园账户。

(4)贷款使用情况

按照约定,在贷款发放之前,袁某某从宁馨儿经贸公司提前开出三张支票(分别是900万元、600万元、200万元,共计1700万元),并手书三张借条留在宁馨儿经贸公司(经退补,已做笔迹鉴定证实是袁某某本人签字)。5000万元贷款到账后,上述1700万元分别转入袁某某控制的伟嘉创业、长江伟业和润泽豪风三家公司新设的账户内,随即被其转出,大部分换成现金,去向不明。财务人员证实,上述转账及提现均由袁某某本人控制,未记入公司账。袁某某供述是投资美容仪器、饮水机、珠宝、画展等,均亏损,另有部分拆借。袁某某供述这1700万元中有100万元是罗某某还他的钱,800万元是罗某某买他的车和字画的钱,还有800万元是向罗某某借的钱。之所以都写了借条是因为开支票时贷款还没到账,袁某某也没法给罗某某开发票,罗某某说先都写借条,等钱到账后再重新办手续,后由于二人关系好,就没重新办。袁某某称这些钱他在两年间陆续以现金形式全部归还罗某某了,罗某某的司机戴某坤和自己的司机刘某阳均可作证。罗某某当面将借条撕毁了。对于卷中调取的借条,袁某某的解释是第一次开的支票因过期作废了,第二次开支票时他又写了借条,第一次的也没要回来。现在卷中的可能是第一次的借条。对于袁某某的上述辩解,罗某某在被逮捕前的口供也说是还袁某某的钱,在被逮捕后直至审查起诉阶段都说是借给袁某某的钱。经过退补，已查清支票确实开过两次，借条是否写过两次由于原来的财务人员离职无法确定，但是证据显示第一次开的三张支票与第二次开的三张支票的金额不一样（每张支票的金额和总金额均不一样）。此外，经过两次退补，罗某某的司机戴某坤和袁某某的司机刘某阳均证实没有见到过袁某某还钱给罗某某。

5000 万元贷款资金除打给袁某某的 1700 万元以外，现在基本能够查清的去向有：拨给顺义 300 万元，汇至宁夏 100 余万元，偿还其他银行贷款本息 900 余万元，偿还其他公司借款 400 余万元，支付担保单位中青创业有限公司好处费 300 万元，发工资 80 余万元，提现 200 余万元，罗某某、袁某某等人租住豪华别墅及高档酒店、购置车辆、信用卡消费等 100 余万元。通过对宁馨儿经贸公司 2002 年经营情况所做的司法会计鉴定显示，2002 年该公司银行借款全部作为费用支出与支付往来拆借款，借入资金没有用作生产经营，发生较大的利息费用支出，未体现出有经济利益流入，没有正常的生产经营。

2003 年年初，5000 万元贷款资金全部使用。之后，因资金困难，顺义工厂彻底停产。停产时间说法不一，多数说是 2002 年中期，也有说贷款下来后又生产了一阵，至 2003 年甚至 2004 年才彻底停产。根据退补取得的证人证言，罗某某公司先后在厂内形成了 2000 多万元的资产，同时也形成了 2000 万元左右的负债，包括拖欠工程费、材料费、工人工资和安置费等。2005 年罗某某公司留在厂内的资产经法院拍卖 400 多万元分别偿还债权人。

2003 年 12 月该笔 5000 万元贷款到期后，由于无力偿还，罗某某又通过中通信达公司贷款 1000 万元，用于归还该笔贷款，其余 4000 万元办理了银行转贷，直至 2004 年年底贷款到期，银行在多次催收未还、贷款形成不良的情况下诉至法院，法院判决后经强制执行因无可执行财产做出执行终结裁定。2007 年 9 月该笔贷款被建设银行核销。在此过程中包括核销后，经过银行持续追讨，于 2005 年至 2008 年间共追回贷款本金人民币 80 余万元。

（5）犯罪嫌疑人的主要辩解

犯罪嫌疑人罗某某认为自己给国家造成了损失，但并没想诈骗，对于贷款资金使用的解释是贷款金额不足以完成收购，因此用这笔钱维持公司经营、偿还公司部分贷款和借款并继续运作其他融资途径。

犯罪嫌疑人袁某某认为自己不是共同诈骗，其辩解是：第一，主观上不知道罗某某公司想骗取贷款，不了解罗的公司，听人介绍罗很有实力。第二，没参与贷款谈判，只是前期把认识的银行关系颜某壮介绍给罗某某，罗是商界老手，与银行的进一步接洽都回避他。第三，贷款的具体申办和审批过程、申办手续和准备材料自己都没参与也不知道。第四，自己就是一个用款人，与其他用款人的区别只是这笔款是自己帮忙拉来的，事先说好借用一部分，至于其他资金怎么解决是罗的事,自己只能帮这么多。

2. 中通信达公司3000万元贷款

(1) 贷款主体——购买壳公司

5000万元贷款用完后,罗某某准备继续贷款,因为宁馨儿经贸公司贷款额度已满,因此罗某某与银行商量决定购买一家壳公司作为贷款主体。

宁馨儿经贸公司办公室主任铁某军(1998年应聘到宁夏宁创任办公室主任,工厂停产后回家,2002年7月到北京工作,未参与第一笔贷款)供述证实:2003年3月,罗某某与袁某某共同将铁某军叫到长富宫,告知其准备买一家公司做房地产,袁某某说已经联系好中介公司的肖某,并已将价格谈到30万元,让其继续砍价。后铁某军与袁某某一起与肖某谈,最终确定以29万元(含中介费)购买北京创宝房地产有限公司,更名为北京中通信达经贸有限公司。后铁某军具体经手有关事宜。肖某的证言反映,是一个自称姓袁的人给他打电话说想买个壳公司,后肖某在长富宫第一次是和铁某军谈的价,过几天在长富宫见到袁某某和铁某军,共同谈妥价格。铁某军付的款。后应卖方要求,2003年3月6日,罗、袁、铁等人一起与卖方签订了合同。经退补,中介公司的肖某和卖方焦某华已对袁某某进行了辨认。袁某某对上述事实均不承认,其称自己没有提议和参与罗某某购买壳公司的事情,在长富宫与罗某某找来的中介人见过面,是因为自己也想买一家壳公司,后来通过其他中介买的。罗某某供述是袁某某提出买壳公司。

在办理执照过程中,罗某某本想指定铁某军担任法人,铁某军因对第一笔贷款的使用有看法予以拒绝。罗某某就将其司机戴某坤的身份证拿来注册为法人,由于戴某坤当时不在,中介让铁某军代戴某坤在注册登记表上签了名。注册办公地借用了袁某某控制的北京伟嘉创业公司在东城区的办公地址。

(2) 办理3000万元贷款的事实

中通信达公司执照下来后,罗某某着手以该公司名义申请贷款。罗某某供述和银行方面颜某壮、赵某、王某等人的证言均供证一致,证实银行方面知道贷款材料是虚假的,这笔以中通信达公司名义申请的贷款实际上还是给宁馨儿经贸公司用于补交土地出让金、完成对顺义工厂的收购,如果收购成功宁馨儿公司可以继续经营有能力盈利,银行也可以取得固定资产抵押。

2003年5月初,罗某某准备贷款申请资料,包括虚假的购销合同和审计报告等。其供述由于这笔贷款银行知道是为宁馨儿做变通贷款,所以基本没审查把关,申请材料也是应付了事。

在银行实地考察前,罗某某让公司人员刘某、冯某接待银行人员,介绍办公场地和注册情况。罗某某供述中通信达公司刚成立,就是借用伟嘉创业公司的办公地点。刘某证实,去工厂考察前袁某某说已经跟银行打好招呼,应付一下（袁某某不认）。银行方面证言证实知道这笔贷款实际还是给宁馨儿经贸公司用于完成顺义的收购，因此再次派员考察顺义工厂。派去考察的信贷员魏某证实是在冯某陪同下考察的工厂，冯某介绍说因非典工厂停工。

在此期间，罗某某多次约见颜某壮。根据赵某的证言，他就是这时在颜某壮的介绍下认识了袁某某，因为袁某某几次陪罗某某一起到银行找颜某壮，并帮罗说话。贷款发放后，袁某某还给赵某送过烟表示感谢。袁某某对此不认，称自己是在罗某某3000万元贷款结束半年后才认识赵某，并且在罗某某两次贷款期间从未去过银行。罗某某的中通信达公司办理贷款一事自己虽然知道，但罗某某说要做电子项目，其认为是正常贷款。经过退补，颜某壮证实袁某某在两笔贷款期间都到银行找过他。

2003年6月20日，建行北京分行开发区支行潘家园分理处与中通信达公司签订了为期12个月的3000万元流动资金贷款合同。当天贷款发放。之后，罗某某还向银行提供了虚假的工矿产品购销合同等材料向建行贷款1000万元为给宁馨儿公司5000万元贷款转贷。

（3）贷款使用情况

2003年6月20日，3000万元贷款到账。袁某某于6月25日、27日、31日从中通信达账上划走共计580万余元，没有打借条，其中大部分提现，去向不明。对此，罗某某供述是与上一笔贷款一样，袁某某以借款名义提走的好处费。但袁某某称是罗某某之前向他借了800万元，这是还给他的欠款。袁某某公司的财务证实，该款公司财务没有记账。其余款项中已基本查清的去向有：拨至顺义、宁夏共计400余万元，支付其他银行贷款本息200余万元，其他公司及个人借款700余万元（部分借给了有关系能联系贷款的人），购买车辆100余万元，罗某某、袁某某租住及装修高档会所费用、信用卡消费等90余万元。通过对宁馨儿经贸公司2003年经营情况所做的司法会计鉴定显示，2003年该公司银行借款全部作为费用支出与支付往来拆借款，借入资金没有用作生产经营，发生较大的利息费用支出，未体现出有经济利益流入，没有正常的生产经营。宁馨儿生物科技公司2003年工商年检材料中也显示，当年营业额和税后利润均为"0"，企业"准备于2004年5月进入开车试生产阶段"。

此笔3000万元贷款到期后，银行在多次催收未还、贷款形成不良的情况下诉至法院，法院判决后经强制执行因无可执行财产作出执行终结裁定，2007年9月，建行北京分行将上述贷款核销，本金损失共计3000万元。（中通信达公司已于2007年因未年检而被吊销）

3. 犯罪嫌疑人的主要辩解

罗某某的辩解还是资金不够完成收购，自己用这些资金去维持公司和继续运作融资，被抓前还在运作农行的1亿多元贷款，已初步通过审查（尚未取证），如能贷下来则可解资金之困。并且自己从未想过不还贷，2008年还想办法归还了50万。

袁某某的辩解是，第一，不知道罗某某公司要骗贷款。第二，没有提议和参与购买壳公司，知道罗某某买壳的事，但不知买壳干什么。第三，没有提议和参与以壳公司名义申请贷款。第四，没有与银行谈过贷款。第五，拿走的钱是罗某某还给他的钱。

（二）认定上述事实的证据

经审查，认定上述事实的证据是：
1. 犯罪嫌疑人供述与辩解
（1）罗某某
侦查阶段：

2002年年底贷款5000万元时已严重资不抵债，民生银行贷款已没有偿还能力，公司没有贷款条件，与袁聊天时谈到贷款困难。袁说跟建行的人熟，能帮我办，但贷款下来后他要使用1500万元。关于李某，是跑腿的，对真实财务状况了解，为了贷款编造的财物报表的性质知道。

给袁某某是因为以后还得依靠他继续贷款。其他用途：租住长富宫和别墅100多万元，给袁租房几万元，买车五六十万元，信用卡消费100多万元，担保好处费500多万元，给黄旺发、王子玉100多万元，还民生银行贷款和利息七八百万元，给宁夏和顺义各二三百万元，还智仕诚、信远公司借款二三百万元，以及公司日常开销。给宁夏、顺义化肥厂的钱是杯水车薪，解决不了什么问题。3000万元去向：给袁某某620多万元，审计25万元，借给朱某东500多万元，给顺义四五百万元，支付宁馨儿、中通信达、安泰房地产贷款利息二三百万元，买车100多万元，青年湖别墅费用100多万元，赌博几百万元以及公司日常开销。

收购公司是袁某某想出来的，刘某、冯某具体组织中通信达财务资料和担保材料。控制的几家公司要不就是无任何经营项目，要不就是基本处于停产状况。绝大部分都没有用于实际经营，都被我和袁某某占有、挥霍了。没再继续贷款，感到害怕了。将8000万元贷款真实用于生产经营北京、宁夏两个项目，也不能盘活。拉拢银行人员。原来交代的给袁某某的钱是还钱的说法是袁教唆我串供。

审查起诉阶段：

资金不够完成收购，用这些资金去维持公司和继续运作融资，被抓前还在运作农行的1亿多元贷款，已初步通过审查，如能贷下来则可解资金之困。从未想过不还贷，2008年还想办法归还了50万元。与袁某某之间没有共谋瓜分贷款，袁某某是借款未归还。因为以后还想依靠他继续贷款，自己没打算让他还。

二退：

袁某某就是在银行和借款人之间跑媒拉线的，在宁馨儿5000万元贷款之前，他向我提出要用30%的资金，表面上是借，实际他就是想要拿走。因为当时宁馨儿急缺资金，我当时想袁某某只要能帮忙贷款，他拿走30%的好处费也可以接受。但是袁某某没有像样的经营实体，自身也没有实力，拿这些钱也不会是去经营，就是想占有这些钱，后来的事实也证明了这一点。在当时环境下这种人一般收取不到5%的好处费。袁某某不是简单地介绍，因为按照宁馨儿公司的实力，银行根本贷不下来，跑了几个银行都因为不符合条件而没有贷到钱，袁某某因为能打通行长关系，起到很大作用，所以他提出这么大比例，我当时也是没有办法，实在是急需用钱，连借高利贷的想法都有，所以也没想那么多，心想只要能贷来款就可以。这是我们一起去骗，一同分赃。如果我当时不那么急需用钱，我也不会答应30%。当时在华夏和民生的贷款都出现逾期，银行催得很紧，顺义的生产和收购也需要资金。第二笔3000万元贷款，袁和我共同商量买壳再贷款，如果没有袁某某的关系，一个空壳公司根本不可能办下贷款。我和袁某某是共同骗取银行贷款后一同瓜分、占有，并花掉了。袁某某对我公司不符合贷款条件的情况应当知道，因为在丰台支行就因为不符合条件没有贷下来，这些情况他当时参与了，并且也是知道的。

5000万元中袁某某拿走了1890万元，给华夏和民生银行的贷款还本金和利息将近1000万元，担保单位拿走500万元左右，公司发工资、买车、日常开销花了不少钱，剩下就没多少了，根本没法完成顺义化肥厂的生产和收购。顺义那边生产情况也不好，早在2002年6、7月就已经停产了，生产许可证也没办下来，产生不了什么效益，当时也不想继续投钱生产了。当时还是想通过再向银行贷一笔更大的款，把之前的窟窿堵上，拆东墙补西墙吧。

和首创合作太阳能项目是袁提出的，2003年9月，我出资，成立华融阳光，我投了150万元。后来项目没做成，公司也被袁要走了。

（2）袁某某

侦查阶段：

截至2002年10月，罗某某从我这里借走900万元现金及价值600万元的字画、玉石、汽车，当时罗的公司很缺钱，不光从我这里借，还想从银行贷款。和罗一起接触银行，了解情况掌握进度，以便成功后顺利还我钱。贷款就应该先偿还对我的借款，我和罗事先说好的。使用1800万元中700万元又借给罗了。罗某某企业做得不错，周转缺乏资金。罗曾想在顺义贷款，但我听顺义支行的一把手行长说对罗看法不好，没给罗发放。1500万元中，700万元是还我的钱，800万元是借给我的，由我还贷。贷款下来之前开支票，怕罗不兑现。没有参与购买中通信达。3000万元中拿了七八百万元，是还给我的。

帮忙原因：让罗还钱；从贷款中再借钱；朋友帮忙。1700万元中还有200万元是罗买我的奔驰和凯迪拉克。贷款前说好的。知道顺义化肥厂还未过户，罗说用贷款拿下化肥厂的事，转手卖了可赚一两个亿。罗还说可以从宁夏调资金。

去向：一是投资美容仪器、饮水机、珠宝、画展等1千多万元，均亏损。二是拆借给陈某秋400多万元。

审查起诉阶段：

主观上不知道罗某某公司想骗取贷款，没有共谋。客观上只是介绍银行关系，没参与具体贷款申办事项。只是一个用款人，且款项都已还清。

2. 证人证言

银行人员证言：

（1）颜某壮：

总行姓朱的打电话介绍罗某某。知道罗以其他公司名义贷款用于宁馨儿支付土地出让金。第一笔之后和罗某某吃饭时袁在场，才知是朋友。以前认识，但与罗贷款无关。

2002年10月，袁把宁馨儿介绍给我。有条件同意。明知第二次的贷款材料是假的，和王某打过招呼。袁安排去上海、海南、重庆玩。来回花费几万元。罗单独约我我不去，通过袁。袁说罗手里地值4亿，还差点钱没交完。罗出事后，袁告诉赵为这笔贷款付出很多代价，现设公司现租地。我感到他们是骗子。

宁馨儿5000万元贷款和中通信达3000万元贷款的事情，罗某某和袁某某曾一起来我行找过我和赵某，但袁来的次数不多。

（2）赵某：

两笔贷款都是罗某某跑的。2002年10月颜某壮引见罗，只有我们三人。第二笔发放前，罗说用来补齐土地出让金。肯定没补，否则我们的贷款就会有土地做抵押，不会造成损失。主观上想降低支行风险。不清楚袁、罗、颜三人关系。关于1000万元，因额度降低到4000万元，不能直接转贷。罗、颜关系非常好。第一次没问题，第二次打招呼。第二次知道公司没有实际经营，申请资料是假的。用空壳公司是罗提出，袁陪他一起来，帮他说话。第一次见到袁。2002年12月至2003年6月，行里向罗某某借过钱去还别的企业的利息。3000万元办下后，是袁给我送烟等答谢我；罗在宁夏出事后，袁积极想办法替罗还上200万元贷款欠息。

(3) 王某：

2002年下半年，时任开发区支行行长颜某壮、主管信贷的副行长赵某告诉我说支行营销来了一个叫罗某某的客户，放到潘家园支行来做，让我安排此项工作。当时罗某某正在收购顺义化肥厂，2万吨无水柠檬酸项目建设以及收购顺义化肥厂资金占用较大，流动资金不足，就以宁馨儿公司名义申请流动资金贷款5000万元，用于采购纤维素酶原料及柠檬酸原料。我和客户经理黄某曾在罗某某陪同下到宁馨儿公司在顺义的工厂实地调查，因罗某某说职工对安置不满意，银行人员不方便进入厂房，我们就只能在工厂大门外看了一下，门上挂着"宁馨儿生物科技厂"的牌子。我认为应该调查得更详细些，就找到曾任顺义区委书记、时任北京市民政局局长的赵某了解情况，赵某告诉我们说宁馨儿公司是顺义区引进的企业，罗某某人也不错。此外，我们调查发现宁馨儿公司在民生银行有贷款即将到期，就找到民生银行总行了解情况，民生银行还给我们出了个支持宁馨儿公司发展的书面证明。考虑到这个客户是颜某壮、赵某拉来的，我们就进行了以上调查。后来经贷款审批委员会讨论这笔5000万元贷款就发放了。发放后，我们对资金的使用情况进行了跟踪，发现该笔贷款并没有完全按照申请用途使用，2500万元左右转入了他行同名账户，1000万元左右转入北京伟嘉创业经贸有限公司，600万元左右转入北京长江伟业经贸有限公司，还有一些资金去向记不清楚了，即使有资金用于购买原材料也仅仅是非常小的一部分。慢慢就还不上利息了。我们就找到罗某某了解情况，罗某某说他正在收购顺义化肥厂，尚有一部分职工安置费用及土地出让金没有交齐，需要我们银行的支持，只要再发放一些贷款，他就能交齐土地出让金，这样就能够拿土地给我们银行作抵押，这样我们银行也就不会有损失了。颜某壮、赵某也向我说了以上这些情况，我们也没有其他什么办法，觉得这样可行，于是2003年6月就以中通信达公司购买网络排队器缺少资金等为由向中通信达公司发放了3000万元短期流动资金贷款，当时我们都知道这3000万元贷款是给罗某某交纳土地出让金而发放的。因为宁馨儿公司在我行贷款已经有欠息了，不符合继续发放贷款的条件，罗某某就只好以他控制的另一家公司也就是中通信达公司的名义申请贷款了。当时客户经理魏某去了中通信达公司位于东城区寿比胡同的办公地点了解情况，得知该公司在北京没有工厂，工厂设在深圳，当时感觉就是中通信达公司没有什么实际业务，不符合放贷条件，但当时罗某某催着支行放贷，说马上要交土地出让金，时间来不及了，我们就没有去深圳工厂调查，直接上报材料报审贷会审批，后来就把这笔3000万元贷款发放了。贷款发放后，罗某某也没有将其用于交纳土地出让金，而是在各个账户间转来转去，我就不知道实际是怎么使用的了。后来这笔贷款形成了逾期，最后被核销了。

2003年11月，宁馨儿公司5000万元贷款即将到期，无法偿还，罗某某要求转贷，但直接转贷操作起来比较困难，于是就先给中通信达公司发放了这1000万元贷款，这1000万元发放后直接偿还了宁馨儿公司在我行的贷款，这样宁馨儿公司5000万元贷款被压缩为4000万元，就办理了转贷。这3笔贷款都进行了转贷，转贷后总额是8000万元，后来都没有能够偿还，我们进行了多次催收，最后贷款都形成了不良，被核销了，造成了银行损失。

我们去厂子调查时，罗某某也不让我们进去，照一般的贷款程序是自下而上的，我是肯定不能给他发放这笔贷款的。但是当时这笔贷款是行领导颜某壮、赵某他们交给我的任务，是自上而下的贷款，领导让我们放贷，我们就必须要放。最后颜某壮、赵某跟罗某某协调后说让我们在厂子外边确认一下存在这个生产基地就行了。做贷款时，罗某某告诉我们说他收购的土地有400亩，评估价值1.4亿元。

罗某某是以中通信达公司购买网络排队器缺少资金等为由向中通信达公司发放了3000万元短期流动资金贷款。这笔贷款肯定不符合规定，就是编一个虚假的名目把贷款贷出来给罗某某收购顺义化肥厂的。

罗某某给弟弟解决工作、住房、借车、去上海玩、请吃饭等。

（其他银行证人证言略）

罗某某公司人员证言：

（1）周某伟，桂林莱茵生物科技股份有限公司

宁夏宁创集团，收购宁夏发酵厂，承债式兼并，享受7年停息挂账，更名宁夏宁馨儿生物工程有限公司。2001年2月到宁馨儿，2001年7月接任李某任财务总监，李某任总经理主管财务工作。来之前开始收购顺义化肥厂，成立生物工程，利用兼并后顺义化肥厂的土地、厂房、办公楼及人员由生物工程公司做纤维素酶的项目，同时购买生产设备，新建两栋厂房。管理混乱、销路差、没有收入、工资发不下来。失去信心，2002年9月离开公司。其间两笔贷款，华夏建国门支行5000万元，建行北环支行1000万元。流动资金贷款。华夏的全部用于收购四砂股份，华夏行长华某与罗私交好，知道用途。建行一部分用于收购四砂股份，一部分用于公司经营。会计赵某庆办理，我不在。1999年年底到2000年年初，开始收购四砂股份，目的是借壳上市。资金一部分是宁夏宁馨儿2000万元，我打到四砂股份。一部分是华夏银行5000万元。还有建行一部分，共7000多万元。表面收购成功，实际控股，但管理层没进去，实际失败，矛盾激化，2001年夏天，济南政府协调，罗转让给济南高新投资公司，8000万元自带汇票。表面金额略有盈余，实际持平。8000万元进入华夏账户直接强行划走5000万元本息。其余发工资、买设备、原材料，打回宁夏少于2000万元。北京宁馨儿生物在华夏有1000万元贷款。审计报告不

能反映真实财务和经营状况：没有经济效益，没有收入，没有现金流。罗跟我说调整到符合银行贷款条件，我告诉赵某宁对报表数据做调整，交给罗审查。几经修改调整。林某齐是熟人，知道不真实，看过公司账、工厂，收入、利润、现金流高于公司账面真实数据。2002年4、5月完成，没贷下来。2003年3月5日的审计报告，2001年度资产负债表总资产、货币资金，损益表的收入、利润等，比我在时提供的高很多，太离谱了。

（2）赵某宁，女，宁夏新月建筑公司第八分公司（原北京宁馨儿经贸有限公司、北京中通信达经贸有限公司）会计

5000万元罗联系的，我以现有财务资料为依据提供，周某伟直接安排我做。其他申报材料是周和李某组织的。我提供给周、李时，财务状况和经营状况是亏损的，但是申请贷款时，已变成盈利。5000万元到后不几天，罗让我给袁开1700万元转账支票，袁说公司名头。罗要求袁写1700万元借条。罗让做其他应收款。账上注明袁借款1700万元。过两个月，我说应要回来，罗说不用管了。我想他们是不是有什么合作，是不是贷款下来后他们两人使用。感觉生物工程正常经营后应该会产生效益，但只将一小部分投入，1000万元技术改造资金。还是试生产，因手续不全滞销。其余罗个人支出。现金、支票都有。每次写借条，在姜某处提款，挂其他应收款，借款单位深圳银霸公司也是罗的。

接手中通信达，只有财务报表、执照和章，无账。空壳。罗直接控制。没经营。税务零申报。贷款袁办的，和银行有关系，申请资料也是袁找人做的。同一套人马一起办公。宁馨儿2003年上半年以前的会计资料都被鹏润大厦扣了。赌博提钱。370万元支票。做账银霸公司借款。

（3）姜某

安泰房地产公司的财务章、法人章在我们公司，实际控制人是罗。民生和华夏还上了。宁馨儿、中通信达、安泰在建行的有1.1亿没还上。2003年3、4月，5000万元很快用完，罗让我列清单。2002年年初就没有发过工资，账户也没钱，领过两次生活费。1890万元给袁的支票是贷款下来前填好的。2002年12月底贷款下来后罗就去长富宫住了。3000万元使用。贷款下来后才知道袁。3000万元中给袁999万元。

2002年12月，5000万元贷款下来之前，罗在公司会议上宣布，袁某某担任宁馨儿公司副董事长，负责公司对外融资业务，但袁总和罗总一样都很少来公司。2003年1月15日之前到5月。2002年12月开过两次支票，12月8日的200万元、300万元、1500万元已作废，12月11日的600万元、200万元、900万元有借条。

（罗某某公司其他证人证言略）

袁某某公司人员证言：

(1) 孟某，男，杭州德丰投资咨询有限公司（原长江伟业经贸有限公司）法人代表兼总经理

长江伟业和伟嘉创业公司情况。900万元贷款去向，200万元给担保公司，支付房租、银行利息共计250万元，其余去向不明。袁某某找了小关四海服装店的葛某帮助提现。2002年4月之前，袁说要和罗合作收购四砂股份。

(2) 李某会，女，北京华融阳光科技发展有限公司出纳，原长江伟业经贸有限公司出纳

罗给长江和伟嘉转过账。几家公司账户，入账情况？袁说是罗还的欠款。2002年年底之前，出纳没多少工作，公司没什么业务。现金和银行存款都很少。2002年年底到2003年8、9月，出纳工作繁重很多，袁拿来很多支票和现金，我主要工作是到银行转账，到基本户取现金，到葛某那里取现金二三千万元。负责银行存款账和现金日记账，伟嘉创业在民生太平庄支行（基本户）和长江伟业在中国银行建国门支行（一般户）的账户都是新开的，这些钱从这几个新账户上走。好像没入公司账，但印象中也有几笔支票入账。具体做账是会计刘某静。长江伟业在1999年建行西单支行900万元贷款，一直未还。2002年转贷。伟嘉创业民生北太平庄支行基本账户的资金进入情况，分三个阶段共从宁馨儿、中通信达、安泰流入1999万元。开户第二天12月18日至2003年3月21日，共1190万元。2003年6月26日至8月25日，共560万元。2003年9月16日（我接手）至10月27日，439万元。资金使用情况：2002年年底至2003年9月袁某某从宁馨儿、中通信达等公司获得的支票未计入公司正式财务账，只是利用伟嘉公司、长江公司、润泽豪风公司新开立的基本账户和一般账户进行转账业务和提现业务。袁某某掌控的上述三家公司的财务章、人名章、公章以及支票和新购买的支票打印机都在袁某某处保存，转账业务和提现业务都由袁某某控制。

(3) 李某民，男，原北京博亦道珠宝有限公司

2002年至今跟着袁在伟嘉创业、华融阳光、博亦道任生产经理。所有生意都赔了，财务状况只进不出。2003—2004年做美容仪，投入100万元。2003年刘某借华融阳光办公室应付银行检查，经袁同意让出。

伟嘉创业是2003年7、8月从寿比胡同搬到联合大厦，当时袁某某成立了大中阳光，后改名华融阳光。2003年7、8月公司搬到联合大厦办公后，寿比胡同只有我还在那里做净水器项目的扫尾工作。刘某借用过寿比胡同办公室应付银行考察，他给我打电话说已经和袁总说好了，借用一下我的办公室。从未听说过首创太阳能项目。

（其他证人证言略）

3. 鉴定结论

证实：三张借条系袁某某本人所写。

4. 书证

工商登记注册资料、贷款申请材料、转贷材料、贷款核销资料、财务报表、审计材料、评估材料、兼并资产交接书、假所有权证、资金流向司法会计鉴定材料、资产负债情况司法会计鉴定材料、纳税情况、顺义化肥厂房屋权属调查情况、银行关于宁馨儿、中通信达贷款情况的说明、宁馨儿经贸公司电话一览表、冯某关于虚假合同、董事会决议签名问题的说明及相关材料复印件、深圳广深会计师事务所关于宁馨儿经贸投资及退出四砂股份有限公司股权账务的专项审计报告、长富宫发票、国恒时尚传媒科技集团股份有限公司关于替宁馨儿公司归还贷款欠息的说明、华夏银行北京分行关于宁馨儿公司贷款情况的说明。

四、本案典型疑难问题法律适用解析

（一）关于犯罪嫌疑人罗某某及其控制的宁馨儿经贸公司的证据分析

现有证据能够证实本案应当属于2001年金融犯罪座谈会纪要中可以认定非法占有目的的七类行为中的第一项"明知没有归还能力而大量骗取资金"的行为：

1. 客观方面，有使用虚假的证明文件，骗取银行贷款的行为

根据罗某某本人供述和北京宁馨儿公司的人员证实，该公司在申请贷款前，公司的经营状况和财务状况均不符合贷款发放条件。为了取得贷款，罗某某授意公司员工实施了下列虚假的证明文件和编造虚假事实：（1）提供虚假财务报表，撰写了夸大事实的贷款申请报告，将亏损的财务报表改为达到贷款要求的盈利水平。（2）在建行信贷人员的实地考察时做假欺骗。（3）申请中通信达3000万元贷款时提供虚假担保资料。（4）申请中通信达3000万元贷款时制作、提供虚假购销合同和虚假审计报告。

2. 主观方面，具有非法占有的目的

（1）贷款前，已经背负高额债务，严重的履约能力不足。根据罗某某供述，以及公司人员证言，此前，罗某某收购山东"四砂"股份，投资1.4亿元左右，主要来自银行贷款和个人借款，后项目失败，转让后收回的资金部分归还广州贷款和借款，仍有民生银行、华夏银行等贷款没有归还。贷款后的资金流向显示，罗某某控制的安泰房地产公司也有未归还的贷款。此外，罗某某供述以及部分查账结果能够证实宁馨儿公司还有大量与其他公司和个人之间的拆借债务。

（2）获得贷款后没有积极地将贷款用于借贷合同所规定的用途，造成公司经营状况得不到改善，最终无法偿还贷款。

①按罗某某供述贷款目的是完成顺义化肥厂的兼并和宁馨儿生物科技公司的生产项目，但是实际情况是，真正给上述两个项目拨款只有几百万元，其余4000余万元在贷款后三四个月的时间内全部挪作他用，而且均是非营利性支出。

②其辩解设想顺义化肥厂收购成功，其土地可以作为银行抵押。但其贷款后并没有采取积极的行动去完成该项目，顺义方面甚至不知道有贷款发放一事。证据显示贷款时，宁馨儿经贸公司对顺义化肥厂收购只有县政府的批复和兼并协议，但没有转移产权。原因一是宁馨儿经贸公司始终没有完成化肥厂职工的安置工作，二是没有缴纳化肥厂的土地出让金。因此罗某某实际对该项目投资没有到位，使得项目不可能成功，因此不具备贷款的偿还能力。

③其间又产生新增贷款，即以中通信达名义贷款3000万元，仍没有用于生产经营，造成贷款更高的风险。

（3）贷款到期以及展期后，没有积极地设法归还的行为，一直到案发前，本金利息没有归还。

综上所述，本案应当属于2001年金融犯罪座谈会纪要中可以认定非法占有目的的七类行为中的第一项"明知没有归还能力而大量骗取资金"的行为。

（二）关于犯罪嫌疑人袁某某贷款诈骗的证据分析

1. 第一笔5000万元贷款

第一，客观方面：

（1）证据证实袁某某为宁馨儿公司贷款一事帮助联系银行。

（2）证据证实罗某某为办理贷款与银行联系方便而口头任命袁某某为宁馨儿经贸公司副总，对外负责贷款事宜，但袁很少在公司出现。

（3）证据证实袁某某以借款名义使用了三分之一的贷款，且拒不归还。袁某某关于"900万元是罗某某还其的欠款、800万元是自己向其的借款且都已归还"的辩解不能成立：

①如果900万元是罗还款，应该是欠账两清，反而由袁写借条，明显不合情理，且袁不能提供罗欠款的证据。

②800万元借款时是支票，且已在宁馨儿公司以借款做账，但却全部以现金形式归还且不留手续，明显不合情理。

③袁某某辩解因开过两次支票，第一次作废了，故写过两次借条，还钱后罗某某已将其中一次当面撕毁，还有一份借条留在宁馨儿公司。经查，虽然由于原财务人员离职无法确定借条是否写过两次，但是证据显示第一次开的三张

支票与第二次开的三张支票的总金额和单张金额均不一样。因此即使存在两次借条，金额也是不一样的，而还钱后撕毁已作废的借条，却留下有效的借条，此辩解是不合情理的。

④袁某某先后两次自己提供的能证实其曾亲自还现金给罗某某的证人，即罗某某的司机戴某琨和袁自己的司机刘某阳均已否认了其说法。（现袁某某律师又提出主要是两个司机之间进行款项交接，尚未核实）

综上所述，在客观方面，证据能够证实，袁某某利用在银行的关系为宁馨儿公司贷款起到重要作用，并且占有了34%的贷款资金不归还。

第二，主观明知方面：

（1）证据能够证实袁某某对取得的贷款资金没有偿还意图：

①罗某某能够证实袁某某拿走的占到总数近三分之一的款项名为借款，实为好处费，不打算归还。

②罗某某公司财务也证实其曾经问过这笔应收款是否应该要回，但罗说不用管这事了。

③袁某某公司财务证实袁的公司长期亏损，没有实际经营，查账也发现1700万元到账后被立即转出，大部分提现，反映不出有用于正常经营的痕迹，反映不出袁某某有还款的意图。

④袁某某至今否认自己应归还贷款资金，且其辩解均无证据支持，体现占有故意。

（2）没有直接证据证实袁某某明知宁馨儿公司的经济实力和用款目的，即宁馨儿公司是否具备偿还能力或意图：

①袁某某本人自侦查阶段到审查起诉阶段始终不供认自己与罗某某共谋分工以及了解罗某某公司的真实情况、还款能力和贷款目的等，始终称相信罗某某公司的实力。

②罗某某被逮捕后的口供曾经证实与袁某某共同分工诈骗，但罗某某在被逮捕前及现在审查起诉阶段，不承认与袁某某共谋、分工诈骗，也不证实袁某某知道自己公司的真实情况及贷款的真实目的和用途，且与袁某某供证一致，称自己跟袁某某说自己收购顺义土地市值数亿元，还差七八千万元就完成收购等。但能够证实袁某某拿走的贷款资金名为借款实为提成。

③银行方面证言只能证实袁某某为罗某某公司的实力说好话，不能证实袁某某是否知道罗某某公司真实实力。

④由于袁某某被口头任命为公司副总后很少出现，宁馨儿公司员工也不能证实袁某某对于该公司的情况是否了解，部分员工甚至称不认识袁某某，从未见过。

⑤袁某某辩解通过原华夏银行建国门支行行长华某认识罗某某，华某介绍

罗某某很有实力,刚还了该行8000万元贷款。经查,华某证实宁馨儿公司向该行贷的7500万元,除1000万元逾期后由担保公司归还外,其余均陆续归还,考察过罗某某在宁夏的企业以及收购四砂股份和顺义化肥厂的情况,感觉有一定经营,总体情况还可以。这些情况有可能与袁某某在聊天时谈到过。

综上所述,对于宁馨儿公司5000万元贷款的事实,没有直接证据能够证实袁某某明知宁馨儿公司的还贷能力和意图,以及与该公司的明确共谋,但从间接证据可推定其非法占有目的,主要表现在:

其一,在5000万元贷款之前袁曾介绍宁馨儿公司到丰台支行贷款,由于在担保、抵押等方面不符合贷款条件没有获批,该行行长证实已将原因告知袁某某,虽然袁某某不承认,罗某某也称"袁某某对具体原因可能不知道",但由于该笔贷款申请是袁某某介绍的,分析行长证言较为可信。故袁对宁馨儿公司不符合贷款条件的事实应当有一定认识,由此推定袁某某对于该公司的归还能力也应有一定的认识。当然,不符合贷款条件不等于就没有归还能力,2001年全国法院金融犯罪案件座谈会纪要中也指出:"对于确有证据证明行为人不具有非法占有目的的,因不具备贷款的条件而采取了欺骗手段获取贷款……不能归还贷款是因为意志以外的原因,如因经营不善、被骗、市场风险等,不应以贷款诈骗罪定罪处罚",但本案中袁某某在知道宁馨儿公司不符合贷款条件后仍帮助其贷款,如果其认为该公司有归还能力,根据是什么,袁某某并没有合理解释。

其二,袁某某从该笔贷款中拿走的钱占到总数的34%,虽然我们不能仅从其提成数额来认定共犯,但如此远远高于惯例的提成比例,袁某某也不能作出合理解释。按照常理,如果宁馨儿公司意图正常经营、还贷,是不可能给袁某某三分之一的,正因为其债台高筑急于拆东墙补西墙才可能答应这样的提成比例。事实证明,袁某某对自己拿走的三分之一的贷款资金不打算归还,那么其依据什么认为宁馨儿公司能够在分给其三分之一款项后还能正常经营和还贷?从这一明显有悖于常理的事实可以推定袁某某对于宁馨儿公司的诈骗故意应有一定认识从而心照不宣共同非法占有贷款资金。

当然也存在一定的诉讼风险需要关注:

其一,对主观故意的判断可能存在分歧。由于目前刑法理论的通说以及实践中,对于诈骗类犯罪的主观罪过的要求,仍限定于"追求非法占有目的"的直接故意,而将放任的间接故意排除在外,而分析袁某某对宁馨儿公司使用贷款和公司经营的主观认识,能否排除是轻信、漠不关心、放任等可能性,能否得出其主观罪过属于直接故意的唯一结论,可能存在分歧。

其二,袁某某占有2000余万元贷款资金的性质是提成还是借用,可能出现证据变化,导致认定上的障碍和公诉中的困难。上述对袁某某主观故意可定性的论证，是以认定其拿走的巨额款项的性质是提成为基础，来推定其主观明知。因为从侦查阶段到审查起诉的现阶段，袁某某一直否认自己应当还款，这种态度反映出的事实与罗某某"没想让袁还款"的供述以及至今未还款的事实相印证，体现出其非法占有贷款资金的主观恶性。如果袁某某一开始就承认自己是借款准备归还并积极归还，则难以论证其共同诈骗的故意。但袁某某拿走钱时毕竟在财务打了借条，罗、袁二人对于借款不需要还又没有明确约定，属于心照不宣类型，罗虽这么想、袁是否也这么想，袁某某是一开始就以非法占有的故意将钱拿走，还是正常借款之后赖账不还，都主要是通过袁某某至今拒不归还的客观事实来推定。在本案进入第三次审查期间，袁某某通过其律师向检察机关表示，因为受罗某某牵连被抓，怨恨很深，现在想通了，正在让家人准备退款，近一周内就会交到检察机关。袁某某究竟能不能退、能退多少、对于自己借款、退款的说法又会有些什么变化、是否对认定有影响，目前尚难以确定，对其的指控可能存在变化风险。

2. 第二笔3000万元贷款

现有证据能够证实：

（1）客观行为上参与度更高：袁某某除了与第一笔一样联系银行以外，还实施了提议和参与购买壳公司的具体行为，并且为了应付银行信贷员的实地考察，袁某某与罗某某亲自给有关人员布置，统一口径，并将自己公司办公室作为中通信达公司办公地点提供给银行人员视察。而其本人对已经证据证实的上述一系列行为没有作出合理解释，而是拒不供认，并且同上一笔一样，在贷款发放当天就转走580万元。

（2）主观上：袁某某知道第一笔贷款罗某某不到半年就用完了，没有还贷就又再次贷款，并且第一笔贷款中自己用了三分之一并未归还，此时对于罗某某公司究竟有没有偿还能力、偿还能力如何等问题袁某某应有进一步认识和判断，却仍然帮助其申请第二笔贷款。但罗某某证实仅是跟袁某某说钱还不够、再贷一笔就能完成收购，银行方面也证实在知道宁馨儿公司第一笔贷款已用完且尚未归还的情况下，仍然同意通过中通信达给宁馨儿放贷用于其完成收购、期待其获得偿还能力。故袁某某在第二笔贷款中的行为与第一笔相比，推定其主观明知的可定性更大，但袁某某对第一笔贷款究竟用在什么地方、工厂收购的真伪和进展情况、宁馨儿最终能否具备偿还能力等问题的主观明知推定上，仍有一定的诉讼风险。

综上所述，推定袁某某具有共犯故意有一定的可定性，但存在较大诉讼风险，鉴于袁某某占有近三分之一贷款不归还的主观恶性和严重后果，承办人倾向尝试起诉。

（三）本案犯罪事实的定性分析

起诉意见书认定第二笔贷款为个人犯罪，罪名是贷款诈骗。

关于此笔事实的定性，现存在两种分歧意见：一种意见是认定单位犯罪（合同诈骗）。理由是第二笔贷款的主体中通信达公司虽然是为贷款诈骗犯罪而成立，但本案事实反映成立公司以及进行贷款是宁馨儿公司的单位行为，不是罗某某的个人行为。也就是说，是宁馨儿公司为犯罪而成立中通信达，而不是罗某某为犯罪而成立中通信达。这一点银行方面也可证实，银行知道实际贷款主体还是宁馨儿公司，买壳贷款的方法是宁馨儿公司和银行共同商定的结果，贷款办理的具体工作也是由宁馨儿公司上下员工一起完成的。因此这笔贷款实质上与第一笔贷款无异，都是为单位利益、以单位名义作出，并且现有证据不能证实资金主要用于个人，故应认定单位行为（合同诈骗）。

第二种意见认为应认定个人犯罪（贷款诈骗）。理由是贷款主体是中通信达，贷款合同双方当事人是中通信达和银行，宁馨儿公司不是合同主体，如果认定是宁馨儿公司犯合同诈骗罪，那么该公司是以哪一份合同进行诈骗的？论证上存在障碍。

承办人同意第一种意见，认定单位行为（合同诈骗）。因为如按照第二种意见，认定罗某某个人犯罪，那么罗某某也不是合同主体，而是通过中通信达公司达到诈骗贷款的目的。同理，宁馨儿公司也同样是通过成立中通信达公司、与银行签订合同来达到诈骗贷款的目的。

Case 11
案件十一
孙某、张某某票据诈骗案

一、犯罪嫌疑人基本情况及诉讼过程

1. 犯罪嫌疑人孙某，曾用名赵某，女，1965年1月10日出生，汉族，辽宁省人，高中文化程度，曾任北京某汽车销售有限公司法定代表人，因涉嫌票据诈骗罪，经北京市平谷区人民检察院批准于2009年10月28日被北京市公安局平谷分局逮捕。

2. 犯罪嫌疑人张某某，男，1969年2月26日出生，汉族，北京市人，初中文化程度，无业，因涉嫌票据诈骗罪，经北京市平谷区人民检察院批准于2009年10月29日被北京市公安局平谷分局逮捕。

二、侦查机关认定的犯罪事实与意见

2006年2月27日、3月1日，犯罪嫌疑人孙某伙同张某某在农业银行平谷支行新平东路分理处，使用伪造的某投资管理有限公司财物专用章、法人陈某乔个人章盖好的转账支票从某投资管理有限公司账户内分别划走2000万元、1000万元人民币，存到北京某汽车销售有限公司中国农业银行平谷支行和交通银行红庙支行账户内，用于归还个人欠款。

侦查机关的意见：孙某、张某某的行为触犯了《中华人民共和国刑法》第194条之规定，涉嫌票据诈骗罪。

三、检察机关依法审查后认定的事实及证据

（一）检察机关认定的事实

1. 预谋过程

犯罪嫌疑人孙某2004年通过中介公司花20万元收购了北京某汽车销售有

限公司（注册地：北京市密云县工业开发区），任法定代表人。根据孙某的供述，收购该公司本想做汽车生意，但一直没做起来，主要从事的是给人放款、收利息，每年税务都是零申报。由于有的款放出去收不回来，自己也向别人借钱，背有很多债务。其众多债主中就包括本案的第二名犯罪嫌疑人张某某。2005年年初孙某通过该公司的一个会计认识平谷区的张某某。当时张某某在为别人办营业执照，手中有钱。孙某就经常向张某某借钱。张某某提供的借条显示，截至2005年年底孙某共欠张某某1310万元（孙某称实际借款金额为本金300多万元）。因孙某债台高筑，张某某多次催孙某还款未果。

2006年孙某通过朋友认识了某投资有限公司金融部经理冷某辉，其主要负责协助集团公司办理公司贷款，帮助下属公司担保。通过孙某，张某某也与冷某辉相识。

根据孙某的供述，张某某跟她一样，也向人放款收利息，同时也欠了很多债务，孙某又一直还不上他的钱，因此张某某与孙某二人一起商量向冷某辉借钱。方式是让冷某辉的公司往银行存钱、趴账，再想办法把钱提出来，先还给张某某的债主，让大家知道资金运转正常，然后张某某再向他们把钱借回来，一个月内还到冷某辉公司账上。此前张某某曾通过孙某帮助张某某的朋友陈某找冷某辉公司借过2000万元。陈某证言证实，孙某引见后，是陈某自己直接和冷某辉谈的，孙、张二人在一旁听着，当时谈的是趴账，但后来一直是陈某和冷某辉单线联系，陈某改为借款，冷某辉同意，因而才能将2000万元支出给陈，陈用完很快归还。对于陈某借款的具体方式，陈某称张某某并不清楚。

张某某否认与孙某预谋，称自己对所有的事情均未参与也不知情。但张某某的朋友陈某证实，张某某曾经托其找一家"平台银行"，以便用假印章从银行把钱骗出来用一段时间，挣点钱再还上。由于当时农行的支票印章还是手工核对，故张某某让其找一家关系不错的农行。后来陈某听说张某某欠人很多钱，就没敢帮他找。对陈某的上述说法，张某某也不承认。

2. 准备过程——拉到某投资有限公司3000万元存款以及私刻该公司印章的事实

2006年2月孙某打电话给冷某辉，与其商量由冷某辉所在的某公司往农行平谷支行新平东路分理处存款5000万元。孙某证实跟冷某辉明确说了要求趴账一个月。但冷某辉只证实孙某说是"协存款"，即拉存款的人方便在银行办一些事情。此后孙某还和张某某一起到某公司找冷某辉面谈，但是由孙某谈，张某某没说话（张某某不认，称不认识冷某辉）。孙某也单独找过冷某辉。冷某辉经到该银行实地考察后向公司请示获得公司同意。某公司总经理张某刚的证言证实，随后冷某辉向公司做了汇报，说有一个叫孙某的人准备在平谷区搞房地产，需要贷款，但需要在平谷农业银行有存款才好办。故孙某要求借款 5000 万元，使用 1 个月，利息 30 万元，公司为了赚取这笔收入以便用来分担公司向银行贷款的利息，故同意了。冷某辉证言称向公司汇报后公司定下了按 0.5% 收取费用（25 万元）。

2006 年 2 月 22 日，孙某和冷某辉以及某投资有限公司的出纳韩某带着公司的公章、财务章和企业法人个人章，上午先到民生银行劲松支行开设一个账户，下午到平谷区农行新平东路分理处又开设一个账户。出纳韩某在印鉴卡上留下了公司电话和自己的小灵通号码。

之所以到两家银行开户，据孙某供述是因为张某某说平谷那边银行挪款出来可能有点困难，让孙某找她认识的民生银行劲松支行的赵某帮忙，让某投资管理有限公司先在赵某那开户，以便拿到冷某辉公司的印鉴（张某某不认）。于是孙某告诉冷某辉两边都需要存款，需要开两个户头。某公司在平谷开完户后，孙某就回到劲松支行找赵某，先问赵某如果某公司把款存进来能不能提出来给她用一下。被拒绝后，孙某就要求赵某帮助弄一套某公司的印模复印件。于是就在开完户当天晚上，赵某在民生银行劲松支行里把某公司预留印鉴卡复印了一张给了孙某，上有财务章和法人章的印模。根据孙某的供述，自己是和朋友唐某艳一起去找赵某拿的，当时张某某坐在民生银行外面的白色捷达车里等着，从银行出来时，唐走在孙后面，孙某进了张某某的车，在车里把印鉴的复印件给了张某某。孙某称唐知道张某某在等她，但唐具体看到什么，孙某不能确定。唐某艳的证言证实自己陪孙某去民生银行取过东西，但自己没下车，不知道孙某进去取什么，孙某取完后说到前面把东西交给张某某，自己没亲眼看到，只看了到张某某的白色汽车（但其不能说出汽车品牌和牌号）。张某某对此不认。

2006 年 2 月 23 日，孙某到平谷农行新平东路分理处购买某投资管理有限公司的转账支票，但被告知该账户内没有钱，不能买支票。根据孙某的供述：买支票是张某某让她去的，后张某某自己开车取来 3 万元钱交给孙某，并且交给孙某某投资有限公司的财务章和法人章，孙某用此章向银行申请购买支票，银行工作人员经过核对，讲印章不符。第二天张某某又打电话将孙某约到平谷，在车上张某某又交给孙某某投资有限公司的财务章和法人章，孙某自己进新平东路分理处，张某某在车上等候。随后孙某顺利购买到一本某投资有限公司的转账支票。由于当时企业开空头支票的现象很多而且经常联系不上企业的人，当时分理处工作人员张某伶让孙某在张某伶公司的印鉴卡片上留下了手机号码，张某伶称自己当时没有注意看印鉴卡片上是否已经留有公司电话。

从银行出来后，孙某将支票和两枚印章都交给了张某某。张某某对此不认。经公安机关调取农行平谷分行新平东路分理处监控录像，没有调取到 2 月 23 日当天的录像，也未查找到 2006 年 2 月 23 日当日分理处工作人员。公安机关对张某某住所、车辆进行搜查后，没有发现涉案印章和支票。

2006年2月26日，孙某给冷某辉打电话约定第二天存款3000万元，冷某辉要求先付好处费。

第一笔60万元：2006年2月27日早上，孙某打车到平谷找张某某拿钱，张某某让其小舅子张某立从银行取了60万元现金，孙某接上张某立和张某立的姐夫唐某国一起到了建国饭店。同时冷某辉开车带着他的老乡游某也到了，但冷某辉没有下车，而是让游某进去拿钱。钱一直由张某立、唐某国二人拿着并由此二人直接把60万元给了游某。中午，某投资有限公司的3000万元存款到账。冷某辉把60万元中的15万元交给公司，剩下的45万元自己留下了，用于个人消费以及与游某一起炒股等。张某某承认让张某立给孙某送过钱，但不承认是给冷某辉的钱，称是借给孙某的，不知道孙某干什么用。张某立曾作证证实在把钱给游某之前，与张某某电话联系过确认给钱的对象。经退补，公安机关询问张某立电话确认的具体情节，但张某立现称记不太清了。印象中是孙某让其把钱给谁其就给谁了，给完后和张某某通电话告知张钱已经按孙某要求给了来拿钱的人了。

第二笔40万元：2006年3月2日左右，经与孙某联系好后，冷某辉派游某到中国妇女儿童活动中心一层的一个银行找孙某公司的会计崔某珺拿了人民币40万元，游某拿到后给冷某辉送到了家里。这40万元中的15万元冷某辉交给了公司，其余自己留下了，用于个人消费以及与游某一起炒股等。

3. 实施过程——用加盖假章的支票支取某投资有限公司3000万元的事实

2006年2月27日，根据孙某的要求，某投资有限公司将3000万元存入平谷区农行新平东路分理处。当天下午，孙某到平谷农行新平东路分理处，用两张盖好某投资有限公司公司印章的支票（孙某称是张某某给她的，张某某不认），要求将3000万元转到其自己的北京某汽车销售有限公司在该行开的账户内。由于银行说一次不能转那么多，就先用一张支票转了2000万元。划款之前，分理处主任李某平曾拨打某投资有限公司预留的固定电话欲询问转账一事，但电话占线，李某平遂拨打了印鉴卡片上留的手机号码，即孙某的手机，孙某表示认可后，李某平即签字同意了这笔转账。

2000万元到北京某汽车销售有限公司账后，孙某交给张某某一张北京某汽车销售有限公司的空白转账支票，张某某用该支票将其中1310万元转入北京金利安工程有限公司账上（系张某某利用曾为该公司办理注册的便利私刻该公司印章开立的账户）。孙某将剩余的690万元钱转到北京某汽车销售有限公司在交行红庙支行的账户上。张某某承认收到孙某还给他的1310万元，但称对于该款的来源不清楚。

2006年3月1日，孙某用另一张转账支票从北京某汽车销售有限公司账户转出1000万元到北京某汽车销售有限公司在交行红庙支行的账户上。签字同意此笔划款的分理处主任李某平称，在划款前看到北京某汽车销售有限公司刚存款没几天就要都划走了，就拨打该公司电话"问对方款没有了"，接电话的北京某汽车销售有限公司的会计韩某说公司月底还要向这个账户存款，李某平就认为是同意划款的意思，遂签字划款。但韩某称自己在开户后直至公司3000万元被全部划走前从未接过银行的电话。

4. 资金去向

张某某将转到北京金利安工程有限公司账户内的1310万元分别偿还他人欠款：贾各庄任某祥100.25万元；马坊徐某122万元；张某立150万元；付某华、史某军900万元；岳各庄王某山50万元，共计1322万元。

孙某将北京某汽车销售有限公司账户内剩余的1690万元，除还欠款北京恒远世纪房地产经济有限公司195万元外，其余1495万元通过朋友贾某忠、肖某生等人转入自己的银行卡以及提现等，用于自己日常消费和在大连市经商所用。

截至目前，公安机关共冻结32家单位账户和59家个人账户，共计存款2300余万元；查封孙某在通州区和大连市的房产两处；扣押人民币233.8万元，丰田卡罗拉轿车一辆。

（二）认定上述事实的证据

经审查，认定上述事实的证据是：

1. 犯罪嫌疑人供述和辩解

（1）犯罪嫌疑人孙某供述和辩解

2004年8月20日我通过企业变更成为北京某汽车销售有限公司（注册地：北京市密云县工业开发区）法人代表。2005年年初我通过本公司的一个会计认识平谷区的张某某。当时张某某在为别人办理营业执照，手中有钱。了解到这个情况以后，我因为经营需要资金，随后向张某某借钱，按日利息1%给付张某某，扣除星期六、日和节假日。直至2006年2月我一共从张某某手中借款270万元左右，最多超不过300万元。后来张某某就让我给他打了一张总欠条，并让我多写点，我就给写了一张1000多万元的欠条。

2006年期间我通过朋友认识了冷某辉，随后又介绍张某某与冷某辉相识。后张某某带着一个姓陈的朋友找到冷某辉，向冷某辉借款2000万元，过了一个月后归还，并支付了一定的利息。后来因为我欠张某某的钱不能按时归还，随后张某某提出让我向冷某辉借钱，然后还钱给张某某。

2006年2月我打电话给冷某辉借款3000万元，使用1个月，但是不许公司查账。随后冷某辉表示同意。我和张某某和冷某辉一起谈过一次。在2006

年 2 月 22 日我和冷某辉和他公司的两个女同志到平谷区农行新平东路分理处开设一个账户。随后张某某要求我搞到某投资管理有限公司的财务章和法人章。在此之前我就找到过民生银行的一个 30 多岁的工作人员，要求他将某投资管理有限公司存到他们银行的钱提出来，或者将该公司的财务章和法人章的印模弄出来。当时该男子说钱提不出来，但是可以将印模搞到。在某投资管理有限公司在民生银行开户后的当天晚上，他将装有某投资管理有限公司财务章和法人章的印模，装在一个信封里交给了我。当时我拿出来看了一眼，是一张复印件，上面有某投资管理有限公司财务章和法人章。随后我将这个信封交给在银行台阶下等候的张某某，当时有我朋友唐某艳在场，她看见了全部过程。

2006 年 2 月 23 日我和张某某到平谷区农行新平东路分理处准备购买某投资管理有限公司在该银行的转账支票，张某某找了一个银行的女的，那女的说该账户内没有钱，不能购买支票。随后张某某自己开车取来 3 万元钱交给我，并且交给我某投资管理有限公司的财务章和法人章，我俩一起进入银行，我填好手续，盖上张某某给其的两枚某投资管理有限公司的章，交给工作人员申请购买支票。银行工作人员经过核实后，讲印章不符，将申请退回。随后我从银行出来，张某某也跟着出来，二人回家。第二天张某某又打电话将我约到平谷。我俩又来到平谷区农行新平东路分理处，在车上张某某又交给我某投资管理有限公司的财务章和法人章，我自己进银行办手续，张某某在车上等候。随后我顺利地购买到某投资管理有限公司的转账支票，从银行出来后，我将支票和两枚印章都交给张某某，二人各自回家。

2006 年 2 月 27 日某投资管理有限公司将 3000 万元存入平谷区农行新平东路分理处。我和司机到平谷区接上张某某的两个朋友带着 60 万元现金来到北京市天安门附近的建国饭店内等候冷某辉。得知钱已存入银行，随后张某某打电话给他其中一个朋友，将 60 万元现金交给前来取钱的冷某辉的朋友游某，冷某辉在门口开车来接，但没下车。

2006 年 2 月 27 日下午我来到平谷区新平东路分理处找到张某某，张某某交给我两张盖好章的某投资管理有限公司的转账支票。我进到分理处，要求将某投资管理有限公司的 3000 万元全部转出，但是分理处的一名高个戴眼镜的主任声称不能一次性转出，所以当天我填写一张 2000 万元的转账支票，转到自己的北京某汽车销售有限公司农业银行的账户。然后交给张某某一张某投资管理有限公司的空白转账支票。后张某某转出 1310 万元我的欠款。随后我将剩余的 690 万元钱转到自己在北京市红庙支行的账户上。2006 年 3 月 1 日我用另一张转账支票从某投资管理有限公司账户转出 1000 万元，转到自己的北京某汽车销售有限公司农业银行的账户。之后我从本公司会计手中取出 40 万元人民币，另取 10 多万美元，交给冷某辉的同学游某，至此给付冷某辉 100 万元人民币，10多万美元。

我将转到我账户的1690万元除还欠款北京恒远世纪房地产经济有限公司195万元。其余1495万元通过朋友贾某忠、肖某生转账，导入自己的银行卡，用于自己日常消费和在大连市经商所用。

（2）犯罪嫌疑人张某某供述和辩解

2004年间我给别人办理营业执照，在那时认识的孙某，她当时正在搞二手房贷款。她向我借钱，她按每月2.6%—2.8%给我利息，我再按2.4%每月给别人利息。他先后向我一共借了1300万元钱。2006年3月的时候孙某就把钱还给我了，一共是1310万元。

我不知道某投资管理有限公司，也不认识叫冷某辉的人，没听说过。

2. 证人证言

（1）唐某伶（女，41岁，农业银行平谷支行副行长）于2006年3月2日19时许，在公安机关向民警陈述1次，证实：我们支行的一个客户的存款被别人划走了。

我单位是国有银行。2006年2月22日在支行下属新平东路有一个客户是某投资管理有限公司开设一个账户，账号：14110104009××××，此账户于2月24日存入现金3万元，并买走转账支票一本。到了2月27日，该账户以转账方式从交通银行北京有慧东路支行存入金额30000万元，并到账。当天从该账户转走金额2000万元到我们支行营业部北京某汽车销售有限公司账户内，其中1310万元于当天转到我们支行新平东路开户的北京金利安装工程管理有限公司账户内。余下690万元于2月28日转到交通银行红庙支行北京某汽车销售有限公司账户内。另有1000万元于3月1日转到交通银行红庙支行北京某汽车销售有限公司账户内。现在北京某汽车销售有限公司账户内只有存款金额3万元。

今天下午支行下属新平东路分理处的李某平主任给我打电话说，开户的某投资管理有限公司的会计韩某通过电话95599查询发现其账户内的3000万元钱没有了，但是他们说他们公司没有人划走这笔钱，随后我们就报警了。

北京某汽车销售有限公司的法人是孙某，我们认为是她将某投资管理有限公司的3000万元划走的。因为在新平东路开账户时，工作人员看到孙某也来开户。2月24日有人前来购买某投资管理有限公司的转账支票，但是因为某投资管理有限公司账户内没有钱，所以没有卖给他支票。后来有人存入某投资管理有限公司3万元现金，经查在回单上签字的就是孙某。后来买了支票。今天晚上7点多钟，某投资管理有限公司的会计韩某过来，通过他给一个姓冷的打电话，姓冷的告诉韩某孙某给他发了个短信说钱让她划走了，近期还齐，不要报案。

（2）李某平（女，44岁，农业银行平谷支行新平东路分理处主任）于2006年3月3日1时许，在公安机关向民警提供1次证言，证实：今年2月22日某投资管理有限公司来了4个人在我们分理处开的账户，账号：14110104009××××。2月24日某投资管理有限公司的孙某存入现金3万元，并买走转账支票一本。到了2月27日，分理处的宋某军告诉我该账户存入金额30000万元，并到账。下午分理处的刘某辉拿着已经填好的转账支票来找我，我一看是2000万元，是某投资管理有限公司的，准备打到我们支行营业部的一个客户账户，我想在我们支行内部转账，就在支票后边签字了。随后我又打对方留下的电话，是个女的接的，说公司同意办理。通过监控我发现接电话的是孙某。

3月1日上午8点多钟，某投资管理有限公司的孙某找到我想划走1000万元。我就给某投资管理有限公司打固定电话，对方会计韩某说月底还要往这个账户打钱，我就认为公司是同意划款，就签字了。3月2日中午，某投资管理有限公司的会计韩某给我打电话说他们公司的3000万元钱没有了，我说已经划出去了，他说不可能，他们公司没人划这笔钱。通过我们查询，发现划走3000万元钱的就是孙某。

辨认笔录：

2006年3月4日15时许，农行平谷支行新平东路分理处李某平辨认出孙某就是代表某投资管理有限公司到新平东路分理处购买转账支票及办理划款的人。

（3）刘某辉（女，34岁，农业银行平谷支行新平东路分理处业务员）于2006年3月3日18时许，在公安机关向民警提供1次证言，证实：2006年2月24日上午我们分理处来了一个客户，叫孙某，她要存入一个账户3万元钱，并且要购买支票。因为我手中没有支票了，就让她到其他窗口办理的。2月27日中午孙某来到我们分理处，拿出3万元钱的进账单和转账支票，我核对无误后，将3万元钱转到我们的营业部。2月27日下午3点多钟，孙某又来到我们分理处，拿出一张转账支票，金额为2000万元，要求划款。我找主任李某平签的字，我给办理的。在这之前孙某曾经要划3000万元，我说得找主任签字，后来孙某找的我们李主任。回来对我说，主任让我划2000万元。2000万元划到农业银行平谷支行营业部客户付款账户，具体哪个账户我记不清了。

我们分理处如果办理100万元以上划款业务，需要主任签字，并且拿支票到后台与被划款公司预留的公司财务章和法人章进行核对，核对相符后才能为其办理业务。孙某拿的章应该与被划款公司预留的章相符。

（其他证人证言略）

3. 鉴定结论

（1）北京市公安局刑事科学技术鉴定书 2006 年 3 月 8 日

文检鉴定书，京公刑技（文）检字〔2006〕0164 号

检材：（一）1. 号码为 X111 0313 ×××× 和 X111 0313 ×××× 的《中国农业银行转账支票》两张；2. 序号为 4155 ×××× 《中国农业银行收费凭证》一张；（二）单位提供的"某投资管理有限公司财务专用章"和"陈某乔印"真印章印文样。

结论：检材 1、2 上的"某投资管理有限公司财务专用章"和"陈某乔印"印章印文与单位提供的相同内容的印章印文不是同枚印章盖印的。

（2）北京市公安局刑事科学技术鉴定书 2009 年 12 月 21 日

文检鉴定书，京公刑技鉴（文）字〔2009〕936 号

检材：①《中国农业银行转账支票》七张；②北京金利安工程管理有限公司的《中国农业银行印鉴卡》两张。

结论：检材 1 上的"北京金利安工程管理有限公司财务专用章"和"陈某之印"印文和检材 2 上的"北京金利安工程管理有限公司"、"北京金利安工程管理有限公司财务专用章"和"陈某之印"印文与单位提供的各相应印文均不是同一枚印章盖印的。

（3）北京市公安局刑事科学技术鉴定书 2010 年 1 月 14 日

文检鉴定书，京公刑技鉴（文）字〔2009〕1004 号

检材：户名为"张某某"的《中国农业银行银行卡取款凭条》一张。

结论：检材上除日期以外的字迹是张某立写的。

4. 书证物证

（1）欠条。

孙某于 2005 年 6 月 30 日、11 月 15 日共向张某某借款 1300 万元。复印。

（2）转账支票等账目材料。

（3）北京市东大刻字厂出示为某投资管理有限公司刻章的北京市公安局通知书。

（4）某投资管理有限公司企业法人营业执照。

（5）报案材料。

（6）会议纪要。

（7）资金使用费记账凭证及情况说明。

（8）关于在民生银行开户的情况说明。

（9）关于在平谷农行开户的情况说明。

（10）孙某资金流向。

（11）张某某资金流向。

（12）朝阳法院判决书。

（13）农行平谷支行证明。

证明：①提供录像的说明。②无法查清 2006 年 2 月 23 日分理处当日工作人员姓名，无法提供证人证言。③因该案发生时我行只针对某投资管理有限公司在我行办理留存传票业务线索的相关监控录像进行保存，其他录像因时间关系未予保存，因此无法提供 2006 年 2 月 23 日录像。

（14）指认现场照片卷 1 张。

5. 其他材料

（1）孙某的抓获和押解经过、到案经过。

（2）犯罪嫌疑人的户籍证明材料。

（3）扣押物品清单及工作说明。

公安机关冻结 32 家单位账户和 59 家个人账户，共计存款 2300 余万元；查封孙某在通州区和朝阳区房产两处；扣押人民币 160 万元，丰田卡罗拉轿车一辆的手续，共计案卷 7 册。

（4）关于冻结的工作说明。

（5）见证人的询问笔录。

（6）查封大连房屋的函。

（7）查封通州区房屋的函。

四、本案典型疑难问题法律适用解析

（一）证据分析

1. 孙某票据诈骗罪

犯罪嫌疑人孙某的供述、冷某辉及某投资管理有限公司其他公司人员证言、银行人员证言、鉴定结论及转账凭证等书证材料能够证实，孙某使用伪造的某投资管理有限公司财物专用章、法人陈某乔个人章盖好的转账支票从某投资管理有限公司在农业银行平谷支行新平东路分理处账户内分别划走 2000 万元、1000 万元人民币，存到北京某汽车销售有限公司中国农业银行平谷支行和交通银行红庙支行账户内，用于归还个人欠款。

2. 张某某票据诈骗罪

犯罪嫌疑人孙某证实本案系与犯罪嫌疑人张某某共同预谋、实施的。犯罪嫌疑人张某某不认罪。现有证据情况：

（1）张某某口供、同案犯孙某口供、转款凭证以及银行监控录像能够证实孙某骗取的 3000 万元中有 1310 万元给了张某某用以归还其欠张某某的债。

（2）同案犯孙某口供、证人冷某辉证言能够证实，孙某和张某某一起找过冷某辉谈拉存款一事，且孙某证实跟冷某辉明确说了要求趴账一个月。但冷某辉只证实是"协存款",即拉存款的人方便在银行办一些事情。且证人陈某证实,曾通过张某某、陈某帮忙向冷某辉公司以"趴账"方式借钱,后改为直接借钱,已经归还。故尚不能证实张某某知道拉存款的目的是诈骗。但张某某对于与冷某辉见面一事拒不承认,其在这一事实上说谎的行为显示出较大嫌疑。

（3）同案犯孙某口供证实自己到民生银行找赵某拿到某投资管理公司印模后交给了张某某,由张某某去刻章。张某某不认。与孙某同行的证人唐某艳能够证实孙某到民生银行取了东西后上了张某某的车,虽然其不能说出张某某汽车的品牌和牌照,但其称多次看到过张某某开该车来找孙某。虽然唐某艳仍不能直接证实孙某把印模给了张某某,但其对于该情节的证言与孙某的供述内容一致,能够起到一定的间接印证作用。

（4）同案犯孙某口供证实,2006年2月23日,张某某把刻好的某投资管理公司印章交给孙某,并陪其一起到平谷农行购买该公司支票,由于印章不符未能买成。2月24日张某某把重新刻的印章给孙某,由孙某一人到银行买到了支票。张某某对此不认。侦查机关随案移送的银行监控录像中缺少2月23日的录像,也没有调取到当日工作人员证言,故无法证实张某某于当天和孙某一起到银行买支票。

（5）同案犯孙某口供、证人张某立证言证实张某某让张某立带着60万元和孙某一起去送钱。但张某某只承认是借给孙某钱,不知其干什么用,张某立的证言也不能证实张某某知道送钱的目的。但分析证据情况,张某某声称不知孙某借款干什么用,但却派自己的人拿着钱直接交给来拿钱的人,这是不符合一般常理的。况且此时孙某已经欠张某某1000多万元不能偿还,张某某在不了解孙某借款用途、也不要求其写借条的情况下又借给她60万元,也是极不符合常理的,且张某某对此均不能做出合理解释。

（6）证人陈某证实张某某曾让其帮助找平台银行准备用假章把存款单位的钱骗出来用,该情节没有其他旁证能够印证,也不能确定指向本案指控的这一次行为,但可与上述孙某口供和唐某艳证言证实的张某某拿到了印模这一情节对应,有一定的间接印证作用。

综上所述,直接证据只有张某某的同案孙某的口供,间接证据有证人冷某辉的证言可以证实张某某对于孙某想通过借钱来还债是知情的,证人陈某、唐某艳可以间接证实张某某参与了用假章骗钱的行为,张某某帮助孙某给冷某辉送钱的事实也可间接证实张某某知情并参与本案部分行为,这些间接证据都能与孙某的口供相印证,彼此不存在重大矛盾,已经形成了证据链条,能够证实张某某的犯罪行为。但需关注张某某口供的进一步变化。

(二) 定性分析

《刑法》第 194 条规定，有下列情形之一，进行金融票据诈骗活动，数额巨大的……

1. 明知是伪造、变造的汇票、本票、支票而使用的；
2. 明知是作废的汇票、本票、支票而使用的；
3. 冒用他人的汇票、本票、支票的；
4. 签发空头支票或者与其预留印鉴不符的支票，骗取财物的；
5. 汇票、本票的出票人签发无资金保证的汇票、本票或者在出票时作虚假记载，骗取财物的。

其中，第 3 项"冒用"一般要求所冒用的必须是他人真实有效的票据。本案中加盖了假章的支票不应认定为真实有效的票据。根据有关学理解释及司法实践，在票据用纸上伪造印鉴使用的，一般应视为"伪造"行为。

Case 12
案件十二
陈某信用证诈骗案

一、犯罪嫌疑人基本情况及诉讼过程

犯罪嫌疑人陈某，男，1968年4月23日出生，汉族，浙江省杭州市人，高中文化程度，杭州桓美实业有限公司负责人。

犯罪嫌疑人陈某因涉嫌信用证诈骗罪，经北京市朝阳区人民检察院批准于2012年9月26日被北京市公安局朝阳分局逮捕。

二、侦查机关认定的犯罪事实与意见

2012年4月，中国地质矿业总公司在北京市朝阳区与杭州桓美实业有限公司签订价值3000万元的《废钢购销合同》。同年5月，犯罪嫌疑人陈某伙同他人使用伪造的信用证附随单据，持中国地质矿业总公司开具的人民币3000万元信用证，向中国工商银行北京市六铺炕支行进行付议，后被抓获。

侦查机关的意见：犯罪嫌疑人陈某的行为触犯了《中华人民共和国刑法》第195条之规定，涉嫌信用证诈骗罪。

三、检察机关依法审查后认定的事实及证据

（一）检察机关认定的事实

犯罪嫌疑人陈某系杭州桓美实业发展有限公司（以下简称桓美公司）实际控制人。该公司注册资金人民币3000万元，法定代表人沈某祥，股东是陈某的妻子刘某美、弟弟陈某钦及另一个自然人，经营范围实业投资、投资咨询、服装、床上用品、纺织机械、建筑材料、金属材料、化工原料等的销售。

1. 开证

2012年3月，陈某经朋友濮某程介绍认识臧某瑞（不在案）。臧某瑞提出自己与中国地质矿业总公司有关系（以下简称中矿公司），可以做废钢生意，并且能够开具信用证，可以用这种方式进行融资，即与中矿公司签订合同后，

由中矿公司开具信用证,再办理信用证抵押贷款,取得贷款后,购买废钢向中矿公司供货,履行合同,这样不用自己出资就可以做成此笔贸易,从中赚取利润。三人经过商议,决定由臧某瑞负责联系中矿公司,陈某和濮某程负责联系杭州的银行做信用证贷款,以陈某的桓美公司名义与中矿公司公司签约。随后,经臧某瑞找中矿公司的贸易部经理江某洽谈,2012年4月10日,桓美公司与中矿公司签订《废钢购销合同》,这份合同是由陈某签署,但其签的是其弟、桓美公司股东陈某钦的名字(笔迹鉴定正在进行中),合同签署过程事实不清,江某证实是臧某瑞拿着一方已签好的合同来找自己,陈某和濮某程则证实是与臧某瑞一起到中矿公司签约。合同约定:中矿公司向桓美公司购买废钢共计10000吨,总价款3000万元,交货时间为合同签订之日起2个月内,结算方式为桓美公司交付120万元履约保证金后,中矿公司开具国内信用证,其中信用证议付文件为:以中矿公司为抬头的全额增值税发票以及中矿公司出具盖章的质量和数量结算单,付款为待中矿公司从用户(张家港市保税区荣德贸易有限公司)收回全部货款后,中矿公司向桓美公司出具信用证议付文件中的第二项文件即质量和数量结算单,桓美公司向银行议付。

2012年4月13日,中矿公司收到桓美公司120万元保证金。4月25日,经中矿公司申请,中国工商银行北京市六铺炕支行向受益人桓美公司开具3000万元人民币的国内信用证,有效日期为2012年7月10日,付款方式为延期,付款期限为运输单据日后180天,受益人应提交的单据为增值税发票及中矿公司出具的结算单。

2. 准备虚假附随单据

桓美公司与臧某瑞签订了《补充协议》(时间不详),约定:桓美公司与中矿公司签订的废钢购销合同由臧某瑞全权代理操作,并负责配合桓美公司进行以下事项,包括签约、与中矿公司接洽供货时间数量等、与开证行及升证企业沟通及相关手续以便于桓美公司议付(国内信用证项下卖方融资)成功、对合同事项跟踪服务工作直至合同结束,并约定臧某瑞为独立合作员工,以合同总价款的14%作为提成,其中12%(即360万元)在议付手续齐全后支付给臧某瑞,其余2%半年后支付(由臧某瑞负责在对方开出第二张信用证、桓美公司顺利议付后)。

2012年4月29日,濮某程从中国银行账户向臧某瑞名下账户汇款人民币200万元,陈某供述该款是臧某瑞提出需要这笔费用才能拿到中矿公司结算单,其抵押了自己的房屋获得款项170万元汇给濮某程并向濮某程借款30万元,通过濮某程将200万元汇给臧某瑞(170万元的来源公安机关仍在核实中)。随后,陈某到北京从臧某瑞处取得盖有中矿公司印章的结算单一份(陈某供述是同濮某程一起找臧某瑞拿的,濮不证)。案发后该结算单已被证实系伪造。陈某辩称其被臧某瑞蒙骗，臧某瑞称通过关系可以拿到真实的结算单。随后，为达到信用证议付对附随单据的要求，陈某指使桓美公司员工陈某新（不在案）用公司的电脑打印了三张增值税发票（没有用税控机），价税合计共计30002280.01元，并加盖了公司发票专用章。

3. 议付及案发

2012年5月3日，陈某持虚假的信用证附随单据即虚开的增值税专用发票和伪造的中矿公司结算单到桓美公司开户行杭州交通银行和平支行提交了《交通银行国内信用证委托收款申请书》以及相关单证。对此，陈某坚持供称自己是去办信用证抵押贷款，其经与该行行长邓某及一个汪姓男业务员多次商谈已经谈好，并称自己拿到贷款后会用于购买钢材履行合同，再用货款归还贷款。经退补，该行信贷科科长郭某证实，陈某到该行办理的是信用证议付，但对具体情况不清楚。公安机关未取得邓某及汪姓男业务员证言。杭州交行于收单当日将该信用证附随单据寄给开证行并发出《寄单通知书》，写明"我行已对办理委托收款议付"，要求开证行出具到期无条件付款的确认书。开证行业务部经理曹某晶证实，所谓"信用证抵押贷款"以及"信用证项下卖方融资"等均是对"议付"的不同叫法。由于议付可以提前从银行拿到信用证项下款项，因此对卖方来说，就是一种融资。

2012年5月7日，开证行中国工商银行北京地安门支行六铺炕支行向中矿公司提示该行已收到杭州交行递交的信用证随附单据，要求该公司审单。开证行业务部经理曹某晶证实，根据信用证流程，该行不需要审核单据真伪，应见单到期付款，但由于工行内部风险防控规定要求要与开征申请人核实，且此笔业务交单时间过快，故该行向开证申请人中矿公司进行了核实。经核实中矿公司表示未收到货物，也未向桓美公司出具过结算单据，要求开证行暂缓支付，并于5月9日报案至北京市公安局朝阳分局。由于银行仅是以单据表面列示的金额数字是否相符来判断是否符合付款条件，故中矿公司特于5月10日以公司党委名义向北京市政府对外联络办公室发函，请求协调工行暂缓支付。后经鉴定，陈某向杭州交行提交的结算单所盖"中国地质矿业总公司"印章为伪造，国税部门证实涉案增值税专用发票认证异常，桓美公司没有通过税控系统开具过增值税专用发票。

2012年5月14日，杭州交行通知桓美公司信用证被拒付，陈某于7月30日到杭州市公安局拱墅分局经侦大队报案，称桓美公司被臧某瑞诈骗200万元。拱墅分局于2012年9月29日对臧某瑞涉嫌合同诈骗一案立案侦查。根据陈某供述，2012年7月，陈某让公司法人沈某祥及法律顾问拿着相关材料到北京朝阳分局经侦大队（陈某供述是张某亚警官给其打电话询问中矿的事，陈某回答知道，且已在杭州报案，并称自己走不开，所以让沈某祥到京，沈某祥证实当时陈某比较害怕，所以让沈先去）。后北京警方还是希望陈某本人去说明情况，根据陈某供述，其与张警官通过两次电话确定了时间之后于8月22日到京找了张警官，当天就被拘留。

陈某控制的公司有杭州南极人公司（任法人，占股90%），陈某供述做过南极人内衣、CK内衣及克林斯顿男装等品牌的代理，每年二三百万元的利润。同时从2008年开始做床品，自己的品牌，在杭州和北京租的厂房、买的设备，销往超市，杭州的厂子注册了简爱纺织品公司，陈某占股50%。陈某供述这个生意铺垫资金非常厉害，超市借款周期长，摊子铺得太大，战线拉得比较长，资金周转困难，就从银行贷款比较多。陈某供述其用个人、南极人公司、桓美公司、简爱公司等名义都在银行贷过款，从2004年开始到2012年案发一直都在办贷款，共有三四十笔，本金总额五六千万元，在向林某贵借5000万元之前，还有7000多万元没还，后来用林某贵的钱又还了一部分贷款，现在还有大约3000万元本金未还。其中部分贷款是有抵押的，抵押其个人及桓美公司名下的房产。陈某称在2010年前，其资产是高于负债的，因为房地产泡沫较大，房产价值比较高。2010年后，房产价值缩水了，其就资不抵债了。陈某承认自己也用银行贷款买房子，贷款资金一半多用于生产所需流动资金，还有四成多用于买房子。根据现有证据，陈某及其控制的公司名下共有房产十余套，都抵押给银行、贷款公司或个人了，并均处于被法院查封状态。退补期间，公安机关到杭州欲对陈某名下房产轮候查封，但杭州市房管局根据2005年《中央政法委关于切实解决人民法院执行难问题的通知》第14条的规定"公安机关不得对人民法院已采取执行措施的财产重复进行查封、扣押"。

原杭州桓美实业公司、杭州南极人贸易有限公司员工霍某明证实，桓美公司与南极人公司都是陈某的，由他一个人指挥，2家公司都没有什么业务。其应聘到公司做网管后主要是按照陈某的吩咐操作一些网银账户，主要是陈某的个人账户，还有桓美、南极人的公司账户等。

（二）认定上述事实的主要证据

1. 被告人陈某供述和辩解

2012年8月23日供述：今年3月，濮某程找我，告诉我有个废钢材的贸易，先支付少量的定金，对方收货单位可以开出大额信用证，我单位可以使用对方的大额信用证到银行贷款，之后使用贷款购买废钢材，再卖给对方。也就是我单位不需要大量的资金就可以做大额贸易，问我是否能买到废钢。我说这么好的事，买废钢没问题，价格也便宜，大约市场价2600元/吨。濮某程说没有问题，需方的收购价大约是3000元/吨，我讲可以做。之后，3月底我和濮某程来到北京，濮某程介绍我认识了臧某瑞，称臧某瑞可以同中国地质矿业总公司搭上关系，认识中矿集团的大领导，中矿公司就是购买废钢的买家。

2012年4月10日，臧某瑞通知我和濮某程到浙江大厦去签合同，当天我见到了中矿公司的总经理助理江某和业务二部副总刘某，我代表我单位同中矿公司的江某、刘某洽谈，中矿表示2个月内供货，每吨废钢3000元，要1万吨，没说钢材的标准，张家港交货，我代表我单位说供货没问题。付款的事臧某瑞已经同对方谈好了，就是我单位先支付中矿公司公司120万元保证金，对方开出3000万元的国内半年前的信用证，受益人是我公司，银行议付3000万元的条件是增值税发票和钢材结算单，此事我们在办公室谈妥了。4月12日我到江某的办公室同江某签了双方的购销合同，当天下午我同臧某瑞还签了就此事的补充协议，约定我公司完成此生意一年内要给臧某瑞15%好处费。

4月13日，我公司按合同从工行西湖支行给中矿公司汇款120万元，4月底杭州交行和平支行告知我公司已收到中矿公司从工行六铺炕支行开出的3000万元信用证，臧某瑞通知我要先给其200万元好处费，否则就拿不出废钢材的结算单，那我公司银行所收的信用证就没有意义。我没办法就将我家自己的房子抵押给了民间借贷的人，借款170万元，之后通过借款人汇给了濮某程，我让濮某程帮我垫30万元，将200万元汇给臧某瑞。

4月29日，濮某程告诉我他已将200万元通过中行账号汇给了臧某瑞。5月初，濮某程通知我到北京找臧某瑞拿废钢结算单，我记得我同濮某程5月3日到北京，在百子湾上岛咖啡厅，臧某瑞将盖有中矿公司印章的废钢结算单（即《中国地质矿业总公司结算单》）给了我，臧某瑞称我可以拿此结算单和我单位开具的增值税发票到开户行要求银行向中矿公司的开户行工行六铺炕支行要求支付3000万元，之后我公司就可以向我们的开户行申请3000万元的90%的贷款。之后我回杭州让公司的财务开增值税发票，因财务人员休假，我让公司懂电脑的陈某新根据结算单的总金额开了3张增值税发票，之后我到交行交了发票和结算单。

5月中旬，银行通知我公司对方银行拒付3000万元，因为我单位提供单据和发票有问题。至此我公司损失320万元，这其中有我本人的170万元和向濮某程借款的30万元。

自始至终这个项目都是我一个人做主，我简单跟公司的沈总说了一下。我向银行提供的结算单是臧某瑞给我的，我要知道是假的也不可能提供给银行。（你公司未供货，中矿公司可能给你公司出具结算单吗？）此事我问过濮某程，濮某程说没问题，臧某瑞能办成此事，他和对方领导的关系没有问题，让我放心，只要贷款下来了，我们在半年内将钢材供完就行，所以我就没多想。我认为此结算单肯定没问题，否则我也不会傻到用假的结算单报银行。交行通知我单位票据有问题后的第三天,拱墅国税局的科长就找到我单位问三张增值税票是怎么回事,为何不用税控机打,我说我不知道。经问,才知道陈某新不会用税控机,就用公司的电脑打印的增值税发票,所以票才出了问题。但票是我公司的票,印章也是我公司的印章。

我和中矿公司签约前没有说过先利用信用证贷款,再购买钢材的事。在洽谈时,主要都是臧某瑞在谈,臧某瑞之前就跟我讲,在洽谈时少讲话,主要由他说,事情由他安排操作。我和中矿集团签订的是废钢购销合同,我们是供货方。

2012年8月30日供述:我公司没有给中矿公司供货。因为当时臧某瑞在办理此事,我还支付给臧某瑞200万元好处费,但是最终他也没有供货给中矿,而是给了我中矿的结算单。(臧某瑞有能力给中矿总公司供货吗?)没有。(上述中国地质矿业总公司结算单意味着什么?)说白了就是一个收条,代表对方已收到我们供的货后的凭证,也就是说是假的。(你向交通银行提供的3张增值税发票,共计金额3000万元,从何而来?)是我今年5月初让公司的陈某新帮我开的,我后来知道他没走税控机。(你公司的税控机只能开出1万元以下的增值税发票,这上千万元的增值税票是如何开的?)我不知道是如何开的,我公司的财务人员没有通过税控机开增值税发票。2012年5月初,银行通知我不能做贷款,我再找臧某瑞就找不到他了。(你与中矿签订合同是以何名义?)是我公司的名义,合同上有我公司的公章。我自己借款170万元投入公司业务是因为我是公司股东,而且这个事是我一直在做。这170万元我是找做投资公司的徐某萍借的,是濮某程帮我联系的。(如果没被发现,能拿到多少贷款?)2500多万元。

2012年9月17日供述:(你与濮某程、臧某瑞怎么分钱?)我答应借给濮某程1200万元,臧某瑞要得16%就是约500万元,剩余800万元我公司可以采购废钢,10天半个月濮某程会将1200万元归还我公司,我公司就可以继续使用此款采购废钢。(你公司给臧某瑞500万元,还有利润吗?)大约可以保证不赔不赚,但我单位可以使用2000多万元的资金半年,可以做其他生意,一样可以赚钱,也不会造成公司对中矿集团的违约。我没有告知员工不用税控机开具3张增值税发票,我认为先开票后供货是可行的,我不认为这么操作是违规或违法行为。我公司去年就做过钢材和废钢生意,但都是几百万元小生意,没有这样做几千万元的大生意。没使用过信用证,不太懂。

我用我的房产做抵押借的170万元,借款人直接将170万元给了濮某程,濮加了30万元汇给了臧某瑞,濮告诉我只要臧某瑞得到200万元,就会得到中矿集团的货物结算单。我给打的借条,还做了公证,如我不还款,借款人就有权卖掉我的房产。

473

2012年9月27日：我在合同中签"陈某钦"是我代签，陈某钦是我公司的股东，他知道我代签他名字，因为业务都是我负责。

2012年10月23日：今年4月底，濮某程将200万元好处费给了臧某瑞，一过"五一"，濮某程给我打电话称臧某瑞让我们去北京取结算单，之后我同濮某程一起到了北京，他同臧某瑞约好在中矿二部的楼下见面，到了百子湾的上岛咖啡厅，臧某瑞交给了我中矿集团的一张废钢材结算单。就是中矿集团已收到3000吨废钢材，并盖有中矿的印章。（你认为中矿集团并未收到3000吨钢材，能出具结算吗？）濮某程和臧某瑞都跟我讲过，我公司没有大量的资金采购废钢，可以使用中矿集团的信用证进行贷款，再采购废钢，但由于信用证付款的前提是必须出具结算单，所以结算单的事由臧某瑞去找中矿集团的领导协调，所以臧某瑞才能够在此生意中得到16%好处费。（你为何这么相信臧某瑞？）因我相信濮某程，因为濮某程在此过程中也出钱。（在你同中矿集团进行此协议中，当时废钢材的市场价格是多少？）我在互联网阿里巴巴网站上询价每吨2400元，杭州钢材市场询价每吨2600元。

2013年3月26日：（中矿那笔信用证多长时间到期？）6个月，应当是2012年10月到期。我是五六月去的银行，我去办贷款手续，他们说叫议付，我不懂。银行让我带的与中矿的合同、发票、结算单什么的，还有我公司的资质、财务报表等。贷款的事是银行行长邓某还有一个男业务员跟我谈的。（这笔钱如果贷出来准备干什么？）还是用于我那些抵押贷款的周转。

2. 被害人陈述

高某光（男，47岁，中国地质矿业总公司，被害单位委托报案人），2012年5月9日证言。

2012年4月10日，在朝阳区浙江大厦，我公司与杭州桓美公司签订《废钢购销合同》，约定：（1）我公司向桓美公司购买10000吨废钢，价款暂定为3000元/吨，合同签订后2个月内交货；（2）我公司收到桓美公司120万元人民币履约保证金后15个工作日内向控告人开出有效期为6个月，金额为3000万元的国内信用证；（3）信用证议付条件——我公司抬头的全额增值税发票以及未到我公司盖章确认的质量和数量结算章。

2012年4月25日，我公司根据合同约定向工行北京六铺炕支行申请开具了金额为3000万元人民币的国内信用证，受益人为桓美公司。2012年5月7日，开证行向我公司提示，其已收到桓美公司通过交行递交的增值税发票和结算单，要求我公司进行审单。我公司十分疑惑，因为自签订合同开具信用证后，从未收到桓美公司货物，也不可能出具结算单据，我公司前往银行对结算单原件进行审核，发现结算单并非我公司出具的，且结算单上所盖印章名称尽管与我公司名称一致，但并非我公司签章。

3. 证人证言

（1）沈某祥（男，50 岁，杭州桓美实业有限公司法定代表人、总经理）证言：

我于 2012 年 2 月经变更，任杭州桓美实业有限公司法定代表人、总经理，公司主营床上用品。2012 年 3 月底或 4 月初，我公司的业务员陈某给我打电话，称与中国地质矿业总公司有一单废钢的买卖，我当时没在杭州，电话没讲很具体，我回答你看着办吧。我就没太多过问，陈某代表公司签的合同。我们公司财务给中矿公司汇款 120 万元，是保证金。到 2012 年 8 月初，陈某才告诉我：我们公司那单废钢生意可能被骗了，陈对我说：有个中间人叫臧某瑞不是中矿的人，他把咱们骗了，骗了我（指陈某）200 万元好处费。我说那咱公司的 120 万元呢，陈说 120 万元没关系是打给中矿公司的。我让陈某写了个工作说明，我和律师到朝阳分局报案，民警让陈某到公安局说明情况。后陈某和律师一起到北京朝阳分局去了。陈某签订合同和谈判的具体情况我不清楚。我公司给中矿公司开过三张 1000 万元的增值税发票，共计 3000 万元，但我事后才知道，开票时陈某未对我讲。（你公司有陈某新一人吗？）我 2012 年 2 月刚接手该公司，我听说过陈某新该人，但我不认识。（你公司给中矿公司出具过什么文件吗？）除发票外其他我不清楚。（濮某程、臧某瑞、万某俊你认识吗？）不认识。

2013 年 2 月 25 日出具的证明：陈某在桓美公司系实际控股操作人。

（2）濮某程（男，27 岁，浙江人，因骗取出口退税、抽逃出资罪于 2012 年 6 月 15 日被杭州市公安局批捕）2012 年 9 月 5 日证言：

2011 年我经朋友介绍与臧某瑞相识，他自称做融资贸易的，主要是钢铁行业。认识后我们有些来往，也听臧某瑞讲自己与北京方面的一些大国企有些业务往来，因为我们做生意的有一帮圈子，想通过融资做生意，臧某瑞就讲到北京中国地质矿业公司有关系，可做废钢生意，并且能够开具信用证，我们就想到能够用这种方式进行融资。因为要做生意，我没有大资本，我找到陈某，他是杭州桓美实业公司的老总。我、臧某瑞、陈某一起经商议，我和陈某联系杭州的银行做信用证贷款，臧某瑞负责联系北京的中国地质矿产公司，我们以杭州桓美公司的名义与中矿公司签订废钢买卖合同，中矿公司给我们开出信用证，我们再拿信用证在银行做抵押贷款，再做这笔生意。为此，陈某还与臧某瑞签了一份合同，大意：陈某负责银行的贷款手续、能够贷款，臧某瑞负责能够解付信用证的相关手续，事情办成后，臧某瑞收 14% 提成，后我们分工去做。陈某联系银行，臧某瑞负责沟通中矿公司，到今年 4 月，我和陈某及臧某瑞一起到北京中矿公司与负责人（姓江的经理）签订了《废钢购销合同》，约定：我们向中矿公司供应 1 万吨废钢，每吨 3000 元，对方给我们开具 3000 万

475

元的信用证，写明双方的银行账号。到4月29日，我个人支付给臧某瑞200万元的先期提成，到五月一日以后上班，陈某到银行办贷款解付的事情时，银行告诉陈某手续有问题，并让我一起到北京找臧某瑞问他银行不给确认是什么原因，臧某瑞称他去协调中矿公司，然后再告诉我们。5月11日，我和陈某回杭州，刚下飞机我就因骗税被杭州公安局给抓了，以后的事情我不知道。

我实际是出前期费用的人；陈某是代表公司具体操作，包括供货、银行解付款；臧某瑞是中间人，介绍中矿公司还有策划这事情的具体操作方法。（你们签订合同后是否按约定履行？）据我知道没有。（为何不履行？）我不清楚。（你们有履行能力吗？）我把我应出的前期费用出了，其他就不知道陈某怎么安排。（你为何要出前期费用？）我想要是做成了，不但前期费用能挣回来，而且陈某个人欠我的70万元也能还给我。给臧某瑞的200万元，用我个人中国银行卡打到臧某瑞的个人中行卡内，时间是2012年4月29日，还有一笔40万元给陈某了，是支付给中国中矿公司120万元里的保证金一部分。我只是想这单生意做成，如果能从银行贷到款，陈某承诺我把以前欠款和投入的钱还清，我没想过陈某怎么履行合同，他怎么履行跟我没关系。

陈某和臧某瑞是2012年3月经我介绍在北京认识。我和陈某到北京签订合同，我不是代表陈某公司去的，我只是考虑我出钱，为了确保资金安全才去的。这件事不是我主动找的陈某，是我把这件事对朋友夏某讲过，陈某通过夏某找到我。

（3）江某（男，50岁，中国地质矿业总公司贸易部经理）2012年7月9日证言：

2012年3月，我的一个朋友万某俊和姓臧的男子到我办公室。此臧姓男子以杭州市桓美实业有限公司的名义，与我公司谈废钢购销合作，我觉得可以做，我公司就拟了合同，以电子邮件的方式发到万某俊的邮箱里，让万某俊传给姓臧的男子。2012年4月10日，此男子就拿着签好字盖好章的合同到了我在朝阳区安贞西里浙江大厦的办公室，我就与此男子签订了《废钢购销合同》，内容是我公司向杭州桓美公司购买1万吨废钢，以每吨3000元人民币，合计3000万元人民币。2012年4月11日，杭州桓美公司用公对公账户向我公司账户打入了120万元人民币的履约保证金，我公司在收到保证金后的15个工作日内向杭州桓美公司开出有效期为6个月，金额为3000万元人民币的国内信用证。信用证上的具体议付条件是以我公司为抬头的金额增值税发票及盖章确认的质量和数量结算单。2012年4月25日，我公司财务李某成和张某旭根据合同从中国工商银行北京市六铺炕支行（开证行）申请开具了金额为3000万元人民币的国内信用证（具体编号不清楚），受益人为杭州桓美实业公司。

2012年5月7日开证行向我公司李某成提示,其已收到桓美公司通过交通银行递交的增值税发票和结算单,要求我公司进行审单,财务李某成就找了企管部经理高某光核实。高某光又找到我,我说从未收到过桓美的货物,也未出具过结算单。于是高某光就到银行对结算单原件进行审核发现不是我公司出具,即结算单上盖的我公司用章与公司用章不一样,我公司就报警了。

我不了解桓美公司的情况,签约时姓臧的男子出具了桓美公司营业执照复印件。万某俊是做煤生意的一个合作伙伴,没有交往,有一个手机号1305758××××,现在停机了,我最后一次见到他是2个月前。合同是姓臧的签完字和盖好章后拿到公司我签的,具体对方谁签的字我没看。我没有万某俊和姓臧的身份信息,只见过杭州实业有限公司的经营执照复印件,没有核实过信息。

2013年2月18日证言:万某俊先带姓臧的来谈废钢合同,之后过了几天,姓臧的又带来两个人到我办公室,姓臧的讲他们公司可以从满洲里或绥芬河买到便宜的俄罗斯废钢,我说3000元每吨要运到江苏沙钢公司入库,之后我们谈如何结算,我公司可以开具3个月期信用证,货物入库后,我公司开户行支付对方3000万元货款,也就是送货3个月后付款,姓臧的称自己公司资金不足,需先付款,同我谈到可以使用我公司开具的信用证从杭州银行贷款再用贷款采购废钢,之后给江苏沙钢送货,我称要取得本公司开具的信用证,必须先支付120万元保证金,对方同意,之后我们双方签了合同。对方付了120万元,我公司开具了3000万元信用证。我起草的合同,我签字盖章后交给姓臧的,姓臧的回杭州盖章签字后给我送回来一份。姓臧的一共和我谈过三次,第一次与万某俊来的,后两次带来两个桓美公司的人,名字不详。那两人没说话。(使用你公司信用证贷款你公司同意吗?)能否用我公司信用证贷款那是他们的事,与我公司无关,只要能满足信用证两个议付条件,到期我公司开户行按信用证付款。两个议付条件是我提出来的。

(其他证人证言略)

4. 书证

(1)杭州桓美实业有限公司出具网上银行转账凭证(付款通知)及中国地质矿业总公司收据

证实:桓美公司向中国地质矿业总公司汇款120万元。

(2)浙江增值税专用发票复印件3张,北京市西城区国家税务局2012年5月11日出具认证结果通知书及认证结果清单,证明:中国地质矿业总公司2012年5月报送的增值税专用发票抵扣联经认证,认证异常。

杭州市拱墅区国家税务局2012年9月3日出具证明证实,该局所辖杭州桓美实业有限公司领购过代码为330011××××、号码为1215××××至1215×× ××的增值税专用发票,从其抄税记录看,该纳税户2012年5月没有通过防伪税控系统开具过增值税专用发票,也无以上号码增值税发票的申报纳税记录。

(3)杭州桓美实业有限公司工商查询资料

(4)濮某程、杨某、臧某瑞、周某敏银行账户查询资料,证实濮某程账户2012年4月29日转入臧某瑞账户200万元,臧某瑞账户2012年5月16日转入杨某账户130万元,杨某账户2012年5月19日转入周某敏账户106万元,后周某敏账户5月19日取现1万元,5月21日转入他人账户(91211800131××××)105万元。

(5)中国工商银行提供的业务凭证一张

显示2012年4月13日账号为020025381900672××××(户名中国地质矿业总公司)的账户汇入120万元,对方账号120202041990011××××。

杭州桓美公司提供收据1份,中国地质矿业总公司收到杭州桓美实业有限公司120万元。

(6)废钢购销合同一份

供方杭州桓美实业有限公司,需方中国地质矿业总公司,签订时间2012年4月10日,品名废钢,交货时间签订合同之日起2个月内,含税单价暂定3000万元人民币,结算方式为:合同签订后,供方向需方支付120万元人民币的履约保证金,需方收到保证金后15个工作日内,向供方开出工行3000万人民币、有效期6个月的国内信用证。信用证议付条件:以需方为抬头的全额增值税发票;需方出具需方盖章的质量和数量结算单。付款为待需方从用户(张家港市保税区荣德贸易有限公司)收回全部货款后,需方向供方出具信用证议付文件中第二项文件及质量和数量结算单,供方向银行议付。供方陈某签字,需方江某签字。

(其他书证略)

5. 鉴定意见

文检鉴定书,证明:合同编号为ZKRD-FG2012××××的《中国地质矿业总公司结算单》上的"中国地质矿业总公司"印章印文与单位提供的同内容印文样本不是同一枚印章盖印的。

6. 其他证据

(1)犯罪嫌疑人陈某的户籍证明材料

(2)破案报告

(3)有关批示:刘某民、孙某林在中国地质矿业总公司关于请求协调工商银行暂缓对外支付国内信用证款项相关批示文件

四、本案典型疑难问题法律适用分析

(一) 证据分析

1. 客观行为方面

在案证据证实,犯罪嫌疑人陈某代表桓美公司与中矿公司签订废钢购销合同,在对方开出信用证后,在桓美公司没有发货的情况下,从臧某瑞处获得中矿公司结算单(案发后已证实系伪造),并要求公司员工开具增值税发票,随后持增值税发票和伪造的结算单等至银行议付,后被拒付。

2. 主观故意方面

犯罪嫌疑人陈某否认非法占有目的,其辩解目的只是融资,从银行拿到2700万元后再购买钢材交付中矿公司,履行合同,从中赚钱,并辩解是臧某瑞告知其已与中矿公司谈好此方式,其不明知结算单是假的,所以才抵押房产给了臧某瑞200万元,并且如果知道是假,也不会去银行办理贷款。

分析全案证据情况:

(1) 现有证据尚不能证实陈某与臧某瑞等人存在事前通谋。中间人濮某程能够证实本案策划人确系臧某瑞,臧某瑞提出的"生意"就是融资性质,即先签合同、对方开信用证、用信用证办理贷款再履行合同,且臧某瑞确称自己与中矿公司有关系。根据卷中材料显示,陈某归案前已到杭州市公安局报案称被臧某瑞诈骗,杭州市公安局已立案,目前臧某瑞尚未到案。根据现有证据,证实陈某与臧某瑞事前通谋诈骗的证据尚不充分。

(2) 根据现有证据,陈某应是在事中具有"心照不宣"的诈骗故意:

①证据证实陈某取得结算单时明知没有发货。对此陈某供述有反复,曾辩解由臧某瑞负责发货且臧某瑞告诉自己货已发了。但陈某的此辩解明显不合情理,一是合同是由桓美公司签署,没有理由由臧某瑞负责发货;二是如果已发货,陈某没有必要给臧某瑞200万元以获取结算单;三是如果已发货则是一笔正常购销业务,与濮某程所证以及陈某所供的融资目的矛盾;四是陈某与臧某瑞所签订的协议中只约定了签约及议付成功如何分钱,根本未提及购销合同履行供货的义务问题。据此,陈某取得结算单时明知未发货的事实应是成立的。

②陈某应当知道结算单是虚假的。证据显示,陈某明知没有供货,按照常理,对方没有收到货物不可能开出结算单,故陈某对于结算单的虚假性应当是明知的。而这一"虚假"应既包括形式上的虚假也包括内容上的虚假。

③关于陈某付出的"造假成本"问题。陈某辩称其通过抵押个人房产等支付200万元给臧某瑞以换取"结算单"。从卷中看,该"结算单"是一张非常简单的打印清单,案发后经鉴定上面加盖的中矿公司印章是假的,如果陈某

明知臧某瑞要采用刻假章的方式来伪造，其是否有必要支付200万元这样的巨额成本去让濮某程刻章？比较合理的解释是陈某有可能认为臧某瑞可以通过私人关系在没有供货之前先开结算单，臧某瑞也是以此骗取了陈某的钱。对此，承办人认为，即使陈某在这一问题上被臧某瑞所骗，但只要其明知中矿公司不可能以单位名义同意先开结算单，那么即使是内部人员的违规或串通行为开出的结算单，并在明知没有供货的情况下以此私自开出的结算单企图议付，其诈骗故意仍可成立。分析本案情况，一般国内信用证规定的随附单据多为运输单据，很少规定结算单，很明显中矿公司对此单业务持非常谨慎的态度，要求货物入库经该公司确认出具结算单后才能对信用证付款。在签订了如此谨慎的合同之后不到两周，中矿公司就改变态度同意在未收货的情况下先付款，这是非常不合情理的。因此，陈某对于该结算单不是出于中矿公司的真实意思表示、不是真实的信用证随附单据是应当知道的。

④陈某辩解的"融资目的"没有客观依据。陈某辩解其以虚假单据议付后所获钱款准备用来购买钢材向中矿公司供货、从而履行合同，但现有证据不能反映出其有为履行合同而实施任何积极努力，陈某只自称在网上询过价，但提供不出任何公司或个人的名字，反映出其对于购买钢材没有进行具体的准备、洽谈、达成书面或口头购买意向等行为，其本人及公司也没有从事钢贸生意的背景和经历。应当说，陈某没有为履行合同和保证资金安全而进行积极努力，仅凭其自己辩解准备把资金用来买钢材不能否定其非法占有信用证项下资金的目的。

（3）由于本案系未遂，难以从资金去向直接证实非法占有目的，陈某口供一直称是先融资再履行合同，即准备用贷款购买废钢再向中矿公司供货。但在检察机关的第二次提讯中陈某称自己经营的多家公司在银行有多笔抵押贷款均已逾期，承认中矿公司这笔信用证抵押贷款如能办成，准备用于之前那些抵押贷款的归还和周转。虽然陈某控制的公司的其他资产负债情况尚未能进行全面核实、审计，但经公安机关调查，陈某及其名下公司所有的房产，均已被法院查封。

综上所述，本案现有证据能够证实陈某在主观上具有诈骗故意。

3. 主体方面

本案证据显示，陈某系桓美公司实际控制人，陈某以其所在公司名义与中矿公司签订购销合同，并从公司打120万元给中矿公司作为保证金，应认定为单位行为。但桓美公司的存续情况还须进行核实，且目前尚未确定代表该公司出庭应诉的诉讼代表人，如起诉前仍不能确定，则起诉书拟不列该公司为被告，但引用单位犯罪条款。

(二) 定性分析

1. 信用证诈骗罪与伪造金融凭证罪。本案中陈某所实施的伪造信用证附随单据的行为既是信用证诈骗罪的客观行为之一也是伪造金融凭证诈骗罪的客观行为之一，区别在于信用证诈骗除伪造行为本身还实施了在非法占有目的支配下的信用证议付等行为。根据本案证据，犯罪嫌疑人陈某的行为不仅是伪造单据，而且实施了信用证议付行为，因被发现而未能得逞。因此，陈某的行为虽同时符合伪造金融凭证罪的犯罪构成要件，但该罪不足以评价其行为，应认定为信用证诈骗罪更为恰当，伪造行为作为信用证诈骗行为的手段。

2. 陈某未通过税控机虚开增值税专用发票的行为，拟作为牵连行为不再单独定罪。

3. 根据本案现有证据，认定为单位犯罪更为适宜。

Case 13
案件十三
泰某信用卡诈骗案

一、犯罪嫌疑人基本情况及诉讼过程

犯罪嫌疑人泰某，男，1977年3月10日出生，国籍：尼日利亚，文盲，无业。

犯罪嫌疑人泰某因涉嫌信用卡诈骗罪，经北京市人民检察院第二分院批准于2006年4月1日被北京市公安局逮捕。

二、侦查机关认定的犯罪事实与意见

犯罪嫌疑人泰某于2006年2月5日至22日间，持他人信用卡，冒用他人名义先后在本市东城区灯市口西街8号北京通九州通讯有限责任公司、北京王府井工美大厦、北京新龙发摄影器材商店刷卡消费，购买诺基亚牌手机、黄金饰品、SONY牌数码相机等物品，共计人民币25万余元。

侦查机关的意见：犯罪嫌疑人泰某的行为触犯了《中华人民共和国刑法》第196条之规定，涉嫌信用卡诈骗罪。

三、检察机关依法审查后认定的事实及证据

（一）检察机关认定的事实

2006年2月22日13时许，犯罪嫌疑人泰某在位于北京市东城区灯市口西街8号的北京通九州通讯有限责任公司持卡号为546626400064××××的MasterCard卡消费，购买诺基亚手机，刷卡15次，总金额60480元，签名为V.F.gary。因存货不足，商户让其下午四点来取货。与此同时，农总行国际卡清算中心工作人员发现该商户有异常交易，经查自2月5日至22日，共有4张卡片状态异常，经与发卡行联系，其中1张卡为被盗卡，2张卡为拒绝交易状态，另1张卡即当时正在进行交易的卡已被关闭。该工作人员遂通知北京分行及该行商户，将犯罪嫌疑人未提的手机暂扣，并报警。当日16时许，犯罪

嫌疑人泰某到该商户提货时被当场抓获。

犯罪嫌疑人泰某归案后,根据以上线索,经对相关卡单上的签字作字迹鉴定,并调取相关商户销售人员的证人证言及辨认笔录,证实以下事实:

犯罪嫌疑人泰某于 2006 年 2 月 5 日至 22 日间,持卡号为 430572262437××××的 Visa 卡、卡号为 546626400064××××、526350121046××××、529149250193××××的三张 MasterCard 卡,假冒持卡人名义在卡单上签名,共计刷卡消费 30 起,总计人民币 255542 元。具体行为如下:

1. 犯罪嫌疑人泰某于 2006 年 2 月 5 日、16 日、18 日、19 日、21 日、22 日,在北京市东城区灯市口西街 8 号北京通九州通讯有限责任公司刷卡消费 26 次,购买 66 部手机,价值人民币 239930 元。

2. 犯罪嫌疑人泰某于 2006 年 2 月 22 日在北京新龙发摄影器材商店刷卡消费,购买 SONY 牌数码相机等物品,价值人民币 4700 元。

3. 犯罪嫌疑人泰某于 2006 年 2 月 22 日在北京王府井工美大厦刷卡消费,购买金项链两条,价值人民币 10912 元。

泰某的主要辩解有两点:一是他到中国后认识的朋友美国籍黑人 Mr. J 让他这么做的。Mr. J 给他几张信用卡让他帮忙刷卡消费,并告诉他按照信用卡背面的签名签字,然后把买的东西和卡都交给 Mr. J,辩解自己不知道为什么这么做,也没有占有财物。二是现在只承认被抓当天即 2006 年 2 月 22 日在通九州、工美大厦、新龙发三个商户进行刷卡消费的行为(在通九州的行为未遂),数额共计人民币 76091 元(包括未遂),对于其他时间的刷卡消费行为(数额共计人民币 179451 元),其在侦查阶段供述不稳定,有多有少(从未全部承认过),进入审查起诉阶段后对这部分行为不承认,称不明白为何会鉴定为自己的签字。

(二)认定上述事实的主要证据

1. 犯罪嫌疑人供述

泰某归案后共接受讯问 10 次。其供述如下:

我是 2006 年 1 月 5 日从北京机场入境的,当天在国贸附近认识了一个黑人,他自称 Mr. J,说自己是商人,让我为他采购商品。他第一次把我带到一个商店,并给我一张卡,说让我帮他买手机。他让我买东西时把卡给店内的工作人员就可以了,他让我照着卡后签名来签字,他一共给我 3 张卡,第一张的签名是"V. F. gary";第二张的签名是"A. MIL";第三张的签名是"V. F. gary"。这三张卡有两张是 VisaCard,一张是 MasterCard。

我第一次在那家店里消费是在 2006 年 2 月 19 日或者 20 日,我大概买了 17 部手机,都是诺基亚的,型号我说不出来,用的是一张 VisaCard,卡号是多少我记不清了,但是卡后面的签名是"A. MIL"。我买完手机后,Mr. J 会给我打电话问是否买完手机,他让我打车去找他,是他告诉出租车司机去哪里,到站后我将买来的手机交给 Mr. J。这次是他亲自来拿的,但只拿走了 10 部,剩下的手机是 Mr. J 让两个人到我的住处取走的。第二次的日期我记不清了,刷卡没有刷过去,就没有买成。

2006 年 2 月 22 日,Mr. J 又让我去买手机,我照例去了那家手机店,这次我用的是 V. F. gary 的 MasterCard。这次我刷了 5.9 万多元的人民币,买的都是诺基亚的。但是还没有提货就被抓了。

2006 年 2 月 22 日我和 Mr. J 一起去王府井花了 3700 元买了一部索尼牌的相机,我是用 Mr. J 给我的信用卡。这家店就在买手机那家店的旁边。

我没有买过金项链,是 Mr. J 买的,他只是把装金项链的盒子给了我。他把买金项链的销售票据给我了。

2. 证人证言

(1) 尹某荣,女,38 岁,通九州通讯公司东城分公司

2006 年 2 月 5 日 16 时许,我们店里来了一个黑人男子(后经辨认,指认出该男子是泰某)。我们店的营业员侯某会接待了他,这个外国人不会讲中国话,只是用英语问价钱。后来他看上 3 部诺基亚手机,然后他就拿出一张信用卡(卡号:526350121046××××,签名:Perhs. Hadd)要刷卡消费,于是营业员就把他领到了收银台,在刷卡前我给农行客服打电话咨询,对方答复只要机子能走单子就可以。那个男人刷完卡后,又看上 5 部诺基亚手机。这次他一共拿走 8 部手机,分三次刷卡,第一次 6940 元,第二次 8900 元,第三次 5960 元,共计人民币 21800 元。

2006 年 2 月 16 日 12 时,这个外国人又来我们店里买手机。第一次是 3 部诺基亚手机,刷卡消费 8850 元。之后他又要了一部诺基亚,刷卡消费 4500 元,之后,他又刷卡消费了 2 台诺基亚手机人民币 5600 元。卡号和签名和上次一样,共计人民币 18950 元。

2006 年 2 月 18 日 14 时左右,这个外国人又来我们店里买手机。这次他买了 5 部手机,一次刷卡(卡号:529149250193××××,签名:stan. Rice),共计人民币 16300 元。

2006 年 2 月 19 日 11 时左右,这个外国人又来我们店里买手机。这次他买了 17 部手机,一次刷卡(卡号和签名与 18 日的一样)。共计人民币 60100 元。

2006 年 2 月 21 日 14 时左右,这个外国人又来我们店里买手机。这次他买了 15 部手机,分三次刷卡,头两次用的是一张卡(卡号:430572262437×××,签名:A. MIL),金额分别是 43500 元和 9800 元,第三次他用卡(卡号:

526350121046××××，签名：Perhs. Hadd）消费 9000 元，共计人民币 16300 元。

2006 年 2 月 22 日 13 时左右，这个外国人又来我们店里买手机。这次他买了 12 部手机，分 15 次刷卡，使用的是一张卡（卡号 546626400064××××，签名：V. F. gary），刷卡消费共计人民币 60480 元，由于我们没有这么多的货，就让他 4 点来，他走后 10 分钟，银行给我们打电话，告诉我们是"套卡"不要付货，并让我们报警，之后，我们和民警一起把他带到了派出所。

证实泰某从 2006 年 2 月 5 日至 2 月 22 日分 26 次，以刷卡方式购买手机 66 部，价值人民币 239930 元，但最后一次购买的 15 部手机没有提走，共计 59980 元。

（2）侯某会，女，25 岁，通九州通讯公司东城分公司

2006 年 2 月 22 日证言节录：

2006 年 2 月 5 日下午我们店里来了一个外国男子（后经辨认，指认出该男子是泰某）。我和毛某接待了他，这天他一共拿走 8 部手机，共计人民币 21800 元。2006 年 2 月 16 日这个外国人又来我们店里买手机。他又刷卡消费共计人民币 16000 元。2006 年 2 月 18 日、19 日、21 日还是以信用卡结账。22 日，他在刷卡结账后，银行通知我们，这个外国人使用的是"套卡"不要付货，并让我们报警，之后，我们和民警一起把他带到了派出所。

证实泰某从 2006 年 2 月 5 日至 2 月 22 日分 26 次，以刷卡方式购买手机 66 部，但最后一次购买的 15 部手机没有提走。

（3）毛某，男，22 岁，通九州通讯公司东城分公司

2006 年 2 月 22 日证言节录：

2006 年 2 月 5 日、16 日、18 日、19 日、21 日、22 日，共 6 次刷卡买走 50 多部手机。22 日银行通知我们，这个外国人使用的是"套卡"不要付货，并让我们报警。

其证言与侯某会证实的内容一致。

（4）穆某芬，女，41 岁，王府井工美大厦收银员

2006 年 4 月 25 日证言节录：

2006 年 2 月 22 日 14 时左右，我给一个外宾收银，当时就他自己在场，他购买的黄金饰品，用的是一张万事达的外币信用卡，他在卡单上签字，我核对后就把小票给了他。这个人是个黑人，男性，身高 1.75 米到 1.80 米。

与程某的证言一并证实泰某在王府井工美大厦以刷卡的方式购买了金项链。

（5）程某，男，23岁，王府井工美大厦销售员

证实编号为146××××和146××××的王府井工美大厦销售凭证上标注的货物都是金项链。

（6）丁某芬，女，38岁，王府井工美大厦收银员

2006年4月25日证言节录：

编号为146××××的王府井工美大厦销售凭证上"外卡"是我写的，是一个黑人刷卡的，但具体情况记不清了。

（7）赵某，男，26岁，农业银行北京分行营业部国际卡清算中心

2006年2月22日证言节录：

今天中午13时许，我在单位工作，在电脑上显示出"国际卡收单风险监控系统"的界面。在系统中，发现一张卡号为546626400064××××的卡，消费异常。我给这个刷卡的商户（北京通九州通讯有限责任公司）打了电话。通九州公司的人说："是一个黑人男子在消费，买了很多部手机。"我就针对这个商户的POS机，调出了这台POS机的交易流水，发现有多张卡，在这台POS机上分多次消费。之后，我又针对这些卡进行确认，发现有4张卡是有问题的，发卡行回复，这其中一张卡是被盗卡，两张是停止交易了。尾号为××××这张卡发卡行答复正处于拒绝交易状态。

赵某亲笔证词《事情经过》：

……我用电话给正在交易的信用卡发卡行联系，授权中心接听后，告知该卡片交易可疑，需要与持卡人联系，等1分钟后，告知该卡片被关闭。

2006年10月9日证言节录：

在出现伪冒交易时就会关闭账户或拒绝交易。伪冒交易就是伪造的卡或冒用他人的卡。拒绝交易的具体原因只有发卡行有权利判定，但他们为了维护自己的信誉和节省费用等原因往往不愿做进一步答复。但是对于银行来说伪冒交易已经是违法的了，即使没有进一步说明我们也会采取措施。

（8）蔡某，男，38岁，农业银行北京分行银行卡运行部

2006年2月22日证言节录：

接到通知有人用伪卡在通九州通讯公司消费，即去了该商户，并报警将一名黑人抓获。

从2月5日起伪卡消费有：①526350121046××××，用过7次，消费49750元；②529149250193××××，用过2次，消费76400元；③430572262437××××，用过2次。消费53300元；④546626400064××××，用过15次，消费63480元。总共消费242930元人民币。

证实泰某使用的4张信用卡于2006年2月5日至2月22日间在北京通九

州通讯有限责任公司的 26 笔刷卡消费均系伪冒交易。

（9）赵某雷，男，29 岁，农业银行北京分行银行卡风险部

其证言与蔡某证实的内容一致。

3. 书证材料

（1）鉴定结论

经中华人民共和国公安部物证鉴定中心鉴定，卡号为 526350121046×××
×、529149250193××××、430572262437××××、546626400064×××× 的外币
信用卡于 2006 年 2 月 5 日至 2 月 22 日间在北京通九州通讯有限责任公司的 26
笔刷卡消费交易单据以及卡号为 546626400064×××× 于 2006 年 2 月 22 日在北
京王府井工美大厦、北京鑫隆发摄影器材商店的 4 笔刷卡消费交易单据上持卡
人签名一栏的英文签名均系犯罪嫌疑人泰某所写。

（2）中国农业银行出具的事情经过及相关证明、农业银行北京分行银行
卡部报案

证实卡号为 526350121046××××、529149250193××××、430572262437××
××、546626400064×××× 的外币信用卡于 2006 年 2 月 5 日至 2 月 22 日间在
北京通九州通讯有限责任公司的 26 笔刷卡消费均系伪冒交易。

经与卡号为 430572262437×××× 的发卡行多次联系，至今未得到任何
回应。

（3）万事达国际组织北京代表处出具的证明

证实卡号为 526350121046××××、529149250193×××× 的外币信用卡已被
确认用于欺诈交易。确认了卡号为 5446626400064×××× 的信用卡为真卡。

证实泰某 2006 年 2 月 22 日在鑫隆发照相器材购买货物使用的信用卡（卡
号：546626400064××××）是伪卡。

（4）扣押及调取的物品

（5）抓获经过

（6）嫌疑人的身份材料

四、本案典型疑难问题法律适用解析

（一）关于证实信用卡诈骗行为的证据问题

法律规定：《刑法》第 196 条规定，有下列情形之一的，构成信用卡诈骗
罪：（1）使用伪造的信用卡的；（2）使用作废的信用卡的；（3）冒用他人信
用卡的；（4）恶意透支的。

有关专业知识和行业惯例：

据本案的报案人之一、原农总行国际卡清算中心工作人员介绍：当信用卡在单位时间中消费次数达到一定数量时，系统会进行风险报警。工作人员经与发卡行联系可得知卡片状态。在出现伪冒交易时就会关闭账户或拒绝交易。伪冒交易就是使用伪造的卡或冒用他人的卡进行的交易。不同银行系统对卡片状态的反映程度不同。拒绝交易的具体原因只有发卡行有权利判定，但他们为了维护自己的信誉和节省费用（支付奖金）等原因往往不愿做进一步答复。但是对于银行来说伪冒交易已经是违法的了，即使没有进一步说明收单行也会采取措施，因为在国际惯例中，签署他人的名字用他人的卡进行交易是违法的。在损失承担方面，除非商户存在分单等明显过失，否则损失一般由银行或真正的持卡人承担。

根据现有证据反映，涉案 4 张信用卡的情况如下：

由于没有发卡行直接出具的证明文件，现证实交易性质的证据主要是收单行和信用卡国际组织出具的证明。其中收单行——农总行和汇丰银行出具的证明均称经与发卡行联系，确认相关刷卡交易全部为伪冒（伪卡）交易。

1. 卡号为 526350121046××××、529149250193×××× 的 MasterCard 卡

（1）万事达卡国际组织北京代表处出具的证明，称经过境外发卡行确认，"已被确认用于欺诈交易"。

（2）收单行——农总行证明是伪冒交易。

（3）经鉴定，卡单为嫌疑人所签。

分析：由于发卡行不愿进一步披露有关信息，故所称"欺诈交易"的具体情况包括开户人的有关情况现仍不清楚，但发卡行已通过万事达卡国际组织确认交易性质为欺诈交易，收单行也证明发卡行已确认此交易为伪冒交易，因此该部分交易行为可以认定为信用卡诈骗。

2. 卡号为 546626400064×××× 的 MasterCard 卡

（1）万事达卡国际组织北京代表处出具的证明，称经过境外发卡行确认，是一张真卡。

（2）收单行——农总行证明该卡于案发当天在通九州通讯公司的刷卡消费的性质为伪冒交易。

（3）收单行——香港上海汇丰银行有限公司信用卡中心出具的证明文件，称该行收到发卡行美国大同（大通）银行的拒付，理由为此卡 2006 年 2 月 22 日在北京鑫隆发照相器材的刷卡消费为伪卡交易。

（4）该卡于案发当天在王府井工美大厦的刷卡消费的性质，无相关银行证实。后经补侦，侦查机关出具工作说明，有关银行答复称：此笔交易未出现

违规操作记录，故无法出具证明材料。

（5）此卡扣押在案，退补时要求侦查机关对其背面的持卡人签字与嫌疑人的签字进行比对鉴定，但未做出。

分析：

（1）此卡于案发当天在通九州通讯公司的刷卡消费的性质在得不到发卡行亲自确认的情况下，只能依据收单行农总行出具的证明予以认定。

（2）2006年2月22日在北京鑫隆发照相器材的刷卡消费金额人民币4700元，万事达卡国际组织北京代表处与汇丰银行信用卡中心出具的证明文件在字面表述上存在矛盾，一方称是真卡，另一方称是伪卡交易。经退补，仍得不到发卡行进一步确认，经向专业人员咨询，给予口头答复是"伪卡"可能为"伪冒交易"的意思，属于不同地区和不同银行用语上面的习惯问题。这样的文字冲突，使认定可能存在一定争议。但分析案件客观事实，结合泰某持这张卡当天在通九州消费的行为性质，应可判断汇丰银行证明的"伪卡交易"重点是在"交易"性质上，而并非是对于卡片本身真伪的鉴定。故此我们认为此笔事实可以认定。

（3）该卡于案发当天在王府井工美大厦的刷卡消费（人民币10912元）的性质，银行答复"未出现违规操作记录"。由于交易性质不能确认为违法，因此，此笔事实本身不能认定为犯罪。

由此产生的问题是：由于字迹鉴定及嫌疑人口供都确认，此笔消费与通九州、鑫隆发的消费同为泰某本人同一天持同一张卡所为，那么此笔消费不认定为犯罪是否会对本案其他事实的认定产生影响？对此，我们认为，工美的这笔消费虽然银行由于种种原因未予确认，但泰某持该卡消费的其他事实已有银行及国际卡组织出具的证明、银行工作人员证言等证据材料形成证据链，证实系伪冒交易，故可以认定。至于对其背面的持卡人签字与嫌疑人的签字未能进行比对的问题，因为嫌疑人承认自己是照着卡片背面签名在卡单上签字的，且供述一直稳定；并且即使卡片签名是嫌疑人所签，也并不能排除是其冒签的可能性。因此虽未能进行字迹鉴定，但其他证据如口供、书证、证言等已能够证实犯罪。

3. 卡号为430572262437××××的Visa卡

此卡经Visa国际组织上海办事处与发卡行多次联系，未得到回应，但收单行——农总行已证明是伪冒交易。

（二）关于犯罪形态

2006年2月22日，犯罪嫌疑人泰某在刷卡付款之后，拿到手机之前被公安机关抓获，其当日在通九州刷卡消费共计 60480 元的行为应当属于犯罪未遂。但根据证人证言和书证材料，当日刷卡消费的第一笔 500 元，是补交上次买手机所欠的差价款，所以 500 元人民币应当认定是已经造成的损失，其余 59980 元人民币未损失。

Case 14
案件十四
程某某信用卡诈骗案

一、犯罪嫌疑人基本情况及诉讼过程

犯罪嫌疑人程某某，男，1987年6月24日出生，汉族，北京市人，初中文化，无业。

犯罪嫌疑人程某某因涉嫌信用卡诈骗罪，于2012年8月16日被公安机关刑事拘留，2012年8月25日被取保候审。

二、侦查机关认定的犯罪事实与意见

2011年3月，犯罪嫌疑人程某某在本市丰台区花乡四合庄波峰商务楼内办理一张广发银行卡后，在本市丰台区资和信商场等地刷卡透支消费，从2011年7月开始，经广州发展银行多次催缴拒不还款，截至2012年6月30日程某某拖欠银行欠款金额共计16040.65元，其中本金12892.94元，利息2976.94元，其他杂费170.77元。

侦查机关认为：犯罪嫌疑人程某某的行为触犯了《中华人民共和国刑法》第196条之规定，涉嫌构成信用卡诈骗罪。

三、检察机关依法审查后认定的事实及证据

（一）检察机关认定的事实

2011年3月29日，犯罪嫌疑人程某某在北京市丰台区花乡四合庄附近，以个人真实身份办理中国广发银行信用卡一张，卡号为622555137055××××，程某某无固定收入，办理信用卡时谎称是个体经营，月收入5000元。同年4月程某某收到该卡，透支额度为3.5万元。

2011年4月至6月间，犯罪嫌疑人程某某持该卡从自动取款机透支取款两次，共计人民币9400元，据程某某供述取现用于个人吃饭、娱乐等消费；持该卡透支消费4次，共计人民币4492.94元，用于购买衣服、皮鞋等物品，

购买机票，入住酒店，共计透支人民币13892.94元，2011年6月24日程某某归还人民币1100元后，未能归还其余款项。截至6月30日，透支款项所产生利息2976.94元，其他杂费170.77元。

广发银行信用卡中心自2011年8月17日到2011年12月11日间，先后九次通过电话、短信、信函的方式催促程某某尽快归还款项。程某某到案后表示收到六七次该行的催款通知，因为经营状况恶化无经济来源，无法归还透支款项。

广发银行在多次催讨程某某未能还款的情况下，于2012年8月15日报案，公安机关于当日传唤程某某到案接受讯问，程某某父亲程洪某于2012年8月25日归还款息共计人民币1.6万元。

（二）认定上述事实的主要证据

1. 被告人供述和辩解

犯罪嫌疑人程某某的认罪态度较好，2012年8月15日主要供述内容如下：

我前几年在顺义首都机场做物流，主要是水果和海鲜方面的航空货运，后来公司经营状况不好，把我的积蓄都亏损进去了，到2011年就不经营了。我一直也没有稳定的收入。

在2011年3月29日，我在北京市丰台区通过广发银行的业务员办理一张信用卡，卡号：622555137055××××。办理信用卡时我说自己是个体经商，每月有五六千元的收入，其实这时我的物流公司已经不经营了。2011年4月我收到这张信用卡，透支额度为3.5万元，就开始用这张卡消费，还取过几笔现金，用于请朋友吃饭、唱歌等消费了，还在丰台区资和信百货、云柏鞋业等地消费，购买了衣服和鞋，还买过机票，住过宾馆等，其间我也还过钱，到2011年6月，我在方庄的广发银行还了最后一笔款1100元，之后我实在没有钱还了，一直到现在都没有还过钱。现在具体欠广发信用卡多少钱不清楚，大概是本金1.3万元，滞纳金1万多元。银行催过我还款，在2011年8月起就一直在打电话，大概有六七次，在2011年10月打电话次数多一些。这张卡一直是我自己使用。

我现在没有还款能力，我想联系我的家人帮我筹款，尽量归还银行的欠款。

2. 证人证言

（1）证人刘某某（女，33岁，广发银行北京分行信用卡部主管）

2012年8月15日证言证实：我今天来报案，有人在我行办理信用卡并恶意透支。办卡人姓名叫程某某，是2011年3月29人办理的信用卡，卡号是：

622555137055××××，透支额度为3.5万元。程某某办理信用卡后，该卡截至2012年6月透支本金人民币12892.94元，利息人民币2976.94元，共计欠款人民币16040.65元，包括杂费170.77元。我们银行已经多次向程某某催款。程某某从2012年6月开始不再还款，我们也无法联系到程某某了。

（2）证人程洪某（男，61岁，犯罪嫌疑人程某某父亲，退休）

2012年8月25日证言证实：2012年8月15日我接到公安民警的通知，说我儿子程某某因为信用卡恶意透支被公安机关抓了，我知道以后非常着急，向亲戚借了1.6万元钱，今天上午已经归还了银行的欠款，今天将还款的凭证送到公安机关。

3. 主要书证

（1）犯罪嫌疑人程某某的《广发银行信用卡章程》、《广发银行信用卡申请表》及身份证复印件各一份。

主要证实：程某某，男，1987年6月24日出生，个体，2011年3月29日申请办理广发银行信用卡一张，透支额度3.5万元，账单日为每月24日，该申请表有程某某本人签字。《广发银行信用卡章程》还包括该信用卡使用所须遵循的银行规定。

（2）广发银行信用卡622555137055××××从2011年4月11日至2011年6月24日的《账户交易明细》一份。

主要证实：2011年4月13日，ATM取现5400元；2011年4月15日在和信商贸有限公司消费1200元；2011年5月1日，购买机票1200元，2011年5月7日，速8酒店住宿620元；2011年5月17日云柏鞋业有限公司消费772.94元；2011年5月18日ATM取现4000元。2011年6月24日归还欠款1100元。之后无还款记录。

（3）广发银行《催款记录》一份。

主要证实：针对622555137055××××广发信用卡透支情况，广发银行自2011年8月17日到2011年12月11日间，先后九次通过电话、短信、信函的方式催促程某某尽快归还款项。

（4）广发银行北京分行信用卡部2012年7月23日出具的《账户延滞情况说明》一份。

主要证实：程某某于2011年3月29日申办的我行广发信用卡（卡号：622555137055××××），该卡截至2012年6月30日，透支本金人民币12892.94元，利息人民币2976.94元，其他杂费人民币170.77元，共计欠款人民币16040.65元。

（5）《广发银行存款单》三张。

主要证实：2012年8月25日，犯罪嫌疑人程某某的信用卡内存入

16040.65元人民币。

(6) 其他证据包括：

①犯罪嫌疑人程某某的身份证明，证明犯罪嫌疑人程某某的身份情况。

②公安机关破案报告，证明2012年8月15日广发银行信用卡部的刘某某报案称程某某办理该行信用卡并恶意透支，公安机关立案调查并传唤程某某，程某某对透支1万余元且无力归还的事实供认不讳，此案告破。

四、本案典型疑难问题法律适用解析

根据《银行卡业务管理办法》第6条的规定："信用卡按是否向发卡银行交存备用金分为贷记卡、准贷记卡两类。贷记卡是指发卡银行给与持卡人一定的信用额度，持卡人可在信用额度内先消费、后还款的信用卡。准贷记卡是指持卡人须先按发卡银行要求交存一定金额的备用金，当备用金账户余额不足支付时，可在发卡银行规定的信用额度内透支的信用卡。"可见，信用卡是一种银行定位于个人日常消费的信贷产品，与银行其他信贷业务相比，其特点是没有任何形式的担保或者抵押，完全建立在个人信用基础之上；信贷金额较小，主要用于个人日常消费；信用额度一次授信可以在不确定的时间内一次性或者部分使用，再按约定归还贷款之后，信用额度自动恢复即可再用，又被称为"循环信用"。透支是信用卡的特色功能。

《刑法》第196条规定的信用卡诈骗罪，第4项为恶意透支型，对于恶意透支的成立要件，直至1997年3月1日刑法修正案草案才确立了"恶意透支"的法定概念，并在之后的刑法修正案草案中沿用。修订后的《刑法》第196条第2款规定，恶意透支是指持卡人以非法占有为目的，超过规定的限额或规定的期限透支，经发卡银行催收仍不归还的行为。

"两高"《关于办理妨害信用卡管理刑事案件问题的解释》（以下简称《解释》）对恶意透支进一步明确为：持卡人以非法占有为目的，超过规定限额或者规定期限透支，并且经发卡银行两次催收后超过3个月仍不归还的，应当认定为刑法第196条规定的"恶意透支"。由此规定可见，办理"恶意透支"型信用卡诈骗案件，必须坚持主客观相一致的原则：在主观上，必须具备"非法占有"所透支资金的目的；在客观上表现为透支超过规定限额或者规定期限，在银行两次催收后超过3个月仍不归还。

（一）主体——持卡人

恶意透支型的信用卡诈骗罪的主体为特殊主体，仅限于持卡人。所谓持卡人，是信用卡的合法持有者，即与卡对应的银行账户相联系的客户。根据《广发银行信用卡章程》第5条的规定："'持卡人'是指发卡机构申请个人

卡并获得卡片核发的申请者本人。"信用卡申请人获得发卡行批准后获取信用卡之后，其身份从申请人过渡为持卡人。其他非法持卡人恶意透支的，属于冒用他人信用卡行为，不能成为恶意透支型信用卡诈骗罪的主体。

犯罪嫌疑人程某某在 2011 年 3 月 29 日，以个人真实身份办理中国广发银行信用卡一张，属于该信用卡的合法持有人。虽然程某某在申请该信用卡过程中虚构自己的收入情况，根据《银行卡管理办法》第 54 条的规定："持卡人义务：（一）申请人应当向发卡银行提供真实的资料并按照发卡银行规定向其提供符合条件的担保。"犯罪嫌疑人程某某虚构收入情况的申领行为应该是无效的，实质上骗领信用卡行为。这里对合法持卡人应从形式上去理解而不是从实质上进行判断，申请人以申请程序提供资料获取该信用卡，该信用卡所对应的客户信息与持卡人一致的，即为该信用卡的形式上的合法持卡人，即使是骗领信用卡，仍应认定为形式上的合法持卡人，可以构成信用卡诈骗罪。程某某符合持卡人身份。

（二）客观方面

1. 超过规定的限额和规定的期限

持卡人恶意透支行为包括超过规定限额和规定的期限两种形式。超过规定限额的透支往往是以逃避受理点对超过交易限额必须向发卡行索取授权后方能处理的规定，而在规定的交易限额内分单压卡、多次取现的形式出现。超过规定的期限，是指持卡人虽然在规定限额内透支，但超过了允许的期限仍不予偿还的透支行为。

根据《广发银行信用卡章程》第 5 条的规定"'账单日'是指发卡机构每月对持卡人的累计未还透支提现款、透支消费款、费用等进行汇总，结计利息，并计算出持卡人应还款额的日期；'到期还款日'是指发卡机构规定的持卡人应该偿还其全部应还款额或最低还款额的最后日期"。广发银行的到期还款日为账单日后的第 20/26 天。到期还款日之后仍不还款的，银行将进行催收。

犯罪嫌疑人程某某所办理的广发银行信用卡，透支额度为 3.5 万元，程某某透支消费 13892.94 元，并未超过规定的透支额度，不属于超过规定的限额透支。但是程某某透支消费之后在到期还款日之后仍未归还透支款项，属于超过规定期限透支。

2. 经过发卡银行两次催收仍不归还

根据《解释》第 6 条第 1 款规定恶意透支行为要求持卡人超过规定限额或者规定期限透支，且经过发卡银行两次催收后超过 3 个月仍不归还。刑法在保护金融秩序的同时，也要求银行履行催收义务。

司法实践中，催收的形式多种多样，电话、短信、信函、电子邮件等，关于催收的形式是口头还是书面，法律并没有明确规定，上述催收方式皆可。程某某一案，广发银行在到期还款日以后，先后9次通过电话、短信、信函的方式催促程某某尽快归还款项，以《催收记录》的形式固定为书证，程某某供述也表示接到了银行的催收，在前两次有效催收后3个月仍未归还的，即构成信用卡诈骗罪。

关于银行的催收是否必须是有效催收，法律并没有明确规定，司法实践中存在争议，一种观点认为，催收必须以持卡人收到为成立条件，即如果持卡人没有接到银行的催收，不能成立信用卡诈骗罪，以督促银行积极履行催收义务；另一种观点认为，持卡人在申请办理信用卡时，已留下自己的电话、通信地址等多个联系方式，银行按照持卡人留下的联系方式履行催收行为即可，如果要求持卡人必须接到催收为成立条件的话，持卡人完全可以通过拒接、更换电话、变更住址等方式轻易躲避银行的催收，即便是催收信息到达持卡人手中，持卡人也可以辩解说自己没有接到，那么信用卡诈骗罪便难以成罪。第二种说法是有道理的，因为持卡人在申请信用卡时应留存自己的准确的联系方式，在联系方式发生变更之后，也应该告知银行，银行只须按照持卡人最初留存联系方式进行催收即可。但是需要注意的是，如果持卡人因客观原因确实没有接到银行的催收，比如出国、入狱等，不应认定为信用卡诈骗罪。

银行有多次催收行为的，在前两次催收行为之后3个月未归还的，即符合《解释》的规定，不必待银行所有催收行为履行完毕之后再计算期限。至于两次催收之间是否需要有合理间隔时间，法律没有明确规定，实践中对此一般也没有要求。

（三）主观方面——非法占有目的

《解释》第6条第2款规定："有下列情形之一的，应当认定为《刑法》第196条规定的'以非法占有为目的'：（一）明知没有还款能力而大量透支，无法归还的；（二）肆意挥霍透支的资金，无法归还的；（三）透支后逃匿、改变联系方式，逃避银行的催收的；（四）抽逃、转移资金，隐匿财产，逃避还款的；（五）使用透支的资金进行违法犯罪活动的；（六）其他非法占有资金，拒不归还的行为。"虽然《解释》对于非法占有目的有明确的列举性规定，但是实践中认定非法占有目的比较复杂，侦查机关一般不对是否具有非法占有目的进行深入取证，大量的案件是依据"明知没有还款能力而大量透支并无法归还"确定非法占有目的。办案中要注意甄别，透支后确实是因为资金周转等客观原因导致无法按时归还，不应一概按照信用卡诈骗罪予以处理。

此外，"以非法占有为目的"不仅是持卡人透支时的主观心态，在申请信用卡是也有所体现,比如申请人在申请时即产生诈骗银行资金的目的,在申请时虚构资信状况,恶意填写错误的联系方式的,也是认定是否具有非法占有目的的重要客观表现。

持卡人有小额还款行为能否认为不具有非法占有目的呢?不能一概而论。在到期还款日之前持卡人存在小额还款行为,有一种观点认为,行为人主观上不具有非法占有目的,客观上也在履行还款行为,不宜认定为信用卡诈骗罪;持反对意见的认为,即使存在小额还款的情况下,同样导致银行的欠款无法追回,如果一概不认定为犯罪,容易导致持卡人恶意透支在前,以小额还款逃避法律追究在后。对于到期还款日之前的小额还款行为须审慎对待,主要通过持卡人在申领及透支过程中的客观行为判断其主观心态。

被告人程某某本无固定收入,在申请信用卡时虚构自己的经济能力及收入状况,在获取该信用卡后在明知自己经济能力较差且没有固定收入的情况下,持该卡恶意透支消费,事后也未积极筹款还账,能够认定其具有非法占有的目的。虽然程某某在6月24日有归还人民币1100元的行为,但不能据此认为其没有非法占有目的。

(四)数额计算

恶意透支型信用卡诈骗罪的定罪标准是1万元,而其他信用卡诈骗罪的定罪标准是5000元,主要是因为恶意透支型信用卡诈骗罪属于滥用型的信用卡诈骗罪,所以定罪门槛较高。根据《解释》的规定,恶意透支的数额不包括复利、滞纳金、手续费等发卡银行收取的费用。但是司法解释中并没有明确恶意透支的数额是否包括透支的利息,司法实践中具体处理情况也不尽相同。一种观点认为恶意透支型的信用卡诈骗罪应当仅以本金作为诈骗金额,另一种观点认为从司法解释的表述可以推断出利息应当作为诈骗金额。我们认为,认定信用卡诈骗罪的数额与犯罪嫌疑人应当归还的数额是两个不同的概念,不计入犯罪数额并不意味着犯罪嫌疑人不具有归还义务。同时,将孳息作为犯罪金额不符合财产犯罪认定数额的规律,虽然司法解释并没有明确将利息予以排除,不能当然推导出利息应当计入犯罪数额。认定信用卡诈骗罪的金额应当仅以本金为限,对于利息一般不宜计入犯罪数额,尤其是发卡行没有对利息和复利进行区分计算的情况,更不应该作为犯罪金额。另外,持卡人在银行催告3个月内归还的数额,应从犯罪金额中扣除。

本案,被告人程某某共计透支人民币13892.94元,2011年6月24日程某某归还人民币1100元。截至6月30日,透支款项所产生利息2976.94元,其他杂费170.77元。这里的利息包括复利,发卡行并未进行区分,所以利息及其他杂费均不应计入犯罪数额,还应该将归还金额扣除,应认定为12792.94

元。但扣除款项被告人在民事上具有归还义务，不能与刑事部分认定犯罪数额混淆。

（五）条件性出罪机制

《解释》第6条第5款中规定："恶意透支应当追究刑事责任，但在公安机关立案后人民法院判决前已偿还全部透支款息的，可以从轻处罚，情节轻微的，可以免除处罚。恶意透支数额较大，在公安机关立案前已偿还全部透支款息，情节显著轻微的，可以依法不追究刑事责任。"称为信用卡诈骗罪的条件性出罪机制，其条件包括：第一，仅限于"数额较大"的类型，即恶意透支1万元至10万元之间，超过10万元不再适用。第二，偿还全部透支款息，这是出罪的实质条件。第三，情节显著轻微。所谓情节显著轻微，是指恶意透支次数不多，属于偶犯、初犯，或者透支数额较少，或者在银行等金融机构报案后马上归还透支款息等，这是出罪的附件性条件。第四，在公安机关立案前偿还全部透支款息，这是时间性条件。同时具备上述四个条件，可以不作为犯罪处理。在公安机关立案后人民法院判决前偿还全部款息的，可以从轻处罚，情节轻微的，甚至可以免除处罚。

程某某的父亲在公安机关立案后法院判决前归还全部本息，对程某某应当追究刑事责任，但可以考虑从轻或者免除处罚。审判机关考虑此因素，对其从轻处罚并适用缓刑，判处拘役4个月，缓刑4个月，并处罚金2万元。

Case 15
案件十五
李某保险诈骗案

一、犯罪嫌疑人基本情况及诉讼过程

犯罪嫌疑人李某，男，1971年5月12日出生，汉族，中专文化，无业。

犯罪嫌疑人李某因涉嫌保险诈骗罪，于2010年3月15日被公安机关刑事拘留，同年4月8日经检察机关批准被逮捕。

二、侦查机关认定的犯罪事实与意见

犯罪事实：2005年1月21日21时许，犯罪嫌疑人李某伙同李某东（已判决完毕）经预谋后在北京市丰台区石榴园中街东侧将李某投了高额保险的白色云豹牌小轿车（车号为京EX××××）开走，李某到公安机关报警欲诈骗保险金204800元。

侦查机关认为：犯罪嫌疑人李某的行为触犯了《刑法》第198条之规定，涉嫌构成保险诈骗罪，建议本院依法起诉。

三、检察机关依法审查后认定的事实及证据

（一）检察机关认定的事实

认定的事实：2004年5月，犯罪嫌疑人李某以人民币3.4万元的价格购买了车号为京EX××××的云豹小轿车一辆。同年6月，犯罪嫌疑人李某在中国人民财产保险股份有限公司北京市丰台支公司为这辆轿车投了金额为25.6万元的盗抢险。2005年1月，犯罪嫌疑人李某与李某东（已判刑）预谋后，先由李某东出面将云豹小轿车开走丢弃，造成汽车被盗的假象，再由犯罪嫌疑人李某出面向保险公司骗取高额保险金。2005年4月2日李某东被公安机关查获，车辆发还犯罪嫌疑人李某，诈骗保险金未遂。后犯罪嫌疑人李某被公安机关抓获。

（二）认定上述事实的主要证据

1. 被告人供述和辩解

犯罪嫌疑人李某在侦查阶段供述稳定，认罪态度较好，主要供述内容如下：

2003年左右，具体的时间我记不清了，我在十里河汽配城修车认识了一个修车的，他叫李某东，他是河北省张家口那边的人。我们认识了以后，因为我总去修车就熟了，而且关系混得还不错，2004年的5、6月，具体时间我记不清了，我从二手车市场花了有三四万元钱，具体的我确实记不清了，买了一辆白色云豹小轿车，车号是京EX××××。买了车以后，我找到车主，看车的单子，车还差两年就报废了，因为车是李某东联系的，我买了以后发现还有两年报废，我就说李某东，他说没事你不行去保险公司上个高额的保险，他把车弄回老家给卖了，你去派出所报丢失，然后你再从保险公司领赔偿的钱。后来我俩去的西二环的一个保险公司，那是什么公司我不知道，只记得是人保。我当时没进保险公司，我给了他三四千元钱，让他给办的保险。后来办的是全险，要是丢了或被抢了，保险公司要赔10多万元钱。由于李某东经常用我的车，他有我的车钥匙，后来他在一天夜里，就把车开走了，我在第二天假装报警说我的车放在楼下丢了，那天我把车放在楼下，是放在石榴园北里的楼下，就是石榴园那条宽马路的路边。我到石榴园派出所报的假案，过了一段时间，具体过了多长时间我现在记不清了，李某东让我开他的桑塔纳跟着他，他在前面开着我的白色的云豹车，想把车开回他的老家，把车卖了以后，我再回北京，领保险公司的赔款。结果走到一个检查站，他就被警察抓了，他开的云豹车被扣押了，后来到门头沟一个地方，我去领的车。我当时发现李某东被抓了，我就开着他的桑塔纳跑了回来，抓他的检查站我不知道叫什么名字，我把李某东的车又放到了他的修理厂边上了。

车是白色云豹小轿车，京EX××××，是旧车，说不好几成新。我就是想骗点钱花。

2. 证人证言

（1）证人李某东证言

2004年4、5月，李某买了一辆二手的云豹轿车，花了三四万元。但2004年5、6月李某花了8000元左右给这车上了保险。我当时就觉得李某有点不对劲，是不是想骗保险，因为我看过保单，盗抢险是20多万元。2004年9月的一天，我和李某一块吃饭的时候，他对我说，这车上保险了，回头把车丢了，然后报案，领点赔款。我就知道他真的是要骗保险，但当时没有商量怎么干。

2004年10月，我和李某一块吃饭的时候，李某说春节的时候丢车的多，到时候让我把他的车开走，他去报失，然后到保险公司领保险赔偿金。他还说把车放在石榴园他母亲住的地方。我问李某为什么不自己干，他说让我去把车开走，他就有不在场的时间证据，这样不容易被查出来，我出于哥们义气就答应了。2004年11、12月，李某给了我一把他那云豹车的钥匙，并说哪天干再通知我。而且说把车开到万博苑小区里放着。2005年1月中旬的一天下午5点多，李某到十里河找到我，让我找一副车牌子，今晚就把车开走。于是我拿着我家的红叶中巴车车牌和李某一起开着他的云豹车到三环辅路十里河附近的一条小路里把云豹车的车牌换成红叶中巴车车牌。之后又把云豹车开到石榴园小区南门东边50米左右的马路北边，车头向北。放完车我俩一块到了马家堡吃火锅，到了晚上8点多，李某说时间差不多了，让我把车开走，于是我就把车开到万博苑小区里，把车放好后，我又回马家堡接着和李某吃火锅，之后我们就各自回家了。

第二天早上李某对我说他去报案了，还让我开车送他去保险公司，我就开着我的红色桑塔纳（车号是京CK××××）送李某去丽泽桥东边路北的保险公司。他下车后我就走了。后来李某说保险公司没有赔他钱，3月31日晚上，李某说让我把车开到外地，车放在北京不安全。后来我们商量好了把车开到我老家河北蔚县。4月1日晚上七八点钟，我开着李某的云豹，李某开我的桑塔纳，我俩一起往我老家开，开到门头沟检查站，我就被抓了，李某就掉头回家了。我们干这事之前没有商量好事成之后怎么分钱。

（2）证人李某海（男，55岁，河北省人，李某东父亲）证言

2005年4月2日下午门头沟分局的民警通知我说我儿子被抓了。到了下午5点多钟，李某到十里河汽配城找到我，我就问他怎么回事。李某说在那说不方便，于是我们开车到汽配城三区，当时有我、我爱人王某英、我内弟王某贵和李某。在车里李某对我说，他当时没和李某东一块走的，他开我们家桑塔纳，李某东开他的云豹，他走在前面，结果在门头沟的检查站李某东被扣住了，他就掉头回来了。我问李某为什么当时不告诉我，他说过几天就能把李某东捞出来。我又问李某到底怎么回事，李某说他和李某东合伙想把云豹车扔了，好找保险公司要保金。我就说你把我儿子弄进去了，怎么办。李某说赶紧想办法把李某东捞出来，他就走了，后来我一直打电话给他，他总是让我等着，说过几天就能捞出来。直到4月底，我打电话给李某说不行我就请律师走正式的程序，他说那你就请律师吧。于是我就请了个律师，我把知道的情况给律师说了，律师让我再找李某聊这个事的时候录音。5月初，具体哪天忘了，晚上我给李某打电话，让他来找我，在我住的地方我和

我爱人和李某一起谈这事,当时我录了音,我说我儿子在里面给你顶罪,你看怎么办吧。他说给我当儿子,又聊了一些和案子没有直接关系的事。后来我们又通了几次电话,也没说和案子有关的事,之后就没有联系李某,也没有见过他。

李某跟我说他和李某东商量好了,把他那辆云豹车扔了,好找保险公司要点钱,李某就说了这么一次,以后就没说过。

2005年6月下旬,我和老伴王某英收拾东西的时候,发现在十里河宏达修理店的办公桌底下一个纸箱子里发现两个车牌,车牌号都是京EX××××,可能是李某云豹车的。

(3)证人王某英(女,56岁,住河北省,李某东母亲)证言

李某东有时听我们的话,有时不听。他有时外出,我们问他干什么去了,他说:我的事你们别管,我的隐私也对你们说?后来我们俩想,可能交朋友了,搞对象,不愿向我们说,我们也就不问了。我不知道他外出干什么。平时我们的门店没人找他,有人找也是修车的司机。我不知道我们家买没买汽车,我也不懂,我身体不好,在修理部附近的住处,给他们做饭,我儿子也没说过。

以前买过车,有一辆面包车,一辆金杯车,一辆桑塔纳,我就知道三辆。我们是2001年7、8月到的北京,我家的修理部就是2001年我到北京时开的。是我爱人李某海开的。我们店卖配件带修车。干的有我爱人和我儿子,以及雇的三个工人。我就一个儿子。他平时有时修车,有时外出。一个月有一半的时间外出,晚上有时回来,有时回来得晚,很少不回来。我不知道这三辆车有没有手续。李某东没有跟我提过今年买车。我们这个汽修部是我爱人李某海做主,但实际上是我儿子李某东,因为他上过汽修学校。我没理会李某东往家是否开过车,因为修的车也多。

(4)证人张某生(男,65岁,北京市人)证言

定安东里某房间是我家的,不过这房子开始不是我的,是我在2000年左右我用石榴园小区房间跟别人换的,对方姓什么,叫什么名我不知道。我不认识跟我换房的人,他们的情况我也不了解。

(5)证人张某军(男,58岁,北京市人)证言

我们驾校有个叫李某的人,李某是2004年7月1日来我们驾校当教练员,今年5月1日以后李某就没来上班,现在我们也联系不上他了,打他的电话也打不通,所以我们也不知道他哪去了。李某,男,34岁,家住在丰台区。

(6) 证人王某军 (男, 36 岁, 中国人民财产保险公司北京丰台支公司) 证言

李某于 2004 年 6 月 8 日到我单位为其车牌为京 EX××××的云豹车投保, 2005 年 1 月 22 日报丢失, 后来又说门头沟分局把车找到了。4 月 29 日, 我给了李某 9750 元, 是他垫付给门头沟分局的破案奖励费。投保车号为京 EX×××× , 云豹车, 车挺旧的, 他投的车辆损失险, 保险金额 40 万元, 第三者责任险, 保险金额 10 万元, 盗抢险, 保险金额 25.6 万元。如果李某的车被偷, 根据他的投保金额以及《全车盗抢险条款》第 4 条第 3 款规定"全车损失, 在保险金额内计算赔偿, 并实行 20% 的免赔率", 故我单位应赔偿李某的金额为 204800 元。如果这车找不到, 车的实际价值无法估计, 我们只能按保险合同赔付, 既然车找到了, 我们就可以按实际车的价值的 15% 给予破案奖励费。

2005 年 1 月 22 日李某来我公司报案, 并提出索赔, 我当时就觉得有点不对劲, 因为他的车挺旧的了, 但是投保很高, 由于他没有什么证据, 我也没太在意。后来李某给我打电话说门头沟分局把车找到了, 需要给门头沟分局奖励才能领车。于是我给他算了一下, 我说他的车实际价值 65000 元, 奖励费为车价值的 15%, 应为 9750 元, 我就让他先垫付, 以后来我这报销。4 月 12 日李某拿着门头沟分局写的一张条来找到我, 说 9750 元的奖励费他已经垫付了, 我看了条上的日期是 4 月 11 日, 我就在他的索赔申请书上注明了奖励费的金额, 并同意给李某报销那 9750 元。于是李某就在索赔申请书上签上了同意终结此案。4 月 29 日李某来取走了那 9750 元, 之后就没再找过我们。

3. 鉴定结论 (鉴定意见)

北京市涉案财产价格鉴定结论, 经鉴定涉案车辆价值 3.2 万元。

4. 主要书证

(1)《北京市公路养路费票证》、《发票联》、《机动车登记证书》, 主要证明犯罪嫌疑人李某购买了涉案的云豹牌汽车。

(2)《保险业务专用发票》、《中国人民财产保险股份有限公司机动车辆保险单》、《中国人民财产保险股份有限公司机动车辆保险批单 (正本)》、《驾驶证》, 主要证明犯罪嫌疑人李某花 7789.46 元为其云豹牌汽车投保, 其中盗抢险保额 25.6 万元。

(3)《机动车详细信息》 主要证明京 EX××××的云豹牌汽车属李某所有。

(4)《保险业专用发票业务联》、《中国人民财产保险股份有限公司机动车辆保险投保单》、《中国人民财产保险股份有限公司机动车辆保险投保单 (副本)》, 主要证明犯罪嫌疑人李某为其名下的京 EX×××× 云豹汽车投保, 缴纳保费 7789.46 元。

（5）《附加险条款》

内容：保险单号：PDAA20041104060401××××，报案号：RDAA20051101067100××××，被保险人：李某，根据《全车盗抢险条款》第4条第3款规定，全车损失，在保险金额内计算赔偿实行20%免赔率，赔款金额＝盗抢险保额×（1－20%）＝256000×8%＝204800。

（6）《机动车辆保险索赔申请书》、《赔款收据》、《机动车辆保险报案记录（代抄单）》、《车辆保险权益转让书》、北京市公安局刑侦总队机动案件侦查大队《涉车案件证明》、《机动车辆出险（盗抢）证明》，主要证明犯罪嫌疑人李某在报案其所投保的机动车丢失后向保险公司递交了理赔申请，后保险公司赔付其9750元作为门头沟分局刑侦支队破案奖励费。

（7）《北京市丰台区人民法院刑事判决书》，证明李某东因涉嫌保险诈骗罪被北京市丰台区人民法院判处有期徒刑5年。

四、本案典型疑难问题法律适用解析

保险诈骗罪，是指保险合同关系中的投保人、被保险人或者受益人，以非法占有为目的，违反保险法律的规定，采取欺骗手段，骗取数额较大的保险金的行为。

（一）保险诈骗罪侵犯的客体

保险诈骗罪侵犯的客体是复杂客体，是国家的保险制度及保险人的财产所有权。犯罪对象是保险金，即根据保险合同的规定，当承保范围内的保险事故发生时，保险人赔偿被保险人的金额。犯罪方式是利用保险合同，保险合同是投保人与保险人约定保险权利义务关系的协议。保险法明确规定的保险合同包括保险单、保险凭证、暂保单、投保单、其他书面形式。保险合同对保险金额一般有明确规定，保险合同规定的保险金额是计算保险费的标准之一，又是保险人负责赔偿的最高限额。

犯罪嫌疑人李某的行为侵犯了国家的保险制度及保险公司的财产所有权。

（二）编造未曾发生过的保险事故骗取保险金的行为属于保险诈骗行为

发生保险理赔事项须以有效的保险合同约定的保险事故发生为条件，如果没有发生保险事故，则被保险人不负责赔偿。实践中投保人、被保险人和受益人出于骗领保险金的目的，在没有保险事故发生的情况下虚构事实，谎称发生了保险事故，以骗取保险金，是比较多发的保险诈骗犯罪。

犯罪嫌疑人李某与李某东预谋后，为自己驾驶白色云豹牌小轿车（车号为EX××××)在中国人民财产保险股份有限公司北京市丰台支公司为这辆轿车投了金额为25.6万元的盗抢险。随后二人进行分工,由李某东将该车开走,李某随后报案称该车被盗,虚构了汽车被盗的事实,据此向保险公司理赔,属于编造未曾发生过的保险事故,属于保险诈骗行为。

(三) 李某属于保险诈骗罪的未遂

有一种观点认为,保险诈骗罪仅存在既遂形态,对于没有实际取得保险赔偿金的,不构成保险诈骗罪。这种观点缺乏理论依据,保险诈骗罪是一种特殊的诈骗罪,应以是否取得财物作为既遂标准。

关于保险诈骗行为的着手,第一种观点认为应以行为人实施刑法分则规范中具体犯罪构成客观要件的行为时,即虚构保险标的、编造未曾发生的事故、夸大损失曾度、制造保险事故等行为,以及骗取保险金的行为。第二种观点认为,本罪的着手应该以行为人向保险人申领给付保险金时为着手。笔者同意第一种观点,行为人以非法占有为目的,虚构事实、隐瞒真相即为着手,就保险诈骗犯罪而言,行为人以骗领保险赔偿金为目的,与保险公司签订保险合同即为保险诈骗罪的着手。

关于保险诈骗罪的既遂标准,一种观点认为是以行为人是否实际控制保险赔偿金作为判断标准,另一种观点是以行为人是否从保险公司实际取得财产作为既遂标准。本案中保险公司支出的,让李某转交的9750元破案奖励费,是否属于保险诈骗罪的既遂,据两种观点所得出的结论也截然相反。如果认为以是否实际控制保险赔偿金作为判断既遂的标准,那么破案奖励费显然不属于保险诈骗既遂;如果以行为人实际取得保险公司的财产作为既遂标准,行为人的欺骗行为导致保险公司支出了9750元的破案奖励费属保险诈骗罪的既遂。

笔者同意第一种观点,保险诈骗罪是以保险赔偿金作为诈骗对象的一种特殊诈骗罪,行为人在签订和履行保险合同过程中,虚构事实、隐瞒真相的目的,是非法占有保险赔偿金,是否实际控制保险赔偿金是判断保险诈骗罪犯罪构成要件是否齐备的重要标准。在保险诈骗犯罪过程中保险公司所支出的其他财产,并非是行为人虚构事实、隐瞒真相行为所指向的对象,行为人也不具有非法占有目的。

本案中,李某的保险诈骗行为,因为公安机关及时将车辆扣押而未得逞,保险公司并未向李某理赔,李某的保险诈骗行为未得逞。保险公司向公安机关支出的破案奖励费,李某并没有非法占有此笔财产的目的,也不是其编造保险事故的诈骗对象,不能认定为其诈骗数额。而李某的诈骗对象是25.6万元的保险赔偿金,属于以特别巨大的财物为诈骗对象的未遂。

审判机关认定李某构成保险诈骗罪,属于犯罪未遂,判处有期徒刑5年6个月,并处罚金人民币5万元。

后　　记

当前，随着我国市场经济飞速发展和金融业的日新月异，金融犯罪现象越来越突出，金融刑法理论研究和司法实践面临着更多机遇和挑战。金融犯罪属于智能犯罪，犯罪分子往往是利用其智力优势或者技术优势作案，犯罪手段正朝着专业化、技术化、组织化的方向发展，其潜伏期长、隐蔽性强的特点，增大了我们对金融犯罪的打击难度。作为一种新型犯罪，司法实践中出现的许多法律适用问题，单凭过去传统的办案经验和法律知识，难以有效应对。这种新型的专业化、组织化和智能化的犯罪，对我们司法工作人员提出了更高的要求，需要队伍里出现一些既精通法律专业知识，又熟悉掌握金融领域知识、了解金融犯罪特点的复合型人才。为了满足当下侦办金融犯罪案件的迫切需求，为一线司法工作人员提供充足的专业知识储备和有效简洁的参考样本，我们编写了本书，通过理论与实践相结合的方式，将侦办此类案件急需的一些基础知识、理论难点和有益经验总结出来，希望能给司法实践一些助力。

本书分上下两篇，上篇主要是金融犯罪理论知识，下篇侧重金融公诉样本解析，分别由侧重理论研究和实务经验丰富的作者执笔。具体撰写分工为：汪东升：上篇第一讲、第三至十讲；孙晴、张启明：上篇第二讲、下篇。

在金融犯罪理论方面，鉴于金融领域专业性特点，侦办金融犯罪案件对金融知识需求应极为迫切，不懂金融知识、金融机构及其运作规律是不能很好掌握金融犯罪特点和规律的。因此本书十分注重金融基础知识的普及，写作过程中查阅了一些金融领域的专业书籍，吸收融合了与金融犯罪相关的金融基础知识，将其纳入到本书体系当中。为了方便阅读，本书上篇采用了金融专业知识、犯罪构成要件、疑难点司法认定、办案依据查询与适用的写作体例。首先，将相关罪名涉及的金融基础知识总结出来，这样便于侦办人员熟悉了解金融领域的相关术语和运作规律，有利于其把握金融犯罪的特点，准确理解相关法律术语。其次，对犯罪构成要件和法律适用疑难问题加以详细解析。通过对具体犯罪构成要件的梳理，进一步发现司法适用中存在的疑难问题，结合金融专业知识和法律解释技巧，力求妥当地解决问题。最后，为了方便查找法律依据，将相关的法律法规、司法解释条文设置在每节之后，并在必要时配以理解说明，清晰而简便。下篇以典型案件为样本，针对实务中的重点、疑难问题展开样本分析，在简单介绍案情之后，重点围绕证据认定、法律适用等方面进行，力图全景式展现整个办案过程，供其他司法实务人员参考。

本书得以顺利面市，应致谢在本书策划、写作、编辑过程中给予著者便利和帮助的诸位。感谢中国人民大学法学院谢望原教授、北京市人民检察院第二分院政策研究室孙春雨主任，是谢教授、孙主任的信任和支持才有了本书。感谢叶俊泽、靳丽君两位同门，他们为本书写作做了大量工作。感谢中国检察出版社李健主任，是她的辛勤劳动使得本书顺利与读者见面。

编者学识尚浅，水平有限，对金融犯罪诸多方面难有足够全面的把握，书中恐难免出现一些错漏和值得商榷之处，恳请学界前辈批评指正。

作　者
2014 年 3 月

图书在版编目（CIP）数据

金融犯罪专业化公诉样本/汪东升，孙晴，张启明著. —北京：中国检察出版社，2014.5
ISBN 978-7-5102-1134-8

Ⅰ.①金… Ⅱ.①汪… ②孙… ③张… Ⅲ.①金融犯罪-刑事诉讼-公诉-研究-中国 Ⅳ.①D925.210.4

中国版本图书馆 CIP 数据核字（2014）第 024399 号

金融犯罪专业化公诉样本

汪东升　孙晴　张启明　著

出版发行：	中国检察出版社
社　　址：	北京市石景山区香山南路 111 号（100144）
网　　址：	中国检察出版社（www.zgjccbs.com）
电　　话：	（010）88685314（编辑）　68650015（发行）　68636518（门市）
经　　销：	新华书店
印　　刷：	三河市西华印务有限公司
开　　本：	720 mm × 960 mm　16 开
印　　张：	33 印张
字　　数：	606 千字
版　　次：	2014 年 5 月第一版　2014 年 5 月第一次印刷
书　　号：	ISBN 978-7-5102-1134-8
定　　价：	80.00 元

检察版图书，版权所有，侵权必究
如遇图书印装质量问题本社负责调换